Pensar as Direitas na América Latina

CONSELHO EDITORIAL

Ana Paula Torres Megiani

Eunice Ostrensky

Haroldo Ceravolo Sereza

Joana Monteleone

Maria Luiza Ferreira de Oliveira

Ruy Braga

Pensar as Direitas na América Latina

Ernesto Bohoslavsky
Rodrigo Patto Sá Motta
Stéphane Boisard

Organizadores

Copyright © 2019 (orgs.) Ernesto Bohoslavsky; Rodrigo Patto Sá Motta e Stéphane Boisard

Grafia atualizada segundo o Acordo Ortográfico da Língua Portuguesa de 1990, que entrou em vigor no Brasil em 2009.

Edição: Haroldo Ceravolo Sereza
Editora assistente: Danielly de Jesus Teles
Projeto gráfico, diagramação e capa: Danielly de Jesus Teles
Assistente acadêmica: Bruna Marques
Revisão: Alexandra Colontini
Tradutores: Mônica E. F. Carvalho e Flávio S. Santiago
Imagem da capa: Inspirada no cartaz do evento "Pensar as Direitas na América Latina no século XX" (Minas Gerais: UFMG, 2018)". Designer do cartaz: Benoît Lacroux.

CIP-BRASIL. CATALOGAÇÃO NA PUBLICAÇÃO
SINDICATO NACIONAL DOS EDITORES DE LIVROS, RJ

P467

Pensar as direitas na América Latina / organização Ernesto Bohoslavsky, Rodrigo Patto Sá Motta, Stéphane Boisard. - 1. ed. - São Paulo : Alameda, 2019.
. ; 23 cm.

Inclui bibliografia
ISBN 978-85-7939-602-1

1. Direita e esquerda (Ciência política) - América Latina. 2. America Latina - Política e governo. I. Bohoslavsky, Ernesto. II. Motta, Rodrigo Patto Sá. III. Boisard, Stéphane.

| 19-55190 | CDD: 320.98 |
| | CDU: 329.055.2(8) |

Editora filiada à Liga Brasileira de Editoras (LIBRE) e
à Aliança Internacional dos Editores Independentes (AIEI)

ALAMEDA CASA EDITORIAL
Rua 13 de Maio, 353 – Bela Vista
CEP 01327-000 – São Paulo, SP
Tel. (11) 3012-2403
www.alamedaeditorial.com.br

Sumário

Apresentação   9

As Direitas hoje

A ascensão da direita radical brasileira no contexto internacional   17
Ariel Goldstein

As direitas argentinas e a democracia: ditadura e pós-ditadura   37
Sergio Morresi

De que falamos quando falamos de direita?   57
Análise da historiografia mexicana especializada nas direitas
Mario Santiago Jiménez

Anticomunismo, antipetismo e o giro direitista no Brasil   75
Rodrigo Patto Sá Motta

As Forças Armadas brasileiras e as heranças   99
da ditadura militar de 1964: cultura política de direita e
tentativa de interdição do passado (1995-2014)
João Teófilo Silva

Think tanks, ONGs e redes

A criação da Fundação Internacional para a Liberdade: 121
entre o fracasso e a contraofensiva neoliberal na América Latina
María Julia Giménez

Escrever com a direita: os best sellers da direita em   143
espanhol e sua promoção nas redes transnacionais
Julián Castro-Rea

Neoliberais do Cone Sul e suas alianças 161
Hernán Ramírez

O Instituto de Pesquisa e Estudos Sociais de São Paulo: 181
a construção de um projeto *pedagógico* e *saneador* (1961-1969)
Fernanda Teixeira Moreira

IDEOLOGIA E CULTURA(S)

O liberalismo conservador como matriz ideológica 205
principal das direitas uruguaias (1890-1930)
Gerardo Caetano

Anticomunistas e antirreformistas: os intelectuais de direita 225
e a universidade na Argentina (1962-1974)
Laura Graciela Rodríguez

Um antirracismo liberal conservador? Orgulho Negro e denúncia 245
do racismo por Wilson Simonal nos anos 1960
Bruno Vinicius Leite de Morais

La llamada de la tribu: os exercícios de admiração 267
de Mario Vargas Llosa
Stéphane Boisard

RELIGIÕES E RELIGIOSIDADE

Uma rede de sociabilidade integrista: a expansão 295
tefepista para a Argentina e Chile (1967)
Gizele Zanotto

As relações da TFP com o movimento conservador americano 313
Rodrigo Coppe Caldeira e *Victor Gama*

Luz, câmera, ação católica: Igreja e censura cinematográfica 329
nas ditaduras militares brasileira e argentina
Ana Marília Carneiro

Ditaduras, políticas públicas e vida política

Antes do golpe. Anticomunismo e militarização política no Chile   349
Verónica Valdivia Ortiz de Zárate

Um lugar para a mocidade na política: a atuação das juventudes na   371
Arena Jovem durante a ditadura militar brasileira (1969-1979)
Gabriel Amato

A habitação social como objeto de propaganda   391
institucional na ditadura chilena
Gabriela Gomes

Narrativas de militares argentinos que participaram na   415
"luta anti-subversiva": entre a convicção e a moderação
Analia Goldentul

Circulação trasnacional

Os congressos anticomunistas da América Latina (1954-1958):   439
redes, sentidos e tensões na primeira guerra fria
Ernesto Bohoslavsky e *Magdalena Broquetas*

"Os Mussolini não nascem todos os dias". A revista *Dinámica*   461
Social: um caso de neofascismo transatlântico
Celina Albornoz

De Maurras a Perón. A trajetória intelectual de   483
Jaime María de Mahieu e sua influência no nacionalismo argentino
Juan Luis Besoky

A batalha estético-cultural do hispanismo chileno   505
nos anos cinquenta: estratégias e conexão franquista
Isabel Jara

Apresentação

É com grande satisfação que trazemos a público este livro, que reúne a maior parte dos trabalhos apresentados no Terceiro Colóquio "Pensar as direitas na América latina no século XX", um evento realizado no campus da Universidade Federal de Minas Gerais (UFMG) em agosto de 2018. Este Colóquio representa uma linha de continuidade em relação a dois eventos anteriores que tiveram lugar, respectivamente, na França (2014) e na Argentina (2016). Naquelas ocasiões se começou a constituir redes de pesquisadores e projetos de cooperação entre diferentes universidades, bem como se publicaram atas reunindo os trabalhos apresentados pelos participantes que foram disponibilizadas na internet pela revista francesa *Nuevos Mundos Mundos Nuevos*. Em suas três edições o Colóquio atraiu um público qualificado de pesquisadores da história e das ciências sociais provenientes da Europa, América do Sul e América do Norte, reunidos para debater conjuntamente o fenômeno das direitas na América Latina. Devido à qualidade dos trabalhos apresentados no evento de Belo Horizonte e ao bem-vindo interesse da editora Alameda decidimos publicar os resultados desta edição do Colóquio na forma de livro, na expectativa de consolidar e ampliar o seu impacto.

Dos 40 trabalhos apresentados no Colóquio de Belo Horizonte, 24 foram selecionados para integrar esta coletânea. Trata-se, em todos os casos, de textos inéditos e originais, que foram produzidos por historiadores e cientistas sociais a partir de pesquisas baseadas em fontes documentais diversas, com suportes de natureza visual, escrita e oral. O conjunto oferece ao leitor um rico olhar analítico sobre diferentes expressões de fenômenos direitistas em vários países da América Latina como Argentina, Brasil, Chile, México, Uruguai, que com frequência envolvem conexões com outras regiões, e em distintos momentos históricos. O amplo arco temático dos trabalhos apresenta abordagens sobre partidos políticos, organizações religiosas, *think tanks*, periódicos, intelectuais, políticas públicas e imaginários culturais do amplo campo das direitas latino-americanas.

A primeira seção do livro contém 5 artigos sobre as direitas atuais e as causas de seu sucesso político (assim como as dificuldades para estudá-las). Os textos oferecem uma perspectiva crítica sobre as vinculações das direitas com a democracia, com as heranças das ditaduras e com o neoliberalismo na conjuntura de final de ciclo da "maré rosa" na América Latina. A segunda seção concentra-se no estudo das redes e organizações não partidárias de direita, como os *think tanks*, institutos, fundações e empresas editoriais envolvidas na defesa de projetos econômicos neoliberais e autoritários. A seguinte seção enfoca problemas sobre as ideologias e certos conflitos culturais associados às direitas: racismo, projetos universitários, identidades nacionais, escritores e intelectuais são algumas das questões aqui abordadas. A quarta seção é devotada ao estudo da Igreja e outras organizações católicas: as redes internacionais da Sociedade para a Defesa da Tradição, Família e Propriedade e a participação da Igreja nos aparelhos de censura das ditaduras são as principais temáticas dos 3 artigos que compõem a seção. Precisamente, a seguinte seção oferece análises inovadoras sobre as ditaduras sul-americanas e os seus sujeitos: os jovens simpatizantes do regime militar, as políticas de habitação social e os relatos dos repressores são algumas das questões aqui abordadas. A última seção reúne 4 artigos que enfocam a questão da circulação transnacional das direitas latino-americanas no século XX. A circulação de pessoas, publicações, ideias e sentidos foi maior no passado do que geralmente se acreditava até agora: congressos, redes internacionais formais e clandestinas, revistas especializadas faziam parte de um mapa bastante globalizado das direitas do continente.

* * *

No texto em que convidamos os palestrantes a se engajarem no Colóquio propusemos algumas reflexões básicas sobre a conformação do campo direitista. Porém, o fizemos com a devida cautela, já que estabelecer limites precisos para a direita é trabalho árduo, em especial tendo em vista a heterogeneidade e a pluralidade dos grupos que historicamente têm integrado esse campo, que é marcado pela presença de diferentes tradições políticas. Há desde situações consensuais, como o conservadorismo e o fascismo, cujo pertencimento à direita não é objeto de questionamento sério, até o caso mais complexo do liberalismo, que gera disputas polêmicas devido a suas implicações no momento presente, e também devido aos distintos sentidos atribuídos a esta expressão em diferentes países. Igualmente complexos são os objetivos do ativismo de direita, que vão além da defesa da propriedade e de interesses materiais, envolvendo também a luta por valores morais e, frequentemente, religiosos, que se sentem ameaçados pelas ações da esquerda. Fundamental, portanto, levar em conta a complexidade que caracteriza os grupos de direita, evitando a pretensão de estabelecer limites rígidos, permanentes ou universais. O melhor é pensar que as fronteiras do campo direitista podem ser móveis, sobretudo ao levarmos em conta a historicidade do fenômeno e as mudanças provocadas pela ação do tempo. Assim, algumas tradições políticas ocuparam posições favoráveis à mudança social no passado, porém, em momento posterior alinharam-se com as forças de direita em defesa da manutenção da ordem.

O que há de perene na conformação do campo das direitas é a sua identificação com as forças contrárias a políticas igualitárias, sejam elas voltadas à igualdade civil, social, racial ou, mais recentemente, entre os gêneros. Por outro lado, deve ser lembrado que a própria luta contra a esquerda ajuda a estabelecer os contornos da direita, já que o combate acirrado contra os inimigos é fundamental para a sua instituição como segmento específico do campo político. De qualquer modo, não se trata de afirmar definições canônicas, senão de propor marcos gerais para um campo pleno de relevância histórica e atualidade, cujos limites e características básicas estão em discussão e poderão ser melhor compreendidos a partir do aprofundamento das investigações.

O vasto território e a longa duração que caracterizam esse(s) objeto(s) impõem o desafio de limitar o ângulo de observação e a diversidade de atores históricos individuais ou coletivos, com o risco de extrapolar e de transpor, a um cenário não europeu, análises próprias do Velho Continente onde primeiro se forjou o conceito de direita. Considerando as tradições e a evolução dos sistemas políticos nacionais existem dúvidas se o conceito de "direita" pode ser aplicado de maneira uniforme em toda a área ibero-americana. Para além da análise dos sistemas políticos, uma resposta à questão da utilização, ou não, do termo em alguns países e não em outros deve considerar as influências europeias e/ou norte-americanas e a recepção e adaptação dessas influências na América Latina. Por outro lado, pensando na direção contrária também, há que se considerar situações em que redes de ativistas locais logram alcançar repercussão além das fronteiras da região, por vezes impactando também no Velho Mundo. Portanto, é fundamental estar atento às redes sociais que unem os atores ibero-americanos ao resto do mundo, pois obviamente os contornos das direitas têm dimensão transnacional. Crucial, assim, destacar a importância das circulações entre a Europa e a América Latina e entre os Estados Unidos e a América Latina, que, no entanto, não devem ser pensadas em sentido único. De tal forma, a historicização do conceito de "direita(s)" é um passo importante na construção desse objeto de estudo e implica a inclusão da América Latina em uma história global.

Se na ocasião do primeiro colóquio já era visível o incremento da influência das direitas em várias partes do mundo, neste momento o tema ganhou ainda maior atualidade política em vista dos acontecimentos recentes, como os resultados eleitorais na Argentina, na França, na Áustria, na Itália e nos Estados Unidos e o impeachment de 2016 no Brasil que foi provocado por – e provocou – um giro à direita, o que acabou finalmente contribuindo para o recente triunfo eleitoral do candidato Jair Bolsonaro.

O presente contexto, extremamente desafiador, torna ainda mais estimulante investigar este tema de grande relevância acadêmica, que é preciso estudar à luz das ferramentas teóricas e metodológicas da história e das ciências sociais, porém, sem perder de vista a sua importância política no futuro próximo. Inclusive porque as mudanças no cenário político podem impactar negativamente a pesquisa acadêmica em alguns países. Oxalá esta publicação contribua para afirmar a convicção de que a institucionalidade e a cultura democráticas são o melhor ambiente para travar as disputas políticas que definirão o nosso futuro.

* * *

Ao encerrar esta apresentação não poderíamos deixar de agradecer às instituições e às pessoas que colaboraram com a organização e o financiamento do Colóquio. Em primeiro lugar, a Universidade Federal de Minas Gerais aceitou sediar o evento e nos receber durante três dias. A direção da Faculdade de Filosofia e Ciências Humanas e a coordenação do Programa de Pós-graduação em História contribuíram com valioso incentivo e recursos financeiros. A CAC-UFMG (Coordenadoria de Assuntos Comunitários) forneceu o auditório, os respectivos equipamentos e, além disso, organizou a transmissão ao vivo do Colóquio. O Laboratório de História do Tempo Presente da UFMG se responsabilizou pela organização do III Colóquio em Belo Horizonte, e seus pesquisadores e estudantes de pós-graduação fizeram todo o possível para garantir o sucesso do evento. Agradecemos em especial aos membros do LHTP que atuaram como monitores: Marina Mesquita, Guilherme Alonso, Milene Lopes, Camila Neves, Dmitri Bichara, Marco Túlio Antunes, Gabriela Fischer e Edi Freitas.

O Institut National Universitaire Jean-François Champollion e o FRAMESPA/CNRS/UMR 5136, da Université Toulouse Jean Jaurés da França contribuíram financeiramente e com o trabalho de design do cartaz e do folder do Colóquio. Devemos também muitos agradecimentos às agências brasileiras de financiamento à pesquisa e à pós-graduação CAPES e CNPq, cujo aporte de recursos foi indispensável não apenas para a realização do evento, mas também para a publicação deste livro. A Universidade Nacional de General Sarmiento e o Conselho Latino-Americano de Ciências Sociais apoiaram a realização do Colóquio e contribuíram para a sua difusão.

Finalmente, agradecemos aos membros do comitê académico do III Colóquio, um verdadeiro *dream team* que permitiu fazer uma apurada e criteriosa seleção do grande volume de comunicações. Registramos nosso agradecimento pelo trabalho de Gabriela Aguila, João Fábio Bertonha, Maud Chirio, Antonio Costa Pinto, Olivier Dard, Armelle Enders, Annick Lempérière, Julio Melon Pirro, Luís Edmundo Moraes, Julio Pinto Vallejos, Laura Reali e Sonia Rose.

Os organizadores

As Direitas hoje

A ASCENSÃO DA DIREITA RADICAL BRASILEIRA NO CONTEXTO INTERNACIONAL

Ariel Goldstein[1]

Introdução

O fenômeno da ascensão política do candidato da extrema direita Jair Bolsonaro parece ser apenas uma expressão da desorganização atual do cenário político brasileiro, mas não é só isso. A profunda divisão entre as expectativas das populações insatisfeitas e a incapacidade das instituições da democracia liberal para incorporar essas demandas é um fato comum atualmente na Europa, América Latina e nos Estados Unidos.

No mundo, nos últimos anos, as extremas direitas foram crescendo eleitoralmente. Recentemente na Europa aconteceram as vitórias e o crescimento dos partidos e candidatos de extrema direita em distintos países como a Alemanha (2017),[2] Hungria (2010), Polônia (2015), Itália (2018), Eslovênia (2018). É uma extrema direita que tem o seu centro intelectual situado nos países que pertenciam antigamente à União Soviética, e especialmente no primeiro ministro da Hungria Viktor Orbán. Este representa o caso de ex-liberais que no poder se tornaram políticos da extrema direita que defendem uma reunificação da "co-

---

[1] Instituto de Estudios de América Latina y el Caribe, Facultad de Ciencias Sociales, Universidad de Buenos Aires.

[2] Em 2017, após as eleições parlamentares, Alternativa para Alemanha (AfD) transformou-se no maior partido da oposição no Bundestag.

munidade originária" e em autodefesa da "ameaça externa".[3] Ao mesmo tempo, essas expressões apresentam uma oposição à globalização. Segundo o historiador Enzo Traverso, trata-se de um "pós-fascismo" que se desenvolve no interior das instituições democráticas.

Nos Estados Unidos, em 2016 produziu-se a inesperada vitória de Donald Trump pelo Partido Republicano, um candidato presidencial da extrema direita no país que se reivindica líder do mundo "livre e democrático". O triunfo do multimilionário, cuja original campanha foi baseada na crítica à potencial ameaça dos imigrantes para a nação americana e no slogan do *"drain the swamp"*, a promessa de limpar a corrupção na classe política tradicional em Washington foi um grande estímulo para o desenvolvimento dos grupos da "alt right" (Alternative Right ou a direita alternativa) na sociedade norte-americana.[4] As argumentações usadas por Trump durante sua campanha presidencial já foram usadas com sucesso no passado por vários políticos brasileiros, entre eles Jânio Quadros, com sua campanha da vassoura para varrer a corrupção dos anos 1950 e 1960, e Fernando Collor de Mello com a campanha de 1989 contra os "marajás".

Num contexto internacional de grande desilusão com a classe política, Trump polarizou intencionalmente o ambiente político como parte da estratégia de campanha, recorrendo às tensões étnicas e raciais fundantes da sociedade americana.[5]

---

3   Agradeço o comentário de Stephane Boisard.

4   MARWICK, A., e Lewis, R. (2017). "Media manipulation and disinformation online". New York: Data & Society Research Institute.

5   LIEBERMAN, R., METTLER, S., PEPINSKY, T., ROBERTS, K. y VALELLY, R. (2017): "Trumpism and American Democracy: History, Comparison, and the Predicament of Liberal Democracy in the United States". Paper prepared for the Global Populisms conference at the Freeman Spogli Institute at Stanford University, November 3-4. Nos Estados Unidos, muitos autores têm feito destaque sobre o ataque direto ao sistema político tradicional que representavam, no contexto das eleições presidenciais norte-americanas de 2016, conjuntamente desde a esquerda e a direita o candidato Bernie Sanders pelo Partido Democrata e o candidato Donald Trump pelo Partido Republicano. Os dois candidatos questionavam o establishment e a chamada corrupção do Wall Street.

Atualmente, apenas na Espanha, se considerarmos os grandes países da Europa, não há uma extrema direita com possibilidades eleitorais. Traverso destaca que isso se deve pelo surgimento de um partido de esquerda como o Podemos canalizando a insatisfação política.[6]

As extremas direitas em ascensão na Europa e nos Estados Unidos estão baseadas em um "mito fundacional", uma reconstrução idealizada do passado ao qual prometem um retorno. Um retorno ao Império Britânico com a campanha inglesa do *Leave* (*Brexit*) para deixar a União Europeia,[7] a volta ao "*América great again*" com Trump, a Polônia católica para os poloneses e a "ordem e progresso" representada pelo período da ditadura brasileira com Bolsonaro no Brasil.

A ascensão dessas extremas direitas também encontra uma explicação na "decadência" atual de cada país. Na Europa e nos Estados Unidos é relacionada com os efeitos da imigração, do Islã e da destruição dos valores tradicionais. Um exemplo interessante disso foi a fala de Donald Trump na Conferência Conservadora (CPAC: *Conservative Political Action Conference*), onde a imigração era representada como uma serpente que atacava a nacionalidade americana.[8] No Brasil, Bolsonaro atribui a decadência do país à "hegemonia" da esquerda cultural na sala de aula, na mídia, nos intercâmbios comerciais "ideológicos" com a Venezuela.

Norris e Inglehart[9] já explicaram esse auge das extremas direitas como um choque geracional pelos valores pós-materiais que está acontecendo em distintas sociedades ao redor do mundo, explicando o auge do populismo de direita como reação aos avanços progressistas nessa matéria. A juventude globalizada exige uma renovação dos costumes e coloca na agenda as mudanças das minorias sexuais, juventude negra, meio ambiente, distribuição econômica, trabalho. As velhas gerações estão preocupadas com a conservação da tradição e a ameaça

---

6   TRAVERSO, E. (2018): *Las nuevas caras de la derecha*. Buenos Aires: Siglo XXI.

7   VIRDEE, S. e MCGEEVER, B. "Racism, Crisis, Brexit." *Ethnic and Racial Studies*, p. 1-18, 2018.

8   Donald Trump discurso em Conservative Action Conference, 2018.

9   INGLEHART, R. y NORRIS, P. (2016): "Trump, Brexit and the Rise of Populism: Economic Have-Nots and Cultural Backlash" (July 29). HKS Working Paper No. RWP16-026.

para aquelas que sobrepõem novos avanços. É nesse choque geracional onde crescem as novas direitas. Segundo o Datafolha, Bolsonaro teve apoio especialmente de eleitores acima de 45 anos.[10]

O artigo analisa o fenômeno político e social que representa Bolsonaro no contexto internacional.

A queda do nacional-desenvolvimentismo petista, a relevância do passado e o auge da extrema direita

Durante os governos do PT no Brasil, período das presidências de Lula e Dilma Rousseff (2003-2016), foram continuadas e ampliadas as políticas do *nacional-desenvolvimentismo* que dominaram na história brasileira desde os anos 30, iniciadas com o primeiro governo de Getúlio Vargas.[11] Apesar de um começo mais ortodoxo de Lula em termos de política econômica quando chegou à presidência, o que incluiu a "Carta ao Povo Brasileiro" de 2002 e a designação do Antonio Palocci no Ministério da Fazenda, com o desdobramento dos mandatos, os governos petistas foram virando uma estratégia nacional-desenvolvimentista. Isso ficou mais evidente com a designação do Guido Mantega à frente do Ministério da Fazenda, dando ao governo esse perfil mais desenvolvimentista. O *nacional-desenvolvimentismo* foi um relato organizador da sociedade durante os governos da hegemonia petista, projetando os anseios e as expectativas da sociedade como país emergente e anunciando sua projeção no cenário internacional.

A crise internacional de 2008 e os seus efeitos sobre o Brasil em 2012/2013, e a insatisfação com o Estado brasileiro, impulsionaram as chamadas manifestações de junho que evidenciaram um profundo desencantamento com a política tradicional. Esta foi no Brasil a expressão mais clara da divisão existente entre as expectativas da população e a incapacidade das instituições tradicionais para canalizá-las, uma tendência mundial, como já dissemos. No Brasil, essa

---

10 Podcast Folha-Spotify *Eleição na chapa*. "O que você precisa saber sobre o último Datafolha". 11/09/2018.

11 AARÃO REIS, D. (2014): "A ditadura faz cinquenta anos: história e cultura política nacional-estatista", em Reis, Daniel Aarão, Ridenti, Marcelo e Patto Sá Motta, Rodrigo (orgs.) *A ditadura que mudou o Brasil: 50 anos do golpe de 1964*. Expresso Zahar: Rio de Janeiro.

tendência explodiu com a organização da Copa das Confederações (2013) e o contraste percebido pelos cidadãos entre os investimentos milionários do Estado para se ajustar às exigências da FIFA (Federação Internacional de Futebol) e a falta de investimento em questões públicas (saúde, educação, transporte) que afetavam a vida cotidiana da maior parte da população. Os efeitos dessa crise econômica repercutiram de forma distinta em cada país, mas no Brasil tiveram o efeito de levantar novos movimentos horizontais de participação política, tanto de esquerda quanto de direita. Esse foi um primeiro momento de quebra do pacto social que sustentava a chamada "hegemonia lulista".[12] Segundo Angela Alonso (2018), o vácuo político que as manifestações de junho de 2013 deixaram foi ocupado pelos grupos da direita.[13]

A crise desse projeto aprofundou-se dentro do próprio governo com a designação do Joaquim Levy como Ministro da Fazenda após as eleições em 2014. Como sinalizou o economista Pedro Zahluth Bastos, com a gestão de Levy o governo ingressou em um ciclo recessivo em que, para respeitar as metas de inflação e a estabilidade macroeconômica, utilizou-se de cortes orçamentários, e isso teve um papel negativo no consumo e na recuperação do ciclo de crescimento, reduzindo a atividade econômica e, portanto, a geração de emprego e, consequentemente, a arrecadação fiscal. Isso teve um custo fatal para um governo de orientação desenvolvimentista que tinha como objetivo principal a conquista, ampliação e preservação do apoio popular.

Esse ajuste econômico diminuiu as bases sociais de apoio do governo, criando junto com o legado das manifestações de junho de 2013 um enorme vácuo de desilusão política. Após as manifestações, a imagem pública de Dilma foi afetada e o índice de aprovação de seu governo despencou de 70% para 30%. Com os efeitos do choque econômico e os avanços da investigação da Lava

---

12 AB'SABER, T. (2013, 24 de junho): "As manifestações e o direito à política". Folha de S. Paulo. Disponível em: http://www1.folha.uol.com.br/opiniao/2013/06/1300107-talesabsaber-as-manifestacoes-e-o-direito-a-politica.shtml

13 ALONSO, Angela (2018): "A política das ruas: protestos em São Paulo". Conferência apresentada no III Colóquio "Pensar as direitas na América Latina", Universidade Federal de Minas Gerais, 24 de agosto de 2018.

Jato,[14] a aprovação do governo da presidente chegou aos 10%. Ditos momentos constituíram a queda irrecuperável na sustentação do projeto dos governos da "hegemonia lulista".

É nas grandes crises políticas, econômicas e sociais que emergem as demandas pelas lideranças fortes. O'Donnell criou o conceito de "democracia delegativa" para explicar essa situação quando as demandas por lideranças fortes e salvadoras emergem frente a uma situação de anomia social exigindo a restauração da ordem e o fim da crise. A restauração da ordem, nesses contextos, aparece como a demanda principal acima de outras demandas da população, podendo relegar outras exigências democráticas em prol da manutenção da ordem.

No Brasil, a extrema direita começou a se fortalecer no mesmo momento em que começava a agonizar o projeto nacional desenvolvimentista do PT com a crise do segundo mandato de Dilma Rousseff. No contexto de queda do governo Dilma, começou a se gestar no Brasil uma transformação na cultura política, em termos do debate público.

Bolsonaro é uma expressão desse estado da discussão pública no Brasil. Isso ocorre já que não se trata apenas de um candidato, e sim de um clima social criado por jornalistas como Reinaldo Azevedo, filósofos como Olavo de Carvalho e novos movimentos digitais como o Movimento Brasil Livre (MBL) ou *Escola Sem Partido*.[15] Avançaram com "guerras culturais" na internet contra a esquerda, no caso do MBL com relação a páginas como o *Ceticismo Político* e o *Jornal livre*.[16] A *Escola Sem Partido* ambiciona banir os professores de esquerda

---

14 A operação "anticorrupção" Lava Jato, coordenada pelo juiz de Curitiba Sergio Moro e Deltan Dellagnol, prendeu políticos do chamado "alto clero" da política brasileira como Eduardo Cunha, Sergio Cabral, Lula, Delcidio Amaral, assim como empresários. O maior empresário na cadeia foi Marcelo Odebrecht, chefe do grupo Odebrecht, a maior empresa de construção no Brasil. O juiz Sergio Moro, nomeado Ministro da Justiça do presidente Bolsonaro, cometeu numerosos atos no julgamento contra o PT que evidenciaram a ausência de imparcialidade no processo.

15 PATTO SÁ MOTTA, R. (2017): "Giro a la derecha e impeachment: la crisis política de Brasil", *Revista Política Latinoamericana*, Julio-Diciembre Nro. 5, p. 1-9.

16 "MBL: do discurso anticorrupção à proximidade com as fake News", Paulo Flores, 31 Mar 2018. Link para matéria: https://www.nexojornal.com.br/expresso/2018/03/31/MBL-do-discurso-anticorrup%C3%A7%C3%A3o-%C3%A0o-proximidade-com-as-fake-news.

das escolas de ensino médio com o argumento do risco da politização da educação e a ideia de que esta é ruim para a "neutralidade". Além disso, o ataque conservador contra a conferência da teórica Judith Butler e a suspensão de uma exposição de coleção de imagens no Santander e MAM / SP em São Paulo com argumentos conservadores são dois eventos que contribuíram para esse clima cultural em 2017.

Para Solano, Ortellano e Moretto,[17] entre os manifestantes de direita há uma falta de homogeneidade em seus pensamentos a respeito das questões sobre as quais se desenvolvem as "guerras culturais" no Brasil, com a exceção do discurso antipolítico.

É uma batalha cultural para redefinir as questões da agenda pública com temáticas da direita. Essa batalha cultural gramsciana de grupos de extrema direita é o que está acontecendo no Brasil. A redefinição da esfera pública, substituindo o debate público como construção coletiva para uma competição de atenção nas mídias sociais voltada para públicos segmentados[18] é um ambiente especialmente favorável para um candidato como Bolsonaro. Como foi explicado pelo chefe da campanha do Donald Trump, Steve Bannon, nos tempos atuais das mídias sociais, para mudar a política é preciso mudar a cultura, os termos do debate público.[19] Steve Bannon, que também se tornou assessor de Jair Bolsonaro, busca representar uma oposição à direita liberal e prega uma "revolta nacional-populista" na Europa e no mundo em defesa do "pequeno homem" e contra o que chama de "Partido de Davos" e a mídia globalizada.

Esse cenário de fortalecimento da extrema direita que tem acontecido nos últimos anos no Brasil é inimaginável em países como a Argentina, onde o repúdio aos crimes da ditadura existente na sociedade civil impede esse tipo de

---

17　SOLANO, E., ORTELLANO, P. e MORETTO, M. (2017): "Guerras culturais e populismo antipetista nas manifestações por apoio à operação Lava Jato e contra a Reforma da Previdência", *Opinião Pública*, Universidade Federal de Minas Gerais, p. 35-45.

18　WAISBORD, S. (2018): "The elective affinity between post-truth communication and populist politics". *Communication Research and Practice*, p. 1-18.

19　"Listen to 'The Daily': The Data Harvesters", *New York Times Podcast*, 21/03/2018. https://www.nytimes.com/2018/03/21/podcasts/the-daily/cambridge-analytica-facebook-data.html?emc=edit_mbe_20180322&nl=morning-briefing-europe&nlid=80665726&te=1.

reivindicações. Antes das eleições presidenciais em 2014, Bolsonaro declarava ao *O Globo* que "O grande mal do Brasil é o PT. Se Dilma conseguir a reeleição, não fugiremos de uma ida para Cuba sem escala na Venezuela. É um governo que se preocupa em caluniar as Forças Armadas 24 horas por dia".[20]

Na Argentina, a ausência de uma extrema direita deve-se ao repúdio existente nesse país pela herança da ditadura militar e o papel das Forças Armadas nesse processo. A chamada "transição pelo colapso"[21] que caracterizou o período de transição da ditadura para a democracia na Argentina com a derrota da Guerra das Malvinas, e as denúncias crescentes dos organismos dos direitos humanos, transformados atualmente em fortes organizações da sociedade civil,[22] operam atualmente como uma "barreira de contenção" para o florescimento da extrema direita.[23] Na transição democrática brasileira, em uma ditadura que obteve maior legitimidade, as Forças Armadas negociaram a transição de uma posição de maior força que incluiu uma Lei da Anistia e cujos crimes contra a humanidade, diferentemente da Argentina, não foram julgados. Nesse cenário existem maiores possibilidades para a emergência e consolidação de uma extrema direita. De fato, Bolsonaro exerce uma reivindicação da ditadura militar, usa uma linguagem militar, e assim também o seu contexto de emergência é paralelo ao crescimento e aprovação do papel das Forças Armadas na política brasileira como resposta ao vácuo de poder no contexto do governo de Michel Temer.

Fator semelhante na Europa, nos Estados Unidos e no Brasil é a percepção da sociedade de que as instituições não estariam proporcionando uma res-

---

20 "Mais votado no Rio para a Câmara, Bolsonaro mira a Presidência em 2018", *O Globo*, 07/10/2014. Leia mais: https://oglobo.globo.com/brasil/mais-votado-no-rio-para-camara-bolsonaro-mira-presidencia-em-2018-14171857#ixzz5JpxM7rYcstest

21 ANSALDI, W. (2006): "Juego de patriotas. Militares y políticos en el primer gobierno posdictadura en Bolivia, Brasil y Uruguay", em A. Pucciarelli (coord.), *Los años de Alfonsín*. Buenos Aires: Siglo XXI editores.

22 KECK, M. y SIKKINK, K. (1998). *Activists beyond Borders. Advocacy Networks in International Politics*, Ithaca, Cornell University Press.

23 De fato, o próprio governo argentino do Mauricio Macri, de centro-direita, teve que retroceder frente a mobilizações dos organismos de direitos humanos em medidas tomadas pela Suprema Corte que colocavam em questão a condenação dos responsáveis pela repressão na ditadura.

posta às expectativas da população com respeito às principais demandas. Assim, a questão no Brasil se relaciona a sua imensa crise política, social e econômica que favoreceu o crescimento do apoio a Bolsonaro. A importância que têm adquirido os problemas de segurança nas grandes cidades faz aumentar na população a penetração do discurso de anulação radical das liberdades em contrapeso com a recuperação da ordem. A anulação das liberdades democráticas é exposta como um custo a ser pago para obtenção da restauração da ordem. Mas, diferente da extrema direita nacionalista da Europa, a extrema direita no Brasil tem um caráter neoliberal.[24]

Nesse contexto, a partir do final de 2017 as pesquisas de opinião colocaram o militar aposentado e deputado pelo Rio de Janeiro no segundo lugar da corrida presidencial para as eleições de 2018. Para além dos resultados, essa situação expressa uma mudança radical para a cultura política brasileira. É a primeira vez desde o fim da ditadura brasileira em 1985 que um candidato de extrema direita com uma agenda antifeminista, que promove o direito ao uso das armas e ataques militares às favelas é capaz de fazer sua mensagem alcançar diversos grupos da sociedade. A ascensão do candidato Bolsonaro tendia a romper a hegemonia de confrontação entre o PT e o PSDB (Partido da Social Democracia Brasileira) nos embates eleitorais, que ocorram nas eleições presidenciais de 1994 até 2014.

Os grupos da extrema direita no mundo crescem em contextos em que "soluções radicais" são esperadas por grande parte da sociedade. Esse contexto caracteriza bem o Brasil com a crise política, social e econômica que está vivenciando desde o começo do segundo mandato de Dilma, em janeiro de 2015.

O Brasil tornou-se o único país na América Latina que permitiu nos últimos anos o crescimento de um candidato da extrema direita como Bolsonaro. Uma possível exceção a esse contexto a juntar-se ao Brasil é a Colômbia, governada por um presidente populista de direita, Alvaro Uribe, por dois mandatos entre 2002-2010 e por seu sucessor Iván Duque que acaba de ganhar as eleições presidenciais em 2018. Essa forte presença da direita na Colômbia

---

24 "Safatle: Ataque a Bolsonaro despolitiza debate e põe esquerda no alvo", *Carta Capital*, 07/09/2018. https://www.cartacapital.com.br/politica/safatle-ataque-a-bolsonaro-despolitiza-debate-e-poe-esquerda-no-alvo .

explica-se pelo conflito armado estabelecido entre o Estado e a guerrilha das FARC (Forças Armadas Revolucionárias da Colômbia). O conflito colombiano, assim como em Israel no conflito com os palestinos, permite a construção de um inimigo culpável dos problemas do país, levando o eleitorado a apoiar a direita enquanto estigmatiza a esquerda.[25] Não foi casualidade Bolsonaro aparecer celebrando os 70 anos da criação do Estado de Israel,[26] que é o ponto de convergência nodal das direitas e extremas direitas internacionais.

No Brasil, os dois pontos já mencionados, as manifestações de junho de 2013 e o ajuste econômico aplicado por Joaquim Levy, assim como os escândalos de corrupção que revelaram as ligações entre Odebrecht e a classe política, foram criando uma crescente desilusão e descontentamento dos cidadãos com a política. Essa situação criou em alguns eleitores a ideia de que soluções radicais eram necessárias para "colocar o país no caminho certo". É nesse contexto de ausência de alternativas e crises que Bolsonaro obteve crescimento. Assim, Traverso relaciona a ascensão dos partidos de extrema direita no mundo com a ausência de alternativas esquerdistas que caracterizaram o cenário político desde 1989.[27] No Brasil, a ascensão do candidato de extrema direita dificilmente poderia ser entendida sem considerar a crise do projeto do Partido dos Trabalhadores e o fato de que uma parte dos eleitores de Bolsonaro são "lulistas" desiludidos. Pesquisas de opinião indicam que 1 de cada 10 eleitores de Lula no passado – representante máximo do PT, agora são eleitores do Bolsonaro.[28]

Bolsonaro promove soluções radicais, mas tem em Paulo Guedes, economista neoliberal, seu principal conselheiro econômico. Bolsonaro o nomeou como conselheiro econômico durante as eleições para obter a confiança dos mercados financeiros e daqueles setores do *establishment* preocupados com a continuidade das reformas de Temer sob um governo de Bolsonaro. Ele, seus

---

25 ROUQUIÉ, A. (2011): *A la sombra de las dictaduras. La democracia en América Latina.* Buenos Aires: Fondo de Cultura Económica.

26 Sessão Solene, Câmara dos Deputados 17/05/2018.

27 TRAVERSO, E. (2018): *Las nuevas caras de la derecha.* Buenos Aires: Siglo XXI.

28 "Brazil Turns Rightward, Heralding New Chapter for Latin America", *Wall Street Journal*, 08/04/2018. Disponível em: https://www.wsj.com/articles/brazil-turns-rightward-heralding-new-chapter-for-latin-america-1523216901

eleitores e alguns jornalistas direitistas como Reinaldo Azevedo sustentam que a mídia brasileira é hegemonizada pelas forças de esquerda e atacam a imprensa tradicional como a *Folha de S. Paulo* por ser, em seu ponto de vista, tendenciosa contra o candidato. Este, em seus vídeos no *Youtube*, ataca especialmente o que chama de "carga ideológica" da esquerda nas universidades e na educação, que deveria ser extinta.[29]

Neste aspecto, eles usam o mesmo argumento que Donald Trump e os grupos "*alt right*" nos Estados Unidos.[30] Eles se colocam como vítimas do sistema e combatentes em uma luta de resistência contra o *establishment*. Alex Jones, o âncora de *Infowars*, canal no Youtube da "*alt-right*" nos Estados Unidos, fala aos usuários: "vocês são a resistência!" O próprio Bolsonaro e os seguidores internautas em sua página do Facebook defendem a sua comparação com Trump: se o atual presidente norte-americano ganhou as eleições contra a maioria da mídia *mainstream* daquele país, Bolsonaro ganharia no Brasil uma vez que ataca a mídia tradicional assim como o Trump.

A despeito do argumento utilizado por Bolsonaro contra a mídia brasileira identificando-a como de esquerda, muitos meios de comunicação no Brasil são de propriedade de setores evangélicos (o caso mais importante é a *TV Record*) que promovem políticos de direita e figuras evangélicas como Marcelo Crivella, o prefeito do Rio de Janeiro (2017-2021). Além dos meios de comunicação, ditos grupos estendem sua influência sobre a sociedade através de suas próprias igrejas, que cresceram significativamente nos últimos anos. Bolsonaro costurou alianças políticas com a chamada bancada evangélica e seus representantes como os pastores Edir Macedo e Magno Malta, que declararam voto a ele no pleito eleitoral de 2018.

O contexto brasileiro para grupos de extrema direita difere da Europa e dos EUA no sentido em que as condições políticas e sociais na América Latina não dão a Bolsonaro a oportunidade de colocar sua rejeição da imigração como uma questão central de sua agenda, porque esta questão no Brasil não adqui-

---

29 "O Brasil precisa que a verdade seja dita!" Documentário no canal Youtube de Jair Bolsonaro.

30 MARWICK, A., e LEWIS, R. "Media manipulation and disinformation online". New York: Data & Society Research Institute, 2017.

riu a mesma relevância que na Europa e nos Estados Unidos. Enquanto esta é uma característica central para a ascensão da nova extrema direita como Viktor Orban na Hungria, Mateo Salvini na Itália, alternativa para a Alemanha ou Donald Trump nos Estados Unidos, Bolsonaro só pode mencionar a situação caótica produzida com a chegada massiva dos imigrantes venezuelanos na fronteira brasileira no estado de Roraima. Essa situação tem produzido rejeição por parte da população brasileira, o que pode potencialmente beneficiar Bolsonaro.

Em uma de suas falas, o candidato presidencial da extrema direita expressou sua aprovação à repressão política que ocorreu durante a ditadura brasileira de 1964-1985. Quando votou a favor do impeachment de Dilma Rousseff fez uma homenagem ao coronel Ustra, que havia torturado Dilma durante a ditadura. Referenciou a Ustra como um herói, criticando que "no Brasil se pode ensinar Marx, mas não se pode falar do livro do Coronel Ustra, um patriota".[31] Bolsonaro fala à sociedade utilizando uma linguagem militar, como por exemplo ao dizer que um "soldado que vai para uma guerra e tem medo de perder é um covarde".

Os manifestantes que gostam de participar de suas concentrações clamam "o capitão chegou" quando Bolsonaro chega aos atos da campanha, em referência ao seu passado militar. De fato, vários de seus eleitores colocaram em seus perfis do Facebook a frase "eu faço parte do exército Bolsonaro". É uma restauração da linguagem militar na sociedade brasileira, uma sociedade em estado de comoção e luta política pela redistribuição de renda e pelos valores pós-materialistas. Mas, como em outros lugares do mundo, Bolsonaro expressa uma reação da sociedade contra avanços progressistas nos valores pós-materialistas.[32] Vale ressaltar que os militares têm boa aprovação na sociedade brasileira, com 37% dos brasileiros que manifestam confiança na instituição.[33]

---

31 "O Brasil precisa que a verdade seja dita!" Documentário no canal Youtube Bolsonaro. Nesse sentido, ele tem um ponto em comum com José Antonio Kast, o líder da extrema-direita chilena, que fala em favor do legado da ditadura de Pinochet.

32 INGLEHART, R. y NORRIS, P. (2016): "Trump, Brexit and the Rise of Populism: Economic Have-Nots and Cultural Backlash" (July 29). *HKS Working Paper No. RWP16-026.*

33 "Las elecciones de octubre. La ultraderecha lidera hoy en Brasil, pero no le alcanza para gobernar", *Clarín*, 22/06/2018. Disponível em: https://www.clarin.com/mundo/ultradere-

Como já foi dito pela escritora Eliane Brum, o Brasil repete a sua história por não ter claras a suas contas com o passado. É justamente a ausência da justiça nos crimes da ditadura o que habilita a legitimação do discurso militar neste contexto de crise política:

> Tenho escrito neste espaço que parte da corrosão da atual democracia se deve ao fato de que o Brasil não fez memória sobre a ditadura. E só se faz memória com responsabilização. Com assassinos, sequestradores e torturadores de farda ou à paisana circulando livremente pelas ruas, o país entende que a vida humana vale muito pouco. E este é um dado histórico do Brasil, país fundado sobre os corpos de indígenas e de negros, que a impunidade dos criminosos do regime acentuou, com as consequências que aí estão.[34]

Bolsonaro ataca o que chama de "ideologia de gênero", já que considera que este conceito destrói os valores da autoridade na escola e os papéis tradicionais de gênero. Nesse sentido, afirmou que "nenhum pai quer chegar em casa e encontrar seu filho de 7 anos brincando com uma boneca por culpa da escola".[35] Acrescentou ainda que "seus filhos nunca poderiam ter sido gays porque eles eram muito bem-educados", disse ainda que a parlamentar de esquerda Maria do Rosario (PT), era "muito feia para ser estuprada". Recentemente, o candidato da extrema direita defendeu a militarização das escolas sob o controle da Polícia Militar. Ele cria a ilusão em seus eleitores de ser capaz de restaurar as antigas autoridades em uma sociedade que está mudando seus papéis tradicionais.

Essas ideias pretendem restaurar um modo de dominação como reação às mudanças da sociedade. Um modo de dominação baseado, como dizia Max Weber, na tradição, na validação das crenças existentes rotineiramente no passado e na reiteração das práticas que afirmariam a sua legitimidade em confrontação com as mudanças.

---

cha-lidera-hoy-brasil-alcanza-gobernar_o_HyLxuZo-m.html

34 BRUM, E. (2018, 9 de abril): "Lula, o humano", *El País Brasil*. Disponível em: https://brasil.elpais.com/brasil/2018/04/09/politica/1523288070_346855.html?id_externo_rsoc=FB_CC

35 Jair Bolsonaro, entrevista para *Jornal de Itataia*, 02/03/2018.

Nesse contexto, o assassinato político da vereadora da cidade do Rio de Janeiro pelo PSOL (Partido Socialismo e Liberdade), a feminista Marielle Franco, em março de 2018, revela o intenso ataque contra as forças da esquerda que resistem à ordem direitista que está se configurando no Brasil. Nas redes sociais, o assassinato foi justificado por grupos de extrema direita sob a ideia de que Marielle era financiada por cartéis de drogas. Contra a agenda feminista que coloca em crise as tradicionais hierarquias de gênero, uma agenda de gênero conservadora está sendo empunhada pelos grupos de extrema-direita que pretendem reconstruir uma ordem tradicional idealizada sob a base de uma essência da "nacionalidade brasileira".

Bolsonaro encontrou seguidores leais entre jovens e ricos brasileiros rurais.[36] Ele encontra mais apoio nas classes média e alta do que em setores mais populares. Esses últimos parecem continuar apoiando em sua maioria o ex-presidente Lula. É no Nordeste do país que o candidato da extrema direita obtém as suas piores intenções de voto. Alguns brasileiros gostam desse candidato porque o consideram como "politicamente incorreto" e "autêntico", assim como Donald Trump foi considerado nos Estados Unidos. Bolsonaro fornece "soluções simples" para o grande problema que o país vivencia quanto à segurança oferecida à população, especialmente nas grandes cidades como Rio de Janeiro, Salvador, Belo Horizonte e São Paulo, com 64.000 mortes por ano.[37]

Ao propor "soluções radicais" de direita, Bolsonaro cria a ideia de que está se dirigindo para um ponto crucial que tem a ver com a experiência cotidiana concreta dos setores populares. Segundo as pesquisas, a maior base do apoio do candidato fica centrada nos setores mais ricos e do Sul do país, enquanto que no Nordeste, Lula[38] assim como seu partido, o PT, mantêm-se ainda muito po-

---

36 "Leftist Lion and Far-Right Provocateur Vie for Brazil Presidency", *New York Times*, 20/01/2018. Disponível em: https://www.nytimes.com/2018/01/20/world/americas/brazil-lula-bolsonaro-election.html

37 "Brasil registra novo recorde de homicídios, com quase 64.000 em 2017", *Isto É*, 09/08/2018 https://istoe.com.br/brasil-registra-novo-recorde-de-homicidios-com-quase-64-000-em-2017/

38 Apesar de citarmos Lula como oponente de Bolsonaro no contexto eleitoral de 2018, o candidato do Partido dos Trabalhadores que disputou o pleito foi Fernando Haddad.

pular. Como falou uma pessoa da periferia paulistana: "Enquanto intelectuais se preocupam com banheiro unissex, ele está falando dos 60 mil assassinatos que acontecem todo ano no Brasil".[39]

A problemática da direita no contexto não se restringe apenas à figura de Bolsonaro, mas às pessoas que ele representa. Entre eleitores que seguem o candidato nas mídias sociais há, entre outros, pedido de defesa da ação policial sem restrições contra a esquerda acusada de "comunistas" e "esquerdopatas". Esquerda essa que é vista pelos apoiadores de Bolsonaro como a pior coisa do mundo e considerada culpada por ter levado o país à crise atual. É a reivindicação de uma "realidade essencial" sobre a base da nacionalidade frente às mudanças que se apresentam a alguns como assustadoras quando relacionadas a assuntos como gênero, imigração, integração social, reformas sociais. Assim como Trump faz a reivindicação de um retorno a uma América perfeita com o seu slogan na campanha *"Let's make America great again"*, a terra perfeita a qual Bolsonaro quer voltar é uma ordem forte com ressonâncias do lema da "ordem e progresso" próprio da ditadura brasileira que governou o país entre 1964 e 1985.

Os ataques que a campanha de Lula recebeu no Sul do país pelos partidários da extrema direita e dos proprietários de terras é outro fato que reforça a ideia de uma convivência política que está se destruindo na política brasileira como parte dessa nova ordem de direita. Depois que disparos de arma de fogo atingiram ônibus de uma caravana de apoio à Lula, o governador de São Paulo, Geraldo Alckmin, um dos principais candidatos de direita à disputa presidencial, declarou que Lula e o PT "colhem o que semeiam".

A candidatura de Bolsonaro está indiscutivelmente relacionada ao ambiente político, social e econômico do governo Temer. É um emergente indissociável desse contexto. Bolsonaro tem poder numa sociedade em explosão com políticas de cotas nas universidades que empoderaram setores excluídos das periferias. Esse anseio e "luta de classes cultural e política" que se manifestou, mais claramente com as manifestações de junho de 2013, quando alguns queriam

---

39 "Binário, livro sobre frente evangélica acirra ringue ideológico", *Folha de S. Paulo*, 29/08/2018, p. A10.

subir e outros não queriam descer[40] é também uma luta irresoluta que constitui o marco da candidatura de Bolsonaro.

Neste contexto de polarização, a incapacidade da direita de construir um candidato viável para a eleição poderia levá-la a apoiar Bolsonaro com a ideia de que seja o único com capacidade de frear um candidato da esquerda, já que ele tem a pretensão de expressar a combinação entre um discurso da extrema direita com propostas econômicas confiáveis para o mercado financeiro.

No início da campanha eleitoral, o candidato declarou em entrevista à *Folha de S. Paulo* que:

> Distribuição de renda não é tirar de quem tem pra dar pra quem não tem. Porque daqui a pouco quem tinha não tem mais nada pra dar, e quem teria pra receber não tem de quem receber. Isso se chama socialismo (...) não podemos olhar pra um cara que tem uma grande fazenda, uma propriedade, uma empresa e sobretaxar, querer arrancar o couro dele pra dar pra pobre. [Pra] pobre, tem de dar conhecimento.[41]

É importante a possibilidade que a burguesia brasileira espera de uma combinação entre Bolsonaro e Guedes, repressão e neoliberalismo, como a fórmula para aumentar a taxa de exploração do capitalismo brasileiro neste momento de crise, domesticando a chamada cultura nacional estatista.[42] [43]

---

40 SECCO, L. y DAVID, A. (2013): "Saberá o PT identificar e aproveitar a janela histórica?" *Carta Maior*, 26 de junho. Disponível em: http:// www.cartamaior.com.br/templates/materiaMostrar.cfm?materia_id=22253.

41 "Bolsonaro quer combater desigualdade de renda com escolas militarizadas", *Folha de S. Paulo*, 13/04/2018. Disponível em: https://www1.folha.uol.com.br/poder/2018/04/bolsonaro-quer-combater-desigualdade-de-renda-com-escolas-militarizadas.shtml.

42 AARAO REIS, Daniel (2014): "A ditadura faz cinquenta anos: história e cultura política nacional-estatista", em REIS, Daniel Aarão; RIDENTI, Marcelo e PATTO SÁ MOTTA, Rodrigo (orgs.) *A ditadura que mudou o Brasil: 50 anos do golpe de 1964*. Expresso Zahar: Rio de Janeiro.

43 "Dilma Rousseff en el acto de Buenos Aires por Lula organizado por Página 12, Grupo Octubre y Clacso: 'Libre o preso, Lula va a ser presiden-

Mas, diferentemente do que é sustentado pela imprensa estrangeira e os analistas estrangeiros de ciência política do *mainstream* (Francis Fukuyama, Steven Levitsky e *The Economist*), Bolsonaro não é só uma "ameaça à democracia".[44] Esse tipo de caracterização coloca uma grande manchete e omite uma grande pergunta. Por que agora, como escreveu a professora Maria Herminia Tavares de Almeida, "pela primeira vez a extrema direita tem um nome com expressão eleitoral?"[45] Por que as pessoas se sentem representadas por Bolsonaro? Conforme falou o cientista político Renato Lessa, Bolsonaro é parte do clima de ruptura da convivência democrática e "neutralização da esquerda" que aconteceu a partir do impeachment de Dilma em 2016 e que continuou com a prisão de Lula em 2018.

Bolsonaro se apresenta, nesse contexto, como um guardião da tradição, da moral e dos bons costumes, prometendo voltar ao "ordem e progresso" frente à ameaça que as esquerdas representariam, que na narrativa do candidato, seriam culpáveis pelos problemas do país.

No grupo do Facebook "mulheres unidas a favor do Bolsonaro" (64 mil seguidores) aparecem manifestações de apoio ao candidato, mulheres com vestimentas verde-amarelo fazendo o sinal do disparo de uma arma de fogo com os dedos, assim como costuma fazer Bolsonaro. Também aparecem no grupo ataques contra o chamado "feminismo".

Assim como a sociedade brasileira está polarizada entre petistas e bolsonaristas, também é possível ver essa dicotomia entre o modelo de mulher representado por cada um desses grupos políticos. Frente às demandas feministas, há uma parcela de mulheres que reagem contra essa agenda e se dedicam a construir o sentido de ser mulher e sua identidade no apoio a Bolsonaro.

---

te de Brasil'" *Página 12*, 02/05/2018. Disponível em: https://www.pagina12.com.ar/111778-libre-o-preso-lula-va-a-ser-presidente-de-brasil.

44 LEVITSKY, Steven. "Líderes eleitos usam as instituições para subverter a democracia", *Folha de S. Paulo*, 24/10/2018. "Bolsonaro é uma ameaça à democracia, diz Francis Fukuyama", *Folha de S. Paulo*, 22/04/2018. "The danger posed by Jair Bolsonaro", *The Economist*, 11/08/2018.

45 TAVARES DE ALMEIDA, María Hermínia: "Saíram do armário", *Folha de S. Paulo*, 29/08/2018, p. A6.

Esse tipo de identificação funciona baseado na figura de uma "mulher tradicional", "mulher de verdade", em oposição àquelas com outras predileções sexuais. As mulheres *bolsonaristas* se autoproclamam como representantes da "família brasileira" em oposição às "feministas".

É a mesma oposição entre "cidadão de bem" e "vagabundo comunista" traçada pelo discurso dos usuários e redes sociais que aderem ao Bolsonaro, e que também é levada para a questão do gênero.

A campanha *bolsonarista* nas redes sociais coloca elementos que são replicados pelos usuários no Facebook e Instagram: a demonização da esquerda, crítica à migração venezuelana no Brasil, a construção da representação como defensor da "família", a "tradição brasileira" e a "mulher tradicional", e a ideia de que Bolsonaro, por ser militar, vai trazer o país de volta à ordem, eliminando o atual caos em que se encontra.

Uma construção binária e das identidades do bem e do mal. A campanha nas redes sociais funciona baseado nas oposições: "cidadão de bem" contra "vagabundos comunistas", "mulher tradicional" contra "feministas". Assim, o *bolsonarismo* se revela como um movimento de restauração das hierarquias na sociedade que se percebem ameaçadas.

É também um movimento de classes médias tradicionais que estão se sentindo ameaçadas pelas mudanças na sociedade, pelo ganhos e ascensão dos setores mais populares durante os governos do PT. Esse fator se assemelha à definição que deu o sociólogo Gino Germani sobre o fascismo na Europa, relacionado com a perda de status social das classes médias. Também conserva semelhança com a vitória de Donald Trump nos Estados Unidos, contexto no qual eleitores brancos com visões tradicionais que começaram a se sentir ameaçados, "estranhos na sua própria terra" durante a presidência do primeiro presidente afro-americano, Barack Obama, usando a expressão de Arlie Russell Hochschild.[46]

O bolsonarismo é uma restauração que envolve valores materiais (reação das classes médias frente à perda do status social) e pós-materiais (contra o feminismo e as mudanças culturais).

---

46 RUSELL HOCHSCHILD, Arlie (2016): *Strangers in their own land.* The new press.

Conclusões

O Brasil vive um capítulo nacional de "choque cultural" entre velhas e novas gerações, protagonizado por personagens que representam valores opostos sobre questões como gênero, meio ambiente, desigualdades sociais, religiões, como tem sido exposto pelos pesquisadores Norris e Inglehart.[47]

Como outros pesquisadores têm ressaltado, são "guerras culturais" que se desenvolvem muito influenciadas pelas novas formas de comunicação na sociedade produzidas a partir das mídias sociais.

Essas lutas, no Brasil dos últimos anos, envolvem também a questão do status social. A ascensão social das classes menos favorecidas produzida pelos governos do PT no marco da crise internacional incrementou as tensões, por exemplo, entre grupos das periferias das grandes cidades que foram empoderados através de políticas públicas, grupos de jovens do "precariado", e grupos das classes médias e altas que querem preservar o seu status social tradicional.

Num contexto de grande desilusão com a política gerada pelas manifestações de 2013, a operação Lava Jato e a enorme crise política, econômica e social iniciada no segundo mandato de Dilma, surge Bolsonaro e suas promessas. A legitimidade com a qual contam as Forças Armadas na sociedade brasileira colaboram para as condições de possibilidade do candidato da extrema direita e capitão do Exército. Na sua campanha para as eleições presidenciais de 2018, Bolsonaro promove, frente ao "choque cultural", uma promessa de restauração de uma velha ordem idealizada, uma recuperação de uma sociedade hierarquizada e militarizada, utilizando a linguagem dos militares para restaurar uma ordem social "perdida". Esse paraíso seria a recuperação da nacionalidade, o Brasil do "ordem e progresso", lema utilizado pela ditadura brasileira e pelo governo Temer, assim como em seu slogan da campanha "Brasil acima de tudo, Deus acima de todos".

Na narrativa do candidato, a perda das liberdades e as fórmulas autoritárias aparecem como o "único remédio" para acabar com a desordem produzida

---

47 INGLEHART, R. y NORRIS, P. (2016): "Trump, Brexit and the Rise of Populism: Economic Have-Nots and Cultural Backlash" (July 29). *HKS Working Paper No. RWP16-026.*

pelos "esquerdopatas" que teriam colocado o país imerso na crise atual. Essa construção apresenta ressonâncias com uma velha ordem idealizada que também está sendo recriada nos Estados Unidos de Donald Trump (*Make America Great Again*), na Inglaterra do Brexit (o Império Britânico), na Polônia de Jaroslaw Kaczynski (a Polônia católica e para os poloneses) como resposta a outros cenários de "choque cultural".

O potencial da candidatura do Bolsonaro é também expressão de uma decomposição da ordem democrática e a sua refundação com novas formas de autoritarismo. Como tem expressado a ex-presidente Dilma Rousseff, a democracia hoje pode ser destruída de dentro, como uma árvore que é devorada por cupins. Bolsonaro é a expressão desse estado de decomposição da democracia brasileira.

Sua campanha nas redes construiu essa ideia de um candidato em defesa da família, dos valores e da mulher tradicional, contra o feminismo e a desordem que seriam provocados pela esquerda. Assim, promete restaurar uma ordem que parte do eleitorado acredita estar perdida no país.

As direitas argentinas e a democracia: ditadura e pós-ditadura

Sergio Daniel Morresi[1]

Depois da derrubada da última ditadura, as forças argentinas de direita empreenderam um aprendizado de convivência com a democracia.[2] Apesar de o processo ter tido contramarchas, terminou com a criação de um partido de base neoliberal (Proposta Republicana, PRO), que chegou ao poder através dos votos. A proposta deste estudo não é analisar o partido PRO nem explicar seu sucesso,[3] e sim mostrar o caminho que as direitas transitaram nas últimas décadas do século XX e explicitar quais fatores influenciaram para aproximá-las das formas democráticas, com as quais convivem hoje de forma tensa.

---

1   Doutor em Ciência Política pela Universidade de São Paulo, professor na Universidade Nacional del Litoral e na Universidade de Buenos Aires e pesquisador do Consejo Nacional de Investigaciones Científicas y Técnicas. Especializa-se no estudo do liberalismo, o neoliberalismo e as direitas políticas.

2   Abordei a mesma problemática com um enfoque diferente em MORRESI, Sergio Daniel. "¿Lecciones Aprendidas? Las derechas argentinas y la democracia". In: RAMÍREZ, Hernán (Org.). *O neoliberalismo sul-americano em clave transnacional: enraizamento, apogeu e crise.* São Leopoldo: UNISINOS/Oikos, 2013.

3   Sobre esses temas trabalhamos em VOMMARO, Gabriel; MORRESI, Sergio Daniel e BELLOTTI, Alejandro. *Mundo PRO. Anatomía de un partido fabricado para ganar.* Buenos Aires: Planeta, 2015. Ver também MORRESI, Sergio Daniel. "¿Cómo fue posible? Apuntes sobre la prehistoria y el presente del partido PRO". In BORON, Atilio e ARREDONDO, Mónika (Orgs.). *Clases medias argentinas: modelo para armar.* Buenos Aires: Luxemburg, 2017.

Direitas em perspectiva socio-histórica

A partir de trabalhos anteriores, considerarei direitistas as posições ético--políticas que resultam de processos de compreensão e identidade que funcionam diante de um acúmulo de rejeições concretas – geográfica e historicamente situadas – a inovações políticas, sociais, econômicas ou culturais de caráter inclusivo que são percebidas por certos setores como causantes de uma privação de algo que antes tinham ou acreditavam ter (como um privilégio ou uma categoria).[4] O conjunto potencialmente infinito de oposições à inclusão pode ser reduzido graças à análise histórica de um conjunto de elementos que resultem teoricamente relevantes e não possam ser subsumidos entre si. Assim, é preciso estudar elencos (personagens e trajetórias) e repertórios (práticas e discursos) colocados em jogo nas rejeições identificadas, o que permitirá distinguir "famílias" de direita.[5] Por sua vez, os processos de compreensão/identificação são dinâmicas discursivas e cognitivas, "jogadas" no sentido de Skinner,[6] que se caracterizam pela presença de dois elementos centrais: 1) a exclusão de pelo menos um conceito que, transformado em anátema, serve como fronteira, como exterior constitutivo e permite a identificação dos agentes contrários ao que se rejeita em favor de 2) uma ideia (ou conjunto de ideias) que se monumentaliza como o reverso disso que ficou fora e, assim, se transforma em "mito fundante" capaz de explicar as ações passadas e justificar as eleições presentes e planos futuros.[7] Graças a esse esquema, e com base em estudos disponíveis, na Argentina podemos identificar duas famílias de direita e algumas subcorrentes:

---

4 *Idem.* "Un esquema analítico para el estudio de las ideas de derecha en Argentina (1955-1983)". In: BOHOSLAVSKY, Ernesto (Org.). *Actas del Taller de Discusión sobre las Derechas en el Cono Sur, siglo XX.* Los Polvorines: UNGS, 2011. Ver também, *Idem.* "La difícil construcción de una derecha democrática en América Latina". Comunicação apresentada nas *IV Jornadas Internacionais de Problemas Latino-Americanos. América Latina: lutas, experiências e debates por uma integração dos povos.* Foz do Iguaçu: UNILA, 2014.

5 RÉMOND, René. *Les droites aujourd'hui.* Paris: Éd. L. Audibert, 2007.

6 SKINNER, Quentin. *Visions of politics. Regarding method.* Cambridge: Cambridge University Press, 2002.

7 LACLAU, Ernesto. *Emancipación y diferencia.* Buenos Aires: Ariel, 1996.

1. A direita "nacionalista", que rejeita a inclusão daquilo que considera estrangeiro e coloca como mito fundante à ideia de uma nação soberana que resiste aos fluxos externos. Dentro desta família há dois ramos:

> a. Um direita nacionalista reacionária, que rejeita tanto as pessoas quanto as ideias que considera estrangeiras (por exemplo, tanto os judeus como o liberalismo) e que coloca como mito a ideia de uma Argentina latina ou hispânica, fundada sobre "a cruz e a espada", com uma sociedade à qual entende de forma organicista e uma concepção de nação cultural, étnica, religiosa e socialmente restritiva.[8]

> b. Uma direita nacionalista popular, que rejeita as ideias estrangeirizantes (socialismo, liberalismo, cosmopolitismo), mas não necessariamente as pessoas de origem estrangeira, e que coloca como mito a ideia de uma Argentina "crisol de raças", com um destino de grandeza que se vê travado por interesses forâneos e quinta-colunistas.[9]

2. A direita liberal-conservadora, que rejeita a inclusão social, política e/ou cultural dos setores populares e erige como mito fundante uma ideia de república com uma estrutura hierárquica. Podemos distinguir três correntes:

> a. O "conservadorismo popular", que rejeita a inclusão autônoma dos setores subalternos, mas aceita sua inclusão gradual de forma tutelada, mantendo as posições hierárquicas das elites locais, que estabelecem relações de patronado e condução; e têm uma postura ambivalente sobre a aplicação das leis do mercado.[10]

---

8   LVOVICH, Daniel. *El nacionalismo de derecha: desde sus orígenes a Tacuara*. Buenos Aires: Capital Intelectual, 2006.

9   BESOKY, Juan. *La derecha peronista*. Tese de doutorado em História – FH/UNLP, La Plata, 2016.

10   GIBSON, Edward L. *Class and conservative parties: Argentina in comparative perspective*. Baltimore: Johns Hopkins University Press, 1996, p. 66-69. Ver também MACOR, Darío y TCACH, César (Orgs.) *La invención del peronismo en el interior del país*. Santa Fe, Argentina: UNL, 2003.

b. O liberalismo-conservador doutrinário, que rejeita a inclusão dos setores populares de maneira estrita, sobretudo na medida em que essa inclusão se produza de forma abrupta e dirigida a partir do Estado, colocando em risco os princípios liberais e republicanos da Constituição Nacional de 1853, a qual se entende de um modo muito particular e enviesado e se coloca como mito fundante.[11]

c. A direita neoliberal que admite a inclusão de setores populares somente quando a considera compatível com a primazia da liberdade negativa, a manutenção de certo grau de desigualdade econômica e uma maior intervenção do Estado para mercantilizar espaços e produzir um mercado real que se aproxime ao mercado ideal.[12]

Uma vez identificadas analiticamente as duas famílias de direita na Argentina e suas principais variantes, corresponde fazer uma superficial descrição das mesmas no que se refere a suas ideias e suas principais formas de se organizar e atuar.

A família da direita nacionalista partia da convicção de que a identidade argentina era inseparável do legado hispânico-católico e que as Forças Armadas e a Igreja eram seus custódios naturais. A corrente reacionária entendia este legado de forma mais restrita que a popular, mas ambas coincidiam em caracterizar o inimigo como um conspirador que podia ser encontrado tanto fora como dentro das fronteiras. Pela sua rejeição aos mercados livres, seu tom integrista e seu "latinismo" (ao qual se justapunham o catolicismo e o autoritarismo frente ao protestantismo/judaísmo e as formas demo-liberais/socialistas) constituíam uma força antimodernista que apoiava a recriação de uma sociedade hierárquica

---

11 VICENTE, Martín Alejandro. *Una opción, en un lugar de un eco. Los intelectuales liberal-conservadores en la Argentina, 1955-1983*. Tese de doutorado – FSOC/UBA, Buenos Aires, 2014. Ver também MORRESI, Sergio Daniel. "El liberalismo conservador y la ideología del Proceso de Reorganización Nacional". *Sociohistórica*. n. 27, vol. 2010-11-12, p. 101-133.

12 Embora seja possível encontrar a presença de ideias neoliberais na Argentina desde a década de 1950, há motivos para não as considerar como atores independentes dos liberais-conservadores doutrinários ao menos até o final da década de 1970. A respeito, ver *idem. La nueva derecha argentina y la democracia sin política*. Buenos Aires: Biblioteca Nacional/UNGS, 2008.

e organizada através de acordos coorporativos, ou submetidos ao arbítrio de uma chefia não discutível.[13] Assim, eram uma família claramente antidemocrática.[14]

Quanto aos aspectos organizativos, as direitas nacionalistas normalmente constituíam ligas ou ateneus (sobretudo a vertente reacionária) ou simplesmente "grupos" que ocupavam espaços institucionais tanto no próprio Estado quanto nas corporações (sobretudo na vertente popular) e inclusive bandas paramilitares (ambas correntes). Quando se apresentaram nas eleições sozinhas obtiveram números baixos, à exceção de organizações de signo peronista (como o Movimento pela Dignidade e Independência, MODIN, no início da década de 1990) ou a escala provincial (como a Força Republicana, que governou Tucumán em duas ocasiões). Sua capacidade de mobilização política foi reduzida, em parte pelo seu principialismo ideológico e seu autoritarismo político expressados na convicção de que a democracia de partidos e os direitos civis eram una criatura alheia ao espírito nacional. Isso não impediu que obtivessem repercussão cultural (como a imposição de uma perspectiva histórica "revisionista") ou que vários de seus membros ingressassem aos gabinetes de governos eleitos ou *de facto*, em áreas "políticas" ou "sociais" como os Ministérios do Interior, do Trabalho, do Bem-estar Social e Educação.[15] No caso do nacionalismo reacionário, seu peso se evidenciou no campo literário e cultural antes que no político-partidário.[16] A vertente popular rejeitou e recolheu seletivamente essas expressões ideológicas

---

13 LVOVICH, *El nacionalismo de derecha, op. cit.*

14 Por razões que ficarão claras mais à frente, entendo a democracia como poliarquia, seguindo o clássico texto de DAHL, Robert Alan. *Poliarquía. Participación y oposición.* Buenos Aires: REI, 1989. Para uma exposição mais detalhada, ver *idem. La democracia y sus críticos.* Barcelona: Paidós, 1992.

15 Exemplos podem ser vistos em OSUNA, Florencia. *La intervención social del Estado: el Ministerio de Bienestar Social entre dos dictaduras (Argentina, 1966-1983).* La Plata: Prohistoria, 2017. Ver também RODRÍGUEZ, Laura. *Católicos, nacionalistas y políticas educativas durante la última dictadura (1976-1983).* Rosario: Prohistoria, 2011.

16 ECHEVERRÍA, Olga. "Los intelectuales antidemocráticos frente a lo popular. Argentina, primera mitad del siglo XX". *Historia y espacio,* Valle del Cauca, n. 40, (nov.) 2014, p. 49-74.

desde os anos quarenta e teve uma inclinação pela política eleitoral que não decaiu apesar dos fracassos dentro ou fora da orgânica justicialista (peronista).[17]

As ideias da família liberal-conservadora parecem mais difíceis de apreender que as da nacionalista, devido a que os termos "liberal" e "conservador" são, a princípio, antitéticos. Nesse sentido, na Argentina se instalou o *dictum* "liberais no econômico e conservadores no político", que, apesar de útil para alguns casos, não descreve com precisão os liberais-conservadores em seu conjunto. Neste ponto, convém destacar que o que caracteriza os liberais-conservadores não é um tipo de esquizofrenia, mas sua adscrição a uma corrente de pensamento e ação política que se remonta à obra de Edmund Burke. [18] Diferentemente do liberalismo clássico, o liberalismo-conservador se preocupa por manter a ordem social e respeitar as instituições e valores culturais herdados. Esta pulsão à ordem o distancia do projeto democrático, pois a democracia passa a ser vista como um modelo arriscado que deve ser controlado ou tutelado através de mecanismos republicanos ou de atores (como as Forças Armadas) que, bem guiados, podem limitar as demandas desmesuradas de cidadãos que ainda não estão prontos para se autogovernarem em um sentido pleno. Entretanto, diferentemente do conservadorismo seco, o liberalismo-conservador não tem uma perspectiva organicista nem teológica da nação, ele se baseia em um ideário liberal ao que impregna de pragmatismo. Nesse sentido, supõe que uma sociedade está composta por pessoas com direitos (sobretudo o direito à propriedade privada) que progridem pela troca voluntária no mercado. Mas, deve se destacar, para os liberais-conservadores o mercado real não é como o ideal; não é o mercado de concorrência perfeita, e sim uma instituição, um mecanismo capaz de fomentar o crescimento econômico que faz ser possível a estabilidade. É por esse motivo que resulta aceitável a intervenção estatal sobre a economia em benefício da ordem. [19] A

---

17 SPEKTOROWSKI, Alberto. *The origins of Argentina's revolution of the right.* Notre Dame.: University of Notre Dame Press, 2003.

18 MONTSERRAT, Marcelo. *La experiencia conservadora.* Buenos Aires: Sudamericana, 1992.

19 KRISTOL, Irving. *Reflexiones de un neoconservador.* Buenos Aires: Grupo Editor Latinoamericano, 1986. Ver também, HARBOUR, William R. *El pensamiento conservador.* Buenos Aires: Grupo Editor Latinoamericano, 1985. Para o caso argentino, além das entrevistas incluídas na obra de MONTSERRAT citada na nota anterior, ver NÁLLIM, Jorge.

concepção liberal-conservadora não parece ser compatível com o que usualmente se entende por neoliberalismo na América Latina (ou seja, como um tipo de ultraliberalismo). Entretanto, o certo é que o que poderíamos chamar o *mainstream* neoliberal não está a favor de um Estado ausente e presta muita atenção à problemática da ordem.[20]

As principais figuras dessa família não têm um discurso explicitamente antidemocrático, mas expressam reservas pelos abusos que poderiam ser cometidos em nome da democracia. Nessa perspectiva, a democracia se associa à demagogia, ao populismo e ao desconhecimento de ciência econômica e, por tanto, tende se a incorporá-la de modo enviesado e a oferecer propostas orientadas a tutelar o *demos*.[21] Desde a década de 1940 o peronismo passa a ser o seu principal inimigo, já que aparece (ao mesmo tempo) como versão local do totalitarismo e antessala do comunismo.[22] Contra a visão de um Estado popular, os liberais-conservadores postulavam que as decisões deveriam ser potestade "dos que sabem", denominação que podia incluir líderes políticos ou empresariais locais (o conservadorismo popular) e tecnocratas, principalmente economistas liberados das pressões da política e os interesses setoriais (os doutrinários e os neoliberais). Normalmente se organizavam em fundações, *think thanks* ou *lobbies*. Essa tradição não teve sucesso quando procurou eleitores: suas melhores performances foram a nível subnacional (como por exemplo, o Partido Democrata de Mendoza, ou o Pacto Autonomista-Liberal de Corrientes). Somente de forma esporádica, e através de alianças efémeras, o liberalismo-conservador conseguiu competitividade eleitoral, como nos anos setenta com a Força Federalista Popular (FUFEPO). Promotora de interes-

---

Transformación y crisis del liberalismo. Su desarrollo en la Argentina en el período 1930-1955. Buenos Aires: Gedisa, 2014.

20 HAYEK, Friedrich August. *Law, legislation and liberty: Rules and order.* Londres: Routledge, 1973. No mesmo sentido, BUCHANAN, James M. e TULLOCK, Gordon. *The calculus of consent, logical foundations of constitutional democracy.* Indianapolis: Liberty Found, 1999. Para o caso argentino, MORRESI, *La nueva derecha, op. cit.*

21 *Idem*, Um esquema analítico, op. cit.

22 MORRESI, Sergio Daniel e VICENTE, Martín. "El enemigo íntimo: usos liberal-conservadores del totalitarismo en la Argentina entre dos peronismos (1955-1973)". *Quinto sol*, Santa Rosa de La Pampa, n. 1, vol. 21, (jun.) 2018, p. 1-21.

ses limitados, essa família buscou melhor sorte através de intervenções das Forças Armadas e se aliou (e disputou) com a direita nacionalista em diferentes golpes de Estado e em governos civis restritos ou fraudulentos. Suas principais figuras tenderam a ocupar cargos nas áreas econômicas.[23]

1976-1983: Bifurcações em tempos da última ditadura

O golpe de 1976 foi saudado pelas duas famílias direitistas. No entanto, os nacionalistas de direita populares (sobretudo os peronistas de direita que tinham sido derrocados), não eram aceitáveis para o novo governo, liderado pela facção colorada do exército, identificado com o antiperonismo.[24] Como exemplo disso, o regime mandou prender os sindicalistas da direita nacionalista popular como o dirigente dos trabalhadores da indústria plástica Jorge Triaca. No entanto, essa exclusão deve ser matizada. Por um lado, não atingia o nacionalismo reacionário que de fato se instalou no centro do poder (assim o comprovam as nomeações como a do ministro da Educação Ricardo Bruera) e, por isso, alguns militantes do nacionalismo de direita popular poderiam se sentir parcialmente representados.[25] Por outro lado, em 1979 a Armada se aproximou de correntes nacionalistas (incluindo o nacionalismo de direita popular), com vistas a uma futura candidatura presidencial do Alte. Emilio E. Massera. Da mesma forma, durante a presidência do general Leopoldo Galtieri (1981-1982), ensaiou-se uma aproximação com a direita sindical (que teve o anteriormente aprisionado, Triaca, como protagonista). Mas, apesar dessas nuances, estava claro que a direita nacionalista popular não poderia ocupar posições no governo militar. A atitude foi diferente com a família liberal-conservadora e muitos deles, sim, puderam participar ativamente do regime militar.

Os conservadores populares se lançaram em um apoio explícito do Processo de Reorganização Nacional (PRN). Francisco Manrique, dirigente

---

23 GIBSON, Edward L., *op. cit.*

24 CANELO, Paula. *El proceso en su laberinto: La interna militar de Videla a Bignone.* Buenos Aires: Prometeo Libros, 2008.

25 YOFRE, Juan B. *Fuimos todos: cronología de un fracaso, 1976-1983.* Buenos Aires: Sudamericana, 2010.

do Partido Federal que tinha sido candidato a presidente pela FUFEPO, e o governador deposto de Santa Fe, Carlos Sylvestre Begnis, do Movimento de Integração e Desenvolvimento, colocaram-se "à disposição" do novo governo.[26] Entretanto, essa aproximação não foi frutífera, em boa medida porque uma parte dos altos comandos militares tinha proposto manter a ditadura isolada da política partidária. Não é que o PRN carecesse de apoio civil, e sim que os militares estavam preocupados por mostrar (sobretudo ao interior das Forças Armadas) que iam governar sem cair na "politicagem". Apesar de tudo, a obstinação por obstruir acordos político-institucionais não impediu que vários dirigentes de segunda linha do conservadorismo popular mantivessem seus cargos (os intendentes da FUFEPO conseguiram se manter em suas funções em uma proporção muito maior que a os dos outros partidos). O caráter pretoriano do PRN também facilitou que algumas figuras liberais-conservadoras doutrinárias — a maioria das quais ocupavam postos em câmaras empresariais e estavam vinculadas à burguesia agroexportadora pampiana, os serviços financeiros e as empresas de capital intensivo — ingressassem ao regime. Esse foi o caso do ministro da Economía José A. Martínez de Hoz, quem armou seu gabinete com figuras liberais-conservadoras doutrinárias e colocou vários amigos em importantes postos de diferentes governos militares.[27]

Durante a presidência *de facto* de Jorge R. Videla, os conservadores populares se autodenominaram "amigos críticos do Processo". Esta reverência não impediu que seus jornais fossem censurados (ocorreu em 1977 com o *Correo de la Tarde*, dirigido por Manrique). Os liberais-conservadores doutrinários, por sua vez, gozaram de muito mais autonomia. O diário *La Prensa* — matutino que tinha dado seu apoio explícito ao golpe — foi o primeiro a publicar um artigo em favor dos familiares de desaparecidos políticos e em criticar o programa econômico dos militares, sem sofrer por isso nenhuma represália.

A proximidade entre conservadores populares e liberais-conservadores doutrinários com o regime assegurou sua forte presença durante o Diálogo

---

26 MANSILLA, César L. *Las fuerzas de centro*. Buenos Aires: Centro Editor de América Latina, 1983, p. 116.

27 CANELO, Paula, *El Proceso*, *op. cit.*

Político iniciado no final de 1978. A ideia desta mesa de discussão não era a de uma rápida transição à democracia, mas sim a de conseguir que surgisse um Movimento de Opinião Nacional (MON) que "herdasse o Processo". Esperava-se que esses setores pudessem levantar as bandeiras processistas em um futuro regime civil tutelado por militares.[28] Para os doutrinários, que não dispunham de uma destacada presença político-partidária, o Diálogo serviu para expor críticas ao rumo econômico (ao que se caracterizou como tíbio) e para solicitar que se fizessem reformas institucionais mais profundas antes de deixar o poder em mãos dos civis (por exemplo, proibindo o peronismo ou instaurando o voto qualificado). Para os conservadores populares a oferta do poder militar era perigosa, porque a gestão econômica do PRN tinha efeitos negativos nas economias regionais e aproximar-se a ela podia impactar negativamente em sua base eleitoral. Com a chegada do general Roberto Viola na presidência (1981), iniciaram-se movimentos de abertura e vários conservadores populares acederam a importantes cargos (em organismos estatais, governações e embaixadas). No entanto, ao mesmo tempo que os integrava, o PRN já não os tinha como interlocutores privilegiados, pois começaram diálogos com o radicalismo e o peronismo, em vista a que os setores mais moderados desses partidos comandassem a transição.[29]

O *putsch* de Galtieri contra Viola congelou a atividade política e fez retornar à "ortodoxia econômica", prejudicando os conservadores populares. Entretanto, tudo mudou bruscamente em abril de 1982, quando as tropas argentinas atacaram as Ilhas Malvinas. A ação ficou demarcada dentro de um discurso nacionalista e recebeu o apoio dos partidos majoritários (radicalismo e peronismo) e também daqueles setores de direita que tinham sido excluídos da ditadura (tanto Manrique quanto Triaca ofereceram apoio incondicional). Entre

---

28 Sobre o diálogo político, ver GONZÁLEZ BOMBAL, Inés. *El diálogo político: la transición que no fue.* Buenos Aires: CEDES, *mimeo*, 1991. Sobre as heranças partidárias das ditaduras, cf. LOXTON, James. "The Authoritarian Roots of New Right Party Success in Latin America". In LUNA, Juan Pablo e ROVIRA KALTWASSER, Cristóbal (Orgs.). *The Resilience of the Latin American Right.* Baltimore: Johns Hopkins University Press, 2014.

29 MORRESI, Sergio Daniel. "Del MON a la UCEDE. Las derechas liberales entre el Proceso de Reorganización Nacional y la transición a la democracia". Comunicação apresentada nas *XIIIª Jornadas Interescuelas de Historia.* Catamarca: UNCA, 2011.

os dirigentes que criticaram a aventura militarista destacaram-se Raúl Alfonsín (quem seria eleito presidente em 1983, pelo radicalismo) e Álvaro Alsogaray (quadro doutrinário que tinha se aproximado às ideias neoliberais). Depois da capitulação argentina, a ditadura se descompôs aceleradamente e arrastou consigo as direitas que a tinham apoiado. Logicamente, a família de direita que ficou mais desacreditada foi a nacionalista, tanto em sua ala reacionária como em sua vertente popular. Embora o nacionalismo de direita teve uma breve recuperação na primeira metade dos anos noventa, com o MODIN, voltou a subsumir-se como uma corrente do peronismo em pouco tempo. A história foi diferente para a família liberal-conservadora que, embora não tenha "herdado o Processo", conseguiu manter-se no mapa político pós-ditatorial.

1983-2001: a lenta aprendizagem democrática

Quando foi anunciado o retorno da democracia, os conservadores populares criticaram o general Reynaldo Bignone (1982-1983) por acelerar a passagem. Para eles, era imperativo fazer mudanças no sistema eleitoral e escalonar as eleições. Por sua parte, os doutrinários saudaram a decisão de finalizar o PRN e pediram uma transição veloz: apesar de que muitos tinham ocupado postos relevantes no PRN e que tinham se mostrado desconfiados com relação à democracia, já tinham um instrumento eleitoral preparado e, também, entendiam que a prolongação do PRN apenas poderia servir para continuar desacreditando o liberalismo, cujas propostas tinham sido distorcidas ou pervertidas pelos militares.[30]

Em 1982 foi criada a União do Centro Democrático (UCEDE), com o protagonismo de lideres do liberalismo-conservador doutrinário (como Alberto Benegas Lynch Filho, Carlos Sánchez Sañudo, Roberto Alemann e o próprio Alsogaray). Desde seu início, ficou claro que a UCEDE compartia *em parte* a política do PRN: seus integrantes tinham mostrado entusiasmo com o combate à subversão, mas tinham criticado as Forças Armadas por ser pouco respeitosas da lei; apoiaram os objetivos econômicos do Processo, mas não sua forma de implementá-los. Atacando os nacionalistas (por militaristas), os conservadores

---

30   VICENTE, Martín Alejandro. *De la refundación al ocaso: los intelectuales liberal-conservadores ante la última dictadura.* La Plata: UNLP-UNGS, 2015.

populares (por seu servilismo), o plano econômico da ditadura (por seu gradua-lismo) e, ao mesmo tempo, declarando-se favoráveis à autoanistia dos militares, os dirigentes da UCEDE traçavam uma ambígua imagem de si mesmos: não eram herdeiros do regime, mas compreendiam as aspirações dos que o tinham respaldado. Agora, era o tempo do "autêntico" liberalismo que os ditadores não souberam implementar. E este autêntico liberalismo já não era o do liberalismo--conservador doutrinário, mas o do neoliberalismo ao modo da Escola Austríaca de Hayek.[31] Mas enquanto a UCEDE se aproximava ao neoliberalismo (dando--lhe um peso maior à ideia de liberdade negativa que à de ordem), os conserva-dores populares tentavam "se desprender" da imagem de "amigos do Processo", buscando inspiração na democracia cristã europeia e ressaltando o papel "har-monizador" e "integrador" que o Estado deveria jogar, assim como na primazia da ordem e os "valores eternos" da pessoa humana e a solidariedade.[32]

Em outubro de 1983 foram disputados todos os cargos públicos de forma simultânea. A Aliança Federal (FUFEPO, MOLIPO e Partido Federal) apre-sentou uma fórmula composta por Francisco Manrique e Gulillermo Belgrano Rawson e obteve 0,7% dos sufrágios (0,5% nas legislativas). Apesar disso, os conservadores populares tiveram acesso a oito bancadas de deputados pelo bom desempenho de alguns partidos provinciais. Graças a esta performance distri-tal continuou tendo um lugar na política pós-processista, sobretudo no con-gresso, onde seu voto foi muitas vezes cortejado tanto pelo oficialismo como pela oposição, mas já não voltou a ser possível sonhar com a liderança de uma força nacional. A UCEDE também teve resultados magros. A fórmula Álvaro Alsogaray/Jorge Oría obteve 0,4% dos votos. No entanto, a nível legislativo, o partido obteve 1,65% dos sufrágios e conseguiu dois deputados. Assim, conver-teu-se no único partido não provincial da direita com representação legislativa. Como, também, seus deputados tinham sido eleitos pela cidade de Buenos Aires (Capital da Argentina) cobraram protagonismo público. Esta maior visibilidade

---

31 Assim, em sua plataforma eleitoral, a UCEDE sustentou que seu objetivo era "substituir o atual sistema cultural e sócio-político dirigista e inflacionário que regeu quase durante 40 anos [...] por um sistema baseado na liberdade em todos os campos, na estabilidade monetária e no livre jogo das forças do mercado". Citado em MANSILLA, César L., *op. cit.*, p. 155.

32 Ibid. p. 63.

pública ajudou a UCEDE a consolidar seu papel de liderança no campo direitista nas eleições legislativas de 1985 (3,2%, frente a 6% de todos os conservadorismos populares) e 1987 (5,7%, frente a 4,1%).

No final da década de 1980, estava clara a hegemonia neoliberal no espaço da direita. Além disso, na medida que esta transformação era paralela ao desenvolvimento do sistema democrático, certo é que a direita parecia abandonar sua relutância pela democracia. Dentro da UCEDE se explicava que eles sempre tinham estado a favor de uma democracia "real" e isso implicava uma democracia sem populismo. Por isso era importante apresentar-se como um partido com vocação de poder. Este ímpeto por ganhar eleições não era compartilhado por todos os membros da UCEDE. Havia uma ambivalência geracional entre uma ala tradicional que pensavam na UCEDE como um partido de notáveis capaz de influenciar a política pós-ditadura e outra composta por dirigentes jovens que buscava construir um partido competitivo que implementasse por si mesmo o projeto neoliberal. A vocação desse segundo setor, unido ao fato de que – para surpresa de muitos – o peronismo fosse derrotado nas eleições de outubro de 1983 (obteve 37,2% dos sufrágios e o radicalismo 49,3%) abria um caminho em que a direita se integrava à poliarquia.

Em 1989, a UCEDE planejava ser protagonista no Colégio Eleitoral. No seu plano, ia acabar se inclinando pelo candidato radical Eduardo Angeloz, que se mostrava favorável a aceitar as sugestões da UCEDE, enquanto que o candidato peronista, Carlos Menem aparecia como um demagogo e um populista. No entanto, a polarização da eleição presidencial fez que a UCEDE obtivesse 6,5% dos votos[33] (Angeloz conseguiu 37% e Menem, 47%) e, assim, o projeto ucedeísta parecia esfumar-se.

Apesar desses resultados, o presidente eleito começou uma aproximação com a UCEDE. Embora Menem estivesse se aproximando aos *think thanks* neoliberais desde antes das eleições, sua reorientação pública à direita apareceu como uma surpresa para a cidadania e inclusive para a UCEDE. Se antes das eleições, os neoliberais viam Menem como um perigo, uma vez eleito, o presidente pero-

---

33 Nas legislativas a UCEDE obtive 10%.

nista se converteu em alguém capaz de fazer realidade seus projetos.[34] O acordo Menem-Alsogaray começou como uma troca de favores: a UCEDE apoiou o peronismo para obter uma bancada a mais no senado e o presidente nomeou os principais dirigentes da UCEDE em postos sob a órbita do Poder Executivo. Na verdade, a aproximação foi muito mais que una negociação. Por um lado, ajudou a transformar o peronismo que se converteu em una máquina eleitoral a serviço de um líder que se abraçou com denodo ao ideário neoliberal.[35] Por outra parte, e isso é o que nos interessa, transformou a família liberal conservadora, que a partir de então foi perdendo seu medo e sua rejeição visceral ao peronismo.[36] Assim, embora a aliança com o peronismo gerou o declive da UCEDE, provocou também uma troca de identidade e de discurso: as propostas neoliberais não somente eram compatíveis com a democracia, mas também com o peronismo.

Depois de 1995 surgiram novos partidos para ocupar o lugar deixado vago pela UCEDE. Nova Diligência (ND) e Ação pela República (AR) foram fundados por ex-ministros de Menem que se apresentavam como neoliberais eficientes. Ambos tentaram converter-se em opções de poder e para isso se aliaram e buscaram conquistar um território (o da cidade de Buenos Aires), cortejando tanto o voto peronista como o não peronista. Embora a tentativa tenha sido fracassada (a fórmula Domingo Cavallo/Gustavo Béliz obteve 33% frente a 49% da Aliança entre o radicalismo e a centro-esquerda), mostrou que existia um espaço a ser explorado. A coalizão AR/ND se diluiu em pouco tempo porque Cavallo aceitou se tornar ministro da Economia da Aliança. Como sua gestão não conseguiu melhorar a situação econômica, que teve um desenlace caótico em dezembro de 2001, seu projeto político se afundou junto com a administração presidida pelo radical Fernando de la Rúa. Mas ao mesmo tempo que

---

34 GIBSON, *op. cit.*

35 LEVITSKY, Steven. *Transforming labor-based parties in Latin America: Argentine Peronism in comparative perspective.* Cambridge: Cambridge University Press, 2003.

36 ARRIONDO, Luciana. "De la UCeDe al PRO. Un recorrido por la trayectoria de los militantes de centro-derecha de la ciudad de Buenos Aires". In: VOMMARO, Gabriel e MORRESI, Sergio Daniel (Orgs.). *"Hagamos equipo". PRO y la construcción de la nueva derecha argentina.* Los Polvorines: UNGS, 2015.

a AR/ND se desmoronava, outros dirigentes neoliberais se reuniam em torno dos empresários Mauricio Macri e Francisco de Narváez.

2001-2017: o novo rosto de uma direita renovada

No contexto de relativa estabilização conquistada pelo governo interino de Eduardo Duhalde (2001-2003) Macri e De Narváez decidiram "se meter na política". Esta ideia surgiu porque eles (e boa parte de suas equipes) não se sentiam parte da "classe política" que era rejeitada pela cidadania. Quando ficou claro que haveria eleições em 2003, os sócios se separaram. De Narváez optou por se lançar na lide nacional e apoiou a candidatura à reeleição de Carlos Menem. Macri, por criar um novo partido (o primeiro do novo século) para disputar no território da cidade de Buenos Aires. O partido de Macri foi chamado originalmente Compromisso para a Mudança (adotou o nome Proposta Republicana em 2005 quando se aliou ao partido neoliberal Recriar para o Crescimento). O PRO não era uma nova etiqueta para um velho partido, nem um desprendimento de um movimento tradicional. Embora incorporava vários políticos de longa trajetória, foi fundado "do zero" por seu líder e um entorno composto por funcionários sênior de sua própria empresa (o grupo SOCMA), por jovens que tinham se iniciado nos assuntos públicos a partir de sua participação em ONGs e por dirigentes do peronismo (alguns deles com laços com o nacionalismo de direita popular) com os que Macri tinha uma relação fluida. Apresentar-se como um *outsider*, em um momento em que os partidos e lideranças tradicionais estavam deslegitimados foi uma vantagem competitiva importante. Além disso, ser um novo partido em uma situação de crise, significou que ativistas, especialistas e quadros dos partidos tradicionais que em 2002 não tinham chances de renovar seus lugares ou escalar posições em seus partidos de origem, fossem atraídos pela oferta de incorporar-se ao PRO. Assim, o PRO nasceu a partir de retalhos de velhos partidos.[37]

O PRO se formou como um partido inovador em vários sentidos. Em primeiro lugar, foi concebido com a meta de ganhar eleições e não como uma elite

---

37 MORRESI, Sergio Daniel e VOMMARO, Gabriel. "Argentina. The Difficulties of the Partisan Right and the Case of Propuesta Republicana". In LUNA, Juan Pablo e ROVIRA KALTWASSER, Cristóbal (Orgs.). *The Resilence of the Latin American Right*. Baltimore: Johns Hopkins University Press, 2014.

dedicada a aconselhar os governantes ou a exercer uma tutela moral sobre a cidadania e por isso, não é de se chamar atenção que a doutrina ocupe um lugar menor que em experiências anteriores da direita, animadas por identificações ideológicas rígidas. Segundo, o PRO é heterogêneo, pois incorpora políticos de distinta procedência, figuras com trajetória no mundo empresarial e dirigentes que se formaram no empreendedorismo e as ONGs e profissionais, técnicos e especialistas com diferentes opiniões sobre temas centrais.[38] Terceiro, o PRO não aceitou os convites para subsumir-se em uma aliança com o peronismo, mas resistiu às demandas de uma parte de sua base eleitoral para se converter em um partido antiperonista, de modo que seu "não populismo" sociocultural[39] não se traduziu em uma rejeição ao peronismo, tal como o mostram a incorporação de líderes peronistas e os pactos com setores do justicialismo. Quarto, diferentemente de outras direitas argentinas mais preocupadas por conseguir espaço na tribuna parlamentar ou em cercar seu território, o PRO optou por afiançar-se em um bastião, mas buscando usar o mesmo como trampolim para a política nacional.

No entanto, a característica distintiva do PRO que resulta mais interessante é sua apresentação como um partido pós-ideológico centrado em valores não materiais como honestidade (contra a corrupção), eficiência (na gestão), localidade (a defesa dos vizinhos portenhos frente ao Estado Nacional e, mais à frente, dos argentinos contra a venezuelização), segurança (em forma punitiva contra a desídia para enfrentar o crime) e república (como mito fundante contra um populismo difuso). Assim, embora resulta patente a proximidade das propostas desta força com a direita da família liberal-conservadora,[40] o PRO aparece como um "partido do novo", no sentido de Allan Sikk, que classifica com esse nome as forças que

---

38 Na "mesa pequena" que dirige o partido são maioria os que não têm uma longa trajetória política.

39 Populismo nos termos de OSTIGUY, Pierre. "Argentina's Double Political Spectrum: Party System, Political Identities, and Strategies, 1944-2007". In *Kellog Institute Working Paper nº361*. Notre Dame: Notre Dame University Press, 2009.

40 MORRESI, Sergio Daniel. "*Acá somos todos democráticos. El PRO y las relaciones entre la derecha y la democracia en la Argentina*". In VOMMARO, Gabriel e MORRESI, Sergio Daniel (Orgs.). "*Hagamos equipo". PRO y la construcción de la nueva derecha argentina*. Buenos Aires: Prometeo, 2015.

procuram trocar as formas de fazer política mais que seu conteúdo e se adentram no território ocupado por partidos estabelecidos.[41] Entendemos que esta característica é fundamental porque permite a convergência de diferentes direitas de um modo que antes não resultava factível. Na medida em que não há uma doutrina oficial ou um panteão sobre os quais debater, nem um projeto de país claramente determinado com o que caiba discrepar e tampouco se adota uma postura claramente antiperonista, o PRO se mostra capaz de facilitar a convergência das diferentes correntes e famílias de direita. Certamente que esta confluência não está isenta de conflitos (como os suscitados nos debates sobre o casamento igualitário ou a legalização do aborto); não obstante, e sobretudo na medida em que o PRO consegue triunfos eleitorais, parece difícil imaginar razões para que esta unidade da direita não continue se desenvolvendo.

Em dezembro de 2015, o PRO em aliança com o radicalismo formou *Cambiemos*, (Mudemos) e conseguiu que Macri se tornasse o primeiro presidente argentino do campo da direita eleito sem restrições nem fraude eleitoral. Apesar disso, em diferentes setores políticos, postulou-se que o governo encabeçado pelo PRO não era democrático. No debate acerca do caráter democrático do governo do PRO, uma parte da academia (próxima ao *mainstream* da ciência política) *parecia* alinhada com os direitistas ao afirmar que o PRO era uma direita democrática porque tinha acedido ao poder por via eleitoral. Enquanto isso, outra parte do mundo acadêmico (próximo aos enfoques sociológicos ou filosóficos sobre a política) *parecia* inclinar-se pelo antidireitismo ao sustentar que um governo do PRO nunca podia ser democrático porque sua agenda era contrária à inclusão cidadã.[42] Mas se tratava de discussão estéril, já que atrás de cada posição se fazia referência a diferentes concepções de democracia. Os que afirmavam que o PRO era democrático se baseavam em uma definição de democracia liberal/formal/procedimental, enquanto que os que sustentavam o caráter não democrático dessa direita hasteavam uma concepção substancial/social/real de democracia. Apesar de tudo, a discussão sobre o caráter democrático

---

41 SIKK, Allan. "Newness as a winning formula for new political parties". *Party Politics*, n. 4, vol. 18, (set.) 2012, p. 465-486.

42 Para uma síntese do debate, ver o cap. 5 de NATANSON, José. *¿Por qué?* Buenos Aires: Siglo XXI, 2018.

do PRO (por fim, uma discussão sobre a inserção das direitas na democracia) é importante em termos políticos e não pode ser saldada apenas deslocando o debate ao terreno normativo. Justamente por isso, propomos como último ponto desta apresentação tomar a definição formal de poliarquia de Robert Dahl para contrastá-la com o desenvolvimento do partido PRO. Assim, relembremos que para o politicólogo americano a poliarquia deve ser entendida como a conjunção de participação (muitos distintos podem eleger) e oposição (muitos distintos estão habilitados a competir por ser eleitos).

O contexto em que o PRO se conformou e se desenvolveu parece democrático porque inclui fatores como a vigência dos direitos e garantias constitucionais, a ausência do partido das Forças Armadas, a transparência eleitoral e a não incidência de outros países nos comícios. De qualquer forma, parece claro que o PRO chegou democraticamente ao poder (sem golpe, fraude ou exclusões). Mas, também, diferentemente de outras experiências que buscavam influir na política mais além dos resultados das urnas, o PRO participa nas eleições buscando ganhar, opção que parece implicar não apenas a compatibilidade, mas também o compromisso com uma democracia formal entendida como um sistema "que garante a alternância", de "eleições limpas", "que permite a representação e limita o poder" e "respeita as liberdades individuais e as instituições".[43]

De acordo com Dahl, para que se conjuguem participação e oposição devem se cumprir oito condições: 1) acesso a fontes de informação alternativas às fornecidas pelo governo, 2) mandatos limitados, 3) direito a votar, 4) liberdade de associação e organização, 5) liberdade de pensamento e expressão, 6) direito a competir pelo apoio eleitoral, 7) eleições periódicas livres e justas e 8) influência efetiva do voto nas políticas governamentais.[44] A oposição ao PRO assinalou críticas com relação ao acesso à informação alternativa (pela derrogação da Lei de Serviços de Comunicação Audiovisual) e o direito a competir (que teria sido posto em risco porque o Poder Judicial indagou, processou ou prendeu dirigentes do governo anterior). Por motivos que não há espaço para discutir aqui,

---

43 Os termos entre aspas correspondem aos empregados pelos dirigentes do PRO para definir a democracia, recolhidos em MORRESI, *Acá somos todos democráticos, op. cit,* p. 196-197.

44 DAHL, *La democracia y sus críticos, op. cit.*

não parece que estas críticas sejam suficientes para sustentar que o governo do PRO seja não democrático em um sentido formal devido aos motivos citados. Não obstante, sim, parece pertinente colocar em discussão o não cumprimento da última condição (a influência efetiva do voto). Nesse sentido, entendemos que o alto nível de endividamento público buscado pelo governo do PRO e o fato de ter acudido ao Fundo Monetário Internacional (e ter aceito uma série de compromissos que incluem o monitoramento da política econômica por parte deste organismo multilateral de crédito), são iniciativas econômicas que têm resultados políticos para a qualidade da poliarquia. Com efeito, o altíssimo nível da dívida em moeda estrangeira e a presença do FMI por um prazo que não está delimitado indicam que, independentemente dos próximos resultados eleitorais (seja em 2019 ou em uma data posterior), a iniciativa de um governo de orientação ideológica diferente ao PRO estará seriamente limitada pelo aprofundamento do neoliberalismo nesse período.[45]

---

45 Dizemos profundização porque, apesar de diferentes níveis de intensidade, o neoliberalismo nunca deixou de se desenvolver na Argentina desde o final da década de 1980. Sobre isso, ver MORRESI, Sergio Daniel. "La continuidad del modelo neoliberal en América Latina durante el siglo XXI". Comunicação apresentada no *XIII Congreso Nacional de Ciencia Política*. Buenos Aires: SAAP-UTDT, 2017. No mesmo sentido, GAGO, Verónica. *La Razón Neoliberal: Economías Barrocas y Pragmática Popular*. Buenos Aires: Tinta Limón, 2014.

DE QUE FALAMOS QUANDO FALAMOS DE DIREITA? ANÁLISE DA HISTORIOGRAFIA MEXICANA ESPECIALIZADA NAS DIREITAS[1]

Mario Virgilio Santiago Jiménez[2]

Introdução

Nas últimas duas décadas, a produção de literatura, os espaços de discussão e as referências em meios impressos sobre as direitas no México – isto é, sobre as trajetórias passadas de atores coletivos ou individuais dentro desse espectro ideológico e não somente a análise de conjuntura – mostrou um aumento considerável que, apesar de não ter sido o único na segunda metade do século XX, tem sido crescente e constante. Isso, no entanto, não quer dizer necessariamente que saibamos mais sobre os atores desse espectro ideológico ou que tenhamos uma reflexão profunda sobre seu papel na história política.

Meu trabalho acadêmico se soma a essa tendência, de forma que poderia dizer que também faço parte do objeto de estudo deste projeto.[3] Pesquisei sobre empresários do norte do México – reconhecidos como os maiores opositores a posturas progressistas no país, assim como em torno a grupos juvenis católicos

---

1. Este trabalho representa um avanço da pesquisa desenvolvida no marco do projeto PAPIIT intitulado "Historia e historiografía sobre las derechas en el México del siglo XX" com chave IA401618 financiado pela DGAPA-UNAM.

2. Faculdade de Filosofia e Letras-UNAM.

3. Nesse sentido, devo explicitar que meu interesse pelo estudo histórico das direitas teve como primeiro incentivo a participação em espaços politizados e, em um tardio segundo momento, viu-se impulsionado pela pesquisa e as dúvidas que fui coletando.

anticomunistas de organizações secretas e públicas do México e da Argentina. Nesse percurso, uma das arestas que mais chamou a atenção é a limitada historiografia com a que devo dialogar e, em contraste, a abundante produção jornalística, sociológica, politológica e testemunhal. E mais, tenho a impressão de que existe uma reflexão muito tímida por parte da historiografia sobre seu objeto de estudo – e as categorias de análise – e uma subordinação diante de interpretações produzidas pelos outros campos. Além disso, é de chamar a atenção a amplitude de atores e organizações identificados como "a direita", assim como as propostas – às vezes forçadas – de tipologias e genealogias.

Dado que meu trabalho para obter o grau de doutor foi um estudo comparativo,[4] aproximei–me de outras historiografias – especialmente a argentina, experiência que se somou às participações em espaços acadêmicos como os três colóquios "Pensar as direitas na América Latina no século XX", o seminário que ocorre na Universidade Nacional de General Sarmiento, Argentina, e o Seminário sobre as direitas no México (Direção de Estudos Históricos – INAH), permitindo–me contrastar os objetos analisados, mas também as diversas interpretações.

Por tudo isso, comecei a pensar em algumas perguntas: do que falamos, quando dizemos "as direitas"? Falamos do mesmo objeto de estudo em nível regional, são os mesmos parâmetros de análise? Quais foram os referentes teóricos da historiografia mexicana sobre as direitas? Que relação existe entre o discurso acadêmico e o militante em torno das direitas mexicanas?

Certamente, no presente estudo não daremos a resposta para todos esses questionamentos, mas apenas daremos conta de alguns avanços, ideias e hipóteses que desenvolvi no marco do projeto cujo objetivo principal é analisar a produção historiográfica sobre as direitas mexicanas.

Para isso, consideramos a historiografia como a capacidade autorreflexiva da história e não somente um mero relato bibliográfico, cujo objeto central é o conjunto de interpretações e representações em torno de um fenômeno his-

---

4 SANTIAGO JIMÉNEZ, Mario Virgilio, "Entre el secreto y las calles. Nacionalistas y católicos contra la 'conspiración de la modernidad': El Yunque de México y Tacuara de Argentina (1953–1964)", tese de Doutorado em História Moderna e Contemporânea, Instituto de Investigaciones Dr. José María Luis Mora, México, 2016.

tórico, delimitadas por um marco acadêmico. Isso exclui os trabalhos inscritos no registro da memória e ao jornalismo de pesquisa, mas não nega um possível diálogo entre eles. Essa definição, certamente, obriga a pensar no horizonte histórico-cultural ou no lugar de enunciação do autor – incluindo seu entorno institucional, as condições de possibilidade para a produção – demanda social, fontes, ideia de que o processo terminou, os debates e definições que rodeiam a postura do autor e, na medida do possível, as interpretações do texto analisado refletidas em outros trabalhos.[5]

É importante destacar que, na busca e organização de referências, não foram descartados os textos correspondentes aos campos de testemunho, jornalístico ou de outras disciplinas, mas sim nos focamos nos que se adscrevem claramente ao âmbito da história. De fato, era previsível que seriam encontrados vínculos e diálogos entre as interpretações de diferentes campos.

Considerando o exposto, para identificar os trabalhos com perspectiva histórica sobre as direitas mexicanas, primeiro realizamos um rastreamento em catálogos de bibliotecas, assim como em bases de publicações periódicas acadêmicas, e em segundo lugar seguimos as referências citadas pelos textos compilados. O primeiro critério de busca se guiou pelo uso do termo "direita" nos títulos dos trabalhos; depois ampliou-se a margem com as palavras "reação", "anticomunismo", "contrarrevolução", "fascismo" e "sinarquismo" que, ao que tudo indica, configuram a rede semântica associada com a direita no universo de textos analisados.[6] Cabe assinalar que ainda falta concluir o rastreamento do termo "neoliberalismo" associado com o conceito central do trabalho.[7] Finalmente,

---

5   Ver "La operación historiográfica" em DE CERTEAU, Michel, *La escritura de la historia*, México, Universidad Iberoamericana, 1993, p. 67–118; RICO MORENO, Javier, *Pasado y futuro en la historiografía de la revolución mexicana*, México, Universidad Autónoma Metropolitana – Azcapotzalco / CONACULTA / INAH, 2000; TRAVERSO, Enzo, "Historiografía y memoria: interpretar el siglo XX", *Aletheia*, maio 2011, no. 2, vol. 1, [online] consulta em 12 de junho de 2018. URL: http://www.aletheia.fahce.unlp.edu.ar/numeros/numero–2/no2–en–pdf/Traverso%201–%20Ok.pdf.

6   É importante ressaltar que o termo "conservadorismo" se associa com as experiências políticas do século XIX, pelo que decidi excluí-lo da lista.

7   O termo "neoliberalismo" representou um problema na medida em que os trabalhos centrados em sua análise para o caso mexicano prescindem da dimensão histórica, ou melhor, não

acrescentamos um terceiro critério baseado nos nomes de atores individuais e coletivos identificados pelos textos como "as direitas", eixo que também foi concluído. As referências dos trabalhos foram organizadas segundo o termo e em ordem cronológica, o que permitiu identificar os momentos de maior produção e gerar algumas hipóteses.

Depois desta parte mais quantitativa seguimos para a análise dos textos que, em uma primeira revisão, também deu forma a ideias e hipóteses gerais. A seguir, comentarei alguns avanços da pesquisa.

Os números

Considerando unicamente os textos feitos por membros de alguma instituição educativa ou centro de pesquisa, publicados por estas e por algum selo editorial de reconhecimento no circuito acadêmico e que cumprissem com um mínimo rigor metodológico – configurando um universo de livros, capítulos, artigos acadêmicos e teses de diferentes graus, o período de análise começa em 1966 e se mantém vigente até este ano, apesar de que completei o registro formal de materiais somente até 2015. Nesse meio século, foram publicados aproximadamente 142 trabalhos escritos sobre o tema de "as direitas mexicanas" desde uma perspectiva histórica.

Uma vez ordenados cronologicamente e quantificados,[8] os registros mostram quatro aumentos: o primeiro no final dos anos oitenta, dois na primeira década do século XXI e um entre 2014 e 2015; além disso, chama a atenção a produção média sustentada durante os anos noventa.

Partindo do pressuposto de que toda história (interpretação histórica sobre algum fenômeno) é realizada a partir de um presente determinado com interesses – conscientes ou não, os picos no gráfico nos permitem supor que os processos políticos de escala federal influenciaram fortemente na produção de trabalhos: o primeiro corresponde a 1988, ano em que se desenvolveu uma das eleições presidenciais mais polêmicas na história recente do México, na qual, pela primeira vez, o Partido Ação Nacional (PAN) – considerado o partido his-

---

o associam claramente com a direita mais além das referências esporádicas ou acusações.

8   Ver Gráfico 1.

tórico da direita mexicana – competiu fortemente e um dos pontos importantes no processo de início das reformas neoliberais; o segundo e o terceiro se deram nos segundos anos dos sexênios encabeçados precisamente pelo PAN (2000-2006 / 2006-2012) e, cabe mencionar, no caso do terceiro aumento, também se viu precedido de uma eleição presidencial (2006) com resultados polêmicos; finalmente, o terceiro pico corresponde à metade do período presidencial encabeçado mais uma vez pelo Partido Revolucionário Institucional (PRI) que concluirá este ano e que, diferentemente dos que lhe antecederam, ao menos entre 1946 e 1988, mostrou uma mudança ideológica a favor de uma agenda abertamente neoliberal.

Em síntese, se considerarmos o referente das disputas pelo governo federal – um dos espaços de poder mais importantes no México dada a tradição presidencialista do sistema político, fica claro que existe um correlato entre uma maior presença do PAN e o PRI – em sua versão neoliberal – e o interesse de acadêmicos pelo tema da história das direitas no México.

Essa ideia ganha força se observarmos os pequenos picos de 1976 e 1982, também anos de eleições federais nas quais houve ambientes políticos tensos. No primeiro, a crise econômica-política do governo que estava saindo encabeçado por Luis Echeverría, caracterizada por uma confrontação com a elite empresarial e a hierarquia católica, derivou em rumores de golpe de Estado – fazendo eco do que ocorria em outras latitudes do continente[9] – e na candidatura única à presidência de José López Portillo, amigo próximo do referido Echeverría. Na segunda, a debacle econômica – sintetizada na cena do presidente chorando diante dos empresários do país – motivou uma nova emergência do empresariado como ator político e uma crescente participação do PAN.

Também deve se considerar o interesse sustentado durante os anos noventa, caracterizados politicamente pelos governos *priístas* com uma marca claramente neoliberal, uma ascensão da violência política e, sobretudo, pelo crescimento da oposição, especialmente do PAN que começou a ganhar postos de governo nos níveis municipal e estatal, assim como cadeiras legislativas, chegan-

---

9   Ver *Nueva Política*, 1976, no. 1, vol. 1, publicada no México pelo Fundo de Cultura Econômica e intitulada "El fascismo en América".

do ao clímax em 1997 quando o partido hegemônico perdeu pela primeira vez a maioria no congresso.

Novamente, assumindo que toda história se faz a partir de um presente determinado, isto é, a partir de coordenadas específicas de um lugar social, pode se pensar que o interesse pelo tema da história das direitas mexicanas – claramente situado nos campos social e político, responde a uma sensibilidade por parte dos autores com respeito ao pulso político que lhes rodeia e que, no caso mexicano, os períodos de mudança no poder executivo jogam um papel central.

Por outro lado, é muito provável que os três picos registrados no século XXI tenham tido como catalizador o processo de desclassificação de documentos oficiais. Com efeito, em fevereiro de 2002, por ordem do presidente da república foram desclassificados e transferidos os arquivos da extinta Direção Federal de Segurança (DFS), órgão de vigilância e repressão do Estado mexicano até os anos oitenta, com a finalidade de politicamente dar o golpe nos regimes anteriores. No entanto, o que não contemplou o governo de Vicente Fox é que a DFS não apenas registrou a vigilância e violência contra as esquerdas, mas também deu conta das direitas. A partir de então, pesquisadores de diversos tipos, especialmente jornalistas, começaram a vascular os documentos e a publicar trabalhos de impacto na opinião pública. Depois chegaram os acadêmicos.

Cabe destacar que tais expedientes, resguardados no Arquivo Geral da Nação (AGN), viveram um paulatino processo de censura pois os órgãos policiais do Estado os consideram parte de um "arquivo vivo". Além disso, não é administrado pelos empregados do AGN, mas por agentes do Centro de Pesquisa e Segurança Nacional (CISEN), sucessor da DFS.

Voltando à pesquisa, é importante destacar que o início do período de registro em 1966 não significa que antes não se tenha escrito e discutido sobre o tema que nos interessa, apesar de que poderíamos pensar hipoteticamente que predominavam as análises de conjuntura sem maiores pretensões acadêmicas em termos institucionais. De fato, em seu célebre ensaio publicado em 1947 e intitulado "La crisis de México", Daniel Cosío Villegas já adverte o que passaria caso se entregasse o poder às direitas mexicanas – referindo-se ao sinarquismo, a

Igreja católica, os expulsos da "família revolucionária" e o PAN – no contexto da saída dos militares e a chegada dos advogados ao governo federal.[10]

Pensando em tudo isso, é muito provável que o uso da díade esquerda--direita tenha começado no México durante os anos vinte do século XX, isto é, no marco do chamado período de reconstrução ou construtivo da revolução. E mais, como hipótese, infiro que em tal período de reconstituição da geometria política e, portanto, da linguagem política, consolidou-se a ideia de uma conexão direta, quase genealógica, entre os conservadores do século XIX e a direita do XX, tendo como elo intermediário a "reação". Tudo isso, certamente, é um tema a ser investigado.

Mas voltando ao ano de início do registro, é importante destacar que as primeiras instituições acadêmicas que impulsionaram e consolidaram a história profissional no México – Faculdade de Filosofia e Letras e Instituto de Investigações Históricas da UNAM, Escola Nacional de Antropologia e História e O Colégio do México – foram criadas na capital do país entre os anos 30 e 50 do século XX; além disso, deve-se ressaltar que tais instituições tiveram um primeiro grande momento de auge em termos de produção e prestígio nos anos 60, junto com o aumento do orçamento governamental graças ao chamado "milagre mexicano".[11]

Por outro lado, de forma paralela, desenvolveu-se um crescente interesse por parte dos acadêmicos americanos na história do México, especialmente no período revolucionário em vista da efervescência social e política latino-americana,[12] assim como na atenção do governo americano – e sua promoção de núcleos acadêmicos – que derivou na injeção de recursos para estudar a região no marco da Guerra Fria.

---

10   COSÍO VILLEGAS, Daniel, *La crisis en México*, México, Clío, 1997, p. 41–45.

11   ZERMEÑO, Guillermo, "La historiografía en México: un balance (1940–2010)", *Historia Mexicana*, abril–junho 2013, no. 4, vol. LXII, p. 1695–1742.

12   Por exemplo, o trabalho clássico de John Womack Jr. sobre Emiliano Zapata defendido como tese de doutorado em Harvard em 1966 e publicado simultaneamente no México e nos Estados Unidos em 1969.

64   Ernesto Bohoslavsky • Rodrigo Patto Sá Motta • Stéphane Boisard (orgs.)

No cruzamento de ambos processos se registra a publicação do artigo "El nacionalismo conservador mexicano. Desde la revolución hasta 1940"[13] de Albert L. Michaels, publicado em 1966 na revista *Historia Mexicana* do Colmex, e do mesmo autor "Fascism and Sinarquismo: Popular Nationalisms against the Mexican Revolution"[14] publicado em *Journal of Church and State* de março do mesmo ano. No primeiro, argumenta-se sobre a existência em 1940 de duas tradições nacionalistas conservadoras: uma liberal que buscava frear os avanços da revolução e outra católica que rejeitava o processo de mudança desde o princípio. No segundo, argumenta-se sobre o desenvolvimento de movimentos populares no México que tinham como referente os fascismos europeus.

Ambos, conforme nosso rastreamento, constituem os primeiros esforços acadêmicos para dar conta desde uma perspectiva histórica das direitas mexicanas, neste caso, vistas como tradições do nacionalismo conservador e réplicas dos processos europeus.[15]

Em síntese, observando o gráfico, poderíamos pensar em um primeiro período de estudos sobre as direitas mexicanas desde uma perspectiva histórica entre 1966 e 1987, caracterizado por um limitado e esporádico interesse no tema; além disso, se considerarmos o referido sobre a importância dos processos políticos federais, provavelmente este período se caracterize por interpretações ancoradas a um *telos* do nacionalismo revolucionário e que, por fim, considerava a direita como o inimigo desse projeto, isto é, "a reação" (19 trabalhos).

Um segundo momento ficaria delimitado pelos picos de 1988 e 2002, período no qual a teleologia nacional-revolucionária se desgastou por consequência das crises políticas e econômicas, deixando a hegemonia do código político ao neoliberalismo, o que explicaria o aumento no interesse por saber o que são e de onde veio a direita que estava em ascensão (50 trabalhos). Finalmente, uma

---

13   MICHAELS, Albert L., "El nacionalismo conservador mexicano. Desde la revolución hasta 1940", *Historia Mexicana*, outubro – dezembro 1966, no. 2, vol. XVI, p. 213–238.

14   MICHAELS, Albert L., "Fascism and Sinarquismo: Popular Nationalisms Against the Mexican Revolution", *Journal of Church and State*, spring 1966, no. 2, vol. 8, p. 234–250.

15   É importante destacar que Albert L. Michaels defendeu sua tese de doutorado intitulada "Mexican politics and nationalism, from Calles to Cárdenas" em 1966 na Universidade da Pensilvânia, o mesmo ano que Womack Jr. Ver nota 12.

terceira etapa de 2002 até o momento, corresponderia ao auge dos governos ne-oliberais, destacando doze anos de governos *panistas*, assim como a desclassifi-cação de arquivos da DFS, o que em conjunto explicaria o aumento considerável na produção de estudos sobre a história das direitas no México (81 trabalhos), guiados pela dúvida em torno a por que a "transição à democracia" implicou os triunfos eleitorais da direita.

No entanto, como se referiu nos primeiros parágrafos, mais além do quase evidente registro da chamada "alta política" e as mudanças no governo federal como referentes para pensar o interesse pela história das direitas, existem outros fatores e subtemas que dão conta deste crescimento, e apenas se evidenciam desde a dimensão qualitativa.

Os referentes principais e suas interpretações

Até o momento, no universo estudado, pude identificar os textos mais vistos – entenda-se referenciados – para definir e caracterizar as direitas mexi-canas em termos históricos.

Em primeiro lugar, seguindo um critério cronológico, encontra-se o trabalho intitulado *El pensamiento de la reacción mexicana. Historia documental 1810-1962*,[16] compilação realizada e prologada por Gastón García Cantú e pu-blicada em 1965 que, ainda que não tenha tido o selo da editora da UNAM, foi reeditado em várias ocasiões pela mesma, contribuindo para a difusão da interpretação oferecida por García, um advogado e jornalista de Puebla, México.

Este trabalho foi publicado um ano depois de que culminou o sexênio de Adolfo López Mateos (1958-1964), caracterizado por uma forte oposição de empresários e setores católicos que o apelidaram de "comunista", especialmente em três conjunturas: a difusão dos livros de textos gratuitos para crianças do ensino primário, a nacionalização da indústria elétrica e o respaldo do governo mexicano ao processo revolucionário de Cuba. O importante disto é que no texto se fazem referências a essa oposição emergente como parte de uma gene-alogia da reação, o que abonaria a hipótese sobre a "sensibilidade política" como

---

16 GARCÍA CANTÚ, Gastón, *El pensamiento de la reacción mexicana. Historia documental 1810–1962*, México: Empresas Editoriales, 1965.

catalizador para o estudo histórico das direitas, assim como uma interpretação teleológica do tema.

Sobre isso, na "Nota de esclarecimento" se adverte: "O presente livro é uma aproximação ao estudo da ideologia da reação mexicana. Procurei escolher os textos que definem, com maior clareza, o pensamento conservador em 150 anos de nossa história [...]."[17] Esta visão é muito próxima da oferecida por Jesús Reyes Heroles – ideólogo do partido hegemônico – sobre o liberalismo mexicano, em voga nos anos sessenta assim como os resultados positivos do modelo econômico, isto é, uma história do México guiada por suas lutas heroicas – independência, guerras liberais, revolução mexicana – que se definiriam por um senso de progresso; em contraparte a essa genealogia "positiva", existia seu lado "negativo" formado por conservadores, invasores e reacionários que buscariam frear e inclusive fazer com que retroceda o curso da história.[18]

Em consonância, a compilação de García Cantú inclui a transcrição de diversos documentos divididos em etapas históricas: a independência em suas diferentes fases, as disputas políticas durante a primeira metade do século XIX, a invasão do exército americano em 1847, as disputas entre liberais e conservadores em meados do século, a intervenção francesa, o *porfiriato*, a revolução e a posterior reconstrução, assim como a guerra fria. É importante acrescentar que, no epílogo, García consolida a visão genealógica ao falar de uma reação mexicana que atravessou a história de México e que atualmente – no presente do autor – "prefere a discussão à sublevação",[19] pois foi derrotada pela revolução através das armas. Assim, em seu momento, a direita estaria formada pelos críticos ao governo – empresários e setores católicos politicamente ativos – confirmando a visão teleológica e maniqueísta.

O segundo texto, que é um referente central para numerosos trabalhos subsequentes, é *La derecha radical en México, 1929-1949*[20] do acadêmico ameri-

---

17 *Ibidem*, s.p.

18 REYES HEROLES, Jesús, *El liberalismo mexicano*, México: UNAM, 1954, Tomo I.

19 GARCÍA CANTÚ, Gastón, *op. cit.*, p. 1014

20 CAMPBELL, Hugh G., *La derecha radical en México, 1929–1949*, México: Secretaría de Educación Pública, 1976 (Col. SepSetentas no. 276).

cano Hugh G. Campbell, publicado em 1976 em uma coleção heterogênea promovida pela Secretaria de Educação Pública chamada *SepSetentas*. Esse trabalho é a versão sintetizada e traduzida da tese de doutorado defendida pelo autor em 1968 em UCLA intitulada "The radical right in Mexico, 1929-1949".[21]

Tal fato nos obriga a pensar o trabalho em dois momentos. Por um lado, a pesquisa original de Campbell, longe do contexto historiográfico mexicano, inscrevia-se no referido processo de interesse acadêmico nos Estados Unidos pela história do México, especialmente a Revolução Mexicana.[22] Nesse sentido, considerando o marco institucional em que se inscrevia, não resulta estranho que os dois principais referentes da tese – que não os únicos – sejam a interpretação de George L. Mosse sobre o fascismo como um movimento de reação ante a modernidade e a visão de Seymour Martin Lipset em torno ao papel central das classes médias no desenvolvimento do fascismo.[23]

Três ideias centrais são sustentadas na pesquisa de Campbell: primeiro, que a direita radical mexicana foi "uma variante local do fenômeno geral de direitização extrema que predominou no mundo durante o período entre guerras"; segundo, que no caso mexicano essa direita radical foi uma reação – que foi derrotada – diante da revolução mexicana; e terceiro, que tal fenômeno teve duas variantes, uma secular e outra religiosa, sendo esta última a mais forte dadas suas profundas raízes históricas.[24] Como poderá ser notado, há algo importante que se parece com a interpretação de Michaels.

Por outro lado, como já foi adiantado, o livro publicado na coleção *SepSetentas* é uma versão sumariamente sintetizada da tese. De fato, poderia se dizer que inclui menos de uma terceira parte do trabalho original, o que aponta a uma importante edição. Com respeito a isso, considero relevante apontar que, de acordo com a informação obtida, à frente da área de Ciências Sociais deste projeto editorial, esteve o historiador Enrique Florescano e foi ele quem decidiu

---

21 CAMPBELL, Hugh Gerald, "The radical right in Mexico, 1929–1949", dissertação para obter o grau de PhD em História pela Universidade da Califórnia, Los Angeles, 1968.

22 De fato, Campbell defendeu sua tese de doutorado apenas dois anos depois de Womack Jr. e Michaels.

23 CAMPBELL, "The radical", p. 2, 6.

24 *Ibidem*, p. VII–IX, tradução nossa.

os trabalhos que seriam publicados. Além disso, chama a atenção que o texto apareceu justo no final de um sexênio cuja segunda metade se caracterizou pela emergência de uma oposição encabeçada por empresários e católicos, pelo que nesse período – considerando os processos latino-americanos – ficou famosa a frase emitida pelo escritor Carlos Fuentes: "Echeverría ou o fascismo".

Em outras palavras, apesar de que as ideias centrais da proposta de Campbell foram mantidas, a publicação de 1976 se centrou em caracterizar de forma muito sintética a "reação". Assim, ainda que o interesse do autor respondia outras condições de produção, as ideias centrais de seu trabalho sobre a existência de duas tradições de direitas radicais no México pós-revolucionário – uma secular e uma católica, sua derrota pelo regime e seu caráter reflexivo dos fascismos europeus, resultaram muito convenientes para um regime que tentava explicar o que ocorria nos anos setenta: a reaparição dos derrotados que, além disso, coincidia com o auge dos "fascismos latino-americanos".[25] Novamente, ainda que essa vez sem a intenção do autor mais o fato de situar o fenômeno mexicano em um contexto mais amplo, estaríamos frente à ideia de genealogias e uma visão teleológica.

O terceiro referente importante é o número de abril de 1983 da revista *Nexos* – publicação periódica de política e cultura promovida por um grupo de acadêmicos – dedicado precisamente ao tema da direita mexicana. Dos seis artigos que compunham o exemplar – todos eles feitos por autores que já tinham falado sobre o tema em outros trabalhos, dois transcenderam na historiografia: os trabalhos do antropólogo e sociólogo Roger Bartra e da politicóloga Soledad Loaeza.

O primeiro, intitulado "Viaje al centro de la derecha", oferece algumas ideias muito sugestivas que contrastam com as interpretações comentadas anteriormente: longe da tipologia binária de Campbell, Bartra descreve o que considerava como as grandes correntes da direita mexicana – católica conservadora, direita liberal burguesa, pequeno burguesa protofascista e "revolucionária" carrancista, apontando a heterogeneidade do ator em questão; segundo, lança uma interessante provocação ao afirmar que "a direita está simultaneamente no poder e na oposição, no governo e na sociedade", questionando a interpretação que

---

25 Ver nota 3.

colocava a direita como a inimiga do regime; terceiro, semelhante à ideia anterior, não deixa de chamar a atenção que o autor retoma Bobbio e Mateucci para definir a direita como as "forças conservadoras" que buscam manter o poder ou voltar a formas pretéritas para manter seus "privilégios"; e quarto, como explicitava García Cantú, mas com diferenças substanciais na forma de expressá-lo, o autor reconhece que a emergência da oposição – especialmente da direita – pelo regime no contexto da crise político-econômica é o principal motor de seu interesse pelo tema.[26]

O segundo artigo, de Soledad Loaeza, intitulado "Conservar es hacer patria: (La derecha y el conservadurismo mexicano en el siglo XX)", propõe uma caracterização muito mais complexa entre os processos históricos e as reflexões da Ciência Política, além disso, desde meu ponto de vista, é o melhor trabalho do número 64 de *Nexos* e, provavelmente, da literatura sobre a história das direitas até esse momento. Em primeiro lugar, a autora questiona a ideia da continuidade reconhecendo que as direitas nem sempre são defensivas, o que colocaria em dúvida a relação quase indissolúvel entre direita e reação; além disso, afirma que a aparente continuidade entre os conservadores e as direitas corresponde ao registro da cultura política e não necessariamente ao das ideologias ou os grupos organizados. Em segundo lugar, argumenta em torno do princípio da pluralidade que permite pensar na heterogeneidade dos atores integrantes dessa "família ideológica", como a chama Loaeza. Um terceiro ponto muito importante no texto é a polêmica ideia de que nas direitas mexicanas também campeia o nacionalismo, daí que lhes resultem problemáticos tanto o papel do Estado na vida pública como a revolução mesma, pois ambos colocam em crise a ideia de nação. E finalmente, em poucas linhas, Loaeza aponta que um dos grandes problemas para pensar o espectro ideológico no México foi o peso do Estado e o partido hegemônico como uma "grande zona cinza" que turva o plano ideológico.[27]

---

26 BARTRA, Roger, "Viaje al centro de la derecha", *Nexos*, abril 1983, no. 64. [Online] Consulta em 20 de junho de 2018. URL: https://www.nexos.com.mx/?p=4177.

27 LOAEZA, Soledad, "Conservar es hacer patria: (La derecha y el conservadurismo mexicano en el siglo XX)", *Nexos*, abril 1983, no. 64. [Online] Consulta em 20 de junho de 2018. URL: https://www.nexos.com.mx/?p=4172.

O seguinte texto que funciona como referente para outros trabalhos foi publicado duas décadas mais tarde, em 2003, e se intitula *El Yunque. La ultraderecha en el poder*,[28] pesquisa do jornalista Álvaro Delgado na qual se descreve a existência de uma organização secreta chamada precisamente *El Yunque*, fundada na metade do século XX, herdeira da tradição católica mais conservadora, que tinha chegado ao poder depois de ter infiltrado no PAN. Não é demais mencionar que o texto foi amplamente difundido pois revelava informação secreta sobre integrantes do governo federal – e de administrações estatais – encabeçado pelo *panista* Vicente Fox, e que rendeu ao autor o Prêmio Nacional de Jornalismo.

O texto, apesar de estruturado mais como uma denúncia e, por fim, um tanto desordenado em termos temporais, constrói um argumento mais ou menos claro: a ultradireita – identificada principalmente com a irracionalidade e o catolicismo intransigente – conspirou em segredo desde o período revolucionário e, depois de várias décadas, conseguiu chegar ao poder político mediante a infiltração, o engano e a violência, portanto, é contrária à natureza da democracia mexicana.

Em consonância com o trabalho de Delgado, no ano seguinte foi publicado *Derechas y ultraderechas en el mundo*[29] do politicólogo Octavio Rodríguez Araujo. Desde as primeiras linhas, o autor reconhece que a ideia para o trabalho surgiu depois de concluir um livro sobre as esquerdas e depois de ter dado uma conferência sobre a "ascensão eleitoral das direitas". Depois deixa claro que não vai propor uma definição, mas que se apega à já desenvolvida por Norberto Bobbio, considerando os princípios de liberdade e igualdade como parâmetros para estabelecer a distinção entre direita e esquerda,[30] mas em seguida aponta que acrescentará o elemento da dominação para compreender o fenômeno das direitas e ultradireitas.

---

28 DELGADO, Álvaro, *El Yunque. La ultraderecha en el poder*, México: Ed. Grijalbo, 2003.

29 RODRÍGUEZ ARAUJO, Octavio, *Derechas y ultraderechas en el mundo*, México: Siglo XXI Editores, 2004.

30 Neste ponto, chama a atenção que dois textos publicados com duas décadas de diferença retomem as propostas de Bobbio. Além disso, é importante destacar que ambas propostas do politicólogo italiano correspondem a obras e momentos distintos, pelo que é provável que se confundam com um só referente.

A primeira parte do livro se dedica às coordenadas teóricas que, no entanto, não ficam totalmente claras pois, apesar de tentar oferecer matizes e distinções, termina por enlaçar direita-reação-conservadorismo. Depois aborda as direitas por continentes-regiões no segundo capítulo e as ultradireitas na terceira parte e, ainda que recalca de forma insistente que os conceitos são flutuantes, afirma que sim existem semelhanças ou constantes. Este último me parece central no texto, pois contra a advertência da mudança e a necessidade de historiar os fenômenos – o trabalho não economiza nos exemplos, Rodríguez Araujo termina por cair na ideia das genealogias levando-a ao extremo. Assim, por exemplo, para iniciar a seção sobre as ultradireitas, remonta à inquisição e à Espanha do século XV.

Algumas ideias finais

Embora o registro e a análise dos textos não estejam concluídos e que seja altamente provável que faltem ao menos mais dois trabalhos na lista de referências, além de um importante número de matizes e afirmações sobre outros trabalhos, podemos adiantar algumas ideias.

Primeiro, até este ponto, fica claro que os referentes para caracterizar e definir as direitas mexicanas em termos históricos são muito pontuais, isto é, há uma importante ausência de textos teóricos e historiografia produzidos fora do México. Além disso, chama a atenção que nenhum dos trabalhos referidos é acadêmico pois, ainda que os de Bartra e Loaeza se mostram mais sólidos nesse sentido, não deixam de ser artigos de difusão. De fato, é curioso que na grande maioria dos trabalhos analisados não se faça referência a outros artigos de Loaeza nos quais aborda o mesmo tema de forma precisa e que foram publicados em revistas acadêmicas.[31]

Por outra parte, reforça-se a ideia enunciada nos parágrafos anteriores sobre o importante peso do presente e a sensibilidade política dos autores na hora de escolher o tema das direitas.

---

31 Ver LOAEZA, Soledad, "Cambios en la cultura política mexicana: el surgimiento de una derecha moderna (1970–1988)", *Revista Mexicana de Sociología*, 1989, no. 3, p.221–235; LOAEZA, Soledad, "Derecha y democracia en el cambio político mexicano: 1982–1988", *Foro Internacional*, 1990, vol.30, p.631–658.

72 Ernesto Bohoslavsky • Rodrigo Patto Sá Motta • Stéphane Boisard (orgs.)

Quanto às definições, existe uma forte inclinação por pensar as direitas mexicanas como reacionárias frente ao avanço histórico, particularmente frente à revolução. Com relação a isso, sem negar que existe evidência para afirmá-lo, o argumento levado ao extremo tende facilmente à construção de teleologias e genealogias maniqueístas com importantes componentes essencialistas. Nesse sentido, parece que segue pesando fortemente a teleologia nacionalista. Sobre as tipologias, existe uma tendência – promovida sobretudo pelos trabalhos de americanos – a reivindicar a existência de uma direita secular ou liberal-conservadora e uma católica, ainda que também tenha se indicado a que distingue entre moderada e radical ou extrema. Esta última, foi vinculada com os fascismos europeus ou caricaturada, especialmente pelos últimos dos trabalhos resenhados nos quais se aportam dados em detrimento de uma reflexão sobre a definição da ultra/extrema direita.

Em ambos casos – definição e tipologia – os trabalhos de Bartra e Loaeza se destacam como exceções nas quais se faz um esforço por matizar e repensar historicamente as direitas mexicanas.

Com relação aos subtemas e atores abordados, até este ponto da pesquisa foram registrados os seguintes: empresários, especialmente durante os anos oitenta; Igreja católica, com ênfase na guerra de 1926-1929 e o sinarquismo; o Partido Ação Nacional; a direita moderna e a ultradireita, regularmente encarnadas no PAN e os grupos católicos respectivamente.

Isso se relaciona estreitamente com o que já afirmaram Bohoslavsky e Boisard com respeito a que "o campo de história das direitas existe mais por junção e cruzamento de caminhos que por uma institucionalização ou formalização".[32] Assim, por exemplo, no caso mexicano há um crescente interesse pela história da Igreja católica e os católicos, mas não necessariamente na frequência dos estudos sobre as direitas, ainda que esses últimos abeberam dos primeiros.

Por outro lado, se pensarmos em periodizar a partir da análise qualitativa, teríamos uma primeira fase de 1966 a 1983 em que se desenvolveram de for-

---

32 BOHOSLAVSKY, Ernesto e BOISARD, Stéphane. "Las derechas en América latina en el siglo XX: problemas, desafíos y perspectivas", *Nuevo Mundo Mundos Nuevos*, Francia. [Online] Consulta em 18 de abril de 2018. URL: https://journals.openedition.org/nuevomundo/68802.

ma paralela as interpretações teleológico-nacionalista e a reativa secular-clerical; posteriormente, a partir de 1983, acrescentou-se a que poderíamos chamar revisionista; e durante o século XXI se desenhou uma variante da reativa concentrada na emergência dos atores "irracionais". Certamente, longe de pensar uma ideia teleológica e acumulativa da historiografia analisada, proponho diferentes momentos nos quais as interpretações têm convivido. De fato, seguindo esta ideia, é muito provável que nos últimos aumentos se encontrem as diversas interpretações em convivência, disputa e mistura, em meio de uma efervescência de fontes, atores e novas perguntas.

Gráfico 1. Textos sobre a história das direitas no Mexico

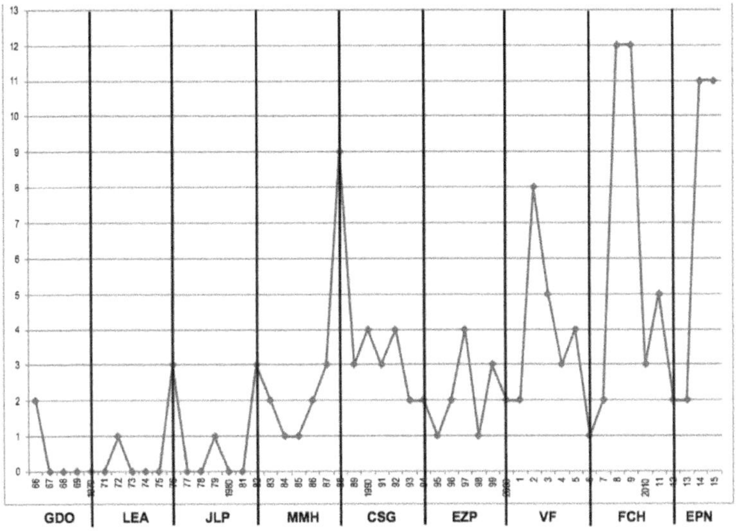

ANTICOMUNISMO, ANTIPETISMO E O GIRO DIREITISTA NO BRASIL

Rodrigo Patto Sá Motta[1]

O anticomunismo voltou a ocupar lugar central no debate político brasileiro. Será necessário demonstrar essa afirmação? Depois dos episódios no sul do Brasil no início de 2018, quando a caravana de Lula foi recebida em alguns lugares com tiros e gritos "lincha que é comunista!"?[2] Depois da paralisação dos transportes rodoviários de maio de 2018, quando alguns saudosistas da ditadura decepcionados por não terem conseguido nova intervenção militar chamaram de comunista até ao comandante do Exército, o general Vilas Boas? Depois dos votos de certos deputados a favor do impeachment de Dilma Rousseff, no primeiro semestre de 2016, que alegaram afastar a presidente para livrar o Brasil dos comunistas? Nesses tempos de guinada direitista, igualmente digno de nota é o intenso uso de foices e martelos e imagens de Marx, Guevara e outros símbolos comunistas na propaganda antiesquerdista. Uma das mais expressivas manifestações simbólicas do fenômeno é a oposição das cores nacionais, o verde-amarelo, ao vermelho da esquerda. "Nossa bandeira jamais será vermelha", ecoam milhares de posts nas redes sociais, e uma massa de manifestantes a favor do impeachment de Rousseff foi às ruas com a tradicional camisa da seleção bra-

---

1   Professor do Departamento de História da UFMG e pesquisador do CNPq.

2   Cf. http://tutameia.jor.br/lula-vira-jogo-contra-ataques-de-fascistas/, acesso em 25/3/2018.

sileira, mostrando mais uma vez como as performances políticas podem dialogar com a cultura do futebol.[3]

Não têm faltado alguns episódios derrisórios, recorrentes na história do anticomunismo, como a militante de direita que confundiu a bandeira do Japão com a de algum regime comunista. Ou então a denúncia por um candidato presidencial de direita nas eleições de 2018 sobre suposto plano para criar a URSAL, o que gerou inúmeras apropriações cômicas nas redes sociais. Episódios desse tipo podem ser usados para ridicularizar a direita, sempre uma arma de combate para rebaixar o adversário, mas não deveriam nos fazer deixar de levar o tema a sério, sobretudo no ambiente acadêmico. Afinal, o anticomunismo abriu caminho e justificou as duas ditaduras mais longevas da história brasileira, e continua ajudando a despertar/provocar a sensibilidade de direita nos dias que correm.

De fato, o mundo acadêmico e a cultura de esquerda tenderam a menosprezar o anticomunismo, às vezes ridicularizando-o por motivo de estratégia política e frequentemente reduzindo sua relevância histórica, o que dificultou sua aceitação como objeto de estudo. Nas primeiras análises acadêmicas sobre o golpe de 1964, por exemplo, colocou-se mais ênfase em temas como antirreformismo ou mesmo antipopulismo para explicar as motivações dos grupos que derrubaram o governo João Goulart. Talvez houvesse uma dificuldade de aceitar a importância do fenômeno por medo de realçar a força dos comunistas no campo da esquerda. Seja como for, é fato que houve reticência nos meios acadêmicos em encarar o anticomunismo como objeto de estudo. Curiosamente, até veículos de imprensa que ajudaram a construir e a legitimar o golpe de 1964 com base em intenso uso da linguagem anticomunista, alguns anos depois incorporaram a versão acadêmica de que João Goulart caiu devido ao antipopulismo.

A força dos discursos anticomunistas/antipetistas atuais serve de laboratório para ressaltar a relevância histórica do tema, bem como para mostrar, mais uma vez, a sua capacidade de incendiar a imaginação da direita. Pode-se afirmar que a presente conjuntura nos ajuda a entender o contexto de 1964, ou a imaginar a força de mobilização das representações anticomunistas naquele momento histórico. A

---

3   Sem se importarem com a contradição de usar a camisa da CBF – uma das instituições mais corruptas do Brasil – em marchas supostamente motivadas pelo protesto contra a corrupção estatal.

propósito, pesquisas de opinião feitas nas passeatas recentes revelam o impacto e a apropriação da temática anticomunista de modo semelhante ao que encontramos em 1964. Os setores sociais mais mobilizados pelos discursos antiesquerdistas são basicamente os mesmos, na maioria pessoas com renda e escolaridade mais alta e brancos que vivem nos melhores bairros, o que indica a existência de elementos estruturais no processo de constituição do perigo vermelho.

No entanto, destacar a importância do anticomunismo como fenômeno político e como objeto de estudo não significa acreditar que o discurso coincidisse sempre com o objetivo central dos militantes e grupos de direita, ou seja, frequentemente os alvos transcendiam os comunistas propriamente ditos. O anticomunismo muitas vezes serviu de guarda-chuva para abrigar frentes de direita integradas por grupos heterogêneos, servindo de língua franca para expressar (e incrementar) a mobilização contra a esquerda, contra movimentos sociais orientados para a esquerda e contra políticas voltadas ao combate às desigualdades em geral.

Pois bem, a proposta é analisar a nova onda direitista à luz da tradição anticomunista, estabelecendo contraste entre episódios anteriores e o recente antipetismo, buscando perceber o que têm em comum e em que pontos diferem. Em essência, vamos contrastar os movimentos e representações anticomunistas do século XX com discursos disseminados por alguns autores e divulgadores da direita atual. Na parte central do texto serão analisadas algumas fontes de inspiração para a presente mobilização contra o perigo vermelho, quais sejam, discursos emitidos por propagandistas de direita que procuraram conectar o anticomunismo tradicional às lutas contra o projeto petista de poder. O propósito, assim, é contribuir para o estudo do antipetismo, que parece estar ocupando hoje lugar semelhante ao que o anticomunismo teve no passado.[4]

* * *

---

4   A importância do tema aparece no atual cenário eleitoral, pois o antipetismo se tornou categoria nas pesquisas de opinião, que tentam medir o tamanho e o impacto da repulsa ao PT. Segundo especialistas, o antipetismo mobilizaria entre 25 e 40% do eleitorado, transformando-se em fator central na disputa eleitoral de 2018. Cf. COIMBRA, Marcos. As consequências do vexame, https://www.cartacapital.com.br/revista/1012/as-consequencias-do-vexame, acessado em 19/07/2018 e MELÉNDEZ, Carlos. Petismo e antipetismo, *Veja*, 30/05/2018, edição nº 2584, acessado em 25/05/2018.

78 Ernesto Bohoslavsky • Rodrigo Patto Sá Motta • Stéphane Boisard (orgs.)

Vale a pena começar com uma discussão conceitual acerca de anticomunismo e antipetismo. O prefixo "anti" vem do grego e significa ação contrária, tendo originado palavras importantes no vocabulário acadêmico como antítese e antagonismo. No campo político conceitos utilizando o prefixo começaram a aparecer em meados do século XIX, como anticlericalismo nos anos 1850 e antissemitismo nos anos 1870.

No que toca às disputas pelo poder, sociedades mais democráticas desenvolveram valores e instituições que estimulam a tolerância e a convivência pacífica entre oponentes, com as disputas sendo travadas especialmente no terreno das ideias. Pelo menos é isso o que se almeja. No entanto, os movimentos "anti" recusam-se a tratar seus adversários como forças oponentes que é preciso tolerar, pois os veem como inimigos insuportáveis. Mais do que a mera oposição a ideias ou a pessoas e projetos coletivos, os movimentos "anti" constituem-se em fenômenos de teor mais visceral. Trata-se de uma recusa total, de repulsa sem meio termo, meio tom, nem possibilidade de convivência. Ser "anti" significa combater o inimigo sem trégua, até sua eliminação, que não precisa necessariamente ser física (embora em alguns casos se chegue a tal ponto), mas, sobretudo, política. Ser anti alguma coisa, portanto, implica adotar atitudes que vão além da simples oposição, com base em recusa integral, uma repulsa que gera estímulos para destruir as ideias oponentes, às vezes também as pessoas que as professam.

Os primeiros movimentos de caráter antissocialista e anticomunista surgiram ainda na segunda metade do século XIX, mas se tornaram mais fortes no período seguinte, notadamente após a Revolução de 1917. Os sentidos de anticomunismo são complexos e assim também o próprio comunismo, que pode significar não apenas o modelo bolchevista como até adversários dele como os anarquistas. Em geral, o anticomunismo histórico foi dirigido contra o legado bolchevista e a influência soviética, mas, em muitos casos representa simplesmente uma recusa a toda forma de socialismo. Em comparação, o antipetismo é mais fácil de definir, já que se refere a um objeto mais preciso e historicamente datado: ele representa uma recusa integral ao PT e a seus projetos e símbolos, especialmente a figura de Lula.

Existem movimentos "anti" tanto de direita como de esquerda (anticapitalismo, antifascismo) e, historicamente, houve movimentos de esquerda que se aproximaram do anticomunismo.[5] De qualquer modo, no presente caso estudamos apenas o anticomunismo e o antipetismo de direita, que em geral mobilizam valores conservadores e liberais, eventualmente fascistas também. A retórica dos publicistas que ajudaram a criar a atual onda direitista se enquadra perfeitamente no universo dos movimentos "anti", como logo se verá. A sua recusa integral ao petismo em muito se assemelha à tradição anticomunista, de que eles se apropriaram para atacar os governos liderados pelo PT.

No entanto, antes de analisar os discursos de direita atuais é necessário fazer uma síntese do anticomunismo histórico, para tornar possível a comparação. Desde os anos 1930 existe uma forte tradição anticomunista no Brasil. Discursos antissocialistas e antianarquistas circulavam já no século XIX, porém, dois eventos no século seguinte iriam conferir bases mais profundas ao fenômeno: a Revolução de 1917, na Rússia, e a insurreição revolucionária de 1935, no Brasil, movimento liderado pela Aliança Nacional Libertadora, uma frente de esquerda hegemonizada pelos comunistas. A insurreição de 1935 foi alcunhada pejorativamente de "Intentona", para dar-lhe marca mais negativa (significa intento louco), e forneceu boa parte do arsenal propagandístico usado nos anos posteriores. A "Intentona Comunista" deu origem não somente à construção de um imaginário, mas, ao estabelecimento de uma celebração anticomunista ritualizada e sistemática, com monumentos e paradas cívicas de caráter marcadamente militar. A violência do episódio e os objetivos dos revolucionários foram exagerados e caricaturados, para aumentar o impacto da propaganda e insuflar o medo. Foram muitas décadas de intensa campanha anticomunista, com destaque para representações negativas sobre a União Soviética e demais países socialistas, apresentados como o inferno na terra, e fortes cargas também sobre figuras nacionais como Luiz Carlos Prestes.

A partir dos anos 1930 o anticomunismo tornou-se tema perene no cenário brasileiro, em certas ocasiões servindo de inspiração para mobilizações direitistas de graves consequências. Argumentamos que as representações e valores antico-

---

5   O anticomunismo de esquerda teria mobilizado alguns grupos anarquistas, socialistas e democratas radicais. No entanto há que ter cautela nesse ponto, já que muitos deles não recusavam visceralmente o comunismo bolchevique. A mesma cautela deve ser tomada ao tratar da questão complexa de saber se existe antipetismo de esquerda.

munistas retiravam sua inspiração, *grosso modo*, de três matrizes distintas: cristianismo, nacionalismo e liberalismo.[6] Não se trata de pensar uma separação rígida entre essas matrizes, pois no processo social concreto as elaborações podem aparecer combinadas. Mesmo assim elas têm características essencialmente distintas.

O anticomunismo de base cristã é particularmente visceral, pois percebe na doutrina revolucionária um questionamento básico dos fundamentos das instituições religiosas. O comunismo não era apenas um programa de revolução social e econômica, mas uma filosofia e um sistema de crenças que concorria com a religião ao fornecer uma explicação para o mundo e uma escala de valores, ou seja, uma moral. A filosofia comunista se opunha aos postulados essenciais do catolicismo e ameaçava a própria existência da Igreja: negava a existência de Deus e professava o materialismo ateu; propunha a luta de classes violenta em oposição ao amor e à caridade cristã; pretendia substituir a moral cristã e destruir a instituição da família;[7] defendia a igualdade contrariamente às noções de hierarquia e ordem, embasadas em Deus.[8] Por isso o Vaticano (Papa Pio XI) definiu o comunismo como intrinsecamente mau, uma doutrina com que os católicos não poderiam conviver.

As fontes cristãs colocavam bastante ênfase no tema da ameaça moral aos valores da "boa sociedade". Para minar as forças do catolicismo seria necessário corromper os costumes e afastar o povo dos ensinamentos da moralidade cristã. Sobretudo, os revolucionários desejariam destruir o pilar central do edifício cristão, a família, que constituía a base da instituição religiosa e da própria sociedade. Da suposta ameaça à moral representada pelos comunistas decorria serem

---

6 MOTTA, Rodrigo Patto Sá. *Em guarda contra o perigo vermelho: o anticomunismo no Brasil (1917-1964)*. São Paulo: Perspectiva/Fapesp, 2002.

7 BECKER, João (Dom). *O communismo russo e a civilização christã*. (19ª Carta Pastoral). Porto Alegre: Centro da Boa Imprensa, 1930, p.7.

8 "O sistema de Marx veio combater a religião em sua essência e em sua natureza: nega a existência de Deus e tudo quanto decorre dessa verdade primária; renega tanto os dogmas quanto os preceitos da moral e propugna, na prática, por uma sociedade dentro da qual a religião não poderá existir e realizar sua missão. Os governos mais tirânicos e mais despóticos, embora persigam certas e determinadas religiões, adotam ou ao menos toleram essa ou aquela. O comunismo, porém, em seu ódio e em seu furor contra Deus, a tôdas persegue e procura extinguir". CABRAL, Padre J. *A Igreja e o Marxismo*. São Paulo: Panorama, 1949, p.8.

tachados de dissolutos, sedutores, corruptos, mentirosos, cínicos, caluniadores e assassinos, dentre outros adjetivos. O tema da corrupção comunista passava pelo temor das mudanças de comportamento sexual, já que eles pregavam uma nova moral considerada libertina pelos cristãos. E também pelo argumento de que eles mentiam e corrompiam a sociedade para facilitar o seu trabalho de conquistar o poder. Para dar validade a tais argumentos não faltavam citações de Lenin ou de Trotsky que teriam defendido a formação de uma moralidade propriamente comunista.

Quanto ao nacionalismo faz-se necessário atentar para seus distintos significados ao longo do período contemporâneo, sendo objeto de apropriações tanto à esquerda quanto à direita. Centrando foco na vertente direitista, o nacionalismo de inspiração anticomunista tem origem em modelos conservadores do século XIX, com base na visão da nação como conjunto orgânico, unidade superior a qualquer conflito social. Esse nacionalismo de viés conservador enfatizava a defesa da ordem, da tradição, da integração e da centralização, contra as forças centrífugas da revolução. Dessa vertente nacionalista/patriótica derivaram as referências ao comunismo como perigo estrangeiro, que era apresentado de maneira mais vívida na metáfora da planta exótica e inadaptável ao solo nacional, posto que importada das estepes asiáticas. Aqui teve destaque a URSS como foco da ameaça estrangeira, mas, secundariamente, também China e Cuba ocuparam esse lugar a partir dos anos 1950 e 1960.

No caso do liberalismo é preciso considerar ao menos duas facetas principais: liberalismo político e liberalismo econômico (ou liberismo, como preferem alguns autores).[9] Os liberais recusam o comunismo porque ele atentaria contra os dois postulados referidos, por um lado sufocando a liberdade e praticando o autoritarismo político e, por outro, destruindo o direito à propriedade ao desapossar e estatizar os bens particulares. Isto não significa que todos os grupos e indivíduos classificáveis como liberais defendessem, com a mesma intensidade, os dois aspectos. A ênfase no fator político ou no econômico podia variar, dependendo do caso ou do momento. No caso brasileiro, o anticomunismo liberal e liberal-democrático não primou pela coerência. Predominou uma retórica liberal

---

9   BOBBIO, Norberto. *Liberalismo e democracia*. São Paulo: Brasiliense, 1988, p.87 e 88.

pouco preocupada com as práticas democráticas, mais afinada com a afirmação da liberdade no sentido negativo que positivo, em outras palavras, enfatizava-se a luta contra o intervencionismo estatal e relegava-se para segundo plano a questão da participação política.[10] Na maior parte das vezes, a crítica liberal ao comunismo se restringia a fórmulas superficiais e à reprodução de chavões sobre a ditadura soviética, enquanto os mesmos setores apoiaram ditaduras orientadas para o combate à esquerda, como o regime militar dos anos 1960-80.

Apesar das diferenças entre essas matrizes, as representações anticomunistas no Brasil originaram uma tradição e movimentos políticos convergentes que, em certos contextos, alcançaram grande repercussão. Surgiu uma tradição bem enraizada que permitiu novas apropriações em momentos posteriores, como na atualidade. Para demonstrar o impacto político do fenômeno basta registrar que ele serviu de justificativa para os golpes de 1937 e 1964, bem como para as ditaduras subsequentes, o Estado Novo comandado por Getúlio Vargas entre 1937-1945, e a ditadura liderada pelos militares (e seus aliados civis) entre 1964 e 1985. Nos documentos fundadores de ambos regimes ditatoriais, a Constituição de 1937 e o Ato Institucional de 1964, o tema aparece em destaque. No preâmbulo da Carta de 1937 está escrito que a extensão da infiltração comunista no Brasil exigia remédio radical, ou seja, a ditadura, enquanto o Ato Institucional de 9 de abril de 1964 prometia drenar o "bolsão bolchevista" e "destituir o governo (de João Goulart) que se dispunha a bolchevizar o País".

Em que pese a importância do episódio de 1937, cujo impacto ainda se faz presente na sociedade e no Estado brasileiros, vale a pena dar mais destaque ao golpe de 1964. Outras questões influenciaram o golpe de 1964 como a crise econômica, que se manifestou na inflação descontrolada e na redução das taxas de crescimento, e também as denúncias de corrupção contra o governo. Entretanto, a crença na ameaça comunista foi o tema mais importante na mobilização golpista, com destaque para as "Marchas da Família com Deus pela Liberdade". Os argumentos anticomunistas foram especialmente significativos em 1964 por unirem grupos que tinham divergências em outras questões, por exemplo, liberais e fascistas. Ademais, eles ofereciam a oportunidade de expres-

---

10 BERLIN, Isaiah. *Quatro ensaios sobre a liberdade.* Brasília: Ed. UnB, 1981, p.136-144.

sar a crise em linguagem compreensível para amplos setores sociais que havia tempo estavam acostumados a ouvir discursos sobre o "perigo vermelho".

Além de superar as divergências dos golpistas, o anticomunismo prestou outro serviço ao movimento de 1964: contribuiu para a legitimação do novo regime, já que os seus líderes usaram o perigo vermelho para convencer a opinião pública da justeza das ações autoritárias. Entre os militares o anticomunismo foi igualmente útil para superar divisões internas e também para configurar um sentido de missão: ele justificava a intervenção política em 1964 e a ditadura, e garantia um papel aos oficiais como defensores da ordem. Servia, também, para justificar o engajamento em atividades de coleta de informações e de repressão política, tarefas que ocuparam muito os militares naqueles anos.

Passando ao quadro atual e à comparação/analogia entre os discursos do anticomunismo histórico e do antipetismo, nossa análise vai se centrar nos textos de quatro publicistas que ocupam lugar central na recente mobilização de direita: Olavo de Carvalho, que também é um filósofo autodidata, Reinaldo Azevedo, o único com formação em jornalismo, Diogo Mainardi e Rodrigo Constantino (formado em economia). Trata-se de grupo muito influente na formação da opinião de direita, atuando tanto na mídia tradicional como nas chamadas redes sociais. Todos publicaram coletâneas de seus textos divulgados originalmente na mídia, aliás, livros com alta vendagem. A propósito desses livros, eles iniciaram um fenômeno de mercado que algumas editoras comerciais têm buscado explorar, a nova literatura de direita. O decano entre eles, Olavo de Carvalho, também é o mais bem-sucedido e influente já que seu último livro teria ultrapassado a marca de 150 mil exemplares vendidos (algumas fontes falam em 300 mil).

Não há tempo para oferecer maiores informações biográficas sobre esses personagens. De qualquer modo, é importante registrar que existem nuanças a distingui-los, não só de estilo, de capacidade argumentativa e de bagagem cultural, mas, também, no referente às características ideológicas. Podemos simplificar dizendo que o perfil dos quatro representa diferentes gradações entre o conservadorismo e o liberalismo, sendo que todos se filiam claramente à direita,[11]

---

11 Eles iniciaram a tendência de assumir a identidade direitista de maneira clara, sem disfarces, o que era raro no Brasil. No caso de Azevedo com uma ressalva, já que aceita ser chamado de direitista, mas reacionário não. Ele defendeu ponto de vista próprio sobre o

bem como ao anticomunismo e ao antipetismo. No que toca às nuanças, pode-se dizer que Olavo é mais conservador que liberal, ele mesmo chega a se descrever como contrarrevolucionário e reacionário, o que não o impede de defender o capitalismo. Além disso, Olavo mostra-se mais simpático aos militares e à ditadura de 1964, tema que os outros autores evitam. Já Constantino, Mainardi e Azevedo são mais próximos do universo liberal que do conservador, já que colocam maior ênfase na defesa das virtudes do mercado e do individualismo. No entanto, embora de maneira menos aguda partilham com Olavo de pontos de vista morais conservadores, como logo se verá.

Ressalve-se, também, que Carvalho é uma espécie de guru para o grupo. Além de mais velho e dono de bagagem cultural mais ampla ele começou a atuar primeiro, escrevendo textos de caráter antiesquerdista desde a segunda metade dos anos 1990, enquanto os outros autores apareceram ao final do primeiro mandato de Lula. Sua liderança também aparece no fato de ser citado e homenageado pelos outros, embora posteriormente as relações pessoais tenham se azedado. Carvalho é uma figura curiosa, um astrólogo que se tornou católico conservador, tendo sido na juventude comunista. Ele vive nos EUA desde 2005 e virou ícone da "nova" direita, que levou cartazes em sua homenagem nas passeatas de 2015, bem como estampou camisetas com o seu rosto. Carvalho também se destaca por adotar um modo de debate político mais agressivo, com a estratégia de atacar virulentamente alvos de esquerda visando destruir sua credibilidade e, simultaneamente, chamar atenção sobre si mesmo. Com esse propósito ele aplicou métodos da sofística e da erística, sobretudo técnicas para encolerizar os adversários com ataques insolentes e vexatórios, com o intento de provocá-los a perderem a calma e partirem para o exagero.[12]

---

que seria a diferença entre esquerda e direita, talhado para deslegitimar seus adversários e inverossímil no caso da história brasileira por elidir o golpismo da direita: "um direitista é aquele que não aceita sacrificar a legalidade em nome da igualdade ou da justiça social. Porque considera que tal sacrifício é gerador de mais injustiça e de mais desigualdade. E o esquerdista é o que aceita, com alguma frequência, tal sacrifício". AZEVEDO, Reinaldo. *O país dos petralhas*. 3 ed. Rio de Janeiro: Record, 2008, p.104.

12 Carvalho editou no Brasil o opúsculo de Schopenhauer sobre erística intitulado *Como vencer um debate sem precisar ter razão* (Rio de Janeiro: Topbooks, 1997). Embora argumentasse que a intenção era oferecer armas de defesa contra "sofistas e charlatães, que hoje

Ressalte-se que ficaram de fora desta análise outras lideranças importantes na atual onda direitista, tanto do universo da imprensa (como Arnaldo Jabor, Demetrio Magnoli, Leandro Narloch, Danilo Gentilini) como intelectuais acadêmicos que se tornaram publicistas de direita (como Marco Antonio Villa, Luiz Felipe Pondé e Denis Rosenfield) e até mesmo figuras da música (como os roqueiros Lobão e Roger) e do humor (Marcelo Madureira). O fato é que a eclosão da onda direitista gerou êmulos em vários veículos de mídia, seja pelo interesse em explorar o aumento do apelo público dos discursos direitistas, seja porque foram estimulados a liberar sentimentos recônditos.

Vale registrar o papel estratégico de algumas empresas de mídia na divulgação desses autores. Verdade que as redes sociais do universo web ampliaram a sua circulação, mesmo assim a mídia tradicional teve papel relevante, com notável destaque para revista *Veja*, embora outros veículos publicaram também textos desses autores como *O Globo, Época, Folha de S. Paulo* e *Jornal da Tarde*, para citar alguns exemplos.

Nos limites deste texto seria impossível estudar o impacto e a recepção dos argumentos desses quatro publicistas no espaço público. No entanto, para atestar a sua relevância, é suficiente registrar a influência de Olavo de Carvalho sobre o presidente eleito em 2018, Jair Bolsonaro, a ponto do novo chefe do poder Executivo ter aparentemente aceitado indicações do filósofo para a composição do seu ministério.

Pois bem, passemos à análise do conteúdo dos discursos emitidos por esses quatro propagandistas, ressaltando que se trata de textos publicados entre o fim dos anos 1990 e o início da década de 2010, portanto, antes do declínio dos governos petistas. Dessa forma, vamos analisar representações e argumentos elaborados ainda no auge do governo Lula, mas que alcançariam audiência e

---

imperam não somente na política (...) como também nos altos postos da vida intelectual, de onde deveriam ser banidos a pontapés" (Olavo de Carvalho, na introdução ao livro de Schopenhauer, p.23), na verdade ele se utilizou das técnicas analisadas pelo filósofo alemão de maneira ofensiva, para tentar derrotar no debate público figuras luminares da cultura de esquerda como Leandro Konder e Marilena Chauí. Sua intenção era destruir a imagem de superioridade dos intelectuais de esquerda, como explicou em alguns artigos de imprensa. Alguns dos discípulos de Carvalho seguiriam pelo mesmo caminho, como nos ataques de Reinaldo Azevedo a Alberto Dines.

divulgação maiores no período seguinte, contribuindo para inspirar e mobilizar os defensores do impeachment de 2016.

A retórica dos quatro personagens em foco encaixa-se perfeitamente no conceito de anticomunismo apresentado há pouco. Eles defendem argumentos e atitudes antiesquerdistas, anticomunistas e antipetistas em tom de recusa integral a seus adversários, sem nuanças, portanto, nada vendo de bom na sua ação. Pelo teor das suas críticas, a convivência com a esquerda em ambiente democrático seria impossível. Por exemplo, Olavo afirmou que era preciso destruir a esquerda, politicamente e culturalmente. Ele defendeu a necessidade de ser impiedoso com a esquerda, pois ela é má em essência, o que ecoa os discursos do Vaticano da década de 1930. De acordo com tal visão religiosa, se o adversário representa o mal não há convivência possível, ele precisa ser eliminado. O mesmo autor chamou os esquerdistas de patifes e deficientes mentais, tema reiterado por Constantino que, além disso, associou o esquerdismo à histeria.[13] Já Mainardi afirmou ter repulsa ao Partido dos Trabalhadores e a Lula, "horror às esquerdas" e sentir náuseas "só de ouvir falar em Lula e em lulistas", tendo classificado o lulismo como psicopatia e defendido a necessidade de "enterrar definitivamente o petismo".[14] Por seu turno, Azevedo queria livrar o país do PT: "Eis o país dos petralhas. Para ser exorcizado. (...) tudo o que é bom para o PT é ruim para o Brasil." O mesmo autor gostava de associar a esquerda a doenças daí o uso da expressão esquerdopatia, da qual disse ter sido curado cedo, na adolescência, após ser acometido por uma "catapora trotskista".[15]

---

13 "A esquerda brasileira — toda ela — é um bando de patifes ambiciosos, amorais, maquiavélicos, mentirosos e absolutamente incapazes de responder por seus atos ante o tribunal de uma consciência que não têm"; "deficientes mentais loquazes que orientam e dirigem o país". CARVALHO, Olavo. *O mínimo que você precisa saber para não ser um idiota.* Rio de Janeiro: Record, 2013, p.102; 314; 322. "O embaixador José Osvaldo de Meira Penna certa vez disse: 'Os marxistas inteligentes são patifes; os marxistas honestos são burros; e os inteligentes e honestos nunca são marxistas'." CONSTANTINO, Rodrigo. *A esquerda caviar.* Rio de Janeiro: Record, 2013, p.16; 30.

14 MAINARDI, Diogo. *Lula é minha anta.* 3 ed. Rio de Janeiro: Record, 2007, p.37; 49; 62; 88; 99.

15 AZEVEDO, *op.cit.*, p.5; 7; 87;105.

Tal disposição antiesquerdista e antipetista visceral levou à negação até de iniciativas que poderiam ser positivas desde o ponto de vista dos críticos. Assim, por exemplo, quando o governo petista propôs uma reforma política para melhorar o sistema eleitoral e fortalecer os partidos, tendo em vista reduzir as práticas fisiológicas tão criticadas por seus adversários, Azevedo atacou o projeto argumentando que o importante era favorecer os indivíduos e não as instituições. E inseriu no argumento, artificialmente, uma referência à violência dos bolcheviques na URSS, procurando associar tal imagem ao PT. Enfim, desde essa ótica "anti" sempre há uma razão para recusar o que vem da esquerda, mesmo sendo necessário para isso mobilizar argumentos sofísticos.

A propósito da URSS, os discursos antipetistas recorrem bastante à estratégia de conectar os Estados inspirados na matriz soviética (em especial Cuba) aos governos liderados pelo PT, como se houvesse forte linha de continuidade. Reside aí o principal ponto de contato entre o anticomunismo tradicional e o antipetismo, o que levou os propagandistas de direita a criarem expressões como lulocomunismo e comunopetismo. A insistência nesse ponto deve-se a que o anticomunismo traz um rendimento propagandístico ímpar. Afinal, os exemplos históricos que alimentam o discurso de direita se referem aos países comunistas representados como experiências fracassadas, totalitárias e assassinas. A estratégia discursiva é conectar os governos petistas a tal história de violência e sofrimento, com isso procurando convencer o público de que eles são perigosos e deveriam não apenas sair do poder, mas ser eliminados do sistema político.

Outro ponto central dessa construção retórica é mobilizar o anticomunismo e o antipetismo para atacar as políticas estatais intervencionistas, exaltando, pela via do contraste, as vantagens da economia liberal. Todos os autores em foco utilizam-se desse recurso e fazem a defesa da superioridade do arranjo econômico liberal. A propósito, é notável a influência do modelo norte-americano sobre esses propagandistas de direita, que aliam a sua disposição antiesquerdista a entusiasmado proamericanismo. No caso de Constantino isso o levou a fazer ataque acérrimo ao antiamericanismo da esquerda, enquanto Azevedo e Olavo mostravam-se simpatizantes declarados do Partido Republicano. Por exemplo, eles fizeram ataques pesados à "histeria" do aquecimento global e do "ecologismo" e apoiaram outros pontos da política externa norte-americana como o Plano Colômbia (com elogios ao presidente Uribe), apoio a Israel contra os árabes e críticas à liderança da ONU. Olavo e Constantino atacaram os democratas e o presidente Obama de uma forma que orgulharia o grupo do Tea Party. No caso de Olavo, um defensor da política de liberação do porte de armas, como já foi dito a simpatia pelo modo de vida norte-americano levou à mudança para aquele país. Registre-se, também, que a maioria desses propagandistas ataca o "terrorismo" internacional, mas somente o praticado por muçulmanos e por guerrilheiros das FARC, e acusa o Partido dos Trabalhadores de ser cúmplice desses grupos.

Mas quais seriam as ações concretas dos governos liderados pelo PT, considerando tanto o quadro externo como o plano interno, que provocaram a ira desses publicistas de direita? Vejamos um resumo das políticas de inspiração esquerdista do PT tal como são vistas e criticadas pelos quatro autores, para entender melhor a sua linha de argumentação antipetista.

Um ponto de destaque é a aliança tecida pela liderança do PT com grupos de esquerda da América Latina, em que o Foro de São Paulo aparece como tema chave. Nas palavras de Azevedo o Foro seria uma espécie de "mini-internacional comunista da América Latina", enquanto para Carvalho, que via na entidade uma ação do movimento comunista internacional para compensar suas perdas no leste europeu nos anos 1990, a criação do Foro era crime que "justificaria não só o impeachment como também a prisão do seu autor", ou seja, Lula.[16] Para os publicistas de direita o Foro de SP representava uma grande conspiração internacional para implantar ditaduras comunistas na América Latina (daí o suposto plano da URSAL), residindo aí, na sua perspectiva, a explicação para a ascensão de governos de esquerda nos anos 2000. O aspecto mais agudo desse ataque é associar o PT aos "narcotraficantes das FARC" e aos bolivarianos liderados por Hugo Chávez.

Como o PT de fato não aplicou políticas caracteristicamente socialistas, o ataque de seus adversários centrou-se em denunciar a retórica socialista dos petistas (tal como expressa pela ala esquerda do PT em congressos partidários), como se eles estivessem aguardando o momento certo para deslanchar um plano de ação comunista. À falta de algo mais concreto para justificar os ataques anticomunistas

---

16   AZEVEDO, *op.cit.*, p.213 e CARVALHO, *op.cit.* (2013), p.455.

ao PT, uma das estratégias é acusar os seus intelectuais de não denunciarem os crimes do comunismo histórico e de seus ditadores, o que aos olhos dos propagandistas de direita seria prova de associação culposa. Na mesma linha, os governos petistas são acusados de apoiarem movimentos sociais de esquerda, especialmente no campo, respaldando com "verbas milionárias a agitação armada do MST"[17] que é considerado criminoso e subversivo por esses autores.[18]

No que toca às políticas sociais do PT, certamente inspiradas em valores de esquerda, ou seja, orientadas para a redução de desigualdades, elas foram objeto de muitos ataques, como seria previsível. O programa de bolsas sociais, por exemplo, foi considerado simples estratagema de demagogia eleitoral com vistas à perpetuação no poder[19], aliás, um tema discursivo comum a toda a oposição ao PT. Outro ponto relevante envolve a política de direitos humanos dos governos de centro-esquerda, o que gerou acusações de tolerância com o crime. Olavo de Carvalho, por exemplo, acusou a esquerda de estimular os criminosos em lugar de combate-los com vigor, que deveria ser a política correta na sua visão.

Ainda no terreno das políticas sociais, os governos petistas são acusados de estimular demandas de minorias que os propagandistas de direita veem como artificiais ou mesmo perigosas. Nos quatro autores podemos encontrar manifestações de antipatia em relação a tais movimentos sociais, especialmente contra o feminismo. No entanto, Carvalho se destaca como o mais conservador do grupo, pois, além das feministas ele ataca bastante o movimento gay, usando a ofensiva

---

17 CARVALHO, *op.cit.* (2013), p.248.

18 "A subversão da ordem, o esbulho constitucional e a transgressão de uma penca de leis contam com um general de peso – e não é Miguel Rossetto, o ministro da Reforma Agrária, um empregado moral de Stédile. Refiro-me a Luiz Inácio Lula da Silva. O Apedeuta já envergou mais de uma vez o uniforme da guerrilha stediliana: o boné do MST". AZEVEDO, *op.cit.*, p.69.

19 "A versão tropical do Moderno Príncipe percebeu que a melhor garantia que tem de permanecer no poder – mesmo que venha a perder as eleições presidenciais – é oficializar no país o *apartheid* social, esforçando-se para ter, ao mesmo tempo, o monopólio do discurso que o denuncia. Lula faz do Bolsa Família a sua 'indústria da seca' e cria uma categoria de cativos eleitorais miseráveis, aos quais fala diretamente, os quais incita, classificando os 'outros' (os 'burgueses'?) de inimigos. Não é a revolução. É só a demagogia a serviço do atraso". AZEVEDO, *op.cit.*, p.86.

alcunha "gayzismo". E quanto às ações voltadas à igualdade racial, ele acusa a esquerda de estimular um conflito social que dividiria os brasileiros, uma estratégia que a seu ver ecoava propostas de Stalin.[20]

Também no campo da educação a direita apresentou queixas, acusando os petistas de estimularem a expansão da educação pública de maneira a destruir a alta cultura e rebaixar a qualidade do ensino, ao mesmo passo utilizando o sistema escolar para difundir ideias comunistas entre os jovens. Próximo a esse tema estão as críticas pessoais a Lula, cuja formação escolar deficiente explicaria parte desses problemas, ao ponto de Azevedo chamá-lo com frequência de "o apedeuta" para ironizar sua suposta falta de cultura.

Também conectado ao anticomunismo tradicional, outro ponto relevante são os ataques à suposta intenção do PT de estabelecer uma ditadura. De acordo com tal visão qualquer forma de socialismo levaria ao autoritarismo, pois sua realização demandaria inexoravelmente concentração total de poder no Estado e o cancelamento da liberdade dos cidadãos. Nessa linha, em alguns discursos o PT é associado ao leninismo com a acusação de que, inspirado no revolucionário russo, o partido trabalhava para solapar as instituições representativas visando à ditadura.[21] Para dar credibilidade à afirmação de que o PT planejava uma escalada autoritária os principais exemplos referem-se à mídia, com os petistas sendo acusados de atentar contra a liberdade da imprensa. Carvalho e depois Azevedo divulgaram a tese de que a esquerda desenvolvia desde os anos 1970 uma estratégia gramsciana de guerra de posições, que implicava a busca da hegemonia através do controle das universidades e da imprensa. Na sua opinião os efeitos vitoriosos de tal estratégia já eram visíveis nos anos 1990 e 2000, quando a esquerda teria ditado o debate político e cultural e com isso abrira o

---

20 "É o eco passivo de uma longa e ativíssima tradição cultural. Desde que Stalin ordenou que o movimento comunista explorasse todos os possíveis conflitos de raça e lhes desse o sentido de luta de classes, ninguém obedeceu talvez a essa instrução com mais presteza, fidelidade e constância do que os 'cientistas sociais' brasileiros". CARVALHO, *op.cit.* (2013), p.286.

21 "Que fique claro pelo amor de Deus: o primeiro ódio de um esquerdista é dirigido contra a democracia, entendem? Ela é seu verdadeiro inimigo, Lênin deixou isso claro mais de uma vez. Dêem-me um só exemplo de socialismo democrático – já passei da idade, sim?, de alguém entrar aqui para chamar a Suécia, por exemplo, de socialista... Atenção: a pauta que une os foristas, cada um segundo a realidade local, é a desmoralização da democracia

seu caminho ao poder. Segundo Olavo de Carvalho, em tom de lamento, graças à hegemonia esquerdista os jornais tradicionais já não ecoariam mais os antigos valores cristão-conservadores.

No entanto, como sabemos, os ataques de caráter antissocialista e anticomunista dirigidos ao PT padecem de fragilidade óbvia, dada a natureza moderada de suas ações à frente do governo brasileiro. Para vencer essa dificuldade os propagandistas construíram artifícios sofísticos para tentar salvar o argumento. Por exemplo, em Azevedo a acusação de que o PT pretendia criar um regime autoritário por vezes é apresentada não como objetivo conectado ao socialismo, mas pelo simples desejo de continuar fruindo o poder:

> É claro que Lula e o PT, ainda que fiquem cem anos no poder, não vão construir o socialismo porcaria nenhuma. Mas podem, sim, construir um modelo autoritário, para o qual a tradição esquerdista do partido é utilíssima.
>
> Ah, eu também sei que os herdeiros do "progressismo homicida" não querem mais a tal "revolução social". Hoje em dia, eles só querem aparelhar o Estado para bater a nossa carteira – se puder ser num regime autoritário, a exemplo do que faz Hugo Chávez, tanto melhor. A "causa da humanidade" serve apenas como pretexto para seus "roubos éticos". Fui claro ou preciso desenhar?[22]

Vejamos outra pirueta retórica de Azevedo construída para convencer o leitor de que o PT deveria ser eliminado do cenário político pois, ganhando ou perdendo as eleições ele continuaria perigoso para o país:

> Nem a eventual derrota de Lula poria fim a essa história. Se vitorioso, o PT tentará perpetuar-se no poder mudando as regras do jogo: o caminho é tornar irrelevantes as eleições como meio de alternância de poder. E pode fazê-lo fingindo obediência ao rito

representativa. Só assim eles podem impor a sua agenda. Aí, sim: aí vamos encontrar o PT nadando de braçada". AZEVEDO, *op.cit.*, p.207.

22 AZEVEDO, *op.cit.*, p.109 e141.

democrático. É de sua natureza. Se derrotado, a "Al-Qaeda" – rede presente nos três Poderes, sindicatos, fundos de pensão, igrejas, estatais, imprensa, movimentos sociais e ONGs – tentará emparedar o próximo governo por meio do confronto e da chantagem. O que fazer? Dizer não ao demônio totalitário. Outras divergências são secundárias.[23]

Já Olavo de Carvalho procura resolver as dificuldades recorrendo à própria tradição anticomunista, por vezes mobilizando argumentos que desafiam a lógica. Ele chama de otários os que, em vista das boas relações entre os governos petistas e os grandes capitalistas, concluem que "os comunistas mudaram, se aburguesaram, só pensam em dinheiro e não querem mais saber de revoluções". Nesse sentido, ele afirma que Lula seria como Lenin, adotando uma moral cínica para melhor alcançar seus objetivos[24], o que explicaria as boas relações do líder petista com os grandes empresários. Na visão do filósofo direitista o PT teria duas caras para enganar melhor: com uma face agradava aos capitalistas, principalmente os banqueiros, e com a outra seguia a linha comunista do Foro de SP. Olavo afirmou que nesse ponto os petistas apenas continuavam a tradição da esquerda, pois os comunistas sempre esconderam suas reais intenções fazendo alianças com banqueiros. Além disso, e aqui o autor recorre ao imaginário cristão tradicional, ele argumentou que os bancos e as finanças internacionais são sócios do comunismo no mesmo projeto de destruir a moral judaico-cristã. Os banqueiros e os comunistas estariam de acordo em aumentar a concentração de capital e de poder político, sendo vítimas dessa aliança a liberdade individual, a

---

23 AZEVEDO, *op.cit.*, p.8.

24 "Essa mídia finge surpresa e escândalo, agora, quando o depoimento de Marcos Valério e o caso Rosemary terminam de revelar as dimensões oceânicas da sujeira petista e rompem até a blindagem laboriosamente construída e mantida, ao longo de pelo menos dezesseis anos, em torno da figura do sr. Luiz Inácio Lula da Silva. Mas quem quer que lesse as atas do Foro, onde o impoluto cavalheiro aparecia presidindo assembleias ao lado do sr. Manuel Marulanda, comandante da maior organização terrorista e narcotraficante da América Latina, compreenderia de imediato não estar diante de nenhum santo proletário, mas sim de um leninista cínico, disposto a usar de todos os meios lícitos e ilícitos, morais e imorais, para aumentar o poder do seu grupo". CARVALHO, *op.cit.* (2013), p.252 e 464.

economia liberal genuína e a religião. Nessa visão, tributária da imagem religiosa do comunismo como mal absoluto, o intento real não seria, necessariamente, construir o socialismo, mas, destruir a cristandade e concentrar as riquezas nas mãos do partido e de seus sócios.[25]

A propósito da questão religiosa e da moral, nos ataques à esquerda atual motivados pelo tema da corrupção encontramos novidades em relação à tradição anticomunista. Afinal, os comunistas nunca chegaram efetivamente ao poder no Brasil, enquanto a gestão da máquina pública pelo PT gerou oportunidades de corrupção administrativa e, principalmente, de sua manipulação pelos adversários. Os governos do PT deram muito o que falar nessa área, desde o chamado caso mensalão em 2005 até os episódios investigados pela operação Lava Jato a partir de 2014. Sabe-se que muitos escândalos foram inventados para desestabilizar os governos de esquerda, mas, em alguns casos pode haver fundamento. De qualquer modo, importa destacar que o tema foi muito explorado pelos propagandistas de direita. Aliás, no caso de Mainardi a corrupção dos governos petistas era praticamente o único tema, sem preocupação com outras críticas de natureza moral. Mas ele não deixou de conectar corrupção e comunismo, fazendo analogias entre as acusações a Lula e denúncias envolvendo o governo de Fidel Castro.

Nos textos de Olavo de Carvalho encontramos alusões mais agudas à suposta influência da moral comunista sobre os líderes petistas, que os conduziria à corrupção. Na sua visão, o PT aprendeu com Lenin a mentir, fomentar a corrupção e a roubar protegido pela ética do partido, para destruir as estruturas tradicionais e a boa sociedade, visando manter-se eternamente no poder. O mesmo autor usou a estratégia de mostrar os líderes da esquerda como imorais ("estupradores ou exploradores de mulheres, opressores vis de seus empregados, agressores de suas esposas e filhos"; "o panteão dos ídolos do esquerdismo universal era uma galeria de deformidades morais"), enquanto para ele "os representantes das correntes opostas, conservadoras ou reacionárias (...) eram quase invariavelmente seres humanos de alta qualidade moral". O mesmo autor se destacou no ataque aos homossexuais ("Homossexualismo

---

25 CARVALHO, *op.cit.* (2013), p.464-467. Este autor defende que a fonte original da ameaça era uma espécie de conspiração internacional de origem fabiana e gramsciana, com apoio da ONU e do sistema financeiro global.

é uma coisa, movimento gay é outra. O primeiro é um pecado da carne, o segundo é o acinte organizado, politicamente armado, feroz e sistemático, à dignidade da Igreja e do próprio Deus") e ao movimento feminista. Citando o trabalho de outro autor, ele afirmou que organizações de gays se infiltraram em seminários católicos para "forçar o ingresso maciço de homossexuais no clero", com isso sugerindo que escândalos de pedofilia na Igreja eram parte de campanha para difamar os padres e o celibato clerical.[26] A culpa seria dos gays, portanto. Carvalho procurou conectar as mudanças comportamentais às ações da esquerda e dos governos petistas, fazendo analogias com as políticas bolchevistas dos anos 1920 que visavam a destruição da família burguesa.

Ainda no tema da imoralidade, Constantino se apropriou de outro argumento presente nos discursos anticomunistas do início do século XX, bastante desatualizado em vista do comportamento atual da juventude. De acordo com ele, uma das razões para os jovens de classe média aderirem ao socialismo era a maior facilidade para seduzir garotas. Aliás, o mote central do seu livro é entender porque as ideias de esquerda fazem sucesso entre intelectuais, artistas e pessoas da elite social (daí o título do livro, *A esquerda caviar*), e o seu argumento é que a explicação passa por oportunismo, narcisismo, tédio, sentimento de culpa, histeria, covardia, entre outras razões.

Azevedo, de modo semelhante a Olavo, mostrou-se muito ligado aos valores católicos conservadores. Nesse sentido elogiou muito o Papa Bento XVI, inclusive com a ironia de que ele falaria melhor português do que o presidente Lula. O jornalista evitava condenar os homossexuais, mas acompanhava a pauta conservadora do Vaticano, especialmente no tocante ao aborto. E insistia também na ligação entre a esquerda e a ameaça moral, argumentando, em tom de lamento, que "os valores foram seqüestrados pelos depredadores da ordem e da hierarquia".[27]

---

26 CARVALHO, *op.cit.* (2013), p.138; 404; 410. Importante registrar que os comunistas foram acusados nos anos 1960 de se infiltrarem nos seminários católicos para provocar uma guinada à esquerda da Igreja.

27 AZEVEDO, *op.cit.*, p.239.

Considerações finais

Em suma, esses intelectuais e publicistas trabalharam para um despertar direitista semelhante ao experimentado em outros contextos históricos, sobretudo nos períodos de 1935-37 e 1961-64. Eles procuraram apontar o perigo e se aborreceram ao imaginar-se em minoria no cenário midiático-cultural do fim dos anos 1990 e início da década de 2010, que na sua visão era dominado pela esquerda. Além disso, irritavam-se com os liberais e conservadores que não percebiam o perigo à sua frente, grupo que Carvalho gostava de chamar de idiotas. Mas os piores adjetivos foram dirigidos à esquerda, levando à construção de bordões transformados em sucesso nas redes sociais de direita como petralhas (petistas ladrões, pela menção aos irmãos metralha), esquerdiotas, esquerdofrênicos, esquerdopatas, assim como lulopetismo, lulocomunismo e comunopetismo.

As duas últimas expressões servem de mote para uma reflexão comparativa entre antipetismo e anticomunismo, sintetizando alguns temas abordados no texto. No que toca às semelhanças, pode-se dizer que o antipetismo bebe nas mesmas fontes do anticomunismo tradicional, pois sua argumentação conecta-se ao cristianismo conservador, ao nacionalismo/patriotismo e ao liberalismo. O fundamento religioso da recusa moral à esquerda é basicamente o mesmo, assim como a necessidade de associar o perigo vermelho a algum tipo de ameaça estrangeira à pátria. O tópico da liberdade ameaçada pelo autoritarismo socialista tem raízes semelhantes, com igual defesa das virtudes do mercado e do individualismo contra os males da intervenção estatal. Segue vigente, também, a estratégia típica da guerra fria de associar os comunistas ao fascismo (Hitler era de esquerda, segundo Carvalho), assim como a ênfase em divulgar números superlativos da violência dos Estados comunistas, que para Constantino teriam matado 100 milhões de pessoas, enquanto para Azevedo foram 200 milhões. Uma conta que é debitada também, sem qualquer constrangimento, no passivo do Partido dos Trabalhadores, afinal, para esses autores "as seduções do demônio totalitário estão ativas e plasmadas no PT"[28].

Mas, é claro, existem também diferenças entre o antipetismo e o velho anticomunismo. O Foro de SP e os bolivarianos ocuparam o lugar da URSS

---

28   AZEVEDO, *op.cit.*, p.8.

no quesito perigo estrangeiro, não obstante Cuba e Fidel sigam relevantes no discurso de direita. As referências à Intentona Comunista (1935) praticamente sumiram, assim como mudaram as lideranças de esquerda que são alvo dos ataques, com Lula assumindo o lugar de proeminência, posição ocupada antes por Luiz Carlos Prestes. Aliás, talvez se possa falar no surgimento de um antilulismo ("o lulismo é uma psicopatia"), tal como tivemos antes antiprestismo, embora com conteúdos diferentes. No campo religioso os evangélicos de direita assumiram a frente das principais ações, enquanto as ameaças à moral que ferem a sensibilidade conservadora atual apresentam temas novos em relação aos contextos anteriores, quando a celeuma envolvia questões como o sexo fora do casamento, a pílula anticoncepcional e o divórcio, por exemplo. Hoje os conservadores se escandalizam com as demandas por igualdade de gênero e diversidade sexual (casamento gay, transexualidade etc). No campo da moral, outra novidade é a centralidade que assumiram os discursos anticorrupção no sentido de malversação de recursos públicos como prática associada à esquerda.

Um tema novo também, pelo menos na intensidade com que é referido nos discursos de direita é a (in) segurança e o medo do crime comum. O PT é execrado devido à acusação de ter contribuído para o aumento da insegurança, o que em muitos casos serve de justificativa para a nostalgia pela ditadura militar, quando, segundo seus defensores, o país esteve à salvo do comunismo e do crime comum. No que toca ao liberalismo, no quadro atual as ideias mercadistas são mais fortes que em contextos anteriores, basta dizer que o governo mais liberal da ditadura, o de Castelo Branco criou o sistema previdenciário público universal e expandiu o sistema sindical corporativista em direção aos trabalhadores rurais, além de ter criado novas empresas estatais.

Enfim, a onda ou o giro direitista que temos visto no Brasil desde 2014 alimentou – e foi alimentado por – um movimento de reapropriação da tradição anticomunista, que se mesclou ao emergente antipetismo. Segundo autores da direita, o petismo seria a última encarnação do perigo comunista, daí o uso da expressão comunopetismo. Como nas ocasiões anteriores, desta feita identificamos semelhante industrialização do perigo vermelho, ou seja, uma apropriação do tema que representa mescla entre oportunismo e convicções políticas. Em outras palavras, os grupos de direita em foco são efetivamente anticomunistas e antipetistas, nutrindo uma repulsa real aos projetos de esquerda. No entanto, ao mesmo tempo fazem uso instrumental e oportunista dessas representações. A principal manipulação é pintar uma "ameaça" desproporcional, criando um medo exagerado em relação à força e aos projetos reais da esquerda.

Entre os objetivos buscados por tal estratégia vale a pena destacar dois pontos. Primeiro, a disseminação do pânico em relação ao perigo vermelho facilita a formação de frentes reunindo as diferentes tendências que compõem as direitas, que se aproximam à vista da sensação de ameaça proveniente do outro lado do espectro político. O segundo ponto é que a imagem superlativa da ameaça vermelha permite aos grupos de direita combater quaisquer políticas orientadas à esquerda, mesmo as mais moderadas, em operação que busca deslegitimar a todas por igual. No mesmo sentido, a mobilização antiesquerdista opera em defesa de pautas conservadoras no campo social e moral e, notadamente, em favor do mercado e de políticas neoliberais. Sobretudo, ela expressa a repulsa das classes superiores contra políticas que permitiriam a ascensão social das camadas excluídas, pobres e negros em especial.

Em suma, esse amálgama entre anticomunismo e antipetismo contribuiu de forma destacada para formação da atual onda direitista (naturalmente, não se está sugerindo que seja a única explicação) que, além de ter papel preponderante no impeachment do governo Rousseff, estimulou a constituição de uma candidatura de extrema-direita viável eleitoralmente, pela primeira vez na história do Brasil. Além disso, o clima de repulsa à esquerda entre as elites econômicas, políticas e judiciárias pode ter contribuído também para a adoção de polêmicas decisões no processo judicial contra um ex-presidente que figurou nas pesquisas como o candidato mais popular para o pleito de outubro de 2018.

Entretanto, é certo que a polarização política e a reação contra a maré direitista também fortaleceram o outro lado do espectro político, ou seja, a esquerda, que segue viva no debate público, embora derrotada nas eleições recentes. Em breve saberemos se o resultado eleitoral trará alguma estabilidade política ao país ou se os conflitos se acirrarão, bem como se a atual onda direitista vai se arrefecer ou se incrementar.

Vivemos tempos perigosos, mas, também, interessantes.

As Forças Armadas brasileiras e as heranças da ditadura militar de 1964: tentativas de interdição do passado

João Teófilo Silva[1]

Introdução

As relações entre os militares e os governos civis no Brasil após a ditadura militar não são marcadas por conflitos de grandes proporções. A forma como se delineou o processo de transição explica, em grande medida, a influência que as Forças Armadas (FFAA) exerceram e ainda exercem em temas relativos à ditadura militar instaurada no Brasil com o golpe em 1964.

Os termos da transição, construída por meio de um projeto que previa uma saída "lenta, segura e gradual", consolidaram uma espécie de blindagem já adquirida anteriormente com a aprovação da Lei de Anistia, em 1979. No processo de costura que daria origem a Constituição de 1988 não foi diferente. Os interesses militares foram garantidos por meio de prerrogativas que definiram as relações entre estes e os governos civis. Como pontua Jorge Zaverucha, "A Constituição manteve muitas prerrogativas militares não democráticas existentes na Constituição autoritária passada e chegou a adicionar novas prerrogativas. No Brasil de 1988,

---

[1] Doutorando em História pela Universidade Federal de Minas Gerais (UFMG), pesquisador do Laboratório de História do Tempo Presente (LHTP/UFMG) e bolsista da Coordenação de Aperfeiçoamento de Pessoal de Nível Superior (CAPES).

os políticos optaram por não questionar devidamente o legado autoritário do regime militar".[2]

Esse modelo de transição, que ajuda a explicar de que maneira os governos civis enfrentaram – ou não – o legado autoritário da ditadura, foi fruto de uma negociação entre as elites militares e civis da época, algo que reflete um traço característico da cultura política[3] de nossas elites, tendentes à conciliação. De maneira resumida, podemos elencar alguns detalhes dessa transação: 1) Tancredo Neves negociou com os militares sua candidatura. Ironicamente, sua morte repentina deu passagem para que seu vice, José Sarney, outrora ligado à ditadura, assumisse a cadeira da Presidência da República; 2) Os militares vetaram uma Assembleia Nacional Constituinte como instrumento de elaboração da nova Constituição. De modo a manterem ingerência sobre esse processo, somente aceitaram um Congresso Constituinte composto pelos membros eleitos para o existente Congresso; 3) Por fim, nenhum militar seria julgado por violações aos direitos humanos, ao contrário do que ocorrera na Argentina de Raúl Alfonsín.[4]

Ainda que após a promulgação da Constituição de 1988 a Presidência da República tenha sido comandada por ex-opositores da ditadura militar, a tendência à conciliação e acomodação continuou sendo traço característico dessas relações, conforme pretendo demonstrar ao longo deste artigo. Entretanto, a

---

2 ZAVERUCHA, Jorge. "Relações civis-militares: o legado autoritário da Constituição Brasileira de 1988". In: TELES, Edson; SAFATLE, Vladmir (Orgs.). *O que resta da ditadura*. São Paulo: Boitempo, 2010, p. 41.

3 O uso do conceito feito neste estudo estabelece diálogo com a acepção proposta por Rodrigo Patto Sá Motta, qual seja: "(...) conjunto de valores, tradições, práticas e representações políticas partilhado por determinado grupo humano, expressando identidade coletiva e fornecendo leituras comuns do passado, assim como inspiração para projetos políticos direcionados ao futuro. Vale ressaltar que se trata de "representações" em sentido amplo, configurando conjunto que inclui ideologia, linguagem, memória, imaginário e iconografia, implicando a mobilização de mitos, símbolos, discursos, vocabulários e diversificada cultura visual (...)". MOTTA, Rodrigo Patto Sá. "Ruptura e continuidade na ditadura brasileira: a influência da cultura política". In: ABREU, Luciano Arrone; MOTTA, Rodrigo Patto Sá (Orgs.). *Autoritarismo e cultura política*. Porto Alegre: EDIPUCRS; Editora FGV, 2013, p. 12.

4 ZAVERUCHA, Jorge, *op. Cit.* p. 44-45.

despeito de não haver, como mencionado, grandes conflitos, as FFAA mantiveram uma postura de enfretamento a qualquer tentativa de trazer o passado ditatorial para a discussão pública. Pode-se inferir, a partir disso, que a relação das FFAA com as heranças da ditadura é marcada por uma série de conflitos que refletem uma cultura política com conotações de direita ainda fortemente marcada por uma visão de mundo conectada aos princípios que regeram a instituição durante a Guerra Fria. Militares, da reserva e da ativa, por inúmeras vezes, protagonizaram atritos, tanto com o Estado quanto com entidades ligadas à defesa dos direitos humanos e aos familiares de mortos e desaparecidos políticos, no sentido de buscar interditar o passado da ditadura e sua discussão no presente.

Não surpreende que essa cultura política se faça presente entre os militares da reserva, porém articulados, que, não raro, estão concentrados no Clube Militar, no Rio de Janeiro; são sujeitos que participaram do golpe e da ditadura. Entretanto, ao longo dos últimos anos, militares da ativa, para citar apenas um exemplo, deram indícios de compactuar com essa mesma visão de mundo, indicando que as FFAA, ainda que não as mesmas da época da ditadura, não passaram por uma substancial transformação no que tange à sua relação com o passado ditatorial.

Comparativamente, a transição por ruptura na Argentina evidenciou um processo cujo controle não estivera nas mãos dos militares, àquela altura bastante fragilizados politicamente, sobretudo após a derrota na guerra das Malvinas. A instauração da Comissão Nacional sobre o Desaparecimento de Pessoas (CONADEP), em 1983, e o início dos *juicio a las juntas*, em 1985, são indicativos da radicalidade – e aqui faço uso deste adjetivo para fazer contraposição ao aspecto conciliador e moderado da transição brasileira – que marcou aquele país.[5]

Como explicar, por exemplo, por que países tão próximos e com experiências ditatoriais semelhantes – pensando em Argentina, Brasil e Chile – tomaram rumos distintos em suas transições? Por que governos de viés mais progressista na Argentina, por exemplo, se dispuseram a enfrentar as imunidades militares

---

5   JELIN, Elizabeth. "La justicia después del juicio: legados y desafíos en la Argentina postdictatorial". In: FERREIRA, Marieta de Moraes; ARAUJO, Maria Paula; QUADRAT, Samantha Viz (Orgs.). *Ditadura e democracia na América Latina: balanço histórico e perspectivas*. Rio de Janeiro: Editora FGV, 2008, p. 342-360.

frente aos crimes do passado e no Brasil não? Por que o Judiciário do Chile buscou outro entendimento da Lei de Anistia daquele país de modo a permitir a punição de violadores dos direitos humanos? Aqui, o que os governos democráticos fizeram para estimular uma redefinição de identidade das FFAA no sentido de condenar a ditadura militar e articular uma aproximação com a defesa dos direitos humanos como um valor ligado à instituição?

FFAA e ditadura: a memória institucional

Ainda que regimes ditatoriais sejam marcados por sistemas de censura e ações extralegais que ajudam a encobrir crimes de violações aos direitos humanos, os rastros destas ações tendem a se manifestar ainda durante a vigência do arbítrio e ganham o espaço público com maior intensidade quando os processos de transição e consolidação democráticas assim o permitem. Ainda que as ditaduras passem, suas heranças - sejam elas culturais, institucionais ou materiais – persistem em maior ou menor grau; os desaparecidos políticos e os relatos de torturas, talvez as heranças de maior impacto social, se manifestam através das disputas por memória que evidenciam as entranhas do período, bem como os distintos usos políticos que tentam fazer do passado.

No Brasil, a publicação do livro *Brasil: Nunca Mais*,[6] em 1985, por iniciativa de um grupo de religiosos, repercutiu nacional e internacionalmente. Ajudou a revelar fatos importantes sobre o período ditatorial até então desconhecidos: milhares de casos de tortura, cerca de 400 mortes e 135 pessoas desaparecidas.[7] A publicação tomou os militares de surpresa, haja vista toda a cautela e discrição com que o trabalho foi feito. Cogitou-se censurá-lo através da Justiça Militar argumentando razões de Segurança Nacional, porém, os respaldos internacionais

---

6   ARQUIDIOCESE de São Paulo. *Brasil: Nunca Mais*. 11ª ed. Petrópolis-RJ: Editora Vozes, 1985.

7   Importa ressaltar que estas cifras foram atualizadas posteriormente a partir de novas pesquisas feitas nos anos 1990 e 2000. Para uma análise mais completa, consultar relatório da Comissão Nacional da Verdade (2014). Disponível em: http://cnv.memoriasreveladas.gov.br/images/pdf/relatorio/volume_3_digital.pdf. Acesso em: 10 dez. 2014.

que o livro havia adquirido e a estratégia simultânea de publicá-lo no Brasil e nos Estados Unidos levaram os militares a descartarem esta ideia.[8]

As FFAA brasileiras, defendendo um discurso de reconciliação nacional – algo equivalente ao que Beatriz Sarlo chamara de reconciliação amnésica[9] – , acusaram de revanchistas quaisquer iniciativas de trazer ao espaço público o debate sobre os crimes da ditadura. Os discursos, oficiais ou extraoficiais, variaram da negação completa dos fatos à sua aceitação com justificativas exculpatórias. Há militares da reserva que, inclusive, lançaram livros narrando detalhes dos crimes cometidos, a despeito das distorções e colorações demasiado ideológicas que relatos deste tipo pudessem vir a ter.[10]

Mas nenhum dos membros do alto escalão da ditadura, tampouco seus mandatários, nem as FFAA em período democrático, fizeram mea culpa dos crimes cometidos. Nos anos 1990, Ernesto Geisel chegou a reconhecer em entrevista a tortura como prática repressiva durante a ditadura, necessária em alguns casos.[11] Também é comum, a título de exemplo, uma adaptação da "teoria dos dois demônios",[12] criada na Argentina, para justificar a radicalização da violência política como sendo uma consequência das ações tanto de agentes do Estado como de grupos guerrilheiros. Isso forja uma equiparação de forças e negligencia os assassinatos de opositores da ditadura como pertencentes à uma política de Estado com conhecimento e aceitação da mais alta hierarquia do regime.[13]

---

8   Cf. MARCHESI, Aldo. "Vencedores vencidos: las respuestas militares frente a los informes <<nunca más>> en el Cono Sur". In: HERSHBERG, Eric; AGÜERO, Felipe. *Memorias militares en el Cono Sur: visiones en disputa en ditadura y democracia.* Espanha: Siglo XXI, 2005, p. 183-184.

9   SARLO, Beatriz. *Paisagens imaginárias: intelectuais, arte e meios de comunicação.* São Paulo: EdUsp, 2005, p. 32.

10 Cf. GUERRA, Cláudio. *Memória de uma guerra suja.* Rio de Janeiro: Topbooks, 2012.

11 D'ARAÚJO, Maria Celina; CASTRO, Celso (Orgs.). *Ernesto Geisel.* Rio de Janeiro: Editora FGV, 1997.

12 Para uma discussão mais aprofundada sobre este tema, Cf. FRANCO, Marina. "La 'teoría de los dos demonios': un símbolo de la posdictadura en la Argentina". *A Contracorriente,* vol. 11, n. 2, winter 2014, p. 22-52.

13 Ainda que a historiografia já tivesse demonstrado que as torturas não foram "excessos", mas que constituíram uma política de Estado, recentemente divulgou-se, com ampla re-

Nesse sentido, creio ser importante estabelecer uma comparação com Chile e Argentina. Nestes países, suas FFAA, posteriormente, vieram a público reconhecer suas responsabilidades sobre as graves violações aos direitos humanos cometidas sob suas ditaduras.[14] Essas atitudes indicam, ao menos, que há tentativas de se reposicionar perante a nova ordem constitucional, buscando, a partir dessas manifestações públicas de culpa, de algum modo se dissociar de um passado desvinculado dos valores democráticos.

Interessa-nos, todavia, compreender a postura das FFAA brasileiras em relação a esses temas em período democrático. Para tal, discutirei a seguir alguns temas e momentos que evidenciam de que maneira os militares lidaram com seu passado ditatorial. Alguns momentos cruciais, ocorridos nos anos 1990 e 2000, são deveras interessantes para um entendimento mais sofisticado que ajude a sustentar a hipótese de que não houve uma ruptura substancial de valores que permitisse um *turn point* capaz de engendrar inflexões em visões de mundo e mesmo na cultura política que nortearam o golpe de 1964 e a ditadura.

De início, creio ser essencial lançar o seguinte questionamento: quais são os conteúdos da memória institucional das FFAA no que diz respeito ao golpe de 1964 e à ditadura? Não buscarei a resposta nos anos 1960, 1970 e 1980, ainda que essas décadas, evidentemente, tenham ajudado a construir e consolidar essa memória. Mas, sempre cambiante e mediada pelos interesses do tempo presente, seria mais eficaz deter-nos em acontecimentos situados em período democrático, pois assim será possível melhor compreender como essa memória reagiu e se ressignificou em tempos recentes.

---

percussão na imprensa nacional, sobre a existência de um memorando da CIA de 1974, desclassificado em 2015, que aponta para a autorização, por parte de Geisel, da política de extermínio de "subversivos perigosos". Cf. PARANGASSU, Lisandra. "Relatório da CIA revela que Geisel sabia e autorizou mortes de oposicionistas durante regime militar". *Reuters Brasil.* Disponível em: https://br.reuters.com/article/topNews/idBRKBN1IB35H--OBRTP. Acesso em: 13 de jun. 2018.

14 Cf. AGÜERO, Felipe; HERSHBERG, Eric. "Las Fuerzas Armadas y las memorias de la represión en el Cono Sur". In: AGÜERO, Felipe; HERSHBERG, Eric (eds.). *Memorias militares sobre la represión en el Cono Sur.* Espanha: Siglo XXI, 2005, p. 1-34.

Um aspecto importante cabe aqui ser ressaltado: trata-se do grupo Terrorismo Nunca Mais (Ternuma).[15] Não representa institucionalmente as FFAA, mas resguarda a memória do golpe de 1964 como uma revolução redentora que teria livrado o Brasil da ditadura comunista que grupos terroristas pretendiam implantar. É significativa a existência desse grupo como instrumento de disputa; serve para lembrar que, no que se refere ao passado da ditadura militar, não existe apenas uma batalha entre memória *versus* esquecimento, mas também entre memórias, cada uma delas com seus silêncios, ecos e esquecimentos.

Mas também institucionalmente é possível identificar iniciativas que se inscrevem no âmbito da produção e disputas de memória. Significativo é o exemplo do Exército com seu projeto de História Oral, que resultou na publicação de uma coleção de livros intitulada *1964 – 31 de março: o movimento revolucionário e sua história*. A coleção, publicada pela Editora do Exército (BIBLIEX) entre os anos de 2003 e 2004, totaliza 15 volumes e seus depoimentos vão no sentido de "desmentir" o que eles consideram como sendo "revanchistas". Não houve, por parte do Governo Federal à época, restrições a iniciativas como esta, o que evidencia certa ambiguidade do Estado brasileiro, uma vez que, enquanto pediu perdão às vítimas da ditadura através da Comissão de Anistia, desde 2002, não rechaçou ações que enalteceram o Estado ditatorial responsável por engendrar as vítimas que este mesmo Estado, no presente, punha-se a pedir perdão.

Por trás desta ambiguidade há um Estado que não se dispôs a enfrentar de modo contundente a existência, no âmbito institucional das FFAA que a ele deve obediência, de uma memória que enobrece o golpe de 1964 e a ditadura, tampouco fomentou ações no sentido de construir uma cultura de respeito aos direitos humanos. Acomodou-se o perdão e, com isso, uma leitura do passado que condenou o arbítrio, mas também tolerou, ao mesmo tempo, a divulgação de uma memória que o relativiza e põe a violência política em outra perspectiva.

Entretanto, manifestações desse tipo também geraram atritos com o Estado. Em 2004, o jornal *Correio Braziliense* divulgou fotos que, supostamente, seriam do jornalista Vladimir Herzog, morto em 1975 no Destacamento

---

15 Site *Terrorismo Nunca Mais*. Disponível em: http://www.ternuma.com.br. Acesso em: 15 jun. 2018.

de Operações Internas-Centro de Operações e Defesa Interna (DOI-Codi) de São Paulo. Na ocasião, uma perícia feita pela Agência Brasileira de Inteligência (Abin) concluiu que as fotos não eram do jornalista.[16] Com a forte repercussão das imagens, viveu-se novamente um momento no qual versões e memórias em disputa se inscreveram no espaço público. Isso estimulou o Exército a divulgar, através de seu Centro de Comunicação Social, uma nota nos seguintes termos:

> 1) Desde meados da década de 1960 até início dos anos 1970, ocorreu no Brasil um movimento subversivo, que, atuando a mando de conhecidos centros de irradiação do movimento comunista internacional, pretendia derrubar, pela força, o governo brasileiro legalmente constituído. À época, o Exército brasileiro, obedecendo ao clamor popular, integrou, juntamente com as demais Forças Armadas, a Polícia Federal e as polícias militares e civis estaduais, uma força de pacificação, que logrou retornar o Brasil à normalidade. As medidas tomadas pelas Forças Legais foram uma legítima reposta à violência dos que recusaram o diálogo, optaram pelo radicalismo e pela ilegalidade e tomaram a iniciativa de pegar em armas e desencadear ações criminosas (...); 2) Quanto às mortes que teriam ocorrido durante as operações, o Ministério da Defesa tem, insistentemente, enfatizado que não há documentos históricos que as comprovem, tendo em vista que os registros operacionais e da atividade da inteligência da época foram destruídas em virtude de determinação legal (...); 3) Coerente com seu posicionamento, e cioso de seus deveres constitucionais, o Exército brasileiro, bem como as forças co-irmãs, vêm demonstrando total identidade com o espírito da Lei da Anistia (...). *Mesmo sem qualquer mudança de posicionamento e de convicções em relação ao que aconteceu naquele período histórico*, considera ação pequena reavivar revanchismos ou estimular discussões estéreis sobre conjunturas passadas, que a nada conduzem.[17]

---

16 "Fotos divulgadas não são de Vladimir Herzog". *Revista Época*. Disponível em: http://revistaepoca.globo.com/Revista/Epoca/0,,EDR67093-6009,00.html. Acesso em: 25 jun. 2018.

17 "Nota do Centro de Comunicação Social do Exército". Apud *Folha de S. Paulo*, 19/10/2004, p. 8. Grifos do autor.

Pensar as Direitas na América Latina 107

A nota acima oferece importantes subsídios que reforçam a tese deste estudo. O Exército fez uso de um discurso de reconciliação como subsídio para a tentativa de interdição do debate sobre esse passado, ao mesmo tempo em que trouxe à tona uma memória que alça o golpe de 1964 a um patamar salvacionista. Ou seja, não houve espaço para autocríticas, tampouco para ponderar a violência política desencadeada contra o que a nota denominou como sendo grupos criminosos. Pelo contrário, o Exército aproveitou o momento de crise gerado pela divulgação das fotos para reafirmar que não houve qualquer mudança de posicionamento, tampouco de convicções, sobre o passado da ditadura.

Diante de tal polêmica, o presidente Lula viu-se obrigado a intervir em uma situação que considerou como "impertinente, equivocada e inoportuna", exigindo uma retratação pública do à época comandante da Força, general Francisco Albuquerque.[18] Esta atitude de Lula não apenas se explica por uma questão de hierarquia e autoridade, mas também pelos limites da ambiguidade outrora citada. Criou-se uma situação vexatória para o Estado, pois não se tratou de uma ação isolada de indivíduos da ativa ou da reserva cujos posicionamentos costumava-se tolerar. A oficialidade desse posicionamento em um contexto de crise testou os limites de uma política de tolerância ou, pelo menos, de "acomodação" entre versões distintas para o passado: a que o Estado promovia através de suas políticas de memória e reparação, e a das FFAA.[19]

Posteriormente, a mando de Lula, o então ministro da Defesa, José Viegas,[20] determinou a divulgação de uma nova nota. Buscando encerrar a crise,

---

18 "Cobrado por Lula, Exército se retrata de nota". *Folha de S. Paulo*, 20/10/2004, p. 6.

19 Creio ser necessária uma pequena explicação neste ponto: este estudo, ao falar de uma memória das FFAA sobre o golpe e a ditadura militar, tem em vista a existência, entre membros da ativa e da reserva, de uma outra memória que diverge desta que considero hegemônica; não proponho uma explicação assentada em consensos nem unanimidades. Basta lembrar, a título de exemplo, de militares que foram perseguidos pela ditadura por conta de seus posicionamentos.

20 O mal-estar causado pela nota acabou levando Viegas a pedir demissão do cargo. Em carta endereçada ao presidente Lula, Viegas afirmou: "A nota divulgada no domingo 17 representa a persistência de um pensamento autoritário, ligado aos remanescentes da velha e anacrônica doutrina da segurança nacional, incompatível com a vigência plena da democracia e com o desenvolvimento do Brasil no Século XXI". Cf. "Íntegra da carta de demissão

a segunda nota lamentava a morte de Herzog e afirmava que o Exército era uma instituição que primava pela democracia: "Reitero ao senhor presidente da República e ao senhor ministro da Defesa a convicção de que o Exército não foge aos seus compromissos de fortalecimento da democracia brasileira".[21] Apesar da retratação, o teor da nota foi considerado leviano e infeliz, sofrendo críticas de entidades, ministros, deputados e senadores, que acusavam a existência de uma "recaída autoritária".[22]

Estes embates voltaram à tona com intensidade em 2007 por conta do lançamento do livro-relatório *Direito à Memória e à Verdade*. A publicação resultou dos trabalhos da Comissão Especial sobre Mortos e Desaparecidos Políticos (CEMDP), criada na esteira da lei n. 9.140, de 1995, conhecida como Lei dos Desaparecidos. Em nota, o Exército reagiu à publicação defendendo a existência de "diferentes interpretações" para os fatos históricos, fazendo referência, ainda que implícita, ao conteúdo apresentado pelo livro-relatório que desmontava as versões da ditadura para as mortes e desaparecimentos de seus opositores:

> O Alto Comando do Exército (...) decidiu reafirmar que o Exército brasileiro, voltado para suas missões constitucionais, conquistou os mais elevados índices de confiança e credibilidade junto ao povo brasileiro. (...) A Lei da Anistia, por ser parâmetro de conciliação, produziu a indispensável concórdia de toda a sociedade, até porque *os fatos históricos têm diferentes interpretações, dependendo da ótica de seus protagonistas*. Colocá-la em questão importa em retrocesso à paz e à harmonia nacionais, já alcançadas. Reitero aos meus comandados que: *Não há Exércitos distintos. Ao longo da história, temos sido o mesmo Exército de Caxias, referência em termos de ética e de moral, alinhado com os legítimos anseios da sociedade brasileira (...).*[23]

---

do Ministro da Defesa, José Viegas". *Estadão*, 04/11/2004. Disponível em: https://politica. estadao.com.br/noticias/geral,integra-da-carta-de-demissao-do-ministro-da-defesa-jose--viegas,20041104p38089. Acesso em: 26 jun. 2018.

21   "Segunda nota". *Folha de S. Paulo*, 20/10/2004, p. 6.

22   "Texto é considerado 'leviano' e 'infeliz'". *Folha de S. Paulo*, 20/10/2004, p. 6.

23   "Fatos históricos têm interpretações diferentes". *Folha de S. Paulo*, 01/09/2007, p. 6. Grifos do autor.

Menos incisiva se comparada à nota anterior, de 2004, o teor discursivo que ela apresentou, entretanto, apontou no sentido de sustentar uma memória militar que se contrapunha àquela, das vítimas e dos opositores da ditadura, apresentada pela publicação do livro-relatório.[24] Isso fica evidente para além da nota: às vésperas do lançamento, militares criticaram o presidente Lula e o então ministro da Defesa, Nelson Jobim. "Fatos históricos têm diferentes interpretações, dependendo da ótica de seus protagonistas". De modo sutil, àquela altura o Alto Comando do Exército buscou demonstrar, em uma clara disputa não apenas de forças, mas também de leituras do passado, que não concordava com a narrativa oficial, a primeira deste tipo construída a partir do Estado. Outro ponto interessante desta nota residiu na afirmação de que o Exército é um só desde Caxias. Não houve uma preocupação em se desvincular da imagem de uma instituição responsável por uma série de violações aos direitos humanos.

As FFAA, notadamente o Exército, haja vista seu protagonismo durante a ditadura, consideram como "revanchismo" quaisquer tentativas, sejam elas feitas pelo Estado ou não, de trazer para o espaço público esse debate. A ideia de revanche, que remete à ideia de reconciliação construída a partir da Lei de Anistia, evidencia não apenas que as FFAA permaneceram reproduzindo uma memória específica sobre os significados do golpe e da ditadura, mas também buscaram censurar esse debate, pois fez o silêncio como correlato dessa reconciliação. Não se tratava apenas de seguir adiante, mas também de esquecer, interditar e fazer desse passado um "passado morto".

Um último aspecto que merece ser pontuado no que se refere à memória das FFAA sobre o golpe e ditadura, diz respeito às comemorações feitas a cada 31 de março, dia do golpe. A data fez parte do calendário oficial de comemorações do Exército até 2011; entretanto, os clubes militares não a aboliram. Particularmente em 2014, ano em que o golpe completou 50 anos, a então presidenta Dilma Rousseff orientou o Ministério da Defesa no sentido de recomendar que não houvesse comemoração. Apesar disso, o Exército, por exemplo, informou na ocasião que o assunto seria tratado por meio de palestras

---

24 Houve, entretanto, uma outra nota, mais dura, mas os militares a modificaram no sentido de deixá-la "elegante, porém firme". Cf. "Ministro há um mês, Jobim tem a primeira crise com os militares". *Folha de S. Paulo*, 01/09/2007, p. 6.

e divulgação de informações para que as novas gerações não esquecessem desse fato histórico.[25] A permanência dos sentidos dessa data comemorativa, alusiva ao arbítrio, em período democrático, bem como a tolerância por parte do Estado, por longo tempo, com sua manutenção, evidenciam a ausência de rupturas com essa leitura do passado.

Prestar contas com o passado, mas respeitar a Lei de Anistia: as políticas de memória e reparação

Nesta última parte do texto, buscarei apontar algumas questões que giram em torno de como as FFAA lidaram com a implementação das políticas de memória e reparação, as relações que estabeleceram com os governos civis na construção destas políticas, e como o conceito de acomodação, já pontuando ao longo desta discussão, pode ser útil para o entendimento da problemática aqui posta.

O conceito de acomodação como traço característico do que considera como sendo a cultura política brasileira foi proposto por Rodrigo Patto Sá Motta. Entendo que contribui para sofisticar as análises sobre o período ditatorial para além da díade adesão/resistência. Na definição de Motta, dialogando com a historiografia francesa dedicada ao fascismo europeu dos anos 1930/40, a acomodação seria útil para explicar a existência de comportamentos e práticas durante a ditadura militar, mas também a transição pós-ditadura. Mantém aproximação com o termo conciliação, sugerindo a ideia de acordo, negociações e flexibilidade. Ainda na visão de Motta, um aspecto importante da acomodação é que ela envolve, por assim dizer, os dois campos. Para ser possível, é necessário que haja uma via de mão dupla, ainda que as situações possam ser assimétricas.[26]

Defendo a hipótese de que acomodação é um traço da cultura política brasileira que persiste após a transição e explica os contornos que deram origem a "justiça de transição" no país. Ou seja, conciliação e acomodação, questões

---

25 "Dilma orienta Defesa a não comemorar os 50 anos do golpe militar". *Estadão*, 14/03/2014. Disponível em: https://politica.estadao.com.br/noticias/geral,dilma-orienta-defesa-a-nao-comemorar-os-50-anos-do-golpe-militar,1140999. Acesso em: 25 jun. 2018.

26 MOTTA, Rodrigo Patto Sá. "A estratégia de acomodação na ditadura brasileira e a influência da cultura política". *Páginas*, ano 8, n. 17, maio-agosto, 2016, p. 9-25.

complementares, permitiram a implementação desse processo. Quaisquer que fossem as inciativas tomadas, sempre permeadas por reações contrárias dos setores mais manifestos das FFAA, foram precedidas de mediação, negociação, reformulações de projetos, a fim de torná-las possíveis, exequíveis, sem que isso abrisse uma crise política de maior abrangência entre Estado e FFAA, como por diversas vezes ocorreu, mas logo contornada a partir de soluções negociadas que pudessem contemplar os "dois lados".

Não discutirei, de modo detalhado, como as FFAA reagiram à implementação de todas essas políticas. O cerne da memória das FFAA já foi apontado anteriormente e ele ajudará a explicar, em grande medida, essas reações; evitando uma discussão repetitiva, apenas tratarei, sem prejuízos à compreensão deste estudo, sobre os processos de construção e implementação da lei n. 9.140/1995, a Lei dos Desaparecidos; do Plano Nacional dos Direitos Humanos 3 (PNDH-3); e da Comissão Nacional da Verdade (CNV).

A Lei dos Desaparecidos foi instituída durante o primeiro mandato presidencial de Fernando Henrique Cardoso, em dezembro de 1995. Sua instauração decorreu de demandas, internas e externas, para que o Estado brasileiro reconhecesse como mortos os desaparecidos da ditadura. As pressões exercidas à época resultaram em um projeto lei criticado em vários pontos por movimentos de defesa dos direitos humanos.[27] A princípio, o governo se dispôs, apenas, a fazer o reconhecimento, sem, contudo, conferir indenizações. À época, o tema foi tratado por Nelson Jobim, ministro da Justiça, e Zenildo Lucena, do Exército.[28]

Apesar de algo "costurado", feito mediante conversas com as FFAA – cujo texto do projeto foi submetido à apreciação dos ministros militares[29] –, as reações a esta iniciativa evidenciaram a indisposição e mesmo o temor de

---

27 Depoimentos concedidos ao autor por Maria Amélia de Almeida Teles e Criméia Alice Schmidt de Almeida, da Comissão de Familiares dos Mortos e Desaparecidos Políticos (São Paulo, nov. 2017); e Nilmário Miranda, primeiro presidente da Comissão de Direitos Humanos da Câmara Federal, em meados dos anos 1990, e um dos ministros da Secretaria de Direitos Humanos durante o governo Lula (Belo Horizonte, abr. 2018).

28 "Desaparecidos devem ser declarados mortos". *Folha de S. Paulo*, 16/05/1995, p. 13.

29 A Lei dos Desaparecidos é anterior à criação do Ministério da Defesa. Até 1999, as três FFAA mantinham-se em ministérios independentes.

se remexer em um tema que, para estes setores, foi encerrado com a Lei de Anistia. O projeto foi tolerado, não sem protestos, mediante a garantia de que não haveria investigações para as circunstâncias das mortes – uma das exigências dos familiares – nem que houvesse brechas jurídicas que permitissem futuras recorrências ao Judiciário no sentido de punir os agentes do Estado.[30] Ora, se as circunstâncias não seriam investigadas, logo não haveria a nomeação de culpados nem revelações que pudessem vir a ser transformadas em peças condenatórias. O Estado, como ente abstrato, assumiu estas responsabilidades. Assim, o Estado inteiro era culpado, logo, ninguém o era.

O Exército entendeu que o projeto de lei tinha conotações "revanchistas" e que seria inviável aceitar em seus termos a possibilidade de se investigar as mortes, pois isso violaria a Lei de Anistia.[31] Na mesma direção, Nelson Jobim afirmou que não havia "(...) hipótese de se desrespeitar a Lei de Anistia por razões humanitárias".[32] A saída encontrada pelo Estado para atender as demandas tanto de familiares como de militares indica a via de mão dupla, ainda que por relações assimétricas, de uma cultura política que fez uso da acomodação para enfrentar as heranças da ditadura.

Entretanto, a despeito das críticas, os termos que por fim prevaleceram no projeto de lei parecem ter sido do agrado das FFAA, sobretudo porque havia, pelo menos naquele momento, a convicção entre alguns de seus membros de que este instrumento encerraria a questão dos desaparecidos, como numa espécie de par de cal. Indicativo disso foi a declaração de apoio ao projeto feita pelo então ministro da Aeronáutica, Mauro Gandra: "[o projeto] deve ser usado para terminar o caso. E é uma boa oportunidade de se virar uma página da história do Brasil".[33] A ausência de disposição do governo de Fernando Henrique para enfrentar os tópicos mais delicados é indicativa de que o tema seria levado adiante em partes, sem quaisquer riscos à imunidade conferida pela Lei de Anistia. O então presidente

---

30 "Famílias de desaparecidos serão indenizadas". *Folha de S. Paulo*, 27/07/1995, p. 11.

31 "Exército rejeita investigação sobre mortes". *Folha de S. Paulo*, 29/07/1995, p. 12.

32 "Razões humanitárias não permitem violação à Lei de Anistia, diz Jobim". *Folha de S. Paulo*, 22/08/1995, p. 14.

33 "Aeronáutica apoia projeto para pagar indenizações". *Folha de S. Paulo*, 26/08/1995, p. 4

declarou que vetaria quaisquer emendas ao projeto no sentido de incluir a investigação sobre as mortes, na tentativa de diminuir a tensão com setores das FFAA insatisfeitos com o sistema de indenizações previsto. Em uma clara estratégia de se evitar discussões e debates que pudessem acirrar os ânimos, a recomendação do Planalto foi que o projeto fosse votado em regime de urgência.[34]

Com isso, o Estado democrático iniciava a assim chamada "justiça de transição" brasileira sem justiça e com as dimensões da memória e da verdade de algum modo debilitadas e limitadas frente às restrições desta lei. Quando da assinatura do projeto, Fernando Henrique, ao mesmo tempo em que criticou a ditadura, defendeu que a democracia não se faria com "ressentimento ou revanche",[35] demonstrando afinamento com as FFAA no sentido de que esse passado deveria ser revolvido apenas superficialmente.

Ainda em relação à Lei dos Desaparecidos, cabe pontuar que novos atritos ocuparam os debates sobre o tema a partir dos trabalhos da CEMDP. Um dos episódios de maior polêmica envolveu as indenizações aos familiares de Carlos Marighella e Carlos Lamarca, algo que causou revolta entre militares da ativa e da reserva. Foi nesta ocasião que João Baptista Figueiredo manifestou-se publicamente a respeito da lei, algo incomum uma vez que, tanto ele como Ernesto Geisel, enquanto estiveram vivos, não fizeram aparições públicas de maior evidência para se manifestar sobre a ditadura e a nova democracia. Figueiredo participou de evento no Clube Militar, no Rio de Janeiro, cujo intuito foi criar uma mobilização para recorrer a Fernando Henrique e Nelson Jobim contra estas duas indenizações.[36]

Os outros dois pontos que encerram esta discussão estão imbricados e foram responsáveis por novamente - e passadas quase duas décadas desde a aprovação da Lei dos Desaparecidos - trazer para o espaço público o debate sobre a ditadura militar e suas heranças. Foram momentos que, igualmente, evidenciaram de que maneira o Estado, àquela altura comandando pelo Partido dos

---

34 "FHC vai vetar investigação sobre as mortes". *Folha de S. Paulo*, 29/08/1995, p. 8.

35 "FHC condena 'desatino e revanchismo'". *Folha de S. Paulo*, 29/08/1995, p. 9.

36 "Figueiredo vai a ato contra indenizações". *Folha de S. Paulo*, 18/09/1996, p. 12.

Trabalhadores (PT), se relacionou com as FFAA no sentido de dar continuidade ao processo de "justiça de transição" no país.

O PNDH-3 e CNV inauguraram uma nova etapa nesse processo de acerto de contas com o passado. Vieram fortalecer a busca pela verdade e o direito à memória que já vinham sendo ensaiados a partir de medidas anteriores, como o trabalho da CEMDP que culminou na publicação do livro-relatório supracitado.

As ideias que deram origem à formulação do PNDH-3 foram construídas e organizadas a partir das discussões ocorridas durante a realização da XI Conferência Nacional dos Direitos Humanos, em dezembro de 2008. Em seu Eixo Orientador de número VI, estabeleceu-se o direito à memória e à verdade; a diretriz de número 23 estipulava: "Reconhecimento da memória e da verdade como Direito Humano da cidadania e dever do Estado".[37] A partir disso seria possível, não sem atritos com as FFAA, a criação de uma Comissão da Verdade.

As FFAA relutaram e um novo decreto, publicado em maio de 2010, alterou os dispositivos do Eixo VI. Com isso, as referências às "violações aos direitos humanos praticadas no contexto da repressão política" foram excluídas; a nova versão do documento fazia menção a conflitos políticos do período mencionado pelo artigo 8º do Ato das Disposições Constitucionais Transitórias (ADCT), qual seja, o período compreendido entre 1946 e 1988.[38] Isso porque, para as FFAA, a expressão inicial dava a impressão de que apenas as violações cometidas por agentes do Estado seriam investigadas, algo que estas consideravam como um "revanchismo". Ao excluir o uso da expressão "no contexto da repressão política" para substituí-lo pelo artigo 8º da ADCT, possibilitou-se que os crimes cometidos contra os opositores da ditadura pudessem ser equiparados a quaisquer violações ocorridas entre 1946 e 1988.[39]

No que se refere à criação da CNV, as tensões não se deram apenas entre militares e o governo, mas também entre setores do próprio governo. Os ministros da Defesa e dos Direitos Humanos, Nelson Jobim e Paulo Vannuchi respec-

---

37 BRASIL. *Decreto 7.177*, de 12 de maio de 2010.

38 *Ibidem.*

39 GALLO, Carlos Artur. "A Comissão Nacional da Verdade e a reconstituição do passado recente brasileiro: uma análise preliminar de sua atuação". *Estud. Sociol.*, v. 20, n. 39, jul./dez. 2015, p. 332.

tivamente, entraram em atrito, pois o primeiro defendeu que a CNV não tivesse prerrogativas persecutórias, não ultrapassando a Lei de Anistia, enquanto este último foi favorável que a comissão tivesse poderes para condenar aqueles considerados culpados. Além da crise interna por conta da elaboração do PNDH-3, o presidente Lula também teve de enfrentar as ameaças de demissão feitas pelos comandantes do Exército, Enzo Martins Peri, e da Aeronáutica, Juniti Saito. Segundo divulgou a imprensa, Lula teria buscado a "fórmula da conciliação"[40] para contornar a crise, o que se expressou posteriormente nas alterações do Plano em seus pontos mais críticos, frustrando entidades ligadas à defesa dos direitos humanos. "O novo texto deixa tudo em aberto. Violações de direitos humanos seriam apuradas tanto as cometidas por organizações da esquerda armada quanto pela repressão política. Como se fosse igual. E não é", declarou Amélia Teles,[41] da Comissão de Familiares dos Mortos e Desaparecidos Políticos (CFMDP). Essas tensões, vale lembrar, se deram em um ano eleitoral que definiria o sucessor de Lula na Presidência na República. Os debates em torno da punição ou não dos violadores levaram os três principais candidatos, Dilma Rousseff (PT), José Serra (PSDB) e Marina Silva (PV), a declarar à imprensa[42] que eram contrários a uma eventual revisão da Lei de Anistia, questão que foi levada, naquele mesmo ano de 2010, à votação no Supremo Tribunal Federal (STF). Também em 2010 o Brasil foi condenado pela Corte Interamericana dos Direitos Humanos (CIDH) pelo desaparecimento de 62 pessoas na Guerrilha do Araguaia. A sentença determinou que o Estado identificasse e punisse os responsáveis pelas mortes.

Com a proximidade do início das atividades da CNV, que acabou por estimular a criação de outras comissões semelhantes em âmbitos setoriais e estaduais, as tensões voltaram à tona. Em meados de 2012, os clubes militares já haviam lançado nota criticando Dilma e o então ministro da Defesa, Celso Amorim. Posteriormente, um novo documento, intitulado "Eles que venham.

---

40 "Contra 'Comissão da Verdade', comandantes ameaçam sair". *Folha de S. Paulo*, 30/12/2009, p. 5.

41 "Entidades de direitos humanos rechaçam mudanças no plano". *Folha de S. Paulo*, 11/01/2010, p. 6.

42 "Anistia deve ser mantida, dizem pré-candidatos". *Folha de S. Paulo*, 28/04/2010, p. 4.

Por aqui não passarão", assinado por 98 militares da reserva, fora divulgado: "[A comissão é um] ato inconsequente de revanchismo explícito e de afronta à Lei da Anistia com o beneplácito, inaceitável, do atual governo",[43]diz o texto, endossado por, entre outros, 13 generais.

Episódios como este evidenciam que questões de hierarquia e disciplina[44] não foram impeditivos para expressões públicas deste tipo em período democrático. Mesmo militares da ativa, no contexto de atuação da CNV, fizeram declarações públicas inconcebíveis para um Estado democrático de direito e incompatível com a leitura do passado que o Estado estava buscando construir oficialmente. Em 2011, o ministro-chefe do Gabinete de Segurança Institucional (GSI), general do Exército José Elito Carvalho Siqueira, assumiu o cargo fazendo críticas à CNV e defendendo que os desaparecidos políticos eram um "fato histórico" do qual "nós não temos que nos envergonhar ou vangloriar". Após repercussão, Dilma cobrou explicações de Siqueira. Para contornar a situação sem maiores problemas, este alegou que havia sido mal interpretado.[45]

Durante os trabalhos da CNV, uma série de atritos com as FFAA marcaram os anos de 2012, 2013 e 2014. Ainda que alguns militares da reserva tivessem dado depoimentos nas audiências da CNV, a exemplo de Paulo Malhães, as FFAA, em geral, praticamente não contribuíram com as investigações, uma vez que a alegação sobre a inexistência de documentos do período foi insistentemente reiterada, limitando, portanto, a eficácia da Lei de Acesso à Informação (n. 12.527/2011), sancionada por Dilma junto com a lei que criou a CNV.

Um episódio teve grande repercussão naquele momento, pondo em xeque a prerrogativa da CNV de convocar testemunhas e o crime de desobediência, este previsto no artigo 330 do Código Penal brasileiro. Na reta final dos trabalhos da comissão, de próprio punho, o militar da reserva José Conegunes respondeu ao ofício de convocatória com os seguintes termos: "Não vou comparecer. Se virem. Não colaboro com o inimigo". Este caso é, sem dúvida, emblemático. Ao

---

43   "Militares reafirmam críticas a Dilma e confrontam Amorim". *Folha de S. Paulo*, 29/02/2012, p. 10.

44   Apesar de não serem da ativa, todos ainda deveriam, por lei, seguir a hierarquia das Forças, das quais Dilma e Amorim eram, naquele momento, os chefes máximos.

45   "Ministro foi de brigada que lutou no Araguaia". *Folha de S. Paulo*, 07/01/2011, p. 5.

tratar a CNV como inimiga, Conegundes deixa evidente a permanência de uma leitura do passado na qual o inimigo de outrora transfigurou-se. Associar a CNV a este inimigo indica, pois, que há um imaginário não superado, mas, ao contrário, de algum modo alimentado e compartilhado como que para marcar posição em um processo no qual esteve em jogo a elaboração de uma leitura do passado.

Outro episódio que merece ser citado refere-se às respostas apresentadas pelas FFAA à CNV, em junho de 2014, quando esta solicitou sindicâncias em dependências das três Forças para apurar se houve, no eufemismo da comissão, "desvio de finalidade". A resposta foi negativa, o que levou a CNV a solicitar ao Ministério da Defesa, em um novo documento, que as FFAA confirmassem ou não as informações sobre violações aos direitos humanos apresentadas em fevereiro daquele ano pela comissão. Em setembro, o Ministério da Defesa apresentou novo documento no qual, desta vez, as FFAA, por intermédio daquele, afirmavam não ter como contestar essas violações.[46] Esta resposta foi fruto das críticas feitas pela CNV em relação à primeira resposta, e revela muito mais um respeito à hierarquia e à autoridade do ministro da Defesa, Celso Amorim, do que um reconhecimento espontâneo das FFAA. Trata-se da questão, já apontada anteriormente, sobre os limites da ambiguidade do Estado, que reconhece, desde 1995, essas violações, enquanto suas FFAA agem no sentido contrário.

As reações ao relatório final da CNV, apresentado em dezembro de 2014, foram diversas. Clubes militares aproveitaram para forjar uma disputa de "versões" e divulgaram, dois dias depois, uma lista com os nomes de 126 militares, policiais e civis que teriam sido mortos em decorrência de ações da luta armada. A nota foi divulgada no site do Clube Militar e em forma de anúncio em jornais do Rio de Janeiro; alegaram tratar-se de uma homenagem às vítimas desprezadas pela CNV.[47]

Considerações finais

A partir dos tópicos apresentados, resulta claro que as FFAA estão permeadas por uma cultura política de viés de direita que incide sobre a forma como

---

46 "Militares dizem não poder negar tortura". *Folha de S. Paulo*, 20/09/2014, p. 18.

47 "Clubes militares listam os mortos pela esquerda". *Folha de S. Paulo*, 12/12/2014, p. 12.

estas lidam com sua atuação durante a ditadura e a leitura que permaneceram fazendo desse passado. Evidentemente que a ditadura militar não pode ser o único viés explicativo da persistência dessa cultura, uma vez que se trata de tema complexo que precisa ser apreendido para além disso.

Diante da complexidade do tema, é deveras dificultoso precisar permanências e mudanças em termos de cultura política. Quando elegemos a ditadura militar como foco, entretanto, as permanências são evidentes; quando trazemos para o debate a maneira pela qual os governos civis lidaram com essas permanências, corrobora-se a tese de que quase nada foi feito no sentido de empreender mudanças, e o Estado, ainda nesse tema, agiu como se as FFAA não fizessem parte de sua estrutura, o que explica, portanto, as ambiguidades apontadas. Há quase que uma autonomia das FFAA na maneira com a qual elas lidam com a ditadura e suas heranças, e o Estado adotou uma política de tolerância, intervindo, apenas, em situações muito particulares.

THINK TANKS, ONGS E REDES

A CRIAÇÃO DA FUNDAÇÃO INTERNACIONAL PARA A LIBERDADE: ENTRE O FRACASSO E A CONTRAOFENSIVA NEOLIBERAL NA AMÉRICA LATINA

María Julia Giménez[1]

Ao iniciar o século XXI, a aplicação do programa de reformas neoliberais colocado em andamento pela maioria dos governos latino-americanos (ditatoriais e democráticos) durante as décadas de 1980 e 1990 encontraram sérios obstáculos para continuar marcando o ritmo das agendas públicas. O aumento de processos contestatórios deixou em evidência a gravidade da crise política, econômica e social em que se encontrava imersa a região, abrindo-se para um processo de transformações que foi entendido por alguns analistas como o começo de um novo ciclo político com alteração da correlação de forças regionais. Depois de numerosas explosões populares, os conflitos conseguiram tomar um alcance institucional que, em termos gerais, permitiram a eleição democrática de governos que buscaram com diferentes intensidades abrir novos diálogos com perspectivas de conciliação de classe, apresentar programas de (neo) desenvolvimento nacional e integração regional, enfrentando em alguns casos pressões nacionais e internacionais interessadas na volta do projeto de base neoliberal.[2]

---

1 Doutoranda no Programa de Pós-graduação em Ciência Política da Unicamp, bolsista CAPES do INCT-INEU.

2 No que se refere a processos especificamente institucionais, a chegada à Presidência da República da Venezuela do Comandante Hugo Chávez (1998), do sindicalista Luis Inácio "Lula" da Silva no Brasil (2002), de Néstor Kirchner na Argentina (2003), seguido por Evo Morales na Bolívia (2006) e Rafael Correa no Equador (2007), é entendida como parte de

No entanto, passada uma década de experiências governamentais progressistas, a região parece estar assistindo à recuperação dos setores neoliberais e neoconservadores e o retorno destes à condução dos poderes executivos nacionais. O golpe de estado que destituiu o presidente Manuel Zelaya em Honduras (2009), a vitória eleitoral de Sebastián Piñera pela Coligação para a Mudança no Chile (2010); a chegada à presidência da Argentina do empresário Mauricio Macri (2015); o *impeachment* da presidente Dilma Rousseff no Brasil (2016) e os incessantes embates aos que ainda resiste o presidente venezuelano Nicolás Maduro, são alguns dos episódios da história recente que indicam uma nova mudança no contexto latino-americano. A aplicação de medidas alinhadas à agenda neoliberal abriu uma série de debates que buscam encontrar explicações do fenômeno a menos de duas décadas das profundas crises ocasionadas pelas políticas inspiradas no chamado Consenso de Washington.

Identificado como uma contraofensiva ao avanço de uma nova(s) direita(s), caracterizado como o fim de um ciclo ou como perda de hegemonia, o assunto tem motivado recentes reflexões e contribuições dentro e fora do campo acadêmico que buscam dar respostas ou oferecer elementos parciais que ajudem a compreender o fenômeno como um todo. O que há de novo no processo que atualmente assistimos? Para o professor Cristóbal Rovira Kaltwasser[3] (2014), a crescente politização da desigualdade depois da crise dos anos 90, associada ao fortalecimento dos setores da esquerda vinculados aos governos progressistas, colocou em xeque as ideias e o exitoso projeto de modernização conservadora vitorioso durante as décadas de 1980 e 1990. No entanto, o relativo peso eleitoral das direitas durante esses anos não significou que os atores dessa tendência tenham deixado de existir ou que sejam entidades inativas. Para Rovira Kaltwasser, conscientes do "déficit" de consenso em torno do projeto de modernização conservadora na região, durante a última década, as direitas têm desen-

---

um movimento regional que tensionou as relações de força tal qual se encontravam na década anterior.

3 ROVIRA KALTWASSER, C. "La derecha en América Latina y su lucha contra la adversidad". *Nueva Sociedad*, noviembre-diciembre de 2014, n° 254, p. 34-45. Disponível em http://nuso.org/media/articles/downloads/4067_1.pdf. Acesso em: 27 set. 2015.

Pensar as Direitas na América Latina

volvido uma série de estratégias dentro e fora do próprio sistema político para adaptar-se e disputar a condução do Estado.

Em termos gerais, esse projeto, no qual este trabalho se enquadra, pretende somar-se aos esforços para abordar a questão, buscando o novo, mas também as continuidades desse processo. Retomando o que foi dito anteriormente, se passada a crise do final dos anos 90 e durante o período caracterizado pela ascensão de governos progressistas na América Latina, os defensores do neoliberalismo foram capazes de colocar em andamento uma série de dispositivos defensivos e ofensivos que lhes permitiram aproveitar e criar oportunidades para produzir novos consensos em torno do neoliberalismo na região, cabe perguntar: Como e onde esses discursos e práticas conseguiram resistir e fortalecer o projeto neoliberal? Quais agentes e agências foram empreendedores dessa ofensiva?

A proposta de pesquisa na qual se enquadra esse artigo é a de recuperar duas chaves de análises resultantes de uma pesquisa anteriormente desenvolvida durante o mestrado em Ciências Sociais pela UFRRJ, dedicada à ação do *think tank* liberal brasileiro que leva o nome de Instituto Millenium durante o último mandato do Presidente Luiz Inácio "Lula" da Silva:[4] 1) o trabalho de defesa de ideias desenvolvido pelo Instituto Millenium não é um caso isolado, mas que deve ser concebido a partir do trabalho em rede de *think tanks* liberais que garante a ação coordenada e circulação de recursos; 2) a ação coordenada se estende para a escala nacional, regional/latino-americana e internacional, mobilizando diferentes setores da sociedade civil e recursos materiais na batalha de ideias. Partindo desses alinhamentos, o objetivo é contribuir com um estudo interdisciplinar centrado na economia política cultural[5] com foco nas redes transnacionais de *think tanks* liberais atuantes na América Latina, tomando o caso da Fundação Internacional para a Liberdade (FIL). Entendendo a chave

---

4   GIMENEZ, María Julia. *Direitos humanos e (ou) democracia no Brasil: a ação do Instituto Millenium no âmbito do PNDH3*. Dissertação (mestrado em Ciências Sociais) UFRRJ, Seropédica, 2015. Universidade Federal Rural de Rio de Janeiro (UFRRJ), Seropédica, RJ, Brasil.

5   Cf. JESSOP, B.; OOSTERLYNCK, S. "Cultural Political Economy: On Making the Cultural Turn without Fsalling into Soft Economic Sociology". In: *Geoforum*, n° 3, vol. 39, 2008, p. 1155-1169.

gramsciana[6] que a formação de blocos históricos e as hegemonias exercidas no interior dos Estados-nação, com suas respectivas relações sociais de produção, produzem forças sociais que caracterizam as relações internacionais, assim como os fenômenos internacionais influenciam nos processos nacionais, propõe-se um estudo de caso que não busca captar generalidades, mas posicionar à FIL como fonte principal para definir um universo de *think tanks* a ser analisado e portanto como *pivot* analítico ou ponto de referência a partir do qual mapear em diferentes escalas e temporalidades as ações coordenadas em defesa das ideias liberais na região no começo do século XXI.

Nesse marco, o texto que será apresentado a seguir busca realizar uma dupla aproximação sobre o processo fundacional da FIL a fim de captar os enquadramentos que modularam a proposta inaugural e mapear os atores e instituições visíveis que deram forma à essa nova organização. Ainda que se trate de uma aproximação recortada no lançamento da rede, os objetivos são: 1) apontar elementos de discussões em torno do estabelecimento de cronologias e

---

6   Este projeto busca recuperar o conceito de hegemonia para pensar os vínculos entre as relações internacionais e as relações internas aos Estados-Nação expostas por Antonio Gramsci no Caderno 13. Em um trecho referido à análise das relações de força, Gramsci retoma suas observações sobre o Estado como um contínuo "formar-se e superar-se de equilíbrios instáveis (no âmbito da lei) entre os interesses do grupo fundamental e os dos grupos subordinados, equilíbrios nos quais os interesses do grupo dominante prevalecem, mas até certo ponto, ou seja não até o bruto interesse econômico corporativo" e acrescenta: "Na história real esses momentos se aplicam reciprocamente, por assim dizer horizontalmente e verticalmente, ou seja, segundo as atividades econômico-sociais (horizontais) e segundo os territórios (verticais) combinando-se e rompendo-se diversamente: cada uma dessas combinações pode ser representada por sua própria expressão organizada econômica e política. Contudo, há que se ter em conta que essas relações internas de um Estado-Nação se enlaçam às relações internacionais, criando novas combinações originais e historicamente concretas. (...) Essa relação entre forças internacionais e forças nacionais se complica ainda mais pela existência no interior de cada Estado de numerosas seções territoriais de diversa estrutura e diversa relação de força em todos os graus". GRAMSCI, A. *Cuadernos de la Cárcel*. Edición crítica del Instituto Gramsci a cargo de Valentino Gerratana. Volume 5. México: Edição Era. 1975, p. 37. Disponível em: https://ses.unam.mx/docencia/2018I/Gramsci1975_CuadernosDeLaCarcel.pdf. Acesso em 14 jun 2018. Consulte também COX, Robert. "Gramsci, hegemonía y relaciones internacionales: un ensayo sobre el método". In: *Relaciones Internacionale*, n° 31, febrero – mayo 2016, p. 137-152.

ciclos de atuação das direitas (liberais) na região; 2) reconhecer autores chave na divulgação e referentes do liberalismo, e sua participação na FIL e em outras instituições, que nos permitam agregar dados sobre o caráter transnacional da atuação das direitas; 3) captar elementos para pensar nas continuidades e novidades da forma política *think tank* adotada para a organização e disputadas das direitas liberais na região. Para isso, recorreu-se à análise de discursos, artigos e notícias publicadas no âmbito do lançamento da Fundação Internacional para a Liberdade em outubro de 2002, assim como também das informações divulgadas na página web da FIL (www.fundacionfil.org) durante essa mesma data para a qual foram consultadas as capturas realizadas por *The Internet Archive - Wayback Machine*, disponível em www.web.archive.org.

Think tanks, redes transnacionais e batalha de ideias

Partamos de una primeira questão: por quê a forma *think tank* resulta importante para pensar os processos políticos recentes na América Latina? Situados analiticamente no que Cristóbal Rovira Kaltwasser (2014) define como "estratégia no eleitorado", *think tanks* é o nome genérico sob o qual milhares de instituições de pensamento – organizações, centros, institutos, fundações – que aspiram à intervenção nas políticas públicas e a influência na tomada de decisões por meio da mobilização de ideias. Como mostram os trabalhos já clássicos de Weaver,[7] Stone[8] e os posteriores realizados por Abelson,[9] Rich[10] e Medvetz,[11] a

---

7   WEAVER, R. K. "The changing world of think tank". In: *Political Science and Politics*, Set. 1989, p. 563-578. Set/ 1989. Disponível em http://www.medientheorie.com/doc/weaver_changing_worlds_of_think_tanks.pdf. Acesso em 03 dez. 2013.

8   STONE, Diane. "Recycling Bins, Garbage Cans or Think Tanks? Contesting Three Myths Regarding Policy Analysis Institutes". In: *Comparatives Perspectives on Scientific expertise for Public Policy*. 2004.

9   ABELSON, D. E. A.. *A Capitol Idea: Think Tanks and US Foreign Policy*. Quebec: McGill University Press. 2006.

10 RICH, A. *Think Tanks, Public Policy and the Politics of Expertise*. Cambridge: University Press, 2004.

11 MEDVETZ, T. *Think Tanks as an Emergent Field*. New York. Social Research Council, 2008. Disponível em https://www.ssrc.org/publications/view/A2A2BA10-B135-DE11-

126   Ernesto Bohoslavsky • Rodrigo Patto Sá Motta • Stéphane Boisard (orgs.)

forma política *think tank* não é um elemento novo do sistema político contemporâneo, ainda que seja visto assim na atualidade devido a seu grande crescimento e visibilidade. De fato, sua origem remete aos começos do século XX, nos países do Norte, para identificar um tipo de organização política que, ao longo do milênio passado, conseguiu alcance global e forte participação em processos políticos contemporâneos. Mas, o que tem de particular esse tipo de instituição? Ainda que as mudanças em sua forma de organização e as diferentes modalidades de interrelação no que Medvetz (2008) define como o campo político, o campo midiático, o campo dos negócios e o universitário têm evidenciado tanto a versatilidade e a dificuldade para tipificá-las, essas instituições dão conta de uma forma de ação política singular composta por ao menos três elementos chave que redefinem as relações entre saber e poder: a produção de ideias, a gestão de conhecimento especializado e o modelamento do ambiente geral das agendas buscando interferir ou definir quadros de percepção da realidade. Apropriando-nos das categorias gramscianas que modelam esta proposta de pesquisa, os *think tanks* atravessam o século XX e chegam ao começo deste novo milênio apresentando uma forma diferenciada de aparato privado de hegemonia direcionado obviamente para a batalha de ideias.

Voltando à pergunta inicial, os estudos com foco na América Latina indicam que a história dos *think tanks* na região segue de forma subordinada ao ritmo marcado pelos países do Norte[12]. Havendo feito sua primeira aparição no cenário político no final dos anos de 1950 e durante a década de 1960[13], sua consolidação como aparato com capacidade de incidência data do começo de 1980, associado ao processo de transição democrática, tecnicalização do Estado e consolidação do modelo neoliberal. O que acontece na atualidade? Segundo o trabalho realizado pelo reconhecido programa *The Global Go To Think Tank*, dirigido por James G.

AFAC-001CC477EC70/. Acceso em 25 ago. 2014.

12   GARCE, A.; UÑA, G. (Comp.). *Think tanks y políticas públicas en Latinoamérica. Dinámicas globales y realidades regionales*. Buenos Aires: Prometeo Libros, 2006.

13   O Instituto de Sociologia fundado por Gino Germani na Argentina no ano 1958 é exemplo desse processo regional, assim como também a reconhecida Fundação Getúlio Vargas no Brasil, e posteriormente o CEBRAP, fundado no começo da década de 1970 por Fernando Henrique Cardoso.

McGann[14] da Universidade da Pensilvânia, em 2015, com um total de 774 *think tanks,* América Central e América do Sul assumia o quarto lugar entre as regiões com maior concentração de instituições, estando a Argentina em primeiro lugar (com 138 *think tanks*), seguido por Brasil (89), Bolívia (58) e Chile (44). No entanto, enquanto os estudos impelem uma queda global na criação de novos institutos de pensamento, os dados regionais parecem indicar que a América Latina assiste a uma nova expansão, tanto ou mais significativa que a acontecida na década de 80.[15] Para exemplificar, observemos o caso de Brasil. Segundo os dados obtidos por Thiago Aguiar de Moraes,[16] das 82 *think tanks* ativas no ano de 2012, 2 foram fundadas no ano 1940; 2 em 1950; 4 nos anos de 1960; 10 nos anos de 1970; 17 nos anos de 1980; 16 nos anos de 1990 e 18 nos anos 2000. O que mostram os dados mais recentes é que, após três décadas de aumento sustentado, um novo *boom* anuncia uma nova geração de institutos: em 2007 se registravam 38; em 2009, 48; e chegaram a 82 em 2012 (McGann 2007, 2010, 2013). A que se deve o crescimento que se registra em toda a região?

Para Karin Fischer e Dieter Plehwe[17] (2013), a forma política *think tank* "adquire particular relevância em tempos de crises, já que se encarregam de criar as diretrizes sobre futuras estratégias". Recuperando as leituras de Bob Jessop (2008) a respeito dos imaginários econômicos, esses aparatos se tornam centrais na disputa de sistemas semióticos que proporcionam a base para a experiência

---

14 MC GANN, J. *The global 'go-to think tanks'. The leading public policy research organizations in the world.* Filadelfia: Think Tanks and Civil Societies Programs, 2007; 2010; 2011; 2013; 2015.

15 Cf. ROCHA, C. "Direitas em rede: think tanks de direita na América Latina". In *Direita, Volver! O retorno da direita e o ciclo político brasileiro.* São Paulo, Editora Fundação Perseu Abramo, 2015, p. 261-278.

16 AGUILAR DE MORAES, T.. Os think tanks brasileiros em perspectiva: características gerais, apontamentos conceituais e possibilidades de pesquisa. XXVII Simpósio Nacional de História. Natal/RN. 2013. Disponível em http://www.snh2013.anpuh.org/resources/anais/27/1371335322_ARQUIVO_ThiagoAguiardeMoraes-ANPUH2013-FINAL.pdf . Acesso em 03 abril 2014.

17 FISCHER, K.; PLEHWE, D. "Redes de *think tanks* e intelectuais de derecha en América Latina". In: *Nueva Sociedad* n° 245, maio-junho de 2013, p. 70-68. Disponível em http://nuso.org/articulo/redes-de-think-tanks-e-intelectuales-de-derecha-en-america-latina/ . Acesso em 25 ago. 2014.

vivida de um mundo desordenadamente complexo. Assim, se o modelo crise/batalha de ideias marca uma possível forma de compreender o *boom* atual de *think tanks*, os dados sobre a diversidade de instituições de pensamento que compõem o mapa regional apontam um elemento significativo para caracterizar o fenômeno atual e o tipo de crises ao que corresponde: para o ano de 2015, de um total aproximado de 700 organizações em funcionamento, 81 estão vinculadas a *Atlas Network*, uma das maiores redes internacionais criada em 1981 com sede nos Estados Unidos que promovem e defendem os valores e princípios do liberalismo no mundo. Como mostra Camila Rocha[18] (2015), na última década, o número de instituições regionais vinculadas a essa rede duplicou. Nesse sentido, segundo afirma Fischer e Plehwe (2014), como nos anos 80, a nova geração de *think tanks* na América Latina carrega um componente fortemente liberal que permite estabelecer vínculos estreitos com o atual processo de lutas e ascensão das forças políticas neoliberais. Assim, se a crise do final dos anos 90 correspondeu a um processo de perda do consenso ao redor do modelo neoliberal, o atual crescimento desse tipo de instituições a nível regional responde a uma estratégia deliberada de caráter transnacional que tem garantido fortes vínculos com os partidos conservadores locais que estão levando adiante uma contraofensiva no plano continental, ou "guerra de posição", dizem os autores.[19]

Como também mostra o estudo desenvolvido por Anthony Andurand e Stéphane Boisard[20] (2017), junto ao novo *boom* de institutos defensores do liberalismo que se registra com diferenças na maioria dos países do subcontinente, têm se assegurado e surgido novas instituições de caráter mais amplo que têm garantido as articulações e circulação de recursos materiais e simbólicos entre os

---

18   ROCHA, *op. cit.*

19   FISCHER; PLEHWE, *op. cit.*, p. 7

20   ANDURANDA Anthony; BOISARD Stéphane. "El papel de internet en la circulación del ideario neoliberal: una mirada a las redes de Thinks Tanks latinoamericanos de las dos últimas décadas". In: *Nuevo Mundo Mundos Nuevos* [online], Colloques. Consulta em 30 de março de 2018. URL: http://journals.openedition.org/nuevomundo/71443 ; DOI: 10.4000/nuevomundo.71443

diferentes *think tanks* da região e do mundo.[21] Esse tipo de organizações, como Atlas, Hacer, Relial e FIL, mencionados no artigo anteriormente citado para o caso propriamente latino-americano (ainda que o caso de Atlas o excede) ou a Fundação Liberdade para o caso da Argentina, representam o que María José Alvarez-Rivadulla, John Markoff e Verónica Montecinos[22] (2010) denominam como organizações de segunda ordem; essas "organizações guarda-chuva" dedicadas a patrocinar outras entidades na rede e cujo objetivo não é simplesmente participar no movimento de defesa do mercado, e sim fomentá-lo. Como dizem

---

21   O caso mais conhecido e já mencionado é a americana *Atlas Network*, no entanto não é o único. A partir da análise das relações expressas nas redes sociais digitais, os autores mencionam, outros três *hubs* que concentram a maioria dos *think tanks* liberais da região. 1) o *Hispanic American Center For Economic Research* (HACER) foi fundado em 1996 a partir da iniciativa do *Atlas*. Seu objetivo é promover o estudo de questões relacionadas com os países da América Latina, assim como os hispano-americanos que vivem nos Estados Unidos, especialmente quando se relacionam com valores de liberdade pessoal e econômica, governo limitado sob o império da lei e da responsabilidade individual. HACER tem sede em Washington; 2) a Red Liberal de América Latina (RELIAL), fundada em 2005, por iniciativa do Instituto Friedrich Naumann da Alemanha. Segundo Andurand e Boisard (2017), é a união mais representativa das organizações liberais da região, tem sede no México e conta com 38 membros na América Latina (TT, partidos políticos, etc.) e 13 instituições relacionadas e cooperativas nos Estados Unidos da América e três países europeus; 3) a Fundación Internacional para La Libertad (FIL), fundada em 2003 a partir da formalização de vínculos entre organizações americanas, europeias e latino-americanas; até 2013 tinha sede em Madri, atualmente se encontra em Rosário, Argentina (ainda que, devido ao recorte escolhido para este artigo, não será abordado esse assunto, cabe mencionar que tal cidade também é sede do Instituto Libertad, fundado em 1989, é um dos *think tanks* mais prestigiados na região no que se refere a defesa do liberalismo). Somadas, essas redes estabelecem relações entre 108 *think tanks* defensores do liberalismo na América Latina assim como também com centenas de institutos ancorados em outras regiões do mundo (principalmente Norte América e em segundo lugar Europa), corporações de diversas áreas do capital, atores do sistema político e financeiro, e agências de comunicação com atuação dentro e fora das fronteiras estatais onde tem sede. Cf. ANDRURAND; Boisard, *op. cit.*, p.15

22   ALVAREZ-RIVADULLA, MARKOFF; MONTECINOS. "The transamerican market advocacy think tank movement". In: GARCE; UÑA (EE.), *Think Tanks and Public Policies in Latin América*, Buenos Aires: Fundación CIPPEC; Fundación Siena Investigación Aplicada de Políticas Públicas, 2010, p. 172-199.

os autores "incubam, conectam, transferem informação e dão influência a *think tanks* individuais ou de primeira ordem" (2010:195).

Com intenção de contribuir com os estudos que permitam pensar os processos contemporâneos desde uma perspectiva regional, proporemos um estudo focado no que a literatura chama "organizações de segunda ordem" a fim de mapear as ações de confronto a partir das ideias de escalas e tempos diferenciais. De que se trata este tipo de ator coletivo? Como se dinamizam estes aparatos diante dos processos descritos? Quem os dinamizou? Por quê? Com o objetivo de realizar um avanço parcial sobre essas questões, a seguir se busca reconstruir os discursos que circularam ao redor do lançamento da Fundação Internacional para a Liberdade em outubro de 2002; e em um segundo momento mapear pessoas e instituições que participaram do processo fundacional entendendo-os como os atores visíveis (ainda que não exclusivos) que dão indícios para pensar a historicidade destes ciclos de ação dos defensores do liberalismo, assim como também a composição internacional e ancoragens nacionais da rede e sua atuação na região.

Fracasso e fundação: o lançamento da FIL

Em 15 de outubro de 2002, o jornal madrilenho *El País* intitulava em sua edição impressa "Vargas Llosa apresenta uma fundação para estreitar vínculos entre Espanha e as Américas"[23]. Segundo a descrição realizada na nota, durante um evento denominado "Ibero-América: crises e perspectivas. O papel das ideias nas transformações políticas e econômicas" realizado no dia anterior (14/10/2002) na Casa de América (Madri), o escritor Mario Vargas Llosa anunciava o lançamento da Fundação Internacional para a Liberdade "com o objetivo de estreitar as relações políticas, culturais e econômicas entre Espanha, América Latina e EUA sob o sinal da liberdade", dizia o meio, destacando o fortalecimento dos laços de institutos de pensamento como a *Heritage Foundation* dos Estados Unidos, o Instituto Atlântico do Brasil, a Fundação Liberdade da Argentina e a Fundação Iberoamérica Europa da Espanha.

---

23 *El País*, Madrid, 15 out. 2002. Disponível em https://elpais.com/diario/2002/10/15/internacional/1034632812_850215.html Acesso em 27 Set. 2018.

Nesse mesmo dia, o jornal também madrilenho *La Razón*[24] publicava uma nota que anunciava o nascimento da FIL no marco de um evento que reunia um coro heterogêneo para discutir os rumos do liberalismo em "um momento importante onde as ideias não estão claras" contextualizava ao citar Juan Iranzo do Instituto de Estudos Econômicos da Espanha. Análises em torno da falta de confiança cidadã e ao descrédito do funcionamentos das burocracias estatais, críticas às formas em que foram aplicadas as reformas neoliberais durante os anos 90 e discursos de alerta sobre uma possível onda de novas "ditaduras" na América Latina associadas aos "neopopulismos" como conceitos guarda-chuva que engloba os governos progressistas para aquele momento emergentes na região, deram conteúdo para uma jornada que se encerrou com o lançamento da FIL como "um instrumento poderoso para ganhar a batalha do liberalismo no mundo" dizia o jornal.

O evento começou às 10 horas com a apresentação a cargo do economista argentino-americano Alejandro Chafuén (Presidente da *Atlas Network*), Pablo Izquierdo (deputado do Partido Popular da Espanha entre 1994 e 2004, ex-chefe de imprensa durante o mandato de José María Aznar e Presidente da Fundação Iberoamérica Europa) e, a única mulher que participou das mesas do evento, Mª Asunción Ansorena (diplomata espanhola e Diretora Geral da Casa de América). Segundo a convocatória,[25] a jornada teve continuidade com três mesas (duas pela manhã e uma à tarde) direcionadas a discutir sobre: 1) "O papel das Universidades na geração de ideias para as Políticas Públicas", junto a professores como Jesús Huerta de Soto da Universidade Juan Carlos I da Espanha e Giancarlo Ibarguren da Universidade Francisco Marroquín, da Guatemala; 2) "Os Institutos de Políticas Públicas e sua influência nas reformas econômicas, políticas e sociais", com a presença do economista argentino Ricardo López Murphy (ex-ministro da Defesa, ex-ministro da Economia e ex-ministro de Infraestrutura e Habitação durante a presidência de Fernando de la Rúa), o engenheiro chileno Hernán Buchi (ex-ministro da Fazenda de Pinochet durante o régime militar no

---

24 *La Razón*, Madrid, 15 Out. 2002. Disponível em www.fundacionfil.org:2500/razon.htm Acesso em 25 abril 2018.

25 https://web.archive.org/web/20030420215545/http://www.fundacionfil.org:80/eventos. htm captura 20 abril 2003. Consulta em 3 de fevereiro de 2018.

Chile), o escritor e jornalista cubano Carlos Montaner, o economista espanhol José Luis Feito (do Instituto de Estudos Econômicos- IEE), o economista brasileiro Paulo Robello de Castro (membro do Instituto Atlântico), o empresário mexicano Roberto Salinas León (presidente do *Mexico Business Forum* e diretor de Estratégia Econômica da *TV Azteca* e acadêmico associado do *Cato Institute*) e o espanhol Lorenzo Bernaldo de Quirós (presidente e sócio da consultoria *Freemarket Corporative Intelligence*, especializada em estratégia e operações, e também acadêmico do *Cato Institute*); e 3) "Ibero-América entre a Modernidade e o Neopopulismo" com as reflexões do economista Cristian Larroulet (do *Instituto Liberdad y Desarrollo de Chile*), do economista norte-americano John Goodman (do *National Center for Policy Analysis*, fundado em 1983, no Texas), Fred Smith (fundador e presidente do *Competitive Enterprise Institute*, também norte-americano, fundado em 1984 em Washington), e o já citado Juan Iranzo, do IEE da Espanha e a moderação de René Scull da *Atlas Foundation*.

Segundo a programação, às 19h30min ocorreu a apresentação da Fundação Internacional para a Liberdade, durante a conferência intitulada "Ibero-América: Novos desafios para a liberdade"[26] a cargo de Mario Vargas Llosa. "Por quê nossas intenções de modernização fracassam uma vez atrás da outra?", se perguntava o escritor peruano ao abrir o espaço com palavras carregadas de anedotas pessoais, observações e opiniões construídas em sua trajetória cosmopolita, como é clássico em suas intervenções. A ideia de um fracasso associado à implementação das reformas dos Estados na região durante a década dos anos 80 e 90, a crise das instituições e da representação, e a impugnação das ideias liberais dão estrutura argumentativa ao discurso que sinteticamente buscava justificar a implantação da nova articulação em defesa do liberalismo.

"Acredito que a ideia do desenvolvimento, do progresso da civilização tem que ser simultaneamente econômica, política e cultural, e, aqui emprego uma palavra que a muitos irá chamar a atenção: ética ou moral", afirmou ao sinalizar um aspecto para o negligenciado por seus pares. Para Mario Vargas Llosa, o desprestígio que os liberais atravessavam na América Latina e as ameaças à quais

---

26 Posteriormente reproduzida por escrito no portal da FIL como "¿Por qué fracasa América Latina?".https://web.archive.org/web/20030401200625/http://www.fundacionfil. org:2500/articulos/americalatina.htm. Consulta em 3 de fevereiro de 2018.

que estava sujeita a região era o resultado de uma série de crises produto das reformas liberais que, salvo a experiencia chilena, falharam, foram implementadas pela metade ou sofreram desvios imorais de personagens oportunistas. "Uma reforma malfeita, é muitas vezes pior que uma falta total de reformas, e nesse sentido, o caso do Peru é exemplar", disse ao insistir na ferida ainda aberta causada por seu inimigo político, o ex-presidente peruano Alberto Fujimori. "Essas reformas no fundo não eram liberais, eram uma caricatura das reformas liberais", afirmou ao tentar marcar as diferenças inclusive com aqueles liberais que questionavam o conteúdo das reformas. O problema, sinalizava Vargas Llosa, estava nos implementadores: "é preciso limpar a política", disse parafraseando o cubano anticastrista Carlos Montaner – presente na sala.

> Necessitamos na América Latina, não só de bons economistas que digam estas são as reformas que temos que fazer. Necessitamos que pessoas decentes como o senhor Cristiani[27], empresários, profissionais, que decidam entrar na política para limpar essa atividade fundamentalmente suja, imoral, corrompida que por desgraça tem sido entre nós a política.[28] (Tradução nossa)

Desde esta perspectiva, se a ideia do fracasso e descrédito institucional podia encontrar saída na figura do empresário alheio aos desvios da "política", por outro, resultava urgente avançar nas ações culturais que defendam a demagogia e "contra a equivocação terrível de eleger mal nas eleições", dizia a dias da vitória presidencial do sindicalista Luiz Inácio "Lula" da Silva no Brasil.

> Nesse campo infelizmente não se faz quase nada e quiçá deveria dizer com um sentido de autocrítica que não fizemos quase nada, inclusive nós. Esses institutos liberais tão úteis, tão idealistas e, no entanto, a cultura é a menor de suas prioridades. Esse é um erro, um

---

27   Alfredo Cristiani ex-presidente de El Salvador (1989-1994).

28   VARGAS LLOSA, M. "¿Por qué fracasa América Latina?, em https://web.archive.org/web/20030401200625/http://www.fundacionfil.org:2500/articulos/americalatina.htm. Consulta em 30 de fevereiro de 2018.

gravíssimo erro. A cultura é fundamental, porque a cultura ajuda a criar esses consensos que têm permitido, por exemplo, os casos muitas vezes exemplares da Espanha e do Chile.[29] (Tradução nossa).

Sendo Espanha o exemplo de transição democrática "feliz" (o que explicava a eleição como sede da Fundação), o Chile em tempos de Pinochet era "um acidente benfeitor", dizia Vargas Llosa. Ainda que não deixou de advertir que "para um liberal uma ditadura não é nunca, em nenhum caso, justificável", para o peruano, a "sorte para o Chile" era que uma ditadura militar "permitiu que uns economistas liberais fizessem umas reformas bem concebidas e que funcionaram". Sobre essa lógica, para Vargas Llosa, as instituições fracassam porque "há uma falta de confiança total da imensa maioria dos latino-americanos", e o surgimento de figuras carismáticas como Lula no Brasil e Hugo Chaves na Venezuela são o resultado – ameaçante, para o escritor – desse descrédito e desgosto generalizado.

> Como podemos nós peruanos acreditarmos, quando nós lhes dizemos que a privatização é indispensável para que um país se desenvolva, se a privatização para os peruanos tem significado que os ministros do senhor Fujimori se enriqueceram extraordinariamente, que as companhias dos ministros e associados do senhor Fujimori foram as únicas companhias que tiveram extraordinários benefícios nesses anos de ditadura? Por isso quando os demagogos dizem "a catástrofe do Peru, a catástrofe da América Latina são os neoliberais" essas pessoas menoscabáveis, enganadas, acreditam neles, e como necessitam de um bode expiatório, alguém a quem fazer responsável do mal que lhes está passando, então nos odeiam, nós os "neoliberais". [30] (Tradução nossa).

Deixando em aberto uma discussão que continuou nos ensaios e discursos posteriores, Vargas Llosa colocava distância do prefixo "neo" e se lamentava

---

29 *Idem.*

30 *Idem.*

que o liberalismo tenha passado a ser "sinônimo do explorador, do ganancioso, do indiferente ou o cínico diante da especulação da miséria, da discriminação". Em tempos em que, como ele mesmo dizia, "curiosamente o liberalismo é vítima de muitos mal entendidos" e que "o progresso e a civilização estão ameaçados", o autor peruano convocava e coordenava ações e trocar informações. Com essas palavras, se fundava a Fundação Internacional para a Liberdade.

"Quando se propõe a necessidade de defender algo é porque esse algo está em perigo", dizia o espanhol Lorenzo Bernardo Queiróz, em um artigo publicado em 17 de outubro no site do *Cato Institute*.[31] Fazendo eco das discussões do evento na Casa de América, Queiróz advertia que a "onda neopopulista que começa a crescer no continente ibero-americano constitui uma séria ameaça para a consolidação da democracia e o ganho da prosperidade". Assim como argumentava o empresário Roberto Salinas León, em outro artigo publicado no mesmo site em 22 de outubro,[32] a "ameaça" neopopulista não se limita a Ibero-América.

> O surgimento de uma crescente onda de neopopulismo, caracterizada pelo regresso com uma receita global de estatismo como solução aos problemas da região latino-americana, contradiz as bases de uma sociedade aberta. Os caudilhos do neopopulismo, seja Hugo Chávez na Venezuela, Lula da Silva no Brasil, ou López Obrador no México, são consequências do vazio ocasionado pelas reformas incompletas dos anos 90, o fantasma do "neoliberalismo", assim como pela profunda falta de confiança nas instituições políticas. [33] (Tradução nossa).

Em sintonia com o escritor peruano, Salinas León afirmava que "o debate se degenerou à crítica típica, predizível, sobre a ficção semântica chamada 'modelo neoliberal'". Nesse contexto, o nascimento da Fundação Internacional

---

31 BERNALDO DE QUEIRÓZ, L. "La amenaza neopopulista". In https://www.elcato.org/la-amenaza-neopopulista. Consulta el 30 de febrero de 2018.

32 SALINAS LEÓN, R. "La Fundación Internacional para la Libertad". In: https://www.elcato.org/fundacion-internacional-para-la-libertad. Consulta em 30 de fevereiro de 2018.

33 *Idem.*

136 Ernesto Bohoslavsky • Rodrigo Patto Sá Motta • Stéphane Boisard (orgs.)

para a Liberdade (FIL) era um modesto e ambicioso esforço para "defender o elementar diante da irracionalidade que parece haver se apoderado de extensas camadas da opinião pública mundial", dizia Queiróz. E ainda que Salinas León sinalizava que "o nascimento da Fundação para a Liberdade encara o desafio capital de acionar, não reagir, de construir, não de destruir", o escritor cubano Carlos Montaner, se somaria à série de artigos sobre a fundação da FIL afirmando: "Drácula foi-se de sua tumba e temos que sair a caçá-lo"[34].

Esses três artigos junto à reprodução escrita do discurso de Mario Vargas Llosa, a lista de "fins" e "áreas de pesquisa" deram conteúdo para a página inicial do portal digital da Fundação Internacional que para 30 de outubro de 2002 já estava em funcionamento[35]. Aproveitando as informações disponíveis a partir das capturas realizadas por *The Internet Archive*, a seguir tentaremos mapear os atores que compõem o professor Abraham *Van Helsing dessa história*.

A FIL por dentro

Segundo o *Boletín Oficial del Estado* n.60, lançado em 10 de março de 2004 pelo Ministério da Presidência e para a Administração Territorial do Governo da Espanha[36], a Fundação Internacional para a Liberdade ingressou no registro de Fundações do Ministério de Educação, Cultura e Esporte da Espanha após a solicitação de inscrição realizada por Pablo Izquierdo. Com domicílio em Madrid, a FIL incluía em seu estatuto apresentado às autoridades os seguintes fins:

> A defesa e difusão dos princípios da liberdade individual, a demo-cracia, o governo limitado e livre de mercado e o império da Lei.
> b) O patrocínio de qualquer organização, fóruns e atividades, de qualquer índole, relacionado com a defesa e difusão dos princípios

---

34 MONTANER, C. "Cazar a Drácula". In: http://www.fundacionfil.org:2500/articulos/dracula.htm. Consulta em 30 de fevereiro de 2018

35 https://web.archive.org/web/20021030104212/http://www.fundacionfil.org:80/fundacion/fil/index.html

36 España, "Boletín Oficial del Estado", março 2016, n° 60, 4408. In: https://www.boe.es/diario_boe/txt.php?id=BOE-A-2004-4409. Consulta em 15 de fevereiro de 2018.

referidos no item anterior a). c) A concessão de bolsas de estudo e ajudas econômicas para a realização de qualquer estudo sobre a defesa e difusão dos princípios referidos no item anterior a). d) A organização de concursos, certames e prêmios para incentivar os estudos e trabalhos que desenvolvem as finalidades da fundação. e) A promoção de edições e publicações dos trabalhos, exposições e manifestações referidas nos itens anteriores.[37] (Tradução nossa).

Segundo o documento oficial, o governo, representação e administração da fundação se encarregava a um Patronato composto por membros da instituição que exerceriam seus cargos gratuitamente. Em correspondência a esses dados, a captura realizada sobre a página web institucional em 30 de outubro de 2002[38] no momento de seu lançamento mostra que o Conselho Diretivo estava composto por essas mesmas vinte pessoas. Segundo foi levantado,[39] a maioria dessas pessoas estão vinculadas a institutos de pensamento liberal fundados entre finais da década de 70 e princípios dos anos 90. Dos vinte membros, dez são ibero-americanos, cinco espanhóis e outros cinco representam instituições norte-americanas, ainda que a maioria desse último grupo esteja composto por nascidos em países latino-americanos que se autodeclaram americanos por adoção.[40]

Além do Conselho Diretivo, a primeira captura da página web institucional apresenta um Conselho Acadêmico composto por outras trinta e três pessoas. Diferentemente do primeiro, que contava com a participação de 3 mulheres (relação de 3/20), o Conselho Acadêmico tão somente incluía a Ruth Richardson,

---

37 *Idem.*

38 https://web.archive.org/web/20021030103426/http://www.fundacionfil.org:80/fundacion/fil/patronato.html. Consulta em 30 de fevereiro de 2018.

39 Por questões de espaço, esta versão do texto não conta com as tabelas resultantes da mineração de dados. A versão oficial apresenta três tabelas: Tabela 1. Membros do Patronato da FIL segundo região/país, instituição e data de fundação; Tabela 2. Entidades Afiliadas à FIL: outubro de 2002 - abril de 2003; Tabela 3. Entidades Afiliadas à FIL: outubro de 2002 - abril de 2003. As mesmas podem ser solicitadas via e-mail para a autora.

40 Alejandro Chafuén, de *Atlas Economic Research Foundation* nasceu na Argentina, mas já tem mais de três décadas vivendo em Washinton e se autodeclara argentino-americano, o mesmo acontece com o chileno Carlos Medina e com seu par peruano Ian Vazquez.

economista e ex-ministra da Fazenda na Nova Zelândia (1990-1993). Além disso, como no caso anteriormente mencionado, esse conselho incluía una maioria de ibero-americanos (11), espanhóis (6) e americanos (10, o que indica um aumento da representação desse grupo sobre o resto), mas também somava a participação da ex-ministra neozelandesa, do economista e ex-ministro de defesa italiano Antonio Martino e seu compatriota, o escritor Giovani Sartori, do escritor francês Jean – Francois Revel, o economista parisiense Pascal Salin e o historiador britânico Hugh Thomas.

Do total de membros do Conselho Acadêmico, dezessete se desempenham no campo da Economia como professores, pesquisadores, assessores, ex-ministros, etc., enquanto que três na área de História, um de Sociologia e o resto aparece associado à atividades de direção em institutos de pensamento americanos (5) e na *Real Academia de Lenguas* (1) e de Ciências Morais e Políticas (1). Junto a estes se somavam dois Prêmio Nobel de Economia, os americanos Ricardo Lulas e Jeames Buchanan; e, além disso, da já mencionada Ruth Richardson, entre os ex-ministros e figuras com experiência no campo governamental estavam presentes o chileno Hernan Buchi (como já foi dito, ministro de fazenda durante o último período do regime militar de Pinochet, 1985 -1989), José Piñera (também chileno, foi ministro do Trabalho durante o período de 1978-1980, também governo de Pinochet), o já mencionado economista e político argentino Ricardo López Murphy (2001) e Miguel Ángel Rodríguez, ex-presidente da Costa Rica, todos vinculados à implementação de programas liberais em seus respectivos países.

A captura realizada por *Wayback Machine* em abril de 2003[41] (seis meses depois de seu lançamento) indica uma mudança na configuração orgânica da Fundação incorporando um Diretório Associado, um Conselho Empresarial e um Comitê de Comunicação. O primeiro está composto por trinta e três pessoas, a maioria vinculadas a institutos de pensamento liberal (dez ibero-americanas, seis espanholas e dois americanos), mas também a universidades (duas ibero-americanos e seis espanholas) e intelectuais sem inserção institucional

---

41 Em https://web.archive.org/web/20030714114047/http://www.fundacionfil.org:80/patronato.htm. Consulta em 30 de fevereiro de 2018.

manifesta (4). Nesse sentido, ainda que não se tenha encontrado documentos que expliquem essa mudança, a ampliação e inclusão desse quadro organizativo pode vincular-se ao ingresso de novas instituições afiliadas à FIL. Segundo os dados obtidos a partir das capturas do portal digital da FIL realizadas em 30 de outubro de 2002 e em 20 de abril de 2003, o número de entidades afiliadas à Fundação aumentou consideravelmente nos primeiros meses de vida. De quinze, a FIL passou a incorporar 28 instituições afiliadas, todas representadas nos diferentes conselhos, mantendo praticamente a mesma proporção em relação ao alcance territorial dos mesmos: a metade aproximadamente são ibero-americanos, e o resto se divide entre institutos e fundações espanholas e americanos.

Diferente desse último, o Conselho Empresarial só conta com um representante norte americano (Joseph Olson da companhia seguradora *Amerisure Insurance Companies*), cinco espanhóis e onze ibero-americanos. Ainda que o setor bancário seja o mais representado nesse núcleo organizador, cabe também destacar a presença de representantes do setor energético da Venezuela e da Espanha, assim como também comunicações e indústria alimentícia. Por último, o reduzido Comitê de Comunicação estava integrado por Mario Borgonovo da Fundação Liberdade (Argentina), Javier Esparza da Fundação Iberoamericana Europa da Espanha e Deroy Murdok, da *Atlas Network* dos Estados Unidos), marcando três nós que entendemos que são chaves do processo de integração em construção.

Considerações finais

Em junho de 1998, "em meio a um caos criativo"[42] dizia o animador do evento, Mario Vargas Llosa participava de uma conferência organizada no Teatro *El Circulo*, em Rosário, no marco do seminário de comemoração dos primeiros dez anos da Fundação Liberdade de Argentina. Ainda que as palavras do escritor peruano não remetessem ao "fracasso" latino-americano que quatro anos depois marcaria o lançamento da FIL, a aparente ameaça coletivista (associada aos novos nacionalismos e integrismos religiosos) já estruturava o discurso na

---

42 https://www.youtube.com/watch?v=FWMs3UbEZcY. Consulta em 15 maio de 2018. A transcrição do discurso se encontra disponível em https://www.elcato.org/el-liberalismo-fin-de-siglo-desafios-y-oportunidades. Consulta em 15 de maio de 2018.

chave popperiana. Logo após um pronunciamento bem mais extenso que aquele de outubro de 2002, a conferência foi encerrada com os comentários de outros quatro convidados, entre eles dois do exterior: Lorenzo Bernaldo de Quiróz, da Fundação Iberoamérica Europa e o escritor chileno Arturo Fontaine do *Centro de Estudos Públicos*.

Diante dessa fotografia, vale perguntar: O que há de novo naquele episódio que marcaria o lançamento da FIL quatro anos depois? Se este tipo de encontros, entre esses mesmos atores, já existia, o que traz de novo a FIL à "batalha fundamentalmente cultural, a batalha intelectual na que estamos empenhados nós, liberais" como dizia Vargas Llosa? Longe de tentar responder a essa pergunta, ao longo deste texto se buscou mapear os discursos e atores (pessoas e instituições) que participaram do momento fundacional da FIL. Se a ideia de uma ameaça não era novidade, o manifesto fracasso das reformas implementadas durante os anos 80 e 90 sob o signo do Consenso de Washington e o descrédito das ideias liberais dão sentido à busca por novas formas de atuação centrada na batalha de ideias. Como vimos, não se trata de novos atores, e sim que todos contam com uma longa trajetória promovendo os valores do liberalismo nos diversos campos de ação (público, econômico, universitários e midiático). Segundo os registros da composição dos diferentes conselhos conta com a maioria ibero-americana, ainda que esta, por sua vez se encontre disseminada nos países do cone sul, andino e centro-americano. Recuperando os estudos citados no começo deste texto, se a participação americana na consolidação de *think tanks* defensores do liberalismos representa uma continuidade com os processos iniciados ao final da década de 70 e princípio dos anos 80 do qual participaram a maioria das instituições latino-americanas afiliadas a FIL, a ativa participação de interesses espanhóis no caso estudado agrega um componente diferencial que obriga a nos perguntarmos: A que se deve este movimento transoceânico na defesa do livre mercado na América Latina? Que relação existe entre o campo dos *think tanks* liberais americanos e espanhóis, e como estes se vinculam com o latino-americano? Que processos deram lugar à consolidação de um espaço que consiga reunir estes setores?

Em diálogo com os debates provenientes do campo da perspectiva crítica e neo-gramsciana das Relações Internacionais centrados na análise das transformações acontecidas durante as últimas duas décadas do século XX, Dieter Plehwe e Bernhard Walpen (2005)[43] propõem pensar as redes transnacionais de pensamento liberal como agentes e estruturas chaves da "globalização neoliberal, assim como da globalização do neoliberalismo". Nesse sentido, seguindo esses autores, se a chave deste tipo de ator coletivo e transnacional não está meramente na difusão de princípios ideológicos firmes, mas da capacidade da rede para participar em um debate plural – "ainda que neoliberal pluralista", agregam – para proporcionar um marco para toda uma família de enfoques neoliberais (como o ordo-liberalismo, o libertarismo, o anarco-capitalismo, etc.) e seu enfoque inovador para "articular os princípios básicos do neoliberalismo de uma maneira transdisciplinar não só nos âmbitos da 'sociedade política', mas também nos âmbitos de poder mais amplos da 'sociedade civil' (Gramsci)"[44], cabe avançar o estudo desse tipo de organização complexa captando além de sua composição, a historicidade de suas ações, os cenários de ação, repertórios, criação e mobilização de enquadramentos, financiamentos, circulação e incorporação de atores, que nos permitam aproximarmos ao movimento concreto deste tipo de aparatos em rede e suas "clientelas de classe", como dizem Fisher e Plehwe, assim como também contribuir com dados factuais aos processos de integração transnacional em tempos de hegemonia neoliberal impugnada.

---

43 PLEHWE, Dieter; WALPEN, Bernhard. "Between Network and Complex Organization: The Making of Neoliberal Knowledge and Hegemony". In: PLEHWE, Dieter, WA LPEN, Bernhard, e NEUNHÖFFER, Gisela (eds), *Neoliberal Hegemony: A Global Critique*, Londres, Routledge, 2005, p. 27-50.

44 PLEHWE e WALPEN, *op. cit.*, p. 29.

Escrever com a direita: os *best sellers* da direita no espanhol e sua promoção nas redes transnacionais

Julián Castro-Rea[1]

Introdução

Na seção de livros sobre conhecimento geral e de autoajuda de praticamente qualquer livraria ou distribuidora popular de livros na América Latina (quiosques, restaurantes, aeroportos, etc.) nunca faltam títulos que oferecem uma interpretação dos dilemas econômicos e políticos do momento na região e no mundo desde uma perspectiva de direita. Essa presença não é nova, mas nos anos mais recentes tem adquirido uma nova dimensão. Autores como Luis Pazos, Álvaro Vargas Llosa, Andrés Oppenheimer, Carlos Alberto Montaner, Gloria Álvarez e Axel Kaiser se converteram em sucessos editoriais instantâneos, com tiragens tão impressionantes que autores mais consolidados invejariam.

Qual é a explicação de seu sucesso? Como é possível que editoras exclusivamente dedicadas ao lucro comercial aceitem tiragens extensas de suas obras? Por que esses livros tem uma distribuição impressionante? Como é possível que os autores possam permitir turnês internacionais extensas de promoção de suas obras?

Este texto tentará demonstrar que não é a qualidade literária ou analítica intrínseca desses títulos, nem mesmo sua promoção comercial, o que explica principalmente seu êxito. Sua projeção se deve mais à habilidade de seus autores em inserir-se nos debates sociais, políticos e econômicos do momento no país

---

1   Professor titular do Departamento de Ciência Política, Universidade de Alberta, Canadá.

onde publicam; com o apoio financeiro, midiático, de prestígio social e de legitimação intelectual que as redes transacionais de direita os prestam. Redes como a Fundação Atlas, FIL, RELIAL, etc. apoiam e promovem esses autores, em uma relação simbiótica de benefício mútuo, na qual ambos contribuem para a luta pela hegemonia, objetivo prioritário da direita.

Para ilustrar as afirmações anteriores, este estudo se apoia em evidências recolhidas em pesquisa empírica realizada na internet e numa entrevista.

A indústria editorial e o fenômeno dos best-sellers

Os chamados *best sellers* (mais vendidos) são livros de capa mole que se produzem massivamente para distribuição entre um público com cultura geral mediana num mercado editorial. Pode tratar-se de obras de ficção (romances, contos, poesias, etc.) ou não ficção (ensaios, análises sobre a realidade atual, livros de autoajuda, etc.). Devido a seu baixo custo de produção por volume, as editoras podem oferecer esses títulos a preços competitivos. A capacidade de produzir e distribuir *best-sellers* com frequência se converte em uma base econômica nada desprezível para a viabilidade financeira de uma editora, motivo pelo qual é compreensível que muitas delas aspirem incluir um ou mais títulos de *best-sellers* em seus catálogos.

Como uma editora identifica um título com potencial para se tornar um *bestseller*? Como o publica, como o promove? Para responder a essas perguntas, entrevistei María Cristina Hernández Escobar, editora em tempo integral na *Universidad Nacional Autónoma de México* há 20 anos, com experiência de trabalho em grandes editoras.[2] Estas foram suas respostas:

> JCR: Como se decide quais autores publicar? Existe uma lista de critérios de base, ou são sempre decisões *ad hoc*?
>
> MCHE: A decisão de publicar uma pessoa muito conhecida é decidida pelo mesmo fato: que ela tem um mercado.

---

2   Editora universitária desde 1990, tradutora literária português-espanhol e crítica literária. Editora em tempo integral na UNAM desde 1998. Entrevistada on-line em 6 de maio de 2018.

Se for um assunto vendável, mas a pessoa não é muito conhecida ou é um autor desconhecido, busca-se alguém conhecido para fazer seu prólogo, como que dizendo que essa pessoa está inscrita numa determinada linha, mas sua visão é nova.

Ou se é verdade que ela tem 'amigos poderosos', então se busca que falem dele ou o convidem para promover essa duvidosa proposta editorial.

2. JCR: Para tomar esta decisão, as editoras consultam atores externos ou recebem *input* de alguém? Como funciona o processo?

MCHE: Este ponto já está parcialmente respondido na primeira resposta, mas às vezes se busca a coedição com instituições que 'co-assumam' o risco e compromisso de mover "o produto".

3. JCR: É possível rastrear o processo que aconteceu antes da decisão de publicar algum título em particular?

MCHE: O processo de chegada desse tipo de propostas pode ser muito variado, desde autores principiantes que acham que estão oferecendo alguma coisa nova, esclarecedora, até aqueles que têm "padrinho" (protetores, gente poderosa, midiática ou com capital).

No primeiro caso, os escritos são submetidos a uma opinião, que poderia ser alguém relacionado ao assunto, se resultar de interesse dos editores, mas, no segundo caso, os apadrinhados somente acertam os detalhes com os editores, como o desenho da capa, a forma para lançá-lo à venda.

4. JCR: Os livros recentes já não indicam necessariamente a tiragem de cada título, há alguma maneira de verificar?

MCHE: A tiragem é um dado que deve ou deveria estar sempre na página legal. Não sei se há uma maneira de evitá-la, mas se o fazem, imagina o pior, que se pensam em vender muitos, mas não necessariamente num formato impresso: pode ser um livro eletrônico ou impresso de acordo com a demanda.

5. JCR: Existe também alguma maneira de rastrear a distribuição, especificando quantidades por área geográfica?

CHE: Quanto à distribuição, então, pode ajudar procurar o livro no Google, em livrarias mexicanas e estrangeiras, pois se você fizer perguntas, te dirão algo muito vago ou talvez mentirão para você.

6. JCR: Como se concebem e organizam as apresentações de livros? Contam com apoios de instituições educativas ou organizações civis? Levam um caderno de apresentações por título, incluindo data, lugar, sócios-organizadores, público presente, reações dos meios?

MCHE: Este ponto tem muito a ver com o público alvo e com os compromissos das editoras com eventuais patrocinadores da "infâmia" em questão.

As editoras grandes têm pessoal encarregado de convocar a imprensa, comprar publicidade, fazer lista de convidados *sine qua non* dos mais variados e de dar-lhes acompanhamento na imprensa, mas também de gravar os eventos e registrar os acontecimentos, além dos gestos do público.

Algo fica claro nessas respostas: que a decisão de publicar um livro e de promovê-lo como *best seller* depende parcialmente das considerações de mercado, seus motivos são puramente econômicos. Mas além disso, há outra dimensão a considerar: o patrocínio que alguns destes títulos conseguem seja por relações pessoais do autor ou pelos apoios institucionais que o livro consegue graças ao tema que aborda. As editoras de maior tamanho estão em melhor posição para potencializar esses apoios.

Além disso, a reposta 4 ressalta a importância da informação sobre a tiragem e a manipulação desses dados como estratégia para promover os *best-sellers*.

As editoras que publicam best-sellers de direita: interesse exclusivamente econômico?

É difícil determinar se as editoras que publicam *best sellers* de direita o fazem por interesse exclusivamente econômico ou se há interesses políticos e ideológicos por detrás desta decisão. Infelizmente, minhas solicitações de entrevistas com aqueles que tomam decisões nas editoras e nas organizações de direita fracassaram. Foi também impossível concretizar entrevistas diretas com os autores de direita. Também fiquei desapontado com a ausência de informação sobre as tiragens efetivas de cada obra. Esta informação, que costuma constar na ficha técnica de todo volume impresso, está simplesmente ausente nas edições mais novas.

Portanto, nesse ponto da pesquisa é impossível responder à pergunta que é subtítulo desta seção. Somente farei uma observação empírica.

O número de editoras que publicam *best sellers* de direita é reduzido. No entanto, vários selos editoriais convergem para uma só corporação transnacional que as agrupa. O exemplo mais conspícuo desta particularidade é o Grupo Editorial Planeta. Atualmente, as editoras que publicam *best sellers* de direita como Diana, Ariel, Paidós indicam todas o mesmo endereço postal, *site* web, telefone e correio eletrônico (e-mail) de contato: os do Grupo Editorial Planeta (Presidente Masarik 111, piso 2, Col. Chapultepec Morales Polanco, Ciudad de México 11560; www.planetadelibros.com.mx; telefone 55 30 00 62 00, e-mail info@planetadelibros.com.mx).

Esta concentração da produção dos *best sellers* mais atraentes provavelmente é prova de duas dinâmicas paralelas: por um lado, as decisões editoriais de publicar essas obras se fazem de maneira coordenada, por outro, simplifica o trabalho dos autores de direita e de seus promotores ou patrocinadores na medida em que oferecem uma opção única para as propostas editoriais de *best sellers* de direita.

Há ainda editoras que se especializam nesse tipo de títulos, como a editora Deusto na Espanha, e certamente as publicações dos *think tanks* de direita da língua espanhola. Qualquer publicação de alguma dessas editoras tem um conteúdo de direita garantido.

Importância ideológica dos best-sellers:
a construção do senso comum

Como indicado acima, o estilo literário que abordam os *best-sellers* pode ser dos mais variados: romances, livros de autoajuda, biografias, testemunhos, manuais, etc. Neste estudo nos interessam exclusivamente aqueles que abordam temas sociais, políticos e econômicos, e que no tratamento às claras adotam um quadro de análise de direita.[3]

Dessa forma, os *best sellers*, na medida em que propõem uma interpretação acessível a qualquer leitor atento, de complexos problemas sociais, políticos e económicos, podem ser um poderoso instrumento na luta pela hegemonia, no sentido que Antonio Gramsci fala.[4]

Monopolizar o espaço ideológico público é um objetivo notável da direita contemporânea. Essa linha ideológica não se conforma com competir com seus adversários, sua meta é que os pontos de vista alternativos sejam ignorados. Isto é, aspira a construir o "senso comum" sobre temas sociais, políticos e econômicos que possam ter um impacto sobre as políticas públicas. Uma vez alcançado esse objetivo, os atores de direita podem reivindicar facilmente que as políticas públicas se ajustem ao "senso comum" impregnado de ideologia de direita. E frequentemente o alcançam, pois tanto a esmagadora maioria de analistas na mídia como a média dos tomadores de decisões nos âmbitos público e burocrático estão convencidos na sabedoria do referido "senso comum".

Neste marco, os *best sellers* de direita fazem um papel importante por sua acessibilidade, por sua distribuição e por sua promoção comercial. Ou seja, inundam o espaço público dedicado às publicações, efetivamente substituem obras que apresentam interpretações diferentes e com frequência ainda mais sofisticadas sobre os temas sócio-políticos do momento.

Os autores de direita: perfis comuns e especificidades

Ainda que a lista exaustiva dos autores de *best sellers* de direita seja muito extensa, este trabalho aborda um número limitado de autores, selecionados por

---

3 Para uma definição do conceito de direita e análise de suas implicações, ver CASTRO-REA, Julián, "Right Wing Think Tank Networks in Latin-America: The Mexican Connection", *Perspectives on Global Development and Technology*, Leiden, no. 17, 2018; pp. 89-102. Disponível em: <http://booksandjournals.brillonline.com/content/journals/10.1163/15691497-12341468>, acesso em 19 de junho de 2018.

4 Ver BIELER, Andreas e David Adam MORTON, "A Critical Theory Route to Hegemony World Order and Historical Change", *Capital & Class*, Limerick, no. 82, primavera de 2004, p. 85-114.

sua considerável presença atual nas estantes das livrarias que distribuem títulos populares.[5] Excluímos dessa lista aqueles escritores literários, científicos sociais ou historiadores que, ainda que de direita, tenham feito contribuições à literatura universal e ao conhecimento da sociedade que respeitam os padrões de criatividade, forma e conteúdo das disciplinas literárias e científicas.[6]

Os autores selecionados, verdadeiros ideólogos e intelectuais orgânicos da direita de língua espanhola, são:

Álvarez, Gloria

Nascida na Guatemala em 1985, estudou Ciência Política e Relações Internacionais na *Universidad Francisco Marroquín*, Guatemala. Essa instituição privada sobressai por ser um símbolo da direita latino-americana.[7]

É autora de *Cómo hablar con un izquierdista. Por qué, en lugar de hacerla desaparecer, la socialdemocracia incrementa la pobreza* (México: Paidós/Ariel, 2017) e coautora de *El engaño populista: por qué se arruinan nuestros países y cómo rescatarlos*, com Axel Kaiser (México: Paidós/Ariel, 2016; originalmente publicado na Espanha pela editora Deusto)

É condutora do programa radiofônico *Viernes de Gloria*, difundido pela rádio guatemalteca *Libertópolis* (http://www.libertopolis.com/), com uma inclinação clara para a direita; e do programa de televisão *HDP*, transmitido por *Azteca Guatemala* (https://azteca.com.gt/), braço guatemalteco do consórcio mexicano *Televisión Azteca*. O presidente da *Televisión Azteca*, Ricardo Salinas Pliego, é também dirigente da rede latino-americana de organizações de direita *Caminos de la libertad* (http://www.caminosdelalibertad.com/).

Gloria Álvarez foi também oradora principal no *Primer Parlamento Iberoamericano de la Juventud* (Zaragoza, Espanha, 2014); organizado pela rede de direita *Iberoamérica Líder* (http://www.iberoamericalider.org/).

---

5 A lista inclui por exemplo GONZÁLEZ DE LA GARZA, Mauricio, autor de *Última llamada* (México: Edamex, 1981), *Carta a Miguel de la Madrid con copia a los mexicanos* (México: Posada, 1987) e *México rumbo a México* (México: Grijalbo, 1993). No entanto, este autor não tem obra nova, por conseguinte sua importância contemporânea é questionável.

6 Por exemplo, Octavio Paz, Mario Vargas Llosa, Enrique Krauze e Héctor Aguilar Camín.

7 Ver, entre outros, o perfil de Luis Pazos.

Kaiser, Axel

Advogado, escritor e colunista originário do Chile. Dirige a *Fundación para el Progreso* (FPP, http://fppchile.org/en/), *think tank* de direita que participa ativamente nas redes transnacionais já descritas em outros trabalhos.[8]

É autor de cinco livros *best-sellers*, entre eles *El engaño populista: por qué se arruinan nuestros países y cómo rescatarlos* (México: Paidós/Ariel, 2016), em coautoria com Gloria Álvarez. Seus outros títulos são *El Papa y el capitalismo* (Santiago: El Mercurio, publicado originalmente em 2015, reeditado em 2017), *La tiranía de la igualdad. Por qué el igualitarismo es inmoral y socava el progreso de nuestra sociedad* (Deusto, 2017. Publicado no México pela editora Planeta), *La miseria del intervencionismo: 1929-2008* (Unión Editorial, 2013)), e *La fatal ignorancia* (Unión Editorial, 2014).

Montaner, Carlos Alberto

Advogado, escritor e jornalista de origem cubana; radicado nos Estados Unidos.

Coautor de Últimas noticias *del nuevo idiota latino-americano* (México: Paidós), com Álvaro Vargas Llosa e Plinio Apuleyo Mendoza. Esse livro é a atualização de duas obras anteriores escritas pelos mesmos autores. *Manual del perfecto idiota latinoamericano* (1997) e *El regreso del idiota latino-americano* (2007); nas quais os autores essencialmente culpam a esquerda pelo atraso econômico da região.

Oppenheimer, Andrés

Jornalista e colunista argentino que colabora com o *Miami Herald*. Embora seu trabalho jornalístico deve cingir-se às regras da objetividade da profissão, suas peças de opinião mostram uma clara tendência de direita.

Autor dos livros *Cuentos chinos: el engaño de Washington, la mentira populista y la esperanza de América Latina* (Debate, 2006), e *¡Crear o morir! La espe-*

---

8 CASTRO REA, Julián, "Las redes de *think tanks* de derecha en América: la conexión mexicana", proposta apresentada na XIX Reunión de Consulta de la Comisión de Historia, Instituto Panamericano de Geografía e Historia, Cidade do Panamá, outubro de 2017. Impressa.

ranza de América Latina y las cinco claves de la innovación (Debate, 2014) entre outros títulos.

Pazos, Luis

Luis Pazos é talvez o autor de *best-sellers* de direita com maior trajetória, mais conhecido (pelo menos no México) e mais prolífico. É economista e licenciado em Administração como Tecnólogo de Monterrey, licenciado em Direito pela *Escuela Libre de Derecho*. Também estudou Administração Pública na *Universidad de Nueva York*. Ensina teoria econômica e finanças públicas nos programas de mestrado e doutorado da Faculdade de Direito da UNAM. Na *Escuela Libre de Derecho*, ensina Teoria econômica e Economia política.

A *Universidad Francisco Marroquín*, instituição direitista baseada na Guatemala[9] lhe outorgou um Doutorado *Honoris Causa* em Ciências Sociais.

Na administração pública, Pazos foi deputado plurinominal pelo PAN de setembro de 2000 até agosto de 2003, desempenhou papel de presidente da Comissão de Conta Pública da Câmara de Deputados. Foi diretor geral do Banco Nacional de Obras e Serviços Públicos de setembro de 2003 a novembro de 2006, designado pelo presidente Vicente Fox. De setembro de 2006 a janeiro de 2013 foi presidente da Comissão Nacional para Proteção e Defesa dos Usuários Financeiros (Condusef).

Durante mais de quarenta anos como autor de *best-sellers* de direita, escreveu mais de quarenta livros, a maioria deles publicados sob o selo da editora Diana, México. Entre seus títulos destacam-se *¿Por qué los impuestos son um robo?* (México: Diana, originalmente publicado em 1982, reimpresso em janeiro de 2018), *Desigualdad y distribución de la riqueza* (México: Diana), *EPN: el retroceso* (México: Diana), *¿Quién manda en México: el presidente, los gobernantes o los partidos políticos?* (México: Diana), *La crisis y como librarla* (México: Diana), *Ciencia y teoría económica* (México: Diana), *Los dueños de PEMEX: del saqueo a la reforma energética* (México: Diana), *Los ricos del gobierno* (México: Ediciones temas de hoy), *Políticas económicas. Qué hacemos con la educación* (México: Akal) e *Reformas estructurales ¿a quiénes benefician?*

---

9   Ver perfil de Gloria Álvarez mais acima.

Outros títulos por este prolífico autor incluem: *El derecho como base del crecimiento económico; El final de Salinas; Globalización; Cómo proteger mi dinero de la inflación; El gobierno y la inflación; Historia sinóptica de México; Lógica económica; Reforma hacendaria; Los vividores del Estado; ¿Por qué Chiapas?; Devaluación y estatismo en México; Marxismo básico; Futuro económico de México; Propiedad y desarrollo sustentable; Hacia dónde va Salinas.*

Em paralelo à carreira como autor, foi editorialista e comentarista de imprensa, rádio e televisão sobre temas econômicos e financeiros em vários meios do México, Centro e América do Sul.

No meio dos *think tanks*, desempenha atualmente função como diretor do *Centro de Investigaciones sobre la Libre Empresa A. C.* (http://www.cisle.org.mx/).

Vargas Llosa, Álvaro

Filho do escritor peruano Mario Vargas Llosa, Prêmio Nobel de Literatura 2010, e por si só proeminente figura do movimento transnacional de direita. Membro de *Mont Pelèrin Society*, núcleo ideológico do neoliberalismo, Vargas Llosa pai é também presidente da *Fundación Internacional para la Libertad* (FIL, https://fundacionfil.org/), cabeça de uma rede transatlântica de organizações de direita de língua hispânica.

Vargas Llosa filho é coordenador do livro coletivo *El estalido del populismo* (México: Planeta,2017); com colaborações de Mario Vargas Llosa, Carlos Alberto Montaner, Plinio Apuleyo Mendoza, Cayetana Álvarez de Toledo, Enrique Krauze e Yoani Sánchez entre outros. Em 2004, publicou da mesma forma *Rumbo a la libertad: por qué la izquierda y el ´neoliberalismo´ fracasan en América Latina* (Buenos Aires: Planeta).

Coautor de *Últimas noticias del nuevo idiota latino-americano* (México: Paidós), com Carlos Alberto Montaner e Plinio Apuleyo Mendoza. Este livro é a atualização de duas obras anteriores escritas pelos mesmos autores. *Manual del perfecto idiota latinoamericano* (1997) e *El regresso del idiota latino-americano* (2007); nas quais culpam a esquerda do atraso na região.

Apoios políticos aos autores de direita: a importância das redes transnacionais

Estudos anteriores[10] identificaram ao menos seis nós (cabeças de rede) na trama de organizações de direita presentes na sociedade civil latino-americana. A seguir mostraremos como esses núcleos de influência tem promovido a obra e a atividade dos autores de best-sellers de direita.

Fundação Atlas

Situada na Argentina, a Fundação Atlas[11] é a contraparte latino-americana do poderoso Atlas Network, dirigido dos Estados Unidos. A página de internet da Fundação, consultada no final de junho de 2018, contém as seguintes menções aos autores de *best sellers* de direita selecionados neste estudo:

> a) Gloria Álvarez é mencionada seis vezes, cinco em artigos de opinião e mais uma em uma entrevista pessoal. Os artigos fazem um elogio ao discurso de Álvarez diante do Parlamento Latino-americano da Juventude em 2014; outro artigo cita para denunciar o pobre estado da economia e política argentinas; uma outra resenha sobre o lançamento da obra *La rebelión de los mansos*, de Rogelio López Guillemain e prólogo de Álvarez. Essa autora foi também a comentarista do livro, como intermediária remota da Guatemala. Finalmente, Guillermo Yeatts, fundador da Fundação Atlas, faz uma extensa entrevista a Álvarez a respeito de seu livro *El engaño populista*.
>
> b) Axel Kaiser é mencionado em sete artigos de opinião. Um deles se refere a Kaiser como "o menino prodígio do liberalismo", um outro é um elogio da obra de Kaiser *La fatal ignorancia* (2014). Mais cinco artigos foram escritos por Kaiser mesmo, criticando a situação do Chile, Venezuela e Argentina desde um ponto de vista neoliberal. É interessante notar que nesses artigos Kaiser faz uma

---

10 CASTRO-REA, *op. cit.* "Las redes…; FISCHER, Karin e Dieter PLEHWE, "Redes de *think tanks* e intelectuales de derecha en América Latina", *Nueva sociedad,* Caracas, n. 245, 2013, p. 70-86.

11 URL: http://www.atlas.org.ar/, consulta em 25 jun. 2018.

crítica da "direita" como se fosse uma corrente ideológica totalmente alheia à sua.

c) Carlos Alberto Montaner é colaborador regular de artigos de opinião para a página de internet da Fundação Atlas. De fato, é membro do Conselho Internacional da Fundação Atlas. A busca on-line atingiu 115 entradas, onde Montaner analisa sobretudo a situação dos países de língua hispânica, mas também aborda outras regiões do planeta (Estados Unidos, Coreia, Síria, etc.). Seu marco de análise (direita neoliberal) e os alvos principais de sua crítica (Fidel Castro, Evo Morales, Nicolás Maduro, etc.) são previsíveis e consistentes.

d) Andrés Oppenheimer tem um peso maior dentro do conteúdo oferecido pela página eletrônica da Fundação Atlas: a busca atinge 184 entradas, a maioria das quais são artigos de opinião escritos por ele mesmo. Resultado de seu trabalho jornalístico nos Estados Unidos, a maioria de tais artigos versam sobre a política interna daquele país, ou sobre suas relações com a América Latina; ainda que, certamente, não faltam artigos críticos aos governos de esquerda latino-americanos.

e) Luis Pazos aparece em 63 publicações da Fundação Atlas. Uma vez mais, a maioria desses textos foram escritos por Pazos mesmo. Oferece o *download* gratuito de um de seus *best sellers*: *¿Por qué los impuestos son um robo? A* maior parte de seus artigos de opinião se referem ao México.

f) Álvaro Vargas Llosa está presente em 53 publicações. Não é de todo surpreendente, pois é membro do Conselho Internacional da Fundação Atlas. A maior parte dessas publicações são artigos de opinião escritos por ele mesmo, sobre temas sociais, políticos e econômicos da América Latina desde uma previsível visão neoliberal.

Centro Hispano-americano para a Pesquisa Econômica (HACER)

Criado em 1996, HACER[12] é uma cabeça de rede baseada nos Estados Unidos que foca especificamente os países latino-americanos. Os autores de

---

12   Em espanhol *Centro Hispanoamericano para laInvestigación Económica* URL: http://www. hacer.org, acesso em 27 de junho de 2018.

best-sellers de direita aparecem na página de internet desta organização da seguinte maneira:

> a) Gloria Álvarez: surpreendentemente, HACER não faz menção alguma dessa autora.
>
> b) A página eletrônica de HACER menciona Axel Kaiser em uma só ocasião, mas é uma menção reveladora. Conjuntamente com a *Fundação para el Progreso* "Jean Gustave Courcelle-Seneuil" do Chile, dirigida por Kaiser mesmo, HACER publicou e promove a tradução para o inglês de seu livro *La miseria del intervencionismo: 1929-2008*, sob o título *Interventionism and Misery: 1929-2008*
>
> c) Carlos Alberto Montaner: não é mencionado na página de internet HACER.
>
> d) Em sua página eletrônica, HACER fornece um link para o Blog de Andrés Oppenheimer, que promove suas publicações tanto em inglês como em espanhol(http://www.andresoppenheimer.com/).
>
> e) De maneira similar ao autor anterior, HACER fornece um link direto para o blog de Luis Pazos (http://www.luispazos.com/).
>
> f) Álvaro Vargas Llosa foi agraciado por HACER como Prêmio Juan Bautista Alberdi em 2006, durante a reunião anual de Mont Pelèrin Society realizada na Guatemala (http://www.hacer.org/juan-bautista-alberdi-award-2006/).

Rede Liberal para América Latina (RELIAL)

RELIAL[13] é uma classe peculiar de cabeça de rede, porque é diretamente criada e financiada por una fundação pública europeia: a Fundação Friedrich Naumann, braço do *Partido Livre Democrático* (FDP) da Alemanha, para difundir sua mensagem na América Latina. FDP é um partido conservador fiscal, membro do consórcio mundial de partidos Liberal Internacional.

---

13   Em espanhol *Red Liberal para América Latina* URL: www.relial.org, acesso em 27 de junho de 2018.

A presença integral dos autores de *best-sellers* de direita nesta rede é difícil de determinar porque a página de RELIAL não tem ferramenta de busca. No entanto, é possível confirmar que três notáveis autores de direita mencionados nesta proposta são membros da Junta Honorífica da rede: Carlos Alberto Montaner, Mario Vargas Llosa e Plinio Apuleyo Mendoza (http://relial.org/sitio/junta-honorifica).

Fundação Ibero-América Europa (FIE) e Fundação Internacional para a Liberdade (FIL)

FIE[14] também é uma cabeça de rede financiada por um partido político europeu de direita: o Partido Popular espanhol. Seu presidente, Pablo Izquierdo, foi secretário de imprensa de José María Aznar quando foi Primeiro Ministro da Espanha (1996-2004).

FIE deu origem a FIL,[15] uma rede similar com alcance mundial, dirigida por Mario Vargas Llosa.

a) Gloria Álvarez não é mencionada na página eletrônica da FIE.

b) Ao contrário, Axel Kaiser é mencionado em oito textos, em uma publicação periódica de divulgação de FIE chamada *Diario Exterior: el análisis y la opinión* (https://www.eldiarioexterior.com/). Um dos referidos textos é uma resenha elogiosa do livro de Kaiser *La tiranía de la igualdad*; o outro é uma entrevista a Kaiser. Os seis restantes são artigos de opinião escritos por Kaiser mesmo, nos quais critica diante tudo as orientações do governo chileno.

c) Carlos Alberto Montaner é muito popular no *Diario Exterior*: a busca atinge cem textos nos quais o citam ou são diretamente escritos por ele. Dada a abundância de colaborações para o *Diario*, é muito provável que se trate somente de reproduções de artigos de opinião escritos para outros meios. De qualquer forma, FIE proporciona a Montaner um fórum adicional para difundir suas ideias de direita.

---

14 URL: Fundacionfie.org, Acesso em 27 de junho de 2018.

15 URL: Fundacionfil.org, Acesso em 27 de junho de 2018.

d) De maneira similar, Andrés Oppenheimer aparece em cem textos do *Diario Exterior*.[16] Sem exceção, trata-se de artigos de opinião escritos por Oppenhemier para outros meios, reproduzidos no *Diario* para maior ressonância.

e) Luis Pazos aparece em treze ocorrências no *Diario Exterior*, as quais são artigos de opinião escritos por ele mesmo. Cinco deles se referem a aspectos específicos da situação mexicana, os demais abordam a realidade da China, Venezuela, América Latina, assim como aspectos teóricos da doutrina da direita.

f) Igualmente, Álvaro Vargas Llosa é mencionado em treze ocorrências. Duas delas são resenhas elogiosas dos livros *Últimas noticias del nuevo idiota latinoamericano*, que Vargas Llosa escreveu em coautoria com Carlos Alberto Montaner e Plinio Apuleyo Mendoza, e de *Rumbo a la libertad: por qué la izquierda y el ´neoliberalismo´ fracasan en América Latina*. Um outro difunde a notícia do Prêmio Juan Bautista Alberdi outorgado a Vargas Llosa em 2006. Três ocorrências são resenhas de conferências oferecidas por Vargas Llosa, uma delas para o V Fórum Atlântico, organizado pela Fundação FIE e a Fundação Internacional para a Liberdade em 2008. As sete entradas restantes são artigos de opinião escritos por Vargas Llosa mesmo.

América Latina Livre (Latamlibre)

Mais que ser uma autêntica cabeça de rede, Latamlibre oferece um ponto de concentração de material de análise político, econômico e social desde um ponto de vista de direita; disponível para aqueles que desejam seguir a atualidade da região a partir da ótica desta ideologia.[17]

a) Gloria Álvarez: surpreendentemente, esta autora não é mencionada no acervo documental de Latamlibre.

---

16 Dada a coincidência no número de entradas identificadas para o autor anterior, é possível que FIE limite a cem o número de textos por autor disponíveis on-line.

17 URL: Latinoamericalibre.org, acesso em 27 de junho de 2018.

b) Axel Kaiser é mencionado em sete ocasiões, quatro em reproduções de artigos da imprensa conservadora chilena que o citam, dois anúncios de eventos (Academia Liberal on-line, Conferência Latino-americana de Estudantes pela Liberdade, 2013) e um artigo de opinião escrito pelo próprio Kaiser.

c) Carlos Alberto Montaner é referenciado em dez ocasiões na Latamlibre. Quatro são reproduções de artigos de outros autores publicados na imprensa latino-americana e espanhola, incluindo uma resenha da apresentação do livro *Mi verdade* da doutora cubana dissidente Hilda Molina, na qual estiveram presentes Montaner e Álvaro Vargas Llosa. Os cinco restantes são artigos de opinião escritos por Montaner mesmo.

d) Andrés Oppenheimer recebe seis menções, todas elas em artigos de imprensa publicados em outros meios, (um deles, seguramente, escrito por Carlos Alberto Montaner).

e) Luis Pazos é mencionado somente em uma ocasião, no entanto particularmente reveladora. Trata-se do anúncio do seminário internacional "América Latina: oportunidades e desafios", organizado pela FIL em Lima em março de 2013.[18] Pazos é um dos oradores, também o são outras figuras conspícuas do movimento conservador latino-americano e autores de *best-sellers* de direita: Álvaro Vargas Llosa, Carlos Alberto Montaner, Plinio Apuleyo Mendoza e o próprio Mario Vargas Llosa, presidente da FIL. Neste seminário é transparente a filiação ideológica da maioria dos palestrantes, assim como os laços de cooperação que mantém entre eles.

f) Além das duas menções a Álvaro Vargas Llosa referidas nos pontos anteriores, este autor recebe outras cinco: três reproduções de artigos de imprensa, (um deles escrito por Montaner), um artigo de opinião escrito por Vargas Llosa mesmo, e uma nota de denúncia pela suposta censura à que este autor foi sujeito durante uma visita a Venezuela.[19]

---

18 URL: http://www.latinoamericalibre.org/noticias/seminario-fil-citel-2013/, Acesso em 28 de junho de 2018.

19 URL: http://www.latinoamericalibre.org/noticias/%C2%BFdemocracia-en-venezuela/, Aces-so em 28 de junho de 2018.

Fundação Caminhos da Liberdade

Esta Fundação é uma autêntica cabeça de rede de organizações de direita, afiliada também à RELIAL. Oferece recursos documentais e financiamento a organizações afins; assim como oportunidades individualizadas como concursos de ensaio, prêmios, conferências, etc. É Patrocinada pelo Grupo Salinas, consórcio empresarial do México ao qual pertence a TV Azteca, a segunda emissora de televisão do México, e Elektra, distribuidora de móveis e artigos para o lar.

Os autores de *best sellers* de direita têm uma presença importante na página eletrônica desta organização.

> a) Gloria Álvarez aparece em 21 ocorrências de busca, ainda que estranhamente somente é efetivamente mencionada em uma delas.[20] A menção é ainda de particular interesse, porque anuncia a turnê de apresentação do livro *El engaño populista* desta autora e Axel Kaiser, em três sedes distintas da Cidade do México em fevereiro de 2017, patrocinada pela Fundação Caminhos da Liberdade.
>
> b) Por sua parte, Axel Kaiser aparece mencionado nove vezes, uma delas no lançamento de seu livro *La miseria del intervencionismo* em 2014. Esse livro também merece uma resenha elogiosa no site da Fundação, as outras menções são reveladoras, pois referem que Kaiser ganhou o oitavo concurso de ensaio da Fundação Caminhos para a Liberdade em 2015, com o ensaio em inglês *"The Great Degeneration: The Lost Ideal of the Founding Fathers of the United States"*. A fundação também organizou duas conferências onde o Kaiser é o orador principal, uma sobre economia política em fevereiro de 2014, outra sobre "El papel de la banca central", em fevereiro de 2018. Finalmente, o jornalista conservador Sergio Sarmiento, financiado pela TV Azteca, faz três entrevistas a Kaiser em 2012 e 2014.
>
> c) Carlos Alberto Montaner aparece em sete ocorrências: seis como autor de seus respectivos artigos de opinião; e na resenha do livro *Relatos de una Argentina salvaje*, de Martín Simonetta, com prólogo por Montaner.

---

20 Isso é devido a um defeito na ferramenta de busca, que identifica separadamente as referências a cada uma das palavras da busca ao invés de buscar a frase integral.

d) Andrés Oppenheimer aparece em 21 ocasiões[21] na página da Fundação; todas elas reproduções de artigos de opinião publicados entre 2013 e 2017.

e) Luis Pazos não é mencionado na página de internet da Fundação.

f) A fundação fez a apresentação do livro *El estallido populista* de Álvaro Vargas Llosa, com presença do autor, em novembro de 2017. Previamente, havia sido objeto de duas entrevistas, em julho e outubro de 2013. Foi palestrante convidado no V Foro Atlântico em Madrid em julho, e no seminário "Propriedade para a Liberdade" em setembro desse mesmo ano. No entanto, seu pai recebe mais cobertura, com entrevistas e um seminário dedicado à sua vida e obra realizadas na sede da Fundação em março de 2016.

Conclusões

Os seis autores de *best sellers* de direita selecionados para a análise neste estudo são verdadeiros intelectuais orgânicos desta causa ideológica. Não somente estão presentes nas estantes de praticamente qualquer livraria que distribui obras de leitura geral, mas que suas produções e sua mensagem são reiteradas, legitimadas, citadas, abaladas inclusive nas redes sociais da direita na internet.

Assim, essas redes sociais suplementam e dão maior impacto à produção e distribuição de *best sellers*. Jogam o papel de verdadeiras caixas de ressonância para as ideias transmitidas por esses autores. Reforçam na mente dos leitores desse tipo de obras a convicção de que somente esses autores têm o monopólio da verdade, mediante referências herméticas a outro tipo de fontes em uma retroalimentação ideológica circular. Contribuem assim com o esforço de apresentar as análises e prescrições da direita como um "senso comum" ao qual as pessoas informadas (pelos *best sellers* e as análises disponíveis on-line certamente) devem aderir-se.

As redes de direita são, pois, um complemento importante dos *best sellers* de direita na batalha pela hegemonia das ideias.

---

21 Três listas de sete menções parece ser o limite fixado pela ferramenta de busca desta página para qualquer entrada.

Neoliberais do Cone Sul e suas alianças

Hernán Ramírez[1]

Entre 1930 e 1931 se travaria o mais célebre debate econômico contemporâneo.[2] Naqueles dois anos, Keynes e Hayek colocaram ao descoberto o caminho que as duas correntes de pensamento mais importantes dentro do capitalismo seguiriam por décadas. A vitória lhe correspondeu inicialmente ao primeiro, que relegou seu oponente na ocasião, não obstante, Hayek se transformaria em porta-estandarte da ortodoxia neoclássica, sendo redimido mais tarde com auxílio de uma enorme rede, que realizou esforços denodados para converter suas posições em dominantes, ao ponto de terem sido qualificadas, talvez, erroneamente, como pensamento único, no seu momento de apogeu entre as décadas de oitenta e noventa.

Tal esforço foi gigantesco, mobilizando as forças mais concentradas dos mercados, diversas instituições e grandes figuras do meio corporativo, político e intelectual em sentido amplo. Desse modo, o texto procura mapear parte do tramado de alianças que enraizará o neoliberalismo no Cone Sul de América Latina e o imporá como política pública até constituí-lo em quase hegemónico no decorrer desse longo processo. Grupos que levarão adiante reformas estrutu-

---

1   Doutor em História, Professor da Universidade do Vale do Rio dos Sinos (UNISINOS) e Bolsista Produtividade do Conselho Nacional de Desenvolvimento Científico e Tecnológico (CNPq) / Brasil.

2   WAPSHOTT, Nicholas. *Keynes X Hayek*. Rio de Janeiro: Record, 2016.

rais nesses países num lapso que vai da década de cinquenta até os nossos dias, o qual atravessaria por três ondas de implementação de políticas que podemos associar a tal ideologia. A primeira que aconteceu durante as ditaduras, a segunda nos oitenta e noventa, e, por fim, a que se observa nos últimos anos com o fim da onda cor de rosa.

Longe de ser uma mera implantação de uma teoria econômica exógena, o que temos observado é que seu enraizamento como ideologia ocorreu pela ação de grupos que não apenas atuavam com esse propósito exclusivo, mas que estavam envolvidos no conflito social como um todo, no qual estabeleceram alianças com outros atores, muitas vezes vistas a *prima facie* como contraditórias, mas que se compreendem desde diversas lógicas, seja da constituição do próprio neoliberalismo quanto das que moviam esses outros atores que a ele se vinculavam por compartilharem de motivos comuns.

Numa apertada síntese e diferentemente de autores que restringem o neoliberalismo de modo a posições de cunho ortodoxo e à sua matriz anglo-saxã, como David Harvey[3] ou Perry Anderson,[4] por exemplo, o entendemos como uma construção polimórfica e policentrada, com várias correntes de pensamento que surgem na Europa Ocidental e nos Estados Unidos em torno da década de trinta, as que começam a convergir no final dela e se cristalizam num tronco mais ou menos comum com sucessivas decantações, como marcam as obras de Mirowsky e Plehwe[5] e Dardot e Laval,[6] entre aquelas mais abrangentes e de significação.

Longe de uma doutrina restrita à esfera acadêmica do econômico, somos da ideia de que este foi um fenômeno mais amplo, conformando a ideologia que daria forma à última etapa do capitalismo, em oposição ao keynesianismo, numa disputa que foi travada certamente no campo acadêmico, mas que não ficou

---

3   HARVEY, David. *Neoliberalismo: história e implicações*. São Paulo: Loyola, 2008.

4   ANDERSON, Perry. "Más allá del neoliberalismo: lecciones para la izquierda". In: SADER, Emir e GENTILI, Pablo (comps.). *La trama del neoliberalismo. Mercado, crisis y exclusión social*. Buenos Aires: CLACSO, 2003.

5   MIROWSKI, Philip e PLEHWE, Dieter (cords.). *The Road from Mont Pèlerin. The Making of the Neoliberal Thought Collective*. Cambridge/London: Harvard University Press, 2009.

6   DARDOT, Pierre e LAVAL, Christian. *A nova razão do mundo: ensaio sobre a sociedade neoliberal*. Rio de Janeiro: Boitempo, 2016.

restrita a ele e sim foi parte indissociável ao modo de produção que se abre em substituição ao fordista, com um ponto de inflexão chave na Crise do Petróleo, de 1973, mas que vinha sendo gestando desde muito antes, em comunhão e luta política de vários atores.

Em tal sentido, sua primeira cristalização aconteceu com o Colóquio Walter Lipmann, em 1938, mas a deflagração da guerra dispersaria o intento e recém em 1947 se voltariam a congregar institucionalmente quando da criação da Sociedade Mont Pèlerin. De todo modo, nesse segundo momento já tinha acontecido um processo de expurgo de posições mais heterodoxas, como as ordoliberais, que inicialmente eram parte desse tronco comum, passando a ter um domínio marcado da Escola Austríaca e da vertente de Chicago, que se retroalimentaram com a migração de membros da primeira para os Estados Unidos por causa da deflagração da Guerra.

Por isso, a pesar de ter sido excluído da sua matriz assumida como clássica, consideramos necessário incluir o ordoliberalismo alemão nesta análise, não apenas pela sua grande significação na reconstituição do lado ocidental depois da Guerra, mas por apresentar uma variação significativa com as posiciones mais ortodoxas, o qual pode ter sido relevante no enraizamento do neoliberalismo em outros espaços, especialmente na América Latina, ao possibilitar deslizamentos desde outras tendências mais próximas e realizar alianças com outros atores que ainda tinham receio de posições mais distantes. Este se caracteriza pelo uso da ação estatal e do planejamento indicativo de modo muito mais sistemático, instrumentos condenados pelas posições mais ortodoxas, mas que eram preocupações próximas do estruturalismo, corrente dominante na região nesse período inicial.

Por isso, adaptando uma tese de Martyn Hammersley [7] somos da ideia de considerar os paradigmas como polos entre os quais os atores se posicionam, ora recostados para um deles, ora para o outro, mas não como agrupamentos que permaneçam sempre coesos, ainda que existam certamente núcleos que possam ser descritos dessa forma, correspondendo às suas periferias uma maior fluidez. Isto serve para avaliar tanto o comportamento do neoliberalismo, quando de outras posições, como o estruturalismo, que passou por um processo de decomposição

---

7   HAMMERSLEY, Martyn. *The politics of social research*. Londres: Sage Publications, 1995.

nesses moldes, quando as posições mais moderadas se afastaram dele à medida que a radicalização colocava em risco o status quo, as que passaram a engrossar as fileiras da ortodoxia, como mostrara Ricardo Bielschowsky,[8] caso que se ilustra muito bem com a trajetória seguida por Roberto Campos,[9] por exemplo.

Vários foram os alvos da crítica neoliberal, em particular de sua vertente neoclássica. Como representantes do capitalismo, o comunismo representava seu adversário natural. De todos os modos, suas diatribes também se orientaram a correntes capitalistas que eram culpadas pelo seu avanço, como o keynesianismo, já que seu apelo ao envolvimento estatal era tido como antessala para regimes estatizantes, dentre os quais os totalitários. A ira se concentrou especialmente contra o Instituto Superior de Estudos Brasileiros (ISEB), a Confederación General Económica (CGE), que albergava o Instituto de Investigaciones Económico Financieras (IIEF), bem como o Instituto Di Tella, centro de estudos do principal grupo empresarial fruto do período substitutivo da Argentina, e, claro está a própria CEPAL.

Delineava-se assim um extenso arco de oposição, que por sua vez também delimitará o de possíveis alianças, já que o período histórico demandará, e de modo decisivo, da atuação conjunta por parte de diversos atores que confluem em torno de alguns elementos comuns, neste caso inicial representado pelo anticomunismo, que na realidade englobava toda proposta que pudesse colocar o sistema de dominação em perigo. Igualmente, para compreender melhor essa união, temos que considerar que a própria conformação do capitalismo tenderá a expandir essa rede para outros setores e não ficará restrita apenas para aqueles que, em tese, se dedicam à produção e circulação específica de teorias econômicas.

Isso se devia ao fato da relação entre infra e superestrutura não ser uma constante, seja esta de determinação ou autonomia, mas uma variável que se tenciona entre esses dois polos, definida por Poulantzas[10] como em última ins-

---

8 BIELSCHOWSKY, Ricardo A. *Pensamento econômico brasileiro: o ciclo ideológico do desenvolvimentismo*. Rio de Janeiro: Contraponto, 1995.

9 RAMÍREZ, Hernán. "Trayectoria intelectual y política de Roberto Campos desde su narrativa del yo". *Revista História: Debates e Tendências*, n° 1, vol. 17, 2017, p. 136-156.

10 POULANTZAS, Nicos. *Poder político y clases sociales en el Estado capitalista*. México: Siglo XXI, 1970.

tância e que levou a Lo, Gold e Wright[11] a enxerga-la como ciclos nos quais o resultado pende para um dos seus lados e, outros, onde isso muda. Leitura que nos será importante para pensar aqueles elementos extra ou para econômicos que se vinculam a esse debate e as ações que se desenvolvem nessa área, que se valerá do auxílio de numerosos interesses, detentores de poder e formuladores discursivos que não atuam de modo específico nessa área, mas que a reforçam desde seus respectivos lugares.

Igualmente, isso se explica pelo fato da burguesia não exercer sua dominação de modo direto, tendo que recorrer a um controle mais difuso, que o articula através de diversos médios, para a manutenção do status. A comunhão de um mundo através do discurso é sem dúvidas o mais amplo e dela tem se valido para exercer sua hegemonia. De todo modo, na divisão de tarefas no capitalismo não lhe corresponde especificamente à burguesia essa tarefa, mas a outros agentes que são encarregados da sua formulação, sobre os quais deve exercer influência indireta, a que dada a superespecialização na produção e circulação de conhecimento passará a se concentrar em diversas instituições, sejam elas públicas ou privadas, que desde o Estado ou a sociedade civil serão as encarregadas de gestar e manter.

De modo concreto, observamos que o ingresso do neoliberalismo por essas latitudes se deu primeiramente de modo difuso, em particular quando diversas personalidades fazem sua apropriação em curso de pós-graduação que empreendem na Europa e nos Estados Unidos, fundamentalmente, percurso que era uma das consequências do déficit regional existente no campo acadêmico da economia, que recém estava se constituindo.

Apesar dessa fragilidade, vale lembrar que em 1948 era fundada a Comissão Econômica para América Latina (CEPAL), com sede em Santiago de Chile, como organismo da Organização das Nações Unidas (ONU) que tinha por missão promover o crescimento dos países da região no contexto da

---

11 GOLD, David A.; LO, Clarence Y. H.; e WRIGHT, Erik Olin. "Recent developments in Marxist theories of the capitalist State", *Monthly Review*, nº 5, vol. 27, 1975, p. 29-43 e sua continuação em GOLD, David A.; LO, Clarence Y. H.; e WRIGHT, Erik Olin. "Recent developments in Marxist theories of the capitalist State. Part 2". *Monthly Review*, nº. 6, vol. 27, 1976, p. 36-51.

pós-guerra, no qual os Estados Unidos articulavam uma nova ordem mundial, em especial para impor um freio à expansão comunista que tinha saído fortalecida do conflito e se mostrava difícil de controlar. Sua centralidade marcará a constituição das posições estruturalistas como dominante, em especial as desenvolvimentistas e, dentro delas, as tidas como cepalinas

Nos casos concretos, Brasil foi o país da região que teve cursos de economia mais cedo, padronizados nacionalmente já na década dos quarenta, mas tal situação contrastava com a precariedade institucional universitária, com um ensino superior de implantação tardia, isolada e pouco expandida em relação ao tamanho da sua população. Nos restantes dos países, esse campo irá se constituir recém na segunda metade da década de cinquenta, como no Chile, na Argentina e no México. Por isso não era estranho que as matrizes dos economistas foram muito heterodoxas, como no caso de Celso Furtado e Aldo Ferrer que eram advogados ou Roberto Campos que era graduado em Teologia, só para nos remeter a alguns dos mais emblemáticos.

Por isso, o passo seguinte foi o enraizamento institucional do neoliberalismo através da criação de diversos centros que se propunham ser de estudos e pesquisa, com formatos mais ou menos parecidos e que espelham características comuns, o que nos alerta para uma dinâmica que excede o regional e que emula algo que está se articulando em nível mundial, talvez por ser esse um campo que vai a se constituir altamente internacionalizado, algo que certamente corresponde ao próprio desenvolvimento do modo de produção capitalista e, muito especialmente, à nova etapa de mundialização que o neoliberalismo pretendia instalar.

O Council on Foreign Relations (CFR), fundado em 1921, é considerado como o primeiro think tank moderno, dos que hoje são conhecidos como de primeira geração,[12] por ter sido criado nessa etapa inicial, a que teve características mais abertas e na qual, embora os interesses empresariais já estavam presentes, o que predomina é um aspecto institucional mais neutro. De todas as formas, isso mudaria com a Crise de 1929, que impõe como necessidade uma ação mais

---

12 Para sua caracterização e genealogia, ver, entre outros, MEDVETZ, Tom. *Think Tanks as an Emergent Field.* New York: Social Research Council, 2008.

decisiva, e, principalmente, com acentuação do conflito ideológico, seja com o comunismo ou com regimes capitalistas totalitários.

Resulta difícil definir os motivos da escolha por instituições desse tipo, mas pode ter explicação ao considerar que, em regimes democráticos, a burguesia e consideravelmente inferior numericamente, mas pode expressar melhor seu poder por outros meios onde sua influência fica a resguardo de uma decisão pelo voto, que podia atrelar seus interesses aos dos subalternos. Podia se valer assim de instituições estatais e corporativas de velho cunho para defender seus interesses e também de outras nas que seu controle não estive sujeito à instabilidade política desse tipo de entidades.

De tal modo, o desenho de políticas públicas se desloca que para fora desses dois primeiros tipos de instituições, onde tinha que coabitar com outros interesses, para se assentar em entidades de tipo privado, que os podiam colocar a bom resguardo, livre de molestas intromissões.[13] Assim a segunda geração de think tanks terá precisamente essa característica, a de imbricar profundamente interesses materiais, políticos e técnicos em âmbitos mais privados, que não apenas os protegiam, mas que também lhes davam maiores possibilidades de continuidade. Isso será fundamental, já que amalgamar interesses, ideias e ações políticas passará a demandar de esforços coletivos de mais longo prazo, sob pena de trágicas consequências.

A criação da Sociedad Mont Pèlerin nos ilustra como se realiza isto nas mais altas esferas mundiais, assim como isto se observa na ação encabeçada por Nelson e David Rockefeller que se tornariam as figuras sobressalientes dessa reconfiguração mundial. Primeiro reconfigurando as próprias estruturas estatais norte-americanas, quando Nelson esteve à frente do Comitê Assessor de Organização Governamental e, já em nível internacional, em caráter de Assistente Especial do Presidente em Assuntos Exteriores, cargo também referido, de forma emblemática, como para a Guerra Psicológica. Tarefas que tiveram continuidade mais tarde, quando seu irmão lançara a Comissão Trilateral, já em 1973.

---

13 GARCÍA DE LA HUERTA, Marcos. "Privatización del poder y reducción del espacio público". *Estudios Filosóficos*, Santiago de Chile, 1995-1996, p. 68-77.

Destacamos isto porque no âmbito latino-americano observamos uma particular efervescência de instituições vinculadas a essas duas figuras que se dedicaram a difundir ideias e sentar bases para a ação política, bastando assinalar em tal sentido que o golpe de Estado de 1964 em Brasil esteve apoiado pelos Estados Unidos, país que colocou à disposição suas forças militares através da Operación Brother Sam, à vez que é amplamente conhecida a ingerência de Henry Kissinger, mão direita dos Rockefeller, na derrubada de Salvador Allende, operação que começara no mesmo dia da eleição.

Em particular nos referimos ao Committee for Economic Development (CED), criado em 1942, bem como o Latin American Information Committee (LAIC), de 1961, e o Business Group for Latin America (BGLA), fundidos, entre 1964 e 1965, sob o nome de Council of the Americas, que mudou mais tarde sua denominação para a de Council for Latin America, (CLA), os que são ilustrativos de uma extensa e intrincada rede de colaboração, que caracterizará as ações dos grupos difusores do neoliberalismo em todas suas etapas.[14]

Não foi uma casualidade então que em um lapso breve de tempo se empreenderam diversas iniciativas para instalar uma serie de instituições que sob o nome de fundações, centros ou institutos passaram a divulgar o ideário neoliberal e atuar politicamente em diversos cantos de Latino-América, as que frutificariam e nos levam a pensar de que existissem razões poderosas para sua continuidade temporal, que em alguns casos ultrapassaria mais de meio século.

A iniciativa pioneira foi o acordo entre a Universidade de Chicago e a Pontífica Universidad Católica de Chile, formalizado em 1955 e posto em prática ao ano seguinte, que instalaria um Centro de Estudos no país andino, que seria o celeiro dos primeiros Chicago's boys da região, tal como jocosamente os apelidara Anibal Pinto. Empreendimento que seguramente não se radicou ali por casualidade, lembrando que a CEPAL tinha assento em Santiago, a que será duramente combatida e posteriormente disciplinada, em especial quando esteve sob comando de Enrique Iglesias, entre 1972 y 1985.

---

14   Sobre a influência dos Rockefeller no contexto empresarial e político brasileiro, ver SPHOR, Martina Gonçalves, *"American Way of Business": empresariado brasileiro e norte-americano no caminho do golpe empresarial-militar de 1964*, tese de Doutorado. Rio de Janeiro: UFRJ, 2016.

Tal centro produziria um célebre documento batizado como *El Ladrillo*,[15] pelo seu avantajado tamanho. Ele era já um programa de corte claramente neoliberal, apresentado primeiramente como plataforma do candidato Jorge Alessandri à presidência, em 1970, mas que fora protelado nesse momento, pelas agudas críticas que levantara, o que não impediu que perdera a contenda para Salvador Allende. De todo modo, seria retomado pela ditadura pinochetista e adotado como sua base de governo,[16] em particular quando a dissidência aberta em torno de Leigh fora expurgada, deixando campo libre para os grupos neoliberais conduzirem a política econômico.

De todo modo, a forma como este chega a tal condição ainda é apresentada como algo conjuntural, quase misterioso, talvez para apagar as pegadas dessa relação. Na final das contas, como ponderara Dario de Almeida Magalhães, membro do IPÊS, "A tática é fazer a ação extremista, mas com uma porção de biombos.[17] Caso que não foi isolado, como comprova a quantidade de empreendimentos dessa natureza que o sucedem, os que mencionaremos em rápida síntese tendo tomado apenas aqueles que foram os mais emblemáticos dessa primeira etapa.

Na Argentina, a Escola Austríaca tinha se enraizado institucionalmente pela mesma época, quando no ano de 1957 Alberto Benegas Lynch fundara o Centro de Estudios sobre la Libertad (CESL), ação que seria continuada por seu filho mais adiante, em 1977, com a criação da Escuela Argentina de Negocios, atual Escuela Superior en Economía y Administración de Empresas (ESEADE), financiada pelas mais importantes corporações empresariais do país e que teve Hayek como presidente do seu Conselho Académico Consultivo.[18] Não obstante, esta instituição teria pouca relevância como articuladora política direta.

---

15   Compilado posteriormente por CASTRO, Sergio, de, *Bases de la Política Económica del Gobierno Militar Chileno*. Santiago de Chile: Centro de Estudios Públicos, 1992.

16   GÁRATE CHATEAU, Manuel. *La Revolución Capitalista de Chile (1973-2003)*. Santiago: Ediciones Universidad Alberto Hurtado, 2016.

17   Atas do CE do IPÊS/Rio, 19/6/62.

18   BÜREN, María Paula de. "Mont Pèlerin Society en la articulación del discurso neoliberal". In: RAMÍREZ, Hernán. (org.). *Neoliberalismo sul-americano em clave transnacional: enrai-*

Em 1959 seria criado o Instituto Brasileiro de Ação Democrática (IBAD), que se propus articular o acionar político e empresarial a favor da iniciativa privada e contraria às forças nacional populares, tal como se referia Alain Touraine,[19] o qual atuou em sociedade com o Instituto de Pesquisas e Estudos Sociais (IPÊS). Este último, de criação mais tardia, viu a luz na sua filial paulista em 1961 e para a carioca um pouco depois, em 1962, embora sua emergência ainda seja objeto de discussão, em particular sobre a localização geográfica do seu germe, já que pesquisas mais recentes descreem da história cristalizada, novamente envolta em certa névoa, de que fosse apenas de inspiração local, em particular pelas origens e conexões daqueles que se indicam como seus principais articuladores.[20]

Igualmente não é consensual a ideia de que as duas organizações formaram um complexo, tal qual o definira René Dreifuss,[21] mas seus próprios integrantes admitiam que existia um "modus vivendi",[22] que teve vigência até quando o IBAD foi ilegalizado por uma Comissão Parlamentar de Inquérito, em 1963, a qual alegou para tal fim as relações que mantinha com instituições e capital estrangeiro, melhor acobertadas pelo IPÊS, que conseguiu sobreviver e assumiu as tarefas inconclusas do seu sócio, inclusive com a incorporação de parte do seu quadro. Em conjunto promoveram um intenso ativismo empresarial contrário ao governo de Goulart, em especial suas Reformas de Base, às quais fizeram contraponto com a promoção sistemática de diversos estudos de nível acadêmico, os que tiveram ampla discussão interna e com outros agentes. Esses não chegaram a ser sistematizados num produto único, como *El Ladrillo* no Chile, mas a maioria das propostas que se derivaram compuseram a base

---

zamento, apogeu e crise, São Leopoldo: Oikos/Editora Unisinos, 2013, p. 118-143.

19   Em lugar do sempre conflitivo conceito de populismo, consideramos muito mais apropriado o proposto sob essa denominação por TOURAINE, Alain. *América Latina. Política y sociedad*. Madri: Espasa-Calpe, 1989.

20   Entre outros, SPOHR, Martina, *op. cit.*

21   DREIFUSS, René Armand. *1964: A conquista do Estado. Ação Política, Poder e Golpe de Classe*. Petrópolis: Editora Vozes, 1981

22   Carta de Jorge Oscar de Mello Flores para Glycon de Paiva Teixeira. Rio, 15/4/63. Escrita em papel timbrado da SULACAP (SulAmérica Capitalização).

das políticas públicas da ditadura[23] e várias delas seriam implementadas já no primeiro ano de governo de facto.

De volta ao caso da Argentina, a Fundação Ford seria o principal suporte financeiro da Fundación de Investigaciones Económicas Latinoamericanas (FIEL), criada em 1964 e que teve como um dos seus primeiros objetivos o de aperfeiçoar seus quadros em cursos de pós-graduação no exterior, na sua maioria com destino à Universidade de Chicago, ocupando vários de seus membros cargos de primeiro escalão em praticamente todas as administrações ditatoriais e em alguns momentos pontuais após o retorno democrático, a qual comungaria do neoliberalismo mais clássico.

Também em 1964 era fundado o Instituto de Economía Social de Mercado pelo capitão engenheiro Álvaro Alzogaray, cujos livros foram prologados por Ludwig Erhard, com o qual se comprova a importância da prédica ordoliberal, também sugerida pela sua denominação, e Friedrich Hayek, amplamente divulgados mediante ações do Centro de Difusión de la Economía Libre e redistribuídos em jornais de grande circulação,[24] quem igualmente teve peso durante administrações ditatoriais e se constituíra em pilar da direita durante a redemocratização, fundando um partido que o tinha como figura proeminente.

Um pouco mais adiante, em 1969, e sem que inicialmente se vinculasse ao neoliberalismo, mas sim na sua etapa de auge, a Asociación de Industriales de Córdoba (ADIC) cria nessa cidade a Comisión de Estudios Económicos y Sociales (CEES), organização que contava já com Domingo Cavallo, a posterior pai da Convertibilidade, e cujo objetivo principal era representar de modo mais acadêmico os interesses dos empresários locais frente ao Executivo nacional e à burguesia com sede em Buenos Aires, a qual levará adiante diversas iniciativas em

---

23 Além do trabalho seminal realizado por DREIFUSS, René, *op. cit.*, o abordamos comparativamente com outros dois casos argentinos em RAMÍREZ, Hernán. *Os institutos econômicos de organizações empresarias e sua relação com o Estado em perspectiva comparada: Argentina e Brasil, 1961-1996*, Tese de doutorado, UFRGS, Porto Alegre, 2005, a qual fui publicada como livro mais adiante, RAMÍREZ, Hernán. *Corporaciones en el poder. Institutos económicos y acción política en Brasil y Argentina: IPÊS, FIEL y Fundación Mediterránea*. Buenos Aires: Lenguaje claro Editora, 2007.

24 Ver BÜREN, Maria Paula de, *op. cit.*

pós da sua consecução. Embora malogradas inicialmente, elas representaram avanços significativos e, por tal motivo, em 1977, esse mesmo grupo cria a Fundación Mediterránea, que financiaria o Instituto de Estudios de Economía de la Realidad Argentina y Latinoamericana (IEERAL).[25] Por isso, consideramos essas entidades como uma continuidade, ao estarem integradas pelos mesmos indivíduos e possuírem interesses semelhantes, ainda que sob denominações diferentes.[26]

Expressamos anteriormente que todas essas instituições possuíam em comum o fato de se apresentarem como fundações, centros ou institutos de estudos econômicos, o que lhes dava uma aparência de neutralidade, mas isso solapava uma forte articulação entre empresários patrocinadores e tecnocratas, que colocavam seu capital académico a disposição, às vezes em troca de aperfeiçoamento ou de outros intercâmbios, assim como podia aglutinar outros agentes que também participavam dessa simbiose, segundo necessidades conjunturais.

Na maioria dos casos também chama a atenção que, se bem muitas dessas entidades surgiram desde corporações burguesas de velho cunho, sua ação era de ordem superior, em alguns casos atuando como organismos ideológicos de cúpula, inclusive em aqueles países nos que existiam organizações corporativas em sentido estrito que continham as frações burguesas como um todo.

Isto se devia principalmente ao fato de atuarem como coalizões discursivas e não apenas na representação direta de interesses, correspondendo-lhes um conjunto específico de linhas narrativas, atores que contribuem para produzir e reproduzi-las, e práticas associadas a esses atores envolvidos no conflito político.[27] Igualmente se constata que tais instituições teriam formado constelações

---

25 A palavra Economía foi suprimida mais recentemente da sua denominação e sua sigla ficó abreviada como IERAL.

26 Iniciamos sua análise em RAMÍREZ, Hernán. *La Fundación Mediterránea, 1977-1992: Estudio de caso de la relación entre entidades empresarias y partidos políticos*, Tesis de Maestría, Universidad Nacional de Córdoba, Córdoba, 1997; después publicada em livro, RAMÍREZ, Hernán, *La Fundación Mediterránea y de cómo construir poder. La génesis de un proyecto hegemónico*. Córdoba: Ferreyra Editor, 2000, a que foi comparada na nossa tese de doutorado, que publicamos posteriormente em livro, como comentado ut supra.

27 FISCHER, Frank e FORESTER, John. *Confronting Values in Policy Analysis*. Newbury Park: Sage, 1987.

hegemônicas,[28] articuladas em torno dos múltiplos planos em que a hegemonia se realiza, na maioria das vezes até em órbitas transnacionais, como muito bem refletem os processos locais.

Dada suas dimensões era de esperar que exerceram grande relevância, de todo modo, tiveram alguns contratempos. Sua primeira opção foi a de influir no processo eleitoral para impor seu programa, já seja através de aporte financeiro ou de outros médios, como o de constituir um discurso mais sofisticado que embasasse grupos afins. Os casos brasileiro do IPÈS e chileno com *El Ladrillo* são exemplares nesse sentido.[29]

Mas, como observara Juan Linz,[30] os grupos de direita tinham enormes dificuldades para aceder ao governo pelo voto, sendo superados pelas forças nacional populares, que na conjuntura de finais dos cinquenta e inicios dos sessenta se viam reforçadas pelo ímpeto da Revolução Cubana, que crispava os ânimos do establishment. Motivo pelo qual, as opções pela conspiração se revelaram como alternativa. Por isso, além dos atores civis, incorporam-se outros elementos nessa aliança, como membros de uma direita mais conspícua e menos tecnocrática, dentre a qual a católica, e o setor castrense, com alguns membros do qual atuavam de forma encoberta, inclusive em cargos de comando. Radicalização que num *crescendo* conduziria aos quebres institucionais.

Parece ser consensual que os golpes de Estado e as ditaduras que instauraram tiveram decisiva participação civil-militar, com um necessário concurso de ambos os segmentos,[31] embora a primazia entre eles ainda seja objeto de

---

28 BALSA, Javier. "Hegemonías, sujetos y revolución pasiva'. *Tareas,* no. 125. CELA, Centro de Estudios Latinoamericanos Justo Arosemena, Panamá, 2007.

29 RAMÍREZ, Hernán. "Confluências e matizes nos programas econômicos das ditaduras brasileira e chilena", *Confluenze*, nº 2, vol. 4, 2012, p. 63-81.

30 LINZ, Juan. "Una interpretación de los regímenes autoritarios". Papers, nº 8, 1978.

31 A partir do insight de SIDICARO, Ricardo. "Coaliciones golpistas y dictaduras militares: el 'Proceso' en perspectiva comparada". In: PUCCIARELLI, Alfredo (coord.), *Empresarios, tecnócratas y militares. La trama corporativa de la última dictadura*, Buenos Aires, Siglo XXI, 2004, p. 53-96, estendemos sua tese para outros casos em RAMÍREZ, Hernán. "A configuração das alianças golpistas nas ditaduras de Brasil e Argentina: uma perspectiva a partir da imbricação cívico-militar", *Estudos Ibero-Americanos*, nº 1, vol. 38, 2012, p.62- 80.

174   Ernesto Bohoslavsky • Rodrigo Patto Sá Motta • Stéphane Boisard (orgs.)

discussão. Também é notório o protagonismo dessas instituições e das figuras que nela atuavam no processo de degradação institucional e deflagração desses golpes, colonizando os cargos mais importantes das áreas econômica e conexas de modo invariável em todas as ditaduras.

Que tenham participado ativamente dos golpes de Estado e de governos ditatoriais pode aparentar uma contradição com o fato destes grupos se apresentem como herdeiros reformados do liberalismo. De todos os modos, explica-se por diversos motivos. O primeiro deles pelo fato do próprio neoliberalismo ser também um projeto contrarrevolucionário,[32] à vez que as ditaduras não tiveram apenas caráter repressivo, mas também foram intentos refundacionais,[33] que encontraram nas soluções neoliberais grande parte do seu arcabouço.

Essa incongruência pode ser explicada pela existência do que Miles Kahler[34] e Peter Evans[35] enunciaram como o Paradoxo Ortodoxo, aplicado à sua inconsistência entre a condena e o uso que os neoliberais fazem do aparelho estatal, o qual nos ajuda a entender os motivos de se aliaram com atores que em tese condenavam, não só regímenes ditatoriais, mas outros como podem

---

32 COCKETT, Richard. *Thinkink the Unthinkale: Think Tanks and the Economic Counter-revolution, 1931-83*. Londres: Fontana, 1995.

33 O primeiro em enunciá-lo para Chile foi GARRETÓN, Manuel Antonio. "Proyecto, trayectoria y fracaso en las dictaduras del Cono Sur. Un balance". In: CHERESKY, Isidoro e CHONCHOL, Jacques, (eds.). *Crisis y transformación de os regímenes autoritarios*. Buenos Aires: Eudeba, 1985. No caso de Argentina, uma proposição similar ver em SIDICARO, Ricardo. "El Régimen Autoritario de 1976: Refundación Frustrada y Contrarrevolución Exitosa". In: TCACH, César e QUIROGA, Hugo. *A Veinte Años del Golpe. Con Memoria Democrática*. Rosario: Homo Sapiens, 1996. Temos debatido o assunto em RAMÍREZ, Hernán. "Economía y acción empresarial en las dictaduras de Argentina y Brasil: participación en la contrarrevolución y pretensiones de refundación". In: RAMÍREZ, Hernán e FRANCO, Marina (dirs.). *Ditaduras do Cone Sul da América Latina*. Rio de Janeiro: Civilização Brasileira, no prelo.

34 KAHLER, Miles. "Orthodoxy and its Alternatives: Explaining Approaches to Stabilization and Adjustment". In: NELSON, Joan (eds.). *Economic Crisis and Policy Choice*. Princeton: Princeton University Press, 1989.

35 EVANS, Peter. "The State as Problem and Solution: Predation, Embedded Autonomy, and Structural Change". In: HAGGAR, Stephan e KAUFMAN, Robert R. (eds.). *The Politics of Economic Adjustment*. Princeton: Princeton University Press, 1992, p. 139-181.

Pensar as Direitas na América Latina

ser figuras neopopulistas ou de antigos socialdemocratas premidos por crises financeiras, com os quais também estabeleceram alianças em período posterior.

Outra explicação plausível é a de que, se bem a ascensão dos economistas foi praticamente irresistível, como se referiram Markoff e Montecinos,[36] seu poder como discurso hegemónico apenas se consolidou nas décadas do oitenta e noventa. Antes disso tinha que recorrer a outros discursos como fontes ou reforços de legitimação, sendo o nacionalista e católico alguns deles. De todas as formas, o discurso nacionalista da maioria dos militares não ia contra do capitalismo e nem era o mais radicalmente anti-imperialista, com os quais podiam estender pontes. Inclusive, nos casos que existiram roces mais fortes, sempre a fação que apoiava os neoliberais foi vencedora, como acontecera com os enfrentamentos entre os generais Pinochet e Leigh, no Chile,[37] ou o ministro da Economia Martinez de Hoz, avalizado pelo presidente Videla contra o general Diaz Bessone e o Almirante Massera, na Argentina.[38]

Isso nos ajuda a entender também as razões pelas quais esses institutos, empresários e tecnocratas estabeleceram associação com instituições e figuras religiosas, predominantemente do mundo católico, já que, em definitivo, comungavam de um mesmo inimigo, o comunismo, e vários objetivos, em particular por professar linhas de pensamento próximas da Doutrina Social da Igreja. Relembremos que o ordoliberalismo alemão foi imposto como política pública pela União Democrata-Cristã (CDU). Em tal sentido, Christian Joerges e Josef[39] tem estabelecido um nexo entre esses dois elementos no restabelecimento

---

36 MARKOFF, John e MONTECINOS, Verónica. "The ubiquitous rise of economists". *International Public Policy*, nº 1, vol. 13, jan. de 1993, p. 37-68.

37 VALDIVIA, Verónica. El *golpe después del golpe. Leigh vs Pinochet (1960-1980)*. Santiago de Chile: Lom, 2003.

38 CANELO, Paula. *El proceso en su laberinto. La interna militar de Videla a Bignone*. Buenos Aires: Prometeo, 2009.

39 JOERGES, Christian e HIEN, Josef. *Ordoliberalism, Law and the Rule of Economics*. Hart Publishing, 2017 e HIEN, Josef. "The Return of Religion? The Paradox of Faith-Based Welfare Provision in a Secular Age". MPifG Discussion Paper, nº 14/9, 2014.

capitalista da pós-guerra, com o qual retornam a uma velha tese de Max Weber.[40] Especialmente nos casos brasileiro e chileno houve presença destes setores e diversas ações conjuntas, comprovada no caso das Pontifícias Universidades Católicas de ambos os países estarem envolvidas nessa primeira etapa brindando suas estruturas e quadros, bem como pelo fato de Cavallo ter chegado à Presidência do Banco Central com o aval do Comandante do III Cuerpo de Ejército e do arcebispo de Córdoba.

Assim, esses grupos conseguiram colonizar a maior parte das administrações ditatoriais, impondo políticas públicas que podemos qualificar como parte de uma primeira geração de medidas neoliberais, que levaram adiante uma maior abertura dos mercados, o que provocara grande concentração, particularmente pela perda de poder aquisitivo dos salários, mas também pelo forte processo de desindustrialização ou reprimarização da matriz produtiva, que se expressará igualmente na financeirização sofrida pela economia, com o primado do capital internacional e o declínio do estado empresário e da dita burguesia nacional.

Embora isto e talvez como efeitos não esperados dessas próprias políticas, só o caso chileno registraria um saldo positivo nessa área, desatando-se nos outros agudos picos de crise, que encerrariam essa primeira onda, inclusive com o fechamento ou declínio de várias dessas entidades. Abria-se passo assim à redemocratização, cujos primeiros governos ensaiaram soluções heterodoxas para tentar a recuperação. Período que demandará de alguns ajustes para que o neoliberalismo fosse bem quisto novamente.

De todos os modos, seja pela imperícia dessas administrações, com estruturas enfraquecidas pelas ditaduras e até pela crise dos partidos que no mundo todo, bem como pelo poder disciplinador que exerciam as próprias crises econômicas[41] ou as instituições financeiras multinacionais,[42] que atuavam a modo

---

40 WEBER, Max. *A ética protestante e o "espírito" do capitalismo*. São Paulo: Companhia das Letras, 2004.

41 KLEIN, Naomi. *The Shock Doctrine*: The Rise of Disaster Capitalism. Toronto: Knopf Canada, 2007.

42 CORBALÁN, María Alejandra. *El Banco Mundial. Intervención y disciplinamiento. El caso argentino, enseñanzas para América Latina*. Buenos Aires: Biblos, 2002 e PEREIRA, João

de gendarmes do capital transnacional, e outros agentes do mercado, iria-se a produzir uma nova brecha para que ocorresse uma segunda onda de políticas neoliberais na região.

No entanto, as dificuldades históricas em ganhar votos, já comentadas, assim como o pesado lastro representado pela sua participação ditatorial foram determinantes para que os intentos de reconquistar o Estado pela via direta falhassem novamente, com o qual se impus a necessidade de buscar novos hospedeiros que substituíssem os agora vilipendiados militares com tal propósito.

Essa intenção fica explícita no trabalho de Dornbush e Edwards,[43] que não por casualidade antecedeu à simbiose que se estabeleceria entre líderes neopopulistas,[44] agora sim sob conceptualização apropriada, e tecnocratas neoliberais, tal qual ocorreu na Argentina com Menem, Peru com Fujimori e Brasil com Collor de Mello.

Em outra linha de penetração, partidos de centro-esquerda ou que poderíamos enquadrar como socialdemocratas cumpriram papel semelhante, como no caso chileno, com a Concertación que deu continuidade às políticas pinochetistas,[45] Brasil com Fernando H. Cardoso ou Argentina com Fernando de la Rua e a Alianza. Com os quais esses governos cediam ao "mercado", orientado ao neoliberalismo, o comando integral da economia.

Isso se dava fundamentalmente pelos limites impostos pelas foças do mercado, assim como pelo processo de catchallpartidização[46] experimentado

---

Márcio Mendes. *O Banco Mundial como ator político, intelectual e financeiro (1944-2008)*. Rio de Janeiro: Civilização Brasileira, 2010.

43   DORNBUSCH, Rudiger e EDWARDS, Sebastián. "La macroeconomía del populismo en América Latina". *El Trimestre Económico*, nº 225, vol. LVII, jan./mar. de 1990, p. 121-162.

44   VIGUERA, Aníbal, "'Populismo' y 'neopopulismo' en América Latina", *Revista Mexicana de Sociología*, nº 3, vol. 55, 1993, p. 49–66.

45   GARRETÓN, Manuel Antonio. *Neoliberalismo corregido y progresismo limitado. Los gobiernos de la Concertación en Chile, 1990-2010*. Santiago de Chile: Editorial ARCIS-CLACSO-PROSPAL, 2012.

46   KIRCHHEIMER, Otto. "El camino hacia el partido de todo el mundo". In: LENK, Kurt e NEUMANN, Franz (eds.), *Teoría y sociología crítica de los partidos políticos*. Barcelona: Anagrama, 1980, p. 246-328.

por praticamente todo ocidente, que transformou as agrupações partidárias em meras máquinas eleitorais, que deviam buscar por fora das suas estruturas as políticas a implementar e até as equipes técnicas que as conduziriam por ventura se alçassem com o poder.

Seja por uma via ou outra, esse foi o período auge neoliberal, onde assumiu sua face mais clássica, no qual conseguiram instaurar um domínio hegemónico, claro que precedido por um forte processo repressivo e disciplinador que tinha desbaratado os centros de pensamento alternativo durante a ditadura, com mortes, exílios, inxílios e reconversões dos seus intelectuais, ações que de outro modo continuaram durante a redemocratização, seja pela capacidade de aparelhar instituições, criar crises por parte dos mercados ou pela disciplinarização exercida desde os órgãos financeiros multinacionais, como comentado, que atuaram também sob o campo acadêmico.

Por isso, talvez, não tenha sido necessário enfrascar-se em outro custoso processo de criação institucional, que foi conduzido por entidades preexistentes ou algumas que se separaram do seu tronco principal, como no Chile e na Argentina. No primeiro caso, destacamos o Centro de Estudos Públicos (CEP) e Libertad y Desarrollo (LyD); no segundo, o Centro de Estudos Macroeconómicos de Argentina (CEMA), que professava posições ortodoxas mais puras, à Chicago, albergando membros desprendidos da Fundación Mediterránea e que fundara uma pequena universidade, a UCEMA, com o qual se deslocava para uma quarta geração de think tanks, segundo a nomenclatura adotada. Apenas no Brasil foi necessário criar novos organismos que embandeiraram a causa neoliberal, ficando à frente deles os Institutos Liberais (ILs)[47] que começaram a se instalar entre 1983 e 1986, num formato e percurso que muito bem lembra os adotados pelos IPÊS.

De todos os modos, esse auge também foi sucedido por um período de crise, provocada pelos efeitos devastadores que tais políticas provocaram, visíveis nas crises brasileira de 1999 e argentina de 2001, e não apenas porque as estruturas não conseguiam ser renovadas segundo os desejos dos seus cultores. Assim,

---

47 GROS, Denise Barbosa. *Institutos Liberais e neoliberalismo no Brasil da Nova República.* Porto Alegre: Teses FEE, nº 6, set. de 2003.

em breve, abrir-se-ia um novo ciclo, com o retorno de posições nacional populares ao governo, que traziam agora ideias neodesenvolvimentistas, embora às vezes as tiveram que negociar com o todo-poderoso mercado, que servia a modo de corselete para manietar soluções mais radicais, ou porque estas não tinham força suficiente, e não raro tais administrações também foram penetradas por figuras do mundinho neoliberal, que têm sabido desenvolver um grande sentido de ubiquidade com o qual defender seus interesses em conjunturas diversas.[48]

Talvez por esse motivo se observe uma certa fadiga e decadência institucional, apesar dos esforços de atualização que se levaram adiante, como no caso de Brasil com o desprendimento de dois órgãos que surgiriam a partir do núcleo que atuara na Pontifícia Universidade Católica de Rio de Janeiro e seria o criador do Plano Real, como foram o Instituto de Estudos de Política Econômica/Casa das Garças e o Instituto Millenium (Imil), cujo nome viera à luz em 2006, mas tinha sido criado em 2005 sob a denominação de Instituto de Estudos da Realidade Nacional (IERN), segundo Luciana Silveira,[49] ou Instituto da Realidade Nacional, como prefere Lucas Patschiki.[50]

Destacamos o caso argentino, no qual uma liderança inscrita claramente no neoliberalismo como Mauricio Macri chega ao poder pela via do voto, quem teve no Centro de Implementación de Políticas Públicas para la Equidad y el Crecimiento (Cippec)[51] um dos seus think tanks que de modo mais ativo o proveu de políticas públicas, embora este já possa ser indicado

---

48 Ver o caso de Jorge Gerdau Johannpeter em BIANCHI, Álvaro. "Crise e representação empresarial: o surgimento do pensamento nacional das bases empresariais", *Revista de Sociologia e Política*, nº 16, 2001, p. 123-142 e RAMÍREZ, Hernán, "Comportamiento empresarial y neoliberalismo en Brasil: análisis en tres actos". *História e Economia*, nº 1, vol. 11, 2013, p. 91-113.

49 SILVEIRA, Luciana. *Fabricação de ideias, produção de consenso: estudo de caso do instituto Millenium.* Dissertação de Mestrado. Unicamp, Campinas, 2013.

50 PATSCHIKI, Lucas. *A classe dominante brasileira em organização: o Imil como aparelho privado de hegemonia (2005-2013),* Tese de doutorado, UFG, Goiânia, 2017.

51 MORRESI, Sergio Daniel. "'Acá somos todos democráticos'. El PRO y las relaciones entre la derecha y la democracia en la Argentina." In: VOMMARO, Gabriel e MORRESI, Sergio Daniel (eds.). *"Hagamos equipo". PRO y la construcción de la nueva derecha argentina.* Buenos Aires: Prometeo-UNGS, 2015.

como de quarta geração, de cunho mais técnico e menos permeado por interesses materiais mais diretos.

E como parte desse *revival* mais recente, arribaram novamente ao poder no Chile com Sebastián Piñera ou no Brasil se apoiam num presidente ilegítimo e buscam sua solução eleitoral para manter essa terceira onda ainda ativa. Neste último caso, observando que seus representantes se lançaram diretamente à luta eleitoral, mas com pouco sucesso até o momento, devendo talvez voltar a uma aliança com um neopopulista, desta vez de corte autoritário, o que não constitui novidade alguma, como temos visto.

* * *

A guisa de conclusão, podemos assinalar que o processo de ingresso, enraizamento, auge e crise do neoliberalismo não tem sido linear, nem marcado por influxos unidirecionais desde um centro, mas foi algo muito mais complexo, para o qual foi preciso um tramado no qual se teceram alianças entre diversos atores, as que dependeriam das conjunturas nas que estavam imersos, suas necessidades e estratégias, variando assim consideravelmente de acordo a cada período histórico. Não obstante, tem existido um claro fio condutor e um núcleo duro bastante coeso, representado pela simbiose tecno-empresarial, mas que aglutinara outros sócios que se adequavam às etapas. Militares e grupos católicos primeiramente, que se uniam em torno do combate ao espantalho comunista; neopopulistas e socialdemocratas muito moderados ou encurralados na segunda, dada a necessidade comum de enfrentar as severas crises herdadas das ditaduras, que contaminarão toda a década de oitenta; e figuras de uma direita mais clássica no momento atual, algumas das quais podem ter um discurso nacionalista, mas que não se referenda na sua práxis, que pode ser negociado ou cedido ás forças do mercado em troca de estabilidade.

O Instituto de Pesquisa e Estudos Sociais de São Paulo (IPES): A construção de um projeto *PEDAGÓGICO* e *SANEADOR* (1961-1969)

Fernanda Teixeira Moreira[1]

No dia dois de abril de 1964, uma sexta-feira que poderia ser mais um início de fim de semana, a capa de "O Estado de São Paulo" anunciava que os "democratas dominaram tôda a nação".[2] O golpe civil-militar estava consumado. Dizia-se que "o paradeiro do ex-presidente Goulart era desconhecido".[3] O *tempo da vitória*, para alguns, havia chegado. No editorial de tal periódico, contudo, as palavras advertiam:

> Iludir-se-á completamente quem supunha que a grande, a esmagadora vitória alcançada pela democracia liberal contra os totalitários extremistas tenha por si só fôrça bastante para resolver o tremendo problema com que se defronta nesse momento o Brasil. Agora o País entra na segunda fase da luta. E é da maneira como estar fôr conduzida que consolidaremos definitivamente a vitória, caso contrário, esta redundará em malogro irreparável. *Citamos as forças civis que acabaram por organizar-se e dar em sucessivas demonstrações de vitalidade as provas mais inequívocas, primeiro da sua existência,*

---

1   Doutoranda do Programa de Pós-Graduação em História Política e Bens Culturais (PPHBC) do CPDOC da Fundação Getúlio Vargas.

2   "Democratas Dominam Toda a Nação". *O Estado de S. Paulo*. 02 de abril de 1964. Capa. [Trecho em paráfrase].

3   "Ignorado o Destino do Presidente Goulart". *O Estado de S. Paulo*. 02 de abril de 1964. Capa.

> *e em seguida do deliberado propósito de, como ainda ontem dizíamos, varrer do território nacional o que nele ainda possa restar de um passado que nos avergonha.*[4]

Ao editorial, seguindo num tom semelhante, somavam-se algumas vozes daqueles que participaram diretamente da articulação do movimento que culminou na derrubada do presidente João Goulart. Em três de abril de 1964, em reunião, os *homens de negócio* do Rio de Janeiro e de São Paulo, além das "congratulações recíprocas pela vitória", discutiam sobre os rumos da "revolução", as próximas medidas a serem tomadas e ressaltavam o longo trabalho que ainda teriam pela frente e toda a instabilidade daquele momento. Nas palavras do empresário João Baptista Leopoldo Figueiredo, "o caminho ainda poderia apresentar necessidade de lutas".[5]

Paulo Ayres Filho, também empresário e um dos partícipes da reunião, enfatizava a importância de pensar em metas a longo prazo. O trabalho inicial já estava completo. Entre chuvas de papéis picados e palavras de ordem contra o "perigo vermelho", nas ruas do Rio de Janeiro homens, mulheres, militares, idosos e crianças comemoravam a Marcha da Vitória, no entanto, Ayres Filho lembrava que havia "tarefas imediatas, cada vez mais necessárias, principalmente em São Paulo":[6]

> [...] sem tais providências de segurança e cobertura imediata, as Fôrças Armadas rapidamente perderiam os controles e, declarava que, como democrata, tinha receios. *Achava que o próprio poder legislativo era espelho de todos os males, mais ainda que o executivo.*[7]

---

4 "Em defesa da vitória". *O Estado de S. Paulo*. 02 de abril de 1964, p. 3. Editorial. [Grifos meus].

5 *Reunião Conjunta Rio/São Paulo*. Rio de Janeiro, 03 de abril de 1964. Arquivo Nacional. Fundo IPES. Pasta Organização e Funcionamento. Atas e Súmulas de reuniões do Comitê Executivo e Comissão Diretora do IPÊS. QL. OFU. 12, p. 23. [Último trecho em paráfrase].

6 *Idem*. [Trecho em paráfrase].

7 *Idem*. [Grifos meus].

O *expurgo* e o *consenso*, como dizia o editorial de "O Estado de São Paulo", para "varrer do território nacional" tudo aquilo que fosse considerado "um passado de vergonha". Era necessário criar um novo tempo, *reinventar o otimismo*. O *tempo da vitória* precisava ser *hegemônico*.

O presente capítulo pretende traçar breves apontamentos sobre a intervenção do Instituto de Pesquisa e Estudos Sociais de São Paulo. Em especial, no que tange a organização do IPÊS SP e a construção de um projeto *pedagógico* e *saneador*, pode-se dizer sobre a relação *coerção* e *consenso*. Para tal, o texto estará dividido em três partes. A primeira tratando das características específicas do IPÊS paulista. O segundo tópico delineia as ações do Grupo de Doutrina e Estudo e num terceiro momento relaciona membros do instituto e o II Exército.

As fontes referentes ao IPÊS de São Paulo foram catalogadas recentemente no Arquivo Paulo Ayres (CPDOC/FGV). Além de encontrar haver registros no Fundo IPÊS do Arquivo Nacional – mais voltado para o IPÊS da Guanabara. No entanto, para analisar o IPÊS paulista foram de suma importância as fontes encontradas no Open Archives da Universidade de Brown e as dossiês do SNI no arquivo no Fundo Dops do Arquivo Público de São Paulo.

O Instituto de Pesquisa e Estudos Sociais de São Paulo

Se, naqueles dias, foi possível reunir um milhão de pessoas *celebrando a* "*revolução*",[8] homens como Paulo Ayres e João Baptista Figueiredo sabiam que esta não fora obra apenas de um espontaneísmo das classes médias ou de um ato heroico de militares, havia ali um longo processo de articulação que envolvia frações da classe dominante, especialmente, as elites empresariais.

Interessante recordar que Júlio de Mesquita Filho, diretor-proprietário do jornal "O Estado de São Paulo", cujo editorial fora escrito *em defesa da vitória*, era

---

8   Para uma análise concisa sobre as "Marchas da Família com Deus pela Liberdade" ver em: PRESOT, Aline. "Celebrando a 'Revolução'": Marchas da Família com Deus pela Liberdade e o Golpe de 1964. In: ROLLEMBERG, Denise e QUADRAT, Samantha Viz. *A Construção Social dos Regimes Autoritários. Legitimidade, consenso e consentimento no século XX*. Rio de Janeiro: Civilização Brasileira, 2010, p. 71-96.

apresentado pela revista americana *Fortune*,[9] em 1964, ao lado de Paulo Ayres Filho, nome conhecido no ramo da indústria farmacêutica, e do Coronel Rubens Resstel, do II Exército, como figura central na articulação do golpe de Estado que derrubou o presidente João Goulart. Em comum, como já destacava René Dreifuss ao analisar a ação de grupos *civis* na "conquista do Estado", estava o fato de serem membros ativos do Instituto de Pesquisa e Estudos Sociais (IPÊS).[10]

O Instituto de Pesquisa e Estudos Sociais foi criado no início da década de 1960 e foi um dos grupos protagonistas e centro articulador na preparação e na consolidação do golpe de 1964. Para além, partiram do IPÊS nomes que ocuparam cargos importantes, especialmente, nos primeiros governos ditatoriais e também propostas de reformas empreendidas ao longo dos anos de exceção.[11] Orientado de acordo com os interesses de uma *elite orgânica transnacional*, funcionava como uma espécie de "guarda-chuvas" das *direitas*, ou seja, abarcando militares, religiosos, profissionais liberais, políticos conservadores, entre outros.

A estrutura do IPÊS era organizada, desde o início, em grupos com objetivos específicos, interligados e voltados para o estudo e a ação: Assessoria Parla mentar (GAP), Publicações e editoriais (GPE), Levantamento da Conjuntura (GLC), Opinião Pública (GOP) e Estudos e Doutrina (GED). De acordo com René Dreiffus e também Maria Inês Salgado de Souza, essa estrutura foi mantida em funcionamento até o fim das atividades ipêsianas.[12] A relação entre membros do IPÊS nunca foi homogênea. Desde o princípio, as diretrizes eram elaboradas por integrantes oriundos de Rio de Janeiro e São Paulo, estados que dividiram a direção executiva do instituto até 1964.

---

9 SIEKMAN, Philip. "Quando Homens de Empresa Viraram Revolucionários". Tradução. Originalmente publicado em: *Fortune*, setembro de 1964.

10 DREIFUSS, René. *1964: A Conquista do Estado. Ação política, poder e golpe de classe.* Petrópolis: Editora Vozes, 1981.

11 Sobre as reformas, ver em: BORTONE, Elaine. A participação do Instituto de Pesquisas e Estudos Sociais (IPES) na construção da Reforma Administrativa na ditadura civil--militar (1964-1968). Dissertação (Mestrado em Administração)- Universidade Federal Fluminense, UFF, 2013.

12 Cf. DREIFFUS, René Armand, *op. cit.*, p. 421-479/ SOUZA, Maria Inês Salgado de. *Os Empresários e a Educação: O IPES e a política educacional após 1964.* Petrópolis: Vozes, 1981.

Após um longo período de debates e conversas, em assembleias realizadas em outubro de 1962, os membros dos IPÊS unificaram a diretoria com aprovação, também, de um estatuto conjunto.[13] O objetivo era facilitar as decisões e a execução das tarefas. Tal união, porém, não ocorrera de forma completamente amistosa. Tanto que numa ata de reunião do IPÊS Guanabara (Rio de Janeiro), no mesmo ano, alguns integrantes da Comissão Diretora salientavam sobre a seção paulista:

> [...] uma semana em São Paulo, verdadeiro cáos, difícil entrosamento entre Rio e S. P. Êste com vontade de liderar tudo. S. P. é como uma ilha, quistos do poder econômico. Ipês... Ney está sentindo o mesmo. Acho que devemos nos desligar de S. P. sob a presidência de JBLF [João Baptista Leopoldo Figueiredo] mas com autonomia.[14]

No caso do Rio de Janeiro, o IPÊS Guanabara apresentava uma homogeneidade maior, pelo menos, no sentido de pensar o Instituto como um instrumento fundamental para a derrubada do projeto de sociedade que ganhava força no governo de João Goulart. Tanto que, em 1964, Harold Polland Cecil, integrante da seção do Rio, afirmava que "o grande trabalho" do IPÊS deveria ser sempre de um *Estado Maior*.[15] Além disso, muitos dos integrantes da seção

---

13 A unificação saiu oficialmente no *Diário Oficial de São Paulo* em 15 de dezembro de 1962. A ata e o estatuto foram registrados em cartório no dia 18 de janeiro de 1963, também em São Paulo. Ver em: Certidão do 4º Registro de Títulos. Cartório Sebastião Medeiros. São Paulo. 18 de janeiro de 1963. Arquivo Nacional. Fundo IPES. QL. OFU. 1, p. 1. Para a ata da assembleia extraordinária e estatuto ver em: *Ata da Assembléia Geral Extraordinária do IPÊS- Instituto de Pesquisa e Estudos Sociais.* São Paulo, 16 de outubro de 1962. Arquivo Nacional. Fundo IPES. Pasta Organização e Funcionamento. QL. OFU, p. 107.

14 As abreviações referem-se aos nomes dos ipêsianos: Gilbert Huber Jr., I. Klabin, Glycon Paiva e Antônio Carlos. Cf. *Ata de Reunião da Comissão Diretora.* Rio de Janeiro. 27 de março de 1962. Arquivo Nacional. Fundo IPES. Pasta Organização e Funcionamento. Súmulas e atas do Comitê Executivo do IPES. QL. OFU. 8, p. 8.

15 *Reunião Conjunta Rio/São Paulo.* Rio de Janeiro, 03 de abril de 1964. Arquivo Nacional. Fundo IPES. Pasta Organização e Funcionamento. Atas e Súmulas de reuniões do Comitê Executivo e Comissão Diretora do IPÊS. QL. OFU. 12, p. 23.

fluminense tinham participação direta no CONCLAP (Conselho Superior das Classes Produtoras). Realidade bastante diferenciada de São Paulo.

As diferentes frações que compunham a elite paulista – latifundiários, empresários, banqueiros, industriais, profissionais liberais, entre outros – estavam organizados, de acordo com os interesses específicos, em clubes, sindicatos, associações de classe e fóruns transnacionais. São Paulo era porta de entrada para o capital estrangeiro.[16] Durante muito tempo, como apontam as fontes, o IPÊS não teve um lugar central na articulação daquela elite.

As associações oriundas da década de 1930, como a FIESP (Federação das Indústrias de São Paulo) e a CIESP (Centro das Indústrias de São Paulo), antigas organizações de produtores Rurais, fóruns transnacionais como a *American Chamber of Commerce*, no início da década de 1960, ainda disputavam investimentos com o recém-criado IPÊS. No entanto, já em 1962, a arrecadação ipêsiana paulista já chegava na casa dos milhões.[17]

Por exemplo, desde o início dos anos de 1960, a FIESP mantinha ligações com o II Exército e essa proximidade, no pós-golpe de 1964, gerou o Grupo Permanente de Mobilização Industrial (GPMI). Este "tinha por incumbência servir de intermediário no relacionamento indústria-Forças Armadas" com intuito de alertar que "o preparo permanente da mobilização industrial é a única solução para o país estar adequadamente preparado para situações excepcionais".[18] Havia muitos membros da FIESP partícipes do IPÊS-SP, tal como Rafael Noschese que, na década de 1960, era presidente da Federação das Indústrias do Estado de São Paulo – além de compor o CONCLAP e a CIESP.

Pode-se dizer que a fundação do IPÊS-SP se dá ao longo do ano de 1961. No entanto, numa estrutura menos organizada, inserida numa conjuntura mais complexa que a do Rio de Janeiro. Hernán Ramírez, ao fazer uma breve análise

---

16 Cf. GONÇALVES, Martina Spohr. *American Way of Business: Empresariado brasileiro e norte-americano no caminho do golpe empresarial-militar de 1964.* Tese (Doutorado em História). Universidade Federal do Rio de Janeiro. UFRJ. 2016.

17 DREIFUSS, René, *op. cit.*

18 FIESP/CIESP. GPMI da FIESP: definições e diretrizes. São Paulo, 1970, apud SILBERFELD, Jean-Claude. *O Grupo Permanente de Mobilização Industrial da Fiesp.* São Paulo: PUC-SP, 1984.

do IPÊS-SP, já chamava atenção para essa discrepância nas datas de fundação do instituto.[19] O autor parte de 30 de novembro de 1961 para demarcar a criação do IPÊS-SP, ressaltando que o IPÊS-GB só viria a ser oficializado em 02 de fevereiro de 1962. Ramirez salientou que a reunião originária da seção paulista do Instituto teria ocorrido em 08 de dezembro daquele ano e publicado no Diário Oficial de São Paulo no dia seguinte (09 de dezembro).[20]

Entre as fontes encontradas no Arquivo Nacional, há um registro de estatuto, datado de 14 de dezembro de 1961, que foi lavrado na cidade de São Paulo e refere-se a uma assembleia realizada na mesma. Pode-se supor que seja o documento fundador da seção paulista do IPÊS. No entanto, é interessante notar que entre os nomes registrados como integrantes da Diretoria Executiva não havia apenas paulistas:

> A primeira Diretoria Executiva ficará assim composta, por decisão unânime no ato de constituição da sociedade: João Baptista Leopoldo Figueiredo, brasileiro, casado, comerciante, residente nesta cidade; Guilherme Julio Borghoff, brasileiro, viúvo, comerciante, residente na cidade do Rio de Janeiro; Othon Alves Barcellos Correia, brasileiro, casado, comerciante, residente nesta cidade. (assinado): digo, cidade, São Paulo, 30 de novembro de 1961. (assinado): J. B. L. Figueiredo (seguiam mais onze assinaturas) [...].[21]

No texto da certidão acima citada, a data da primeira reunião é tida como 30 de novembro de 1961.[22] Já o registro dos "estatutos sociais da entidade civil

---

19 RAMÍREZ, Hernán Ramiro. *Os Institutos de Estudos Econômicos de Organizações Empresariais e sua Relação com o Estado em Perspectiva Comparada: Argentina e Brasil (1961-1996)*. Tese (Doutorado em História). Universidade Federal do Rio Grande do Sul. Porto Alegre. 2005.

20 *Ibidem*, p. 188.

21 Certidão do 4º Registro de Títulos. Cartório Sebastião Medeiros. São Paulo, 14 de dezembro de 1961. Arquivo Nacional. Fundo IPES. Pasta Organização e Financiamento. Inquérito. QL. OFU. 51. [Grifos meus].

22 René Dreifuss, chega a falar em 29 de novembro de 1961, no entanto, não consegui encontrar registros com essa data. Hernán Ramírez também ressalta que não achou referên-

denominada Instituto de Pesquisa e Estudos Sociais" aparece em 08 de dezembro do mesmo ano, bem como a publicação no Diário Oficial em 09 de dezembro. O que faz crer que o documento registrou a primeira comissão diretora do IPÊS-SP.

O IPÊS-SP sempre teve uma autonomia muito grande em relação ao IPÊS-GB, favorecia bastante o fato de ter acesso mais direto ao capital financeiro levantado pelo grupo. Dreifuss estimou que, em meados de 1962, a seção paulista do IPÊS já contava com quarenta milhões mensais de arrecadamento. Contudo, como o próprio autor observa, "bem mais do que estipulavam as despesas orçamentárias oficiais e do que a renda publicamente conhecida". Nesse ponto, vale abrir parênteses. No citado documento "Assuntos com Dr. João. B. L. Figueiredo", há um tópico interessante sobre a questão do financiamento:

> Mas precisamos de recursos maiores, sem os quais não poderemos ampliar os nossos serviços, nem dar vida aos novos, em projeto. Pergunto em que pé está o oferecimento dos $ 3 milhões mensais das contas com recibos legais. Estávamos muito esperançosos a respeito. De qualquer maneira, necessitamos auxiliar-nos mutuamente.[23]

Sabe-se que o IPÊS recebia uma quantidade muito grande de doações que não podiam constar no balanço oficial do instituto, muitas delas apareciam como "trabalhos voluntários" desenvolvidos por membros da "alta sociedade". Era uma forma de acobertar empresas e indivíduos que não podiam ter o nome, por diversas razões, associados ao Instituto de Pesquisa e Estudos Sociais. Nesse sentido, o relatório da Comissão Nacional de Verdade (CNV), ao tratar da colaboração de empresários paulistas com o golpe de 1964 e a ditadura, traz uma informação relevante para pensar na complexidade do processo de articulação do IPÊS-SP:

---

cias a este recorte inicial. Ver em: DREIFUSS, René, *op. cit.*, p. 163/ RAMÍREZ, Hernán Ramiro, *op. cit.*, p. 187.

23 *Assuntos com o Dr. João. B. L. Figueiredo*. Agenda de reunião. Possivelmente fevereiro de 1962. Sem localização. Arquivo Nacional. Fundo IPES. Pasta Organização e Funcionamento. QL. OFU. 31, p. 21. [Grifos meus].

Articulados com oficiais do II Exército, sediado na capital paulista, os conspiradores precisaram, segundo depoimento prestado por Paulo Egídio Martins, em 2006, recuperar suas condições operacionais, para o que foi fundamental, a participação dos empresários industriais do estado, que abasteceram a unidade militar com veículos, peças de reposição e equipamentos variados. Para isso, foi criado um grupo de trabalho industrial, no âmbito da FIESP: "Nosso grupo de mobilização industrial teve que se desdobrar para tornar o II Exército uma unidade móvel". Em declarações mais recentes, prestadas à Comissão da Verdade da Câmara Municipal de São Paulo, *Paulo Egídio disse que seria "difícil encontrar alguém que não tenha financiado a conspiração" e que os empresários usavam dinheiro de "caixa dois" para fazer as doações: "Ninguém doava dinheiro de lucro".*[24]

No tocante aos integrantes do IPÊS paulista, havia uma variedade de pensamentos à direita. No bojo do instituto estavam articulados empresários do ramo farmacêutico, do campo, de instituições bancárias e setor financeiro, industriais de grupos petroquímicos, de minérios, de alimentos, de eletrônica, de maquinário, têxtil, da construção, entre outros. Além de militares, jornalistas, professores, filiados a partidos como o antigo UDN e o ARENA. Nesse sentido, havia ipêsianos industriais que participaram ativamente da chamada *revolução constitucionalista de 1932*. Guardando as respectivas diferenças temporais e de enredo, vale retomar uma passagem de Moniz Bandeira:

> Nos Estados Unidos, o Professor Manuel José Ferreira, Diretor da Faculdade Fluminense de Medicina e médico do Departamento Nacional de Saúde Pública, não encontrava *nenhum obstáculo formal* ao cumprimento de sua missão, ou seja, comprar armamentos e munições para os rebeldes de São Paulo, com o dinheiro que lhe

---

24 Paulo Egídio Martins foi Ministro da Indústria e Comércio (1966-1967), governador de São Paulo de (1975-1979) e participou ativamente do movimento golpista de 1964. Sua entrevista original pode ser encontrada em: MARTINS, Paulo Egydio. Paulo Egydio: depoimento ao CPDOC / FGV. Organização Verena Alberti, Ignez Cordeiro de Farias, Dora Rocha. São Paulo: Imp. Oficial do Estado de São Paulo, 2007. A citação do texto está conforme: COMISSÃO NACIONAL DE VERDADE, *op. cit.*, p. 312. [Grifos meus].

mandava o industrial Alberto Byington Jr., mais conhecido como *Bud*, através de seu escritório em Nova York. [...]. Os paulistas arrecadaram, aproximadamente, 1.189.400 dólares, para a compra de material bélico, através dos negócios do café, realizados pelas firmas Almeida Prado & Cia, Hard Hand & Co. Tropical, e de doações do Instituto Paulista do Café.[25]

Alberto Byington era um membro influente do IPÊS. Ou seja, não seria a primeira vez que ipêsianos paulistas estariam envolvidos no financiamento de intervenções na vida política nacional. Se, por um lado, existia uma face do IPÊS voltada para um aspecto mais pedagógico, para a realização de fóruns empresariais, seminários, palestras, por outro, havia um forte teor repressivo na atuação de alguns membros. Nesse sentido, as empresas citadas pelo historiador Moniz Bandeira como financiadoras de material bélico para os paulistas de 1932, estavam associadas direta e indiretamente com o IPÊS de São Paulo. Em especial, a empresa Almeida Prado & Cia (na figura de José Ulpiano Almeida Prado).

Interessante ressaltar que num dos relatórios do Consulado Americano no Brasil ao governo dos Estados Unidos da América, em agosto de 1964, Niles Bond (Cônsul americano em São Paulo) destacava:

> A maioria das fontes políticas locais concorda que uma conspiração da "linha-dura" está em processo. [...]. O objetivo do presente telegrama não é analisar a conspiração nacional como tal [...], mas informar a posição das forças políticas de São Paulo relativas ao movimento [...]. Os paulistas há muito se preocupam com esse assunto. Ao mesmo tempo a sua participação têm sido um elemento chave nas revoltas anti-regimes dos últimos trinta anos. [...]. Para fins locais, os principais componentes da linha dura parecem ser os seguintes: Muitos oficiais de nível médio do exército; Todos os novos oficiais da Força Aérea; Provavelmente a maioria dos poucos oficiais da marinha; fazendeiros; quase toda a UDN; Segmentos de outros partidos políticos, como o PSD; E alguns dos grupos de

---

25　BANDEIRA, Moniz. *Presença dos Estados Unidos no Brasil (dois séculos de história)*. Rio de Janeiro: Civilização Brasileira, 1978, p. 236-237.

"ação democrática" que estavam em destaque antes de 31 de março. Esta é uma grande fração das forças por trás da revolução de abril, mas não significa todas elas.[26]

Não é o caso de reafirmar a ideia da existência de uma linha dura, mas salientar que a intervenção dos chamados *grupos de ação democrática* em São Paulo tinha destaque nos relatórios estrangeiros, bem como ressaltar um traço *extremista* na composição do IPÊS de São Paulo. Philip Siekman, ao escrever a conhecida reportagem "Como homens de negócios se tornaram revolucionários" destacou que *um conhecido industrial paulista*, ipêsiano paulista, pretendia organizar uma espécie de grupo de justiceiros anticomunistas:

> Toda a cesta de organizações anticomunistas pularam na cena brasileira. Umas faziam comícios; outras pixavam paredes; uma tentou comprar políticos. Um Industrial de São Paulo, pertencente ao IPÊS, decidiu que era tempo de adotar "os métodos deles"; e organizou células de "vigilantes" para enfrentar provocadores esquerdistas, nos comícios anticomunistas, com "métodos intelectuais – como uma patada na cabeça". Posteriormente, os "vigilantes" armaram-se com armas leves, formaram uma fábrica clandestina de granadas-de-mão e escolheram um local de onde efetuar operações de guerrilha na guerra civil que consideravam inevitável e iminente.[27]

Segundo Philip Siekman, no período que antecedeu o golpe de 1964, Julio de Mesquita Filho, juntamente com outros empresários/industriais, teria financiado a compra de armamentos para grupos civis:

---

26 [Tradução minha] Cf. Brown University Library. Digital Repository- BOND, Niles W. *"'Hard-Line' takes the initiative in São Paulo"*. [Telegrama]. 6 de agosto de 1964 [para] USA- Departament of State. [Tradução minha]. Disponível em: https://repository.library. brown.edu/studio/item/bdr:335055/PDF/, acessado: 28/06/2017 às 20:16.

27 *Ibidem*, p. 6-7.

Do ponto de vista de alguns civis, a escolha tinha-se tornado morrer em defesa de sua liberdade ou ser aprisionado e, posteriormente, fuzilado por terem sido incapazes de defende-la. E começaram a armar-se. Só o grupo Mesquita haveria de gastar 10.000 dólares em armas, inclusive um punhado de metralhadoras. Grupos em distritos residenciais de São Paulo conseguiram armas, munição e víveres, e, cuidadosamente, projetaram planos de defesa para as quadras em que residiam.[28]

No entanto, havia um elemento central para o IPÊS-SP: O "Grupo de Doutrina". Entre os diversos grupos de ação do IPÊS, este era central na mobilização e na articulação das ações que seriam pautadas pelos ipêsianos. Como demonstrou Dreifuss, no Rio usava-se o dito "nome oficial", "Grupo de Estudo e Doutrina" (GED), no qual Garrido Torres era o coordenador das atividades e encontrava dificuldades em administrar as ações conjuntas devido diferença de foco com a seção de São Paulo que usava o termo "Grupo de Doutrina e Estudos" (GDE) para designar o grupamento.

Entre os nomes de paulistas que integravam essa área tática do Ipês, como demonstrou Dreifuss, tinham origem nos escritórios de tecno-empresários, nos fóruns da elite transnacional, como a *American Chamber*, e também nas associações de classe. No entanto, ao olhar os integrantes é possível perceber que alguns deles eram "militantes históricos" da "causa paulista", a saber, tinham participado do movimento de 1932 e já tinham largo envolvimento com a política.

Entre os nomes, vale ressaltar o de Antônio Carlos Pacheco e Silva – A. C. Pacheco e Silva, como assinava. Médico psiquiatra e fundador da Escola Paulista de Medicina. Ao longo de sua trajetória ficou conhecido como um dos líderes intelectuais da intitulada *revolução constitucionalista de 1932* e por defender publicamente ideias eugenistas, inclusive, relacionando-as ao que seria uma "superioridade genética do paulista". O paulista era "uma raça de gigantes" para Pacheco e Silva.[29]

---

28 SIEKMAN, Philip, *op. cit.*, p. 6.

29 Para uma abordagem mais específica do trabalho de A. C. Pacheco e Silva, ver em: SERRA, Lia Novaes Serra & SCARCELLI, Ianni Régia. "Por um sangue Bandeirante: Pacheco

O grupo de Doutrina de São Paulo, na figura de Pacheco e Silva, era responsável por mostrar nas Universidades paulistas os filmes produzidos no instituto, especialmente, no que tange a penetração das ideias ipesianas paulistas nos Grêmios Estudantis. Um espaço fértil para essas ações foram as Faculdades de Medicina de São Paulo e a Faculdade de Direito da Universidade Mackenzie. No GDE também havia outros integrantes, tal como Antônio Delfim Neto e Miguel Reale.

Importante salientar que o GDE estava diretamente ligado ao Grupo de Opinião Pública (GOP), no qual nomes como o de Paulo Ayres Filho e do supracitado Flavio Galvão estavam articulados – este último reforçando a existência de profundos laços entre o IPÊS de São Paulo e o "O Estado de São Paulo". Se têm duas características muito fortes nas ações do IPÊS-SP, além da captação de fundos, estas eram a propaganda e a doutrinação. Sieckman já enfatizava "o marketing pesado e agressivo" desenvolvido por Ayres Filho, por exemplo. Para além, entre os temas recorrentes nos documentos que tratam das atividades ipêsiana paulista estão o "rearmamento/desarmamento moral e a guerra psicológica".

O ideário repressivo: O Grupo de Doutrina e Estudo e a construção do consenso

O *consenso* também é também coercitivo. Especialmente quando se trata da relação entre setores influentes das classes dominantes e uma ditadura. Nos *Cadernos do Cárcere*, Antonio Gramsci analisa a *hegemonia* como uma relação equilibrada, uma "unidade orgânica" entre *consenso* e *coerção*.[30] Nas palavras de Álvaro Bianchi e Luciana Aliaga:

---

e Silva, um entusiasta da teoria eugenista em São Paulo". In: *Revista Latinoamericana de Psicopatologia Fundamental*. Dossiê História da Psiquiatria. Vol. 17, nº 1. São Paulo, março de 2014.

30 GRAMSCI, Antonio. *Cadernos do Cárcere. Maquiavel. Notas sobre o Estado e a Política*. Volume 3, Rio de Janeiro: Civilização Brasileira, 2000.

> A hegemonia política e cultural de determinada classe se caracteriza pela construção de uma direção consentida entre grupos aliados na sociedade civil e pela coerção por meio do aparelho repressivo de Estado sobre os grupos que não consentem nem ativa e nem passivamente. Neste sentido, o consenso permite à classe ser dirigente, enquanto a força torna-a dominante.[31]

Nesse sentido, a classe dominante só se torna classe dirigente quando conquista a hegemonia: a hegemonia encouraçada de coerção.[32] O Estado, em Gramsci, tem a função de "adequar a civilização e a moralidade das mais amplas massas populares às necessidades do contínuo desenvolvimento do aparelho econômico de produção".[33] De forma geral, a "teoria ampliada do Estado" – como intitularam os comentadores de Gramsci – inclui as *sociedade políticas* e a *sociedade civil*. No âmbito da sociedade política estariam os aparelhos estatais convencionais como, por exemplo, o executivo e os órgãos de coerção. Já a sociedade civil seria composta pelos *aparelhos privados de hegemonia*, espaço do convencimento e da correlação de forças.

Trata-se aqui das ações ipêsianas na *sociedade civil*.

O Instituto de Pesquisa e Estudos Sociais de São Paulo (IPES) nasceu de um trabalho de *conscientização de classe* iniciado por Paulo Ayres Filho que, já desde a década de 1950, mantinha contato com empresários norte-americanos e com uma ampla literatura que, entre diversos fatores, era pautada na defesa da *livre empresa*. Um dos elementos centrais ao trabalho do empresário era a doutrinação. Inicialmente, das *elites paulistas* – em especial, frações empresariais e industriais – e, a partir do momento em que foi consolidada a existência do Instituto de Pesquisa e Estudos Sociais, da "população em geral".

---

31 BIANCHI, Álvaro e ALIAGA, Luciana. "Força e Consenso como Fundamentos do Estado". In: *Revista Brasileira de Ciência Política*. Nº 5, Brasília, janeiro/junho, 2011. Unidade Orgânica cf. BIANCHI, Álvaro. *O laboratório de Gramsci*. São Paulo: Alameda, 2008, p. 190.

32 GRAMSCI, Antonio. *Cadernos do Cárcere. Maquiavel. Notas sobre o Estado e a Política.* Volume 3, Rio de Janeiro: Civilização Brasileira, 2000, p. 244.

33 GRAMSCI, Antonio. *Cadernos do Cárcere. Maquiavel. Notas sobre o Estado e Política.* Volume 3, Rio de Janeiro: Civilização Brasileira, 2008, p. 23.

Pensar as Direitas na América Latina

No período anterior ao golpe, Ipêsianos paulistas, ocuparam, principalmente, os grupos de Estudo e Doutrina – no caso de São Paulo, Doutrina e Estudo, GDE - e de Opinião Pública (GOP). No que tange aos grupamentos, diferente do Rio de Janeiro, o IPÊS paulistas não tinha um Grupo de Levantamento da Conjuntura (GLC),[34] mas contava com o Grupo Especial de Conjuntura (GEC), cuja função era de ação direta entre militares, II Exército, mas também de penetração em organizações estudantis, religiosas, sindicatos, círculos operários, entre outros. É possível afirmar que o GDE orientava tanto as ações do GEC como do GOP. A *doutrinação* tornou-se uma atividade central para o IPÊS SP. O chamado *rearmamento moral*.

Entre os diversos meios de comunicação e empresas, um parceiro importante era o periódico *O Estado de São Paulo*, mais especificamente, o Grupo Mesquita. Muitas publicações e textos a serem produzidos pelo IPÊS paulista eram direcionados para serem publicados no periódico em questão. Por exemplo, logo após a separação entre IPÊS GB (Guanabara) e IPÊS São Paulo, a notícia foi levada para ser publicada nas páginas do periódico no dia 09 de novembro de 1964. Outro ponto, fazendo uma comparação entre os editoriais do *Estadão* com as atas da reuniões do IPÊS, principalmente em períodos latentes como os meses que antecederam o golpe de 1964, chama atenção a proximidade de temas, argumentos e vocabulários. Nesse sentido, vale ressaltar que Flávio Galvão, homem de confiança do Grupo Mesquita, também era um dos nomes do GDE e do GOP.

O Grupo de Doutrina e Estudos também publicava livros, artigos e folhetos neste e em outros periódicos de ampla circulação, tanto à nível nacional, como naqueles voltados especificamente para o público empresarial como a *Revista Visão*.

Paulo Ayres Filho seguia seu trabalho no Instituto não só fazendo a ligação entre empresários, outras frações da elite e capital estrangeiro, mas também centrando suas ações no Grupo de Opinião Pública.[35] Os periódicos *Notícias do IPÊS* e *Carta Mensal* eram as publicações internas ao instituto. O periódico

---

34 Famoso pela liderança do general Golbery do Couto e Silva e pela formação de um amplo banco de dados que serviu de base para o SNI, Sistema Nacional de Informação.

35 René Dreifuss já chamava atenção para a participação de paulistas nos Grupos de Doutrina e Opinião Pública. Cf. DREIFUSS, René., *op. Cit.*

Notícias tinha um caráter mais informativo das ações do IPÊS – aparentemente, circulou até 1967. Já a *Carta Mensal* era uma publicação menos sofisticada, com um material mais simples, tinha um caráter mais panfletário e de convocação dos membros do Instituto para a luta contra o comunismo. Os estudantes eram um dos principais alvos dos ataques da *Carta*. Os exemplares disponíveis no arquivo datam de 1967 e 1968.

O GDE era o espaço no qual se articulava um amplo trabalho de convencimento e para a propaganda de um *tempo da vitória*, ou seja, os feitos da elite paulista e dos governos ditatoriais. Era o lugar da construção do consenso na sociedade civil – tanto entre os ipêsianos como também para o público mais amplo. O Grupo de Doutrina contava com uma lista de empresas de comunicação nas quais o IPÊS podia publicar seus programas e ideias. Entre as diversas medidas tomadas, estavam a realização de filmes, produzidos pela cineasta Jean Manzon,[36] bem como a ocupação de espaços na TV, o que incluía um programa próprio "Peço a Palavra", exibido semanalmente pelo canal 2, TV Cultura de São Paulo.

A *guerra psicológica* travada pelos membros do instituto trazia em si, esse escopo variado de posicionamentos, e duas dimensões nas quais estes se encontravam: a *pedagógica* e a *saneadora*. Diga-se, um projeto saneador no sentido de que defendia a eliminação do "perigo vermelho" (a defesa da ordem) e pedagógico no que se refere à *doutrinação* e tentativa de manipulação da *opinião pública*. Ao lado de um projeto econômico andava um projeto moralizante e saneador. Pode-se dizer que a relação entre o projeto pedagógico e saneador tinha como fim a construção de um *ideário repressivo*. Repressivo porque na tentativa de construção de um *consenso* envolve a defesa de um Estado ditatorial e o expurgo "do outro". Ao defender o *saneamento*, a eliminação do dito *perigo vermelho*, esse ideário ajudou a legitimar as próprias práticas repressivas.

---

36 O cineasta em questão durante a ditadura de Vargas foi colaborador do DIP (Departamento de Imprensa e Propaganda). Ver em: LOUZEIRO, José. "O Ipes faz cinema e cabeças". In: ASSIS, Denise. *Propaganda e Cinema a Serviço do Golpe*: 1962-1964. Rio de Janeiro: Mauad/Faperj, 2001, p. 31-39.

O Grupo Especial da Conjuntura, o IPÊS de São Paulo e o II Exército

Diante do exposto, outro grupo que tinha grande importância estratégica para o IPÊS de São Paulo era o Grupo Especial da Conjuntura (GEC) alinhado com o GDE. A função do GEC era de estabelecer contato entre ipêsianos paulistas e o II Exército, mas também de penetração em organizações religiosas, estudantis, sindicatos, círculos operários, entre outros. A partir do exame das fontes, foi possível perceber que nomes como o de Flávio Galvão e do General Moacyr Gaya integravam tanto o Grupo de Doutrina como o de Conjuntura.

Num documento datado de 27 de julho de 1965, ao reportar notícias do então Coronel Rubens Restell (oriundo do II Exército e um dos fundadores do IPÊS) para o empresário Paulo Ayres, em carta, Flávio Galvão ressaltava:

> O congresso da UNE foi um malogro total e completo. [...] fui informado de que estava havendo intervenção do SNI, que teria orientado os estudantes democráticos. [...] Procurei saber com a gente da agência central do SNI (no Rio) [...] e, me informaram que os assuntos estudantis de São Paulo estavam a cargo do Gaia [...].[37]

Desde o período anterior ao golpe, o general Moacyr Gaya era um elemento de ligação entre o IPÊS e o II Exército. Durante tempos, o general fora responsável por distribuir o folheto *O Gorila* com cunho anticomunista e voltado para o público militar. Gaya, como muitos militares, não aparece na listagem de membros do IPÊS SP, entretanto, no pós-1964, seu nome é citado em documentos referentes ao Instituto.

Outro ponto importante era a relação entre empresas de ipêsianos e o II Exército. Cabe aqui pontuar que a empresa de Paulo Ayres Filho, Pinheiro Produtos Farmacêuticos, em 1970, estava entre as homenageadas pelo chefe do Estado-Maior do II Exército, General Ernane Ayrosa, que abriu as portas do quartel para homenagear alguns dos seus mais destacados colaboradores".[38]

---

37 PAF IPÊS 1962.04.03. Arquivo Paulo Ayres Filho- CPDOC/FGV.

38 PAR IPES 1964.03.03. Arquivo Paulo Ayres Filho- CPDOC/FGV.

Além deste, outros ipêsianos paulistas foram citados: Henning Boillesen (grupo Ultragaz), João Baptista Leopoldo Figueiredo (Scânia e Itaú) e Gastão de Bueno Vidigal (Banco Mercantil de São Paulo). Além de empresas que aprecem nas listas de colaboradores do IPÊS, em particular, e de associações como a FIESP. Tais referências também foram citadas no relatório de civis que colaboraram com a repressão e a ditadura da Comissão Nacional de Verdade (CNV).[39]

Num telegrama ao Departamento de Segurança dos EUA, Niles Bond mostrava preocupação com o que intitulava de a "linha-dura" paulista:

> O objetivo dessas forças parece ser forçar o governo federal à: Fazer uma "operação limpeza" ainda maior, suspendo o direito políticos de muitas pessoas. [...] Em outra iniciativa importante, a "linha-dura" recentemente acentuou os rumores de que o General Amaury Kruel será logo removido do comando do Segundo Exército (sediado em São Paulo).[40]

Não se trata aqui de fazer uma divisão entre "linha-dura" ou "linha-branda", no entanto, essa passagem traz elementos para pensar na própria relação entre o IPÊS e II exército. Nesse sentido, o depoimento do coronel reformado Erimá Pinheiro Moreira traz uma informação relevante ao tratar da relação entre o general Amaury Kruel, comandante do II exército, e Rafael de Souza Noschese, ipêsiano paulista e presidente da FIESP. Em depoimento cedido à Comissão Nacional da Verdade, o coronel narra uma reunião na qual Noschese teria oferecido dinheiro para Kruel "trair Jango".[41]

---

39 Os nomes são citados na reportagem do Jornal *O Globo* em março de 2013 e replicada na Revista Carta Capital. Cf. COMISSÃO NACIONAL DE VERDADE. "Civis que colaboraram com a ditadura". *Relatório*. Volume II, dezembro de 2014, p. 319-318./ https://www.cartacapital.com.br/politica/o-golpe-de-empresarios-e-militares-452.html.

40 [Tradução minha]. Cf. BOND, Niles W. *"'Hard-Line' takes the initiative in São Paulo"*. [Telegrama]. 6 de agosto de 1964 [para] USA- Departament of State. [Tradução minha]. Disponível em: https://repository.library.brown.edu/studio/item/bdr:335055/PDF/, acessado: 28/06/2017 às 20:16.

41 Ver em: https://www.youtube.com/watch?v=P5DcOsYldPA

Pensar as Direitas na América Latina

No entanto, já em 1965, na correspondência informativa de atividades escrita para Paulo Ayres, Flávio Galvão ressaltava:

> Começou o remanejamento dos comandos militares. Espera-se – para felicidade geral – a saída do Kruel. Há realmente um trabalho para tirá-lo do comando do II Exército, à vista das relações cada vez mais estreitas dele com o pessoal do outro lado, que tencionam mesmo lançá-lo à sucessão presidencial.[42]

O depoimento e a carta trazem pistas interessantes sobre como havia uma grande proximidade entre nomes do IPÊS de São Paulo e o II Exército, tanto no que toca à influência de empresários quanto no que se refere a circulação de informações. No Boletim do SNI para São Paulo, há uma informação que reforça essa ligação:

> Os generais, CANAVARRO PEREIRA, AYROSA DA SILVA, respectivamente, comandante e chefe do Estado-Maior do II Exército, serão homenageados pela "ASSOCIGAZ", entidade que congrega as Empresas Distribuidoras de Gás Liquefeito de Petróleo do País.
>
> A homenagem será prestada por ocasião do almoço mensal sa "ASSOCIGÁS", na próxima quinta-feira, dia 25 de setembro [...] em virtude dos relevantes serviços que vêm prestando a classe empresarial paulista e em defesa das instituições democráticas do país.[43]

Chama atenção o fato de Henning Albert Boilesen, ipêsiano paulista e presidente do grupo Ultragás, citado diversas vezes como apoiador e financiador

---

42 PAF IPÊS 1962. 04. 03. Arquivo Paulo Ayres Filho- CPDOC/FGV.

43 *Serviço Nacional de Informações. Agência de São Paulo. Boletim informativo nº 207*. De 12hs de 05 de setembro às 12hs de 06 de setembro de 1969. Arquivo do Estado de São Paulo, Fundo DOPS, Série Dossiês.

da repressão em São Paulo, também ter ligação com a "Associgás".[44] No entanto, outros nomes de IPÊSIANOS paulistas aparecem listados numa comissão julgadora promovida pela "Associgás" para premiar o combate ao comunismo ou, pode-se dizer, recompensar na caça de guerrilheiros. Entre esses: Miguel Reale (Reitor da USP), Roberto Campos (ex-ministro da economia e planejamento), Francisco Matarazzo Sobrinho (presidente da Bienal), entre outros.[45]

Nesse bojo, a historiadora Mariana Joffily, em pesquisa ao arquivo do DOPS (Departamento de Ordem Política e Social) de São Paulo, encontrou um documento que fazia referência aos recursos de empresas doados para a formação da Operação Bandeirantes (OBAN):[46]

> O êxito da repressão à subversão e ao terrorismo em São Paulo reside, em síntese, no apoio das elites civis e autoridades civis e militares, no trabalho integrado que soma esforços e multiplica resultados e na motivação dos órgãos de Segurança.[47]

Ainda no que tange à relação com a repressão, um breve exercício de reflexão, voltando ao início desse trabalho, vale destacar que Paulo Ayres Filho ainda nos primeiros momentos do golpe de 1964 lembrava que havia "tarefas

---

44 SOUZA, Percival de. *Autópsia do Medo: vida e morte do delegado Sérgio Paranhos Fleury*. Rio de Janeiro: Globo, 2000.

45 Beatriz Kushnir cita a lista para analisar as narrativas envolvidas no assassinato de Boilesen em: KUSHNIR, Beatriz. *Cães de Guarda: Jornalistas e Censores, do AI 5 à Constituição de 1988*. São Paulo: Boitempo, 2012, p. 297.

46 A Operação Bandeirantes foi centralizadora da repressão que antecedeu ao sistema DOI/CODI. Foi lançada em 1º de Julho de 1969. Mas, já vinha sendo delineada por militares e empresários paulistas desde 1968. Reunia as Forças Armadas, de Segurança Pública e investigativas no combate a chamada Subversão. Era responsável pela identificação (informação), localização e captura do que intitulavam de ações/elementos subversivos. Ver em: JOFFILY, Mariana. *No centro da engrenagem: os interrogatórios na Operação Bandeirantes e no DOI de São Paulo (1969-1975)*. Tese (Doutorado em História). Universidade de São Paulo, São Paulo, 2008.

47 A subversão e o terrorismo em São Paulo. 10/1970. Arquivo do Estado de São Paulo, Fundo DOPS, Série Dossiês apud *Idem*, p. 34.

imediatas" a serem realizadas, mais especificamente, "providências de segurança", pois "achava que o próprio poder legislativo era espelho de todos os males, mais ainda que o executivo". O que já aponta um traço repressivo nas colocações do empresário. Ayres Filho, em 2002, numa entrevista ao projeto "História Oral do Exército" dava a entender que tinha orgulho de sua participação no processo do golpe de 1964, mas que não compactuava com "os rumos do regime", principalmente, após o golpe o Ato Institucional número.[5] Contudo, na breve análise aqui apresentada, pode-se afirmar que o empresário Paulista seguiu após o golpe em contato ativo com o II Exército.

Nesse sentido, faz-se necessário entender que essa construção de um *ideário repressivo* justificava a repressão em todos os seus vieses. Corriam lado a lado. Para legitimar e obter o *consenso* sobre o *tempo da vitória* era necessário ganhar "corações e mentes", doutrinar e expurgar o "inimigo vermelho" ou, parafraseando as palavras do editorial de *O Estado de S. Paulo*, que abre este capítulo, "varrer do território nacional o que nele ainda pudesse restar daquele passado considerado vergonhoso".

Apresentar tal análise não significa afirmar uma relação direta e categórica entre o IPÊS-SP e a repressão, porém, abre uma possibilidade de questionamentos: O período em que o IPÊS São Paulo entra em recesso é o mesmo em que OBAN começa a ser delineada. É possível traçar uma relação entre IPÊS São Paulo e Operação Bandeirantes? Pode-se pensar o IPÊS de São Paulo como uma célula voltada para ações repressivas, tanto a nível de doutrinação quanto ao financiamento de ações do II Exército? Essa era uma dimensão de conhecimento de todos os membros e financiadores do IPÊS? É possível mapear quais empresas ou membros ipêsianos estavam ligados ao aparelho repressivo do II Exército? Qual era formação ou interesse desses indivíduos e companhias articuladas no IPÊS? E a relação do IPÊS SP com a FIESP? Quais as mudanças e permanências nas ações e características do IPÊS São Paulo antes e depois do golpe?

Em suma, pretendeu-se aqui alinhavar características específicas do IPÊS São Paulo. Compreender o grupo levando em consideração a ação dos indivíduos que o compõem. A hegemonia se exerce como uma relação equilibrada, orgânica, entre consenso e coerção. Nesse sentido, as ações pedagógico saneadoras defendidas e praticadas pelo IPÊS fornecem pistas interessantes de como empresários, industriais e frações civis da elite, se articularam, legitimaram e participaram da ditadura civil-militar brasileira. No caso do presente trabalho, a elite paulista.

IDEOLOGIA E CULTURA(S)

O LIBERALISMO CONVERVADOR COMO MATRIZ IDEOLÓGICA PRINCIPAL DAS DIREITAS URUGUAIAS (1890-1930)

Gerardo Caetano[1]

Introdução

Impõe-se começar enfatizando a respeito da relevância da chave regional e continental para nossos estudos historiográficos. De maneira particular, quando se quer indagar no fluxo mais abrangente de correntes de pensamento e de atores, a adoção de uma perspectiva regional possibilita renovar a heurística, enriquecer as perguntas, romper com as restrições do provincianismo e dos essencialismos. Obriga-nos a pensar em matrizes interpretativas mais amplas e ainda em chaves de periodização muito diferentes.

As principais hipóteses para a análise que segue são as seguintes: I) em uma primeira parte do texto se refere à disputa dos que temos chamado as "duas grandes famílias ideológicas do 900 Uruguaio", o "republicanismo solidarista" (liderado, ainda que de forma excludente, pelo "primeiro batllismo") e o "liberalismo conservador" o "individualista" (sob a autoridade tampouco exclusiva do "herrerismo"); II) este pleito não foi resolvido pela primazia hegemônica e incontestada de um desses polos, e sim deu lugar a uma plataforma de disputa ideológica mais centrípeta, o que criou obstáculos às evoluções extremas em ambos os sentidos; III) dentro dessa dinâmica de confrontação, a matriz fundacional das direitas uruguaias ficou dominada por uma pauta de "liberalismo conserva-

---

1 Historiador e Cientista Político. Universidade da República, Uruguai. Nível III do Sistema Nacional de Pesquisadores do Uruguai.

dor", o que embora tenha demonstrado suas ambivalências frente à democracias em encruzilhadas críticas, tendeu a ocupar as possibilidades de receptividade uruguaia diante das ressonâncias do primeiro "fascismo" e de algumas tentativas de articulação com "ninhos militaristas".

As duas "famílias ideológicas" no Uruguai do 900: suas disputas pela matriz do Estado e a democracia uruguaia

Republicanismo e primeiro batllismo: a tentativa de reforma cívica da política

A noção de "a república batllista" não alude a um protagonismo exclusivo do batllismo na forjadura do Uruguai de seu tempo.[2] No marco de fortes debates e disputas, com pluralidade de atores e sem espaço para hegemonias incontestadas, aquele "primeiro batllismo" fundado por José Batlle y Ordóñez[3] enfatizou num enfoque mais republicano da ação cívica e da construção da cidadania, destacando-o

---

2   Cf. CAETANO, Gerardo, *Ciudadanía, republicanismo y liberalismo. Tomo I. La república batllista.* Montevideo: EBO, 2011.

3   Batlle y Ordóñez nasceu em 21 de maio de 1856, filho de Lorenzo Batlle, quem entre 1868 e 1872 foi presidente da República. Suas primeiras vocações foram a filosofia e o jornalismo: na seção de Filosofia do Ateneu estruturou sua definição racionalista espiritualista e sua recepção do krausismo através da leitura de Heinrich Ahrens; em seus primeiros empreendimentos como jornalista (nos jornais *La Razón*, *La Lucha* ou *El Espíritu Nuevo*) afirmou uma vocação que não abandonaria no resto de sua vida. Sua primeira militância política caracterizou-o como um oponente ferrenho das ditaduras militares de Latorre e Santos. Em 1886 fundou o *El Día* e participou com seu pai e seu irmão na *Revolución del Quebracho*, na qual se tornou prisioneiro. Ele acompanhou a transição civil de Tajes, que em 1887 o nomeou chefe político do Departamento de Minas. Mais tarde, ele aderiu a Julio Herrera y Obes, presidente entre 1890 e 1894, com quem mais tarde o confrontou duramente. A partir de então, ele presidiu a iniciativa de estabelecer um novo setor popular e renovador dentro do Partido Colorado. Nesse esforço desenvolveu-se uma ação política inovadora, através da criação de clubes setoriais e a venda ambulante de uma imprensa mais próxima das pessoas, tanto por custo como conteúdo. Foi eleito deputado por Salto em 1890, um membro do Conselho de Estado que seguiu ao golpe anticoletivista de Cuestas em 1898 e depois se tornou senador em Montevidéu em 1899. Nessa década, ele afirmou uma liderança ascendente que o levaria - não sem árduas negociações políticas dentro e fora de seu partido - à Presidência da República em março de 1903. Foi duas vezes presi-

como um dos eixos prioritários do seu projeto reformista. Desse modo, promoveu um verdadeiro "laboratório político", que se constituiu em um dos contextos fundamentais para entender o período, seus conflitos e seus legados.

Essas ideias de experimentação e elaboração e até mesmo a palavra "laboratório" foram frequentemente utilizadas na linguagem política do período, na maioria das vezes em referência direta ao batllismo. Os próprios batllistas se gabavam de merecer esse conceito, ao qual julgavam como um qualificativo elogioso, a ponto de incorporá-lo em mais de uma ocasião em seu discurso proselitista. Seus oponentes, por outro lado, de um modo particular, os nacionalistas filiados ao "liberalismo individualista" da escola realista anglo-saxônica e os católicos mais oficialistas, usavam a palavra "laboratório" para dar ao batllismo uma conotação negativa de "elaboração abstrata" e "artificial", de formulação de projetos "idealistas" e "utópicos", afastados da realidade mais próxima.

Assim, o sintagma "república batllista" tende a ser associado a um conjunto de ideias, relatos e símbolos que convergiram nos componentes mais propriamente republicanos de um modelo de Estado social e um projeto de cidadania predominantes, que podem ser identificados como tributários de uma visão "republicano liberal", nessa ordem. Novamente sem "batllicentrismo", esse foi em nossa opinião o rol fundamental do batllismo no marco da disputa entre as duas grandes "famílias ideológicas" do Uruguai do novecentos: o "republicanismo solidarista" (sob sua direção) e o "liberalismo individualista" ou "conservador" (hegemonizado pelo herrerismo).

O tema dos debates entre republicanos e liberais constitui então, em nossa opinião, um dos principais eixos de interpretação do período considerado, em relação direta com vários dos aspectos substantivos das principais disputas políticas e institucionais da época. Neste contexto, é útil enumerar alguns elementos de análise que consideramos fundamentais nessa direção: I) a gravação de uma forte disputa conceitual e ideológica sobre os significados de "liberal" e "liberalismo", as mais utilizadas, mas também as mais debatidas na linguagem política ao longo do período analisado; II) a presença de um forte componente

---

dente (entre 1903 e 1907 e entre 1911 e 1915), bem como presidiu duas vezes o Conselho Nacional de Administração em 1921 e 1927. Morreu em 20 de outubro de 1929.

de propostas de filiação republicana, principalmente (mesmo que não de forma exclusiva) defendida pelo batllismo mais radical, com grande influência na construção de ideias e práticas predominantes no campo da ação política; III) a construção de uma matriz cidadã muito forte e permanente, sustentada no terreno ideológico por uma síntese de "republicanismo liberal", produto não de uma hegemonia, mas de complexas negociações e reapropriações muitas vezes tácitas, que sem dúvida tiveram suas respectivas fundações no ambiente cultural e político-intelectual da época.

A seguir apresenta-se uma resenha e identificação sumária desses componentes ou "sinais" de cidadania de raízes mais republicanas que, com seus respectivos cruzamentos e traduções no plano prático, aparecem como visíveis naquele Uruguai do "longo novecentos", estendido entre as décadas finais do século XIX y os fastos do Centenário. Devemos sinalizar novamente que a grande maioria dos perfis deriva de propostas ou formulações impulsionadas no período por figuras prioritariamente pertencentes ao batllismo, ainda que também se encontram promotores decididos nas agrupações políticas do socialismo, dos distintos grupos liberais mais radicais, de setores e personalidades do P. Nacional e outras organizações sociais (sindicais, feministas, intelectuais, etc.). Como se advertirá, estas notas republicanas entraram em franco debate com o pensamento que sobre os mesmos assuntos exprimiam principalmente as direitas uruguaias da época (tanto nacionalistas ou colorados antibatllistas, católicos como laicos ou independentes sem partidos).

A seguir se estabelece uma lista resumida dessas notas de perfil republicano presentes na matriz cidadã daquele Uruguai das primeiras décadas do século XX:

I) Uma forte reinvindicação da política e, em particular, pela política dos partidos e do Estado social, como instrumentos fundadores e constituintes da ordem social e do bem comum;

II) Uma ênfase marcada pela defesa da noção das "virtudes e valores cívicos", de um "civismo republicano", como suporte do exercício de uma "cidadania ativa" que não foi episódica ou circunstancial, mas sim participante permanente na vida pública;

III) Uma insistência permanente na noção do "governo das leis", própria dessa concepção republicana de que "a lei é a que cria a liberdade";

Pensar as Direitas na América Latina

IV) A prevalência de uma concepção da liberdade de índole "positiva" ("liberdade para"), orientada a assegurar a independência das pessoas em termos de "não dominação" e de capacidade de "autogoverno";

V) A defesa de uma clara preferência da esfera do público sobre o privado, do político sobre o pessoal, desde a que se busca o cultivo de certos comportamentos julgados como "virtuosos" e o desalento de outros rejeitados como "negativos" ou "contrários ao bem comum";

VI) A institucionalização de formas e instrumentos de participação cidadã, que ao mesmo tempo em que demandavam com força a atividade dos cidadãos, outorgavam-lhes novas habilitações para controlar e influenciar seus representantes;

VII) A busca, ao menos em alguns projetos, de converter em embaçada e porosa as fronteiras entre as esferas do público e do privado (em contradição com a noção mais liberal, orientada a afirmar a distinção mais contundente entre ambas dimensões), a fim de promover uma intervenção estatal "virtuosa" frente ao "não controle" das decisões individuais e do livre jogo do mercado;

VIII) Uma defesa purificada do laicismo, expressada em particular no plano de relações institucionais do Estado com as instituições religiosas (em especial, com a Igreja Católica), na radicação privada das manifestações de toda fé religiosa e na gestão cidadã do ensino, concebida esta última como veículo privilegiado na difusão de "virtudes e valores cívicos";

IX) A promoção de um conceito fortemente arraigado do necessário sentido de pertencimento cidadão à comunidade cívica, homogeneizada depois do cultivo de valores compartilhados, no qual "a verdadeira grandeza das nações se sustenta sobre as virtudes da cidadania".[4]

Em muitas dessas ideias abreviou a conformação do Estado social batllista, que tanto matrizaria a história uruguaia subsequente. Desde uma perspectiva genérica, na primeira cultura política a que se baseou o Uruguai moderno, as noções do que poderia ser considerada uma "esquerda social reformista" tenderam a pre-

---

4   *El Código del Futuro Ciudadano. 1830 – 18 de julio – 1930.* Montevideo: Universidad de la República-Sección de Enseñanza Secundaria y Preparatoria, 1930, p. 15.

210 Ernesto Bohoslavsky • Rodrigo Patto Sá Motta • Stéphane Boisard (orgs.)

valecer sobre as propostas defendidas no campo de direitas, principalmente "liberais conservadoras". O predomínio dessa visão dentro da matriz fundacional das direitas no país contribuiu para as raízes de toda essa equação política e ideológica.

A matriz inicial das direitas uruguaias:
a hegemonia do "liberalismo conservador"

Na ação cívica da elite doutoral do final do século XIX, muitos de cujos membros militaram nas filas do Partido Constitucional, o "liberalismo conservador" tendeu a predominar de maneira muito clara em suas orientações ideológicas sobre outros componentes que chegaram a estar presentes em suas sínteses doutrinárias anteriores. Poderia sinalizar que este foi consequência de uma reação frente ao impulso reformista do batllismo, carregado como se viu de componentes republicanos. Alguns autores identificaram algumas "genealogias republicanas" anteriores.[5] Entretanto, sua orientação não confluía necessariamente na democracia e menos ainda no reformismo social.

Na década de oitenta do século XIX, uma renovação filosófica impactou os meios acadêmicos uruguaios: uma corrente de pensamento positivista militante começava a predominar na Universidade. Três figuras foram fundamentais neste movimento de renovação: Alfredo Vásquez Acevedo como reitor e Eduardo Acevedo e Martín C. Martínez como líderes de juventude. Com o fervor de um escrito juvenil – havia ingressado na Faculdade de Direito em 1881, com uma tese sobre "A teoria evolucionista na propriedade territorial" – e desde uma adesão orgânica ao revolucionismo positivista, Martín C. Martínez escreveu um célebre texto doutrinário em 1885 a respeito do "Valor teórico e prático da soberania popular", no qual explorava e revisava diferentes implicações do princípio político da "soberania popular". Fazia-o desde uma perspectiva ideológica nitidamente conservadora e com um foco mais sociológico que jurídico como havia sinalizado Gros Espiell. Nesse marco, rejeitava com ênfase o regime parlamentarista; advertia de forma reiterada contra o "poder cada dia maior da massa, geralmente ignorante e mal inspirada"; reivindicava a tradição

---

5   GALLARDO, Javier, "Las ideas republicanas en los orígenes de la democracia uruguaya", *en Araucaria*, v., 9, 2003, p. 3 - 44.

política anglo-saxã contra o "seguimento cego do movimento revolucionário da França", na qual, em sua opinião, havia incorrido a maioria das elites uruguaias; convocava a construir instituições "livres" e "conservadoras", capazes de por "o espumoso e generoso licor da democracia em odres velhos".

Em vários de seus textos e conferências políticas juvenis é possível encontrar essa matriz que levou Martín C. Martínez a tornar-se um dos homes de Estado mais influentes em seu país durante décadas, e também no alicerce doutrinário de uma corrente de pensamento que o transcendeu, envolvendo uma faixa visível do elenco político uruguaio do final do século XIX e início do século XX. Como sinalizou Ardao: "... foi seguramente Martínez, como estadista e político, a mais aprimorada encarnação do conservadorismo teórico ao mesmo tempo em que militante. É notável verificar em seus escritos juvenis as vigorosas raízes doutrinárias desse conservadorismo. Sua postura individualista tinha a ver com os princípios do darwinismo social sistematizado por Spencer, com a ideia de seleção pela concorrência no seio da sociedade industrial sucessora à sociedade militar".[6]

Martín C. Matínez (1859-1946) teve uma vastíssima trajetória pública e se destacou no cenário universitário. Militou até sua desaparição nas agrupações políticas do Partido Constitucional para logo integrar-se ao Partido Nacional. Foi legislador em ambas as câmaras durante extensos períodos, ministro da Fazenda em duas oportunidades, constituinte, membro do Conselho Nacional de Administração também em duas oportunidades, cojuiz da Alta Corte de Justiça, integrante do Diretório do Banco República e representante nacional em missões diplomáticas, entre outros cargos. Muitos de seus estudos e reflexões sobre diferentes assuntos – em geral centrados em assuntos institucionais e econômico-financeiros – foram publicados em forma de livro ou como artigos de revistas prestigiadas.[7]

---

6   ARDAO, Arturo, "Prólogo" en MARTINEZ, Martín C., *Escritos sociológicos. 1881-1885.* Montevideo: Impresora Uruguaya, 1965, p. XVI.

7   Também devemos advertir que Martín C. Martínez refinou e evoluiu muito em seu pensamento político e institucional a partir daquele livro de juventude editado em 1885. Tal fato pode ser comprovado na leitura do volume 48 da Coleção de Clássicos Uruguaios intitulado "*Ante la nueva Constitución*", na qual se reúnem seus discursos e contribuições

"Qual é a razão – dizia em seu texto de 1885 – pela qual o governo de muitos é mais legítimo que o governo de vários ou o de um? Qual o fundamento a priori existe para proclamar como única base legítima das maiorias? (...) a história reconstituída em nossos séculos nos permite comprovar (...) que não há nenhuma forma de governo que seja absolutamente ilegítima em si, e que o erro da Revolução foi não explicar-se como a perfeita correspondência da forma de governo para o meio social. (...) Os que seguimos cegamente o movimento revolucionário da França, não tivemos como ela a honra de cair nas mãos de Napoleões... [...] Quando o respeito da liberdade, os hábitos de discussão e o espírito conservador atingiram a plenitude, como nos Estados Unidos ou na Inglaterra, as instituições conservadoras podem desaparecer, porque na realidade já estão no cérebro e no coração de todo cidadão".[8]

Mas talvez a voz mais representativa e importante desse "liberal conservadorismo" tenha disso na época estudada por José Irureta Goyena (1874-1947), essa "espécie de Bossuet laico de nossas classes vivas", como com precisão o definia Carlos Real de Azúa.[9] Como jurista, como múltiplo empresário, como líder indiscutido e permanente dos pecuaristas nucleados na aguerrida Federação Rural (da qual foi fundador e presidente honorário desde 1915), como o principal "intelectual orgânico" das classes dominantes e seu orador predileto (autor dos mais importantes "discursos da coroa"), ele podia dar-se ao luxo – como sinalizou também Real de Azúa – "de prescindir de todo o partidarismo político porque sempre é homem de conselho nesses segredos de um regime nos quais as grandes decisões são adotadas".[10] Com efeito, não necessitou ser dirigente político; nem branco, nem colorado; para converter-se no principal ideólogo conservador por mais de meio século.

---

por ocasião do debate constitucional de 1917 e 1918. De toda forma, sempre manteve uma visão conservadora para o social e liberal no econômico e político.

8   Cf. MARTINEZ, Martín C., "Valor teórico y práctico de la soberanía del pueblo", In *Anales del Ateneo del Uruguay*, año IV, t. VIII, Montevideo, 5 de abril de 1885, nº 44, p. 307-318.

9   Cf. REAL DE AZUA, Carlos, *Antología del Ensayo Uruguayo Contemporáneo, tomo 1*. Montevideo: Ediciones de la Universidad de la República, 1964, p. 85 a 88.

10   Ibídem, p. 85.

Irureta Goyena também tinha militado no Partido Constitucional, mas depois de seu fracasso se negou reiteradamente a ingressar em um dos partidos tradicionais, mesmo quando não lhe faltavam convites. Quando já era uma figura consagrada em seu país, se deixou tentar pela frustrada experiência de ser o primeiro candidato da União Democrática em 1919, um partido empresarial que configurou listas para deputados no distrito de Montevideo, com um resultado, na verdade, catastrófico.[11]

Com respeito ao assunto do "liberalismo conservador", Irureta Goyena tinha uma convicção bem clara, expressada, inclusive, com a contundência dessas ideias que se acreditavam ser centrais em todo um sistema coerente e sistemático de pensamento. Cabe ressaltar que Irureta Goyena não era católico e foi autor do Código Penal de 1934, que por um tempo e por uma única vez no país até a lei recentemente aprovada na última legislatura (2010-2015) descriminalizou o aborto.[12]

Sobre o tema de sua visão ideológica, seu pensamento institucional e suas opiniões sobre a democracia, sinalizou em uma conferência intitulada "O perigo da fraternidade" – pronunciada em 1944 em seu ingresso na Academia Nacional de Letras, da qual foi fundador e membro destacado: "Economicamente, a liberdade é um direito do homem de exercer suas faculdades preso à prerrogativa de recolher e à obrigação de ater-se aos resultados; igualdade é esse mesmo direito estendido a todos os seres humanos, o que no fundo constitui uma grade desigualdade, posto que implica substancialmente o reconhecimento de todas as desigualdades naturais; fraternidade significa exatamente o contrário e em sua pureza conceitual, tem o objetivo de nivelar em parte o desnivelado pelo binômio da igual liberdade, enxugando os excessos que geram a inflexibilidade de sua aplicação. A liberdade e a igualdade se completam da mesma maneira que o parafuso e a porca; a fraternidade, ao contrário, se antepõe à finalidade que estas perseguem [...]. As duas primeiras são forças individualistas, a última é medularmente socialista. O socialismo leva ao marasmo; o individualismo ao Monte

---

11 Cf. CAETANO, Gerardo, *La República Conservadora (1916-1929) Tomo I. El Alto a las reformas*. Montevideo: Editorial Fin de Siglo, 1992.

12 Esse assunto foi tratado por vários autores, entre outros, por José P. Barrán em sua coleção *Medicina y sociedad en el Uruguay del 900*, em três volumes publicados entre 1992 e 1995.

Taigeto. [...] É imprescindível mudar a alma humana se pretende se mudar de sistema. [...] Agora se fala de solidariedade, que é outro subterfúgio do qual se valem os sociólogos para dissimular sua aversão ao vocábulo mais nobre que já brotou dos lábios de um ser humano, desde que o mundo existe: a palavra caridade. O socialismo, o comunismo, o anarquismo, o sindicalismo, são doutrinas que pretendem substituir o equilíbrio do triângulo místico da "liberdade, igualdade e fraternidade", pelo furacão que simboliza o vértice da fraternidade. Na exaltação com que as massas clamam pela democracia, em forma criptogâmica e talvez mais intuitiva que consciente, se esconde a esperança dessa superposição. [...] A democracia, que é uma forma de organização dos poderes públicos, está se convertendo em um símbolo de governos esquerdistas, subversivos e revolucionários, cuja tarefa há de ser a de derrubar o regime capitalista, de raiz burguesa e estrutura notadamente liberal".[13]

A "fraternidade", ou seu sinônimo vernáculo e mais contemporâneo da "solidariedade" ou "solidarismo", tão caros al reformismo batllista e a outros progressismos do Novecentos, rompiam o equilíbrio "aceitável" do já velho "triângulo místico de liberdade, igualdade e fraternidade". Como pano de fundo para o "terror" conservador, que ressurgiu novamente após a Revolução Russa de 1917, reapareciam as discussões, plenamente vigentes, em torno da interpretação histórica da Revolução Francesa ou a Comuna,[14] convergindo na prevenção de que a democracia poderia "servir de estandarte" para ocultar atrás de si o advento de "governos esquerdistas". Inclusive, o notável jurista uruguaio, advertia com zelo profético que a "compulsão" (em rigor, o uso da força do Estado) não deixava de ser um instrumento seguro ante o "transbordo das almas". Em seu pensamento,

---

13 Cf. REAL DE AZUA, Carlos, *Antología del Ensayo Uruguayo Contemporáneo"*, tomo 1 *op. cit.* p. 146, 147, 151, 154.

14 O debate sobre a interpretação da Revolução Francesa e seus impactos na América Latina foi um tema de convergência entre os principais cultistas do "conservadorismo liberal" do 900. As preocupações de Martín C. Martínez e José Irureta Goyena eram compartilhadas, por exemplo, por Luis Alberto de Herrera, cujo principal livro de teoria política não ocasionalmente tratou sobre *"La Revolución Francesa y Sudamérica"*, um livro chave em termos doutrinários, cuja primeira edição foi publicada em Paris por Paul Dupont em 1910. Este texto inaugural de Herrera afirmava o embasamento histórico de suas ideias políticas e sociais em uma visão "antijacobina" da revolução, que usou como uma premissa preventiva

resultava imperativo atuar para o controle da "alma humana", daí sua obsessão pela discussão de temas morais e suas consequências políticas e sociais.

Mas, então, qual era o remédio? Com a mesma convicção posta na enunciação do problema, Irureta Goyena, apesar de sua conhecida condição não crente, não hesitou nem por um momento quando propôs a apropriada resposta: "A visão exata desses problemas tiveram os padres da Igreja (podemos dizer nós que não a pertencemos), que aceitavam a riqueza e somente condenavam as demasias, as mesquinharias, as aberrações em sua aplicação."[15] A Igreja Católica podia ser uma "pantera má do capitalismo", mas ao mesmo tempo pode ser uma formidável aliada para disciplinar "o transbordo das almas", para enfrentar a proposta de uma "nova moral laica", que, como o aprendiz de bruxo, podia desatar as forças que logo não poderia controlar.[16] E como se traduzia essa advertência no terreno específico da política uruguaia? O próprio Irureta Goyena havia se encarregado de estabelecê-lo com clareza meridiana, em seu discurso de 1918, no qual postulou talvez o juízo mais duro e adverso contra o primeiro batllismo em décadas, associando-o à imagem da "inquietude": "opino que a inquietude é pior que o socialismo. Os socialistas perseguem uma quimera, mas ao menos sabem o que querem, e levantariam sua voz, se algum dia dita quimera fosse aprisionada. Os inquietistas remam sempre a favor do vento, e quando não sopra o vento, remam contra o repouso. [...] A inquietude não é moral, nem amoral, é o movimento pelo movimento, a efervescência, o desassossego, o mal de São Vito aplicado à conduta do Estado."[17]

---

contra o que ele considerava perigosos avanços de um "republicanismo" radical, com fortes e "perigosas" projeções no terreno moral. Para um estudo recente e acadêmico sobre esse último tópico cf. REALI, Laura, *Herrera. La revolución en el orden (1897-1929)*. Montevideo: EBO, 2016, 256 p.

15 Cf. REAL DE AZUA, Carlos, *Antología del Ensayo Uruguayo Contemporáneo"*, tomo 1 *op. cit.* p. 146.

16 Cf. BARRÁN, José Pedro, *Iglesia Católica y burguesía en el Uruguay de la modernización. 1860-1900.* Montevideo: Facultad de Humanidades y Ciencias, Universidad de la República, 1988; CAETANO, Gerardo, *El Uruguay laico. Matrices y revisiones.* Montevideo: Taurus, 2013.

17 IRURETA GOYENA, José, *Discursos del Dr. José Irureta Goyena. Homenaje a su memoria.* Montevideo: Tipografía Atlántida, 1948, p. 275 e 276.

Importante aqui completar um quadro geral da reação liberal conservadora contra os temas da "moral laica" e o "republicanismo moral" como últimos sustentos do Estado social, registrar ainda que em forma sumária, algumas opiniões a respeito de quem foi sem dúvida o líder máximo e ideólogo nacionalista durante mais de meio século, Luis Alberto Herrera. Em um confronto franco e muito duro, o líder nacionalista respondeu sem hesitação e em todos os cenários as propostas batllistas, ostentando além de combinar uma condição tripla de "cético tolerante" no plano religioso, "conservador" no social e "tranquilo liberal" no político. Como político e como distinto intelectual que também o era, Herrera, para além de seus notórios vínculos com a política e a academia francesas, nunca ocultou sua preferência ideológica pela escola anglo-saxã, em especial por Edmund Burke, de quem se sentia autêntico discípulo no plano do pensamento político e social. Em todos os temas vinculados a assuntos da moral e cidadania, sempre se declarou um "liberal conservador", ao mesmo tempo em que como inimigo irreconciliável contra ao que chamava "jacobismo descristianizador".

A respeito disso, dizia Herrera em uma das passagens de seu livro "*La Revolución Francesa y Sudamérica*": "... os piores instintos revolucionários abrem caminho no espírito das multidões francesas e o regime republicano contemporiza com a ameaça que se desenha, obediente ao impulso das demagogias jacobinas em pleno reavivamento. As classes conservadoras do país vibram de indignação frente a inqualificável passividade do governo, não apenas nos conflitos entre o capital e o trabalho – regráveis entre patrões e trabalhadores – mas sim em presença de sua atitude indiferente quando se trata de reprimir os abusos atentatórios dirigidos contra as liberdades fundamentais do indivíduo industrial".[18]

Essa "passividade" quando não "cumplicidade" dos governos "republicanos" ou "jacobinos" diante dos embates dos "baixos impulsos da massa" e sua "maré antissocial", em Herrera que pensava frequentemente como historiador e que fazia política pensando sempre na chave histórica, associava-se de imediato no plano nacional com a ação do batllismo reformista. O caudilho nacionalista o percebia como o instrumento de ruptura contra a tradição e o passado, em busca

---

18 HERRERA, Luis Alberto de, *La revolución francesa y Sudamérica*. Paris, 1910.

de uma experimentação política e social que, em sua avaliação, sucedia inexoravelmente no estatismo, a "dissociação do capitalismo" e na "anarquia moral".

As ameaças reais à ordem social naquele Uruguai das primeiras décadas do século XX, mais além da "gritaria" e do labor dos "agitadores" que certamente também existiam no campo conservador, eram fracos e mais que nada retóricas. Isto não impediria que a "cruzada moral" contra o batllismo intensificasse na encruzilhada decisiva do golpe de Estado de 31 de março daquele mesmo ano, liderado pelo então presidente Gabriel Terra. Este era um distinto político colorado e até mesmo um "batllista" moderado e reticente, que naquela época decisiva pode contar com o respaldo das direitas de ambos partidos tradicionais e com a aquiescência passiva do exército, predominantemente colorado, mas majoritariamente antibatllista. Foi o momento mais propenso a uma inclinação a posições de extrema direita que transbordavam o escopo do "liberalismo conservador" anterior. No entanto, também o "impulso" à direita teve naquele Uruguai dos anos 30 seu próprio freio.[19]

Chaves singulares (I): as Forças Armadas e a ameaça falida do motim militarista

Uma das chaves que influenciaram a prevalência do "liberalismo conservador" no campo inicial das direitas uruguaias foi a não concretude do golpismo militar, que como em outros países da América Latina buscava associar-se de maneira ferrenha com as direitas políticas. No Uruguai do século XIX, a experiência militarista de Latorre e Santos não conseguiu se consolidar. No entanto, durante os anos 20 e 30, a ameaça de um "motim militarista" esteve presente em mais de uma ocasião no cenário político nacional, negando a imagem altamente divulgada – e em parte mítica – das forças armadas uruguaias tradicionalmente constitucionalistas e profissionais. Na década de 20, a democracia uruguaia foi abalada em mais de uma ocasião com rumores e ameaças de sinais autoritários, com anúncios de "golpes de leme" à direita, que geralmente insistiam em figuras das facções mais conservadoras de partidos tradicionais e em oficiais do exército.

---

19 CAETANO, Gerardo, JACOB, Raúl, *El nacimiento del terrismo. (tres tomos)* Montevideo: EBO, 1989-1991.

Nas reiteradas ocasiões em que as conspirações golpistas foram denunciadas, quando os governos colorados foram acusados de manipulações eleitorais dos soldados ou mesmo durante as discussões sobre o orçamento militar, a mídia buscou naqueles anos levar a polêmica em torno do exército e suas funções no campo da opinião pública, tentando formar uma opinião de uma forma ou de outra. Em 1923, por exemplo, ao apresentar o Poder Executivo (com o então Presidente José Serrato à frente) no Parlamento um projeto de serviço militar obrigatório (o famoso "Projeto Riverós"), a discussão sobre o tema militar como um todo atingiu um dos seus pontos mais altos.

Em um processo que foi marcado por polêmicas jornalísticas virulentas, pronunciamentos políticos das Assembleias dos Centros Militar e Naval, criação de comitês a favor e contra o serviço militar obrigatório, etc., o projeto em questão permaneceu no centro do debate público durante vários meses, propiciando uma posição generalizada sobre o tema. Embora o projeto tivesse o apoio explícito de algumas figuras políticas importantes, como o já mencionado presidente Serrato e o doutor Luis Alberto de Herrera, no caráter de líder principal do Partido Nacional, mais cedo do que o esperado, teve-se a certeza do veredicto da maioria dos cidadãos frente a pergunta proposta. O "medo dos quartéis" e a oposição da sociedade civil uruguaia frente a qualquer reflexo militarista se impuseram rapidamente em toda a linha. Poucos meses depois de ser apresentado, o projeto ficou notoriamente isolado e teve que ser retirado do Parlamento.[20]

O desenlace da controvérsia deixou consequências duradouras. O antibatllismo consolidou-se nas fileiras do exército, reforçando em troca os nexos (sobretudo no nível da oficialidade) com a direita vermelha (o "riverismo"). Da mesma forma, os sentimentos que já vinham de antes foram aprofundados, como a desconfiança e a percepção de isolamento da sociedade civil, reforçando

---

20 No decorrer da polêmica em torno do chamado "Projeto Riverós", em mais de uma ocasião os setores antibatllistas trouxeram à tona os projetos apresentados em janeiro de 1915 pelo então Presidente Batlle y Ordóñez (com a assinatura além dos então ministros Baltasar Brum e Juan Bernassa y Jerez) para a organização de batalhões universitários e escolares, apresentando-os como antecedentes diretos do serviço militar aos civis. O próprio Batlle assumiu pessoalmente a resposta a essas acusações, negando qualquer conexão entre os projetos e argumentando extensamente contra o serviço militar obrigatório em sua globalidade.

certo ressentimento militar no qual recorreram conspiradores golpistas. E tudo isso aconteceu com um exército que, apesar disso, se consolidava como corporação. O número de graduados da Escola Militar entre 1920 e 1932 (374) excedeu os graduados da mesma escola desde a sua fundação em 1885 até 1919 (359). O número de efetivos e as alocações orçamentárias também aumentaram, embora moderadamente. Mesmo dentro dos quadros dos oficiais foram consolidados na época as "famílias de militares" (Dubra, Ribas, Bazzano, Zubía, etc.), uma característica que, sem dúvida, reforçou um certo perfil de "casta" que já na época começou a refletir o Exército.[21] Também os eventos internacionais e seu impacto no meio local contribuíram para a agitação nessa matéria. O papel de protagonismo dos exércitos latino-americanos nas cada vez mais numerosas ditaduras do continente, bem como as diversas ressonâncias da ascensão do fascismo na Europa, contribuíram para gerar um clima rarefeito.

Para a segunda metade da década de 20, o panorama político e social do país já estava caminhando inexoravelmente para o confronto, preparando uma nova ofensiva das direitas no sistema político. Nesse contexto, e com o acréscimo também inquietante de uma presidência riverista (a de Juan Campisteguy entre 1927 e 1931), não surpreendeu o fato de que a ameaça do motim se tornasse mais insistente e que saíssem à luz pública certos grupos e pessoas com inclinações golpistas e militaristas.

À medida que esses "ninhos" militaristas começaram a se tornar mais ativos, os rumores golpistas se multiplicaram. Voltaram à mesa figuras como a do general Manuel Dubra, militar próximo ao líder riverista Pedro Manini Ríos e famoso por suas inclinações golpistas e seu antibatllismo. Esse general havia adquirido notoriedade ao protagonizar em 1914 um famoso episódio conhecido então como o "complô Dubra", no qual aparentemente existiu a possibilidade de um golpe militar contra José Batlle y Ordóñez, que estava então cumprindo seu segundo man-

---

21 Para corroborar com essas tendências, consulte os dados registrados no *Cincuentenario de la fundación de la Escuela Militar: 1885 – 25 de agosto – 1935*. Para verificar a moderação dos aumentos orçamentários no campo militar ver *"Anuarios Estadísticos", "Registro de Leyes y Decretos"* e relatórios do Poder Executivo à Assembleia Geral no período.

dato presidencial.[22] Tampouco pode se surpreender que em 1929 foram criadas as chamadas *Vanguardias de la Patria*, organização de jovens civis interessados em receber treinamento militar nas dependências do exército, com uma clara orientação ultradireitista. Essa entidade era orientada pelo Coronel Ulises Monegal (chefe do Batalhão de Infantaria nº 4) e foi repetidamente denunciada pelo batllismo e pela oposição da esquerda como "germe do fascismo crioulo".

Desde o episódio da *Cerrillada*, em março de 1927, as versões golpistas se intensificaram com especial insistência. Um presidente riverista como Campisteguy, com o domínio absoluto da força pública e pressionando desde diferentes setores para enfrentar o reformismo, não era uma garantia de continuidade institucional para o batllismo. Mais que Campisteguy, os rumores circulantes envolveram o líder riverista Pedro Manini Ríos. Referindo-se a este especificamente, Jorge Ponce de León disse em 1927 em uma carta pessoal ao líder nacionalista Luis Alberto de Herrera: "...o riverismo que obedece a Don Pedro [Manini Ríos] conversa muito amigavelmente com alguns militares (...) com propósitos – segundo as versões – não muito tranquilizadores. Segundo dizem, o Dr. Manini é um grande admirador de Primo de Rivera e, segundo também se dizem, considera-se bastante apto para apoiá-lo nesta República".[23][24]

Tudo isso se refere à presença na arena política de umas Forças Armadas mais ativas nesses anos do que geralmente se supõe. No entanto, sua influência não resultava decisiva e foi muito diferente do peso necessário para disputar a liderança do campo das direitas uruguaias na época.

---

22   Para uma maior informação a respeito do "complô Dubra", ver BARRAN e NAHUM, *La reacción imperial-conservadora (1911-1913)*, Montevideo: EBO, 1984; e VANGER, Milton, *El país modelo, José Batlle y Ordóñez (1907-1915)*, Montevideo: EBO, 1983.

23   Museo Histórico Nacional, Archivo Dr. Luis Alberto de Herrera, Tomo XXVI, Carpeta 3644, doc. 52 (Carta de Jorge Ponce de León a Herrera, de 18 de octubre de 1927). Nesta mesma data Carlos María Morales escrevia também a Herrera: "... o riverismo (tira proveito de tudo) para estender sua eterna cantilena contra o colegiado. (...) há aqueles que asseguram que o golpe de Estado acontecerá antes de 31 de dezembro". Tomo XXVI, Carpeta 3644, doc. 60 (Carta de Carlos María Morales a Herrera de outubro de 1927).

24   Corroborando de algum modo os vínculos estreitos entre o riverismo e o exército, nas eleições dos representantes nacionais de 29/11/1925, o Partido General Colorado Fructuoso Rivera em Montevidéu liderou um sub lema intitulado *"Por el Ejército y la Armada"*.

Chaves singulares (II): a fraqueza das ressonâncias do "primeiro fascismo" no Uruguai

Os anúncios de "golpe de leme" para a direita e o perigo latente de um motim militar muitas vezes criaram um clima de insegurança institucional no Uruguai da época. Para muitos analistas e atores da época, tudo parecia corresponder muito à ascensão do fascismo europeu e à onda de ditaduras na América Latina.

O consenso democrático, que depois de árduos esforços havia estado nos fundamentos próprios da reforma constitucional de 1919, mais cedo do que o previsto começou a corroer-se. A existência no país de um sistema político tão articulado em função de instâncias eleitorais quase anuais,[25] embora ajudasse a consolidar uma democracia pluralista, também contribuiu para gerar uma cena política muito instável e mutável.

Tudo isso reforçava uma certa sensação de fraqueza na opinião pública em relação ao regime institucional imperante, que foi nutrido e estimulado por aqueles que lutavam, de acordo com seus interesses e objetivos, por um "golpe de leme" na política do país. A "tela" da reforma constitucional como uma panaceia para os problemas nacionais lentamente começou a ganhar espaço novamente, retomando os argumentos para um governo "forte", "ágil" e "barato". Diante dessa crescente "inquietude" crescente entorno do tema institucional, o modelo das novas ditaduras europeias começou a ganhar adeptos.

Como ilustração precisa desse clima mais receptivo a tais desvios, disse um observador chamado Osvaldo Medina, em carta pessoal a Luis Alberto de Herrera, da Itália, em dezembro de 1927: "[...] ainda não sei em que dia posso entrevistar Mussolini, porque já fui anunciado através da embaixada argentina que antes do 1º dia do ano poderei conversar com esse homem maravilhoso que brilhantemente fez a Itália funcionar. Eu me dediquei a estudar os assuntos relacionados à sua política e acredite que agora estou plenamente consciente de sua enorme impor-

---

25 De acordo com o ritmo previsto na Constituição, em 14 anos de vigência houve 9 eleições. Uma forte frequência eleitoral foi deliberadamente buscada: estabeleceu-se a eleição do presidente e das autoridades departamentais a cada 4 anos, a renovação parcial por terços a cada dois anos do Conselho Nacional de Administração e do Senado e, finalmente, a renovação total da Câmara de Representantes a cada 3 anos.

tância. A verdade abriu meus olhos, fazendo-me acreditar em meu profundo pesar esta pergunta: Podemos nós uruguaios banir alguma vez a prejudicial demagogia batllista? Não seria possível colocar nosso país no caminho do trabalho através do mesmo procedimento fascista? Eu, como jornalista e espectador frio da política crioula, tiro essa única consequência: o Uruguai e a Argentina precisariam por 10 anos a abolição dos parlamentos, centros de vaidosa oratória, para se dedicarem a trabalhar seriamente no engrandecimento nacional".[26]

A instabilidade política e o questionamento institucional acrescentaram à existência de ambientes propícios à recepção ideológica do autoritarismo fascista: algumas faixas ultrarreacionárias dos setores empresariais, as frações mais direitistas dos partidos e os círculos golpistas do exército. As câmaras empresariais, que em 1916 e nos anos seguintes haviam optado pelo "democratismo" para frear efetivamente a "inquietude" do batllismo, viram-se confrontadas com o que chamaram de "loucura eleitoralista", essa pressão quase anual do eleitorado que poderia "empurrar" por novas reformas sociais. Por sua vez, em defesa dos mesmos interesses, certos setores ultristas da direita política aspiravam uma transformação no sentido autoritário do sistema político, que lhes permitiria uma hegemonização do mesmo que a própria dinâmica política uruguaia de então os impediam. Por último, como vimos, no Exército começavam a desenvolver-se cada vez com mais força os círculos golpistas. Desses ambientes emanaram os principais agentes desestabilizadores e ali foi que encontrou uma maior receptividade a ascensão do "primeiro fascimo" europeu.

Nesse contexto não é de se estranhar que começaram a surgir pronunciamentos favoráveis ao fascismo no interior dos próprios partidos. "Necessitamos um Mussolini",[27] gritou o convencional nacionalista Usabiaga Salas em 1924, em plena convenção de seu partido, provocando uma forte reação de parte de seus colegas. No entanto, cinco anos depois, outro político nacionalista, o então deputado herrerista Rogelio V. Mendiondo dizia no âmbito de uma discussão parlamentar com o deputado comunista Eugenio Gómez, certamente causan-

---

26 Museu Histórico Nacional. Archivo Dr. Luis Alberto de Herrera, Tomo XXVI, Carpeta 3644, doc. 93 (carta de Osvaldo Medina a Herrera de 25/12/1927).

27 El País, Montevideo, 24/04/1924, p.11. ("Versión taquigráfica de la Convención del Partido"). O convencional Usabiaga Salas respondia ao setor herrerista.

do grande comoção: "Me chama atenção que um Representante das chamadas tendências avançadas, venha a um Parlamento para inferir queixas gratuitas a um homem da estatura de Benito Mussolini. (Não apoiado, Sussurros). Benito Mussolini (...) é, sem sombra de dúvida, o homem mais extraordinário dos tempos modernos".[28]

Tampouco faltaram pronunciamentos de um teor similar no Partido Colorado.

> ... encontrei uma Itália próspera – disse em câmeras em 1929 o então deputado Pedro Manini Ríos, no retorno de uma viagem à Itália – e aparentemente feliz, tranquila, unanimemente com a adesão àquele governo que o devolvia (...) não só a prosperidade material, mas um sentimento nacional que lhe era absolutamente indispensável, sob pena de ir imediatamente para a desorganização social. (...) A Itália de hoje está completamente feliz com o regime de Benito Mussolini.[29]

A direita de ambos os partidos tradicionais mostrava seus primeiros reflexos frente ao surgimento desse "primeiro fascismo". No entanto, embora os ecos favoráveis não fossem escassos neste setor do espectro político nacional, não se pode dizer que o fascismo teria conquistado na época as simpatias do núcleo dominante das direitas uruguaias. O "vírus fascista" pegou, mas não muito profundamente, em primeiro lugar porque pouquíssimas pessoas não perceberam que as características da sociedade uruguaia ainda não deixavam espaço para movimentos ultradireitistas e nacionalistas, antiliberais e de projeção em massa.

Pode-se dizer então que em sua busca por hegemonizar a vida política nacional e de deslocar dali o batllismo, as direitas políticas uruguaias observaram com atenção o fenômeno da ascensão do primeiro fascismo do século 20. Até algumas figuras relevantes daquele espaço vieram extrair dessa fonte de fórmulas e exemplos. Mas não estavam estabelecidas as mínimas condições para que as agrupações políticas maioritárias das direitas uruguaias confirmassem uma "con-

---

28   Diario de Sesiones. Cámara de Representantes. T. 350, p. 510, 01/04/1929.

29   Diario de Sesiones. Cámara de Representantes. T. 350, p. 512 e 513. 01/04/1929.

versão" total e generalizada nessa direção. As ameaças à "ordem social" tampouco eram de caráter revolucionário e as disputas políticas e ideológicas no país não encontravam incentivos suficientes para transbordar os escopos da já estabelecida controvérsia entre as famílias ideológicas do 900. O "amortecimento", tão típico da sociedade uruguaia, também operava na recepção ideológica das doutrinas extremistas como o fascismo.

Algumas sugestões abertas

Como se pode ver, o caso uruguaio tem suas originalidades a respeito do que ocorre com a matriz inicial das direitas em outros países da América Latina. A prevalência nítida de um "liberalismo conservador" basicamente antijacobino, sem uma convergência frontal com o militarismo ou com a recepção ideológica majoritária do primeiro fascismo europeu, marcou em vários aspectos suas trajetórias posteriores. É sobre essa primeira plataforma que as diretas uruguaias vão se autoperceberem em contraste com a Revolução Russa e todos seus sucessores, em especial os sindicatos, os movimentos anarquistas e os partidos socialistas e depois comunistas, ainda que também a polaridade tenha sido levantada em resposta a movimentos "reformistas radicais" como o batllismo, ao que não casualmente apelidavam de "jacobinismo".

De qualquer forma, o estudo atento dessa primeira frágua inicial refere-se à necessidade – também imperiosa no caso uruguaio – de saber registrar com precisão o âmbito plural das direitas. Não eram a mesma coisa os "liberais conservadores" e os "nacionalistas antiliberais" de cunho filofascista, tampouco no Uruguai da chamada *siesta liberal* dos anos 1920. Essas últimas direitas nasceram no período da segunda pós-guerra e requerem genealogias mais precisas e documentadas. Nesse necessário discernimento de direitas no plural, desde o começo menos homogêneas e mais plurais, muito se discute sobre a profundidade de seu conhecimento histórico no Uruguai e na América Latina.

Anticomunistas e antirreformistas: os intelectuais de direita e a universidade na Argentina (1962-1974)

Laura Graciela Rodríguez[1]

Neste artigo analisaremos o conteúdo das principais obras referidas à universidade, escritas entre 1962 e 1974 por seis intelectuais argentinos pertencentes à extrema direita católica. Em geral, os analistas situam esses autores dentro do catolicismo intransigente ou tradicionalista que apoiou a repressão estatal aos universitários que foi executada com a chegada do sexto e último golpe de Estado de 24 de março de 1976. Mais especificamente, comentaremos os seguintes livros e artigos: *El problema universitario y el movimiento reformista* (1962) do advogado Francisco Vocos; *El comunismo en la universidad* (1962) do odontólogo Pedro Ferré; *La Universidad. Su esencia. Su vida. Su ambiente* (1964) do filósofo Alberto Caturelli; os artigos de Vocos e monsenhor Octavio N. Derisi aparecidos no livro *Hacia la nueva universidad* (1966) compilado por Derisi e *Naturaleza y vida de la Universidad* (1969) do mesmo autor; os artigos escritos em 1968 e 1973 pelo filósofo Carlos A. Sacheri; e *¿Hacia una nueva universidad?* (1968) e *La universidad en ruinas* (1974) do arquiteto Patricio Randle.

A seguir desenvolveremos, na primeira parte, o contexto geral no qual foram escritas essas obras. Em seguida, apresentaremos os textos em ordem cronológica e resenharemos as opiniões dos autores sobre: a) a origem da crise

---

1   Professora na Universidade Nacional de La Plata e pesquisadora do CONICET. Este artigo é parte do Projeto PICT 1428 "Profesionales, intelectuales y Estado. Análisis comparado de trayectorias y configuraciones sociales en la Argentina".

universitária e o estado atual dos centros universitários; b) a missão que a universidade deveria cumprir; c) qual era o lugar dos estudantes e professores; d) e as propostas que apresentaram. Observaremos que a maioria desses intelectuais situavam a origem da crise nos fatos sucedidos na Reforma Universitária de 1918, que associavam à Revolução Russa. Sobre a atualidade, acreditavam que o problema tinha se acentuado – sobretudo na Universidade Nacional de Buenos Aires [a partir de agora UBA] – com a implementação da legislação reformista de 1955. Mais da metade estava vinculado às recentemente criadas (1958) universidades privadas católicas, e coincidia, com base em sua experiência como docente nesses centros, que a missão da universidade deveria ser formar os estudantes em valores religiosos, rejeitava a participação dos alunos no governo e a implementação dos concursos docentes.

As medidas alternativas iam na direção de eliminar por completo os princípios reformistas e, como bons elitistas, eliminar também o que o peronismo tinha projetado: a entrada irrestrita e a gratuidade. Em suma, indicaremos que um item comum de uma parte da direita anticomunista argentina foi a de ser, simultaneamente, antirreformista e, no entanto, viam que a única maneira de deter o avanço do comunismo era fundar uma universidade pública afastada do reformismo.

Breve história da universidade argentina (1918-1955)

Os impulsores da Reforma Universitária de 1918 elaboraram uma agenda que propunha a implementação de um governo tripartido integrado por alunos, professores e graduados, um sistema de concursos públicos e abertos para ingresso de professores, e a assistência livre, entre outras questões. Ao mesmo tempo, os estudantes concordaram em manter as taxas que eram cobradas na universidade e os exames de entrada restritivos. Os especialistas notaram que no mesmo ano da Reforma começaram a se escutar críticas da parte dos conservadores e católicos às mudanças que tinham sido introduzidas, sobretudo com relação à participação estudantil no governo universitário e a instauração dos concursos docentes. Os católicos falavam já em 1918 do processo de "sovietização do movimento reformista" e por volta de 1920 se assegurava por meio da revista *Criterio* que as universidades tinham passado a ser ambientes subvertidos, desierarquizados e degradados pela política e a atividade eleitoral, e estavam em um estado de verdadeira anarquia.[2]

Os golpes de Estado de 1930 e 1943 tinham tentado modificar este estado das coisas, com resultados diversos. O segundo golpe de Estado de 1943 teve desde interventores nas universidades a católicos tradicionalistas como Jordán B. Genta na Universidade Nacional do Litoral. Genta disse, entre outras coisas, que a Reforma Universitária tinha sido "aproveitada pelos marxistas para criar as condições da subversão total do princípio de autoridade, a frivolidade nos estudos e a progressiva eliminação da responsabilidade", tudo o que tinha feito da Universidade "o instrumento eficacíssimo da conhecida tática comunista" que consistia em diminuir a inteligência e em "minar o caráter da classe dirigente".[3] Esse tipo de expressões e em especial sua gestão, geraram protestos generalizados e o presidente Farrell teve que cessá-los por decreto pouco tempo depois. O peronismo (1946-1955) diminuiu a autonomia mantendo a intervenção das universidades, e implementou duas medidas que contribuíram para a democratização do sistema: em 1949 declarou a gratuidade e em 1953 a entrada livre sem exame. Com a queda do presidente Juan D. Perón em setembro de 1955 começou um período, sobretudo em algumas faculdades da Universidade Nacional de Buenos Aires (UBA), que os reformistas e certos analistas denominaram "a idade de ouro da universidade", logo depois da implementação do Decreto 6403 de 1955 que permitiu colocar em prática os princípios da Reforma como nunca se tinha feito. Simultaneamente, a norma permitia a criação de universidades privadas. Depois de um período de lutas conhecidas como "laica ou livre", em 1958 os centros universitários privados foram autorizados a funcionar.

---

2   BUCHBINDER, Pablo. *Historia de las Universidades Argentinas*. Buenos Aires: Sudamericana, 2005; MAURO, Diego. "Los católicos frente a la reforma universitaria (1917-1922)". In: MAURO, Diego e ZANCA, José (Coord.) *La reforma universitaria cuestionada*, Rosario: HyA ediciones, 2018, p. 21-46. ECHEVERRÍA, Olga. "El proceso de la Reforma Universitaria como preocupación de la derecha nacionalista: entre el rechazo a la democratización y el anticomunismo (décadas de 1920 y 1930)". In: MAURO, Diego e ZANCA, José (Coord.) *La reforma universitaria cuestionada*. Rosario: HyA ediciones, 2018, p. 67-108.

3   GENTA, Jordán B. *Acerca de la libertad de enseñar y de la enseñanza de la libertad*. Buenos Aires: Grafica de Amilcar Sapere, 1945, p. 71.

Entre as décadas de 1950 e 1960, o contexto internacional esteve marcado por feitos tais como a Guerra Fria, a Revolução Cubana, o Maio Francês, o Concílio Vaticano II e a II Conferência do Conselho Episcopal Latino-americano (CELAM), que contribuíram em parte, à radicalização de um setor da juventude, tanto na Argentina como em outros países. Em um movimento paralelo, ia adquirindo um peso cada vez maior entre os membros das Forças Armadas a doutrina de segurança nacional, que os levou a visualizar a universidade e sobretudo algumas faculdades, como "centros de infiltração revolucionária". O historiador Pablo Buchbinder ilustra que em 1964 um alto funcionário militar sustentava, logo depois de uma operação antiguerrilheira na província de Salta, que a primeira etapa da guerra revolucionária contemplava a infiltração nas universidades; e em junho do mesmo ano, um comandante da Gendarmeria Nacional afirmou, referindo-se ao possível surgimento de novos grupos guerrilheiros, que a Faculdade de Filosofia e Letras da UBA era o "centro de ligação e conexão de tais grupos".[4]

O quinto golpe de Estado de 1966, encabeçado pelo general Juan C. Onganía suprimiu por Decreto-lei o governo tripartido, dissolveu os Conselhos Superiores e interveio nas universidades. Ocorreram graves episódios em diferentes faculdades, mas se destacou a repressão dentro da Faculdade de Ciências Exatas conhecida como a "noite dos bastões longos". A violência entre grupos de direita e esquerda constituído por civis, policias e militares foi crescendo e na chegada do peronismo ao poder (1973-1976), a escalada continuou aumentando. Intervieram novamente todas as universidades, impôs-se um sistema de porcentagens por carreira e a autonomia se viu cada vez mais cerceada. No meio desse processo, novas universidades foram sendo criadas a partir de 1971, passando de 8 a 26. Com o golpe de 1976, os centros universitários se viram particularmente afetados e um setor importante de estudantes, professores e trabalhadores, sobretudo das universidades de Buenos Aires e La Plata, acabaram sendo vítimas diretas do terrorismo de Estado.[5]

---

4 BUCHBINDER, Pablo. *Historia de las Universidades Argentina*. Buenos Aires: Sudamericana.

5 O detalhe do acontecimento nas universidades nesses anos está em RODRÍGUEZ, Laura Graciela. *Universidad, peronismo y dictadura (1973-1983)*. Buenos Aires: Prometeo, 2015.

Os reformistas e o comunismo na universidade

Em 1962 foi publicado o livro *El problema universitario y el movimiento reformista* de Francisco Vocos. O autor era oriundo da cidade de Córdoba, egresso da universidade nessa cidade, exerceu os cargos de juiz de paz, agente fiscal, membro do poder judiciário criminal e ministro de Fazenda. Foi professor no Colégio de Montserrat, na Escola Superior de Comércio e na Universidade Nacional de Córdoba, até que renunciou para radicar-se na Capital Federal. Ali seguiu sua carreira judicial na Câmara Federal de Apelações e ingressou como professor na Universidade Católica Argentina [a partir de agora UCA]. Escrevia no jornal *Los Principios* de Córdoba e nas revistas *Presencia, Nuestro Tiempo, Verbo* e *Roma*.[6]

O livro *El problema...* perseguia o propósito de que a população conhecesse o que "realmente" tinha sido a Reforma Universitária.[7] Começava relatando sua experiência pessoal como estudante do colégio "Santo Tomás de Aquino" e da Faculdade de Direito da Universidade Nacional de Córdoba, relembrando que quando estava no ensino médio tinha presenciado "os destroços" ocasionados pelos reformistas em 1918, e que uma vez fora da Faculdade teve que buscar auxílio pela "eclética formação" que tinha recebido. Finalmente, dizia, encontrou um "verdadeiro mestre": o advogado tomista Luis Guillermo Martínez Villada – fundador com Nimio de Aquín do Instituto "Santo Tomás de Aquino", quem refez todo a ordem de seus estudos dentro da "doutrina tradicional".[8]

---

6   Sobre *Verbo* e *Roma* ver, entre outros, SCIRICA, Elena. "Intransigencia y tradicionalismo en el catolicismo argentino de los años sesenta. Los casos de *Verbo* y *Roma*". In TOURIS, Claudia e CEVA, Mariela (Compos.) *Los avatares de la nación católica. Cambios y permanencias en el campo religioso de la Argentina contemporánea*. Buenos Aires: Biblos, 2012, p. 129-146.

7   VOCOS, Francisco. *El problema universitario y el movimiento reformista*. Buenos Aires: Huemul, 1962. Para não sobrecarregar a escrita com aspas e citações de páginas, em todos os casos estamos nos referindo ao conteúdo do texto analisado.

8   O historiador Enrique Zuleta Álvarez assinala que desde o princípio do século XX se organizaram dois centros principais de irradiação do pensamento católico na Argentina e um deles era o de Córdoba sob a condução de Martínez Villada, quem aderia, também, o pensamento contrarrevolucionário de Charles Maurras. ZULETA ÁLVAREZ, Enrique. *El nacionalismo argentino*. Tomo 1. Buenos Aires: La Bastilla, 1969.

Essa doutrina, explicava, definia a universidade como uma reunião de professores e alunos unidos espiritualmente pelo amor à Verdade que era Cristo Redentor. Do aluno se esperava vocação intelectual e espírito de sacrifício, que deveria ser traduzido em estudo e disciplina, dentro de um ambiente de serenidade, concórdia, ordem e paz. Essa Universidade exemplar, remarcava, era a antítese absoluta da luta que propunha a Reforma Universitária. Na sequência, Vocos detalhava os "graus da queda" da universidade no Ocidente e na Argentina, que eram cinco: Universidade filosófica, Universidade científica, Universidade profissional, Universidade burocrática-política e Universidade revolucionária ou reformista. Advertia que as "verdadeiras" universidades eram somente a primeira e em parte a segunda, quando dependiam da Igreja. A origem da queda, considerava, deu-se quando os centros universitários passaram a estar sob a órbita do Estado e os estudantes começaram a concorrer apenas para obter um título que lhes permitisse ganhar dinheiro. De qualquer forma, dizia, a completa desnaturalização da universidade se produziu com a geração de '18, que foi produto direto do processo de descristianização do país. A Universidade na concepção reformista - comunista, sintetizava, assumia uma missão diretamente política e se convertia em uma progressão para uma revolução.

Com relação aos estudantes, Vocos sustentava que o verdadeiro aluno era um jovem que desejava aprender, buscar a Verdade e o Saber e nutrir-se intelectualmente; era responsável, humilde, reconhecia suas limitações, sometia-se à disciplina do estudo e entendia que o governo universitário correspondia à ciência e experiência dos mais velhos. Esclarecia que acontecia o contrário com o estudante reformista, a quem não lhe preocupava o saber, estava consagrado à revolução social e à conquista do poder político, não respeitava ninguém porque se considerava superior a todos, não sentia obrigação moral, subordinava toda a atividade estudantil às conveniências da ação política e proclamava a necessidade de adquirir hábitos de luta e de ação violenta. Do lado das propostas, o advogado cordovês enumerava algumas soluções para o problema dos estudantes: tinha que banir o regime de assistência livre aos teóricos que a Reforma tinha estabelecido e obrigá-los a assistir às aulas. Paralelamente, deveria ser instaurado um regime de disciplina que garantisse o respeito, a ordem e a tranquilidade, e que punisse o indisciplinado, o anarquista, ou simplesmente o "folgado ou preguiçoso". Todos eles deviam ser "eliminados sem contemplações" da vida universitária para conseguir, assim, "o caminho da sua plenitude".

Sobre os professores, o autor afirmava que o verdadeiro docente consagrava sua vida ao ensino da Verdade e do Bem. O professor era superior ao aluno e, por tanto, era alguém a quem se deveria amar, honrar, reverenciar e obedecer. Em oposição, o professor reformista não era o sábio nem o homem de ciência, mas necessitava ser o caudilho, um homem capaz de dirigir e enaltecer as massas estudantis para a revolução social. Essa situação se solucionava, segundo Vocos, realizando uma "depuração moral" do professorado, fiscalizando a idoneidade, laboriosidade e a eficácia na tarefa. Resultava absolutamente indispensável, seguia, "eliminar sem contemplações" todos os casos escandalosos que existiam nas universidades: concubinários, bígamos, invertidos, embriagados e jogadores. Todos eles, concluía, produziam dano e perniciosos efeitos na alma dos jovens, além de ressentir o espírito da disciplina.

Nesse mesmo ano, o ex-decano da Faculdade de Odontologia da UBA, Pedro Ferré, no extenso escrito chamado *El comunismo en la universidad* (1962) se dedicava a denunciar o avanço do comunismo em diferentes Faculdades da UBA, La Plata e Tucumán, ao mesmo tempo que relatava suas vivências de quando era decano.[9] Em 1959, ele e seu grupo publicaram cartazes em apoio a sua gestão em que se perguntavam "Contra o que a Faculdade de Odontologia de Buenos Aires luta? Contra o monopólio ideológico das bolsas. Contra o terrorismo. Contra os organizadores do caos institucional. Contra o avassalamento dos princípios democráticos".[10] Relembrava que enquanto nas outras Faculdades se realizavam atos por Fidel Castro, na Faculdade de Odontologia se davam conferências que versavam sobre "O espírito de Maio frente ao comunismo". Finalmente, admitia, decidiu renunciar como professor titular da Faculdade em 1960, deixando claro que não desejava seguir pertencendo a uma instituição que alentava procedimentos totalitários de tipo marxista.

---

9   FERRÉ, Pedro. *El comunismo en la universidad*. Buenos Aires: s/e, 1962. Não pudemos obter mais dados da trajetória prévia do autor.

10   *Ibidem*, p. 15.

O ex-decano transcrevia uma série de artigos jornalísticos que mostravam a penetração comunista, como a nota publicada no jornal *Avance* de Miami (Estados Unidos) escrita pelo jornalista especializado Andrés Bonafina Dorrego.[11] O jornalista sustentava que, produzida a façanha da "Libertadora", a intervenção da UBA foi exercida por José Luis Romero, quem constituiu um eficacíssimo e disfarçado instrumento da penetração comunista. Mais à frente, Ferré fazia suas as palavras de Bonafina Dorrego, que reafirmava que outra característica dos marxistas era o ódio antimilitarista e nos últimos anos, a ação pró-elitista a favor do comunismo russo e do regime de Fidel Castro.

Ferré citava também três notas publicadas no jornal *La Prensa*. A primeira era um artigo da "Federação de Associações de Formados da UBA" de 17 de abril de 1961, cujos integrantes se lamentavam pelo grau de subversão de valores ao qual se tinha chegado na universidade. A segunda era um editorial de 9 de maio de 1961 intitulado "Infiltração totalitária na educação pública". Ali se afirmava que uma professora tinha sido denunciada de comunista por um padre, e se advertia que tanto na UBA como em todas as universidades do país, a infiltração comunista era intensa e permanente. A terceira nota era de 17 de abril de 1962 cuja manchete dizia: "A ação do comunismo é denunciada em uma entidade universitária". Referia-se a um comunicado da Liga de Estudantes Humanistas de Tucumán que acusava o presidente da Federação Universitária do Norte de ser comunista. De outro jornal, *La Razón*, Ferré transcrevia um artigo datado em 7 de maio intitulado "O comunismo na universidade" no qual a Federação Universitária de Estudantes Livres da UNLP denunciava a infiltração comunista naquela casa e, em particular, na FULP, integrada, asseguravam, por ideólogos e ativistas vinculados ao marxismo em suas versões comunista, trotskista e socialista argentino, ou seja, "o Soviete".

---

11 Bonafina Dorrego publicou o *Comunismo en la Universidad de Buenos Aires* pelo Serviço de Imprensa do Movimento Civil Anticomunista em 1962. O autor foi vítima do terrorismo de Estado e atualmente está desaparecido. Um analista sustenta que estava ligado aos grupos anticastristas de Miami e à CIA e que fez desaparecer o almirante Massera, ver BOZZA, Juan Alberto. "La sombra de la Revolución Cubana. Anticomunismo y nueva izquierda en la Argentina de los primeros sesenta". *IX Jornadas de Sociología de la UNLP*, La Plata: Universidad Nacional de La Plata, 2016.

A essência da Universidade e o modelo a seguir: a Universidade Católica

No marco dos trezentos e cinquenta anos da Universidade de Córdoba o filósofo tomista Alberto Caturelli publicou em 1964 *La Universidad. Su esencia. Su vida. Su ambiente*, livro que teria escrito em novembro de 1962.[12] Alberto Caturelli era oriundo da província de Córdoba, licenciado em Filosofia (1949) e doutor pela Universidade Nacional de Córdoba (1953), da qual era professor desde 1953. Autor prolífico, era também pesquisador de carreira do Conicet e normalmente publicava em *Roma, Verbo, Mikael* e na revista *Universitas* da UCA, cujo diretor era o monsenhor Derisi.

Em seu livro de 1964 definia a Universidade como a corporação de estudantes e professores, que pela pesquisa e pela docência se ordenavam à Sabedoria e à contemplação da Verdade. Ou seja, o verdadeiro estudante ingressava na Universidade porque sentia o chamado ou vocação de certa verdade pré-conhecida obscuramente, diferentemente daqueles que assistiam porque pretendiam somente obter um título e não tinham nem vocação nem eram universitários no sentido estrito. Com respeito ao professor, sustentava que era intrínseco à sua natureza exercer as ações de pesquisas, docência e contemplação, apesar de que os dois primeiros se encontravam subordinados ao terceiro e por isso os professores constituíam uma elite do pensamento comprometido com a contemplação da verdade. A Universidade, advertia, não podia ser aberta ao povo, já que deveriam ingressar a ela não os que queriam, e sim os mais aptos. Ao terminar, fazia uma referência à autonomia universitária. O Estado, explicava, deveria se subordinar ao homem que reverenciava a Deus, enquanto a Universidade era pré-estatal quanto a sua origem e supra estatal quanto a sua ecumenicidade essencial. Assim, a Universidade emergia da sociedade, não do Estado e este deveria reconhecê-la. As fundações de universidades por decreto, apontava, eram uma "coisa deplorável" porque nem sempre respondiam às necessidades reais da sociedade.

---

12 CATURELLI, Alberto. *La Universidad. Su esencia. Su vida. Su ambiente.* Córdoba: Universidade Nacional de Córdoba, 1964. É preciso esclarecer que como em todos os textos, as palavras "verdade", "universidade" ou "sabedoria" estão transcritas fielmente do original: em algumas ocasiões aparecem com maiúscula e em outras com minúscula.

Em 1966, o reitor da UCA, monsenhor Octavio N. Derisi junto com outros, publicou uma compilação chamada *Hacia la nueva universidad*. Reconhecido por Caturelli como seu "mestre", Derisi era nesse momento um especialista em tomismo com prestígio a nível internacional. Entre 1934 e 1938, tinha realizado estudos de doutorado na Faculdade de Filosofia e Letras da Universidade de Buenos Aires (UBA), recebendo um prêmio pela melhor tese de doutorado. Em 1943 obteve por concurso o cargo de professor na Faculdade de Filosofia e Letras da UBA. Em 1945, recebeu um Primeiro Prêmio Nacional de Filosofia e durante esses anos colaborava com as revistas *Criterio, Estudios, Sol y Luna* e *Ortodoxia*. Durante o peronismo, conseguiu uma importante inserção dentro do ambiente universitário: na Universidade Nacional de La Plata foi diretor do Instituto de Filosofia, da *Revista de Filosofía* e professor titular. Em julho de 1946 saiu o primeiro número da revista *Sapientia*, da qual foi seu diretor e em 1948 ajudou a fundar a "Sociedade Tomista Argentina". Em 1953, foi designado monsenhor e nos últimos meses do governo de Perón foi obrigado a renunciar a seus cargos na Universidade Nacional de La Plata. Em 1958, deu por inaugurada oficialmente uma das primeiras universidades privadas do país, a UCA, que recebeu o aval do Vaticano convertendo-a em Pontifícia.

O livro de 1966 era resultado de um ciclo de conferências organizado entre maio e junho de 1964 pela Federação de Estudantes da UCA e patrocinado pelo Instituto de Cultura e Extensão Universitária da mesma universidade.[13] Como já mencionamos, faremos apenas uma breve referência aos textos de Derisi e Vocos. Na mesma linha argumental que seus colegas católicos, para Derisi a Universidade tinha como fim fundamental o cultivo da verdade em todas as suas ordens: técnica, científica, filosófica e teológica.[14] No entanto, a último resultava a mais relevante: a formação que brindava a Universidade, esclarecia, fazia com que fosse mais importante ser bons homens e cristãos, antes que grandes advogados ou engenheiros. Por sua vez, Vocos resumia um trabalho

---

13   Escreviam Derisi, Vocos, Juan C. J. Perruel, Tomás Casares, Guillermo Gallardo, Guido Soaje Ramos, Santiago de Estrada, o Presbítero Domingo Basso e Roberto Punte. O livro continha no final um apêndice com os escritos de Paulo VI sobre a Universidade.

14   DERISI, Octavio N. "Los fines de la Universidad", em DERISI, Octavio N., *et al.* (Comp.) *Hacia la nueva universidad*. Buenos Aires: Ed. Hombre- Vida, 1964, p. 17-24.

publicado na revista *Verbo* (N. 43) sobre "A Reforma Universitária".[15] Ali afirmava que a Universidade Católica constituía um primeiro passo para a recuperação no país, de uma autêntica vida universitária. Nesse texto estabelecia que as duas reivindicações fundamentais do reformismo eram: a) assistência livre e b) a ingerência estudantil no governo da Universidade. Com respeito ao primeiro, assegurava que os reformistas tinham rompido a ordem submetendo o professor à ameaça permanente do absenteísmo e erigindo em juízo do saber precisamente a quem não sabia: o aluno. E o pior, reclamava, era que o absenteísmo não se exercia contra os professores que pareciam negligentes ou incapazes, mas contra aqueles que eram tidos por inimigos do reformismo. De forma oposta, ilustrava, a Universidade Católica tinha implantado a assistência obrigatória, como contraprova da experiência reformista. Sobre a participação estudantil no governo, repetia que não correspondia, porque os centros universitários tinham se tornado em centros políticos onde se praticava um cru e inescrupuloso eleitoralismo. Esclarecia que na Universidade Católica não existia o cogoverno e por isso, os jovens colocavam seu máximo esforço em conseguir um clima de estudo, de aspiração sincera à Verdade e de compromisso vital com o Saber. Em 1969 Derisi publicou *Naturaleza y vida de la Universidad*.[16] Ali citava a definição sobre Universidade que dava Caturelli em seu livro e acrescentava que esta não era uma instituição ordenada à ação, à prática ou ao utilitarismo, mas que estava interessada na revelação da Verdade infinita de Deus. Se declarava contra a participação dos alunos no governo, da realização de concursos públicos e justificava a intervenção nas universidades públicas.

O grupo *Verbo*: um programa para a ação

Carlos A. Sacheri era advogado pela UBA (1957), em 1961 ganhou uma bolsa para estudar licenciatura em Filosofia e doutorado em Filosofia (1968)

---

15 VOCOS, Francisco. "Hacia la verdadera Universidad". Em DERISI, Octavio N. *et. al.* (Comp.) *Hacia la nueva universidad.* Buenos Aires: Ed. Hombre- Vida, 1964, p. 69-86.

16 DERISI, Octavio N. *Naturaleza y vida de la Universidad.* Buenos Aires: Eudeba, 1969. Uma análise mais detalhada deste livro se encontra em RODRÍGUEZ, Laura Graciela. "Los católicos en la universidad: monseñor Derisi y la UCA". *Estudios del ISHIR*, vol. 3, n. 7, 2013, p. 79-93.

na Universidade de Laval de Quebec. Era professor da UCA, da UBA e tinha sido nomeado secretário científico do Conicet. Em 1970 publicou *La Iglesia Clandestina*, livro que foi um sucesso de vendas tanto no país como no exterior. Ali denunciava com nomes e sobrenomes a "subversão e a infiltração marxista" na Igreja Católica. Discípulo do sacerdote Julio Meinvielle, Sacheri tinha interesse em formar as elites para mudar a ordem das coisas e seus admiradores o consideravam um orador "fervoroso" e carismático. Naqueles anos passou a ser um importante referente do grupo *Ciudad Católica* na Argentina, difundia suas ideias através da revista oficial *Verbo* (Buenos Aires) e coordenava o Instituto de Promoção Social Argentina (IPSA).[17] Em maio de 1971 o jornal *La Nueva Provincia* deu início à publicação de uma série de 50 notas escritas por Sacheri sobre o tema "A Igreja e o Social". Devido, em parte, à virulência de seus ataques à esquerda, Sacheri foi assassinado no dia 22 de dezembro de 1974, aparentemente por um grupo guerrilheiro.

De sua vasta obra selecionamos dois artigos de 1968 e 1973, que são os que melhor sintetizam seu programa de ação para a Universidade. No primeiro artigo publicado na *Verbo*, Sacheri afirmava que o movimento da Reforma Universitária iniciado em 1918 tinha sido impulsionado pelos admiradores da Revolução Russa.[18] De acordo com a sua interpretação, um comum sentimento laicista e anticlerical, a repulsa à unidade hispânica, o revanchismo anti-ianque, o ódio à tradição e ao sagrado e o antimilitarismo unia os reformistas. A

---

17 Sobre a revista *Verbo* e seu programa de ação, ver SCIRICA, Elena. "Visión religiosa y acción política. El caso de Ciudad Católica – Verbo en la Argentina de los años sesenta". *PROHAL*, vol. 2, Buenos Aires, n. 2, 2010, p. 26-56; SCIRICA, Elena. "Un embate virulento contra el clero tercermundista. Carlos Sacheri y su cruzada contra *La Iglesia Clandestina*", *Anuario del Centro de Estudios Históricos*, Córdoba, n. 10, 2010, p. 283-301; RANALLETTI, Mario. "Jean Ousset y el catolicismo intransigente argentino (1954-1976)". *II Jornadas Catolicismo y sociedad de masas en la Argentina del siglo XX*. Buenos Aires, UCA, 2010.

18 De autoria desconhecida: "Estudiantes: ¿qué hacer?", *Verbo*, Buenos Aires, n. 82, 1968, p. 61-67. Damos por certas as versões que indicam que foi escrito por Sacheri, sobretudo pelo tom e a linguagem empregados. Sacheri escreveu outros artigos sobre a universidade entre 1968 e outubro de 1974. Disponível em http://sacheridigital.blogspot.com.ar/p/obras.html. Acesso em: 1 abr. 2017.

universidade reformista tinha produzido, afirmava, uma nova classe dirigente em toda a Hispano-América que alternou a cátedra com o comitê ou a guerrilha. Perguntava-se, então, o que fazer para serem eficazes sem apartar-se da Ortodoxia. Em primeiro lugar, informava que a *Verbo* não era uma ação de massas, não se tratava de criar novos movimentos estudantis, mas sim de influenciar os já existentes que mais se aproximassem à boa Doutrina. Os animadores dessa empresa de restauração social, seguia, deveriam levar adiante uma verdadeira ação capilar, resultando conveniente reunir periodicamente os dirigentes sãos e constituir com eles uma cédula de ação doutrinal. Nessas reuniões aconselhava difundir a revista *Verbo* e dar aos futuros dirigentes o livro de Jean Ousset, *Para que Él reine*, entre outros, a fim de que tivessem uma sucinta ideia de estruturação da sociedade à luz da Ordem Natural. Esses integrantes da cédula, ordenava, deveriam participar dos Exercícios Espirituais de Santo Ignacio, onde encontrariam os elementos necessários para encarar sua reforma de vida, passo necessário para o desenvolvimento de uma ação política a serviço de Deus.[19] Terminava chamando os estudantes a travarem a batalha para instaurar-se tudo em Cristo.[20] Em seu outro artigo escrito em 1973, Sacheri radicalizava sua proposta, sustentando que se os universitários católicos não estavam dispostos a deixar correr seu próprio sangue em uma militância heroica, a Argentina seria marxista e não católica. Toda a situação presente, finalizava, deveria ser superada com uma militância que portasse as verdadeiras armas da Justiça: de aço e afiadas na ponta.[21]

---

19 Sobre esses Exercícios, ver RANALLETTI, Mario. "Contrainsurgencia, catolicismo intransigente...", *op. cit.* Sobre a proposta de Sacheri para a universidade, ver também SCIRICA, Elena. "Educación y guerra contrarrevolucionaria. Una propuesta de Ciudad Católica-*Verbo*". *Clio & Asociados. La historia enseñada,* Santa Fe, n. 11, 2007, p.119-140.

20 Em 1970 Sacheri tinha ditado uma conferência onde se explanava extensamente sobre o comunismo na UBA. SACHERI, Carlos. "La formación de recursos humanos como medio de acelerar la ocupación ideológica (Conferencia dictada en 1970)". *Verbo,* Buenos Aires, n. 209, 1980, p. 17-30. Sobre o conteúdo completo desse artigo, ver RODRÍGUEZ, Laura Graciela. "La subversión científica en las universidades de Argentina e Hispanoamérica", *Nouveaux Monde. Mondes Nouveaux. CERMA-Ecole des Hautes Etudes en Sciences Sociales,* 2016. Disponível em https://nuevomundo.revues.org/68862#entries. Acesso em: 5 dez. 2016.

21 "El universitario frente la doctrina marxista", conferência pronunciada em 9 de junho de 1973 na Jornada de Estudos sobre o Marxismo que organizaram o Círculo de Ação

Propostas para mudar a universidade

O arquiteto Patricio Randle escreveu *¿Hacia una nueva universidad?* (1968) onde contribuiu com ideias para trocar o regime de funcionamento das universidades nacionais e em particular o da UBA.[22] Randle era arquiteto graduado na Universidade de Buenos Aires (1950). Autor de numerosos livros e artigos, tinha se especializado em Geografia, ganhou várias bolsas e prêmios, era professor titular da Faculdade de Arquitetura e Urbanismo da UBA, bolsista do Conicet (1961), diretor da Fundação Argentina na Cidade Internacional da Universidade de Paris (1966-1969), assessor técnico na Delegação Argentina da Unesco (1966-1969) e vogal da Sociedade Argentina de Estudos Geográficos. Escrevia em *Universitas, Verbo, Mikael, Cabildo* e nos jornais *La Prensa* e *La Nación*, entre outros.[23]

Em seu livro de 1968 relatava que havia estado em Paris quando ocorreram as manifestações de "terrorismo cultural" de maio e junho. Esse fato o fez perceber que a Universidade estava em crise não apenas na Argentina, mas em todo o mundo. Acreditava que a essência do problema universitário argentino – e da UBA em particular – resumia se em dois pontos chave: 1) a inflação do número de estudantes e 2) a inflação do volume de conhecimentos com que se trabalhava, que produzia uma hiperespecialização. Esses dois problemas, dizia, tinham a sua origem no forte conteúdo ideológico da Reforma de 1918, atualizada em 1955. Com respeito à primeira questão, sustentava que o acesso ilimitado à Universidade era um desastre nacional, entre muitos aspectos, porque se formava um proletariado universitário que atentava contra a hierarquia, as normas éticas e a dignidade das profissões

---

Universitária e a Agrupamento Missão. Publicado postumamente em *Verbo*, n. 243, 1984, p. 28-49.

22 RANDLE, Patricio. *¿Hacia una nueva universidad?* Buenos Aires: Eudeba, 1968.

23 Sobre *Cabildo*, ver, entre outros, SABORIDO, Jorge. "El nacionalismo argentino en los años de plomo (1976- 1983)". *Anuario de Estudios Americanos*, Buenos Aires, n° 62, 2005, p. 235-270; ORBE, Patricia. "Entre mitines y misas: la revista Cabildo y la red de sociabilidad nacionalista católica (1973-1976)", comunicação apresentada em *IV Jornadas de Historia Política*, Bahía Blanca, 30 septiembre al 2 octubre, 2009. Sobre *Mikael*, ver RODRÍGUEZ, Laura Graciela. "El "marxismo" y la universidad en la revista *Mikael* (1973-1984)". *Ciencia, docencia y tecnología*, Paraná, n° 45, 2012, p. 147-162.

universitárias, estabelecendo-se uma verdadeira concorrência comercial baseada na crua relação entre oferta e demanda e da qual se beneficiava injustamente o empregador, fossem os serviços públicos, as empresas privadas ou particulares. Em consequência, propunha que se restringisse o acesso dos aspirantes mediante a implementação de um exame para ingresso eliminatório e, posteriormente, que se estabelecesse uma taxa para os estudantes que pudessem pagá-la e um sistema de bolsas para os que tinham pouco recurso.

Seu outro livro, *La universidad en ruinas* (1974), era uma compilação de artigos curtos que havia publicado em setembro de 1970 e o resto entre 1973 e dezembro de 1974 nas revistas e jornais: *Tiempo Político, Economic Survey, La Prensa, La Nación, Mikael* e *Cabildo*.[24] Nesses textos Randle usava um tom muito mais crítico e agressivo que no seu livro anterior, ao qual qualificava de "ingênuo". Na apresentação afirmava que a situação universitária tinha atingido definitivamente o fundo do poço porque a Universidade tinha se convertido em um comitê político, uma escola de doutrinamento e um centro de treinamento guerrilheiro. Manifestava sua rejeição à criação de novas universidades, cujo futuro considerava incerto. A subversão especializada, denunciava, facilitava a desnacionalização e a descristianização dos espíritos, colocando em sério perigo a razão de ser da Pátria. O autor resumia seu plano: a Universidade deveria estar contra a massificação, contra a politização e contra a profissionalização. Randle assegurava que um produto da Reforma de 1918 foi a invenção dos concursos docentes. Explicava que nem em Oxford, Cambridge, Harvard ou Yale se fornecia cargos por concurso público. Na Argentina, continuava, o procedimento dos concursos era uma mera fachada para incorporar os titulares e isso era uma indignidade que minava a saúde moral da Universidade, já que as designações assim feitas somente respondiam a tramas de interesses extrauniversitários. O sistema de concursos era responsável, em boa parte, pela absurda politização estéril que a Universidade argentina vivia desde 1918.

Em outro artigo, o arquiteto apresentava um "Manifesto estudantil apócrifo" escrito por ele, que, conforme esclarecia, tinha tentado que fosse publicado

---

24 RANDLE, Patricio. *La universidad en ruinas. Indagar su crisis es el mejor método para reconstruirla.* Buenos Aires: Almena, 1974.

em dois jornais, mas o tinham rejeitado (agosto de 1974). Era seu escrito mais radical em termos propositivos, onde se apresentava como um professor universitário nacionalista que tinha sido substituído da UBA por essa causa em 1973. Randle acreditava que o Manifesto expressava as aspirações sustentadas pelo alunado responsável e sério, que, por causa do terror intelectual imperante nas universidades, não podia pronunciar-se de uma maneira orgânica. Tinha escrito, informava, porque graças à estratégia triunfante do comunismo internacional que fundou essa Universidade liberal que nasceu com a Reforma Universitária pro-marxista de 1918, uma maioria silenciosa, vencida, fraca e covarde, deixou consolidar essa tendência em 1955 e finalmente se entregou sem resistir em 25 de maio de 1973 com a cumplicidade do peronismo, que nesta matéria tinha demonstrado ter uma legendária falta de visão, que não se conectava com seu proverbial anticomunismo sindical.

No "Manifesto...", os supostos estudantes imaginados por Randle, diziam querer terminar com a politização opressiva que padeciam as universidades impulsionadas pela subversão antinacional e o marxismo revolucionário; fazer com que se volte à Universidade a sede natural dos mesmos valores culturais e morais que ela mesma tinha consolidado na Idade Média e que eram os ideais do mundo ocidental e cristão ao qual pertenciam de fato, por tradição e vontade nacional; eliminar todo sistema eleitoral dentro da Universidade e afirmar uma hierarquia própria dos integrantes da Universidade, semelhante à que era co-natural na Igreja e nas Forças Armadas, instituições sociologicamente falando, gêmeas entre si; opor-se à participação dos graduados ou dos empregados no governo da Universidade; manifestar-se contra a institucionalização da política estudantil e de ter voto no corpo diretivo universitário, limitando-se a fazer ouvir a voz estudantil. Dos professores, Randle dizia que os estudantes queriam professores que gozassem de estabilidade no cargo, que não estivessem submetidos às "indignidades" de concursos sucessivos ao longo de sua carreira e que apenas encobriam manobras de baixa política; e rejeitavam ser ensinados por auxiliares docentes escolhidos às pressas para encher necessidades originadas no ingresso massivo. No ponto seguinte, o autor manifestava que os universitários rejeitavam a demagogia, o ingresso massivo e irrestrito porque a massa indiscriminada nivelava tudo por baixo; e exigiam que se fixasse, cada ano, uma porcentagem de ingresso segundo uma política realista e responsável.

Em outro trabalho publicado na *La universidad en ruinas*, explicava que as universidades privadas deveriam ser subvencionadas pelo Estado, assim como as escolas primárias e secundárias. Era hora, apontava, de superar a falsa oposição entre universidade privada e nacional que na dialética marxista jogava um papel tão preponderante como perverso, assim como rejeitar o fato de que era o Estado o que deveria ter o monopólio de conceder os títulos habilitantes.

Reflexões finais

Neste artigo resumimos o conteúdo de livros e artigos que seis intelectuais do catolicismo intransigente entre 1962 e 1974 escreveram. Em linhas gerais, mostramos que esses intelectuais estiveram longe de limitar-se a denunciar o comunismo na universidade, mas sim que ofereceram um diagnóstico detalhado da crise universitária – cujos marcos eram 1918 e 1955 – e ofereceram uma proposta de melhoria. Como seu modelo era a universidade católica, acreditavam que a única maneira de frear o comunismo naqueles anos era refundar uma universidade pública contrária aos princípios reformistas e, a partir de sua visão elitista, eliminar as duas medidas que o peronismo tinha implementado: a gratuidade e o ingresso irrestrito. Também vimos como esses intelectuais, quando se referiam à universidade, combinavam o anticomunismo com o antirreformismo, apesar de que dependendo do momento ou do autor, argumentavam nos dois sentidos ou mesmo se concentravam em um mais que no outro.

Do mesmo modo, em relação a suas trajetórias, observamos que quatro tinham sua formação de graduação ou pós-graduação na UBA (Ferré, Randle, Sacheri e Derisi) e dois eram da Universidade Nacional de Córdoba (Vocos e Caturelli). Mais da metade estava ligado à UCA dando aulas ou participando da revista oficial *Universitas*: o próprio reitor Derisi, Vocos, Caturelli e Sacheri. Quatro deles escreviam para a revista do grupo *Verbo* (Vocos, Caturelli, Sacheri e Randle) e publicavam em outras da extrema direita: *Roma, Mikael* e *Cabildo* e no jornal *La Nueva Provincia* (Sacheri). Indicamos que a maioria tinha dado aulas na universidade pública, mas por conflitos com as autoridades ou com os alunos, foram forçados a afastar-se. Derisi saiu da UNLP em 1955; Ferré e Randle da UBA (1960 e 1973, respectivamente); e Vocos de Córdoba (aproximadamente em 1960).

Neste trabalho nos propusemos a dar foco em seus escritos analisando quatro temas: a) a origem da crise e a situação atual, b) a missão da universidade,

d) o lugar que estudantes e professores deveriam ter e d) as propostas que formularam. Com respeito ao primeiro ponto, a exceção de Ferré, todos situaram a origem da crise na Reforma Universitária de 1918 (que associavam à Revolução Russa), e sobretudo com duas medidas: a habilitação dos estudantes para participar do governo e a instauração dos concursos públicos para aceder a um cargo docente. Derisi, Vocos e Randle postulavam também, que outra das medidas negativas que impuseram os reformistas foi a assistência livre dos estudantes. Talvez por experiência pessoal, sustentavam que os alunos iam às aulas apenas dos docentes reformistas, mesmo quando esses fossem "incapazes ou negligentes". Essa crise, afirmavam, se viu aprofundada com o Decreto de 1955 que implementou em sua totalidade os princípios reformistas em todas as universidades. O panorama que ofereciam sobre a atualidade universitária estava baseado, em geral, em suas vivências como docentes da UBA. O texto de Ferré resultava o mais ilustrativo do diagnóstico: foi na época em que se implementaram as medidas reformistas (1955-1966) que a universidade se "encheu" de comunistas tanto em Buenos Aires como em La Plata e Tucumán. Ferré mostrava, também, como as denúncias provinham de integrantes da comunidade universitária (associações de graduados, professores e estudantes), padres e jornalistas. Isto é, essas acusações se somavam às que já faziam os integrantes das Forças Armadas ou de segurança no início dos anos de 1960.

Sobre a missão da universidade e o papel de estudantes e docentes, vimos que Vocos, Caturelli, Derisi e Randle sustentavam que a universidade pública deveria ter por missão principal a busca da Verdade de Deus. Por isso, a universidade tinha que voltar a se organizar como na época pré-estatal, quando estava sob a órbita da Igreja, somente concorria uma minoria, professores e alunos respeitavam e honravam as hierarquias, e reconheciam que seus "mestres" constituíam uma "elite do pensamento". Os quatro acreditavam que o primeiro problema se apresentou quando os centros universitários passaram a depender do Estado e se tornaram "profissionalistas", ou seja, os alunos começaram a ir apenas para obterem um título, objetivo que desvirtuava sua verdadeira e original missão. Quando posteriormente os fatos da Reforma aconteceram, continuavam, as universidades se viram cooptadas pelo comunismo, a subversão e o marxismo, traço que se viu agravado a partir de 1955. A Reforma, concordavam, trouxe consigo uma excessiva politização dos estudantes e dos professores, que se tornaram "profissionais da revolução": uns para ganhar as eleições e outros para ganhar os concursos.

Com relação às propostas que elaboraram, Vocos propunha erradicar o regime de assistência livre e obrigar os estudantes a que frequentassem as aulas, instaurar um regime de disciplina, "eliminar" os estudantes indisciplinados, anarquistas ou preguiçosos e "depurar" os professores que eram moralmente suspeitos. Randle considerava que a UBA em particular, deveria ser cristã, nacional e hierárquica, assim como a Igreja e as Forças Armadas, duas instituições "gêmeas". Entre outras coisas, propunha suprimir as duas medidas implementadas pelo peronismo: reinstaurar o ingresso eliminatório e as taxas. Além disso, estabelecer porcentagens por carreiras, fechar as novas universidades criadas desde 1971, banir as eleições e os estudantes no governo, eliminar o sistema de concurso e garantir a estabilidade vitalícia para os professores. Para Derisi, Vocos, Caturelli e Randle, o modelo de universidade era a Católica Argentina onde não havia cogoverno, nem concursos públicos, a assistência às aulas era obrigatória e se estudava em um ambiente onde reinava a disciplina e o respeito às hierarquias. Randle acreditava que as universidades privadas deveriam receber um subsídio mensal do Estado, assim como as escolas primárias e de ensino médio e Derisi considerava positivo que as universidades públicas sofressem intervenção do Estado para "purificá-las". Dos seis, o mais extremista em suas posiciones era Sacheri, que estava concentrado em executar um plano de ação segundo as pautas organizativas do grupo *Verbo* e a Cidade Católica. Afirmava que estavam formadas as "cédulas de ação doutrinal" nas universidades com o propósito de conseguir a restauração de Cristo, mesmo à custa de perder a vida.

A modo de epílogo, acrescentaremos que durante a chegada da última ditadura (1976-1983), quase todos esses intelectuais gozaram do apoio político e financeiro das autoridades civis e militares, tiveram um amplo protagonismo dentro das universidades públicas e privadas, publicando livros, artigos, organizando congressos e participando em instituições científicas, entre outros.[25]

---

25 RODRÍGUEZ, Laura Graciela. "Los nacionalistas católicos de *Cabildo* y la educación durante la última dictadura en Argentina". *Anuario de Estudios Americanos*, vol. 68, nº 1, 2011, p. 253-277.

Partindo do mesmo diagnóstico, o programa destinado à universidade que os funcionários aplicaram teve semelhanças com as propostas que tinham formulado esses intelectuais no passado, como a intervenção nas universidades; a depuração e eliminação física de professores, alunos e trabalhadores universitários acusados de comunistas, marxistas e/ou subversivos; a supressão de uma universidade pública (Luján); a instauração de regimes de disciplina para os estudantes; a eliminação do voto estudantil, do governo tripartido e a assistência livre; a implementação do ingresso eliminatório, das porcentagens e das taxas. Apesar de todos os esforços, a direita não pode mudar o rumo das universidades públicas argentinas e com a abertura democrática, todas e cada uma dessas medidas foram banidas para sempre.

Um antirracismo liberal conservador? Orgulho negro e denúncia do racismo por Wilson Simonal nos anos 1960

Bruno Vinícius Leite de Morais[1]

Introdução

Durante a segunda metade dos anos 1960, o então consagrado cantor Wilson Simonal, no auge do sucesso, apresentava em entrevistas e em algumas canções denúncias do racismo presente na sociedade brasileira em um período no qual a fala pública sobre o tema ainda era pouco identificada. O que poderia ser considerado um posicionamento de teor progressista, porém, simultaneamente convivia com suas gravações de canções ufanistas, consonantes às propagandas de "Brasil grande" no governo Médici e com falas de legitimação da ditadura militar vigente no Brasil – esta que difundia a imagem de inexistência do racismo no Brasil, considerando o país uma "democracia racial de fato e direito". Tal convivência, que a princípio pode soar contraditória, estimulou a reflexão sobre a formulação e pautas de reivindicações identitárias expressas fora do leque das esquerdas do espectro político. Reflexão que norteia a produção do presente texto.

O Estado republicano brasileiro, como política oficial, construiu e difundiu a interpretação de inexistência de discriminação racial instituída no Brasil e tampouco preconceito. Segundo esta imagem, então consolidada na autorepresentação nacional, o preconceito, quando aparecesse, seria pela condição prioritária de pessoa pobre na qual encontra-se a grande maioria da comunidade

---

1 Doutorando em História e Culturas Políticas na Universidade Federal de Minas Gerais, sob orientação da professora doutora Miriam Hermeto. Bolsista da agência de pesquisa CNPq.

negra no país. Assim, sendo o preconceito social, e não racial, tal efeito desapareceria a partir da ascensão social, através do mérito pessoal. A resolução para o preconceito vivido pelas comunidades negras, portanto, seria de natureza econômica, angariada pela conquista individual da ascensão econômica.

Não havendo limitação legal – ou seja, expressa em lei – ao exercício da cidadania estritamente à população negra desde a proclamação da República, durante o século XX foi veiculada a leitura do Brasil como uma "democracia racial" – leitura usada sobretudo na comparação às legislações discriminatórias e racistas presentes nos Estados Unidos da América, com as chamadas leis *Jim Crow*, ou ao regime do *apartheid* instaurado na África do Sul.[2] O Estado ditatorial brasileiro, vigente a partir do golpe militar de 1964, herdaria a imagem de "democracia racial" e a mobilizaria para potencializar as Relações Exteriores. A difusão de uma imagem de convivência harmônica entre negros e brancos no Brasil tornava-se propaganda útil na aproximação e estabelecimento de acordos comerciais com as novas nações africanas – então emergentes com a conquista das independências por regiões antes sob o jugo colonizador de países da Europa. Um caso exemplar aparece na obra do historiador Jerry Dávila, a partir da Nigéria durante a ditadura militar:

> Os brasileiros levaram para a Nigéria a imagem de uma sociedade miscigenada em que o tratamento pacífico que os brancos davam aos negros era um sinal da boa vontade do Brasil para com a Nigéria. (...) A delegação brasileira na ONU apresentava o país como uma democracia racialmente mista que tinha a responsabilidade de apoiar a descolonização.[3]

---

2   Chama-se Leis *Jim Crow* ao conjunto de leis locais e estaduais de segregação racial promulgadas no Sul dos EUA entre 1876 e 1965. E *apartheid* ao regime de segregação racial sul-africano entre 1948 e 1994.

3   DÁVILA, Jerry. *Hotel Trópico. O Brasil e o desafio da descolonização africana. 1959-1850.* São Paulo: Paz e Terra, 2011, p. 113-116. Também KOSSLING, Karin. Política externa brasileira para a África. In: *idem. As lutas anti-racistas de afro-descendentes sob vigilância do DEOPS/SP (1964-1983).* Dissertação (Mestrado em História Social). FFLCH-USP. São Paulo. 2007, p. 121-139. E NASCIMENTO, Abdias. *O Genocídio do negro brasileiro: processo de um racismo mascarado.* Rio de Janeiro: Paz e Terra, 1978.

Em outra chave de leitura, intérpretes da realidade brasileira à esquerda no espectro político assinalariam o preconceito vivido pela população negra e o leriam como um produto da opressão "do homem pelo homem", passível de ser explicada pela estrutura econômica vigente. Herdeiras da mancha da escravidão, que permeou o desenvolvimento do capitalismo brasileiro, e da falta de vontade política dos governos brasileiros em lidar com o contingente populacional recém-liberto, as comunidades negras foram alijadas dos ganhos da modernização, incluídas em meio à explorada classe proletária ou em posições marginais à estrutura de classes - resultado da incompletude da revolução burguesa.[4] Mais sensíveis à questão racial, para esta leitura à esquerda, a resolução estaria em uma Revolução social e o consequente fim da opressão entre os seres humanos.

Ou seja, ambas as leituras compartilham uma premissa similar: em última instância, o aspecto central da vivência do preconceito e discriminação racial seria de natureza econômica, que gera e mantém a exclusão social. A solução à esquerda, no entanto, é radicalmente distinta: não se encontraria apenas na ascensão individual dos negros que conseguissem provar sua capacidade (visão que não lê o racismo como uma estrutura mais profunda e enraizada), mas sim na extinção de uma conformação social excludente que possibilita e reafirma a desigualdade social entre os grupos humanos. Acabando-se a desigualdade entre as classes socioeconômicas, a "opressão do homem pelo homem", os problemas de natureza identitária – entendidos como tipicamente burgueses – seriam resolvidos, como consequência de uma nova sociedade fundamentada por um princípio de verdadeira igualdade social. Deste modo, todos passariam a acessar bens e direitos, independente de suas diferenças individuais, como é o caso da cor da pele.

Embora a proposta das esquerdas apresentasse uma alternativa com possibilidades muito mais amplas e profundas para a promoção da igualdade, um relevante aspecto, aparentemente ainda não considerado de maneira abrangente por elas, toma destaque no decorrer do século XX, através das reivindicações de movimentos negros organizados e indivíduos isolados. Este aspecto seria a denúncia do racismo e o preconceito racial como um elemento *em si* a travar as possibilidades

---

4   GUIMARÃES, Antônio Sérgio Alfredo. Preconceito de cor e racismo no Brasil. *Revista de Antropologia*. São Paulo, n°1, vol.47, 2004, p. 9-43. KOSSLING, *op. cit.*

de ascensão social às pessoas negras. E, para aqueles que conseguem, apesar das adversidades, angariar sucesso econômico, o preconceito racial continua uma realidade a se confrontar, eventual ou cotidianamente. Ou seja, para essa terceira interpretação da realidade racial brasileira, nem a ascensão individual, nem a revolução social – acabando com as desigualdades de classes –, sozinhas, garantem o fim do racismo. Seriam necessárias, portanto, ferramentas específicas para combater o argumento disseminado de uma inferioridade das pessoas negras. Esta leitura do preconceito como uma barreira *para a ascensão* e *na ascensão*, que se tornaria mais frequente nas reivindicações midiatizadas a partir do final da década de 1970, pode ser identificado na cena pública na fala do cantor Simonal, nos anos 1960.

Em análise do Movimento Negro organizado durante todo o período republicano no Brasil, o historiador Petrônio Domingues identificou quatro fases: a primeira, entre 1889 e 1937, interrompida pelo Estado Novo; a segunda, de 1945 a 1964, interrompida pelo golpe civil militar que deu origem à ditadura militar;[5] a terceira, entre 1978 e 2000; e uma hipótese interpretativa de quarta fase, a partir dos anos 2000. O autor argumenta que o movimento negro de maior repercussão, surgido em 1978, seria uma fase mais radical e mais à esquerda de um longo histórico de lutas encontrado em todo o período republicano. As duas primeiras fases, consideradas mais à direita no espectro político, teriam como principal proposta de solução para o racismo a via educacional, para o negro – a fim de eliminar o complexo de inferioridade – e para o branco – para eliminar o racismo.[6] Acompanhando a interessante tipificação proposta por Domingues, no período após 1964, por força da conjuntura política da Ditadura Militar, o Movimento Negro brasileiro entraria em refluxo e "a discussão pública da questão racial foi praticamente banida".[7] Reemergiria, com grande impacto na cena

---

5 Compreendo que os governos autoritários não conseguem suprimir por completo a divergência e a existência de movimentos sociais, em sentido lato. É referenciado aqui, conforme Domingues, a repressão aos movimentos organizados e abrangentes, nos moldes referenciados nos períodos mais democráticos.

6 DOMINGUES, Petrônio. Movimento Negro Brasileiro: alguns apontamentos históricos. *Tempo*, Rio de Janeiro, 2007, nº 23, vol. 12, jul. 2007, p. 117-122. Disponível em: <www.scielo.br/pdf/tem/v12n23/v12n23a07.pdf>. Acesso em: 31 ago. 2018.

7 *Ibidem*, p. 111.

pública, após 14 anos, com o Movimento Negro Unificado (MNU), em meio à eclosão dos Novos Movimentos Sociais.

Neste contexto de refluxo, com poucos canais de difusão para afirmações sobre a realidade de racismo no Brasil, é identificado o posicionamento quanto à questão racial expresso por Wilson Simonal. Não integrando ou tendo por objetivo compor um movimento organizado, o cantor se posicionou na denúncia e no combate ao preconceito e marginalização das pessoas negras.

O repertório político mobilizado e expresso por Simonal, porém, conciliava sua perspectiva do racismo brasileiro com uma rejeição às esquerdas e atribuição de legitimidade ao regime militar vigente no país. Identificar estas duas perspectivas poderia sugerir, para alguns interlocutores, a localização de uma incoerência do sujeito. A análise das fontes – as entrevistas e canções –, porém, longe de um contrasenso, indicia uma conexão entre os dois posicionamentos de Simonal, demonstrando que a leitura do cantor sobre a estrutura de racismo no Brasil não apenas convivia com a defesa de uma legitimidade do golpe de 1964 e do governo militar ditatorial, quanto também gestava uma resposta de teor liberal conservadora para o problema do racismo a ser combatido.

O posicionamento de Simonal, acreditamos, possibilita levantar um interessante questionamento em um contexto de intensa polarização ideológica entre diversos projetos e ramificações capitalistas e socializantes, como fora o século XX. É cabível pressupor que nem todas as pessoas negras se identificariam com o polo socializante, ainda que rejeitando a discriminação racial e o preconceito. Propomos abordar uma orientação política "antirracista liberal conservadora". Partindo de uma chave liberal, "antirracista", ao combater o argumento de inferioridade das pessoas negras, as raízes e efeitos do preconceito e das práticas discriminatórias; mas "conservadora" ao rejeitar o espectro da revolução comunista e aceitar e naturalizar hierarquias e desigualdades socioeconômicas.

"Para sermos iguais"

Durante a segunda metade da década de 1960 e início dos anos 1970, o cantor Wilson Simonal de Castro foi um artista de notável sucesso na então emergente indústria fonográfica brasileira. Filho de uma empregada doméstica que teve de criar os filhos sozinha e com parcos recursos em uma favela carioca, o

250   Ernesto Bohoslavsky • Rodrigo Patto Sá Motta • Stéphane Boisard (orgs.)

cantor, negro, através de seu talento somado ao bom proveito das oportunidades que apareceram em sua trajetória, conseguiu angariar fama e riqueza. Simonal tornou-se um dos artistas mais destacados e idolatrados do final dos anos 1960. Apologista das Forças Armadas brasileiras, o cantor declarava publicamente, durante o auge do seu sucesso, não se identificar com as propostas das esquerdas e ter pouco apreço à temática participante então em voga.

Simonal era um entusiasta da propaganda ufanista de "Brasil grande", aderindo às narrativas oficiais e gravando canções ufanistas no período do chamado "Milagre econômico", durante o governo do general-ditador Médici (1969-1974). Ressaltando seu objetivo mercadológico, publicizava o desejo de fazer de sua produção artística um meio de enriquecer – contrapondo-se aos discursos de função social e revolucionária da arte pelos artistas engajados no período. Com sua proposta estética da Pilantragem, lançada em 1965, angariou rentáveis sucessos com canções como "Carango", "Mamãe passou açúcar em mim", "Sá Marina" e "País tropical", entre outros. E ainda fora o primeiro artista negro a apresentar sozinho um programa de TV, entre os anos de 1964 e 1967.

A persistência midiática de Simonal duraria até o início da década de 1970, e seu pico de popularidade entre os anos de 1967 e 1970.[8] Para a pesquisa sintetizada neste texto foram analisadas as falas públicas de teor político deste cantor, veiculadas no auge de sua carreira, período no qual o alcance de sua voz era passível de ser intensificado pelo interesse de um amplo público. Sendo assim, o enorme sucesso comercial do artista potencializaria a difusão de suas impressões também quando abordava as questões raciais. Angariando ressonância específica ao partir de um ídolo *pop*, identificado como avesso à participação política e mesmo como um conservador, tal fala poderia ainda repercutir entre um público diversificado – e também mais amplo – do que aquele consumido da produção dos artistas engajados, reconhecidos pelas representações sociais e políticas mais contestatórias da realidade brasileira presentes em suas obras.

Lançando seu primeiro LP em 1963, *Tem algo mais*, identificado à estética da Bossa Nova, a partir do segundo álbum de Simonal, *A nova dimensão do*

---

8   Para uma biografia mais detalhada do indivíduo, ver ALEXANDRE, Ricardo. *Nem vem que não tem: a vida e o veneno de Wilson Simonal*. São Paulo: Globo, 2009.

samba, é possível identificar a referência à cultura negra ou a situação racial. Esta referência seria constante, a partir de então, com ao menos uma canção temática em cada álbum gravado pelo cantor em sua fase Bossa Nova, antes de lançar sua proposta da Pilantragem. Deste modo, podemos localizar alusões a uma dimensão racial nas canções "Nanã", "Samba de Negro", no medley "Opinião/O morro não tem vez/Batucada surgiu" e "Ladeira do pelourinho", no decorrer dos três LPs lançados entre os anos de 1964 e 1965.[9]

Embora a presença da temática racial tenha sido constante na produção musical de Simonal, um argumento mais explícito sobre o racismo no Brasil, através do formato canção, ganharia grande repercussão apenas no início de 1967. Neste ano, o cantor, intérprete por excelência, lançou uma canção que seria sua composição autoral (em parceria com Ronaldo Bôscoli) de maior sucesso comercial. Chamada "Tributo a Martin Luther King" fazia referência, como já indicado pelo título, ao pastor e mais renomado líder da reivindicação pelos Direitos Civis aos negros dos Estados Unidos. Partia de uma melodia gospel, gênero musical de expressão religiosa no qual eram veiculadas muitas das canções engajadas na causa negra nos EUA - indiciando, para além de uma escolha estética, também uma politização pela própria melodia. A letra da canção dizia:

> Sim, sou um negro de cor,/ meu irmão de minha cor,/ o que te peço é luta, sim, lutar mais./ Que a luta está no fim./ Cada negro que for,/ outro negro virá para lutar./ Com sangue ou não, com uma canção também se luta, irmão./ Ouve minha voz./ Luta por nós./ Luta negra demais é lutar pela paz./ Para sermos iguais.[10]

Logo após a primeira execução da canção, realizada em março de 1967, durante gravação televisionada ao vivo da cerimônia de premiação cultural

---

9   Para uma análise mais detalhada dessas canções: MORAIS, Bruno Vinícius L. "A luta como canção": A canção como suporte e veículo na circulação das ideias. In: *Sim, sou um negro de cor. Wilson Simonal e a afirmação do Orgulho Negro no Brasil dos anos 1960*. Dissertação (Mestrado em História). FAFICH-UFMG, Belo Horizonte. 2016. p. 152-228.

10 Wilson Simonal. *Tributo a Martin Luther King* (Simonal/Ronaldo Bôscoli). EP. *Tributo a Martin Luther King/ Deixa quem quiser falar/ Ela é demais/ Está chegando a hora.* Odeon. 1967.

Roquete Pinto, a canção seria mote para reportagem do jornal *Folha de São Paulo*, onde o próprio autor e intérprete fora convidado a explicá-la. Dizia Simonal:

> Imaginei-me conversando com Martin Luther King, o grande líder contra a discriminação racial nos Estados Unidos e Prêmio Nobel da Paz de 65. Minha conversa com ele é para apoiá-lo na luta que vem combatendo e que muitos querem anular. E digo-lhe que não se esmoreça porque a batalha está no fim. (...) Dediquei a canção a meu filho, na esperança de que nem ele nem as outras crianças negras do mundo venham a sentir as mesmas humilhações que, eu próprio, já senti na pele, apesar de me chamar Wilson Simonal.[11]

A mesma reportagem, contudo, sugeria a canção como uma tomada de posição à esquerda pelo cantor. Declarava o texto - sem creditar o nome do jornalista:

> Estamos diante de um Simonal sério, compenetrado, como ainda não se conhecia. O poder de sua voz dirige-se aos seus irmãos negros de todo o mundo. E, como um símbolo, a todos os humilhados e ofendidos, aos tiranizados e aos que tem fome de justiça.[12]

Ao associar a realidade racial brasileira com a estadunidense e direcionar suas esperanças "ao filho e às outras crianças negras do mundo", o cantor realmente sugeria uma conexão internacional para sua reivindicação por igualdade. Fazia sentido, assim, interpretar em sua fala o direcionamento a "irmãos negros de todo o mundo", como dizia o texto; no entanto, a referência "a todos os humilhados e ofendidos, aos tiranizados e aos que tem fome de justiça" revela mais uma expectativa do jornalista do que a fala do cantor.

Nesse período, em 1967, Simonal era identificado, no mínimo, como "alienado", conforme o vocabulário em voga, ao cantar predominantemente canções de temática consumista em sua Pilantragem. Expectadores mais atentos,

---

11 *Folha de S. Paulo.* 18 de março de 1967

12 *Ibidem.*

porém, podiam identificá-lo à direita. Em cenas de seu programa televisivo de então, *Show em Si... monal*, referências humorísticas ironizando artistas engajados contemporâneos e as posições à esquerda indiciavam sua visão à direita – referências irônicas que o cantor fixaria em disco ainda em 1967, no único registro ao vivo de sua carreira, o LP *Show em Si... monal*.

O disco ao vivo inicia com uma versão de "Roda", canção de temática engajada e parte do repertório de Elis Regina. Em número cômico registrado entre as faixas 03 e 04 do LP, Simonal diz que começa "a entender o porquê da reação dos jovens, das suas atitudes e seus protestos. Na música popular brasileira", prossegue ele, "os jovens realmente têm protestado muito, mas observem que são estranhos os caminhos que percorre a nossa música popular. Estranhos? Às vezes chega a me parecer um contrassenso". Prossegue daí em um medley no qual traz citações a trechos de "Cantiga Brava" (Geraldo Vandré), "Sina de caboclo" (João do Vale/JB de Aquino) e "Terra de ninguém" (Marcos Valle/Paulo Sérgio Valle), mais canções de um repertório engajado referente à questão do campo e à luta pela terra. Entre a execução das canções, Simonal simula um desfile, narrando: "Mila veste 'Reforma agrária', observem o detalhe do arado pendurado desenhado na calda do vestido... tecido leve, sensual... Mila, desfila, Mila".

A mensagem do quadro parece nítida. O cantor sugere o engajamento na temática rural nas canções como um modismo. E prossegue, ainda na faixa 04, complementando a crítica caricatural ao discurso engajado, empostando a voz: "Nossa música, cada vez mais nossa música. Nós estamos na trincheira para lutar, para defender cada vez mais a nossa música popular", canta um trecho da música "Terra de ninguém" e retoma o discurso:

> Você que está me ouvindo. Você também! E você também que está sorrindo. O que você precisa é confiar cada vez mais nessa gente, você precisa confiar nos seus autores!, você precisa confiar nos seus compositores!, porque você precisa é confiar na música brasileira. E mesmo se chegar um dia em que você não tiver em quem con-fi--ar... Você pode confiar na Shell![13]

---

13   Wilson Simonal. LP *Show em Si... monal*. Odeon. 1967. Faixa 04.

O número é eficaz para interação: a plateia gargalha e se agita, sobretudo na frase final, uma inusitada citação do *slogan* da marca Shell – marca da qual Simonal era garoto-propaganda –, acompanhada de uma quebra do vocal de tom solene presente no discurso, demarcando o objetivo cômico. Embora o próprio Simonal gravasse músicas de autores canônicos em temáticas nacionalistas e engajadas, tendo homenageado Chico Buarque e Nara Leão neste mesmo disco ao vivo, torna-se compreensível que a forma de sua crítica pudesse ser mal recebida entre os setores participantes, sugerindo-o como à direita.

A relação entre proposta estética e posicionamento político estava aflorada no período dos anos 1960. Os setores à esquerda, de predomínio da vertente *nacional-popular*, defendiam que a arte, nacionalista, representasse o povo brasileiro – identificado nos campos, sertões e morros – seja na estética quanto no que seriam suas aspirações de emancipação.[14] Assim, na canção, tanto melodias que expressassem o que acreditavam ser uma estética popular, quanto letras de temática participante, identificadas com a dura realidade da população e mobilizadora de ação política para melhorar esta realidade. Este sério projeto político que Simonal ironizava e apontava como um "modismo".

A relação de Simonal com o Brasil, assim como ocorria aos setores à esquerda, mencionados acima, também era de nacionalismo, mas, tanto a forma de identificação com o nacionalismo, quanto o projeto de nação que aspirava seria de natureza distinta. Distante dos ideários socializantes, a visão do cantor para o país sugere um caráter ordeiro, mas ainda grandioso. Uma noção que podemos sugerir como uma brasilidade de viés social mais conservador, retomando aqui o conceito de brasilidade abordado por Ridenti, uma:

> 'propriedade distintiva do brasileiro e do Brasil', fruto de certo imaginário da nacionalidade próprio de um país de dimensões continentais, que não se reduz a mero nacionalismo ou patriotismo, mas

---

14 Para esta concepção de "povo" ligada ao "romantismo revolucionário", ver RIDENTI. Marcelo. *Em busca do povo brasileiro: artistas da revolução do CPC à era da tv*. 2 ed.. São Paulo: Editora UNESP, 2014. Para o conceito de "nacional-popular", ver NAPOLITANO, Marcos. *Seguindo a canção: engajamento político e indústria cultural na MPB (1959-1969)*. São Paulo: Annablume, Fapesp, 2001.

Pensar as Direitas na América Latina   255

pretende-se fundador de uma verdadeira civilização tropical. (...) [encontrada] de formas distintas e variadas à direita, à esquerda, conservadoras, progressistas, ideológicas ou utópicas.[15]

A forma de nacionalismo, brasilidade, expressa por Simonal, não compartilhava da perspectiva de pureza estética defendida por artistas ligados ao ideário nacional-popular. Um orgulho do Brasil como uma "verdadeira civilização tropical", nos termos do sociólogo Marcelo Ridenti, por vezes expresso pela figura pública do cantor, aproximava-o do modelo patriótico difundido pelo regime em campanhas ufanistas como "Esse é um país que vai pra frente" e "Ninguém segura este país". É sintomático um trecho da entrevista ao periódico *Correio da Manhã*, de dezembro de 1970, quando comenta sobre um compacto duplo, EP, lançado no mês anterior e com forte repercussão devido à temática ufanista das canções:

> Aquelas músicas que eu gravei – Brasil, eu fico e Que cada um cumpra com o seu dever – não são músicas comerciais, são nativistas. Eu sou brasileiro paca, não tenho vergonha de ser, e fico na maior bronca quando vejo um cara dizendo que pega mal dizer que é brasileiro aí fora. Essas músicas foram para denunciar a falta de crédito do pessoal no Brasil. O que eu digo, quando viajo pro exterior é: "Eu, modéstia à parte, sou brasileiro".[16]

Conforme prosseguia e aumentava seu sucesso comercial, Simonal era requisitado para diversas entrevistas e reportagens, nas quais encontrou oportunidade de exprimir suas impressões políticas e sobre o contexto político nacional. Nelas também, em meio a exposições de elementos biográficos, revelava suas impressões sobre o racismo no Brasil.

---

15 RIDENTI, Marcelo. *Brasilidade Revolucionária*. São Paulo: Editora UNESP, 2010, p. 09.

16 *Correio da Manhã*. Rio de Janeiro, 04/12/1970 (sexta-feira). Caderno anexo, p. 03. Uma análise mais profunda dessas canções e sua ligação com o comportamento adesista de Simonal está no primeiro capítulo da dissertação, "Eu sou um deles": Wilson Simonal, ditadura e sociedade no Brasil dos anos 1960. In: MORAIS, *op. cit.*, p. 24-77.

Diferente de uma leitura corrente da época, na qual dizia-se não haver preconceito racial no Brasil, mas por situação econômica, Simonal não lia a diferença social entre pessoas negras e brancas como sendo efeito apenas da desigualdade social no país. Sintetizando seu argumento, identificava uma estrutura de racismo, uma "convenção", que ensinava desde a infância, através de vários mecanismos, a superioridade dos brancos e inferioridade dos negros e condicionava as parcelas negras da população à situação de marginalidade social, pré-definindo e conformando o lugar social a eles destinado.

> Não existe segregação racial no Brasil, mas existe preconceito social, de ordem financeira e de ordem intelectual. Então o que eu não acho bom é que o negro brasileiro seja marginalizado, em sua grande maioria. E porque que ele é marginalizado? Porque ele está condicionado, ele mesmo se convenceu de que é inferior realmente, de que não tem capacidade para fazer as coisas. Por causa do problema social, econômico. O negro tem que ser excepcional, porque há uma convenção estabelecida de que o branco é mais inteligente que o preto, que o branco é mais bonito, que o branco é mais limpo. Então o negro tem que provar que não é bem assim.[17]

A base da preocupação expressa por Simonal nesta entrevista, portanto, é de natureza principalmente econômica, "o problema social". O fato das pessoas negras serem, "em sua maioria", marginalizadas, encontrando-se em meio à população pobre do país. Para sair da situação de marginalização e ascender socialmente, o indivíduo negro precisa ser excepcional. E as razões que o cantor mobiliza para situar essa marginalização complexificam a sua interpretação da realidade apresentada. Embora alegue não existir segregação racial, o preconceito social a ser combatido pelas pessoas negras, conforme Simonal, não é apenas de ordem financeira, mas também "intelectual", identificado na "convenção estabelecida" de uma superioridade do branco. Por consequência de tal convenção, as pessoas negras se encontrariam condicionadas a uma noção de inferioridade, resultando na marginalização social e econômica.

---

17 *Correio da manhã*. Caderno anexo. 04 de dezembro de 1970, p. 03.

Seguindo a leitura de Simonal, a situação social das comunidades negras no país da democracia racial, portanto, não seria resultado de uma questão apenas individual, a competência, mas também de um problema coletivo. A igualdade de oportunidades para a ascensão social encontra as barreiras do condicionamento da inferioridade através da convenção socialmente estabelecida quanto à superioridade dos brancos.

A identificação de uma convenção estabelecida concede inteligibilidade a uma configuração social na qual não havia uma segregação racial legal, como ocorria nos Estados Unidos, mas permanecia o preconceito difundido na sociedade. No sul dos EUA, onde vivia a imensa maioria da população negra do país, o próprio corpo da lei fixou a segregação racial e limitava o convívio inter-racial, deixando pública e oficial a discriminação. No Brasil, o estímulo à miscigenação promoveu a integração inter-racial, deixando o preconceito imperar em âmbito privado. Para reforçar a compreensão de tal discrepância, vale uma citação da historiadora Karin Kossling: "preconceito é uma ideia, uma opinião ou um sentimento desfavorável formado a priori, sem maior conhecimento, ponderação ou razão sobre um grupo social"; enquanto, "a discriminação é um ato de separar, segregar, pôr a parte alguém por causa de características pessoais."[18]

Conforme Simonal, mesmo entre os negros que ascendiam socialmente, a convenção preestabelecia um "lugar" passível de ser ocupado. No ramo da música, o seu caso, o lugar seria o de "sambista regional", razão pela qual lia que sua referência jazzística, fora do lugar destinado ao cantor negro, fora considerada sinal de prepotência.

> Se fosse branco, eu teria feito sucesso há muito mais tempo. Mas o que aconteceu é que eu criei fama de antipático e até hoje tem gente que diz que eu sou 'banqueiro', só porque não faço o tipo marginal. Por que?[sic] Porque a imagem do negro é aquele tipo marginal. Preto tem que ficar tocando pandeiro, caixa de fósforos, ficar fazendo palhaçada no palco. Como eu faço um gênero que o pessoal acha que é gênero de branco, como eu sou um *show-man*, então, dizem que fiquei pretensioso, sou metido a importante. Isto é uma consequência

---

18 KOSSLING, *op. cit.*, p. 12, 13.

do preconceito racial e a gente tem que denunciar. Mas são os brancos também que acham que eu sou o maior, o show-man, essas coisas todas. - Quando eu falo isso minha preocupação é a juventude negra do Brasil. Porque se a turma gosta quando um crioulo se destaca, isso é um sintoma do preconceito. 'Fulano é um crioulo de alma branca'. 'É um crioulo, mas esse é quente'. Isso é preconceito.[19]

A resposta do cantor ao racismo brasileiro, a convenção, reivindicava o combate ao condicionamento de marginalização. Porém, de "forma ordeira", através da educação antirracista – tanto para as pessoas negras quanto as brancas – e do esforço individual, rejeitando posicionamentos que considerava agressivos, como os estadunidenses Partido dos Panteras Negras para Autodefesa e o próprio argumento do Poder Negro.

Mas para mudar não é com poder negro, pantera negra e outras frescuras, muda é com a educação e o negro mostrando que tem capacidade de se impor. O negro tem que estudar, tem que se virar. Antigamente eu me lembro que só porque eu cantava de paletó e gravata, tropical inglês, arriscando um charme, eu era antipático. Hoje, entretanto, todo mundo acha que eu sou charmoso, é porque se acostumaram. E qualquer crioulo que forçar a barra, que provar que sabe fazer as coisas direito, ter uma via honesta sem prejudicar ninguém, até o belga louro de olho cor-de-rosa vai achar aquele crioulo sensacional. Vê se alguém fala mal do Pelé, ou do Jair Rodrigues. O negro tem que se impor. Vai encontrar certas dificuldades, mas tem que levar a sério, estudar, se especializar, para poder aparecer.[20]

A forma de identificação do preconceito racial demonstrada por Wilson Simonal – a ênfase no condicionamento de uma inferioridade natural das pessoas negras, estabelecido por uma convenção social – e sua resposta a esse problema identificado, através do rompimento do condicionamento, pela forma da

---

19 *Correio da manhã.* Caderno anexo. 04 de dezembro de 1970, p. 03.

20 Entrevista *Simonal: "não sou racista" (Simonal conta tudo). O Pasquim*, julho de 1969, num.04.

educação e da imposição social das pessoas negras, fornecem os indícios das características de sua interpretação.

A preocupação com a juventude negra que cresce condicionada à marginalização, no entanto, não é acompanhada de uma crítica ou combate às desigualdades e hierarquias sociais em si, mas a uma convenção social que destina a população negra, em sua maioria, às camadas sociais inferiores e marginalizadas. Sua preocupação não é com a existência da radical desigualdade social, mas com o mecanismo cultural que permite, já pela cor da pele, a identificação de quem ocupa qual lugar na hierarquia social. Ou seja, aquela hierarquização dos tons de cor de pele que acompanha o abismo cromático entre o valor social dado àqueles que vestem o branco dos jalecos médicos e o alaranjado do uniforme dos garis em uma sociedade extremamente autoritária e preconceituosa como a brasileira. A posição do cantor, embora ordeira na manutenção de uma sociedade harmônica na posição de classe ocupada, sugeria que essa posição não aparecesse prévia e rigidamente estabelecida pela cor de pele dos ocupantes.

Simonal demonstra reconhecer as desigualdades sociais como um problema, mas parece acreditar na ascensão social através de ações pequenas, pelo acesso ao emprego e o reconhecimento através do salário para as diferentes funções empregatícias. Ou seja, através do modelo capitalista. É o que sugere em uma entrevista ao periódico *O Pasquim*:

> Claro que eu posso ter conforto. Se minha mãe pode ter empregada, se minha mulher não precisa ir para o fogão e para o tanque de lavar roupa, eu pago uma empregada por problema de comodidade e não porque queira botar banca. E quando faço isto, estou ajudando uma pessoa pobre a ganhar dinheiro. O maior sarro que eu tiro do meu sucesso é que eu sei que tem um número muito grande de gente que trabalha comigo que está ganhando dinheiro. É o garçom de boate, é o bilheteiro, é o cara que vende meu disco, é o proprietário da boate.[21]

O posicionamento racial de Simonal, portanto, não identifica uma reivindicação por igualdade conforme o discurso socializante – ampla, que visa

---

21 *Ibidem.*

garantir, ao máximo possível, uma igualdade no ponto de chegada da "corrida econômica" –, mas com uma igualdade de vertente liberal, preocupada em igualar os pontos de partida. Interpretação que nos ajuda a compreender a resistência do cantor para com os posicionamentos de vertentes mais radicais do Orgulho Negro estadunidense, com a rejeição ao Poder Negro e ao Partido dos Panteras Negras, e aderindo a um pensamento considerado mais conciliador e ordeiro na reivindicação pelos Direitos Civis, como o de Luther King.

A crítica às atuações de manifestações negras que considerava radicais era concomitante à rejeição aos movimentos opositores à ditadura brasileira, fossem armados ou em passeatas. Embora se inspirasse em Luther King, cuja estratégia de ação articulava boicotes e passeatas contra a discriminação racial legalmente instituída no sul dos EUA, quando se tratava do contexto político brasileiro, Simonal rejeitava esta forma de ação. Como dito em reportagem de 1969: "Passeata é um negócio de maior boboquice. Não resolve nada. Depois que o cara casa, tem família, vai vendo que não tem dessas coisas. Quando é jovem, acha que passeata, baderna, anarquia resolvem [...] Estudante tem que estudar."[22] No ano seguinte, 1970, refere às oposições como "tumulto" e "anarquia".

> O Brasil durante muito tempo foi desgovernado, a administração foi má, todo o esquema era devagar, não era funcional. Se os militares estão aí e você não gosta desse regime de exceção, o que você deve fazer? Trabalhar pra esse regime mudar no futuro; não ficar tumultuando com anarquia, não ficar na gozação, não ficar desacreditando antecipadamente.[23]

Conforme o trecho acima, Simonal considerava legítimo o governo ditatorial de então, que reconduzia o país aos eixos após o que considerava "desgoverno" de João Goulart. Esses argumentos eram coroados pela gravação de canções por ele chamadas de "nativistas", como a sua interpretação, em 1970, de "Brasil, eu fico", referenciada anteriormente, que fazia alusão ao slogan patriótico "Brasil, ame-o ou deixe-o".

---

22 Revista *Realidade*. Dezembro de 1969, p. 177.

23 *Correio da Manhã*. Rio de Janeiro, 04/12/1970 (sexta-feira). Caderno anexo, p. 03.

Ao leitor de reportagens e entrevistas de Simonal ficava nítido que a experiência de racismo vivida por ele conformava sua leitura sobre a realidade do país e levava à sua denúncia do racismo. Esta denúncia, portanto, tensionava sua adesão ao discurso oficial do Estado brasileiro e a propaganda política reafirmada pelo governo militar no período; porém, esse tensionamento não configurava uma adesão à posição à esquerda ou mesmo uma ruptura com essa adesão.

A coexistência desse aparente paradoxo entre a identidade tida como progressista de denúncia do racismo e a identidade conservadora de defesa de uma ditadura remete-nos à desconcertante, porém esclarecedora, conclusão do sociólogo negro Stuart Hall:

> Não existe garantia, quando procuramos uma identidade racial essencializada da qual pensamos estar seguros, de que esta sempre será mutuamente libertadora e progressista em todas as outras dimensões. Entretanto, existe sim uma política pela qual vale lutar. Mas a invocação de uma experiência negra garantida por trás dela não produzirá esta política.[24]

A política inclusiva reivindicada por Hall, libertadora e progressista em diferentes dimensões da experiência social, anuncia a preocupação socializante do autor, tributária de sua formação intelectual marxista, gramsciana. No entanto, o autor esclarece que a invocação da experiência negra não garante essa preocupação social mais ampla. Este argumento de que as experiências e identidades negras não garantem progressismo em todas as outras dimensões do social é vital para a nossa reflexão. Compreendemos que a leitura política de Simonal não seria ambígua ou contraditória, mas partidária da reivindicação liberal de uma igualdade de oportunidades e valor aos talentos individuais. Sua perspectiva liberal o afasta do argumento oficial do Estado quanto à questão racial, para o qual inexistiria racismo no Brasil; mas encontrava o conservadorismo diante das ideias quanto a gestão política do Estado, ironizando as esquerdas e apoiando a ditadura.

---

24   HALL, Stuart. Que "negro" é esse na cultura negra? In: *Da diáspora: identidades e mediações culturais*. Belo Horizonte: Ed. UFMG; Brasília: Representação da UNESCO no Brasil, 2003.

Passível de comparação com o caso de Simonal, o posicionamento do cantor estadunidense James Brown durante o auge da campanha dos Direitos Civis também sugeria uma resposta liberal conservadora para a discriminação racial. Vivendo o esplendor de sua carreira durante a década de 1960 e início dos anos 70, quando angariou o epíteto de "o homem que mais trabalha no show-biss", o cantor de *Soul* e *Funk* estava no auge do sucesso no contexto da campanha pelos Direitos Civis nos EUA. Em 1968, compôs e interpretou um grande sucesso radiofônico de repercussão internacional, que seria um dos hinos do movimento negro no país. A impactante canção "Say it loud: i'm black and i'm proud" (Diga alto, sou negro e tenho orgulho disso), continha fortes versos como "Pedimos uma chance para fazer as coisas por nós mesmos. Estamos cansados de bater a cabeça na parede e trabalhar para os outros" e "preferimos morrer em pé do que viver de joelhos", embalados em uma potente roupagem estética *funk*.

A chave para o argumento de James Brown sobre a questão racial também era a reivindicação de uma igualdade de oportunidades. Pregava que o acesso à educação e às demais oportunidades sociais deveria ser dado pelo mérito, não pela cor da pele. Esta perspectiva teria motivado o polêmico apoio do cantor à campanha presidencial do conservador Richard Nixon, eleito em 1969, que havia se comprometido com programas afirmativos para as comunidades negras do país.[25] O apoio a Nixon por Brown, reafirmado até por volta de 1972, provocaria muitas críticas por setores do movimento negro do país. E não fora seu único aceno público rumo às direitas do espectro político. Contrário ao movimento anti-guerra nos anos 1960, Brown gravou a música "America is my home", apoio e incitação à participação na Guerra do Vietnã. E apoiaria a campanha presidencial de Ronald Reagan, que continuaria sendo um amigo pessoal do cantor,[26] razões pelas quais seria comumente reconhecido, até hoje, como um homem de direita.

Os posicionamentos de Simonal e Brown parecem orientados por um *Liberalismo Conservador Contemporâneo*. Conforme o cientista político espanhol

---

25 *James Brown endorses Richard Nixon*. Disponível em: <https://calendar.songfacts.com/october/10/19267> Acesso em: 31 ago. 2018.

26 *Quoted: James Brown on Ronald Reagan*. Disponível em: <https://www.washingtonpost.com/news/reliable-source/wp/2013/05/28/quoted-james-brown-on-ronald-reagan/?noredirect=on&utm_term=.f54872d4d091> Acesso em: 31 ago. 2018.

Roberto R. Guerra, compreendendo o Liberalismo como uma complexa família política, a partir de *elementos distintivos*, comuns a seu *modelo* – o entendimento que os indivíduos são portadores de certos direitos e liberdades que lhes são inerentes por sua condição de seres humanos: o direito individual à propriedade, à liberdade e à igualdade – é possível identificar diferentes *sistemas, variantes* e *subvariantes*.[27] Assim, se tais elementos configuram uma base comum, "coisa bem distinta é como se concebe e qual o alcance outorgam ao direito à propriedade ou quais noções de liberdade e igualdade defendem as distintas variantes ou subvariantes liberais."[28] Por exemplo, as distinções entre as ideias de igualdade: ante a lei, de oportunidades ou econômica e sua defesa por umas e outras variantes.

Tal complexidade possibilitou a articulação de diferentes respostas advindas de mudanças e especificidades contextuais, principalmente a partir das modificações sociais e tecnológicas no decorrer do século XIX. Deste modo, ainda conforme Guerra, a convicção da necessidade de se alterar para sobreviver em novos tempos teria possibilitado a emergência do *Liberalismo Contemporâneo* ou *Liberalismo do século XX*. E assim, surgiria, por um lado, um Liberalismo Social, sensível às desigualdades sociais e injustiças do capitalismo, mais próximo das orientações e ideais do Socialismo, podendo ser localizado à Esquerda no espectro político. Por outro lado, surgiria também um Liberalismo Conservador, capaz de e voltado a legitimar as sociedades e economias capitalistas, despreocupado com as desigualdades e injustiças existentes e passíveis de ainda existir. Portanto, nos termos do autor, "proprietarista" e de Direita.

Para pensar o argumento antirracista nas chaves do Liberalismo Social, de Esquerda, ou Conservador, de Direita, retomamos os princípios defendidos pelo pensador italiano Norberto Bobbio no livro *Direita e Esquerda: razões e significados de uma distinção política*, originalmente publicado em 1994. Para Bobbio, uma caracterização central para os dois polos binários do espectro político estaria na postura perante a Igualdade: para as Direitas, lendo prioritariamente as desigualdades existentes no mundo em que vivemos como naturais, devendo ser

---

27 GUERRA, Roberto Rodríguez. *El liberalismo conservador contemporáneo*. La Laguna: Servicio de Publicaciones, Univesidad de la Laguna. Espanha. 1998.

28 *Ibidem*, p. 32, nota de rodapé 11. A tradução livre do espanhol é minha.

conservadas; e para as esquerdas, as desigualdades prioritariamente como sociais, podendo ser combatidas.[29]

A partir do estudo de caso do posicionamento de Simonal, propomos que a identificação de lutas antirracistas localizadas à direita do espectro político significa que, para essas leituras, o racismo foi considerado uma *desigualdade social*. Por não existir raças biológicas e hierarquizadas, o racismo criaria uma barreira na demonstração do mérito e na disputa por oportunidades. Sendo o racismo atuante a partir de uma orientação globalizante quanto a um determinado grupo – as pessoas negras –, o Liberalismo o negaria por um princípio básico: a centralidade nos indivíduos. Já a desigualdade socioeconômica, que para as lutas antirracistas à esquerda serão também e conjuntamente sociais, para os liberais conservadores trata-se de uma *desigualdade natural*, intrínseca à vida social, de modo que optam por rejeitar os argumentos socializantes revolucionários.

Deste modo, identificamos a reivindicação antirracista como passível de efetuar um corte transversal no espectro político, capaz de perpassar a Direita e a Esquerda. Um "corte transversal" que não deve ser confundido com o que Bobbio chama de "Terceiro transversal": a forma de contestar a dicotomia através de uma linha política que penetraria os campos da Direita e Esquerda esvaziando-os de qualquer relevância - o papel que o autor atribui ao partido político ambientalista na Itália.[30] Pelo contrário, na perspectiva que defendemos, a reivindicação identitária por igualdade ganharia sentido e densidade em suas propostas a partir de sua simbiose a uma ou outra das posições políticas. Como uma espécie de linguagem de correção, o combate ao racismo se orientaria em propostas liberais conservadoras, criticando internamente o Liberalismo ao trazer o problema do preconceito como uma obstrução do mérito e das oportunidades ao indivíduo. Ou através das perspectivas socialistas e socializantes, lendo o racismo como parte da construção das desigualdades que dividem os seres humanos, reivindicando que as esquerdas se atentem às suas especificidades. Tomando a identificação da denúncia do racismo como um ponto de partida, nossa propos-

---

29 BOBBIO, Norberto. *Direita e Esquerda: razões e significados de uma distinção política*. 3. ed. São Paulo: Ed. UNESP, 2011.

30 *Ibidem*, p. 58-60.

ta, portanto, é situar a localização no espectro político a partir da resposta que se dá a ele e como essa resposta interage a outras formas de desigualdade.

A proposta defendida neste texto baseou-se no intento de buscar maior inteligibilidade na análise de ideias e práticas políticas de indivíduos ou grupos que não sejam identificados com as esquerdas. Deste modo, compreender e problematizar relações entre a denúncia do racismo de Simonal e seu apoio à ditadura concedem sentido à sua denúncia, ao mesmo tempo que estimulam reflexões sobre os limites e possibilidades de seu comportamento de adesão à ditadura – questões menos expressivas se tomarmos esses dois aspectos de sua leitura de mundo como sendo sinal de "incoerência". Mas houve também uma segunda intenção, indireta, e relacionada com o tempo vivido pelo historiador que escreve essas páginas. Com a visível ascensão das direitas no Brasil atual, um forte discurso antiesquerdista tem se imiscuído à rejeição de toda e qualquer política identitária – ou seja, o que está emergindo é a extrema direita. Recordar a existência de formas de reivindicação identitária à direita, portanto, visa também enfatizar discursos fora do leque das esquerdas e que ainda assim aceitem movimentações identitárias.

LA LLAMADA DE LA TRIBU: OS EXERCÍCIOS DE ADMIRAÇÃO DE MARIO VARGAS LLOSA

Stéphane Boisard[1]

O escritor peruano Mario Vargas Llosa[2] é, ao lado de Octavio Paz e de Jorge Luis Borges, um defensor da "democracia realmente livre", como atesta a publicação recente de um pequeno livro (116 páginas), *Borges, Paz, Vargas Llosa: literatura y libertad en Latinoamérica,* apoiado pela fundação americana Atlas Network e pelo Instituto Democracia e Mercado no Chile. Último autor vivo do trio, ele é considerado atualmente como um "contra-modelo rebelde" em relação à uma intelligentsia quase exclusivamente "de esquerda".[3] Em seu prefácio, o jornalista de origem cubana C. A. Montaner explica a originalidade dos autores que participaram desse opúsculo:

> Trata-se de um quarteto aparentado por um estranho laço moral. São quatro magníficos escritores e professores universitários latino--americanos de Ciências sociais [...] situados em diferentes países,

---

1 Stéphane Boisard é doutor em história pela Université Toulouse. No momento é professor no Centre Universitaire Jean-François Champollion e pesquisador no laboratório FRAMESPA, da Université de Toulouse, na França. É especialista em história do Chile e no estudo dos think tanks de direita.

2 Será feita referência no restante do artigo à Mario Vargas Llosa por meio da sigla MVLL.

3 ROJAS Mauricio, *Mario Vargas Llosa: el rebelde liberal,* 17 de abril de 2016, in *14ymedio* (diário feito em Cuba), Disponível em: <https://www.14ymedio.com/cultura/Mario-Vargas-Llosa-rebelde-liberal_0_1982201763.html>. Acesso em: 10 agosto 2018.

da Argentina à Guatemala, que defendem a liberdade, a democracia, o mercado e os direitos e responsabilidades individuais. É muito pouco convencional. A intelligentsia latino-americana - e posso acrescentar a espanhola – como regra geral, costuma ser estatista, como acontece em quase todas as latitudes.[4] (tradução nossa)

Desconsiderando diferentes ideias, culturas políticas, valores e sensibilidades próprias a cada um dos dois hemisférios do campo político dos países desenvolvidos de economia de mercado, C. A. Montaner explica, então, que a distinção direita/esquerda mantém a questão do Estado:

É conveniente entender que hoje, no terreno político, as denominações "direita" e "esquerda" somente têm sentido com relação ao papel que se atribui ao Estado para a solução dos problemas que a sociedade apresenta".[5] (tradução nossa)

A "inclinação da intelligentsia para o populismo", ou seja, para o estatismo, segundo ele deveria ser considerada uma "consequência fatal do mercado":

O vasto campo dos intelectuais e artistas oferece uma mercadoria que, independentemente de sua qualidade, dificilmente pode sustentar-se de *motu próprio* entre os consumidores. Necessita de algum tipo de mecenato [...] A imensa maioria depende fatalmente de cátedras universitárias, subsídios, bolsas ou prêmios que costumam ser abonados por meio de orçamentos oficiais [...] Nas sociedades que blindam seus intelectuais e artistas contra as preferências do mercado, esses normalmente são protegidos arbitrariamente das calamidades que outros sofrem [...] Pelo contrário, nos regimes democráticos realmente livres, regidos pela economia aberta, os animadores culturais não estão sujeitos ao chicote dos comissários, mas

---

4   SOTO, Ángel (dir.). *Borges, Paz, Vargas Llosa: literatura y libertad en Latinoamérica*, Madrid: Unión Editorial, 2015, p.13.

5   *Ibid.* p.14-15.

às preferências do mercado, o que as vezes resulta economicamente prejudicial para esses intelectuais e artistas".[6] (tradução nossa)

Esse livro escrito por professores, nenhum dos quais especialista em literatura, não pretende, evidentemente, ser a exegese das obras desses grandes autores. O objetivo é estabelecer a legitimidade intelectual do liberalismo econômico. Isso requer uma mobilização de intelectuais que consiste, num primeiro momento, em reunir intelectuais e artistas reprimidos pelos regimes socialistas.[7] Então, uma vez estabelecida a infâmia moral do socialismo, opõe-se lhe uma lista de autores supostamente contraexemplos virtuosos.[8] No referido livro, essa lista começa no século XIX e vai até os dias atuais, sendo que parte da geração recente consegue escapar dos *literatos latino-americanos* qualificados como "últimos reféns de Gramsci, Adorno, Benjamin, Bourdieu e Derrida".[9]

Todos esses autores não teriam aceitado ou não aceitariam unir forças em defesa do capitalismo hayekiano, sendo Hayek e Friedman as duas principais referências intelectuais do pensamento econômico citadas nesse livro. No entanto, eles são mobilizados por suas críticas ao socialismo e, mais amplamente, ao totalitarismo. Assim, em virtude de uma grade de leitura modelada sobre o binômio "amigo/inimigo", elaborado pelo pensador Carl Schmidt, a posição crítica desses autores em relação a certas ideias de esquerda torna-os necessariamente defensores da economia de mercado da Escola de Viena ou da Escola de Chicago.

---

6 *Ibid* p. 15-21.

7 ÑAUPARI, Héctor. "Heraldos negros, hijos de limo, intelectuales baratos. Los literatos latinoamericanos y la libertad", in Ángel Soto, *op.cit.*, p. 31. Os autores são Boris Parternak, Mijaíl Bulgákov, Aleksandr Solzhenitsyn, Joseph Brodsky, Yuli Daniel, Andrei Siniavsky, Václav Havel, Reynaldo Arenas, Raúl Rivero, Liu Xiaobo e Liao Yiwu.

8 *Ibidem*, p.32. Para o século XIX, Mariano Melgar, Domingo Sarmiento, Vicente Rocafuerte, e, para o XX, Herberto Padilla, Jorge Luis Borges, Octavio Paz e Mario Vargas Llosa, aos quais acrescentamos Carlos Fuentes, Carlos Alberto Montaner, Guillermo Cabrera Infante, Marcos Aguinis, Carlos Rangel, Franz Kafka, Fernando Pessoa, Máximo Gorki.

9 *Ibidem*, p.33. Nesse grupo, exclusivamente masculino, se encontram Jaime Bayly, Alberto Fuguet, Edmundo Paz Soldán, Rodrigo Fresán, os escritores de McOndo e, mais recentemente, Fernando Iwasaki, Iván Thays, Jorge Eduardo Benavides, Santiago Roncagliolo e Ariel Montoya.

O intelectual e o escritor mais ativo na difusão dessa grade de leitura é, sem dúvida, Mario Vargas Llosa. Desde a sua conversão ao neoconservadorismo thatcheriano nos anos 1980,[10] ele se tornou a ponta de lança dos grupos que militam ativamente pela democracia de mercado na América Latina, inclusive por meio de uma rede de *think tanks* (e instituições relacionadas) (neo)liberais na América Latina.[11] Vargas Llosa age como um fiador intelectual neste mundo que sofre por não contar com muitas personalidades midiáticas.

A publicação recente de uma autobiografia intelectual, *La llamada de la tribu*,[12] é um convite para compreender o mundo de Vargas Llosa por meio dos retratos de sete "pensadores" que ele considera como seus mestres intelectuais. Interessa-nos aqui o modo como esses "exercícios de admiração" – à maneira de Emil Cioran – permitem à MVLL traçar seu próprio retrato e destacar sua visão de mundo. De fato, como Cioran, para quem a prática da admiração é um método para crescer e enriquecer a alma, MVLL não pode deixar de fazer uma irrupção crítica em seus retratos elogiosos, para não dizer hagiográficos em alguns momentos.[13] Como dizia Descartes: "a admiração é a primeira de todas as paixões..."[14]

Um testamento político para as jovens gerações

La llamada de la tribu é composta por sete retratos de intelectuais que inspiraram MVLL. São apresentados cronologicamente a partir de Adam Smith, José Ortega y Gasset, Friedrich von Hayek, Karl Popper, Raymond Aron, Isaiah Berlin e Jean-François Revel. Essa compilação de retratos não é original, uma

---

10 VARGAS LLOSA, Mario. "Elogio de la Dama de Hierro", (crônica Piedra de Toque) em *El País*, edição de imprensa de domingo, 2 de dezembro de 1990, Disponível em: <https://elpais.com/diario/1990/12/02/opinion/660092408_850215.html>. Acesso em: 07 agosto 2018.

11 ANDURAND, Anthony; BOISARD, Stéphane. "El papel de internet en la circulación del ideario neoliberal: una mirada a las redes de Thinks Tanks latinoamericanos de las dos últimas décadas", *Nuevo Mundo Mundos Nuevos*, Disponível em: http://journals.openedition.org/nuevomundo/71443>. Acesso em: 07 agosto 2018.

12 VARGAS LLOSA Mario, *La llamada de la tribu*, Barcelona: Alfaguara, 2018.

13 CIORAN Emil, *Exercices d'admiration. Essais et portraits*, Paris: Gallimard, 1986.

14 DESCARTES René, *Les Passions de l'âme*, art. 53, in *Œuvres*, éd. C. Adam et P. Tannery, Paris: Vrin, 1996.

vez que MVLL já escreveu extensivamente sobre cada um deles durante a reedição de suas obras e suas traduções para o espanhol.[15] Estes aparecem regularmente mencionados em suas pletóricas crônicas de imprensa "Toque de Piedra", publicadas no *El País*, e encontramos sua marca, mesmo em seu discurso do Prêmio Nobel que ele apresentou em 2010.[16] Note-se que esse livro não esgota o pensamento e as referências intelectuais de MVLL, autor prolífico e leitor impenitente. É muito provável que, por causa de sua grande erudição, tenha citado e estudado muitos autores que não estão incluídos neste ensaio. Contudo, enquanto "autobiografia intelectual", esse livro tem um valor especial na medida em que pode ser considerado testamento político e ideológico (termo usado aqui num sentido estritamente etimológico de "conhecimento de ideias") desse intelectual que se encontra – aos 81 anos – no final de sua vida.

Qual é o propósito do livro de Vargas Llosa? Podemos, sem risco de errar, ressaltar a virtude pedagógica reivindicada por muito tempo por esse "intelectual engajado" até a década de 1970, na esquerda marxista, antes de abraçar com o mesmo entusiasmo, para não dizer messianismo, a causa do liberalismo thatcheriano. É necessário educar as novas gerações, dando-lhes acesso a esses grandes pensadores do liberalismo, sufocados, segundo ele, pelos "intelectuais baratos", isto é, estatistas e populistas, como os descreve incansavelmente desde sua autobiografia *El Pez en el agua*.[17] Sem ser realmente explícito, outro objetivo aparece nas entrelinhas: desenhar seu autorretrato, pois, ao distribuir "os bons e os maus pontos", MVLL pode justificar, mais uma vez, sua "estrada de Damasco" que o leva de Sartre a Hayek. A este intelectual, que que tem uma arte consumada da encenação de sua palavra e de sua pessoa, a humildade e a honestidade valem tanto a absolvição quanto a demonstração. Essa forma do ensaio que ele praticou extensivamente em vários tipos de exercícios (jornalismo, prólogo e prefácio de livros, etc.) particularmente o agrada, porque ali ele encontra uma grande liberdade de escrita e tom. Ele pode dedicar-se a uma vulgarização que é ao

---

15   VARGAS LLOSA, Mario. *Sables y utopías. Visiones de América,* Buenos Aires: Aguilar, 2009.

16   https://www.nobelprize.org/prizes/literature/2010/vargas_llosa/25179-mario-vargas-llosa-conference-nobel/.

17   VARGAS LLOSA, Mario. *El pez en el agua,* Barcelona: Seix Barral, 1993, p. 336-354.

mesmo tempo erudita e sutil, sem ser pego pela malha do jargão científico que o obrigaria a citar os pensadores analisados. Vargas Llosa pode até se permitir, de acordo com descrições e autores, o luxo de se contradizer ou de alterar seu próprio discurso. Sua erudição e seu status como criador, inspirado por poetas irracionalistas como Saint Jean de la Croix ou Arthur Rimbaud, dispensam-no de ter que construir um raciocínio científico irrepreensível. MVLL escreve, assim, em pequenos toques sucessivos, à maneira de um pintor impressionista, e consegue compor uma tela cujo significado só aparece quando se afasta do cavalete. Escrito em forma não universitária, sem citações intempestivas nem notas de rodapé, esse texto de boa qualidade é destinado a um público munido com uma certa cultura política e conhecimento dos principais princípios políticos da modernidade europeia dos últimos séculos.

Um autorretrato em forma de jogos de espelho. Popper, Hayek e Berlim: os arautos do individualismo metodológico

No papel de juiz – um tanto narcisista – que ele se atribui, MVLL estabelece um ranking entre os sete autores que ele apresenta de acordo com a importância que tiveram em sua vida. Aparece em diferentes momentos do livro uma discrepância entre o escritor que se delicia com sensualidade e erotismo e aqueles pensadores que, com exceção de Jean-François Revel, são bastante insossos e ascéticos. Há, de fato, pouco espaço no individualismo metodológico dos frugais escoceses (Adam Smith, Fergusson, etc.) e dos membros da escola austríaca (F. Hayel, Karl Popper) para um pensamento voltado ao prazer e à hubris. O fundador da dinastia liberal, Adam Smith, é um caso clássico nesse campo, mas também o seu trio de autores favoritos:

> Se tivesse que nomear os três pensadores modernos aos que mais devo, politicamente falando, não vacilaria um segundo: Karl Popper, Friedrich August von Hayek e Isaiah Berlin. Comecei a ler os três entre os anos setenta e oitenta do século passado, quando saía das ilusões e sofismas do socialismo e buscava, entre as filosofias da liberdade, a que havia esmiuçado melhor as falácias construtivistas (fórmula de Hayek) e a que propunha ideias mais radicais para conseguir, na democracia, aquilo que o coletivismo e o estatismo

tinham prometido sem nunca poder alcançá-lo: um sistema capaz de combinar esses valores contraditórios que são a igualdade e a liberdade, a justiça social e a prosperidade.[18] (tradução nossa)

Entre eles, K. Popper tem toda a sua preferência:

Considero Karl Popper como o pensador mais importante de nossa época, o qual passei boa parte dos últimos trinta anos lendo e estudando e que se me pedissem para dizer o livro de filosofia política mais fecundo e enriquecedor do século XX, não vacilaria um segundo em escolher *A sociedade aberta e seus inimigos.*[19] (tradução nossa)

Entretanto:

Entre esses pensadores talvez nenhum tenha ido tão longe nem tão a fundo como Friedrich von Hayek, o velho mestre nascido quase com o século (1899) em una família abastada, em Viena, capital do então Império Austro-Húngaro.[20] (tradução nossa)

De fato, Frederik Hayek, a quem ele chama de "verdadeiro cidadão do mundo", é aquele que fundou intelectualmente uma nova teoria das sociedades baseada no individualismo metodológico da Escola de Viena e na ideia de mercado. Essa instituição espontânea nascida do acaso e desse "acidente da história humana que é a liberdade":

O processo que permitiu ao ser humano sair da vida animal de seus ancestrais – a vida da caverna e da tribo – e chegar às estrelas e à democracia, foi possível, segundo Hayek, pelo que chama "as ordens espontâneas" surgidas, como seu nome indica, de maneira imprevista, não planejada nem direcionada, como um movimento de

---

18 VARGAS LLOSA, Mario. *La llamada de la tribu*, p. 99.

19 *Ibidem*, p. 199.

20 *Ibidem*, p. 99.

> grandes conjuntos sociais empenhados em superar suas condições
> de vida que descobrem deste modo determinados instrumentos ou
> tipos de relação capazes de facilitar aquela mudança para melhorar
> a vida que levam. Típicos exemplos dessas "ordens espontâneas" são
> a linguagem, a propriedade privada, a moeda, o comércio e o mer-
> cado.[21] (tradução nossa)

No entanto, o ódio que Frederik Hayek devota a qualquer forma de construtivismo e economia planejada - necessariamente levando ao totalitarismo -
não o torna um "defensor convicto da democracia". Embora afirmando que a
obra de F. Hayek é insuperável, MVLL, cuja sinceridade democrática não pode
ser questionada, critica a preferência do economista austríaco por regimes autoritários aos governos democráticos de esquerda:

> Mas algumas de suas convicções são dificilmente compartilháveis
> por um autêntico democrata, como a de que uma ditadura que pra-
> tica uma economia liberal é preferível a uma democracia que não o
> faz. Assim, chegou ao extremo de afirmar em duas ocasiões que sob
> a ditadura militar de Pinochet havia mais liberdade no Chile que
> no Governo democrático populista e socializante de Allende, o que
> lhe atraiu uma merecida tempestade de críticas, inclusive entre seus
> admiradores.[22] (tradução nossa)

Essa estratégia do jogo de espelho, sombras e luzes permite a MVLL
sublinhar as qualidades dos autores rejeitando seus defeitos. Assim, ecoando
essa deficiência democrática de F. Hayek, MVLL faz o elogio das "teorias" das
verdades contraditórias, das *duas liberdades* e o *binômio dos ouriços e das raposas*
elaborados por Isaiah Berlin, cujo "fair-play" e "higiene moral escrupulosa" são
os garantes da tolerância e do pluralismo. Para Berlin, o pluralismo pode ser assegurado apenas pela *liberdade negativa* pensada como ausência de restrições ao

---

21 *Ibidem*, p. 116.

22 *Ibidem*, p. 106.

indivíduo. Isso sempre será superior à liberdade positiva, que consiste em impor regras ao coletivo assegurando o exercício dessa liberdade porque:

> Em nome dessa liberdade "positiva" – essa sociedade utópica futura, a da raça escolhida triunfante, a da sociedade sem classes e sem Estado, ou a cidade dos bem-aventurados eternos – travaram-se guerras crudelíssimas, foram estabelecidos campos de concentração, foram exterminados milhões de seres humanos, foram impostos sistemas asfixiantes e eliminada toda forma de dissidência ou de crítica.[23] (tradução nossa)

O charme "discreto, sábio e brilhante" desse pensador, criticado por sua falta de abstração, permite à MVLL, ao contrário, difamar o "virtuosismo especulativo de um Michel Foucault ou um Roland Barthes, qualificados como "sofistas enganadores".[24] Esse antagonismo está em coerência com o mundo intelectual tal como concebido por Berlin, em que se opõe ouriços e raposas. Apesar de sua pretensão ao *romance total*,[25] é evidente que MVLL, o libertário, como ele gosta de se definir às vezes, vê-se no campo das raposas. O mundo das ideias seria dividido entre:

> [...] duas classes de pessoas, de artistas, de seres humanos em geral: aqueles que possuem uma visão central, sistematizada, da vida, um princípio ordenador em função do qual têm sentido e se unem os acontecimentos históricos e os frequentes acontecimentos individuais, a pessoa e a sociedade, e aqueles que têm uma visão dispersa e múltipla da realidade e dos homens, que não integram o que existe em uma explicação ou ordem coerente pois percebem o mundo como uma complexa diversidade na qual, ainda que os fatos e fenômenos particulares gozem de sentido e coerência, o todo é tumultuoso, contraditório, incompreensível. A primeira é uma visão "cen-

---

23   *Ibidem*, p. 258.

24   *Ibidem*, p. 236.

25   KÖLLMAN, Sandrine. *A companion to Mario Vargas Llosa*, Woodbridge: Tamesis, 2014, p. 150-168.

trípeta"; a segunda, "centrífuga". Dante, Platão, Hegel, Dostoievsky, Nietzsche, Proust foram, segundo Isaiah Berlin, ouriços. E raposas: Shakespeare, Aristóteles, Montaigne, Molière, Goethe, Balzac, Joyce.[26] (tradução nossa)

Em última análise, há apenas uma inclinação social-democrata que MVLL condena em Isaiah Berlin:

[...] entre as várias correntes de pensamento que cabem dentro da acepção de "liberal", Isaiah Berlin não coincidiu totalmente com aqueles que, como um Frederich von Hayek ou um Ludwig von Mises, veem no mercado livre a garantia do progresso, não apenas o econômico, também o político e o cultural, o sistema que melhor pode harmonizar a quase infinita diversidade de expectativas e ambições humanas, dentro de uma ordem que salvaguarde a liberdade. Isaiah Berlin manteve sempre dúvidas socialdemocratas sobre o *laissez faire*.[27] (tradução nossa)

Mario Vargas Llosa: retrato do escritor liberal engajado através dos modelos de Ortega y Gasset, Aron e Revel

A mesma crítica é dirigida a Ortega y Gasset. MVLL explica seu "liberalismo parcial", que, por um limite de ordem geracional (a rejeição maciça do liberalismo nos anos 1930), sua formação católica (embora seja um livre pensador), resulta em desprezo ou ao menos numa suspeita absoluta da moral católica em relação ao dinheiro, ao comércio, ao sucesso econômico e ao capitalismo:

O liberalismo de Ortega y Gasset, ainda que genuíno, era parcial. A defesa do indivíduo e seus direitos soberanos, de um Estado pequeno e laico que estimule em vez de afogar a liberdade individual, da pluralidade de opiniões e críticas, não vai acompanhada com a defesa

---

26 VARGAS LLOSA, Mario. *La llamada de la tribu*, p. 262.

27 *Ibidem*, p. 275.

Pensar as Direitas na América Latina

> da liberdade econômica, do mercado livre, um aspecto da vida social pelo que Ortega sente uma desconfiança parecida ao desdém e sobre o qual mostra às vezes um desconhecimento surpreendente para um intelectual tão curioso e aberto a todas as disciplinas. Trata-se, sem dúvida, de uma limitação geracional [...] Sua defesa da sociedade civil, da democracia e da liberdade política, ignorou uma peça chave da doutrina liberal, aquela que tinha revelado Adam Smith: que sem liberdade econômica e sem uma garantia legal firme da propriedade privada e dos contratos, a democracia política e as liberdades públicas estão sempre mediatizadas.[28] (tradução nossa)

Apesar de sua ignorância, Ortega y Gasset representa a figura do liberal que MVLL deseja incorporar:

> O que foi, politicamente falando? Livre-pensador, ateu (ou, pelo menos, agnóstico), civilista, cosmopolita, europeu, adversário do nacionalismo e de todos os dogmatismos ideológicos, democrata, sua palavra favorita foi sempre radical. A análise, a reflexão, deveriam ir sempre até a raiz dos problemas, não ficar jamais na periferia ou superfície. No entanto, em política, de certo modo, ele ficou às vezes longe do radicalismo que predicava. Foi, por seu talante aberto e sua tolerância para as ideias e posturas alheias, um liberal.[29] (tradução nossa)

A todas as suas virtudes somam-se sua cortesia e sua clareza de exposição (a única falha do filósofo Karl Popper, cujo pensamento muitas vezes é tortuoso). Ortega y Gasset foi "um dos mais inteligentes e elegantes filósofos liberais do século XX" que as circunstâncias históricas, no entanto, transformaram em referência do pensamento conservador. MVLL se compromete aqui a restabelecer a imagem do autor de *La Rebelión de las masas* (1930), cujo elitismo e oclofobia, muito surpreendentemente, são erguidos aqui como um baluarte contra o populismo. O ensaio *España invertebrada. Bosquejo de algunos pensamientos históricos* (1922) permite a MVLL elaborar uma acusação inapelável aos movimentos

---

28 *Ibidem*, p. 81-82.

29 *Ibidem*, p. 96.

independentistas, referindo-se explicitamente à situação catalã atual em que ele estava envolvido pessoalmente por ter participado de uma manifestação anti-independência. A partir de Ortega y Gasset, é interessante notar que o amor de MVLL pela liberdade se restringe ao Estado-Nação, porque é o quadro intransponível da economia de mercado e da democracia, o segundo não existindo sem o primeiro. O Estado-Nação permitiria escapar ao "chamado da tribo", um conceito que MVLL extrai de K. Popper, ilustração do nacionalismo "regionalista", que seria uma negação da cultura, da democracia e da racionalidade:

> Assim chama Karl Popper ao irracionalismo do ser humano primitivo que habita no fundo mais secreto de todos os civilizados, que nunca superamos completamente a saudade daquele mundo tradicional – a tribo – quando o homem era ainda uma parte inseparável da coletividade, subordinado ao bruxo ou ao cacique todo-poderosos, que tomavam por ele todas as decisões, na qual se sentia seguro, liberado de responsabilidades, subjugado, como o animal na manada, o trouxa, ou o ser humano no bando ou na torcida, adormecido entre quem falava a mesma língua, adorava os mesmos deuses e praticava os mesmos costumes, e odiando ao outro, ao ser diferente, a quem podia responsabilizar de todas as calamidades que sobrevinham à tribo. O "espírito tribal", fonte do nacionalismo, tem sido o causador, com o fanatismo religioso, das maiores matanças na história da humanidade. (tradução nossa)

Esse "chamado da tribo" pode assumir diferentes formas, dependendo do grau de desenvolvimento dos países e das sociedades. Assim:

> Nos países civilizados, como Grã Bretanha, o chamado da tribo se manifestava sobretudo nesses grandes espetáculos, nos jogos de futebol ou nos shows pop ao ar livre que os Beatles e os Rolling Stones davam nos anos sessenta, nos quais o indivíduo desaparecia engolido pela massa, uma escapatória momentânea, sã e catártica, às escravidões diárias do cidadão. Mas, em certos países, e não somente do terceiro mundo, esse "chamado da tribo" do qual a cultura democrática e liberal em última instância nos estava liberando, a

racionalidade – estava reaparecendo de tempo em tempo devido aos terríveis líderes carismáticos, graças aos quais a cidadania retorna a ser massa enfeudada a um caudilho.[30] (tradução nossa)

Os dois autores franceses estudados por MVLL em seu ensaio, Raymond Aron e Jean-François Revel, ocupam um lugar especial nessa biografia intelectual. Eles interessam a MVLL tanto pela profundidade de seu trabalho (que não pode ser menosprezada) quanto pela importância que tiveram para o jovem aspirante escritor peruano e provinciano, como ele próprio se define. Vivendo na França na década de 1960, MVLL de fato participou da efervescência intelectual dessas décadas de hegemonia conceitual esquerdista que forjou seu engajamento intelectual. A apresentação desses dois autores que o acompanham em seu "caminho de Damasco", portanto, tem o sabor particular da experiência pessoal de MVLL, enquanto traduz uma certa desilusão com a França, à qual a Inglaterra é frequentemente preferida. Há em seus comentários, muitas vezes ácidos contra pensadores franceses de maio 68 (os estruturalistas e/ou marxista Barthes, Derrida, Deleuze e Foucault), uma vontade de acerto de contas, sendo os únicos na sua visão que ainda possuem graça Georges Bataille, Claude Lévi-Strauss ou o "novo filósofo" André Gluskman, que apoiou o candidato da direita francesa Nicolas Sarkozy em 2007.

MVLL professa uma particular simpatia por Raymond Aron, "o resistente que foi menosprezado pela esquerda". Tal como o autor de *Opium des intellectuels*, denunciando o marxismo face a um Jean-Paul Sartre, então, no auge de sua glória, MVLL se viu como um "incompreendido, vítima de seus inimigos de esquerda que não perdoam "sua traição" e o fato de que ele "erra ao estar certo cedo demais". Porque, para MVLL, a História, com um grande H, condenou definitivamente todos os pensadores "autoritários e populistas" opostos à liberdade: estes vão desde Platão [matriz do construtivismo] aos revolucionários franceses, aos socialistas utópicos, libertários e/ou saint-simonianos do século XIX, a Marx e a seus discípulos do século XX (e mesmo que MVLL o reconheça como a Karl Marx e a John Maynard Keynes, como grandes intelectuais).

---

30 *Ibidem*, p. 22-23.

MVLL: Um intelectual conservador de direita ou uma mera vítima da esquerda?

Para MVLL, a dicotomia "direita/esquerda" que estruturou a vida política ocidental por dois séculos não é mais relevante para o mundo atual. Ele rejeita a acusação de conservadorismo que muitas vezes lhe é dirigida com base no argumento de F. Hayek no posfácio de seu livro *The Constitution of Liberty*.[31] De fato, este último não se considerava um conservador, mas sim um autêntico *Whigh* do século XVIII. De acordo com MVLL, o conservador seria equidistante do liberal e do socialista. Por medo da mudança e do desconhecido, por seu apetite mórbido por autoridade e sua ignorância da economia, ele tenderia a favorecer a coerção e o poder arbitrário. Diante do nacionalismo fechado e xenofóbico defendido pelo conservador, o liberal prefere o "patriotismo saudável, o amor à sua terra, ao seu povo e à sua língua (sem que este conceito de patriotismo seja esclarecido). Não obstante, o conservador e o liberal compartilhariam uma certa desconfiança em relação à razão e à racionalidade que se erigiriam como produtoras de verdades intangíveis. Nesse sentido, MVLL reconhece nos sete autores que ele apresenta em "*La Llamada de la tribu*", inclinação anti-intelectualista mesmo se o liberal é um agnóstico e um cético que acredita no poder das ideias para transformar a história sem ser um prisioneiro do passado.

Outra taxonomia recusada pelo liberal: a de pertencer à direita do tabuleiro de xadrez político, porque a liberdade - o conceito mais usado no ensaio de MVLL com 223 ocorrências para essa única palavra à qual deve-se acrescentar suas formas adjetivas ou seus derivados como o liberalismo - não saberia ser de direita ou de esquerda. Apesar de Norberto Bobbio ter feito do conceito de liberdade a pedra angular do pensamento de direita - a contrapartida pela esquerda sendo a igualdade,[32] MVLL mobiliza aqui a figura de Raymond Aron

---

31 Julio Roldán fala de Vargas Llosa como o porta-voz da grande burguesia latino-americana. ROLDÁN Julio, *Vargas Llosa entre el mito y la realidad*, Marburg: Textum Verlag, 2012, p. 453-478. Uma mesma interpretação se encontra em DE CASTRO Juan E., *Mario Vargas Llosa. Public Intellectual in Neoliberal Latin America*. Tucson: University of Arizona Press, 2011.

32 BOBBIO, Norberto. *Destra e sinistra: ragioni e significati di una distinzione politica*, Roma: Donzelli, 1994.

para denunciar os ataques contra os liberais, incluindo o de pertencer à direita do campo político:

> Foi um pensador um tanto quanto excêntrico na tradição cultural da França, que idolatra os extremos: liberal e moderado, um campeão dessa virtude política saxã, o senso comum, um amável céptico que sem muita sorte, mas com sabedoria e lucidez, defendeu durante mais de meio século, em livros, artigos e conferências – na cátedra e nos jornais –, a democracia liberal contra as ditaduras, a tolerância contra os dogmas, o capitalismo contra o socialismo e o pragmatismo contra a utopia.[33] (tradução nossa)

Há somente no capítulo sobre Raymond Aron o uso da palavra "direita" porque ele teve que defender-se, em seu tempo, de uma acusação que valia a infâmia. E, para provar em que medida a esquerda estava de má fé quando taxou Aron como um homem de "direita", MVLL recorda suas folhas de serviço como um resistente, anti-gaullista e partidário da independência argelina:

> Considerado um direitista, assim o foi de uma maneira muito particular, ou seja, muito liberal. Depois da derrota da França em 1939, foi um dos primeiros intelectuais em partir para Londres para alistar-se nas Forças Francesas Livres, mas o general De Gaulle não o deixou ser um combatente, como pretendia, e o fez diretor-chefe da revista da resistência, *La France Libre*. Sua adesão a De Gaulle resultou sempre independente, receosa e crítica; com frequência, converteu-se em um censor severo da Quinta República e do próprio general, aos quais acusava de autoritários. Depois da Revolução estudantil de 1968, a qual se opôs com um interesse raro nele, escreveu, na *La Révolution introuvable* (1969): "... não sou gaullista, e continuo sem sê-lo e gozando da antipatia particular do general De Gaulle..." [...] Por outro lado, foi o primeiro intelectual que se atreveu a afirmar que a independência da Argélia era inevitável, na *La Tragédie algérienne* (1957), livro escrito em una época em que quase toda a esquerda francesa, incluído o partido socialista,

---

33 VARGAS LLOSA, Mario. *La llamada de la tribu*, p. 206-207.

guardava uma posição reacionária e nacionalista sobre o tema.[34] (tradução nossa)

Para mostrar a inépcia dessa taxonomia e silenciar os críticos que o acusavam de "sectarismo", MVLL mobiliza uma figura final, a de *Jean-François Revel, l'iconoclaste*, aquele que desmascarou Marx e Jesus (ensaio de 1970) ou quem se apresenta como encrenqueiro rabelaisiano em suas memórias de 1997, intituladas *Ladrão na casa vazia*. Comparado nem mais nem menos a um Orwell ou um Camus, Jean-François Revel, solitário e incompreendido, reivindicou-se socialista (pelo menos uma boa parte de sua vida) apesar de ter recebido suas críticas mais vigorosas por parte da esquerda. Novamente, a estratégia de identificação está na obra porque MVLL encontrou-se na mesma situação que Revel, e por extensão do ex-combatente do POUM e socialista Orwell e do libertário anticapitalista Camus, dois autores de que MVLL adora acercar-se, mesmo que estejam a anos-luz de seu atual liberalismo hayekiano. Por razões de cronologia (J. F. Revel é o autor mais jovem da lista e só morreu em 2006), MVLL o conheceu pessoalmente, como evidenciado pelo retrato que J.F. Revel extrai dele em um trabalho coletivo que lhe é dedicado.[35] Ele também reconhece que é o único dos sete que realmente se interessou pela América Latina, a julgar pelo prefácio do livro de Carlos Rangel, publicado em 1982 e elaborado por Jean-François Revel.[36] Não é sem interesse mencionar que nessa biografia intelectual de MVLL os únicos dois intelectuais latino-americanos que têm direito de serem citados são o venezuelano Carlos Rangel que atacou o mito do bom selvagem que encontraria sua extensão no revolucionário dos anos 1960[37] e o

---

34 *Ibidem*, p. 209-210.

35 BENSOUSSAN, Albert (ed.). *Mario Vargas Llosa*. Paris: Editions de l'Herne, 2003

36 RANGEL, Carlos (prólogo de Jean-François Revel). *El tercermundismo*, Caracas: Monte Avila Editores, 1982.

37 RANGEL, Carlos. *Del Buen Salvaje al buen revolucionario: mitos y realidades de América latina*, Caracas: Monte Avila Editores, 1966.

liberal argentino Alberdi. Eles são, de acordo com MVLL, "casos verdadeiramente excepcionais de genuíno liberalismo no continente latino-americano".[38]

A quintessência do pensamento ocidental e seus inimigos

MVLL faz dos sete pensadores que ele analisa nesse livro a quintessência do pensamento ocidental. Esse termo Ocidente é interessante sob a pena de MVLL, que pode afirmar simultaneamente que as ideias mudam o mundo mas que é preciso ter cuidado, mesmo que, na realidade, se devesse ter cuidado principalmente com os intelectuais. Baseando-se no livro de J. F. Revel de 1988 (*La connaissance inutile*), ele escreve:

> O argumento de Revel ia direcionado, sobretudo, contra os intelectuais das sociedades desenvolvidas do Ocidente. Os piores e talvez mais nocivos adversários da sociedade liberal não são, segundo Revel, seus adversários do exterior - os regimes totalitários do Leste e as satrapias progressistas do terceiro mundo - mas esse vasto conglomerado de objetores internos que constituem a intelligentsia dos países livres e cuja motivação preponderante parecia ser o ódio à liberdade tal como essa se entende e se pratica nas sociedades democráticas.[39] (tradução nossa)

Na raiz dessa desconfiança está a crítica popperiana ao Historicismo, isto é, essa ideia de que a história pode ser racionalizada a partir de constantes. De fato, para Popper, as interpretações históricas sustentadas apenas por algumas variáveis se tornam sempre as bases dos sistemas políticos totalitários. Deve-se notar aqui o preconceito ideológico subjacente à postura de abster-se de procurar entender racionalmente o futuro da humanidade olhando para o passado. A história não é razoável, pois os homens são livres, e a liberdade torna nossas ações imprevisíveis. MVLL escreve:

---

38 VARGAS LLOSA, Mario. *La llamada de la tribu*, p. 23.

39 *Ibidem*, p. 298.

Neste sentido, na história não existem "leis". Ela é, para o bem e para o mal – Popper e os liberais acreditamos no primeiro – "livre", filha da liberdade dos homens e, portanto, incontrolável, capaz das mais extraordinárias ocorrências.[40] (tradução nossa)

F. Hayek corrobora por seu lado "que os intelectuais são inimigos da liberdade e além disso, seus inimigos mais soberbos".[41] Diante dos limites e desencantamentos da economia de mercado, um bode expiatório é encontrado: os intelectuais de esquerda.

O grande adversário da civilização é, segundo Hayek, o construtivismo ou a engenharia social, a pretensão de elaborar intelectualmente um modelo econômico e político e querer depois implantá-lo, na realidade, algo que somente é possível mediante a força – uma violência que degenera em ditadura – e que fracassou em todos os casos em que se tentou. Os intelectuais foram, para Hayek, construtivistas natos e, por isso, grandes inimigos da civilização. (Há algumas exceções a essa crença extremista, sem dúvida, começando por ele mesmo). Eles não costumam acreditar no mercado, esse sistema impessoal que aglutina dentro de uma ordem as iniciativas individuais e produz emprego, riqueza, oportunidades e, em última instancia, o progresso humano. Como o mercado é o produto da liberdade, os intelectuais são, com frequência, os grandes inimigos da liberdade. O intelectual está convencido de que, elaborando racionalmente um modelo justo e equitativo de sociedade, este pode se impor à realidade [...] O efeito prático desse pensamento é o socialismo (que Hayek identifica com a planificação econômica e o dirigismo estatista), um sistema que, para impor-se, necessita da abolição da liberdade, da propriedade privada, do respeito dos contratos, da independência da justiça e a limitação da livre iniciativa individual. O resultado são a ineficácia produtiva, a corrupção e o despotismo.[42] (tradução nossa)

---

40 *Ibidem*, p. 179.

41 *Ibidem*, p. 118.

42 *Ibidem*, p. 118-119.

Essa noção de liberdade nunca é historicizada e, em nenhum momento, é dada em todo o livro uma definição que não seja aquela de uma sensação e necessidade que seria inerente a todo indivíduo. Assim, essa seria a quintessência da cultura ocidental, considerada por Popper como a melhor civilização da história da humanidade. Com base em princípios éticos, ela seria capaz de responder ao maior número de desafios e poderia se dar ao luxo de viver em um contexto democrático e pluralista, mantendo uma atitude de racionalismo crítico e favorecendo o surgimento do liberalismo. Mesmo que não haja uma clara conceituação do Ocidente, algumas observações tornam possível entender que, por Ocidente, Popper se refere essencialmente à Europa e, em primeiro lugar, à Inglaterra, um país que não se rendeu a Hitler. A Inglaterra é o primeiro país da Europa Ocidental a consolidar a demanda pluralista, a espinha dorsal do que Popper se refere como sendo o Ocidente. Essa noção do Ocidente está muito distante do realismo factual elogiado por Mario Vargas Llosa em Jean-François Revel. Ele era, na verdade, um intelectual mais interessado em fatos do que em teorias, e sempre fazia questão de refutá-los se não fossem corroborados por dados concretos. Entretanto, o Ocidente continua sendo uma noção essencializada que escapa a qualquer definição concreta.

Como conclusão: A história de acordo com o "libertário" MVLL e seus heróis neoconservadores

Após esse breve panorama do horizonte da constelação de pensadores admirados por MVLL, é necessário questionar a leitura que Llosa faz da importância da ideia liberal na História e das experiências políticas que valoriza para incorporar "esses valores ocidentais". Baseado em K. Popper, MVLL traz o nascimento do Ocidente de volta à um *culture clash* da mesma forma que a civilização grega do século VII a.C. nasceu de um choque heurístico das diferentes culturas mediterrâneas. Ele não se estende aos legados gregos e romanos, exceto para enfatizar, sempre com Popper, que os primeiros inimigos da liberdade estavam na própria Grécia que a inventou: a saber, Platão e, em menor grau, Aristóteles. Não há referência às três religiões monoteístas ou à Idade Média, nem ao Renascimento para estabelecer as bases da modernidade política. Na verdade, tudo começaria na Inglaterra quando a escola escocesa liderada por

Adam Smith e David Hume propuseram fundar as sociedades sobre o princípio do mercado (aqui, opondo-se aos princípios e à herança da Revolução Francesa - outro fundamento da modernidade política, mas considerado nefasto pelo seu jacobinismo). O século XIX, que é o da implementação de ideias liberais com a Revolução Industrial sob a era vitoriana, não tem valor aos olhos de MVLL, que o cita apenas para torná-lo o século dos construtivistas e inimigos da liberdade. Tocqueville mal tem direito de ser citado nesse livro (apenas duas ocorrências em toda obra). Na realidade, a história que fascina MVLL realmente começa com a Segunda República e a Guerra Civil Espanhola (não há uma única menção à Primeira Guerra Mundial, no entanto, tão fundadora da Europa no século XX, especialmente para o que a historiador Enzo Traverso chamou de "A Guerra Civil Europeia").[43]

O século XX é resumido por MVLL como o século da luta contra o totalitarismo. Ele se aproxima do que o historiador Enzo Traverso diz quando explica que esse conceito foi um dos mais utilizados ao longo do curto século XX. Embora apareça pela primeira vez no vocabulário político após a Primeira Guerra Mundial, é especialmente durante o período da Guerra Fria que ele floresce:

> O período que se estende de 1947 até 1960 será, por fim, a idade de ouro da ideia de totalitarismo, que alcançou então sua formulação teórica acabada e de maior difusão. No entanto, essa canonização se fará ao preço de uma mutação relevante: mais que una função *crítica* frente aos regimes existentes – como nos anos 30, o conceito de totalitarismo assumia uma função *apologética* da ordem ocidental, dito de outro modo, transformava-se em *ideologia*.[44] (tradução nossa)

A função ideológica desse termo se estende depois da Segunda Guerra Mundial, quando a Alemanha – o antigo inimigo – se torna um novo aliado contra a URSS. Do seu status de combatente contra o fascismo, a URSS é transformada na principal – para não dizer exclusiva – encarnação do totalitarismo. Assim, o antitotalitarismo passa a ser totalmente confundido com o

---

43 TRAVERSO, Enzo. *À feu et à sang. De la guerre civile européenne 1914-1945*, Paris: Stock, 2007.

44 TRAVERSO, Enzo. *El totalitarismo. Historia de un debate*, Buenos Aires: Eudeba, 2001, p. 83.

anticomunismo ao se tornar uma arma de propaganda e um "conceito de luta" (Kampfbegriff).[45] Essa luta só termina com a queda do Muro de Berlim em 1989, e é por isso que essa década é celebrada por MVLL como a apoteose, o apogeu deste movimento de liberdade que anima o mundo ocidental. Dois heróis incorporam então esse "momento de liberdade". A primeira, Margaret Thatcher, é adornada com todas as virtudes por MVLL, que a conheceu pessoalmente durante os onze anos que ele passou na Inglaterra naquela época. Ele desenha um verdadeiro panegírico:

> O governo de Margaret Thatcher (1979-1990) significou uma revolução, feita dentro da mais estrita legalidade [...] Todas essas reformas econômicas deram lugar, certamente, a greves e mobilizações sociais, como a dos trabalhadores das minas de carvão, que durou cerca de dois anos, nas quais a personalidade de Margaret Thatcher mostrou uma coragem e uma convicção que a Grã Bretanha não tinha conhecido desde os tempos de Winston Churchill. Aquelas reformas, que converteram o país em poucos anos na sociedade mais dinâmica da Europa, vieram acompanhadas de uma defesa da cultura democrática, uma afirmação da superioridade moral e material da democracia liberal sobre o socialismo autoritário, corrupto e arruinado economicamente que reverberou por todo o mundo.[46] (tradução nossa)

Ao lado de Thatcher, Ronald Reagan também se torna o herói dos tempos modernos:

> Esta política coincidiu com a que realizava ao mesmo tempo nos Estados Unidos o presidente Ronald Reagan. Por fim apareciam à frente das democracias ocidentais uns líderes sem complexos de inferioridade frente ao comunismo, que recordavam em todas suas

---

45 TRAVERSO, Enzo. "Le totalitarisme. Histoire et apories d'un concept", In: *L'Homme et la société*, nº129, 1998. pp. 97-111. Disponível em: <http://www.persee.fr/doc/homso_0018-4306_1998_num_129_3_2963>. Acesso em: 11 agosto 2018.

46 VARGAS LLOSA, Mario. *La llamada de la tribu*, p.18-19.

intervenções as conquistas em direitos humanos, em igualdade de oportunidades, no respeito ao indivíduo e a suas ideias, frente ao despotismo e ao fracasso econômico dos países comunistas. Enquanto Ronald Reagan era um extraordinário divulgador das teorias liberais, que sem dúvida conhecia de forma um tanto geral, a senhora Thatcher era mais precisa e ideológica. Não tinha escrúpulo algum em dizer que ela consultava Friedrich von Hayek e que lia Karl Popper, que considerava o maior filósofo contemporâneo da liberdade.[47] (tradução nossa)

MVLL faz deles os maiores líderes de seu tempo – aqueles que o ajudaram a se tornar um liberal, e não devemos esquecer que ele tentou imitá-los quando concorreu às eleições presidenciais no Peru no final dos anos 1980 com o mesmo tipo de programa. Nós percebemos o quanto ele gostaria de ser a "Dama de Ferro" do Peru quando escreveu:

Ambos foram grandes estadistas, os mais importantes de seu tempo, e ambos contribuíram de maneira decisiva para o desmoronamento e desaparição da URSS, o maior inimigo que a cultura democrática já teve, mas não havia neles nada do líder carismático, aquele que como Hitler, Mussolini, Perón ou Fidel Castro, apela sobretudo ao "espírito da tribo" em seus discursos.[48] (tradução nossa)

No entanto, tendo o cuidado de se diferenciar no plano dos valores para cultivar sua imagem de homem liberal também em termos de valores comportamentais:

Ainda que em questões econômicas e políticas Ronald Reagan e Margaret Thatcher tinham uma inequívoca orientação liberal, em muitas questões sociais e morais defendiam posições conservadoras e inclusive reacionárias – nenhum deles aceitou o casamento homossexual, o aborto, a legalização das drogas ou a eutanásia, que

---

47 *Ibidem*, p. 19-20.

48 *Ibidem*, p. 20-21.

me pareciam reformas legítimas e necessárias – e nisso, sem dúvida, eu discrepava deles. Mas, no final das contas, estou convencido de que ambos prestaram um grande serviço à cultura da liberdade. E, em todos casos, me ajudaram a tornar um liberal.[49] (tradução nossa)

No entanto, considerando que o capitalismo globalizado se estendeu a todo o planeta, deveria MVLL, o sísifo dos tempos modernos, estar feliz? A resposta é ambivalente. Por um lado, ele observa na eleição de 2017 de Emmanuel Macron, um grande entusiasmo entre os jovens que teriam redescoberto o pensamento de Raymond Aron. Ele notou em particular na América Latina que, apesar das crises econômicas, as pessoas apoiam processos democráticos "contra suas elites", e ele está apostando nas "pessoas comuns" contra intelectuais corrompidos pelo gramscismo:

> E, no entanto, apesar de tudo, sou menos pessimista sobre o futuro da sociedade aberta e da liberdade no mundo que o era nesse livro Jean-François Revel. Meu otimismo se apoia nesta convicção antigramsciana: não é a intelligentsia que faz a história. Geralmente, os povos – essas mulheres e homens sem rosto e sem nome, as "pessoas comuns", como os chamava Montaigne – são melhores que a maioria de seus intelectuais: mais sensatos, mais pragmáticos, mais democráticos, mais livres, na hora de decidir sobre assuntos sociais e políticos.[50] (tradução nossa)

No entanto, em momentos diferentes, ele ataca esse capitalismo moderno, que não segue o caminho do liberalismo ideal, e ideal enquanto um novo inimigo, "o populista", substitui o "totalitário". MVLL faz disso o eco de críticas sobre a "civilização [ocidental] ameaçada" que F. Hayek emitiu no final de sua vida em 1992. Ele afirma:

---

49   *Ibidem*, p. 20.

50   *Ibidem*, p. 303.

Ernesto Bohoslavsky • Rodrigo Patto Sá Motta • Stéphane Boisard (orgs.)

> A ideia da civilização de Hayek se erodiu profundamente desde a sua morte. As ideias que, para ele, desempenhavam um papel tão importante na vida das nações livres, deterioraram-se muito e no mundo moderno as imagens cobraram o protagonismo que antes tinham aquelas. De certo modo, as telas substituíram os livros como a fonte primeira do conhecimento e da informação para o que se chama a opinião pública. De outro lado, jamais Hayek podia imaginar que o fenômeno da corrupção fosse se estender como tem ocorrido ao penetrar no seio de umas instituições que, por causa disso, perderam muito da autoridade que antes tinham. É o caso da justiça, propensa em muitos lugares a casos clamorosos de corrupção por obra do dinheiro ou a influência do poder. Isso repercutiu também na empresa – pública e privada – e no funcionamento do mercado, que não apenas se viu afetado pelo intervencionismo estatal, mas também, com frequência, por tráficos e influências que favorecem determinadas empresas ou pessoas graças ao poderio político ou econômico de que dispõe.[51] (tradução nossa)

É inconcebível, no entanto, que a economia de mercado possa ser responsável pela degradação da democracia no mundo, porque ela é o pilar fundamental. Confrontado com as crises da economia de mercado e as convulsões autoritárias da democracia política, ilustrada pela eleição brasileira, que elegeu Jair Bolsonaro, ex-militar nostálgico da ditadura apoiado pelos mercados, pelos empregadores e pelas "pessoas comuns", resta apenas a MVLL apelar para a moralidade:

> A moral pública, a qual Hayek concede tanta importância, rompeu-se também por toda parte devido ao apetite de lucro, que prima sobre todos os valores, e que leva muitas empresas e pessoas a jogar sujo, violentando as regras que regulam a livre concorrência. A grande crise financeira moderna tem sido uma expressão dramática desse desabamento das ideias e valores hayekianos.[52] (tradução nossa)

---

51 *Ibidem*, p. 119.

52 *Ibidem*.

Podemos nos perguntar se isso será suficiente para neutralizar as democracias iliberais defendidas pelas direitas autoritárias que surgem por todo o mundo. Ou, ainda, apoiar-se no que os filósofos Ralf Dahrendorf, Vincent Geisser, Olivier Dabène e Gilles Massardier alertam contra a perda de fé na democracia dos cidadãos e os riscos que correm as "civilizações ocidentais e outras":

> a liberalização econômica sob a égide do Consenso de Washington, longe de levar a uma democratização dos sistemas políticos de cada país, fortaleceu o domínio dos "clãs" e das multinacionais na riqueza nacional, e em certos países o poder pessoal dos autócratas e a manipulação das urnas. Os hinos à governança do Banco Mundial e o FMI parecem ter afetado significativamente os princípios fundamentais da democracia representativa. A fetichização dos modos contratuais e dos negócios entre os *lobbies* e o poder das empresas transnacionais contribuiu para debilitar permanentemente os mecanismos de representação democrática e a fé dos cidadãos nas virtudes democráticas. No contexto atual, em que o problema de segurança se tornou uma questão central para todos os regimes chamados "democráticos", podemos perguntarmos se o século XXI não será o século do autoritarismo como sugeriu o filósofo Ralf Dahrendorf.[53] (tradução nossa)

---

53 GEISSER Vincent, DABÈNE Olivier, MASSARDIER Gilles (dir.). *Autoritarismes démocratiques Democraties autoritaires au XXI siècle*, Paris: La Découverte, 2012.

Religiões e religiosidade

Uma rede de sociabilidade integrista: a expansão tefepista para a Argentina e Chile (1967)

Gizele Zanotto[1]

Um dos fenômenos mais instigantes ao pesquisador da história intelectual ou da história das ideias refere-se à análise da constituição e dinâmica das denominadas redes de sociabilidade que lhe são correlatas. Tais redes evidenciam a coletividade do empreendimento intelectual, ao mesmo tempo em que indicam valores, posturas, ações, perspectivas, projetos e interesses comuns - componentes esses que possibilitam o debate e a troca frequentes entre seus membros. Nossa proposta é trazer à discussão a conformação de uma rede de sociabilidade pautada no integrismo católico (relido por Plínio Corrêa de Oliveira). A rede é formada a partir do Brasil e expandida aos cinco continentes. Trata-se de um olhar mais detido e pormenorizado ao movimento católico Tradição, Família e Propriedade (TFP), fundado no Brasil em 1960, e à análise de sua repercussão intelectual e operativa em nações da América do Sul, especialmente na Argentina e Chile em 1967. Para tanto, partiremos de uma discussão sobre o campo intelectual e seguiremos analisando a formação da TFP brasileira, sua aproximação aos grupos redatores das revistas *Cruzada* (Argentina) e *Fiducia* (Chile), a fundação das TFP's argentina e chilena e a reflexão sobre o *modus operandi* que tornou a ação dessas entidades coirmãs conhecidas e peculiares.

---

[1] Pós-doutora pela Universidade de Buenos Aires (2014) sob orientação de Claudia Touris e Pablo Wright. Atualmente é professora nos cursos de Graduação e Pós-Graduação em História da Universidade de Passo Fundo-UPF.

O campo intelectual e formas de sociabilidade

É ponto comum entre os pesquisadores a compreensão de que os intelectuais são objetos de difícil definição e delimitação. Não são visíveis por meio de uma profissão específica, trabalho ou ofício. São mapeados pelo seu *status* institucional, simbólico, mediador, polêmico ou pela sua vinculação a uma tradição de pensamento. Como destaca Leclerc, os intelectuais são "profissionais da palavra falada e escrita, da introspecção e da análise, do exercício da inteligência".[2] Intelectuais são produtores, consumidores e reprodutores culturais; produzem obras, criam, inovam, aprofundam questões do domínio cultural, estético, ideológico, político, social, etc. São intrometidos, curiosos, críticos; têm espírito inquieto, investigador, questionador. Intelectuais vivem para as ideias,[3] situação nada confortável para o pesquisador que quer definir com delimitadores evidentes essa categoria. Esta dificuldade também se apresenta quando da tentativa de observar os "curiosos" em grupos circunscritos em termos de ideias e ações e situá-los em seu ambiente de sociabilidade. Tratar de intelectuais católicos, especificamente demanda entendê-los como agentes inseridos em um campo maior que, ao mesmo tempo em que legitima sua atuação especializada, evidencia os embates, articulações, oposições, etc., que tornam esse "espaço" específico um "cenário" de disputas.

Observar e analisar o campo intelectual e seu recorte no campo tefepista integrista requer acuidade e esforço. Inicialmente requer afinco de análise de categorias pertinentes à sua compreensão, empenho esse que inicia já na delimitação do que é um intelectual. Como também destaca Sirinelli, os intelectuais – como grupo – constituem redes de contornos imprecisos, difíceis de delimitar e mapear e, não raro, não tão significativo em termos numéricos.[4] Junto a isso temos a dificuldade de uma definição precisa quanto ao conceito de intelectual, visto suas acepções múltiplas e, em geral, complementares. É essa a proposta do autor que em texto clássico acerca dos estudos sobre intelectuais defende o ca-

---

2 LECLERT, Gérard. *Sociologia dos intelectuais*. São Leopoldo: Ed. UNISINOS, 2004, p. 12.

3 *Idem*, p. 17 ss.

4 SIRINELLI, Jean François. "Os intelectuais". In: RÉMOND, René (Org.). *Por uma História Política*. 2ª edição. Rio de Janeiro: Ed. FGV, 2003, p. 235.

ráter polimorfo do conceito, mas que, visando empreender e estimular pesquisas específicas sobre a intelectualidade, propôs duas definições instrumentais que balizariam as análises de modo inicial e articulador. Sirinelli apresenta uma definição de matiz sociológica e cultural, que entende o intelectual como criador e mediador cultural e que inclui em seu espectro jornalistas, escritores, professores secundários e de níveis superiores, sábios, etc. Já a definição política de intelectual remete ao engajamento "na vida da cidade", de maneira direta ou indireta e que apresenta publicamente à sociedade a capacidade de especialista em dado tema que o intelectual põe a serviço de uma causa que lhe é cara.[5]

O intelectual – como ator engajado e/ou mediador cultural – situa-se em zonas de fronteira entre a cultura e a política e utiliza de estruturas de sociabilidade nada desprezíveis em sua repercussão e abrangência. Sobretudo, intelectuais se utilizam de espaços de sociabilidade (bares, cafés, livrarias, parques, praças, etc.) para dialogar com seus pares, bem como de meios de comunicação para divulgação de suas perspectivas e propostas (revistas, jornais, panfletos, manifestos, etc.). Derivadas dessas, entidades específicas podem ser criadas em prol da defesa de bandeiras, valores, ações, interpretações, debates, entre outros, que evidenciam a articulação e o compromisso coletivo que os une.

O campo intelectual, como destaca Bourdieu, como campo com relativa autonomia na produção de bens simbólicos e culturais, também nos impele à consideração de um autor e/ou uma obra a partir de seu vínculo e legitimidade como integrante da estrutura do campo intelectual, campo esse que funciona como mediador entre o intelectual/pensador e a sociedade; campo que lhe dá suporte; que o situa ante os demais campos e também entre os demais grupos que o compõem internamente.[6] Leclerc, aprofundando essa diversificação interna ao campo intelectual, afirma que o intelectual deve ser situado em relação à tradição, escola, movimento que lhe dá identidade, todavia, também deve ser observado como quem mobiliza a tradição e a atualiza, pois ora são guardiões de

---

5   SIRINELLI, Jean-François. "Le hasard ou la nécessite? Une histoire en chantier: l'histoire des intellectuels". *Vingtième Siècle. Revue d'Histoire*, volume 09, número 09, 1986, p. 99.

6   Ver: BOURDIEU, Pierre. *Campo de poder, campo intelectual. Itinerario de un concepto.* Buenos Aires: Editorial Montressor, 2002.

valores, instituições, ora representam oposição a ela; são tanto representantes de uma tradição e um grupo, como se configuram como dissidência dos mesmos.[7]

Tais considerações nos auxiliam na observação dos tefepistas como membros de tradições específicas, ancoradas em grupos defensores do catolicismo conservador e, inserido neste, a linhagem integrista. Também nos beneficia na interpretação de intelectuais motrizes que atualizam discussões deste campo, apoiando-se e/ou opondo-se a ele. Nesse sentido, trataremos do campo intelectual como espaço dinâmico, fluido, compósito, excludente por vezes; abordaremos escalas menores desse campo, ao recortar nele o campo intelectual católico, o campo integrista católico e o campo tefepista integrista – foco de nosso olhar.

No caso das TFP´s, vemos a importância das revistas como agregadores iniciais no Brasil, na Argentina, Chile e outros países – nelas uma visão específica de cultura política, de Igreja e de mundo, bem como uma proposta de ação de forma estruturada e estruturante. As revistas se constituem como um agrupamento permanente ou temporário de diferentes graus de institucionalização. Esses veículos de comunicação se "colocam" no jogo cultural como "pontos de encontro" entre itinerários individuais e coletivos, pautados em um credo comum (não homogêneo ou unívoco!), com ânsia pela expressão coletiva.[8] Quando criadas, as revistas colocam-se como portadoras de uma mensagem singular (que legitimam e como que explicam sua relevância e necessidade) e reivindicam sua "verdade" ante uma nova cultura, estética ou orientação científica. A partir dessa mensagem "inaugural", as revistas se inserem no jogo das "afinidades eletivas" do cenário cultural e passam a atuar a partir de uma dupla seleção – nós escolhemos/nós somos escolhidos – que visa ser a chave de sua estratégia de inserção no cenário cultural, como aponta Pluet-Despatin.[9]

Para além das revistas, pontuamos que reuniões, grupos de estudo, debates, palestras, retiros, aglutinação em entidades e/ou movimentos, abaixo assinados e manifestos, difusão de obras e panfletos, criação de grupos de discussão,

---

7   LECLERT, 2004. p. 24-25.

8   PLUET-DESPATIN, Jacqueline. "Une contribuition à l'Histoire des intellectuels: Les revues". RACINE, Nicole. TREBITSCH, Michel (Orgs.). *Cahier de l'IHTP - Sociabilités, intellectuelles: lieux, milieux, reseaux.* Paris: IHTP/CNRS, número 20, 1992, p. 125ss.

9   *Idem*, p. 129-130.

Pensar as Direitas na América Latina

páginas, blogs e outras formas de agregação online também são sustentáculos de grupos articulados em torno de uma tradição intelectual. Na TFP tais possibilidades são evidentes e potencializam o discurso pliniano integrista. Como entidade civil, submetida à regulamentação estatal, como movimento católico (Pablo Richard), a entidade foi porta-voz da mensagem pliniana que extrapolou fronteiras e mesmo agrupamentos. Seu pensamento ainda reverbera em entidades afins, entidades derivadas da TFP por especialização de ação ou por ruptura.

A liderança pliniana e a conformação de uma rede de sociabilidade articuladora do integrismo católico

Inicialmente, antes de discutir a rede integrista de catolicismo conformada pela ação ideológica e operativa de Plínio Corrêa de Oliveira, há que se ponderar sobre a importância de seu líder para a conformação do grupo e de suas posições político-culturais e religiosas. Trata-se de observar a liderança intelectual pliniana ante seu séquito de apoiadores e seguidores, assim como seu intento de transformar o mundo via divulgação de ideias, vetorizada, inicialmente por periódicos, palestras e publicações.

"Tenho a consciência do dever cumprido, pelo fato de ter fundado e dirigido a minha gloriosa e querida TFP".[10] Com tais palavras Plinio Corrêa de Oliveira (1908-1995) declarou em testamento um estado de espírito tranquilo, derivado do "dever cumprido" no transcurso de sua vida. Sua "gloriosa e querida TFP" foi fundada em São Paulo como Sociedade Brasileira de Defesa da Tradição, Família e Propriedade (SBDTFP ou, simplesmente, TFP) no ano de 1960. Naquele contexto específico, a entidade propunha-se a defender os valores cristãos considerados como fundamentais para a organização sociopolítica e cultural no Brasil, que na compreensão de seus membros estariam sendo solapados há décadas, gerando a instabilidade e a proliferação de valores e ideologias exóticas (leiam-se comunistas). A "associação civil de caráter cultural, cívico, filantrópico e beneficente, sem fins lucrativos e extrapartidária", fundada em 26 de julho, destina-se a "defender e estimular, de forma mais ampla, a Tradição, a

---

10   OLIVEIRA, Plínio Corrêa de. "Nossa Senhora foi sempre a Luz da minha vida. O testamento do cruzado do século XX". *Catolicismo*, São Paulo, n° 550, p. 34, outubro/1996.

Família e a Propriedade Privada, pilares da civilização cristã no País, bem como, de modo geral, promover e animar a ordem temporal segundos (sic) os princípios do Evangelho, interpretados de acordo com o Magistério tradicional da Igreja".[11] Em entrevista televisiva à Rádio Tupi, Oliveira assim descreveu a TFP:

> Ela tem como finalidade específica, no campo cívico, de lutar contra o socialismo e o comunismo, de modo positivo e de modo negativo. De um modo positivo, realçando os três valores que o comunismo e o socialismo põem em cheque, que são: a tradição, a família e a propriedade. De um modo negativo, fazendo a publicação de obras que ponham em evidência os erros e os inconvenientes do socialismo e do comunismo.[12]

Plínio C. de Oliveira foi formado durante o processo de reação católica das primeiras décadas do século XX e vivenciou/militou pela proposta como membro das Congregações Marianas, líder da juventude católica paulista, deputado federal pela Liga Eleitoral Católica na Assembleia Constituinte (1934-1937), presidente da junta Arquidiocesana da Ação Católica Paulista (1940-1943) e diretor do periódico *O Legionário*, da Arquidiocese de São Paulo (1933-1947). Quando da ascendência do denominado progressismo católico no país e, neste caso, na Arquidiocese de São Paulo, houve a reorganização dos grupos leigos e religiosos em prol da nova orientação confessional que, como consequência, operou uma separação firme entre os progressistas e os conservadores (ultramontanos e/ou integristas). Assim, o grupo já organizado em torno do intelectual leigo Plínio C. de Oliveira assumiu sua matriz conservadora integrista e passou a ordenar sua postura, atuação, doutrina em função dela.

---

11 SOCIEDADE BRASILEIRA DE DEFESA DA TRADIÇÃO, FAMÍLIA E PROPRIEDADE. *Estatutos Sociais*. Registrado no 1º Cartório de Registro de Títulos e Documentos – Registro Civil de Pessoas Jurídicas, da Comarca de São Paulo em 30 de setembro de 1960. [Registro de 30/janeiro/2004]. p. 01.

12 OLIVEIRA, Plinio Corrêa de. "Entrevista para a Rádio Tupi, para o programa "Música muito importante"." In: *Plinio Corrêa de Oliveira*. Disponível em: <http://www.pliniocorreadeoliveira.info/ ENTREVISTAS%20-%201968-07-24_radioTupi.htm >. Acesso em: 09 jan. 2017.

Pensar as Direitas na América Latina

Segundo Pierucci, Rémond e Poulat, os principais elementos caracterizadores da doutrina integrista revelam sua adesão incondicional à tradição e ao papado. O integrismo parte da convicção de que a autoridade sacra é o texto papal (certos textos de determinados pontífices) e não propriamente a Sagrada Escritura. O zelo militante de religiosos e leigos defensores deste catolicismo é pautado pela defesa dos valores religiosos considerados ameaçados pelos efeitos "deletérios" da modernidade. Nesta sociedade moderna contaminada pelas síndromes desagregadora e laicizante, o único vetor legítimo de reordenação seria a Igreja Católica hierárquica. Numa instigante síntese Mallimaci indica que o catolicismo intransigente não está alocado em dada pessoa ou grupo mas sim na convicção concreta, visível e palpável de que a fé cristã é o princípio da verdade absoluta, de modo que todo valor provém da Igreja Católica. Este tipo de catolicismo, segue o autor, tem de ter presença social.[13]

A sistematização integrista de história avalia a ascendência, apogeu e declínio da cristandade, predizendo que os males da situação atual prenunciam o fim dos tempos e o aguardado Juízo Final, que beneficiará os fiéis e condenará os ímpios. Coerente com essa proposta, Plínio C. de Oliveira sistematizou a base interpretativa desse processo em uma obra que se tornaria marco de sua produção intelectual, assim como o principal instrumental doutrinário e operativo orientador da ação das TFP´s e entidades coirmãs: *Revolução e Contra-Revolução* – RCR – (1959). A obra foi publicada originalmente na centésima edição da revista *Catolicismo* (1951), órgão aglutinador dos conservadores católicos próximos a Plínio C. de Oliveira e, posteriormente, porta voz oficioso da TFP (após 1983). Partindo da análise da sociedade atual como corrompida pelos laivos do orgulho e sensualidade - originadores de uma cadeia de sistemas ideológicos fautores da Revolução, sobretudo por preconizarem o ódio a toda superioridade e a queda de barreiras (seus aspectos igualitários e liberais) -, o autor defende um retorno à ordem social cristã como única solução adequada para a sociedade contemporânea.[14]

---

13 MALLIMACI, Fortunato. *El catolicismo integral en la Argentina (1930-1946)*. Buenos Aires: Editorial Biblos, 1988, p. 05.

14 OLIVEIRA, Plínio Corrêa de. *Revolução e Contra-Revolução*. 4ª edição. São Paulo: ARTPRESS, 1993, p.13-14

RCR tornou-se obra de referência para os tefepistas. O pensamento pliniano inspirou e orientou inúmeras instituições e movimentos no Brasil e mesmo mundo afora, sobretudo TFP´s e entidades coirmãs defensoras da proposta católica integrista sistematizada e ressignificada pelo autor. Plinio C. de Oliveira, aqui considerado como intelectual da reação católica, militante conservador e cruzado da contrarrevolução, segundo a tipologização proposta por Arno Mayer, tornou-se ponto de origem de uma leitura singular de catolicismo e vetor de aglutinação de seguidores no Brasil e em mais de 20 países.

A TFP-BRA estendera sua rede de contatos/sociabilidade articulando-se com vários órgãos de imprensa católica ou grupos de jovens conservadores no continente, como o *Grupo Tradicionalista de Jóvenes Cristianos Venezuelanos* (1968), o *Grupo Tradicionalista de Jóvenes Cristianos Colombianos* (1968), os *Jóvenes Bolivianos Pro-Civilización Cristiana* (1974), o *Comité de Jóvenes Ecuatorianos Pro-Civilización Cristiana* (1970), os membros de *Tradición y Acción por un Uruguay Auténtico Cristiano y Fuerte*, o *Grupo Univesitario Reconquista* (Peru) e pelas revistas *Cruzada* (Argentina) e *Fiducia* (Chile). Dessas interlocuções derivaram importantes relações de aproximação, colaboração e, posteriormente, de adoção do integrismo pliniano e do modelo tefepista de organização institucional, como veremos adiante.

As revistas como vetores de articulação para a transnacionalização da TFP

A partir dos anos finais da década de 1950 e início de 1960 iniciaram viagens a países da América Latina por membros da TFP-BRA, visando identificar pessoas e grupos afins ao ideário integrista. Para Oliveira, esta ação derivava de uma compreensão específica: "nós queríamos formar uma confederação mundial, queríamos agir no mundo inteiro".[15] Dos contatos iniciais resultaram convites para palestras, convivências, discussões, intercâmbios de artigos. Na narrativa de Oliveira, a Argentina destacou-se nesses momentos iniciais de busca por grupos afins, o que culminou posteriormente na criação da primeira TFP fora do Brasil.

---

15 OLIVEIRA, Plínio Corrêa de. *Minha vida pública: compilação de relatos autobiográficos de Plínio Corrêa de Oliveira*. São Paulo: Artpress, 2015, p. 450.

A aproximação se aguçou em contato com o grupo editorial da revista *Cruzada*, cuja proposição assumira como dever o combate aos ditos desvios religiosos e seus frutos: o comunismo, o progressismo e o socialismo cristão.[16] Conforme Scirica, *Cruzada* é uma revista de cunho católico criada para defender os valores da família (matrimônio indissolúvel) e propriedade (privada e as "legítimas" desigualdades sociais que estariam sendo atacadas pelo socialismo e comunismo).[17]

Tal apresentação lembra muito a própria caracterização da TFP e suas bandeiras principais: tradição católica conservadora; propriedade privada e família monogâmica e indissolúvel. Para além de tal similitude, vemos a aproximação com o grupo da revista *Catolicismo* e com os membros da TFP-BRA desde o início dos anos 1960 de maneira mais oficializada, com a divulgação de estudos de autoria de Plinio Corrêa de Oliveira e mesmo atuação similar, tendo como foco as massas católicas e as vias públicas, situação já observada por Scirica.[18] Na rememoração de Oliveira acerca da articulação com a equipe de *Cruzada* percebemos a busca por aproximação, por um lado, e a reafirmação de seus ideais como vetores para a parceria duradoura, materializada na fundação da TFP-ARG – semelhante observação foi realizada quanto ao grupo editorial de *Fiducia*, articulado à proposta pliniana de modo mais simples, segundo o autor:

> Conhecemos na Argentina uma direita, em cuja sombra viviam pessoas com uma vocação idêntica à nossa.

---

16 SOCIEDADE BRASILEIRA DE DEFESA DA TRADIÇÃO, FAMÍLIA E PROPRIEDADE. *Um homem, uma obra, uma gesta: Homenagem das TFP's* a Plínio Corrêa de Oliveira. São Paulo: Editora Brasil de Amanhã, s.d., p. 323.

17 CRUZADA. Dístico de apresentação. Apud: SCIRICA, Elena. "Grupos laicales tradicionalistas contra los sectores tercermundistas. Una aproximación a sus prácticas y estrategias de difusión". In: FOGELMAN, Patrícia. DE LUCA, Candela (Comps.). *Actas electrónicas del Cuarto Simposio Internacional sobre Religiosidad, Cultura y Poder.* (IV SIRCP) de GERE. Buenos Aires: GERE, Ed. de la FFyL UBA, 2012. s/p.

18 *Idem*, 2012, s/p.

> Foi uma dessas viagens à Argentina que encontramos um grupo que imprimia a revista *Cruzada*, extraordinariamente afim conosco, composto todo ele de jovens, filhos de pais pertencentes a essa direita.
>
> Indo à Argentina, tomei contato com esses rapazes, e fiquei uma longa temporada lá.
>
> Esses contatos frutificaram e em certa ocasião, no ano de 1965, fiz um simpósio com esse grupo de jovens de Buenos Aires. Eles vieram a São Paulo para resolver algumas "de las mil y mil cuestiones" entre os dois grupos. Este simpósio correspondeu a esclarecer o seguinte problema: o que somos nós?
>
> Nossa Senhora favoreceu esse simpósio, e no final de contas eles resolveram aderir integralmente aos nossos ideais e formar naquele país uma TFP autônoma mas irmã da nossa. Nasceu assim a TFP Argentina.[19]
>
> Também em viagem ao Chile conhecemos o grupo de *Fiducia*, pessoas jovens que publicavam uma revista do mesmo nome.
>
> Com eles a aproximação foi muito mais fácil. Já nos primeiros contatos nos entendemos bem. Logo depois vieram alguns deles ao Brasil, seguidos depois de outros. E assim começaram a vir em roldana, e entendíamo-nos perfeitamente. Eles se transformarem em TFP chilena foi a coisa mais fácil, mais simples, mais desembaraçada que houve.[20]

Com a configuração de redes de publicações e grupos de jovens católicos, a fundação de entidades coirmãs fora facilitada pela parceria anterior e pela perspectiva teológico-doutrinária comum, essencialmente cristã e contrarrevolucionária. No caso específico da Argentina, a publicação de *Cruzada*, segundo a narrativa oficial, se insere em um contexto de "desvios" de setores da Igreja Católica, em especial, na "capitulação" diante do laicismo e do relativismo. A publicação, editada inicialmente por Cosme Beccar Varela (filho), Federico Ezcurra, Jorge

---

19   OLIVEIRA, 2015, p. 450.

20   *Idem*, p. 451.

Labanca e Hortensio Ibarguren, manteve-se como porta-voz da TFP-ARG até 1969, quando foi substituída por *Tradición, Familia, Propiedad*.

A *Sociedad Argentina de Defensa de la Tradición, Familia y Propiedad* (TFP-ARG) foi fundada anos depois, em 03 de abril de 1967, tendo derivado destes contatos anteriores entre a TFP-BRA e o grupo articulado em torno da revista editada por jovens universitários, dos quais destaca-se Cosme Beccar Varela,[21] futuro presidente da TFP-ARG. Em registro posterior, anunciou-se como uma das propostas da TFP-ARG combater os ditos "progressismos" via ação doutrinária – seguindo de perto a linha preconizada pela matriz brasileira: ação de esclarecimento que visa contribuir para manter a Argentina imune ao perigo da erosão ideológica rumo ao comunismo. Combatendo o progressismo e *aggiornamento* a TFP defende, ao mesmo tempo, adequadas e razoáveis melhorias sociais, sempre coadunadas pelas Encíclicas tradicionais do catolicismo.[22]

A perspectiva transnacional de doutrina e ação que uniu as TFPs pauta-se na ação doutrinária da opinião pública pela ação de variados meios de propaganda e comunicação. Para tanto, mobilizar membros de setores chave da sociedade argentina fez-se premente e interessante. No evento de fundação da TFP-ARG personalidades do clero, das forças armadas, da magistratura e da alta sociedade portenha[23] estiveram presentes, evidenciando parte dos vínculos – pessoais, ideológicos, operativos, etc. – que auxiliariam a entidade em suas cam-

---

21 Cosme Beccar Varela (filho) liderou a TFP-ARG por décadas, até que nos anos 1990 foi afastado quando apresentou críticas aos procedimentos internos da entidade que tem como marca uma faceta pública e uma privada, voltada para a a exaltação ao fundador Plinio Corrêa de Oliveira. Ver: VARELA, Cosme Beccar. *Se un cieco guida un altro cieco... Analisi della Familia de Almas e dell'associazione brasiliana TFP condotta sotto il profilo del diritto canonico*. Milano: Società Editrice Barbarossa, 2000.

22 SOCIEDAD ARGENTINA DE DEFESA DE LA TRADICION, FAMILIA Y PROPIEDAD. *Reseña de actividades de la TFP desde su fundación*. Sociedad Argentina de Defesa de la Tradición, Familia Y Propiedad. 07 de octubre de 1978. Disponible en la Biblioteca Nacional de la República Argentina, p. IV.

23 DERECHO MERCANTIL – Lex Mercatoria. Antecedentes de la TFP Movimiento al que pertenecían algunos integrantes del proyecto Puerto Trinidad. *Derecho Mercantil – Lex Mercatoria*. 04 de abril de 2010. Disponível em: <ari-derechomercantil.blogspot.com. br/2010/04/antecedentes-de-la-tfp-movimiento-al.html> Acesso em 28 fev. 2013.

panhas futuras com permissões, doações, aquisição de materiais e provimento de elementos para seus quadros.

O cenário argentino era mobilizado por vários grupos católicos de orientação progressista e conservadora. Naquele cenário, a TFP era mais um dos grupos que peleavam por espaço e pela formação de um público cativo, receptor e defensor de suas bandeiras. Sua atuação foi de destaque muito mais pelo modus operandi ruidoso e visível, do que pela força quantitativa – tal como nos demais países onde TFP´s foram fundadas. Conforme Scirica o número reduzido de membros efetivos da TFP-ARG (há estimativas de cerca de 2000 membros para o ano de 1967) não pode ser vinculado a uma reduzida capacidade de difusão pois a entidade contava com muitos simpatizantes e ativistas e realizava empreitadas de ampla repercussão, sobretudo quando tocava em temas como reforma agrária e comunismo.[24] questões que aproximavam outros grupos e indivíduos de suas bandeiras, mesmo que de forma efêmera, vinculada à campanhas específicas, tal como ocorreu também no Brasil. Temas candentes e intensamente polemizados inserem a TFP-ARG no cenário político-social e cultural e lhe garante alguma repercussão midiática; visibilidade esta que impulsiona a postura cruzadista e maniqueísta da entidade que, em sua doutrina e prática, defende a dialética agostiniana das duas cidades, a de Deus e do Diabo, como nortes para a vivência cotidiana, sobretudo dos católicos que devem optar entre o bem e o mal, desconsiderando a neutralidade como opção legítima.

O caso chileno também foi marcado pela aproximação dos redatores das revistas *Catolicismo* e *Fiducia*. A publicação resultava do trabalho de jovens universitários da Pontifícia Universidade Católica de Santiago do Chile que lançaram a revista em setembro de 1962. Em artigo publicado no jornal *El Mercurio* de Santiago (20-12-1964), seriam os editores de *Fiducia* jovens "que caminham encosta acima e discrepam, reagem, se distanciam. Justamente por isto escrevem e lançam sua revista; fechando os olhos para o êxito imediato, indiferentes

---

24 SCIRICA, Elena. "Núcleos católicos anticomunistas bajo el Onganiato. Encuentros y desencuentros". *Primer taller de análisis y discusión sobre el "Onganiato" (1966-1970)*. Buenos Aires, 2012, s/p.

aos interesses do dia, abrem pacientemente o sulco e aguardam".[25] Conforme Hernán Ramírez Necochea, citado por Navarro, o objetivo dos grupos *Fiducia*-TFP era promover uma cruzada contra as formas de comunismo e coletivismo para proteger a propriedade e determinados valores que consideravam como essência das tradições tanto cristãs como chilenas.[26] A partir de 1963 a revista passou a publicar RCR e alguns anos depois consolidou-se a parceria com os brasileiros pela criação da TFP-CHI, num evento que teve como um dos oradores Cosme Beccar Varella Hijo, presidente da TFP-ARG. Em análise do processo de criação de *Fiducia* e TFP-CHI, Olguín destaca que em setembro de 1962 um grupo de estudantes católicos da Pontifícia Universidade do Chile se reuniram na editoria da revista *Fiducia*, tida como organização católica de extrema direita. Entre os fundadores se destacam Eduardo Larraín Bustamante, Maximiliano Griffin Ríos, Alfredo Mac Hale Espinoza, entre outros, membros do Partido Conservador. A fundação de tal organização se deve a contatos pessoais com a SBDTFP. *Fiducia* foi publicada mensalmente até 1970, tendo publicado 31 edições.[27]

A aproximação de brasileiros e chilenos integristas deu-se num cenário de amplas transformações na América do Sul. Golpes militares, governos ditatoriais, repressão aos progressismos, cenário da bipolaridade característica da Guerra Fria, intervenções externas, etc., foram paulatinamente alterando o quadro geral de ação de revolucionários e conservadores/reacionários em todo continente. No Chile houve a ascensão da Democracia Cristã com a eleição de Eduardo Frei à presidência (1964-1970) e depois de Salvador Allende (1970-1973). Esse não era considerado o cenário ideal para os conservadores católicos. Na avaliação tefepista posterior, o Chile se configurou como "um centro polari-

---

25 SOCIEDADE BRASILEIRA DE DEFESA DA TRADIÇÃO, FAMÍLIA E PROPRIEDADE, s.d., p. 342.

26 NAVARRO, Luis Eduardo González. "Fiducia y su cruzada en contra de la democracia cristiana. Chile 1962-1967". *Revista Divergencia.* N.1, año 1, p. 21-33, ene./jun. 2012, p. 25.

27 OLGUÍN, Fabián Gaspar Bustamante. "El integrismo católico y sus construcciones semánticas del enemigo para la justificación del golpe de Estado en Chile. El caso de las revistas Fiducia y Tizona, 1965-1973". *Revista de Historia y Geografía*, n. 29, p. 55-72, 2013, p. 57.

zador das atenções e dos olhares de todas as latitudes e longitudes do planeta".[28] Embrenhados nesse contexto de polarizações, os jovens redatores de *Fiducia* fizeram o possível para atuar na contramão da política nacional, exaltando os valores tradicionais católicos e os temores derivados dos progressismos, reformismos e avanço de políticas sociais. Segundo a avaliação tefepista, RCR o "abriu seus horizontes para a crise do mundo ocidental e cristão, e foi um guia na ação para levantar no Chile o estandarte da Contra-Revolução em meio à inércia e à imprevidência que se abatia sobre os setores conservadores e anticomunistas do País em princípios da década de 60".[29]

Olguín lembra que a semântica dos artigos de *Fiducia* balizava-se em dois eixos: contra os setores católicos que aderiram entusiasticamente à renovação promovida pelo Concílio Vaticano II (1962-195) e opondo-se aos projetos de transformação agrária empreendida pelo governo de Eduardo Frei.[30] Sobre o tema agrário, há que pontuar que a argumentação pautou-se no pretenso caráter sagrado e inviolável do direito de propriedade, tal como o fizeram os tefepistas brasileiros e argentinos que lidaram com o tema nas décadas de 1960 e 1970 (posteriormente outros recursos argumentativos foram incorporados, tais como questões legais, ineficácia dos assentamentos, ideologia anticristã de base dos movimentos pelo direito à terra, etc.). Seguindo de perto as teses da subsidiariedade dos poderes temporal e espiritual, do corporativismo católico e da compreensão da Revolução e Contrarrevolução integrista, *Fiducia* participou de debates públicos criticando as ações estatais como violadoras de princípios cristãos (como atentados à ordem natural, aos mandamentos, etc.) e defendendo a livre iniciativa como meio salubre e cristão de resolução de problemas.[31] Quando articulou-se como TFP-CHI, seguiu o rol de atividades e embates já desenvolvidos e expressou publicamente sua adesão ao modelo transnacional tefepista. As

---

28 SOCIEDADE BRASILEIRA DE DEFESA DA TRADIÇÃO, FAMÍLIA E PROPRIEDADE., s.d., p. 341.

29 *Idem*, p. 342.

30 OLGUÍN, 2013, p. 57ss.

31 Ver: OLGUÍN, Fabián Gaspar Bustamante. "El gremialismo y la reestructuración de la derecha chilena (1967-1970): la reaparición del corporativismo católico panhispanista". *Mapocho*. N. 66, p. 253-270, segundo semestre de 2009.

entidades coirmãs, salientamos, são independentes em sua manutenção, organização e alguns empreendimentos. Em tese o que os une é a doutrina comum, os símbolos, valores, devoções e a liderança intelectual pliniana. Internamente as TFP's acabaram por consolidar crenças, práticas e devoções próprias, voltadas ao fundador, sua mãe, sua obra RCR, escravidão mariana e a obra pliniana - esses temas não serão aqui abordados, visto que trata-se neste artigo de evidenciar as articulações intelectuais e operativas das entidades.

Estratégias de ação do integrismo tefepista

1967 consolida a prospecção inicial de transnacionalização da TFP com a criação de entidades coirmãs na Argentina e Chile, como vimos. Da articulação intelectual derivada de grupos católicos dos três países, articulados, por sua vez, em equipes editoriais de revistas de cunho católico conservador, foram encetados e fortalecidos laços interpretativos pautados no integrismo católico, relido por Oliveira, e que progressivamente conformaram grupos e afinidades. A proposta operativa foi abraçada por argentinos e chilenos que aderiram às TFP's em seus países e que mobilizaram forças pela difusão doutrinária de base pliniana.

As formas de atuação das TFP's evidenciam o ideal prosélito e a busca por divulgação ampla de suas bandeiras e ações. Em estudo que demonstra dados do *modus operandi* da entidade na Argentina, Scirica destaca a utilização de formas variadas de comunicação política em suportes também diferenciados, como livros, publicações periódicas, coleta de assinaturas, emissões de rádio, cartelas e panfletos, encontros, conferências, etc. Para a autora, esta multiplicidade contribuiu para a polarização das opiniões num contexto argentino conturbado como o dos anos 1960 e 1970, assim como reforçou a tradicional aliança entre vetores religiosos e políticos que se autossustentam e legitimam,[32]

Observando as campanhas realizadas pelos tefepistas argentinos e chilenos, percebemos que as interpelações e envios de correspondências ou mensagens (geralmente de forma pública, difusas em órgãos de imprensa) segue o padrão de ação da matriz brasileira que, desde sua fundação, questiona autoridades civis e religiosas sobre os rumos nacionais e sobre suas posições acerca da doutri-

---

32 SCIRICA, Elena, 2012. s/p.

na católica e do comunismo. Este *modus operandi* revela-se muito útil, sobretudo aos incautos leitores que não se atêm ao processo como um todo e que têm nas interpelações a base de sua informação – depurada e parcial – sobre os fatos e/ou questões. Mais do que isso, a ausência de respostas de seus correspondentes é tida sempre como vitória, como aval de que os tefepistas estão certos em suas considerações, a ponto de deixar os oponentes silenciados. Em termos discursivos, para além dos operativos, a estratégia mostra-se muito eficaz, sobretudo para repercutir entre o grupo de prosélitos e neófitos as pretensas verdades da fé, inquestionáveis, a que os tefepistas se dedicariam incansavelmente. A polêmica, nestes casos, seria a forma mais atrativa de divulgação e o silenciamento o coroar do processo, desde que lido nesta perspectiva dualista que orienta os integristas. Junto às campanhas de divulgação e conferências, vemos aqui um segundo elemento de analogia entre as TFP´s brasileira e argentina: a utilização da polêmica como recurso de autopromoção.

Outra estratégia comum às TFP´s foi a recolha de assinaturas em abaixo-assinados sobre questões específicas dos países em que a entidade se instalou ou temas comuns, como foi o caso da primeira campanha realizada pela TFP-ARG. Em julho de 1968, portanto no ano seguinte à fundação da associação em Buenos Aires, foi empreendida a campanha de coleta de firmas para um pedido ao então pontífice, Paulo VI (1963-1978), medidas mais rígidas contra o que os tefepistas denominaram de "infiltração comunista nos meios católicos". Publicada em inúmeros órgãos de imprensa do Brasil, Argentina, Chile e Uruguai – onde já havia TFP´s –, o documento *Reverente e Filial Mensagem a Sua Santidade o Papa Paulo VI* rendeu aos tefepistas dos quatro países mobilizados, segundo suas somas, 2.025.201 assinaturas.

Os espaços públicos foram utilizados em ações diversas pelos membros da TFP, que também promovia as chamadas caravanas para difusão doutrinária, venda de livros, coleta de assinaturas e recolha de doações percorrendo o interior dos países onde foi instalada. Sem nos alongarmos nas múltiplas possibilidades ainda a explorar ou aprofundar dos usos do pensamento do intelectual Plínio C.de Oliveira pelos seguidores, ainda pontuamos as polêmicas e a publicidade dela resultante como base da difusão ruidosa do pensamento pliniano e de consolidação de seu status intelectual que chegou a muitos países. Capitalizando bens simbólicos sob a batuta de sua figura carismática e, para os seguidores, profética, santa, pura, Plínio C. de Oliveira obteve ainda mais – a consolidação de sua figura como articulador e fonte de muito do que se pensava e propugna na TFP. No limite esta personalização chegou a dissolver os sujeitos tefepistas em um corpo de militantes pautados na doutrina contrarrevolucionária propagada pelo líder.

* * *

Finalizando as considerações sobre as redes de sociabilidade e a transnacionalização de matriz integrista pliniana no Brasil, Argentina e Chile (revistas, manifestos, abaixo-assinados, obras, grupos de debates, eventos, etc.), retomamos Leclerc para rememorar que a operatividade de intelectual ultrapassa o campo de sua competência profissional (romancista, historiador, sociólogo, filósofo, físico, etc.).[33] Chamado a se manifestar, o intelectual fala de coisas das quais não é expert, mas nas quais se julga implicado e concernido. Refletindo sobre Plínio C. de Oliveira, vemos que sua sistematização para análise da realidade, seja brasileira ou não, articula-se a uma matriz integrista que serve de base para a reflexão e interpretação. Quaisquer eventos, processos, ações, projetos, etc., são lidos pela chave de leitura católica integrista e incorporados à tradição a que o autor se vincula, não somente como derivação, mas também como atualização. A leitura pliniana compreende a dualidade de compreensão entre a revolução e a contrarrevolução (ordem) e é este o delimitador de sua visão.

Outra questão a ponderar é que a forma de participação pública do intelectual tefepista, seu engajamento exprime certa "consagração" a valores fundamentais. Nesse sentido, alerta Grenier, o intelectual pode ser assemelhado ao político e sucumbir ao fanatismo, dogmatismo e espírito de ortodoxia.[34] Esta é a situação de Plínio C. de Oliveira, certamente, mas há que se considerar que neste caso manter-se dogmático é tido como corolário de ser católico, de ser integrista, portanto, esta posição é tida como valorativa e não o contrário.

Como veículos de sua divulgação destacam-se palestras, revistas, entidades afins e publicações – mais do que expressão de sua aceitação com líder e referência, há que se observar que a consideração do autor como intelectual

---

33 LECLERT, 2004, p. 17.

34 *Idem*, p. 20.

necessita deste amparo. O grupo parece ser condição necessária para a emancipação intelectual e inovação cultural. "Os intelectuais têm necessidade do grupo para existir".[35] "A importância da comunicação entre colegas, da notoriedade e visibilidade, o papel da palavra pública enquanto forma de engajamento do intelectual, a vontade de dar um peso coletivo a uma iniciativa que pode, de início, ser individual, todos esses fenômenos explicam que o intelectual seja ao mesmo tempo profundamente individualista e esteja enraizada no grupo de pares."[36]

Findo com esta reflexão de Leclerc, rememorando que o poder simbólico dos intelectuais são lábeis. Mesmo no caso pliniano há que se ponderar que sem seu séquito de apoiadores e seguidores, seu *status* não seria o mesmo. Intelectual pautado num campo maior de reflexão e tradição, o campo católico conservador, Plínio C. de Oliveira pôde consagrar-se via adesão de seguidores, como ícone de uma vertente desse pensamento, de matriz integrista, reiterando e atualizando uma tradição específica de compreensão do mundo e da Igreja. Seu poder de atração esteve limitado à sagacidade, ao apelo, à competência de seu discurso em existir e emergir num cenário plural de propostas em voga, num contexto apto a disputas no campo intelectual católico. Seja no Brasil, Argentina ou em outros países, o discurso pliniano teve eco, teve repercussão e força de aglutinação nada desprezíveis para a reflexão sobre o poder do intelectual, das ideias e dos contextos de crise para a reorganização social. Entender Plínio C. de Oliveira é buscar analisar a complexidade sócio-histórica e cultural que marca o século XX e que, sob novas bases, reverbera no século XXI na atuação de grupos tefepistas, assim como de entidades derivadas, como Associação dos Fundadores da TFP, Associação Internacional de Direito Pontifício Arautos do Evangelho (2001), Instituto Plínio Corrêa de Oliveira.

---

35 *Ibidem*, p. 23.

36 *Ibidem*, p. 73

As relações da TFP com o
MOVIMENTO CONSERVADOR AMERICANO

Rodrigo Coppe Caldeira[1]
Victor Gama[2]

Introdução

A Sociedade de Defesa da Tradição Família e Propriedade – TFP, liderada por Plinio Corrêa de Oliveira, teve um papel de destaque nos meios político-religiosos brasileiros desde sua fundação em 1960. Tendo como movimento gérmen o grupo de colaboradores do jornal *O Legionário* na década de 1930, o qual congraçava alguns leigos enjagados, oriundos das Congregações Marianas e da Ação Católica, o pensamento de PlinioCorrêa alcança ampla penetração em mais de 28 países até o ano de seu falecimento, em 1995.[3]

Pensador ligado a uma corrente católica intransigente, Plinio possuía uma compreensão do fenômeno de desarticulação dos fundamentos religiosos da sociedade, como sendo fruto de um processo secular, chamado por ele de *Revolução*.

Com vistas a destruir o cristianismo, este processo de diluição das realidades cristãs da sociedade ocidental teria na Contrarrevolução sua resposta, consistindo em uma ação diretamente oposta ao processo revolucionário, buscando restaurar os princípios originários da sociedade cristã medieval. Plinio compre-

---

1 Professor e pesquisador do Programa de Pós-graduação em Ciências da Religião da PUC Minas.

2 Mestrando no Programa de Pós-graduação em Ciências da Religião da PUC Minas desenvolvendo pesquisa sobre as representações da TFP sobre o Concílio Vaticano II.

3 MATTEI, Roberto de. *O cruzado do século XX*. Porto: Editora Civilização, 1997.

endia que os Estados Unidos da América possuiam um lugar privilegiado neste combate da luta contra-revolucionária no século XX.

O objetivo deste trabalho é o de apresentar como Plinio Corrêa de Oliveira e a TFP pensam a contrarrevolução no contexto norte-americano, esclarecendo assim sua compreensão da direita naquele país e suas relações com a mesma. Para tanto, o documento principal de análise será uma apostila que circulou entre os membros da TFP, constituída a partir de coletâneas de conferências do líder do movimento sobre o tema, intitulada *Comissão Americana*.

O crescente interesse pelo estudo dos movimentos de direita despertado pela atuação política de grupos alinhados ao pensamento Liberal e Conservador, coloca em destaque e discussão a atuação e o ideário de movimentos que tiveram atividade política de influência na opinião pública no século XX, como é o caso da TFP de Plinio Corrêa de Oliveira. O capo da TFP entendia que o grupo que liderada era a autêntica direita, já que possuia certas ideias e princípios elementares, além de características inegociáveis, tais como a postura confessional católica, o anticomumismo.

Os Estados Unidos, por serem vetor de um modelo de conservadorismo laico, republicano e igualitário, seria influenciador de um setor da opinião pública onde se localizaria o público-alvo da TFP, sendo portanto necessário um trabalho de influência e composição com o conservadorismo americano com vistas a conduzir o pensamento conservador daquele país à contrarrevolução.

Por considerar os movimentos políticos alinhados ao pensamento de direita como subprodutos do "processo revolucionário", criados para desviar a atenção da opinião pública da "verdadeira direita" encarnada na TFP, o movimento teve ao longo de sua trajetória política, resistência às composições com outros grupos, ainda que tivessem pautas comuns.

Partindo da análise de textos e conferências de Plinio, bem como de artigos de jornais e sites ligados ao movimento sobre as atividades da TFP americana nos últimos vinte anos, buscar-se-á compreender a particular visão sobre a direita para o líder máximo do grupo brasileiro, além da articulação da TFP americana com outros movimentos com os quais possuiria uma convergência ideológica e também os propósitos dessa aproximação.

A TFP e sua expansão no contexto da Guerra Fria

Em 1960 constitui-se no Brasil o primeiro núcleo de uma rede de entidades autônomas, orientadas pelo pensamento católico integrista, tendo como fundador e líder o intelectual católico Plinio Corrêa de Oliveira. Segundo Fouilloux,[4] esse catolicismo intransigente pode ser definido como um grupo minoritário que deseja a reorientação da Igreja segundo o modelo católico antimoderno do século XIX. Modelo que, segundo eles, jamais deveria ter sido abandonado e que, em função de sua oposição ao novo modelo, compreende que o mundo moderno e seus valores imprimiu um caráter nocivo à fé.

Esse movimento, que juridicamente recebe o nome de Sociedade Brasileira de Defesa da Tradição, Família e Propriedade, ou simplesmente TFP, tem como finalidade resgatar os princípios católicos que, segundo o mesmo Plinio Corrêa de Oliveira, construíram e guiaram a civilização no Ocidente. É em torno desses princípios que se orienta toda a ação pública do movimento que, inspirados no chamado de Pio XI no seu documento *Ubi Arcano Dei* (1922), se engaja num apostolado leigo, embora desvinculado da autoridade religiosa, com vistas a influenciar a opinião pública e a "restaurar todas as coisas em Cristo", lema do papa Pio X (1903-1914).

Além de tornar-se reverberador do que entendiam como "doutrina tradicional da Igreja", o movimento também se constitui como caixa de ressonância do pensamento de Plinio Corrêa de Oliveira, marcado por um anti-modernismo e um tradicionalismo que o colocaria na categoria dos pensadores católicos intransigentes do século XX.

Toda a visão de mundo da TFP é articulada em torno de uma compreensão escatológica-milenarista de seu papel na história. Ela compreende-se como aquela que deve executar os planos de Deus e, nessa perspectiva se dá sua atuação. Num texto destinado ao uso dos membros da entidade, assim define o objetivo do movimento Plinio Corrêa de Oliveira:

---

4   FOUILLOUX, 2001 apud ZANOTTO, Gizele. *Tradição, Família e Propriedade*: as idiossincrasias de um movimento católico no Brasil. Passo Fundo: Méritos, 2012. p. 46.

> A Revolução é o auge do mal. Logo, nosso fim é o melhor fim de nossa época e um dos mais altos da história. Nós não visamos apenas um fim, mas o melhor fim que se possa visar em nossa época e um dos melhores e mais altos que se tem visado na história da Igreja. Não é modéstia que nos falta, como os senhores vêem. Ainda não está enunciado o fim e já está emitido um juízo de valor prévio em relação a ele: Primeiro: é o melhor fim que se possa visar em nossa época. Segundo: é um dos mai altos que em toda a história da Igreja se tem visado". [5]

Continua Oliveira, explicitando que essa alta missão que configura a TFP é, em última análise, a destruição deste processo revolucionário:

> Sob o aspecto negativo é a eliminação, tão radical quanto possível, do mais graves dos males de nossos dias: Revolução. E como esta atingiu, como dizemos na RCR, um grau que é o pior que houve na História da Igreja e da Humanidade, poucas vezes se tem visado um fim tão alto quanto aquele a que nos propomos. [6]

A partir de 1962 inicia-se um processo de expansão do movimento pela América Latina, iniciando-se por países como Chile e Argentina, lugares com uma significativa presença do pensamento católico conservador, e espalhando-se por todo o continente até a década de 1980. [7] Esse processo de expansão se estende até os nossos dias, embora tenha seu período mais dinâmico durante as décadas de 1960 e 1970.

É em pleno contexto dessa expansão pelo continente americano que, por volta de 1974, funda-se em Nova York a *American Society for the Defense of Tradition, Family and Property*. Sua origem mais remota se encontra na revista *Cruzade for a Christian Civilization*, criada em 1971, e que reunia o

---

5 ARQPCO-*QUEM SOMOS NÓS*, s/d., p. 9.

6 *Idem*, p. 9.

7 GAMA, Víctor Almeida. *Tradição, Família e Propriedade: campanhas como estratégias e práticas de difusão pela América Latina* (ainda não publicado).

grupo que viria a se constituir no segundo maior núcleo do movimento te-fepista fora do Brasil.[8]

No momento em que nos Estados Unidos da América se constituía este núcleo da TFP, no Brasil se iniciava a primeira campanha de repercussão mundial idealizada por Plinio. Trata-se do manifesto endereçado ao papa Paulo VI também em 1974, apresentando a reação da entidade àquilo que entendiam como política de distensão com o regime comunista internacional, consolidado nas políticas diplomáticas do Vaticano com os países sob o regime comunista.

Neste período, marcado pela tensão internacional da Guerra Fria, com suas políticas de influência ideológica, iniciativas como o manifesto assinado por Oliveira tendiam a causar grande repercussão nos ambientes conservadores. E, como seria natural considerar, a grande frente de combate ao comunismo neste momento, estava consignada na sociedade americana.

A entidade se considera profundamente anticomunista, entendendo esta ideologia como um produto de forças revolucionárias ocultas que objetivam a destruição dos elementos cristãos ainda presentes na composição social. Este anticomunismo intrínseco à TFP é uma frequente em suas obras: a sua luta contra o "progressismo católico", a reforma agrária, as políticas identitárias e tantas outras pautas tem, por fundo, um combate ao que entendem ser o perigo comunista sempre iminente.

Essa ideia da ameaça comunista que ainda resiste no imaginário tefepista se mostra muito mais acentuada neste período, onde a disputa de hegemonia ideológica coloca as duas realidades conflitantes da sociedade de mercado e do modelo socialista, num conflito intenso.

Para combater a investida comunista internacional, Plinio Corrêa de Oliveira conclama seus seguidores a se engajarem na luta contrarrevolucionária. Oliveira apresenta na sua obra *Revolução e Contrarrevolução*,[9] de 1960, a ideia que norteará toda a atuação das TFP's mundo afora. A obra é considerada o li-

---

8 SOCIEDADE BRASILEIRA DE DEFESA DA TRADIÇÃO, FAMÍLIA E PROPRIEDADE. *Meio século de epopéia anti-comunista*. São Paulo: Editora Vera Cruz, 1980.

9 OLIVEIRA, Plinio Corrêa de. *Revolução e Contra-Revolução*. São Paulo: Artpress, 2009.

vro de cabeceira dos sócios e militantes do movimento, que entendem suas teses como ordenadoras de sua visão de mundo.

Oliveira explicita na obra seu entendimento sobre a forma como a civilização cristã teria, no seu entendimento, sucumbido. Essa desarticulação da ordem social medieval, pautada na mensagem do Evangelho e na doutrina católica não foi mera obra de um conveniente acaso às forças revolucionárias, mas fruto de uma ação coordenada por forças ocultas a quem ele chama de Revolução.

A Revolução seria um movimento que compreende três fases principais: a Reforma Protestante, a Revolução Francesa e, por fim, o Comunismo. Essas fases marcariam a decadência de épocas e a paulatina destituição da influência da Igreja sobre a sociedade. A Contrarrevolução seria portanto, a reação a esse processo de desmantelamento da civilização cristã. Uma reação que consistiria em conhecer a essência invariável deste processo, seus relevantes acidentes contemporâneos, combatendo-os.[10] Essa ideia de um combate entre forças ocultas e revolucionárias contra o bem é que guia e move todo o pensamento contrarrevolucionário de Oliveira e, consequentemente, da TFP.

A Comissão Americana: os EUA como um lugar privilegiado de ação contrarrevolucionária

Na introdução à apostila denominada "Comissão Americana", de circulação interna entre os membros da TFP, fica exposta a intenção de Plinio Corrêa em constituir aquela comissão e seus propósitos:

> Desde muito jovem, tive uma vontade imensa de explicar os lados bons do norte-americano, estimulá-los, desenvolvê-los. Há mais de 60 anos desejo esta hora. É sublime que tenha chegado o momento. Bate um gongo na história da TFP norte-americana, e portanto na história dos Estados Unidos. É preciso amar esta hora, e ter a consciência de que se está passando pelo sublime.[11]

---

10 *Idem*. p. 72.

11 ARQPCO-*COMISSÃO AMERICANA*, s/d, p. 6.

Em vista da condição do conservadorismo americano de ser vetor de uma compreensão de "conservadorismo laico" – pensamento este oriundo de sua tradição democrática moderna –, embora influente em vastos setores sociais que se identificavam com essa proposta, Plinio Corrêa de Oliveira institui uma comissão para aprofundar as possibilidades de atuação na sociedade americana, influenciando sobretudo estes setores conservadores.

Plinio compreende que os Estados Unidos, por serem esse campo fértil de conservadorismo e reação aos valores que considerava revolucionários, era visado como um baluarte a ser destruído. A partir deles as ideias espraiam-se, e é por isso que a Revolução, de maneira especial a sua terceira faceta, o comunismo, desejaria estabelecer-se ali para se consolidar sobre os lugares onde não encontrara ainda penetração. Sobre essa condição de nação ameaçada pela investida revolucionária, diz Plinio:

> Como os Estados Unidos representam hoje a grande potência conservadora num mundo em degringolada, eles estão sendo objeto de uma conjunção de circunstâncias negativas que visam derrubá-los. Se é bem verdade que a nação americana é poderosíssima e em franco desenvolvimento, também é verdade que ela está sendo visada pela Revolução para ser destruída. Pois os Estados Unidos, sob muitos pontos de vista, representam o apogeu da 2° revolução e, por causa disso, uma cidadela inimiga dentro da 3° revolução. Portanto, a derrocada dos Estados Unidos é uma coisa querida pela Revolução como uma meta ocultamente procurada no momento. Quando se analisa a política internacional, pode-se perceber que há uma tendência em colocá-la numa situação de nação sitiada. E assim como as forças revolucionárias destruíam a Áustria, tentarão agora destruir os Estados Unidos.[12]

O desejo manifestado tão frequentemente por Plinio em se deter na atuação sobre o povo norte-americano é bastante claro num trabalho desenvolvido pela comissão que divide o nome com sua obra, produto de muitas reuniões de estudo, chamada Comissão Americana. Constituída para dar suporte a Oliveira

---

12 ARQPCO- *COMISSÃO AMERICANA*, s/d., p. 1.

nas suas considerações sobre a sociedade americana, essa comissão dedicou-se ao longo dos anos a investigar as possibilidades do estabelecimento de uma ordem social baseada nos princípios católicos, de inspiração medieval, chamada por Oliveira de "sociedade orgânica". Também dedicou-se a entender como o processo revolucionário havia atuado sobre aquele país, atingindo as camadas da sociedade de maneira mais lenta e menos profunda do que nos países latinos.

Oliveira entende também que este país com tamanha possibilidade de irradiação ideológica, que se encontrava em meio a uma disputa de modelos de sociedade com o bloco soviético e que tendia a influir sobre um setor vasto da opinião pública, era o espaço mais adequado para desenvolver sua teoria de sociedade orgânica – um modelo de sociedade com inspiração na ordenação social medieval e católica.

A compreensão de "direita" e da "direita americana" para a TFP

A TFP possui um entendimento endógeno do espectro político da direita. Ela compreende os movimentos políticos conservadores e sobretudo aqueles liberais, como subprodutos deste processo a que visa combater. Essa seria a "direita permitida", pela revolução numa forma de canalizar em movimentos alinhados à uma visão pluralista, aqueles que são entendidos pelo pensamento contrarrevolucionário de Oliveira como sadias reações, isto é, o público católico de tendência conservadora.

Desta forma, faz-se necessário não apenas resistir às possibilidades de composição com esses movimentos em torno de objetivos comuns, mas também combatê-los como sendo a "falsa direita" produzida pela Revolução com vistas a dominar o ambiente direitista. Críticos a essa concepção conservadora secularizada, buscando um alcance e uma profundidade cada vez maiores do pensamento contrarrevolucionário e católico na realidade política da sociedade, a TFP compreende que certos elementos são intrinsecamente necessários a qualquer movimento que seja autenticamente conservador.

Na compreensão tefepista, a direita autêntica era, antes de mais nada, confessional. Isso esclarece Plinio Corrêa de Oliveira na série de artigos escritos já na década de 1930 no jornal *O Legionário* contra o movimento integralista, acusando-o de possuir uma ambivalente visão do catolicismo ao se apresentar como um movimento sem identificação religiosa, embora baseado na doutrina social da Igreja. A autêntica direita, segundo a lógica tefepista, é católica e os católicos, necessariamente, devem possuir como características o anti-comunismo, o anti-nazismo, anti-liberalismo, anti-socialismo, serem anti-maçônicos porque são católicos (OLIVEIRA, 1939).[13]

Em sua principal obra, Revolução e Contrarrevolução, Plino considera que o semicontra-reveluconário, isto é, aquele que conserva uma atitude em muitos pontos contrarrevolucionária, como um filho da Revolução. Nele estaria entronizado o espírito da Revolução e, portanto, apenas os autênticos e inteiramente contrarrevolucionários poderiam conduzir essa reação.[14]

Por não terem essa ampla visão da crise que, segundo Oliveira acomete o homem ocidental e cristão em todos os aspectos, o semicontra-revulucionário, categoria onde se incluem os movimentos conservadores, não podem atuar eficazmente neste combate.

Como produto dos estudos desenvolvidos ao longo de três décadas sob a supervisão de Oliveira, Jhon Horvat, membro da TFP americana, publica em 2013 o livro *Return to order.*[15] A partir de uma perspectiva católica sobre a história, ele aponta como saída das complexidades surgidas na sociedade de mercado um modelo de sociedade pautada nos princípios católicos e na lei natural. Esta é a proposta de sociedade, o modelo pensado a partir da lógica contrarrevolucionária de Oliveira, que entende serem os Estados Unidos ainda hoje um bastião da resistência ao projeto de sociedade igualitária e socialista, razão pela qual, seria desenvolvido pela comissão americana de estudos essa proposta entendida como equilibrada entre essas duas realidades que ocupam a o imaginário político do ocidente: o capitalismo, representado pelos Estados Unidos e o modelo socialista ainda resistente em países como Cuba e China.

A TFP possui, como se vê, uma definição muito própria do espectro político da direita. Essa rigorosa definição exclui a maior parte dos movimentos

---

13 OLIVEIRA, Plinio Corrêa de. "Pela grandeza e liberdade da Ação Católica". In: *O Legionário*, n° 331 (13 de jan. de 1939).

14 OLIVEIRA, Plinio Corrêa de. *Revolução e Contra-Revolução*. São Paulo: Artpress, 2009. p. 59

15 HORVAT, John. *Return to Order: From a Frenzied Economy to an Organic Christian Society*. TFP: 2013.

conservadores, ainda que tenham alguma correspondência ideológica ou mesmo de finalidades consigo.

Sobre essa auto-compreensão da TFP, diz Gizele Zanotto na sua obra " Tradição, Família e Propriedade, as idiossincrasias de um movimento católico no Brasil", que a sociedade comandada por Plinio se caracteriza por "absolutização de si mesmo, exclusivismo, narcisismo, excessiva polarização no líder carismático; caráter igualitário dos membros do grupo; adesão voluntária dos candidatos; autodesignação e autopercepção de eleitos/ puros..."[16]

Essas características justificam uma postura encontrada nas ações da TFP mundo afora, que é a concentração das suas atividades em movimentos que seguem a linha de pensamento contrarrevolucionária, com exclusão de uma possibilidade de composição com outros grupos que não adiram à idéia de centralidade no líder do movimento, Plinio Corrêa de Oliveira. Um breve percurso panorâmico pela história da entidade e suas atividades apontam para essa atuação solitária.

Com os Estados Unidos, por sua vez, se estabeleceu uma situação diferente. A pedido do próprio Plinio Corrêa de Oliveira, os membros fundadores do veio americano na entidade começaram a estabelecer contatos com integrantes da chamada "nova direita americana". O objetivo, seria pleitear, entre as esferas direitistas, um lugar para a TFP reverberar seu discurso contrarrevolucionário.[17]

O primeiro contato da TFP com a nova direita teria se dado a partir de um membro da entidade, José Lúcio Corrêa, responsável também pela fundação daquele núcleo do movimento.

Descobrindo-se a existência de uma rede de contatos, uma aliança entre os diversos movimentos conservadores com vistas à uma organização e prestação mútua de auxílios, troca de ideias e planos, Plinio Corrêa de Oliveira comunica então a seu encarregado americano o interesse de estabelecer contatos com esses movimento e, assim, garantir espaço para a TFP norte-americana nesse ambiente.

---

16 ZANOTTO, Gizele. *Tradição, Família e Propriedade*: as idiossincrasias de um movimento católico no Brasil. Passo Fundo: Méritos, 2012. p. 23

17 ARQPCO- 22/09/2018, p. 3

Dos primeiros contatos estabelecidos por José Lúcio Corrêa, o primeiro resultado obtido seria o encontro de uma delegação de quatro líderes direitistas à Plinio Corrêa de Oliveira, um deles representante do governo taiwanês e a ativista política Phyllis Schlafly, fundadora do *Eagle Forum*, um fórum conservador dedicado a tratar de questões sociais.

Por meio dos contatos introduzidos por Schlafly na TFP, conseguiu-se que ela alcançasse penetração na vida política de Washington, onde mais tarde Plinio estabeleceria um escritório de lobby político, coordenado por um destacado membro da TFP brasileira.

A TFP americana torna-se também associação membro da *Conservative Political Action Conference* – CPAD,[18] conferência anual realizada naquele país, congraçando diversos movimentos conservadores americanos. A TFP se mostra um dos grupos mais atuantes ainda hoje. Segundo a própria TFP, o *leitmotiv* da conferência é a defesa dos valores da tradição e da família: "A TFP Americana é uma das instituições que patrocinam o evento, marcando sua presença na CPAC através de manifestos, publicações e livros que ao longo dos anos se tornou um polo de pensamento e ação no congresso conservador."

Em 2016, um grupo de ativistas LGBT "*Log cabin Republicans*" começou a participar do evento, o que motivou a TFP a lançar um comunicado intitulado "*Without moral values, the conservative movement in America will shatter*", ameaçando interromper sua participação nos próximos eventos, caso grupos com uma incompatibilidade do "verdadeiro conservadorismo", com causas identitárias como a LGBT, permaneçam no evento nas suas edições seguintes.[19]

Não apenas com movimentos que possuem afinidades mais amplas a TFP americana se relaciona, mas também com aqueles que defendem causas pontuais como os grupos que participam da *march for life*, uma marcha que mobiliza milhões de americanos militantes contra o aborto. A TFP americana já se

---

18 TFP. TFP to CPAC: be consistent, be conservative. TFP, 2015. Disponível em:<http://www.tfp.org/tfp-to-cpac-be-consistent-be-conservative/>. Acesso em: 14 de julho de 2018.

19 LAIA, Santiago. *TFP para CPAC : Seja coerente! Seja conservador!*. Instituto Plinio Corrêa de Oliveira, 2016. Disponível em: <https://ipco.org.br/55527-2/#.W7yLt1RKjIV>. Acesso em 14 de julho de 2018.

consolida como um dos grupos que tradicionalmente participa da marcha anual em Washington.

No seu número de outubro de 1988, a revista *Catolicismo*, porta-voz da TFP brasileira até 2004, traz a notícia de uma conferência realizada no Brasil por Paul Weyrich, reconhecido líder conservador norte-americano, impulsionador da nova direita naquele país. Em sua fala, Weyrich reconhece que "Em nossas batalhas, tanto nos Estados Unidos como no mundo, a TFP é uma das poucas organizações confiáveis verdadeiramente coerentes com as quais podemos nos associar..." (CATOLICISMO, 1988). Weyrich, fundador da *Heritage Foundation*, é reconhecido pela revista Catolicismo, em seu número de fevereiro de 2002, como um amigo pessoal de Plinio Corrêa de Oliveira.[20]

A *Heritage Foundation*, que se define como promotora de políticas públicas baseadas na livre-iniciativa, no Estado limitado, liberdade individual, nos valores tradicionais americanos e numa forte defesa nacional, atende não exatamente a princípios católicos de sociedade, mas a uma agenda política alinhada ao pensamento liberal.[21]

Nota-se, portanto, uma postura especial do núcleo norte-americano da TFP em relação aos demais movimentos com os quais mantém uma convergência ideológica, ao contrário de outros países do continente, especialmente no caso Argentino, onde a TFP local publica um denso trabalho criticando os movimentos de cunho nacionalista, de onde se originaram as bases do núcleo argentino do movimento.

Este núcleo, assim como o americano, teve origem num grupo formado a partir de uma revista, neste caso a revista *Cruzada*, publicada com o objetivo de combater o socialismo. Esse grupo, dirigido por Cosme Beccar Varela, tinha como base um número de conservadores oriundos de um pensamento nacionalista. Com o propósito de anular as influências nacionalistas dos elementos bases

---

20 WEYRICH, Paul. "Patriotismo, combatividade e apetência ao sobrenatural". *Revista Catolicismo*, 2002. Disponível em <http://catolicismo.com.br/materia/materia.cfm?Idmat=180&mes=fevereiro2002>. acesso em 14 de jul. De 2018

21 Heritage Foundation. *Building an America where freedom, opportunity, prosperity, and civil society flourish*. The Heritage Foundation, s/d. Disponível em:<https://www.heritage.org/about-heritage/mission>. Acesso em 14 de julho de 2018.

da TFP argentina, o movimento escreve o livro *El nacionalismo, una icógnita en constante evolución*.[22] O movimento utilizaria, por toda a América no seu processo de expansão pelo continente, o método de penetração que consistia no contato com grupos conservadores, selecionando-os e posteriormente fagocitando-os num processo de integração ideológica para a contrarrevolução.

Segundo Gizele Zanotto, no seu texto sobre a expansão da TFP para a Argentina:

> A TFP-BRA estendera sua rede de contatos articulando-se com vários órgãos de imprensa católica ou grupos de jovens conservadores no continente, como o *Grupo Tradicionalista de Jóvenes Cristianos Venezuelanos* (1968), o *Grupo Tradicionalista de Jóvenes Cristianos Colombianos* (1968), os *Jóvenes Bolivianos Pro-Civilización Cristiana* (1970), os membros de *Tradición y Acción por un Uruguay Auténtico, cristiano y Fuerte*, o *Grupo Universitário Reconquista* (Peru) e pelas revistas *Cruzada* (Argentina) e *Fiducia* (Chile). Assim, com a configuração de redes de publicações e grupos de jovens católicos, a fundação de entidade coirmãs fora facilitada pela parceria anterior e pela perspectiva teológico-doutrinária comum, essencialmente cristã e contrarrevolucionária.[23]

O aspecto religioso, fator de distanciamento

Todos os movimentos alinhados à nova direita americana ou mesmo aos conservadorismos clássicos naquele país, possuiam uma nota claramente política, deslocando os argumentos religiosos para um segundo plano no seu ativismo político. Por essa razão, inicia-se um processo de distanciamento da TFP com seus peculiares ideais religiosos fundamentados na ideia pliniana da luta entre o

---

22 GAMA, Víctor Almeida. *Tradição, Família e Propriedade: campanhas como estratégias e práticas de difusão pela América Latina* (ainda não publicado).

23 ZANOTTO, Gizele. *A Associação Tradição, Família e Propriedade no Brasil e sua expansão para a Argentina*. In: RODRIGUES, Cândido; ZANOTTO, Gizele; COPPE CALDEIRA, Rodrigo (orgs). *Manifestações do Pensamento Católico na América do Sul*. São Paulo: Fonte Editorial, 2015, p. 214.

processo revolucionário e os valores cristãos, e aqueles grupos que direcionavam seus esforços unicamente na luta anticomunista.

O resultado dessa longa aliança, porém, deu frutos e trouxe um enorme bveneficio para a TFP americana que, por meios desses contatos estabelecidos com esses movimentos, alcançou inclusive um lugar cativo nas conferências de imprensa da Casa Branca. Este era um lugar disputadíssimo por jornalistas de todo o mundo, e segundo José Lúco Corrêa, poucos obtinham esse prestigioso lugar.

Essas relações estabelecidas ao longo dos primeiros anos de estabelecimento do núcleo norte-americano da TFP, ainda permanecem. Aualmente a TFP naquele país participa ainda dos congressos organizados pela *Conservative Political Action Conference,* desenvolvendo um amplo trabalho de divulgação de suas obras,[24] e também participa ativamente ainda hoje da M*arch of Life*, evento anual em Washington.[25]

Conclusão

A TFP e seu *capo* desempenharam papel de destaque no cenário público na segunda metade do século XX. Destaca-se que essa atuação se deu não apenas no Brasil, onde nasceu, mas também em outros países, particularmente na América Latina e América do Norte. Com o intuito de espalhar as forças contrarrevolucionárias em vista de conter aquelas que viam como desagregadoras do Ocidente cristão, a TFP se esforçou em penetrar nestes mais diversos ambientes.

Os Estados Unidos da América tiveram uma centralidade particular na construção destas redes de sociabilidade internacionais. Entendidos como um importante agente na contenção do comunismo, o princiapl inimigo da TFP e a face mais evidente do processo revolucionário que visa conter, tornaram-se o local especial no imaginário tefepista. A direita naquele país é compreendida com

---

24 SAIDL, José Francisco. "A marcha irreversível da Contrarrevolução nos Estados Unidos", *Revista Catolicismo.* Disponível em: <http://catolicismo.com.br/materia/materia.cfm/id-mat/8680D936-F990-70B1-432B446AD57D6629/mes/Dezembro2015>. Acesso em 13 de julho de 2018

25 GOSSET, William. *How We March will Decide the Victory: March for Life 2018.*TFP. Disponível em: <http://www.tfp.org/march-will-decide-victory-march-life-2018/>. Acesso em 14 de julho de 2018.

vários limites, particularmente o conservadorimso laico, que é rechaçado pelo entidade. A TFP entende que precisa influenciar na direita norte-americana, fazendo assim com que recobre as raízes religiosas.

O estudo que se apresentou colabora, para além de entender as ligações da TFP com a direita americana e sua compreensão particular da situação daquele país, a complexificar o campo de estudos, esclarecendo, a seu modo, as várias direitas que se encontram no espectro político-religioso, dando um passo para além dos limites compreensivos até o momento nos estudos sobre esse espectro, particularmente no Brasil.

LUZ, CÂMERA, AÇÃO CATÓLICA: IGREJA E CENSURA CINEMATOGRÁFICA NAS DITADURAS MILITARES BRASILEIRA E ARGENTINA

Ana Marília Carneiro[1]

Este artigo é resultante da minha pesquisa de doutorado, onde desenvolvo um estudo comparado sobre a dinâmica da censura cinematográfica exercida durante as ditaduras militares brasileira (1964-1985) e argentina (1976-1983). Ao longo do trabalho de pesquisa e coleta de fontes, deparei-me com uma questão que se tornou um dos principais eixos analíticos da tese: o importante papel desempenhado pelos católicos na articulação de políticas, discursos e práticas voltados para a censura de filmes.

Os estudos que envolvem o campo das direitas latino-americanas são geralmente marcados por questionamentos acerca dos vínculos entre as direitas e outros atores políticos, como aqueles pertencentes às Forças Armadas ou à Igreja Católica. Pensando nas articulações possíveis entre as direitas, o catolicismo e as Forças Armadas, pretendo levantar aqui algumas considerações sobre as relações tecidas entre católicos leigos e o organismos estatais responsáveis pela censura cinematográfica nas ditaduras militares brasileira e argentina.

Nesta abordagem, a participação dos católicos no campo mais amplo das direitas é pensada a partir da análise dos vínculos estabelecidos entre esses e a esfera política, um embate traduzido na disputa pelo espaço público e na defesa de valores e práticas autoritárias e conservadoras. A ideia é apresentar as múlti-

---

1 Doutoranda em História e Culturas Políticas pelo Programa de Pós-Graduação em História da Universidade Federal de Minas Gerais (PPGHIS - UFMG).

plas formas de articulação e estratégias desenvolvidas por católicos leigos com o objetivo de intervir no campo político, assegurando a sua presença e poder de influência no âmbito estatal.

Uma das hipóteses a ser desenvolvida neste texto é demonstrar que no Brasil setores da Igreja Católica detinham uma relação de proximidade com a dinâmica censória. Enquanto, no contexto argentino, essa dimensão ganha contornos mais claros e definidos, uma vez que esses setores chegaram a participar *diretamente* da produção e gestão da política censória.

Nesse sentido, um elemento fundamental a ser levado em consideração é a relação historicamente construída entre a Igreja e o Estado nos dois países, sendo o catolicismo uma instituição que fez parte da organização política desses Estados. Em outras palavras, não há como compreender a influência da Igreja Católica no contexto da segunda metade do século XX sem passar, necessariamente, pela inserção da Igreja na moderna formação política brasileira e argentina. Em comparação ao caso brasileiro, a dinâmica das relações tecidas entre a Igreja Católica e o Estado na Argentina ao longo do século XX teria sido marcada de maneira mais intensa por um fenômeno de adesão, sendo uma relação mais pacífica justamente pela justaposição de papéis a serem exercidos pelos dois poderes.[2]

Analisando a relação entre política e religião na Argentina a partir dos anos 1960 até a última ditadura militar, o historiador Loris Zanatta desenvolve uma interessante tese em torno do conceito de *mito da nação católica* para explicar a associação entre a Igreja e o catolicismo e a identidade nacional. Zanatta defende que, fundamentado na crítica aos "males da modernidade", o mito da nação católica tem como proposta a reorganização do Estado e da sociedade de acordo com os princípios cristãos, sendo o catolicismo reconhecido como fundamento da unidade e da identidade nacional. Nesse sentido, o *mito*, apropriado em diversas ocasiões ao longo do século XX, serve à doutrina de uma Igreja militante, que pretendia fazer avançar sua influência sobre diversas frentes: no âmbito da educação e das escolas, entre trabalhadores e sindicatos, no campo ar-

---

2   ZANATTA, Loris. *Del Estado liberal a la nación católica*: iglesia y ejército en los orígenes del peronismo (1930-1943). Buenos Aires: Universidade Nacional de Quilmes, 1996.

tístico-cultural e, principalmente, sobre o exército, cuja catequização se mostrou extremamente exitosa.

Na medida em que ocorriam diversas transformações culturais, econômicas e sociais advindas de um movimento mais amplo no qual a modernidade era a palavra de ordem, a necessidade de se exercer maior influência nos meios de comunicação de massa se tornava uma tarefa indispensável. O incipiente desenvolvimento de uma indústria cultural e a crescente influência dos meios de comunicação social no âmbito cotidiano despertaram a atenção da alta hierarquia eclesiástica e essa reação se traduziu em avisos de alerta e advertências endereçados aos católicos. No discurso do clero – e de setores conservadores da sociedade –, os campos da cultura e das artes eram tidos como os principais responsáveis pela propagação da imoralidade e da desvalorização da família na sociedade. Imbuídos desse espírito evangelizador, além da criação de diversas associações leigas, os católicos ao longo de todo o século XX possuíram seus próprios organismos específicos voltados para o controle da exibição de filmes.

Com o objetivo de iniciar – e estimular – o exercício de uma análise comparativa através de questionamentos relevantes, trago as seguintes manchetes publicadas no jornal *Folha de São Paulo* sobre a repercussão da estreia no Brasil de uma das obras mais polêmicas do cineasta francês Jean-Luc Godard: *Eu te saudo, Maria*. (*Je vous salue Marie*, de Jean-Luc Godard, França-Inglaterra-Suíça, 1985).

Figura 1. Jornal *Folha de São Paulo*, 5 de fevereiro de 1986, p. 33.

Figura 2. Jornal *Folha de São Paulo*, 26 de maio de 1986, p. 37

Je vous salve Marie foi lançado em 1985 na Europa e se tornou uma das obras mais controversas da filmografia de Godard, não somente pela sua releitura audaciosa da trajetória da sagrada família, mas também pelas reações que despertou no público – especialmente entre os católicos.

Nas vésperas da estreia da película no Brasil em 1986, o presidente José Sarney justificava a sua decisão de proibir a exibição do filme com o objetivo de "assegurar o direito do respeito à fé da maioria da população brasileira".[3] A Secretaria de Imprensa da Presidência da República declarou que o presidente havia levado em consideração as palavras do Papa João Paulo II e o pronunciamento da Conferência Nacional dos Bispos do Brasil (CNBB), que haviam condenado o filme por ofender "temas fundamentais da fé cristã, deturpando e vilipendiando a sagrada figura da Virgem Maria".[4] Com efeito, o veto à obra de Godard foi imediatamente elogiado pelo presidente da CNBB, Dom Ivo Lorscheiter, e pelo Arcebispo do Rio de Janeiro, Dom Eugênio Salles.

---

3   Sarney veta obra de Godard com base na Constituição. Jornal *O Globo*, 5 de fevereiro de 1986, p. 5.

4   *Ibidem*, p. 5.

Em meados da década de 1980, já não tão distantes dos estertores do regime militar brasileiro, poderíamos nos perguntar: de que maneira a Igreja Católica se articulou para conseguir vetar uma película? Qual o seu poder de influência em relação ao Estado, – única autoridade com jurisdição para decretar a proibição da circulação de um filme em território nacional? Qual o papel desempenhado pela Igreja Católica e pela comunidade de católicos leigos ao longo do período ditatorial no campo cultural?

Esses questionamentos conduziram-me a uma questão-chave: buscar compreender o papel desempenhado pelos católicos no âmbito estatal, com poder de influenciar (ou mesmo produzir) as práticas censórias no campo cinematográfico. No contexto argentino, verificamos a ocorrência de episódios semelhantes ao longo da última ditadura militar, como, por exemplo, o caso envolvendo a proibição de *A vida de Brian* (*Monty Python's Life of Brian*, Inglaterra, de Terry Jones, 1979). Ou mesmo os cortes determinados a serem efetuados no filme *Doña Flor y sus dos maridos*, em 1977 (*Dona Flor e seus dois maridos*, Brasil, de Bruno Barreto, 1976).

Na Argentina podemos enumerar diversas entidades dedicadas a defender e difundir o que consideram valores morais universais, amplamente conhecidas como sociedades ligadas à proteção dos jovens, da família, dos menores ou ligas de *padres*, *madres* e *abuelas*. Essas entidades – que chamo aqui de *associações católicas leigas* – certamente se constituíram em laboratórios de difusão dos valores religiosos na sociedade atuando nos mais diversos setores: imprensa, instituições educacionais, hospitalares, emissoras de rádio.

Para compreender essa "ingerência religiosa" no cinema, deve-se pensar a inserção dos católicos nos organismos de censura dos governos militares da década de 1960, 1970 e 1980 como uma ação inscrita em uma trajetória mais longa, que tem início nos primeiros anos do século XX e tem como um dos seus principais traços o movimento de resposta da Igreja Católica aos processos de modernidade, como mencionei. Neste sentido, a atuação dos católicos no campo cinematográfico pode ser entendida como uma estratégia da Igreja, que percebeu o poder ideológico dos meios de comunicação como arma para propagar as ideias e preceitos cristãos e combater a filosofia comunista que "negava a existência de Deus e professava o materialismo ateu, […] pretendia substituir a moral

334   Ernesto Bohoslavsky • Rodrigo Patto Sá Motta • Stéphane Boisard (orgs.)

cristã e destruir a instituição da família; defendia a igualdade absoluta contra as noções de hierarquia e ordem, embasadas em Deus".[5]

Na Argentina, a Igreja e os católicos leigos desempenharam um papel fundamental no mundo do cinema. Além de terem os seus próprios organismos específicos de controle e classificação de películas desde a década de 1930, exerceram a censura de filmes de dentro de organismos de censura estatal. Essas práticas não devem ser compreendidas como inseridas em esferas completamente distintas, devem ser concebidas necessariamente como experiências complementares na tarefa de controle levada à cabo pelo Estado.

Pode-se dizer que, no âmbito censório, as atividades desenvolvidas pelos católicos argentinos foi pioneira no setor de classificação de filmes: o Estado impulsionou o processo de sistematização do controle de filmes somente na década de 1950. Data de 1951 a criação da *Comisión Nacional Calificadora de Espectáculos Públicos*, o primeiro organismo estatal de classificação de filmes a nível nacional. Antes disso, as municipalidades detinham autoridade para exercer o controle da exibição de filmes, no entanto, esse tipo de atividade era exercido de maneira assistemática, na maioria das vezes sua atuação era provocada pela denúncia de particulares e o controle da produção cinematográfica não era concebido como uma política de Estado. Apesar de ter sido criado em 1951, o órgão estatal só se tornou mais eficiente e estruturado no fim da década de 1960.

Ou seja, em 1951, quando a comissão estatal foi criada, já havia duas décadas que os católicos realizavam a classificação de filmes, com difusão por todo o país. Um dos principais responsáveis por promover o exame das películas, elaborar a sua classificação e distribuição foi a *Ação Católica Argentina* (ACA).

O organismo responsável pela avaliação e classificação de películas da ACA era o *Secretariado de Cinema da Ação Católica*.[6] O *Secretariado* publicava quinzenalmente um folheto com a classificação de filmes que era distribuído por todo o país, com a sinopse dos últimos lançamentos, uma lista de filmes

---

5   MOTTA, Rodrigo Patto Sá. *Em guarda contra o perigo vermelho*: o anticomunismo no Brasil (1917-1964). São Paulo: Perspectiva, 2002, p. 20.

6   A seção da *Ação Católica Argentina* responsável pela classificação de filmes teve várias denominações ao longo do tempo. Neste artigo, utilizo a primeira denominação empregada, *Secretariado de Cinema da Ação Católica*.

classificados anteriormente e uma lista com uma classificação provisória das próximas estreias.

Os folhetos eram distribuídos para as diversas oficinas da *Ação Católica* em todo o país, contando, no ano de 1955 com 1.250 assinaturas. Apesar da tiragem reduzida, é importante ressaltar que os folhetos não eram pensados para serem lidos individualmente, e sim para uma difusão coletiva nas paróquias. Entre os anos de 1954 e 1964, as atividades do *Secretariado de Cinema da Ação Católica* estiveram a pleno vapor e foram classificados cerca de 5.400 filmes, ou seja, praticamente todos os longa-metragens estreados na Argentina durante esse período.[7]

O prestígio e a experiência acumulada dos católicos no campo do controle cinematográfico era tal, que representantes de diversas associações leigas (Liga de Madres de Família, Padres, etc.) foram incorporados ao organismo de censura estatal em 1951. E justamente em meio ao acirramento das disputas no campo do poder político e ideológico de fins da década de 1960 na Argentina é criado o organismo responsável por exercer a censura de filmes até o fim da última ditadura militar, em 1983: o *Ente de Calificacion Cinematográfica*.

Se até meados da década de 1960 as associações de grupos religiosos exerciam a classificação de filmes, é importante ressaltar que essa "proibição" existia simplesmente no plano do dever moral do indivíduo de obedecer as orientações das autoridades clericais e leigas. Com efeito, algumas redes de exibidores se comprometiam a não exibir filmes que não tivessem sido recomendados por essas associações, mas esta é uma forma sutil de coerção. O *Ente de Calificación Cinematográfica* era o organismo que tinha competência e autoridade para proibir filmes, uma instituição estatal que exercia a censura de maneira institucionalizada e que foi criado em 1968.[8] Este organismo estatal teve sua dinâmica

---

7   LLORENS, Fernando Ramírez. *Noches de sano esparciamiento*: estado, católicos y empresarios en la censura al cine en Argentina, 1955- 1973. Buenos Aires: Libraria, 2016.

8   O órgão de censura cinematográfica estatal apresentou várias denominações ao longo do tempo (paralelamente, suas atribuições também foram sendo ampliadas). O primeiro organismo de censura estatal com competência nacional foi criado em en 1951: *Comisión Nacional Calificadora de Espectáculos Públicos*. Em 1957 é transformado em *Subcomisión Calificadora* pelo decreto lei 3773/57. Em 1963, é criada a *Comisión Honoraria de Contralor*

censória marcada diretamente pela participação das lideranças católicas no seu quadro de funcionários e indiretamente pela atuação de diversas associações de católicos leigos no campo do controle cultural.

No caso de algumas cidades da Argentina, inclusive, algumas associações de católicos leigos continuaram a exercer uma intensa fiscalização sobre o cinema em âmbito local mesmo depois da criação do órgão estatal de censura, configurando assim não apenas uma situação de "duplicidade censuras" (uma definida pelo *Ente de Calificación Cinematográfica* e outra no âmbito da municipalidade), mas um verdadeiro compartilhamento de funções, desempenhadas tanto pelos membros das associações de católicos leigos quanto pelos funcionários do organismo de censura estatal.

É também importante ressaltar – pelo que pude aferir até o presente estágio da pesquisa – que todos os indivíduos designados a exercer a presidência do organismo de censura estatal desempenharam uma participação ativa em grupos católicos (*Ligas de Madres*, *Padres*, *Ligas de la Decencia*, etc.).[9]

Estabelecendo uma comparação com o contexto argentino, no Brasil, o *Secretariado Nacional de Cinema da Ação Católica Brasileira*, criado no âmbito da *Ação Católica* em 1938, foi o organismo formado majoritariamente por representantes de associações leigas para realizar a classificação moral de filmes. Em 1941, o *Secretariado de Cinema da ACB* funcionava de acordo com a seguinte estrutura organizacional: uma Diretoria; um Conselho Consultivo e um Conselho Executivo, dividido em três departamentos (Associações, Paróquias e Escolar), sendo que cada Departamento possuía um chefe nomeado pela diretoria, escolhido, geralmente, entre indivíduos pertencentes aos diversos grupos leigos associados à *Ação Católica*.[10]

Cinematográfico (CHCC) através do decreto lei 8205/63 e em fins de 1968, o CHCC é transformado em *Ente de Calificación Cinematográfica*. O *Ente de Calificación* encerrou suas atividades somente no fim da última ditadura militar argentina, em 1983.

9   À exceção de Octavio Getino, nomeado interventor do Ente de Calificación Cinematográfica pelo curto período de 90 dias em 1973.

10   Ata da 109ª reunião do Secretariado de Cinema da Ação Católica Brasileira. Rio de Janeiro, 8 de junho de 1941, Livro n. 2

O Conselho Executivo tinha como fim a coordenação do trabalho em prol da divulgação das críticas, princípios e diretrizes do Secretariado de Cinema, e estava dividido em três departamentos: Departamento de Associações, responsável por desenvolver atividades junto a diversas entidades católicas leigas, congregações e federações, a exemplo da *Liga Feminina da Ação Católica Brasileira*, a *Juventude Universitária Católica* e os *Homens da Ação Católica;* o Departamento de Escolar, que desenvolvia ações em estabelecimentos de ensino masculinos, femininos e mistos, ou ainda subdivididos em primários, secundários, religiosos e leigos; por fim, o Departamento de Paróquias, que definia setores de atuação com grupos de sete a dez paróquias ou pelo menos três paróquias em casos de "subúrbios distantes e despovoados".[11]

Podemos dizer o período entre 1930-1945, a chamada "Era Vargas", correspondeu a um momento fundamental no processo de modernização – conservadora – do país onde o Estado passou a ocupar um papel de destaque, sobretudo a partir das políticas autoritárias instauradas com o advento do Estado Novo (1937-1945). Os projetos de reforma nos campos trabalhista, de educação e cultura postos em marcha durante a Era Vargas foram amplamente visitados pela historiografia, e revelam a emergência de novas correntes de pensamento atreladas a uma reconfiguração institucional e política do Estado. A participação de intelectuais como mediadores desse debate foi crucial e decisiva para definir os rumos a serem tomados ao longo do processo de implementação do projeto político do governo Vargas, e a Igreja Católica – e seus intelectuais – não estavam à margem desse processo. Marcar presença no campo político-cultural, na verdade, se descortinava para os católicos uma excelente oportunidade de expan-

---

11 Na ata referente à organização do Departamento de Associações, são elencados ainda outros grupos: Juventude Católica Brasileira; Juventude Feminina da Ação Católica Brasileira; Federação das Congregações Marianas; Ligas Católicas; União das Filhas de Maria; Confederação Nacional dos Operários Católicos; Juventude Operária Católica e Juventude Estudantil Católica e associações não federadas. Cf. Ata da 109ª reunião do Secretariado de Cinema da Ação Católica Brasileira. Rio de Janeiro, 08 de junho de 1941. Livro n. 2.

338   Ernesto Bohoslavsky • Rodrigo Patto Sá Motta • Stéphane Boisard (orgs.)

dir sua esfera de atuação para além dos muros da Igreja e reconquistar o status privilegiado que havia perdido juntamente com o final do Império.[12]

A Igreja Católica se mostrava então, disposta a dialogar com o Estado, e a voz dos intelectuais católicos repercutiu sobretudo no campo da educação e da cultura, espaços nos quais a experiência histórica pautada no conservadorismo e moralidade católicos fornecia subsídios para ação mais imperativa.[13] Um dos protagonistas a circular no âmbito do Secretariado de Cinema da ACB foi o intelectual católico Jonathas Serrano.

Serrano desempenhou uma importante função junto ao governo federal na década de 1930, tendo não apenas participado da elaboração do decreto que nacionalizava o serviço de censura cinematográfica e regulamentava o uso de filmes na instrução pública, como também ocupado o cargo de representante do Ministério da Educação e Saúde na Comissão de Censura criada pelo mesmo decreto 21.240 em 1932.[14] Jonathas Serrano se manteve como integrante da Comissão de Censura Estatal até 1934, quando a jurisdição da Comissão é transferida do Ministério da Educação para o Ministério da Justiça e Negócios

---

12   A interpretação de diversos autores é no sentido de que a Igreja Católica e as associações leigas procuraram, historicamente, se relacionar diretamente com o Estado para ampliar sua área de influência social. Segundo Inimá Simões, "a Igreja buscou um tratamento preferencial que compensasse a separação que se dera, do ponto de vista da legalidade, com a proclamação da República". Cf. SIMÕES, Inimá. *Roteiro da Intolerância*: a censura cinematográfica no Brasil. São Paulo: Editora Senac, 1998, p. 35.

13   Em 1931 Getúlio Vargas baixou um decreto instituindo o ensino religioso facultativo em escolas públicas. No mesmo ano, Vargas deu pelo menos mais dois indícios que estava disposto a colaborar com a Igreja e promover uma relação política amistosa com os católicos: o reconhecimento de Nossa Senhora aparecida como padroeira do Brasil e a inauguração da estátua do Cristo Redentor, no Rio de Janeiro. Cf. SCHWARTZMAN, Simon. *Um espaço para a ciência*: a formação da comunidade científica no Brasil. Brasília: Ministério da Ciência e Tecnologia; Centro de Estudos Estratégicos, 2001, cap 5, p.3.

14   Antes desse decreto, o "exercício censório" e a proibição de filmes no Brasil era geralmente realizada através da ação da polícia de cada localidade. A comissão de censura criada em 1932 era assim composta: a) de um representante do Chefe de Polícia; b) de um representante do Juizo de Menores; c) do diretor do Museu Nacional; d) de um professor designado pelo Ministério da Educação e Saude Pública; e) de uma educadora, indicada pela Associação Brasileira de Educação Cf. Decreto nº 21.240, de 4 de abril de 1932.

Interiores. É com a experiência acumulada ao longo desses anos no âmbito censório estatal e na atuação em diversos grupos católicos leigos que o nome de Jonathas Serrano estará mais uma vez presente como principal formulador do anteprojeto de criação do Instituto Nacional de Cinema Educativo no fim da década de 1930. Um inequívoco indicativo do forte prestígio que gozava no meio estatal é que seu nome foi um dos cogitados pelo Ministro da Educação e Saúde, Gustavo Capanema, para presidir o Instituto Nacional do Cinema Educativo (Ince) em 1937.[15] Se, por um lado, nesse ano Jonathas Serrano não assume a presidência do *Ince* – Roquette Pinto foi designado para assumir o cargo – por outro, Serrano ocupará em 1937, dois relevantes postos no âmbito estatal e religioso: foi nomeado para o Conselho Nacional de Educação e assumiu a presidência do *Secretariado de Cinema da Ação Católica Brasileira*.

Com a breve biografia esboçada acima, tive por objetivo fornecer a dimensão da trajetória e a proeminência desse personagem em meio aos diversos projetos políticos, educacionais e culturais implementados durante o primeiro governo de Getúlio Vargas. O que interessa neste breve espaço de um artigo é justamente trazer à tona o papel desempenhado por Jonathas Serrano como engajado intelectual católico e sua articulação em importantes setores responsáveis pelo controle cinematográfico no governo varguista. Sem dúvida, sua formação como um engajado intelectual católico produziu um discurso conservador que orientou a prática censória cinematográfica. O entusiasmo de Serrano em relação ao cinema e a crença no potencial transformador de um cinema educativo era tão consistente ao ponto se dirigir, em 1939, ao Cardeal do Rio de Janeiro, Dom Sebastião Leme, sugerindo a criação no Brasil de um culto à *Notre Dame du Cinéma*, semelhante ao que havia sido iniciado pelos franceses no início da década de 1930 – com uma denominação, claro, melhor adaptada aos trópicos: Nossa Senhora do Bom Cinema.[16]

---

15 Cf. SOUZA, Carlos Roberto de. "Cinema em tempos de Capanema". In: BOMENY, Helena (Org.). *Constelação Capanema*: intelectuais e políticas. Rio de Janeiro: Fundação Getúlio Vargas; Bragança Paulista: Ed. Universidade de São Francisco, 2001, p. 153-181.

16 Carta enviada por Jonathas Serrano a D. Sebastião Leme sugerindo o culto de uma Virgem Maria protetora do bom cinema. 1939, Arquivo Nacional.

Jonathas Serrano não foi um protagonista solitário nessa empreitada, atuava em meio a diversas instituições que serviam de laboratório para difusão desse discurso e de um prestigiado círculo de intelectuais católicos leigos – Alceu Amoroso Lima, Van Acker, Leonel Franca, Everardo Backheuser, Pedro Anísio.

Ao trazer à tona os nomes de personagens como Jonathas Serrano, tive a intenção de ilustrar a participação de intelectuais vinculados a organizações católicas com um trânsito importante na esfera governamental. A ideia é, a partir dessas posições, refletir sobre a trama complexa que envolve a circulação de intelectuais em diversos espaços destinados a exercer controle sobre o cinema, seja ocupando cargos públicos, relacionando-se com a alta hierarquia católica e a cúpula governamental, ou atuando em instituições católicas leigas. Apesar de não haver me debruçado na formulação de uma análise detalhada através do cruzamento de nomes dos integrantes do *Secretariado de Cinema da ACB* e a eventual ocupação dos mesmos em cargos públicos, acredito que a agência desses dois personagens contribuem para um entendimento mais amplo e uma perspectiva conjuntural das relações envolvendo o Estado e a Igreja Católica nesse período.

Para além do trânsito importante de intelectuais católicos nos organismos de controle cinematográfico, verifica-se que assim como na Argentina, a oficina de censura da *Ação Católica* no Brasil também foi responsável pelo exame de filmes, cuja classificação era publicada quinzenalmente no *Boletim do Serviço de Informações Cinematográficas* e distribuída para jornais e revistas de grande circulação em várias cidades do país.

No Brasil, as associações de católicos leigos, sobretudo vinculadas à *Ação Católica Brasileira*, também conseguiram desempenhar um papel importante no campo do cinema ao longo das décadas de 1950 e 1960. O grupo que havia se reunido em torno da criação do *Secretariado de Cinema da Ação Católica Brasileira* é o mesmo que consegue se inserir nas comissões de censura estatais e influenciar sua política, mostrando que podem articular seus critérios morais com os interesses do Estado.

O conceituado serviço de classificação moral executado pelos censores do *Secretariado de Cinema da Ação Católica Brasileira* serviu aos propósitos da própria *Divisão de Censura e Diversões Públicas* (DCDP), órgão de censura estatal. Não foram raras as visitas de censores do DCDP às dependências do *Secretariado de*

Cinema da Ação Católica solicitando a utilização dos boletins no âmbito de programas realizados pelo governo.[17]

Ora, os parágrafos acima parecem indicar que a estrutura através da qual se organizaram os católicos para exercer o controle cinematográfico tanto no Brasil quanto na Argentina foram bastante similares: oficinas voltadas para classificação moral, difusão de boletins na imprensa, estímulo à formação de cine-clubes. No entanto, se aparentemente as iniciativas foram semelhantes, por que os católicos brasileiros não conseguiram se incorporar ao aparato estatal censório da mesma maneira que os católicos na Argentina? E de que modo os católicos se mobilizaram afim de pressionar a censura durante a ditadura militar brasileira, uma vez que não fizeram parte da composição desse órgão estatal?

A explicação analítica para esse fenômeno, como busquei delinear nas páginas anteriores, não é única. Há, como já mencionei, um fator inscrito em uma temporalidade mais ampla que indica um processo de separação entre a Igreja Católica e o Estado no Brasil (acentuado sobretudo com a perda de prestígio dos católicos com a queda do Império no final do século XIX), quando comparamos a relação estreita entre as duas esferas na Argentina. Para além dessa chave explicativa de natureza mais conjuntural, há, no Brasil, uma sequência de eventos desenrolados já em meados do século XX que ajudam a compor de maneira mais sofisticada a dinâmica das relações estabelecidas entre os católicos e a censura.

Na Argentina, a Igreja católica conseguiu se impor e fazer com que o Estado a reconhecesse durante muito tempo como religião oficial e atualmente com status jurídico diferenciado em comparação com as demais religiões. Enquanto no Brasil a Igreja Católica apresentou um desgaste proveniente da separação do Estado desde fins do século XIX do qual não se recuperou, tendo o catolicismo sofrido um golpe na sua condição de supremacia para outros grupos

---

17 Em 6 de maio de 1948, o presidente Eurico Gaspar Dutra baixa um decreto autorizando entidades especializadas e educativas "interessadas na elevação do nível dos espetáculos públicos" a exercerem a função de assistência à censura prévia estatal. Em outras palavras, instituições que detinham notório conhecimento e experiência no terreno das diversões públicas poderiam auxiliar o órgão estatal no serviço de censura. O Departamento Nacional de Cinema e Teatro da Ação Católica Brasileira (nova denominação para o Secretariado de Cinema da Ação Católica) se encaixava nesse perfil, e passava agora, *oficialmente*, a prestar serviços ao Estado.

religiosos. Assim, por um lado, um dos elementos que passa a se impor com mais força sobretudo a partir da metade do século XX a ponto de provocar uma fratura na hegemonia católica no campo religioso tem relação com a propagação do protestantismo, do espiritismo e das religiões afro-brasileiras no país. Por outro, é importante marcar a estruturação do organismo católico oficial (Confederação Nacional dos Bispos do Brasil) em detrimento do espaço ocupado pelas entidades laicas, cuja expressão máxima era a *Ação Católica Brasileira*.

O *Secretariado de Cinema da ACB* encerrou suas atividades na década de 1950, tendo sido extinto juntamente com outros departamentos da *Ação Católica Brasileira*. A atividade de censura cinematográfica e classificação moral de filmes é retomada através do *Serviço de Informações Cinematográficas* (SIC), criado dentro da estrutura da Conferência Nacional de Bispos do Brasil (CNBB -1952). A recomposição da prática censória católica no início da década de 1950 teria sido marcada portanto, pelo declínio da posição privilegiada ocupada pela *Ação Católica* junto ao episcopado e a ascensão de uma entidade de natureza eclesiástica, a CNBB.[18] Considero que a perda de influência da esfera de ação institucional dos católicos leigos no campo cinematográfico, nesse momento, seja fundamental para pensarmos a dinâmica assumida pela Igreja Católica perante à censura durante os anos de ditadura militar.

Ao lado do enfraquecimento das agremiações laicas, percebe-se, no Brasil, um panorama marcado também pelo declínio do movimento cineclubista católico e a refração de outras iniciativas católicas neste período: no âmbito da imprensa católica, as publicações especializadas em cinema são interrompidas e os semanários católicos que reproduziam as classificações morais passam a dedicar um espaço cada vez menor ao cinema e criam novas colunas voltadas para outros temas.[19]

---

18 Em 1950, foram extintos todos os órgãos da ACB devido a reforma no organismo central do apostolado leigo oficial. Cf. LOGGER, Guido. "Organização, dificuldade e critérios na Censura do SIC", *Revista de Cultura Cinematográfica*, Belo Horizonte, n.13, vol. 3, ago-set, 1959, p. 11.

19 É o caso, por exemplo, de *Lar Católico*, um dos mais influentes semanários católicos do país (com sede emJuiz de Fora, sua difusão abrangia principalmente os Estados de Minas Gerais, Rio de Janeiro e São Paulo). Na década de 1960, a coluna "Cinema" é substituída por outra

As oficinas no âmbito das associações de católicos leigos dedicadas ao cinema e a realização da classificação moral de filmes deixam de existir. Como mencionado, com a criação da Conferência Nacional dos Bispos do Brasil (CNBB) em 1952, uma das principais representantes do laicato brasileiro, a *Ação Católica Brasileira*, vai perdendo força. A partir daí, o *Serviço de Informações Cinematográficas* (SIC) e posteriormente, a Central Católica de Cinema, subordinado à CNBB, torna-se o principal organismo de difusão e educação cinematográfica e subsiste, precariamente, até 1962. Como mencionado, em fins da década de 1960, a censura estatal, que havia se aproximado institucionalmente e compartilhado práticas e valores censórios com os católicos — permitindo, inclusive, que estes assistissem às películas com exclusividade —, muda-se do Rio de Janeiro, para Brasília, impossibilitando a continuidade da associação entre o organismo católico e a esfera estatal. Esta separação se tornará mais evidente com a promulgação da lei em fins da década de 1960 que determina que a censura de filmes cinematográficos, tanto para exibição em cinemas, como para exibição em televisão, será da exclusiva competência da União.

Encaminhando-me para o encerramento deste capítulo, proponho a realização de algumas considerações a título de conclusão.

De modo geral, as estruturas através das quais se organizaram os católicos para exercer o controle cinematográfico tanto no Brasil quanto na Argentina foram bastante similares: oficinas voltadas para classificação moral, difusão de boletins na imprensa, estímulo à formação de cine-clubes. No entanto, se aparentemente as iniciativas foram semelhantes, por que os católicos brasileiros não conseguiram se incorporar ao aparato estatal censório da mesma maneira que os católicos na Argentina? E de que modo os católicos se mobilizaram afim de pressionar a censura durante a ditadura militar brasileira, uma vez que não fizeram parte da composição desse órgão estatal?

Outra diferença a ser apontada é que no Brasil a censura de filmes era realizada exclusivamente pela União, em âmbito federal, centralizada em Brasília.

---

coluna intitulada "Comunismo em Foco". Cf. BRUM, Alessandra. "Estratégias de persuasão: o cinema visto pelo semanário *Lar Católico*". *Pós: Revista do Programa de Pós-graduação em Artes da Escola de Belas Artes da UFMG*, v. 12, p. 99-109, 2016. Disponível em: <https://www.eba.ufmg.br/revistapos/index.php/pos/article/view/467> Acesso em: 12 abr 2018.

No contexto argentino, o maior grau de autonomia das municipalidades permitiu a conformação de uma estrutura expressivamente distinta – e significativamente mais ramificada – daquela apresentada no Brasil. Nessa estrutura, tanto as municipalidades quanto os grupos de católicos leigos nas províncias do interior participaram intensamente efetivo controle de filmes, valendo-se tanto de instrumentos legais quanto de alguns mecanismos mais informais, como comunicados, memorandos, pareceres, "recomendações", "advertências" e "listas negras" que trataram da censura cultural e acabaram por conformar uma forma particular de censura, ampla, mais difusa.

Por fim, e não menos importante, uma última conclusão antes de encerrar: devemos pensar a trajetória histórica das relações entre Igreja e Estado nos dois países, inserida numa lógica de concorrência, onde Igreja e o Estado entraram em confronto para delimitarem a competência e as áreas de influência de cada um. A especificidade da separação entre Igreja e Estado no Brasil, em comparação com a convergência experimentada entre as duas esferas na Argentina, sem dúvidas são fatores que ajudam a explicar os diferentes caminhos assumidos pelas instituições católicas de ambos os países.

Não pretendi explorar neste capítulo todas as vertentes explicativas para evidenciar os vínculos estreitos entre Estado e Igreja na Argentina e no Brasil ao longo do século XX; essa não é uma questão simples, uma vez que a hierarquia católica deve ser compreendida como um ator socio-político complexo e a interpretação histórica dessas relações necessariamente exige um retorno a etapas muito anteriores ao século XX. Sem dúvida, as relações entre o Estado e a Igreja Católica não podem ser compreendidas a partir de uma análise absolutamente linear, elas possuem nuances e envolvem a participação de grupos de distintas tendências políticas. Um núcleo tradicionalista expressivo em afinidade com os propósitos militares, setores progressistas que sofreram duros golpes com a repressão, e uma maioria conservadora e um tanto hesitante, que, inicialmente, aderiu aos projetos militares postos em marcha e que, ao longo da década de 1970, converteu-se para posicionamentos em prol de defesa dos direitos humanos.[20] No entanto, o que gostaria de por em evidência, neste momento, é que em perspectiva comparada, a história das relações tecidas entre Igreja e Estado — e Forças Armadas — na Argentina se manifesta através de um espaço político de influência e uma esfera de cooperação significativamente mais amplos e decisivos do que no contexto brasileiro.

Gostaria ainda de assinalar a necessidade de retomar-se conjunturas anteriores para compor uma melhor compreensão da dinâmica obedecida pela censura cinematográfica durante as ditaduras militares. É, por exemplo, indispensável levar em consideração o significado da eclosão dos golpes militares de1964, no Brasil, e 1976, na Argentina e suas repercussões no âmbito da cultura; mas é preciso também contextualizar algumas especificidades deste período em relação a circunstâncias que já estavam presentes anteriormente e que ajudaram a comportar a intervenção militar nos meios de comunicação.[21]

Para o contexto argentino, vimos que os católicos leigos não se contentaram em formular uma sustentação ideológica para o Estado, mas colaboraram diretamente com a gestão da política de costumes, tornaram-se efetivamente censores. Essa característica engendrou uma teia de relações peculiar entre a comunidade, as agremiações laicas e autoridades policiais, militares e políticas de cada cidade. Esses distintos segmentos se entrelaçaram ao ponto de tornarem-se autoridades encarregadas de velar pela ordem da comunidade e pela moral da população desde as estruturas estatais. Em grande medida devido a esta característica difusa ou ramificada do sistema censório na Argentina, se torna

---

20 Para Argentina, Martín Obregón realiza uma análise minuciosa sobre a adesão generalizada da Igreja Católica frente ao golpe de 1976 e o lugar da Igreja na estratégia de legitimação do regime militar, assim como as frágeis oposições à ditadura instaurada. OBREGÓN, Martín. *Entre la Cruz y la Espada*: La Iglesia católica durante los primeros años del "Proceso".Universidad Nacional de Quilmes: Editorial, 2005.

21 Um aspecto relevante explorado pela historiadora Laura Graciela Rodríguez em *Católicos, nacionalistas y políticas educativas en la última dictadura* é justamente o liame estabelecido entre a última ditadura militar (1976 -1983) e a autodenominada *Revolução Argentina* (1966-1973): diversos projetos gestados na ditadura anterior foram reapropriados, assim como muitos funcionários públicos ressurgiram — ou foram mantidos — pelo *Proceso*. Cf. RODRÍGUEZ. *Católicos, nacionalistas y políticas educativas en la última dictadura (1976–1983)*. Rosario: Prohistoria, 2011.

fundamental o desenvolvimento de estudos que se debrucem sobre as dinâmicas censórias em escala local, com o objetivo de compreender as diferentes feições assumidas pela censura em espaços diversos.

Apesar de dinâmicas distintas, a censura praticada nos dois países compreende similaridades e especificidades, aspectos fundamentais para uma apreensão mais refinada deste fenômeno político específico e da própria experiência autoritária que teve lugar em diversos países da América Latina na segunda metade do século XX. A ideia deste artigo foi traçar algumas interconexões entre dois movimentos que ocorreram quase simultaneamente, e por em evidência os possíveis diálogos, questionamentos e reflexões a serem levantadas no estudo do fenômeno da censura no campo artístico-cultural.

DITADURAS, POLÍTICAS PÚBLICAS E VIDA POLÍTICA

Antes do golpe. Anticomunismo e militarização política no Chile

Verónica Valdivia Ortiz de Zárate[1]

Embora o anticomunismo tenha sido uma tendência presente em todo o Cone Sul americano durante o século XX, no Brasil e no Chile alcançou uma presença maior que em países como Argentina, pelo menos até a década de sessenta, devido, em parte, ao peso diferente do comunismo nesses países. A forte gravitação no Brasil e Chile favoreceu a aparição, igualmente ampla, de anticomunismos de diversas origens ideológicas, práticas e diferentes formas de combatê-lo.[2]

No Chile, não obstante, uma das teses que teve mais influência historiográfica e política nas últimas décadas foi a suposta existência de um sistema político que, entre 1932 e 1964, pode incluir uma esquerda marxista (partidos Comunista e Socialista), uma direita capitalista-anticomunista (partidos Conservador e Liberal), mediadas pelo Partido Radical, as quais, apesar da polaridade ideológica, puderam conviver, dando vida a uma versão de Estado de Compromisso, que teria permitido uma democratização gradual e o desenvolvimento econômico, social e

---

1   Professora de História na Universidad Diego Portales-Chile.

2   BOHOSLAVSKY, Ernesto. "Las derechas en Argentina, Brasil y Chile (1945-1959). Una propuesta comparativa", *Revista de Historia Comparada*, Rio de Janeiro, No.4, vol.2, dic. 2010, p. 19-42; PATTO SÁ MOTTA, Rodrigo. *Em guarda contra o perigo vermelho*, São Paulo: Perspectiva, 2002; CASALS, Marcelo. *La creación de la amenaza roja: del surgimiento del anticomunismo en Chile a la 'campaña del terror de 1964*, Santiago: Lom, 2016.

cultural do país. Isso teria sido possível pela leitura por etapas da revolução feita pela esquerda, reconhecendo a democracia representativa, sem perder seu horizonte socialista, e uma direita política (partidos) e econômica (os grandes grêmios empresariais) flexível, pragmática, propensa a negociar.[3]

Apoiando-nos nessa tese, visualizamos essa direita como comprometida com a democracia e o Estado de direito, flexível, diferentemente da direita dos anos sessenta, em que o anticomunismo mais ativo parecia estar associado à direita radical (nacionalistas, franquistas, corporativistas).[4] A história dos institutos armados nesse suposto Chile do "compromisso", também era a de forças constitucionalistas, democráticas, alheias à contingência política, tendência que teria sido quebrado com a Doutrina de Segurança Nacional, no começo da transnacionalização da economia e com o avanço da esquerda.[5]

Os estudos do anticomunismo chileno do século XX, contrariamente, demonstram que essa corrente não residia em um setor do espectro político, e sim estava muito mais difusa. Este artigo analisa o anticomunismo da direita conservadora e liberal e algumas expressões da direita antiliberal durante o século XX, e suas formas de combatê-lo. Dessa forma, avaliamos a relação do anticomunismo com a intervenção política das forças armadas desde o começo dos anos quarenta.

Nossa hipótese sustenta que as formas de combate ao comunismo se relacionam com o tipo de ameaça, de modo que se as diferentes correntes de pensamento anticomunistas são permanentes, suas formas de luta se adequam aos contextos e conjunturas. No caso do Chile, a principal força política anticomunista foi a direita conservadora-liberal, a que de dentro da institucionalidade e, somente conjunturalmente de fora, combateu pela extirpação do comunismo. A presença de uma força anticomunista sistêmica limitou as direitas antiliberais, de escasso peso político no Chile, as que somente tiveram eco em momentos

---

3   MOULIAN, Tomás *Contradicciones del desarrollo político chileno*, Santiago: Lom, 2009; CORREA, Sofía. *Con las riendas del poder*, Santiago: Sudamericana, 2005.

4   VALDIVIA, Verónica. *Camino al golpe. El nacionalismo chileno a la caza de las fuerzas armadas*, Santiago, Serie de Investigaciones No.11, Universidad Blas Cañas, 1996.

5   VARAS, Augusto, BUSTAMANTE, Fernando e AGÜERO, Felipe. *Chile, democracia, fuerzas* armadas, Santiago: Flacso,1980.

críticos. Apesar da variedade de ferramentas de combate ao comunismo presentes nas diferentes correntes anticomunistas, as formas mais eficazes provieram da direita conservadora-liberal e das forças armadas, as quais idealizaram mecanismos institucionais de exclusão e castigo. A Segunda Guerra, por outro lado, e o conflito interamericano, favoreceram um processo de militarização política, com o objetivo de controlar o comunismo e as forças sociais associadas, repondo o papel das forças armadas na contingência. Anticomunismo e militarização política marcaram a política chilena antes do golpe.

Anticomunismo direitista no século XX chileno: com a força da lei

Marcelo Casals demonstrou que o anticomunismo no Chile era um fenômeno de longa data, encontrando suas raízes no final do século XIX. Sobre esse embasamento se instalou o referente bolchevique, percebido como principal ameaça ao direito de propriedade privada, o poder das elites tradicionais e a institucionalidade criada sob seu mandato, dado sua influência sobre a esquerda chilena. Seguindo as proposições de Patto Sá Motta, Casals sustenta que houve três matrizes anticomunistas no Chile: a católica, a nacionalista e a liberal. Para efeitos de nossa hipótese, concentrar-nos-emos nas formas de combate ao comunismo de cada um desses sistemas de pensamento. Segundo esses autores, a Doutrina Social da Igreja influenciou na forma como o anticomunismo católico visse as reformas sociais como um mecanismo para evitar o atrativo comunista entre os trabalhadores. No caso do anticomunismo liberal, sua defesa da liberdade, empresarial e política, apareciam como os principais recursos. Entre os nacionalistas, ao contrário, sua percepção do comunismo como um agente patogênico, requeria sua extirpação, seja através da articulação de uma proposta alternativa e reformas sociais, mas também mediante a violência política.

Com relação ao anticomunismo católico chileno, a influência da Doutrina Social da Igreja e sua posição reformista, não conseguiu uma hegemonia e inclusive produziu a divisão do conservantismo. A pobreza como fator explicativo para a sedução do comunismo não atingiu a força necessária para assumir a urgência de reformas profundas, como assim demostrou a debilidade de Juan E. Concha, líder da corrente social-cristã até os anos 20, e a marginação da juventude do partido em 1938, fortemente influenciada pela nova doutrina eclesial, a que formou a Falange Nacional. Em nenhum caso sustentamos que houve rejeição do catolicismo-conservador à necessidade de mudanças sociais, mas eles sempre estiveram condicionados a uma sociedade desigual, a subordinação incondicional de trabalhadores e camadas médias, e o mercado, não o Estado, como melhor provedor de recursos.

No caso do anticomunismo liberal, a defesa da liberdade econômica e de uma definição procedimental da democracia nunca foi concebida como um combate no plano das ideias políticas, mas sim como verdades inquestionáveis, que deveriam ser respeitadas. Concretamente, nem o anticomunismo católico--conservador nem o liberal pensavam em uma convivência com o comunismo, também não percebiam como instrumentos de luta a reforma social, econômica e política, ou novas funções para o Estado. Tais mudanças lhe foram impostas por outros setores e o poder eleitoral e social de comunistas e socialistas.[6] Essa negação à incorporação sistêmica esquerdista, em especial do PC, corrobora com o estudo de Sofía Correa, quem afirma que para a direita o Partido Radical representava a esquerda do sistema, um partido estatista, doutrinariamente liberal e partidário do capitalismo, mas não partidos marxistas, nem menos comunista.

Se a direita não combateria com reforma social nem com luta hegemônica, como enfrentaria o comunismo?

Como se sabe, apesar de seus diferentes sistemas de pensamento, conservadores e liberais eram partes da oligarquia chilena, com uma comum visão de mundo respeito da ordem natural, a desigualdade humana, as hierarquias sociais, a defesa da institucionalidade criada no século XIX, o direito de propriedade; uma elite homogênea, cuja diferenciação em direita econômica, política ou mediática não implicava em diferença de origem social, pois todas pertenciam a esse estrato por nascimento, riqueza e poder político. De modo que, apesar de sua heterogeneidade interna, sua visão era a mesma, a da classe alta.[7] Essa comunidade de pensamento possibilitou sua concordância com a ala direita do sistema de partidos. Suas diferenças em matéria religiosa e de secularização não afetaram sua unidade

---

6   VALDIVIA, Verónica *Subversión, coerción y consenso. Creando el Chile del siglo XX (1918-1938)*, Santiago: Lom 2017.

7   CORREA, Sofía, *op. cit*, cap. I.

e identificação de seus adversários, como aqueles que desafiavam seus princípios e interesses. Essa comunidade de ideias faz inteligível as formas de combate do seu principal inimigo, o comunismo, no qual não houve diferenças.

Os anticomunismos conservador e liberal decidiram combater o comunismo a partir da própria institucionalidade, utilizando seu poder parlamentário e a legalidade, pois a pluralidade político-ideológica do sistema não deveria tolerar que

> Com o amparo das liberdades públicas e escudando-se nas disposições legais que toda democracia se dá para a livre expressão de suas ideias... nasçam, cresçam e se desenvolvam tendências e entidades organizadas com o único propósito de infringir a lei.[8] (Tradução nossa).

Por isso, aprovaram leis que restringiam alguns direitos, através dos quais, acreditavam, o comunismo se difundia, como a liberdade de imprensa e as manifestações públicas. Esse diagnóstico surgiu em meio de uma onda grevista e o fortalecimento trabalhador na primeira pós-guerra e se pautou em leis de segurança interior do Estado que permitiam censurar a mídia e fechar imprensas; impedir ou regular o uso do espaço público e acusar dirigentes sindicais e políticos de atentar contra a segurança interior através de greves massivas em áreas econômicas estratégicas, sendo julgados por tribunais militares. Embora a ideia da expulsão legal tenha surgido de conservadores e liberais, as primeiras ações que surgiram foram decretos-leis promulgados pelas juntas militares de 1924-1925, e logo a Lei 6026 de fevereiro de 1937, aprovada com os votos desses partidos. Embora os comunistas tenham se integrado ao sistema de partidos, sua participação não foi estável, mas sim interrompida pelo processamento e prisão de seus dirigentes,[9] pois o objetivo dessa estratégia legal era a exclusão explícita:

> Entre nós, legalmente, não pode existir o Partido Comunista, nem aspirar a cargos representativos,[10] (Tradução nossa).

---

8   *El Diario Ilustrado*, 21 fevereiro de 1940, p. 3.

9   VALDIVIA, Verónica (2017), *op. cit.*

10 *El Diario Ilustrado*, 15 de fevereiro 1940, p. 3.

tal como ocorria em outros países da região:

> O Uruguai, país de sociedade avançada neste hemisfério, rompeu suas relações com o soviete e declarou o comunismo à margem das leis republicanas. Brasil, Argentina e México seguiram seu exemplo.[11] (Tradução nossa).

Depois da ascensão ao governo da Frente Popular (1938-1941), um projeto de lei para excluir os comunistas foi apresentado pelo dirigente conservador Sergio Fernández Larraín em 1940, para quem o PC utilizaria o:

> parlamento burguês... para miná-lo de dentro e com fins de agitação revolucionária... envenena a educação da juventude, insurreciona as massas, destrói o conceito de propriedade, de família e de pátria.[12] (Tradução nossa).

Fracassada essa proposta, tentaram não reconhecer a eleição de deputados e senadores comunistas na parlamentária de 1941, baseando-se na Lei de segurança interior de Estado de 1937, que o definia como associação ilícita e, como dizia o deputado liberal Juan Smitsman, a existência do Partido Comunista era incompatível com o cargo parlamentar:

> o comunismo tem uma diretiva máxima internacional, política, social como sindical. Seus programas e métodos e seus objetivos também o são. É por esse último e não pelo primeiro – a causa internacional de todas as ideias – que lhe negamos aptidão legal para atuar no Chile.[13] (Tradução nossa).

---

11   *El Diario Ilustrado*, 13 de julho de 1940, p. 3.

12   *Boletín Cámara de Diputados (BCD)*, 26 de novembro de 1940.

13   Juan Smitsman en *BCD*, 3 de dezembro de 1940.

Essa intenção não se modificou quando a URSS passou a formar parte do bando aliado na guerra, depois da invasão nazista, já que o verdadeiro problema do comunismo chileno era sua institucionalização e sua influência social, que ameaçavam a ordem existente:

> Está incrustado como força política de resistência nas artérias próprias da vida nacional... como animador de conflitos da ordem social e econômica".[14] (Tradução nossa).

Como pode se observar, antes do início da Guerra Fria, a aposta da direita foi a exclusão legal do comunismo - a qual tropeçou com a resistência dos presidentes Aguirre Cerda e Ríos (1938-1945), de parte importante dos radicais e os socialistas. Esse agudo anticomunismo direitista foi o que se estendeu na presidência de Gabriel González, sob a qual se aprovou a Lei de Defesa Permanente da Democracia (1948) que excluiu legalmente o PC, eliminando seus militantes dos registros eleitorais e da burocracia estatal. Assim, a "Lei Maldita" não foi somente uma filha da Guerra Fria nem um agravamento do anticomunismo produto da segunda pós-guerra, como se sustentou para os casos de Brasil e Chile.[15] O ano de 1945, foi um marco demarcatório na história da Argentina e do Brasil, o mesmo não aconteceu no Chile, onde a campanha presidencial de 1945 não presenciou surtos anticomunistas importantes, o PC apoiando González; as alianças políticas que participaram na eleição eram as do sistema de partidos organizado em 1932, não havendo rupturas, como certamente ocorreu nos países antes nomeados. A Lei Maldita retomou as iniciativas anteriores direitistas. Em todos os estudos se afirmam que a lei se deve à presença de comunistas no gabinete, a pressão norte-americana e seu crescimento eleitoral nos municípios. Anos antes, diante de um rumor da possível nomeação de um comunista como ministro do Trabalho, os conservadores o repudiaram:

---

14 *El Diario Ilustrado*, 24 abril de 1943, p. 3.

15 BOHOSLAVSKY, Ernesto "Os partidos de direita e o debate sobre as estratégias anticomunistas (Brasil e Chile, 1945-1950)", *Varia Historia*, Belo Horizonte, vol.30, n°52, jan/abr. 2014, p. 51-66.

> Não poderia o governo do Chile seguir chamando-se republicano... se chegasse a fazer parte de seu Poder Executivo um membro de um partido como o comunista que desconhece em seu programa as bases e princípios sobre os quais descansa a República, que repudia direitos e garantias tão fundamentais como o direito de propriedade.[16] (Tradução nossa).

Essa foi a mesma argumentação direitista em 1948 para aprovar a Lei Maldita que os eliminou dos registros eleitorais, do aparato estatal e dos sindicatos. Na Câmara, os conservadores mencionaram o crescimento do PC frente à tolerância das autoridades, enquanto que os liberais afirmaram que:

> Estabelecido o propósito comunista de destruir a democracia, o Presidente da República, que tem a responsabilidade de guardar e defender o regime político, econômico e social dentro do qual foi escolhido para desempenhar seu alto cargo, necessariamente deve, para cumprir tal responsabilidade, impedir por todos os meios legais, que o comunismo obtenha suas finalidades.[17] (Tradução nossa).

A estratégia direitista foi legal: transformar algumas garantias constitucionais em delitos contra a segurança interior do Estado, e excluir por lei o comunismo.

Qual é a diferença dessa estratégia legal de exclusão da ocorrida em outros países em meio de "regimes democráticos"?[18] Em primeiro lugar, a UDN e o PSD brasileiros não eram comparáveis em termos de força política com a direita conservadora-liberal chilena, dada sua recente criação e a força do varguismo; a UCR argentina ficou fora do poder e muito debilitada pelo peronismo. No Chile, isso não ocorreu: a direita manteve sempre uma porcentagem superior a 35% nas eleições parlamentárias, sendo o congresso um de seus mais impor-

---

16 *El Diario Ilustrado*, 21 abril de 1944, p. 3.

17 *El Mercurio*, 12 janeiro 1948, p. 3 e *BSCD*, 12 de maio de 1948, p. 198-202.

18 BOHOSLAVSKY, Ernesto "Organizaciones y prácticas anticomunistas en Argentina y Brasil (1945-1966)", *Estudios Iberoamericanos*, Porto Alegre, jan./abr. 2016, vol.42.1, p. 34-62.

tantes bastões e conseguindo que o estatismo econômico não ameaçasse seus interesses, mas o acrescentasse. Seu adversário sempre foi um: o comunismo, por sua força sócio-política, contar com um programa alternativo e um horizonte socialista, diferentemente do Brasil e da Argentina, onde o anticomunismo era forte, mas o real perigo estava no getulismo e no peronismo, como fenômeno social e seus laços militares. O PC chileno nunca teve esses nexos e os dos levantamentos que lhe foram adjudicados – a marinha e o assalto em Copiapó, ambos em 1931– não tiveram força no interior das fileiras militares e também não se converteu em um modelo de inserção política, considerando sua valorização da institucionalização, um veículo chave de seu crescimento e desenvolvimento, pelo qual lutaram pela democratização. Era, precisamente, esse efeito da institucionalização o que inclinava a esquerda tão perigosa para a direita, devendo ser expulsa desse espaço. O PC do Brasil passou grande parte de seu tempo sendo proibido e a força de 1945-1947 em parte foi possibilitada pelo varguismo, como em 1951-54; o PC argentino carecia em peso, diferentemente do comunismo chileno com força própria. Institucionalização e autonomia deveriam ser suprimidas desde sua fonte de poder: a legalidade.

Qual foi o papel da direita radical nesses anos? Como se sabe, em outras experiências latino-americanas a direita radical jogou um papel chave na luta anticomunista, mas não no Chile. O Movimento Nacional Socialista (MNS) foi a agrupação mais importante até 1938, quando uma tentativa de golpe, em combinação com setores do exército, terminou em um massacre e a destruição do movimento. Desse tronco, surgiram a Vanguarda Popular Socialista, o Partido Nacional Fascista e o Movimento Nacionalista do Chile, vinculado a militares em retirada, muito pequenos e politicamente marginais. A direita institucional defendeu sempre uma imagem distanciada desses grupos, ainda que seus exponentes participaram em algumas organizações ou mantinham cumplicidade com outros. Entre 1938 e 1945, a direita antiliberal se afastou do nazi-fascismo e reivindicou o nacionalismo, buscando levantar um programa alternativo para a democracia representativa, de caráter corporativo, franquista, fracassando em condução social. A incapacidade desses grupos de competir com os partidos se deve a que no momento de maior crise do liberalismo – nos anos vinte e a Depressão – os setores que poderiam ter atraídos – segmentos médios e trabalhadores urbanos – foram captados por socialistas e radicais, os quais unidos ao PC em 1936, transformaram se em uma alternativa de governo – a Frente Popular, triunfando em 1938 e respondendo às demandas desses setores sociais. Além disso, o fato de que a direita institucional mantivesse seu poder político, social, incrementou o econômico e sustentou a luta contra o comunismo a partir da institucionalidade, limitou as possibilidades políticas dos grupos antiliberais, que não puderam arrebatar-lhe essa bandeira. A luta entre comunismo e anticomunismo se desenvolveu dentro da institucionalidade, onde a direita radical não tinha presença, sem conseguir tirá-la desse espaço. Por isso, somente alcançava notoriedade em conjunturas específicas.

Essa oportunidade se apresentou no início da Guerra Fria, quando os Estados Unidos pressionaram o governo de Gabriel González para expulsar os comunistas, o que coincidia com a aposta direitista. A nomeação de ministros comunistas em 1946 ativou os movimentos antiliberais, quem se mobilizaram e se militarizaram.

A Ação Chilena Anticomunista (ACHA) nasceu com esse objetivo. Em combinação com outros grupos anticomunistas, propôs-se a proscrição violenta do comunismo, contando com algum armamento e colaboração de militares em retirada. Dirigida pelo radical Arturo Olavarría, contava entre seus membros com os conservadores Sergio Fernández Larraín, Jaime Bulnes Sanfointes, Héctor Correa Letelier, entre muitos outros, como também liberais. A ACHA era uma entidade militarizada, que fez da violência seu instrumento de luta anticomunista. Como dizia Olavarría,

> O meio mais eficaz para aniquilar o comunismo nesse caso, era armar-se, formar um exército cívico, poderosamente armado, que fosse capaz de destruir qualquer iniciativa contrária à ordem social e institucional da república[19] (Tradução nossa).

---

19 MALDONADO, Carlos *ACHA y la proscripción del Partido Comunista de Chile*, Santiago: Flacso, 1989, p. 57.

Enquanto isso, o dirigente liberal Raúl Marín Balmaceda legitimava o acionar *achista*, afirmando que "a melhor defesa é o ataque".[20] O período transcorrido entre a eleição presidencial de 1946 e a aprovação da Lei Maldita (setembro de 1948) foi o de máxima ação política e visibilidade da ACHA, depois da qual começou a decair, pois o objetivo de exclusão estava conseguido e perdeu-se o respaldo. O governo lhe retirou a legitimidade de suas práticas políticas, desaparecendo então no início de 1949.

Mostra da relação ambivalente que a direita institucional tinha com esse tipo de agrupações, foi a "Ação por Chile", criada em junho de 1947 e encabeçada por conservadores, liberais e empresários, que se lançou à exclusão legal do comunismo; destacavam entre os assinantes o conservador Sergio Fernández Larraín e outros conspícuos líderes da direita política. Em seu *Manifiesto* afirmava:

> O Chile cedeu já as primeiras trincheiras protetoras de sua liberdade e de sua soberania ao dar cabida e intervenção no congresso e depois no governo a agentes de uma seita internacional que aspira à destruição de nossa república...tomemos forças na cruzada cívica que haverá de deter a traidora invasão. Haveremos de aplacar de uma vez e para sempre a arteira aspiração.[21]

Em oposição à militarização *achista*, a "Ação por Chile" propiciava a entrada à "Defesa civil", uma forma de militarização sob treinamento dos militares e controle do governo.[22] A legitimação da ACHA e a via militarizada civil de combate ao comunismo foi respaldada apenas enquanto se conseguia a extirpação legal do comunismo.

A Lei Maldita explicitou que o conceito de segurança interior do Estado estava dirigido ao comunismo, como assim estabelecia seu artigo 1:

---

20 MALDONADO, *op. cit*, p.67.

21 *Por Chile*, 3 janeiro de 1948, p. 5.

22 *Por Chile*, 15 maio de 1948, p.3.

> Proíbe-se a existência, organização, ação e propaganda... do Partido
> Comunista.[23] (Tradução nossa)

Conseguido o propósito, a direita radical foi devolvida à marginalidade e a luta contra o comunismo voltou a recair nas mãos do governo e conservadores e liberais, quem desconfiava do antiliberalismo e de uma exclusão não institucionalizada. A exclusão deveria estar no Estado de Direito, que era o que teria permitido sua existência e implantação.

Esse diagnóstico leva a refletir acerca do(s) pilar(es) da ordem defendida pela direita, já que normalmente se afirmava que seu recurso fundamental são as forças armadas. Aqui se pode observar a importância do embasamento jurídico-institucional, já que, a seu entender, até o final dos anos cinquenta a ameaça poderia ser detida com mecanismos legais, sem necessidades de recorrer, ainda, a uma ação militar autónoma.

Esse carácter institucional da luta anticomunista pode ser detectada, igualmente, ao observar o único grupo antiliberal que escapou dessa fugacidade: 'Estanquero', criado para expulsar os ministros comunistas em 1946 e que levantou um projeto alternativo: a urgente recuperação do sentido de autoridade, reforçando o executivo, o poder das elites e do empresariado em desmedro do Estado, dando à nação objetivos em segurança exterior e interior. Seu principal enfoque foi um papel político para as forças armadas, as que deveriam ser as garantes da institucionalidade:

> Supremas guardadoras de nossa orgulhosa tradição constitucional e
> republicana[24] (Tradução nossa)

Ao se produzir a derrubada da direita liberal-conservadora em 1966, os 'estanqueros' ingressaram ao Partido Nacional (1966), institucionalizando-se. O destaque da presença *estanquera* no PN foi a grande influência que exerceu em sua Declaração de Princípios com respeito ao distanciamento da democracia

---

23 *Ley de Defensa Permanente da Democracia*, 1948.

24 *Estanqueros*, 29 de setembro de 1951, p. 8.

liberal e sua aproximação à democracia orgânica, integrando também os princípios da segurança nacional e o novo papel das forças armadas. Nasceu uma nova direita que lutou por recuperar espaço político e combater, desde os princípios e ações de rua, ao marxismo e o social-cristianismo revolucionário. Sua presença no PN explica a combinação de formas de luta anticomunista. O parlamento seguiu sendo uma de suas principais armas para evitar o desmantelamento da institucionalidade, pelo que o partido se concentrou na eleição parlamentária de 1969, onde a direita se recuperou e conseguiu 21% da votação, assegurando um número importante de congressistas. Simultaneamente, reapareceram expressões combativas, a partir da avaliação do Chile como segunda cabeça de praia do comunismo internacional, como mostrava a realização de numerosos congressos comunistas latino-americanos em Santiago, de trabalhadores, de juventudes, demandando a necessidade de responder frente a essa "ofensiva", com "uma reação enérgica e tenaz".[25] Uma demonstração dessa combatividade foi o uso da violência para resistir as expropriações de terras ordenadas pelo governo DC, armando os inquilinos em 1968, processo que culminou na formação de grupos de choque como "Rolando Matus" em 1971. Da mesma forma, o PN se tornou no defensor das forças armadas, afetadas por problemas econômicos, de equipamento e em sério enfrentamento com o Governo. Essa revalorização militar a levou a olhar positivamente algumas ditaduras, como a do Brasil, porque:

> Demonstrou os povos irmãos como se pode derrotar o comunismo. Diante dos povos da América surge um futuro luminoso... a revolução brasileira exercerá uma influência cada vez mais decisiva na edificação democrática de América.[26] (Tradução nossa).

Por isso, a direita também aplaudiu a aplicação de Medidas Rápidas de Segurança no Uruguai, que suspendiam garantias constitucionais:

---

25 *El Diario Ilustrado*, 8 fevereiro de 1964, p. 3.

26 *El Diario Ilustrado*, 6 julho de 1964, p. 3.

O presidente Pacheco Areco deu uma clara lição aos mandatários de muitas nações ameaçadas por conjuras dos setores extremistas... atentados à propriedade privada e às pessoas, desmandos de toda ordem e que, no entanto, não se atrevem a expressar clara e retamente seu repúdio.[27] (Tradução nossa).

Desde os anos sessenta, além disso, o combate ao comunismo foi apresentado como um problema regional, que deveria ser enfrentado pelo sistema interamericano em seu conjunto, ampliando as atribuições da Junta Interamericana de Defesa para uma ação concertada contra o comunismo e sob a forma de uma força interamericana de paz, militar, como a que atuou na República Dominicana:

Um instrumento adequado de legítima defesa, para garantir a paz e a segurança coletiva no hemisfério que, respondendo à agressão, assegure a possibilidade da plena vigência dos princípios fundamentais.[28] (Tradução nossa).

Essa aposta coincidia com a configuração de redes anticomunistas, observáveis na revista chilena *Estudos sobre el comunismo* e os congressos anticomunistas, como o convocado pela Federação Argentina de Entidades Democráticas Anticomunistas (FAEDA) em 1963, que reunia diferentes circuitos anticomunistas: o ruralismo uruguaio, Fiducia, o nacionalismo argentino e ao que também assistiu o líder conservador chileno Sergio Fernández Larraín. Durante esse congresso se acordaram métodos de combate ao comunismo, como um acordo pan-americano para a:

perseguição armada ao comunismo... aperfeiçoar o sistema de defesa interamericano e manter uma apropriada preparação das for-

---

27 *El Diario Ilustrado*, 16 setembro de 1968, p. 3.

28 *El Diario Ilustrado*, 3 outubro de 1965, p. 3 e 3 de novembro de 1966, p. 2.

ças armadas nacionais, em colaboração com a ação civil adequada.[29] (Tradução nossa).

Se a estratégia anticomunista chave da direita histórica foi o uso da legalidade e a defesa do Estado de Direito, pois a luta política no Chile transcorria dentro da institucionalidade, desde os anos sessenta combinaram essas práticas institucionalistas históricas com as redes internacionais, o interamericanismo e a violência política.

Militarizando o conflito: o regresso das forças armadas

Como mencionamos na hipótese, os métodos de combate ao comunismo estão em íntima relação com o tipo e percepção da ameaça. Entre 1938 e 1958 a legalidade foi um instrumento crucial, mas também o foi o aparato policial e, depois da Segunda Guerra, a participação das forças armadas na "pacificação" do conflito social.

A história das forças armadas no Chile se separa da de outros países do Cone Sul a partir de 1930, quando elas passaram a ter um papel preponderante na política de seus respectivos países. No Chile, depois da experiência da República Socialista de junho de 1932, foram devolvidas a seus quartéis, já que se produziu um consenso entre todos os partidos tradicionais (conservadores, radicais, liberais, democratas), socialistas e comunistas, que há pouco tempo estavam se incorporando, e os próprios comandos militares, temerosos da politização, de retirar-se da contingência e concentrar-se em tarefas profissionais, subordinando-se ao poder civil. Segundo os estudos existentes, a democracia chilena teria se assentado, em importante medida, na não intervenção das forças armadas, as que até os anos sessenta teriam se mantido à margem do conflito político.[30] Historiadores como Correa e Jocelyn-Holt afirmam que tal abstenção

---

29 BOHOSLAVSKY, Ernesto "Los congresos anticomunistas de los años sesenta en Argentina: el anticomunismo civil", Modernidades, (In)dependencias y (Neo) colonialismo, Segundo simposio de la sección de estudios del Cono Sur, Lasa, Montevideo, 19-22 de julho de 2017.

30 VARAS, BUSTAMANTE e AGÜERO, *op. cit.*

e a ausência de intervencionismo castrense se devia a que a direita tradicional era antimilitarista e não necessitava apoiar-se no poder militar.

Esta marginação se conseguia, também, com o controle da ordem interna entregue à polícia: em 1927 se criou o "Cuerpo de Carabineros", dependente do Executivo, separando os militares dessas tarefas. Da mesma forma, criou-se o "Servicio de Investigaciones y Pasaporte", cuja polícia política vigiava os dirigentes sociais e políticos considerados uma ameaça potencial ou fática à ordem, e de detectar possíveis surtos de rebeldia, atuando como organismo de informação para o Executivo, podendo antecipar os "delitos" e manter a paz social. Outro instrumento foi a "Identificação", através da criação da cédula nacional de identidade, obrigatória para a população chilena e também para os estrangeiros, que permanecessem por mais de três meses no país. Os novos dispositivos coercitivos enfatizavam a vigilância e a informação sobre a repressão física das pessoas e grupos considerados como uma ameaça. O sistema policial e de inteligência civil deveria detectar dirigentes perigosos e possíveis inícios de protestos e rebelião, ao mesmo tempo em que a nova legislação sancionava a subversão e a extirpava da sociedade, através de sua relegação ou exílio.[31] Nesse projeto as forças armadas ficavam excluídas e os carabineiros eram os responsáveis por conter manifestações e revoltas não autorizadas ou consideradas ilegais.

A Segunda Guerra Mundial, no entanto, reposicionou as forças armadas na política dos países latino-americanos, quando os Estados Unidos estruturaram a defesa hemisférica e se começaram a assentar os pilares para uma "cooperação estratégica em caso de conflito extracontinental". Em Havana em 1940, aprovou-se uma "Declaração de cooperação e assistência recíproca para a defesa das Américas", a qual dispunha que qualquer ataque a algum país americano da parte de um Estado extracontinental se consideraria uma agressão ao continente, podendo resolver medidas para a defesa cooperativa, ao mesmo tempo em que a coordenação policial e judicial, para enfrentar o Eixo e a atuação de possíveis "Quintas Colunas".[32] Essa cooperação significou um reordenamento continental em todos os âmbitos, desde o econômico-financeiro, a defesa hemis-

---

31 VALDIVIA, Verónica. *Subversión, coerción y consenso, op. cit.*

32 FERMANDOIS, Joaquín. *Mundo y fin de mundo*, Santiago: Ediciones PUC, 2005.

férica e a repressão da subversão interna, associada aos nacionais do Eixo, antes da Guerra Fria. A cooperação com os Estados Unidos implicou para o Chile sua intervenção em comunicações radiais, a detecção de rádios clandestinas e a existência de um Estado Maior de Coordenação, interamericano, que dirigia as tarefas de localização das redes do Eixo. Uma vez no bando aliado, a ajuda econômica do Chile ao esforço bélico, com matérias primas, supôs impedir supostas sabotagens às unidades produtivas e de transporte, controlando também o movimento de pessoas neles, principalmente trabalhadores. Depois da entrada formal dos Estados Unidos na guerra, as forças armadas chilenas asseguraram as fronteiras, especialmente as costas, onde se supunha poder ocorrer um ataque e receberam armas, adestramento de pessoal militar, ajuda civil e créditos.

Essas mudanças se consolidaram com a expedição de três importantes leis: a Lei 7144 (31 de dezembro de 1941) criou o "Conselho Superior de Defesa Nacional" para assessorar o governo no estudo e resolução de problemas relativos à defesa nacional relacionados com a segurança exterior, em que participariam os ministros da Defesa, Fazenda e Relações Exteriores, os Comandantes em Chefia dos três ramos das forças armadas, os Chefes dos Estados Maiores, os Subsecretários de Guerra, Marinha e Aviação; a Lei 7200, de 21 de julho de 1942, a mais importante, ditada por sugestão dos Estados Unidos e no marco da segurança interamericana. Essa lei outorgou faculdades extraordinárias ao Presidente para "Ditar disposições de caráter administrativo, econômico e financeiro". O artigo 23 o facultou, prévio informe do Conselho Superior da Defesa Nacional, para declarar "Zona de Emergência" partes do território nacional em caso de perigo de invasão ou ataque exterior, mas também diante de sabotagens contra a segurança nacional. Nesses casos, poderia afetar o nº 13, do artigo 44 da Constituição (sobre direitos civis) e o nº 17 do artigo 72 (Estado de Assembleia e de sítio) contra as pessoas ou organizações que realizassem esse tipo de ações. Essa lei foi complementada com o DFL nº 34/2245, datado de 1º de novembro de 1942 que definiu a sabotagem como:

> toda ação destinada a destruir ou prejudicar armamentos, munições, elementos bélicos ou instalações de qualquer classe relacionadas com algum serviço público, empresas ou indústrias úteis à Defesa, aprovisionamento ou economia do país, ou aos meios de

locomoção ou comunicação que tendem a perturbar a defesa nacional.[33] (Tradução nossa)

Pelo artigo 2º estabeleceu-se que a autoridade militar e administrativa da Zona de Emergência era o Chefe Militar ou Naval da Divisão ou Departamento correspondente. O chefe Militar subordinava todas as autoridades civis e policiais da Zona. O governo instou ao Ministro da Defesa a declarar zona de emergência naquelas áreas produtivas que poderiam ser supostamente sabotadas, a modo de prevenção.

As "Zonas de Emergência", pensadas para uma situação de ataque externo, foram usadas desde um começo contra o movimento trabalhador. Assim que a Lei foi aprovada, o deputado comunista César Godoy denunciou os atropelos às liberdades em Chañaral, porto cuprífero, declarado Zona de Emergência:

> Foram cometidas várias violações, transgressões e abusos às leis, por invasão, por parte do Chefe de Governo de faculdades que correspondem à ordem civil... desconhecendo as leis que garantem os direitos dos cidadãos e o uso das liberdades públicas.[34] (Tradução nossa).

Greves na mineração cuprífera em 1945 derivaram em declaração de Zonas de Emergência "Com o objeto de adotar as medidas adequadas à manutenção da ordem e a segurança",[35] o mesmo ocorreu na zona carbonífera em janeiro de 1946: "para vigiar o desenvolvimento das atividades grevistas e controlar a ordem. Naquele momento, um trem especial com tropas do exército viaja com destino a Coronel".[36] A direita avaliou cada um desses estados de exceção:

---

33 VALDIVIA, Verónica. *Pisagua 1948. Anticomunismo y militarización* política (manuscrito, 2018).

34 *BCD*, 1 de dezembro de 1943, p. 744.

35 *El Siglo*, 19 de outubro de 1945, p. 1.

36 *La Nación*, 10 de janeiro de 1946, p. 1.

Os agitadores profissionais, por ordem do Ministro da Defesa Nacional, deverão ser reduzidos a prisão e tratados sem contemplação. O Chefe da Zona não poderá aceitar nenhuma proposição de arranjo sem que previamente o pessoal em greve se reintegre a seus trabalhos. Dois destrutores irão para o norte... Aviões da Força Aérea prontos para decolar para o norte.[37] (Tradução nossa)

A intervenção militar foi amparada, redefinindo suas funções:

A força pública, a serviço, como corresponde a sua missão, da ordem e do governo constituído, cumpriu seu dever, com sacrifício de seu pessoal, e manteve com sua firmeza, serena, mas irredutível, o princípio de autoridade que deve marcar o rumo nessas horas de confusão e incerteza.[38] (Tradução nossa)

Durante a ocupação militar da zona carbonífera em 1947, antessala da criação do campo de prisioneiros de Pisagua, o principal jornal da zona, pertencente à rede do *El Mercurio* legitimou o uso da força militar:

a autoridade militar fez sair da zona todos os comunistas que exerciam uma ação subversiva e de desobediência. Pelo menos 150 foram mandados à ilha Quiriquina.[39] (Tradução nossa).

Passada a crise, não obstante, as zonas de emergência se tornaram um instrumento reiterado de neutralização do movimento sindical. No início de 1966, uma greve na mina de cobre de El Salvador terminou no assassinato de mais de uma dezena de trabalhadores e a declaração pelo governo de Frei Montalva de Zona de Emergência,[40] medida impugnada por comunistas e socialistas. Os conservadores defenderam sua legalidade, invocando a vigência da Lei de 1942:

---

37 *El Diario Ilustrado*, 23 de janeiro de 1946, p. 1.

38 *El Mercurio*, 29 de janeiro de 1946, p. 3.

39 *El Sur* (Concepción), 18 de outubro de 1947, p. 5.

40 CERDA, René. *La masacre de El Salvador*, Santiago: Sartaña, 2014.

A Lei 7200 estabelece as características e modalidades das Zonas de Emergência. Por outra parte, o art.38 da lei vigente de Segurança Interior do Estado autoriza o Presidente da República para decretar a retomada dos trabalhos com intervenção das autoridades civis ou militares em caso de paralização de indústrias vitais".[41] (Tradução nossa).

Em sua opinião, os chefes de Zona apenas cumpriam com seu dever de acordo com a Constituição e as leis. A repressão em El Salvador foi um marco, pois, em geral, nas zonas de emergência isso não ocorria; a esquerda exigiu esclarecer o acontecido, condicionando a ascensão de vários oficiais a graus superiores à investigação de suas atuações como chefes de zona. Enquanto que a esquerda questionou o uso das forças armadas em casos de conflito social, a direita justificou esse papel:

> Se as forças armadas devem respaldar a organização política das nações, forçosamente deverão ocupar-se dos movimentos destinados a alterar pela violência os regimes políticos constituídos, estabelecidos e em exercício.[42] (Tradução nossa).

O *El Mercurio*, por sua vez, qualificou o ocorrido como fruto da "guerrilha grevista"[43] e legitimou a ação repressiva, com utilização das forças armadas:

> A cidadania inteira se comove diante desses acontecimentos, mas sinaliza com clareza os responsáveis e solidariza plenamente com o Governo e com as Forças Armadas e de Ordem que estão cumprindo seu dever. As vítimas provocadas pelos autores da subversão são um dramático testemunho da necessidade de que o Governo libere o país do cerco de agitação, que busca a violência, e a destruição de vidas e bens.[44] (Tradução nossa).

---

41 *El Diario Ilustrado*, 20 de março de 1966, p. 3.

42 *El Diario Ilustrado*, 7 de março 1966, p. 2.

43 *El Mercurio*, 10 de março 1966, p. 3.

44 *El Mercurio*, 12 de março de 1966, p. 3.

Conservadores e liberais concordaram que as forças armadas obedeciam ao Executivo e cumpriam com seu dever para a manutenção da ordem interna. Isso derivou em uma concepção da função social das forças armadas como a promovida pelos Estados Unidos e os *estanqueros*:

> Conforme os preceitos universalmente aceitos por todos os tratadistas do Direito Público no mundo, as forças armadas constituem o poder institucional da nação, isto é, o poder do estado que, conjuntamente com assegurar a soberania externa e interna de cada país, é o respaldo indispensável e necessário que tem a organização jurídica, econômica, social, em suma, institucional, que cada nação se deu... Nenhum estado democrático pode cumprir suas finalidades se não tiver o respaldo do poder institucional da nação, que está formado pelo conjunto das forças armadas.[45] (Tradução nossa).

Como se observa, desde meados do século foi se produzindo um fenômeno de militarização política, processo no qual o fator internacional aportou ferramentas para combater o movimento trabalhador, identificado com o comunismo, antes de iniciada a Guerra Fria. Embora isso não fosse próprio da direita, foi nesse setor social onde a ação repressiva das forças armadas começou a relativizar a marginalização decidida em 1932, concordando com os projetos originais da direita radical (*estanqueros*), depois assumidos pelo PN e a direita mediática, de uma ativa participação militar na sobrevivência institucional.

* * *

Em suma, no Chile a legalidade e o Estado de Direito representou o principal instrumento de luta contra o comunismo, liderado por conservadores e liberais, pois o diagnóstico era que a ameaça comunista derivava de sua institucionalização, que favorecia seu crescimento e poder. Desde os anos quarenta, somou se a essa estratégia a incorporação das forças armadas no conflito social, através das zonas de emergência, as quais foram usadas contra o movimento trabalhador, dinamizado pelo fim da guerra. Essa participação militar foi legitimada pela direita a partir da experiência brasileira nos anos sessenta, a ativação de

---

45 *El Diario Ilustrado*, 1 de dezembro de 1969, p. 3.

redes anticomunistas e o enquadramento interamericano. Para os anos sessenta, a luta anticomunista combinava recursos legais e militares.

Um lugar para a mocidade na política: a atuação das juventudes na Arena Jovem durante a ditadura militar brasileira (1969-1979)

Gabriel Amato[1]

O dia 29 de maio de 1970 foi corriqueiro na agenda de Emílio Garrastazu Médici, o terceiro ditador do regime instaurado no Brasil com o golpe civil-militar de 1964. Ainda assim, talvez Médici tenha sido tomado por certa apreensão ao receber os informes sobre os acontecimentos políticos na Argentina ao longo daquela sexta-feira. Como noticiariam as manchetes dos jornais *Correio da Manhã* e *O Globo* no dia seguinte, o ex-presidente argentino e também general Pedro Eugênio Aramburu havia sido sequestrado pelo grupo guerrilheiro *Montoneros* e estava sendo ameaçado de morte.[2] Nos termos doutrinários das Forças Armadas brasileiras deste contexto, aquele evento ocorrido não muito longe das fronteiras nacionais causava preocupação. Afinal, ele poderia ser lido como uma "ação terrorista" que demonstrava a passagem da fase de preparação para a de execução da chamada guerra revolucionária na Argentina.

---

1   Gabriel Amato Bruno de Lima é licenciado, mestre e doutorando em História pela Universidade Federal de Minas Gerais (UFMG). É autor do livro *Aula prática de Brasil no Projeto Rondon: estudantes, ditadura e nacionalismo* (Alameda, no prelo). Atualmente, desenvolve pesquisa para a sua tese de doutorado sobre as políticas da ditadura militar brasileira direcionadas às juventudes.

2   Cf., dentre outras reportagens: Ele queria voltar ao poder: foi sequestrado, *Correio da Manhã*, 30 de maio de 1970, capa e 1º caderno, p. 14; e Sequestrado Aramburu, *O Globo*, 30 de maio de 1970, Geral, p. 1 e p. 6.

O general Médici, no entanto, manteve os usuais compromissos da rotina de chefe do Executivo federal. E eles incluíam uma audiência com três jovens filiados ao seu partido, a Aliança Renovadora Nacional (Arena), em seu gabinete presidencial. Apesar de se tratarem de temas diversos, a atuação de grupos guerrilheiros na Argentina e a participação política da chamada mocidade no partido de sustentação da ditadura brasileira se conectavam na perspectiva do anticomunismo militar. Tratava-se, afinal, da inserção local na geopolítica da Guerra Fria. Além disso, as lembranças dos acontecimentos de 1968 ainda estavam frescas. Todo um repertório de políticas e discursos oficiais havia sido engendrado desde então em torno dos chamados "problemas da juventude".

Aquele mesmo dia 29 de maio de 1970 sem dúvidas não foi corriqueiro para os paulistas e estudantes da Universidade Mackenzie Valdir Toporcov e Paulo Osório Silveira Bueno, nem para o paranaense e também universitário Odárcio de Oliveira Ducce. Os três faziam parte de departamentos juvenis da Arena e compunham a comissão de jovens que se encontrou com o general-presidente. Eles levaram a Médici um plano para a estruturação da Arena Jovem em todos os estados do país em sua reunião com o mandatário, realizada no Palácio do Planalto, em Brasília. O encontro foi coberto pela grande imprensa e jornalistas entrevistaram os jovens após a audiência, situação que nos deixou indícios documentais do evento.

Os departamentos municipais e estaduais da juventude arenista dos quais os três estudantes faziam parte estavam sendo criados naqueles anos, entre 1969 e 1970. Tratava-se do contexto posterior ao Ato Institucional nº 5 (AI-5) que significou, conforme Lucia Grinberg, silêncio e reorganização para o partido de apoio à ditadura. Como argumenta a mesma autora, o esvaziamento da atividade legislativa e a centralização ainda maior do poder político trazidos pelo AI-5 redundaram no desprestígio da figura do político profissional e da própria instituição partidária. A Arena se viu diante de incertezas que, a um só tempo, desorientaram lideranças e demandaram redirecionamentos.[3]

---

3   GRINBERG, Lucia. *Partido político ou bode expiatório: um estudo sobre a Aliança Renovadora Nacional (Arena), 1965-1979.* Rio de Janeiro: Mauad X, 2009, p. 131-133.

Pensar as Direitas na América Latina

A criação das seções da Arena Jovem eram acompanhadas por audiências em que lideranças do partido recebiam as propostas dos jovens militantes, indicando os esforços no sentido de transformar a agremiação partidária diante do novo contexto político. A grande imprensa, guardadas as dimensões da censura e da diversidade de linhas editoriais, já indexava a movimentação em torno da Arena Jovem nessa direção. A boa recepção conferida às ações dos jovens arenistas era noticiada como indicativa da preocupação das velhas lideranças do partido com a renovação dos quadros políticos. Ela também era entendida como margem aberta pela ditadura para promover a aproximação entre regime e jovens, sociabilizando os últimos nos termos da atuação política colocados pelo contexto repressivo.

Igualmente, a legislação partidária se ocupou do assunto. Em julho de 1971, a nova Lei Orgânica dos Partidos Políticos regulamentava a ação dos departamentos tanto da Arena como do Movimento Democrático Brasileiro (MDB).[4] O partido de oposição moderada ao regime também criou seus departamentos juvenis ao longo da década de 1970. Pouco tempo depois, em 1973, houve uma movimentação interna à Arena nesse mesmo sentido. Um grupo de trabalho foi designado para estabelecer as regras de "funcionamento de Departamentos destinados à mobilização e à atuação da juventude". Seu pressuposto, conforme o texto da resolução produzida à época, era o de que "o Brasil não somente é um país jovem, mas, sobretudo, é um país de jovens, considerada a alta porcentagem da juventude na nossa composição demográfica." O projeto foi elaborado pelo deputado Flexa Ribeiro e aprovado em comissão presidida por Ney Braga. A ação se dava nos termos do Estatuto da Arena, que definia, no 2º § do seu artigo 7º, que os departamentos trabalhista, feminino e juvenil eram "órgãos de cooperação do partido". Eles deveriam ser criados "para atender ao interesse de participação política de grupos sociais expressivos".[5]

---

4   A legislação cita nominalmente, no capítulo I (Das disposições gerais) do título IV (Órgãos do partido), "os departamentos trabalhistas, estudantis, femininos e outros com a mesma finalidade". A regulamentação se estendia aos diretórios juvenis, os mais numerosos ao longo da década de 1970. Cf. Lei Orgânica dos Partidos Políticos, nº 5.682, de 21 de julho de 1971.

5   Projeto de resolução nº 01/1973. Estabelece normas para a criação e funcionamento de Departamentos da Juventude da Aliança Renovadora Nacional. 1973. Fundo Arena

Havia, portanto, um fenômeno mais amplo de emergência de diretórios jovens da Arena nos primeiros anos de intensa repressão política após o AI-5. Ainda que informações assistemáticas sobre possíveis seções juvenis do partido tenham sido veiculadas pela grande imprensa, como em reportagens do *Correio da Manhã* de 1966 e 1968,[6] é a partir de 1969 que as bases da Arena Jovem se estruturam em escopos municipal e estadual por todo o país.

Além disso, aquela não era a primeira vez que Médici recebia os membros dos departamentos juvenis do partido. Um encontro como o de maio de 1970 havia ocorrido em fevereiro do mesmo ano, ocasião em que um grupo de jovens arenistas de São Paulo apresentou um plano de estruturação nacional dos diretórios juvenis da agremiação. Ao *Jornal do Brasil*, um dos participantes deste primeiro encontro com o presidente afirmou que Médici estava "mesmo preocupado em promover a renovação do Partido da revolução [sic]."[7] A juventude, afinal, era entendida nesse contexto como sinônimo de novidade e melhoria – mas também de reprodução social e, neste caso, política. A proposta apresentada pelos jovens foi designada para ser estudada por Murilo Badaró, então deputado federal da Arena por Minas Gerais que contava 41 anos de idade. Mas ela nunca foi levada à frente pelo partido.

Sobre o segundo encontro entre os jovens e Médici, em maio de 1970, a *Folha de S. Paulo* informou que os arenistas deixaram o general "muito satisfeito" ao dizerem que usavam o compromisso de normalização institucional como estratégia na arregimentação de militantes para a Arena Jovem. O presidente fez a promessa – que não seria cumprida – de eleições diretas para governadores em

---

do CPDOC/FGV. Série: Organização partidária (OP), subsérie: Arena jovem (AJ). Classificação: ARENA opa j 1969.11.25, fls. 1-4.

6 José Agripino culpa "Linha de Pequim", *Correio da Manhã*, 28 de julho de 1966, 1º Caderno, p. 3 e Arena Jovem quer participação, *Correio da Manhã*, 30 de junho de 1968, 1º Caderno, p. 3.

7 Estudantes paulistas levam a Médici plano que cria Arena Jovem em todo o país, *Jornal do Brasil*, 24 de fevereiro de 1970, 1º caderno, p. 4.

1974. Ele também aconselhou, conforme reportado pelo diário paulista, que os jovens "prossigam na tarefa de renovar os quadros políticos do País".[8]

Saindo do encontro em Brasília, os estudantes arenistas disseram que o general havia, conforme ficou registrado nas páginas do *Jornal do Brasil*, dado o "aval a uma campanha de esclarecimento e de mobilização da mocidade para a atividade dentro dos Partidos". Implícita, estava a ideia de que os jovens não deveriam se envolver com o movimento estudantil universitário, nem com a dita "subversão". Mais do que isso – e desta vez explícito: os jovens deveriam procurar o deputado federal Rondon Pacheco, presidente da agremiação governista, para que a Arena Jovem – mais uma vez, segundo a reportagem do *JB* – "se desenvolvesse com o adequado entrosamento da direção partidária".[9] Participação política dos jovens durante a ditadura, sim, mas sob limites e em espaços muito bem fixados pelo Estado.

A breve narrativa e a análise desses encontros de Médici com filiados aos departamentos juvenis da Arena em 1970 importa não apenas por seu caráter anedótico. Esses eventos, até aqui não incorporados às narrativas historiográficas sobre o regime, nos fazem pensar sobre a ditadura e, em termos mais específicos, sobre as relações entre autoritarismo e juventudes no Brasil. Acontecimentos aparentemente corriqueiros e cotidianos como esses são parte da rotina dos presidentes desde o início da República. Mas, historicizados, eles nos auxiliam também a entrever importantes dimensões das experiências juvenis em tempos ditatoriais.

Partindo dessas premissas, este texto objetiva debater os significados – políticos, mas em uma abordagem que se preocupa com as dimensões culturais da política em sentido antropológico – da atuação de jovens nos diretórios da Arena durante a ditadura. Para isso, três temáticas são abordadas: primeiro, a cultura his-

---

8   Pleito direto nos estados em 74, reitera Médici, *Folha de S. Paulo*, 30 de maio de 1970, 1° caderno, p. 3.

9   Médici afirma que Governo continua no propósito de fazer pleito direto em 74, *Jornal do Brasil*, 30 de maio de 1970, 1° caderno, p. 4. Para outras informações sobre o encontro, cf. Médici no Rio segunda, *Correio da Manhã*, 30 de maio de 1970, 1° Caderno, p. 8; Leitura dinâmica, *Correio da Manhã*, 30 de maio de 1970, Jornal de Serviço, p. 2; e Eleições: ARENA explicará as novas leis aos Diretórios, *O Globo*, 30 de maio de 1970, Matutina, Geral, p. 9.

tórica sobre a ditadura e o tema das juventudes, que endereça as relações entre a prática social da memória e a produção do conhecimento histórico; segundo, os significados culturais atribuídos, pelos próprios sujeitos históricos do período, à ação política de jovens dentro de um partido de direita que conformava a base social da ditadura; e, por fim, o campo de embates sobre a condição juvenil que se produziu em torno dos departamentos jovens da Arena na década de 1970.

Juventudes e ditadura na cultura histórica brasileira

O tema dos diretórios juvenis da Arena coloca em questão a forma como nossa cultura histórica sobre a ditadura e as juventudes têm sido configurada com o passar do tempo. Apesar da recente historiografia acadêmica sobre a ditadura militar brasileira ter privilegiado os estudos acerca da base social do regime, a Arena, partido alinhado às diretrizes dos governos militares a partir de sua criação, em 1965, ainda não foi tema de muitas pesquisas verticalizadas.[10] Na História não acadêmica, na imprensa e na memorialística, prevalece a imagem de "partido do sim, senhor" que parte das pesquisas propriamente historiográficas sobre a Arena têm procurado matizar.

Com relação ao tema das juventudes, por outro lado, predominam pesquisas que tomam os estudantes universitários opositores ao regime como temática privilegiada, se não exclusiva, de estudo. Essa produção é herdeira do chamado "mito do poder jovem"[11], criado e recriado pelas organizações estudantis – abrigadas na União Nacional dos Estudantes (UNE), com especial intensidade a partir da fundação da corrente União da Juventude Socialista (UJS) em 1984.

---

10 Ainda assim, estudos que abordam a Arena têm surgido desde os anos 2000. Pela força de seus argumentos, cabe mencionar dois trabalhos: o já citado livro de Lucia Grinberg, em que a autora problematiza a representação de subserviência construída sobre o partido, defendendo a tese de que a Arena configurava parte da base social da ditadura; e a dissertação de Rafael Machado Madeira, em que o cientista político relaciona a heterogeneidade e os conflitos da Arena em escalas estaduais específicas com as histórias partidárias anteriores a 1964. Cf. GRINBERG, Lucia. *Op. citada*, p. 21 e MADEIRA, Rafael Machado. *ARENA ou ARENAs? A coesão partidária da legenda do regime em três estados brasileiros*. Dissertação (Mestrado em Ciência Política) – UFRGS, Porto Alegre, 2002, p. 46 e p. 60.

11 SALDANHA, Alberto. *A UNE e o mito do poder jovem*. Maceió: Edufal, 2005, p. 10-sgts.

Essa historiografia, muito próxima da memória predominante no espaço público, adota a tópica da resistência jovem, nacionalista e de esquerda ao mesmo tempo como pressuposto e tese a se confirmar.

Nesse cenário, a memória social ganha primazia. Já vem se tornando quase um lugar comum historiográfico a afirmação de que o que sabemos desde 1979 – ano da Lei de Anistia – sobre o regime militar é em grande medida fruto das batalhas de memória sobre a ditadura. Nelas, conferiu-se um estatuto privilegiado a narrativas como *O que é isso, companheiro?*, de Fernando Gabeira, ou *O poder jovem*, de Arthur Poerner. Muito próximos dos sujeitos que se opuseram ao regime, os historiadores dos anos 1980 e 90 são parcialmente responsáveis pela circulação e reprodução de algumas teses sobre a ditadura caras à memória. Dentre elas, está a imagem da sociedade resistente ou a ideia dos "anos de chumbo" – ambas fundamentais para a luta em favor da restauração da democracia, mas responsáveis por turvar nosso entendimento sobre o regime. Sem dúvidas, todavia, foram os livros de memória, os documentários e os filmes de ficção feitos por (ou em colaboração com) ex-militantes das oposições ao governo militar que se saíram privilegiados nas disputas pela significação da ditadura. Os trabalhos historiográficos ocupam um lugar bem específico nesse processo, em geral secundário e longe dos olhares da grande mídia ou mesmo da História escolar.

O espaço reservado às juventudes nesses esforços de atribuição de sentidos ao arbítrio estatal dos anos 1960 a 80 merece atenção. Predominam, como já afirmei, os estudos que privilegiam os estudantes universitários opositores à ditadura como temática de estudo. Deixa-se em segundo plano, portanto, não apenas os jovens que aderiram ao regime como também outras propostas de insatisfação juvenil – casos da juventude hippie ou dos jovens operários, para citar apenas dois exemplos. Prevalece uma avaliação genérica que foi muito comum nos estudos sociológicos produzidos nos anos 1960 e 70 sobre esse grupo de idade. Nesse sentido, associa-se a juventude à contestação e à rebeldia. Em muitos casos, esse raciocínio guarda um fundo mecanicista e muito caro ao senso comum ainda hoje de que ter pouca idade significa também ter ideias e comportamentos inovadores, rebeldes e, no limite, revolucionários.[12]

Esse é o caso do já citado *O poder jovem: história da participação política dos estudantes brasileiros*. Seu autor é Arthur Poerner, ele próprio um recém-formado acadêmico de Direito quando a primeira edição de seu livro foi publicada e logo depois recolhida das livrarias pelo regime no turbulento ano de 1968. Na segunda edição do livro, editada em 1979, o autor reduz as juventudes ao escopo dos estudantes universitários de classe média, associando-os à resistência no sentido popular e de esquerda. Para ele, a "rebelião da juventude no Brasil" que se verificava na década de 1960 seria fruto dos conflitos entre jovens e velhos, apesar de guardar um fundo social. Sua explicação para o "conflito de gerações" recorria até mesmo à psicanálise. A revolta dos jovens, argumentava Poerner, "tem suas origens remotas na adolescência, com o início da desmistificação da figura paterna".[13]

O livro *O que é isso, companheiro?*, por sua vez, foi fundamental para fixar a imagem de oposição entre Estado e sociedade durante a ditadura, como sugeriu Daniel Aarão Reis Filho em ensaio influente.[14] Ele foi escrito por Fernando Gabeira e editado no mesmo ano de 1979. Na publicação, o autor se recorda de sua atuação no sequestro do embaixador norte-americano Charles Elbrick em 1969, quando era um jovem jornalista de 28 anos. Seu olhar literário para a sua própria juventude é distanciado, superestimando seu papel nos eventos. Gabeira constrói um julgamento para as ações da luta armada que a classificam como uma "fantasia" na qual os guerrilheiros se imaginavam como "jovens com nervos

---

12 CARDOSO, Ruth C. L e SAMPAIO, Helena M. Sant'Ana. Prefácio. In: CARDOSO, Ruth C. L e SAMPAIO, Helena M. Sant'Ana (orgs.). *Bibliografia sobre a juventude*. São Paulo: EDUSP, 1995, p. 20-21.

13 POERNER, Arthur. *O poder jovem: história da participação política dos estudantes brasileiro.* 2ª ed. Rio de Janeiro: Civilização Brasileira, 1979, p. 37. O livro se tornou referência central para as pesquisas sobre movimentos estudantis no Brasil. Há significativas diferenças entre as suas edições de 1968 e 1979, indicativas da complexidade das relações entre juventude universitária e ditadura, que não serão exploradas neste artigo.

14 REIS FILHO, Daniel Aarão. *Ditadura militar, esquerdas e sociedade*. 2ª ed. Rio de Janeiro: Jorge Zahar, 2002, p. 9 e p. 70-71.

de aço".[15] Quando publicou suas memórias, ele havia acabado de retornar do exílio. Agitando o mercado editorial e o público leitor, ávido por informações sobre a história recente no contexto inicial da abertura, o livro entrou para a cultura histórica sobre a ditadura a partir de uma chave explicativa conciliatória. Suas várias edições, como já indicado, acabaram configurando sentidos socialmente compartilhados sobre o contexto ditatorial.

Além disso, este mesmo livro foi importante para o que a socióloga Helena Abramo chamou de "tematização social da juventude no Brasil". *O que é isso, companheiro?* seria, de acordo com a autora, uma maneira típica de trabalhar a questão das juventudes no senso comum, bem como no pensamento acadêmico, nas políticas públicas e nos meios de comunicação. Afinal, os personagens – tanto do livro como do filme – são jovens de classe média vivendo nos anos 1960 e passando por mudanças comportamentais num difícil contexto político. Trata-se do que se tornou, nesse processo de tematização, o jovem paradigmático. Na narrativa memorialística de Gabeira e em sua posterior adaptação para o cinema por Bruno Barreto, em 1997, a condição juvenil é retratada ao mesmo tempo como avessa às regras – por isso, sua adesão à luta armada – e vítima do sistema, numa lógica adulta e externa que escapa ao idealismo e à autonomia juvenis.[16]

Nesse cenário, quando – raramente – busca-se analisar outras atitudes políticas de jovens com relação à ditadura que não se classificam como oposição e quando algum outro recorte social ou político é adicionado (movimento estudantil de direita ou juventude rural, por exemplo), os estudos se limitam a afirmar a adesão de uma juventude de direita ao regime sem qualificar, localizar e nuançar devidamente esse apoio no quadro mais amplo dos jovens do contexto. A análise crítica da cultura histórica sobre ditadura e juventudes no Brasil, ao contrário, demanda uma abordagem cautelosa para o tema da Arena Jovem. Nesse sentido, o diálogo conceitual com uma antropologia preocupada com a categoria tempo torna-se fundamental. "Em uma perspectiva antropológica", argumenta Carles Feixa Pàmpols, "a juventude aparece como uma 'construção

---

15 GABEIRA, Fernando. *O que é isso, companheiro?* Rio de Janeiro: Codecri, 1979, p. 86-87.

16 ABRAMO, Helena. Considerações sobre a tematização social da juventude no Brasil. *Revista Brasileira de Educação*, São Paulo, nº 5-6, 1997, p. 32-33.

cultural' relativa ao tempo e ao espaço. Cada sociedade organiza a transição da infância para a vida adulta, embora as formas e conteúdos dessa transição sejam altamente variáveis".[17]

A informação de que jovens de diferentes profissões – de estudantes a médicos, de bancários a jornalistas – uniram-se para fundar departamentos juvenis da Arena em ao menos 13 dos 23 estados do Brasil nos anos 1970 coloca em suspenso as memórias predominantes sobre a ditadura. Alguns diretórios estaduais, como os de Santa Catarina e São Paulo, chegaram a reportar a existência de mais de cem seções municipais da Arena Jovem, cada uma integrada por um mínimo de dez jovens segundo as orientações partidárias. Reconhecer tanto esses dados como a dimensão histórico-cultural da condição juvenil nos desafia a rever nossa cultura histórica sobre a ditadura, com importantes implicações para a nossa prática historiográfica.

Engajamento ou participação? As juventudes diante da ditadura

Ao relacionar os temas da ditadura e das juventudes, essa análise da cultura histórica nos direciona à outra problemática: a questão da atuação política de jovens nos marcos definidos por um regime discricionário. Essas ações são evidenciadas em sua dimensão de adesão institucional à ditadura pela criação dos departamentos juvenis da Arena, com o lançamento de candidaturas jovens pelo partido e a realização de seminários ou cursos de formação política pela mocidade arenista. Na perspectiva aqui adotada, sua análise tem potencial para contrapor não apenas a memória social como também a Sociologia Política que reuniu entre os anos 1970 e 80 uma série de estudos da "transitologia" em torno de nomes como Juan Linz e Guillermo O'Donnell.

Essa bibliografia fixou propriedades para os chamados autoritarismos sul-americanos que buscavam diferenciar esses regimes militares de novo tipo dos totalitarismos, das ditaduras tradicionais e das democracias liberais. Dentre

---

17 PAMPÓLS, Carles Feixa. *De jóvenes, bandas y tribus: antropologia de la juventud*. Barcelona: Editorial Ariel, 1998, p. 18. Tradução livre do original, em espanhol: "En una perspectiva antropológica, la juventud aparece como una 'construcción cultural' relativa en el tiempo y en el espacio. Cada sociedad organiza la transición de la infancia a la vida adulta, aunque las formas y contenidos de esta transición son enormemente variables."

essas características, cabe destacar a questão do pluralismo limitado – daí o bipartidarismo e as eleições controladas, no caso brasileiro – e a baixa penetração social ou mobilização ensejada por esses regimes. Ao contrário dos totalitarismos, caracterizados pela agitação de massas em termos de ideologia e propaganda desencadeadas por um partido único, um regime autoritário seria, nessa perspectiva, desmobilizador dos grupos sociais. Seus elementos centrais seriam a tecnocracia e a burocracia. Um regime autoritário, como o instaurado no Brasil em 1964, configuraria uma estrutura política rigidamente hierárquica, governando com meios coercitivos e contrária à participação na política.[18]

Em geral, esses trabalhos sociológicos tendem a associar mobilização social com atividades políticas das esquerdas, não reservando atenção a outros comportamentos políticos possíveis – de adesão ou acomodação, em sua variedade – num regime discricionário. No entanto, ao menos no caso brasileiro, nota-se o incentivo à participação não apenas nos departamentos juvenis de Arena e do MDB como também em políticas para as juventudes criadas pelo Estado ditatorial, tais como a estrutura oficial de representação estudantil que ambicionava substituir a UNE, o Projeto Rondon e a Operação Mauá. Resta, então, o questionamento: como qualificar e problematizar, em termos historiográficos, uma atuação juvenil de direita em apoio ao regime militar nesses diretórios?

Um olhar em diálogo com a antropologia interpretativa para a documentação produzida sobre e por jovens arenistas da década de 1970 nos leva a investigar as denominadas "concepções nativas" dos sujeitos históricos desse contexto. Trata-se de uma leitura dessas fontes documentais – provenientes dos próprios diretórios e da grande imprensa – atenta aos sinais, às mensagens, aos significados culturais que enredavam as ações dos jovens arenistas no tempo. Conforme Clifford Geertz, a proposta é mapear e analisar "as formas simbólicas – palavras,

---

18 Para uma visão sobre essa influente agenda de pesquisas, cf. os artigos publicados em COLLIER, David (ed.). *The New Authoritarism in Latin America*. New Jersey: Princeton University Press, 1979. A preocupação central do politólogo Guillermo O'Donnell, seguida de perto por outros autores, era com a explicação da especificidade do processo de modernização capitalista na América Latina, correlacionando os fenômenos "populista" (em especial, sua dimensão de incorporação dos atores políticos) e "burocrático-autoritário" (em sua faceta de exclusão política). O'DONNELL, Guillermo. *Modernization and Bureaucratic-Authoritarism*. Berkeley: University of California, 1973, p. 51-53.

imagens, instituições, comportamentos – em cujos termos as pessoas realmente se representam para si mesmas e para os outros". A proposição, portanto, é a de levar em consideração os conceitos de "experiência-próxima" desses jovens para, dessa forma, estuda-los.[19]

Talvez, esse exercício nos ajude a compreender tanto as possibilidades como os limites da atuação política de jovens de direita apoiadores da ditadura e a relativizar as teses tanto da memória como da Sociologia Política às quais fiz referência. A aposta é que esse procedimento intelectual, nos aproximando das concepções dos "nativos", possibilite uma compreensão mais complexa e nuançada sobre a Arena Jovem. Nesse sentido, a documentação indica a força, no decorrer da década de 1970, de uma diferenciação entre duas acepções acerca da atuação política das juventudes.

Uma ligava-se à ideia de *engajamento*. Tributária das formulações da filosofia existencialista, em especial das reflexões de Jean-Paul Sartre, essa concepção foi fundamental para alguns grupos políticos brasileiros dos anos 1950 e 60 ligados ao Instituto Superior de Estudos Brasileiros (Iseb) e à UNE. Engajar-se, nesse sentido, significava a tomada de consciência de que o ser humano existe em situação, sendo impossível a neutralidade. Seria, nesse sentido, urgente o abandono de uma postura contemplativa em favor de uma ação ativa e comprometida com a mudança do mundo. Mais do que isso: esse entendimento, argumenta Sartre em "O existencialismo é um humanismo", de 1946, implicava "uma moral da ação e do engajamento".[20]

A visita de Sartre e Simone de Beauvoir ao Brasil, em 1960, popularizou ainda mais essa noção de atuação política como engajamento. A recepção das ideias de Sartre sobre o intelectual engajado, sua relação com as classes ex-

---

19 GEERTZ, Clifford. *O saber local: novos ensaios em antropologia interpretativa*. Petrópolis/RJ: Vozes, 2014, p. 61 e p. 63. Ao apresentar seu olhar interpretativo diante das culturas, o mesmo autor argumenta que "o ponto global da abordagem semiótica da cultura é [...] auxiliar-nos a ganhar acesso ao mundo conceptual no qual vivem os nossos sujeitos, de forma a podermos, num sentido um tanto mais amplo, conversar com eles." GEERTZ, Clifford. *A interpretação das culturas*. Rio de Janeiro: LTC, 2015, p. 17.

20 SARTRE, Jean-Paul. O existencialismo é um humanismo. In: MARÇAL, Jairo (org.). *Antologia de textos filosóficos*. Curitiba: SAAD, 2009, p. 631.

ploradas e os compromissos de sua produção artística com a transformação do mundo ajudaram a configurar um modelo de ação, dialogando com as esquerdas nacionalistas e comunistas brasileiras desse contexto.[21] A noção de engajamento entrou para o vocabulário das juventudes organizadas em movimentos estudantis assim como foi incorporada à gramática de intelectuais e artistas de esquerda, balizando a atuação política de parte substantiva das oposições à ditadura durante a década de 1970.

A segunda concepção ligava-se à ideia de *participação*. Ela também foi formulada em contexto anterior, nos anos 1950 e 60, mas em espaços sociais e a partir de referenciais intelectuais muito distintos. Foi em especial na Escola Superior de Guerra (ESG), criada em 1949, mas também nas atividades de partidos conservadores como a União Democrática Nacional (UDN) e das chamadas correntes liberal-elitistas do movimento estudantil que ela ganhou forma. Suas inspirações iam desde o pensamento liberal-conservador e anticomunista clássico até as doutrinas da guerra revolucionária e de segurança nacional. Textos sobre o assunto, originalmente produzidos na França e nos Estados Unidos, compunham um repertório de referências disponível para consulta nos anos 1970. Eles eram traduzidos e publicados em revistas das Forças Armadas brasileiras e incluíam debates sobre a ação das juventudes.

A concepção de atuação política como participação consistia na integração dos jovens a tarefas e ações previamente definidas, seja pelo Estado ou por partidos conservadores como a Arena. Não se entende, aqui, a atuação política como mudança ativa do mundo a partir de novas perspectivas que poderiam ser trazidas pelas juventudes. Ao contrário, a ação política como participação se dava no sentido da conservação do *status quo*, da atuação para a obediência às hierarquias. Ela se dava, enfim, no sentido da preparação desses jovens – entendidos como sujeitos que viriam a ser autônomos, quando se tornassem adultos – para se tornarem a elite política do Brasil no futuro próximo. De acordo com Joseph Comblin, "essa participação consiste em integrar-se nas tarefas definidas

---

21 SOUZA, Miliandre Garcia de. *Do teatro militante à música engajada: a experiência do CPC da UNE (1958-1964)*. São Paulo: Editora Fundação Perseu Abramo, 2007, p. 34-35, p. 43 e p. 93.

pelo Estado. Participar é obedecer. Há uma participação para a execução, e não para a decisão".[22]

Essa acepção se tornou fundamental tanto para militares e grupos sociais da base de apoio da ditadura como para os jovens que aderiam ao regime. Ela está presente nos estatutos, cartas e manuais produzidos pelos membros dos diretórios juvenis da Arena. Encontra-se também no material utilizado tanto nos cursos gerais de formação política dos jovens arenistas como nos cursos de preparação das jovens lideranças do partido, que se espalharam pelo país no decorrer dos anos 1970. No "Manual da Arena Jovem", produzido pela coordenação estadual do diretório juvenil do partido no Paraná na segunda metade da mesma década, "renovação e participação" são apresentados como o primeiro ponto do decálogo de princípios a serem seguidos pelos jovens arenistas. Na acepção do documento, renovação não implica mudança mas, sim, aperfeiçoamento "que só se consegue através da participação". Segundo o mesmo manual, "é preciso, então, participar, pois a participação na vida político-partidária do País, antes de ser um direito, é um dever de todo cidadão."[23]

A noção de participação também era mobilizada nas propagandas, cartazes e discursos dos jovens arenistas candidatos nas eleições do período para os cargos de vereador e deputado. Nas eleições de 1970, por exemplo, o jovem candidato a deputado estadual pela Arena de São Paulo Armando Delmanto usou o expressivo *slogan* "Você e a juventude participando do futuro de São Paulo" em sua campanha eleitoral.[24] Delmanto tinha 23 anos, era acadêmico de Direito da Universidade de São Paulo e estudante da Faculdade de Sociologia e Política

---

22 COMBLIN, Joseph. *A ideologia da segurança nacional: o poder militar na América Latina.* Rio de Janeiro: Civilização Brasileira, 1978, p. 74-75. Ao olhar para os "regimes de segurança nacional" em sete países latino-americanos, o trabalho de Comblin foi criticado por seu pendor homogeneizador e por sua associação mecânica entre as ditaduras e o controle norte-americano no continente. Ainda assim, suas análises sobre a noção de "participação" em discursos oficiais são instigantes.

23 Manual da Arena Jovem Paraná. Sem data (c. 1975-79). Fundo Arena do CPDOC/FGV. Série: Organização partidária (OP), subsérie: Arena jovem (AJ). Classificação: ARENA 35f, p. 4-5.

24 Para Deputado Estadual, Armando Delmanto. Nº 1146 – ARENA. *Folha de S. Paulo*, 12 de novembro de 1970, 1º caderno, p. 3.

de seu estado. Ele também tinha atuação em correntes do movimento estudantil de direita, como o Movimento Universitário Revolucionário. O candidato à deputado publicou um livro, no mesmo ano de 1970, intitulado *Juventude: participação ou omissão*. Nele, advogava pela atuação dos jovens na política de acordo com os princípios da participação encarnados pelo regime instaurado em 1964. Ao mesmo tempo, Delmanto se contrapunha aos jovens hippies – que descreve como "desajustados" – e às lideranças estudantis de esquerda – em sua percepção, "pseudo-líderes".[25]

Essa atuação como participação é muito diferente porque em geral tutelada, afastando-se claramente da ação política como engajamento de um estudante, por exemplo, num DCE-Livre da década de 1970. No entanto, se colocamos em suspenso nossa cultura histórica sobre o regime a partir do exercício da dúvida demandado pela pesquisa historiográfica – como propus que fizéssemos ao apresentar a primeira problemática –, temos que construir formas alternativas de pensar esses outros comportamentos. Principalmente porque a própria documentação produzida pela e sobre a Arena Jovem nos ajuda a nuançar a base social da ditadura. Ainda que esses jovens tenham aderido ativamente ao regime, não se deve perder de vista tanto a multiplicidade de posições dentro do partido como a dinâmica social bem mais ampla na qual os jovens que se filiavam à Arena atuavam – a todo tempo, em confronto com juventudes das oposições que procuravam atualizar o princípio de engajamento.

No que diz respeito à legislação discricionária sobre participação política em geral e militância estudantil em particular, há importantes especificidades a se considerar. Especialmente na segunda metade dos anos 1970, os departamentos juvenis da Arena engrossaram as críticas do senador Petrônio Portela, da Arena do Piauí, ao Ato Institucional nº 5 e ao Decreto-Lei 477 – instrumentos que cerceavam a atuação política juvenil, mesmo nos limites definidos pela noção de participação. Discordâncias que se traduzirem em críticas propriamente, já que os jovens se manifestaram contra esses dois dispositivos. No que diz respeito a essa nuance da Arena Jovem, o momento de inflexão aconteceu entre

---

25 DELMANTO, Armando. *Juventude: participação ou omissão*. São Paulo: Edições Edijor, 1970, p. 23 e p. 51.

386 Ernesto Bohoslavsky • Rodrigo Patto Sá Motta • Stéphane Boisard (orgs.)

1976 e 1977. As ações dos movimentos estudantis de oposição, o debate sobre a necessidade de rearticular a UNE na conjuntura da distensão do regime e a perda de espaço das juventudes de direita nas entidades dos estudantes colocaram novas questões para os diretórios.

Ainda em maio de 1976, quando Geisel viajava pelo Brasil na tentativa de impactar as eleições daquele ano em favor do partido do regime depois das derrotas sofridas dois anos antes, membros da Arena Jovem da Bahia entregaram um memorando ao general "sobre as dificuldades que estão encontrando em atrair universitários para os quadros do Partido." Como reportou Marcos Sá Corrêa, do *Jornal do Brasil*, "o memorando, em outros tempos, seria confundido como uma peça elaborada pela Oposição. Inclui, por exemplo, críticas ao AI-5 e ao Decreto-Lei 477, atribuindo a eles a crise de vocações arenistas". O redator concluía afirmando que se inicialmente o objetivo das seções juvenis da Arena era difundir os ideais do partido entre os jovens, naquela conjuntura elas estavam também trazendo mudanças para o próprio partido. Ou seja, elas funcionavam na direção contrária: das juventudes para o partido.[26]

Este caso específico ganhou grande repercussão na imprensa, pois o líder da juventude arenista baiana era Jutahy Magalhães Júnior – neto do ex-governador da Bahia Juracy Magalhães e filho do deputado federal Jutahy Magalhães, portanto ligado por laços familiares à elite política do partido governista. A revista *Veja*, em longa reportagem sobre os diretórios juvenis dos partidos publicada em julho de 1976, noticiou o caso. Ela informou que "o jovem Magalhães vem suportando a surda hostilidade do diretório regional".[27] O momento delicado pelo qual passava a Arena, caracterizado pelo crescimento da oposição moderada ao regime, era acompanhado por dissensões internas e atuação de sua juventude.

Essas ações são indicativas das complexidades colocadas pela adesão jovem à ditadura e de suas mudanças ao longo do tempo. Afinal, a crítica a instru-

---

26 CORRÊA, Marcos Sá. Coluna do Castello, *Jornal do Brasil*, 9 de maio de 1976, 1º caderno, p. 2. Reportagens nesse sentido foram publicadas no *JB* e em outros jornais até 1979. Cf., dentre outras: Manifesto na Bahia pede fim do AI-5, do 477 e nova Carta, *Jornal do Brasil*, 4 de outubro de 1976, 1º caderno, p. 4 e Arena quer jovens participando da política partidária, 2 de maio de 1976, *O Globo*, Matutina, *O País*, p. 5.

27 Um lugar para os jovens, *Veja*, nº 409, 7 de julho de 1976, p. 22-23.

mentos discricionários não era um elemento presente na Arena Jovem durante a primeira metade da década de 1970. Nessas atividades dos arenistas, entendidas como *participação* política, o perfil conservador desses jovens também se revelava. Eles defendiam uma atuação política restrita aos partidos políticos e organizações estudantis que se limitassem às demandas específicas dos estudantes universitários. Esse escopo se estendia ao projeto de distensão defendido pelos departamentos juvenis na segunda metade da década de 1970. No editorial do informativo de número 3 da Ala Jovem Arenista de Cuiabá, o jovem Djalma Ferreira de Souza defendia o presidente Geisel ao comentar o seu discurso realizado no Mato Grosso. Djalma não perdia a oportunidade para criticar as oposições, afirmando que elas "nunca desejaram uma distensão política, mas [,] sim, a balburdia, a mentira e a incerteza, para enganar o povo...".[28]

A juventude arenista como terreno de disputa

A pluralidade de opositores e defensores do regime instaurado em 1964 atuava em interação, inclusive no caso das juventudes. Nesse sentido, as disputas em torno da condição jovem no âmbito dos departamentos juvenis da Arena, que se processaram particularmente na imprensa partidária e nos jornais de grande circulação, são o terceiro tema abordado neste texto. Na documentação produzida pelos e sobre os departamentos juvenis da Arena, sobressaem concepções bem específicas sobre o que era ser jovem no Brasil da década de 1970 e sobre qual era ou deveria ser o lugar político a ser ocupado pelas juventudes na mesma época. A ideia de que a vida entre os 18 e 30 anos de idade – algumas vezes, o limite subia para 35 e poderia se iniciar aos 16 – era uma fase de preparação, em que as pessoas deveriam ser tuteladas pelos mais velhos para, futuramente, assumir os cargos de liderança na sociedade era comum nas visões de adultos e jovens sobre os diretórios.

A Arena Jovem se configurava, dessa forma, como um espaço de preparação política. Num artigo do *Boletim Mensal da Arena São Paulo* de novembro de

---

28 Informativo "AJA" – Ala Jovem Arenista, nº 3, Cuiabá, Mato Grosso, 20 de abril de 1976. Fundo Arena do CPDOC/FGV. Série: Organização partidária (OP), subsérie: Arena jovem (AJ). Classificação: ARENA opa j 1969.11.25., fl. 2.

388 Ernesto Bohoslavsky • Rodrigo Patto Sá Motta • Stéphane Boisard (orgs.)

1975 intitulado "Os jovens na política", afirmava-se que "é assim que a Arena vê a presença dos moços na política – com a crença de que 'exercitando seu enorme potencial de idealismo e doação', a juventude irá revitalizar o Partido, para revitalizar a política brasileira, para edificar a Democracia."[29] Comum também era a ideia – repetida tanto pelos generais-presidentes como por jovens arenistas – de que, conforme declaração do general Ernesto Geisel ao *Jornal do Brasil* de 13 de março de 1975, "a tese da Revolução" era a de que o jovem estudante deveria "participar da política através dos Partidos, e não através das universidades e entidades estudantis".[30]

As críticas aos departamentos juvenis da Arena também colocavam em evidência o campo conflituoso de concepções sobre as juventudes durante a ditadura. No jornal *Correio da Manhã* de junho de 1972, o jornalista Azevedo Lima classificou os jovens do partido como verdadeiros OVNIs – objetos voadores não-identificados da Arena. Isso porque, em sua percepção, os jovens dentro da agremiação seriam um elemento de "exaltação" política com efeitos desagregadores para a Arena. Na coluna "Informe JB", publicada pelo *Jornal do Brasil* em maio de 1975, os editores do periódico afirmavam, em tom irônico, que, diante da participação pela primeira vez de pessoas menores de 30 anos na reunião da Comissão Executiva da Arena, "o presidente Petrônio Portela deve tomar cuidado para que o Partido não se transforme num jardim-de-infância [sic]". Já em 1976, no mesmo *JB* mas desta vez na coluna "Zózimo", uma nota sobre a Arena do Rio de Janeiro dava notícia de que o presidente estadual do partido havia criado um departamento juvenil "voltado especialmente para a catequese dos moços e a venda de uma imagem simpática aos universitários". Logo em seguida, o jornalista completava, em tom jocoso, que "o membro mais jovem [do grupo] tem 38 anos e o menos jovem se prepara para ingressar na casa dos 70".[31]

---

29 Boletim mensal da Arena, Diretório regional do estado de São Paulo, nº 1, novembro de 1975. Fundo Arena do CPDOC/FGV. Série: Organização partidária (OP), subsérie: Arena jovem (AJ). Classificação: R465, p. 1.

30 José Roberto reclama contra domínio da Arena por velhos, *Jornal do Brasil*, 13 de março de 1975, 1º caderno, p. 4

31 Cf., respectivamente: LIMA, Azevedo. OVNIs na Arena. *Correio da Manhã*, 2 de junho de 1972, 1º Caderno, p. 2; Informe JB, *Jornal do Brasil*, 28 de maio de 1975, 1º caderno, p. 8; e

Aqui, convivem três entendimentos diversos sobre a condição juvenil, todos igualmente relevantes. No primeiro, a acepção do jovem como o novo e o diferente, capaz de desorganizar um partido como a Arena. No segundo, a ideia da juventude como despreparo. E, no terceiro, o ácido questionamento da capacidade de um partido conservador como a Arena de conseguir militantes jovens. Mas, talvez, o mais relevante é a própria desconfiança dos arenistas mais velhos e dos generais-presidentes com relação à juventude. Afinal, a despeito dos esforços de militantes da Arena Jovem, os departamentos municipais e estaduais nunca chegaram a se constituir sob bases nacionais – decisão deliberada de Médici, posteriormente referendada pelos outros presidentes da ditadura. Seria isso – podemos hipotetizar – uma desconfiança dos apoiadores da ditadura com relação ao forte "palavrão" que a juventude havia se tornado à época?

Essa hipótese parece ter força ao constatarmos a permanência, no nosso crítico tempo presente, da imagem que associa juventude a engajamento e mudança, não a participação tutelada e conservadorismo. Afinal, é com muito espanto que em geral são recebidas, desde 2013, notícias como a tentativa de refundação da Arena por Cibele Baginski, uma jovem acadêmica de Direito que tinha 23 anos quando anunciou o seu projeto. Ou mesmo a atuação do liberalismo conservador e moralista dos jovens do Movimento Brasil Livre (MBL), que tinham por volta de 20 anos quando fundaram a organização. Questionar nossa cultura histórica sobre a ditadura e problematizar as "concepções nativas" dos jovens arenistas me parece, enfim, um exercício importante para pensarmos a emergência das direitas brasileiras no tempo presente a partir da pesquisa historiográfica.

Considerações finais

Como compreender a atuação dos jovens arenistas na adesão à ditadura? Diante dessa pergunta, a memória social e parte da bibliografia sobre o regime militar se interpõem. As reminiscências sobre a condição juvenil em ditadura, ao fundar as bases da democracia que retornou por completo com a Constituição de 1988 através da chave explicativa da resistência, subestimou a possibilidade de adesão jovem ao regime. Essas memórias, constituidoras do mito do poder

---

Zózimo, *Jornal do Brasil*, 20 de junho de 1976, caderno B, p. 2.

jovem, tiveram grande influência. A Sociologia Política da "transitologia", por outro lado, categoriza o regime militar brasileiro como de tipo autoritário. Nessa perspectiva, são elencadas características para o regime que o localizam como avesso à participação política, tecnocrata, burocrático. Agendas de reflexão influentes que respondem a certas demandas – a luta contra a ditadura e a explicação teórica das transições, respectivamente –, mas que pouco contribuem para a apreensão da Arena Jovem em sua complexidade.

O argumento que procurei defender ao longo deste artigo aponta para a necessidade de mapear e analisar as concepções nativas das/sobre as juventudes da Arena em termos políticos. Ao mesmo tempo, apontei para a necessidade de contrapô-las a outras acepções de jovens ligados às esquerdas que circulavam no mesmo período. Nesse sentido, os entendimentos de *engajamento* e *participação* ganham centralidade. A participação na Arena Jovem – tutelada, restrita aos partidos, centrada na reprodução social e política – não pode ser, afinal, encapsulada por noções a ela estranhas sob o risco de não entendermos o seu significado histórico. Por outro lado, busquei mostrar que esse era um campo de disputa – fundamental, na medida em que dados demográficos apontavam a jovialidade da população brasileira ou porque as oposições à ditadura duvidavam da capacidade da Arena em atrair jovens.

Fazendo um "elogio do anacronismo", talvez esse procedimento intelectual direcionado às juventudes de direita da década de 1970 nos auxilie a endereçar o nosso tempo presente. Nos termos da historiadora Nicole Loraux, "o presente é o mais eficaz dos motores do impulso de compreender".[32] E uma compreensão em mão-dupla: da ação conservadora de jovens durante a emergência das direitas no tempo presente para as concepções específicas sobre atuação política das juventudes da Arena no passado ditatorial – e vice-versa.

---

32 LORAUX, Nicole. Elogio do anacronismo. In: NOVAES, Adauto (org.). *Tempo e história*. São Paulo: Companhia das Letras, 1992, p. 58.

A habitação social como objeto de propaganda institucional na ditadura chilena

Gabriela Gomes[1]

Nesse capítulo estudamos os usos propagandísticos dos projetos de habitação social na programática ditatorial do Chile. Para tal analisaremos um conjunto de instrumentos propagandísticos produzidos pela ditadura destinada a mostrar sua ação social. Concordamos com Gamarnik com relação à importância de analisar como as ditaduras buscaram instalar seu discurso oficial e sua versão dos fatos históricos.[2] Seguindo a proposta de Albistur[3] entendemos que adentrarmos na dimensão propositiva através da análise dos projetos institucionais em matéria habitacional e os instrumentos propagandísticos da ditadura nos permite analisar que tipo de projeto político e institucional impenderam as ditaduras para mostrar sua ação social que lhes permitisse construir

---

1 Professora de História na Universidade de Buenos Aires (UBA) e na Universidade Nacional de General Sarmiento (UNGS). Doutora em História pela Faculdade de Filosofia e Letras da UBA e Mestre em Estudos Latino-americanos pela Universidade Nacional de San Martín (UNSAM). Bolsista de pós-doutorado do Consejo Nacional de Investigaciones Científicas y Técnicas (CONICET) da Argentina.

2 GAMARNIK, Cora. "La imagen de la "subversión": cómo se construyó la imagen del enemigo (1976-1979)". *Sudamérica*, N° 7, 2017, p. 19-52.

3 ALBISTUR, Gerardo. "Cotidianidad y proyecto político. Una perspectiva de estudio de la modernidad en la dictadura uruguaya. 1973-1984". *Revista Eletrônica da ANPHLAC*, n° 18, 2015, p. 162-188. Disponível em: <http://revista.anphlac.org.br/>. Acesso em: 20 jun. 2016.

legitimidade política e buscar apoios sociais e projetar-se ao exterior como um governo "moderno".

Nossa hipótese é que as propagandas oficiais das políticas sociais em geral e a habitação social em particular promovidas pela ditadura chilena foram parte de sua estratégia programática que objetivava, por um lado, mostrar um rosto social para construir legitimidade sociopolítica. Por outro, partindo da ideia dos efeitos normalizadores e disciplinadores das políticas sociais, as propagandas institucionais visavam incidir na vida cotidiana dos setores populares urbanos inculcando valores familiares, a economia, a austeridade e a iniciativa privada como valores econômicos que fariam do Chile uma "grande nação". Promoveram novas formas de comportamentos dentro do lar associados à vida "moderna", cujo principal objetivo era a transformação radical dos espaços cotidianos. Tais valores foram parte das amplas estratégias de intervenção social ressocializadoras e reeducadoras que caracterizou a ditadura. A ditadura teve o controle dos meios de comunicação e os utilizou para difundir sua ideologia.

Em termos metodológicos resulta complexo estudar os escopos, a recepção, a circulação e os efeitos das propagandas oficiais da ditadura cívico-militar. Principalmente, não dispomos de dados empíricos para avançar no estudo da recepção, tampouco são conhecidos os dados da tiragem dos cartazes e folhetos propagandísticos ou o das revistas distribuídas com tais fins, o mesmo a respeito do número de espectadores e das formas de circulação dos documentos propagandísticos e da publicidade televisiva. Cabe ressaltar que até hoje, não existem arquivos que concentrem a documentação audiovisual – com fins ou não propagandísticos – e muito menos do período ditatorial. Portanto, encontrar esse tipo de fontes resulta muito complexo já que se encontram dispersas em diferentes depósitos e catalogadas sob critérios pouco específicos o que dificulta sua proposição em um diálogo com outro tipo de fonte como a imprensa de massa ou os documentos oficiais. Não obstante os obstáculos metodológicos, consideramos a propagandas oficiais da ditadura como uma caixa de ferramentas que nos permite examinar como as Forças Armadas e seus funcionários perceberam a cotidianidade dos setores populares urbanos, os discursos usados para justificar a erradicação das populações *callampas* (favelas) e as políticas de habitação social que foram desenhadas.

Este trabalho se insere em duas linhas de estudo. Por um lado, os trabalhos sobre as propagandas das ditaduras sul-americanas, como o de Marchesi[4] sobre as políticas oficiais audiovisuais e culturais da ditadura uruguaia e o de Scheneider[5] sobre a propaganda oficial e de habitação da Espanha Franquista, cujo trajeto iniciou Carme Molinero.[6] Além dos altos níveis de violência e repressão cotidiana, o regime desenvolveu uma rede de programas assistenciais, de construção de infraestrutura e de habitação e tentou captar as massas. Por sua vez, González Madrid e Ortiz Heras mostraram que esse paternalismo assistencial de marca nacionalista e católica teve efeitos sobre a sociedade fraturada pela miséria.[7] Por exemplo, a "Obra Nacional Sindicalista de Protección a la madre y al Niño" (ONSPMN) –dependente da "Delegación Nacional del Auxilio Social" e depois da "Sección Feminina"– dedicou-se a oferecer ajuda social às grávidas e às mães.[8] A "Obra Sindical del Hogar" fomentou incentivos públicos diretos e indiretos para facilitar a economia pessoal e a compra de habitação assim como a construção de conjuntos de alta densidade. Fandiño Pérez[9] afirmou que o problema da habitação foi explorado com sucesso "a fim de elaborar um novo mito, o do Estado franquista como construtor, sobretudo, como construtor de moradia protegida" para os setores mais vulneráveis. As habitações eram entre-

---

4   MARCHESI, Aldo. *El Uruguay inventado. La política audiovisual de la dictadura, reflexiones sobre su imaginario.* Montevideo: Trilce, 2001.

5   SCHNEIDER, Nina. "Propaganda ditatorial e invasão do cotidiano: a ditadura militar em perspectiva comparada". *Estudos Ibero-Americanos,* Porto Alegre, n° 2, Vol. 43, 2017, p. 333-345.

6   MOLINERO, Carmen. *La captación de las masas: política social y propaganda en el régimen franquista.* Madrid: Cátedra, 2005.

7   GONZÁLEZ MADRID, Damián e ORTIZ HERAS, Manuel. "Las políticas sociales en la España del siglo XX: de la dictadura franquista a la transición". In: PORRAS GALLO, María Isabel e et. al (org.). *La erradicación y el control de las enfermedades infecciosas.* Madrid: Catarata, 2016, p. 127-148; *Idem,* "La dictadura de la miseria. Políticas sociales y actitudes de los españoles en el primer franquismo". *Historia Social,* n° 88, 2017, p. 25-46.

8   MOLINERO, *op. cit.,* p. 166-167.

9   FANDIÑO PÉREZ, Roberto. "La vivienda como objeto de propaganda en el Logroño del primer franquismo". *Berceo,* n° 136, 1999, p. 176.

gues sob um regime de aluguel com opção de compra. [10] Desse modo, além da péssima qualidade da construção, um amplo setor da população urbana obteve sua primeira habitação da mão do franquismo, algo que também ocorreu sob o regime de Pinochet.

Como foi destacado por Figallo as ideias do modelo político-econômico modernizador do franquismo dos anos sessenta resultaram atrativas entre as elites políticas e intelectuais latino-americanas. A admiração pela figura de Franco teve especial relevância entre os grupos militares e os nacionalistas que encabeçaram as ditaduras militares do Cone Sul.[11] Jara Hinojosa destacou a importância que a ideologia franquista adquiriu para legitimar a ditadura chilena.[12] Como veremos adiante, o projeto da ditadura chilena seguiu aspectos muito similares. Ferraris[13] mostrou algumas similaridades entre o governo de Franco e de Juan Carlos Ongania –que liderou a ditadura autodenominada "Revolução Argentina" (1966-1973)–, principalmente na luta anticomunista, na influência do *Opus Dei* em seus atores governamentais, na defesa da ordem ocidental e católica e nas simpatias pela hispanidade e os princípios corporativistas.

A seguir será analisado o papel que teve a habitação social na programática ditatorial e os usos propagandísticos de erradicação das populações *callampas*.

---

10 MOLINERO, *op. cit.*, p. 139-141; BETRÁN ABADÍA, Ramón. "De aquellos barros, estos lodos. La política de vivienda en la España franquista y postfranquista". *Acciones e investigaciones sociales*, nº 16, 2002, p. 35. Sobre os planos de obras públicas impulsionados pelos tecnocratas desenvolmentistas franquistas entre 1950 e 1960, ver ORELLA, José Luis. *El origen de la derecha tecnocrática española y sus consecuencias*. Proposta apresentada na Tercer Taller de Discusión Las derechas en el cono sur, siglo XX, Universidade Nacional de General Sarmiento, Los Polvorines, 2011.

11 FIGALLO, Beatriz (org.). *Desarrollismo, franquismo y neohispanismo. Historias conectadas entre España, América Latina y Argentina*. Buenos Aires: Editorial Teseo, 2018, p. 10.

12 JARA HINOJOSA, Isabel. "La ideología franquista en la legitimación de la dictadura militar chilena". *Revista Complutense de Historia de América*, vol. 34, 2008. Disponível em: <http://revistas.ucm.es/index.php/RCHA/article/view/29601>. Acesso em: 25 jun. 2011; *Idem, De Franco a Pinochet: el proyecto cultural franquista en Chile 1936-1980*. Santiago de Chile: Departamento de Teoría de las Artes, Facultad de Artes, Universidad de Chile, 2006.

13 FERRARIS, María Carolina. *La influencia del franquismo en la dictadura de Ongania. Autoritarismo y desarrollismo durante la Guerra Fría*. Rosario: Prohistoria, 2017.

Principalmente, interessa-nos abordar como a ditadura mostrou sua "ação social" direcionada aos setores populares que viviam em condições de extrema pobreza. Para tal foram analisados discursos presentes em um *corpus* limitado, mas variado de documentos e produtos de organismos oficiais com fins propagandísticos, documentos institucionais, propagandas de televisão, folhetos, cartilhas e revistas institucionais. O presente capítulo se divide em duas seções. A primeira está dedicada a examinar cartilhas propagandísticas realizadas pela Secretaria Nacional da Mulher (SNM). A segunda seção se dedica a analisar o papel que tiveram as habitações temporárias na propaganda do Ministério da Habitação e Urbanismo (MINVU).

Os setores populares urbanos e o sonho da casa própria no Chile de Pinochet

No plano discursivo, o governo militar chileno fez uso de diversos termos para se referir aos sujeitos que seriam os "verdadeiros" protagonistas da "Reconstrução Nacional". Segundo Valdivia[14] os militares redefiniram o "povo chileno" logo depois do golpe, ao convertê-lo em sinônimo dos trabalhadores, jovens e mulheres que haviam lutado contra o governo da Unidade Popular. Ditos sujeitos foram objeto de mobilização e cooptação por parte do governo ditatorial.[15] Isso ficou em evidência nas palavras do discurso que ofereceu Pinochet na inauguração do monumento da Chama da Eterna Liberdade na comemoração do Golpe de Estado em 1975, que o próprio regime definiu como "a segunda independência":

---

14 VALDIVIA ORTIZ DE ZÁRATE, Verónica. "¡Estamos en guerra, Señores!' El régimen militar de Pinochet y el "pueblo", 1973-1980". *Historia*, n° 43, vol. I, jan./jun., 2010, p. 177-179; *Idem*, "Pinochetismo e guerra social no Chile (1973-1989)". In: PATTO SÁ MOTTA, Rodrigo (org.). *Ditaduras militares: Brasil, Argentina, Chile e Uruguai*. Belo Horizonte: Editora UFMG, 2015, p. 121-142.

15 Discurso do General Augusto Pinochet diante do Corpo Diplomático, autoridades militares, eclesiásticas e civis e dirigentes dos grêmios, setores representativos e províncias do país, 11 de março de 1973, p. 46; Discurso do Comandante chefe da Força Aérea e membro da Junta de Governo, General Gustavo Leigh, diante de dirigentes estudantis, 20 de dezembro de 1973, p. 67-77. In: República de Chile. *Primer año de la Reconstrucción Nacional*. Santiago: Editora Nacional Gabriela Mistral, 1974.

> Chega o instante solene em que um camponês, um trabalhador urbano, um estudante e uma *dona de casa* acendem as tochas com o fogo que durante três anos guardou a civilidade em seu coração. (...) esses homens que converteram seus grêmios em trincheiras. Essas *heroicas mulheres* que fizeram de cada *lar um santuário da resistência*. Esses filhos que afrontaram como homens a violência brutal das lutas de rua. Um povo decidido a tudo isso é um povo que não podia viver sem liberdade[16] (Tradução nossa).

Desde 1974 o regime começou a manifestar certa preocupação pelos efeitos sociais das medidas de choque econômico e projetou um conjunto de políticas destinadas a paliar os efeitos da pobreza. Os militares entenderam que para fundar um "novo Chile" não bastava com extirpar o marxismo de vez com o uso do terror, mas que era necessário apostar em "esvaziá-lo" de conteúdo social e culturalmente. O pinochetismo se dedicou a penetrar na cultura popular e a penetrar na vida cotidiana dos setores populares e desse modo "ganhar" as ruas. A ditadura criou a Direção Nacional de Comunicação Social (DINACOS), subordinada à Secretaria Geral de Governo, que concentrou as emissoras e redes de televisão encarregadas de reproduzir as notícias e versões oficiais dos acontecimentos, censurou e eliminou todos os meios opositores da ditadura mediante uma brutal repressão.

A Secretaria Geral de Governo buscou mobilizar e organizar as bases sociais de apoio político à ditadura, bem como difundir e legitimar as medidas neoliberais, e para isso criou a *Dirección de Organizaciones Civiles* (DOC). Seu objetivo era impulsionar a adesão aos planos e programas de governo, oferecendo vias de participação ativa da cidadania nas tarefas nacionais.[17] Nesse marco, DINACOS cumpriu uma função central já que conduziu a produção de re-

---

16 Discurso do Presidente da Junta de Governo, General Augusto Pinochet na inauguração do monumento a "Chama da Liberdade Eterna" em comemoração ao segundo ano do governo militar, 11 de setembro de 1975. Este evento contou com a participação de centenas de pessoas em diferentes pontos do país e foi um dos principais "rituais nacionalistas" que a ditadura fez para afirmar a mística de uma "Segunda Independência".

17 A Secretaria de Governo obteve o grau de ministério com o Decreto-Lei nº 1.385 de 22 de março de 1976. A partir desse momento, adquiriu novas competências e maiores recursos

cursos propagandísticos que objetivavam convencer, ressocializar e readaptar os setores populares urbanos sob novos parâmetros políticos, crenças e valores e assentaram as bases para uma "nova sociedade".[18]

A DOC se estruturou a partir de quatro secretarias que visavam criar uma "nova consciência cívica" e operaram como intermediárias entre o governo e a comunidade: a Secretaria Nacional da Mulher (SNM), dos Grêmios, da Juventude e de Cultura.[19] Mediante a ação de seus voluntários, a SNM empreendeu um conjunto de ações que permitiu à ditadura ganhar simpatias pelo regime e, ao mesmo tempo, mostrar um "rosto social" do Estado através do trabalho de suas voluntárias, em um contexto de implementação de políticas de ajuste estrutural. A SNM foi liderada por Lucía Hiriart, esposa de Pinochet e Carla Scassi de Lehmann. Hiriart esteve encarregada da Fundação CEMA Chile, dependente da Secretaria Geral de Governo apesar de que conservava autonomia de gestão.[20] Segundo Adriana García de Nuño (esposa do general), quem fazia

---

econômicos do que os que possuía no período democrático, o que facilitou o objetivo da mobilização política.

18 Em outro estudo abordamos como a ditadura promoveu a ressocialização política, preconizando uma nova forma de participação social diferente da existente até 1973, visava uma cidadania despolitizada, onde os cidadãos se limitavam a integrar as "forças vivas" da comunidade, enfraquecendo os partidos políticos. O processo de municipalização foi chave para a ditadura, pois não apenas enfraqueceu o poder dos partidos, mas também facilitou a repolitização seletiva e controlada dos setores sociais. Na nova institucionalidade, criou-se um esquema autoritário de incorporação da comunidade por meio de entidades participativas, como os Conselhos de Bairro e os Centros Mãe, mas "sem política", que permitiram despolitizar as demandas sociais, ver: GOMES, Gabriela. *Las políticas sociales de los regímenes dictatoriales en Argentina y Chile (1960-1970)*. Buenos Aires: FaHCE/UNLP, UNaM, UNGS, 2016.

19 Em novembro de 1973, o DOC foi estruturado em cinco departamentos: Assuntos de Grêmios (logo Secretaria de Sindicatos), Secretaria de Mulheres, Juventude, Departamento de Cultura (posteriormente Secretaria Nacional de Cultura) e o Departamento de Avaliação de Opinião Pública. A função deste último, que trabalhou com um grupo de mulheres, era "tomar conhecimento das preocupações que agitam populações e detectam pontos conflitantes e comunicá-los às autoridades correspondentes", Revista *Qué Pasa* No. 134, Santiago, Chile, 16 novembro de 1973

20 Hiriart coordenou um corpo de voluntários do CEMA Chile dos quatro ramos das Forças Armadas, conhecido como o "grupo das Senhoras dos Generais" (Revista *Que Pasa*, nº 134, op. cit., página 18, Revista *Qué Pasa*, nº160 10 de maio de 1974, p. 17). Em vários centros

parte do Conselho Assessor da SNM, sustentou que os Centros de Mães ajudavam a "mulher chilena para que aprenda a escutar as autoridades, saiba comparar (...) e trate de economizar dentro das disponibilidades, para satisfazer as necessidades mínimas de seu lar".[21] García de Nuño sustentou que a Secretaria não buscava promover uma campanha de liberação da mulher. Afirmou que as voluntárias não eram feministas e que era necessário "equilibrar" o trabalho com sua função de mães e esposas. Por sua vez, Gisela Silva, quem teve a seu cargo a DOC, sustentou que a mulher era o principal suporte do Chile, pelo que sua "participação" resultava chave na missão do novo governo.

A SNM legitimou uma ordem social conservadora e conduzia o disciplinamento moral e cívico do mundo popular. Seu principal objetivo era promover a participação das moradoras nas tarefas requeridas para a "Reconstrução Nacional".[22]

Desse modo, a SNM assumiu a tarefa de colaborar com o Plano Nacional Social que era coordenado pelo Ministério do Interior.[23] Segundo Pinochet a

---

de mães do país, foram organizados bazares, galerias de artesanato e lojas onde os membros vendiam seus produtos elaborados nas oficinas. A atividade de confecção de roupas foi orientada para um nível industrial que a CEMA Chile montou com uma doação de maquinário pela UNICEF, onde os membros poderiam trabalhar para ajudar na renda do lar. (Revista *Qué Pasa*, n° 127, 27 de setembro de 1973).

21 Revista *Qué Pasa* n° 134, *op. cit.*

22 Revista *Qué Pasa* n° 151, Santiago de Chile, 15 de março de 1974, p. 16. Até dezembro de 1975, foi editado um Boletim Informativo onde resenhava as atividades desenvolvidas em todo o país. Em janeiro de 1976, foi divulgada a *Revista da Secretaria Nacional da Mulher*, distribuída gratuitamente. Meses depois foi substituída pela revista feminina *Amiga* (1976-1983), que incluía temas da história chilena e informativos. No âmbito dos informativos, as questões cívicas foram destacadas como base para uma política sobre as mulheres e a família, como servir ao Chile, o papel das mulheres, seus direitos e os da criança, etc. Ver: Doña Juanita. *Derechos del niño*. Santiago de Chile: Secretaría Nacional de la Mujer, 1980. No jornal *La Tercera*, a Secretaria publicava o Suplemento Feminino.

23 No plano cultural, a Secretaria desenvolveu várias atividades, como a projeção de material cinematográfico fornecida pelas embaixadas da França, dos Estados Unidos, da Alemanha e da Espanha. Juntamente com o Ministério da Educação e a Escola de Música da Universidade do Chile, ofereciam apresentações de concertos, balé, corais e teatro em Centros Abertos, orfanatos, asilos, associações profissionais, etc. A Secretaria difundia suas

mulher cumpria um papel determinante na "Reconstrução Nacional" e na luta contra o marxismo:

> Hoje mais do que nunca, sua participação é necessária na mobilização de recursos, indispensáveis para tirar o país do atraso e da pobreza que a demagogia dos irresponsáveis e do sectarismo dos marxistas nos afundou. O Chile necessita e agradece a contribuição técnica de suas profissionais femininas (...). Mas não subestime por isso o trabalho anônimo das mulheres que trabalham no *laboratório silencioso do lar*, velando por resguardar o mais precioso capital da nação: o cuidado de seus filhos, a esperança futura da Pátria.[24] (Tradução nossa).

A SNM preparava as cartilhas conhecidas como *Doña Juanita* que tinham uma marca propagandística e que era distribuída gratuitamente nas sedes provinciais ou comunais da SNM. A Secretaria oferecia os cursos de educação ao consumidor sobre como fomentar a economia. Ministrava cursos de corte e costura, elaboração de hortas familiares, de apoio escolar, de educação cívica, educação familiar, assistência infantil, educação ao consumidor, alfabetização, saúde, nutrição e alimentação.[25] As hortas familiares eram parte da *Campaña Nacional de Ahorro en el Hogar* que visava "cuidar" do orçamento familiar e indiretamente o do Chile (figuras Nº 1 e 2):

---

atividades por meio de publicações e programas de rádio nos níveis nacional, provincial e comunitário. Veja: Secretaría Nacional de la Mujer. *Homenaje año internacional de la mujer: exposición pintura, escultura, dibujo, grabado*. Santiago de Chile: La Secretaría, 1975; Secretaría Nacional de la Mujer. *Mujeres chilenas en música: educación musical ballet*. Santiago de Chile: La Secretaría, 1975.

24 Discurso do Presidente da Junta de Governo, General Augusto Pinochet. "Mensaje a la mujer chilena". Ato organizado pela Secretaría Nacional da Mujer, 24 de abril de 1974, p. 10.

25 Secretaría Nacional de la Mujer. *Programa de educación al consumidor*. Santiago de Chile: La Secretaría, 1982. Até setembro de 1976 a Secretaria da Mulher contava com 290 escritórios e 7.700 voluntárias.

Esta Campanha consiste em que toda família que tenha um pequeno terreno em sua casa, o aproveite com critério econômico e plante alface, tomates, acelgas e hortaliças (...). Com esta cartilha *queremos despertar seu interesse* no que se refere a hortas familiares e a tudo o que *significa economia do Lar*. (...) Amigas, sei que estarão de acordo comigo em que com a Horta conseguiremos muitas vantagens: melhorar ao máximo a alimentação familiar (...), ensinaremos a (...) nossas crianças a consumir as diferentes verduras que cultivemos (...), nossos filhos e esposos aprenderão o que significa ter responsabilidades compartilhadas (...). Os filhos se verão integrados, junto a seus pais, na tarefa de economizar orçamentos, multiplicar recursos.[26] (Tradução nossa)

Figura 1. Doña Juanita. *Huertas caseras*, 1975.

Figura 2. Doña Juanita. *Huertas caseras*, 1975, p. 22-23.

---

26 Doña Juanita. *Huertas caseras*. Santiago de Chile: Secretaría Nacional de la Mujer, 1975, p. 2-6; Secretaría Nacional de la Mujer. *Huerta casera*. Santiago de Chile: La Secretaría, 1983.

Figura 3. *Doña Juanita. Feliz Navidad*, 1975.

Figura 4. *Doña Juanita. Recetas navideñas*, 1975, p. 22-23.

Nas cartilhas de *Doña Juanita* estava implícita a ação psicológica orientada para a economia e a aceitação das políticas do ajuste por gerações. Da mesma forma, a Secretaria elaborava cartilhas com receitas de fácil preparação para o melhor aproveitamento dos alimentos que eram entregues aos beneficiários do *Programa de Empleo Mínimo* (PEM) (figura nº 4).[27] Também foi elaborada uma série de guias sobre Educação Familiar que foram incorporadas nos programas de estudo dos primeiros e segundos anos do ensino médio e quintos, sextos,

---

27 Secretaría Nacional de La Mujer. *La Asignación familiar y sus beneficios*. Santiago de Chile: La Secretaría, 1980; Doña Juanita. *A tomar la leche*. Santiago de Chile: Secretaría Nacional de la Mujer, 1975; Doña Juanita. *Recetas de pescados*. Santiago de Chile: Secretaría Nacional de la Mujer, 1980; Secretaría Nacional de La Mujer. *La cocción de las verduras*. Santiago de Chile: La Secretaría, 1980; Secretaría Nacional de La Mujer. *Huerta casera. Op. Cit.* Sobre el PEM ver: ÁLVAREZ VALLEJOS, Rolando y VALDIVIA ORTIZ DE ZÁRATE, Verónica. «'Platita poca, pero segura': los refugios laborales de la dictadura». In: VALDIVIA, Verónica, Rolando ÁLVAREZ, y Karen DONOSO (orgs.). *La alcaldización de la política. Los municipios en la dictadura pinochetista*. Santiago de Chile: Ediciones LOM, 2012, p.51-86.

sétimos e oitavos anos do ensino básico.[28] As cartilhas Doña Juanita tinham um perfil especificamente educativo, destinadas a ensinar como fomentar a poupança, aproveitar os recursos e remédios caseiros[29] e "inculcar" valores pátrios, familiares e religiosos (figura N° 3).[30] *Doña Juanita* se dedicou a difundir os valores familiares como o principal sustento social da "Reconstrução Nacional" que a ditadura promoveu. Segundo as cartilhas *Doña Juanita*, os pais deveriam "inculcar" em seus filhos o "espírito de unidade familiar" como "símbolo de valores perduráveis" e "desenvolver neles bons sentimentos e ensiná-los a aproveitar, para si mesmos e os demais, os valores e a capacidade de cada um".[31] No núcleo familiar, as crianças desenvolvem a primeira fase de socialização primária e efetuam seus primeiros contatos com o mundo. Por isso, a Secretaria promovia que a família deveria ensinar-lhes valores como a alegria, a generosidade, a fraternidade, o amor pelos outros e a pátria, além de oferecer-lhes afeto, segurança, proteção e alimento: *"nossa intenção é destacar a dimensão e importância que a família tem, tanto na vida pessoal de cada um, como na vida da nação. A unidade familiar é a principal força que mobiliza o desenvolvimento e o progresso de um país".*[32]

Com relação à moradia, a Secretaria preparou uma série de cartilhas para as mulheres das casas semipermanentes junto com o Ministério do Interior e a Faculdade de Arquitetura da Universidade Católica. Seu objetivo era ensinar-lhes como "cuidar" da casa, dos seus filhos, explicar a importância do calendário de vacinação e noções básicas de higiene, asseio, técnicas de primeiros socorros,

---

28 Secretaria Nacional de la Mujer. *Manual del método psico-social para la enseñanza de adultos*. Santiago de Chile: La Secretaría, 1976; Secretaría Nacional de la Mujer. *Programa de Educación familiar*. Santiago de Chile: La Secretaría, 1980.

29 Doña Juanita. *Los remedios más económicos*. Santiago de Chile: Secretaría Nacional de la Mujer, 1974; Doña Juanita. *Secretos caseros de Doña Juanita*. Santiago de Chile: Secretaría Nacional de la Mujer, 1974; Doña Juanita. *Recetas de verdura*. Santiago de Chile: Secretaría Nacional de la Mujer, 1975.

30 Doña Juanita. *Fiestas patrias*. Santiago de Chile: Secretaría Nacional de la Mujer, 1975; Secretaría Nacional de la Mujer. *Valores patrios y valores familiares*. Santiago de Chile: La Secretaría, 1982.

31 Doña Juanita. *Feliz Navidad*. Santiago de Chile: Secretaría Nacional de la Mujer, 1975, p. 7.

32 *Ibidem*, p. 9. Destaque nosso

decoração e prevenção de acidentes domésticos (figuras N° 5, 6, 7): "a Secretaria da Mulher quer contribuir com um grãozinho de areia na sua vida de mulher, mãe, esposa ou trabalhadora, e esse sentimento é o que nos leva a oferecer-lhe essas apostilas práticas. Em breve você receberá (...) Como Organizar os Gastos do Mês, para que assim você possa "esticar" da melhor forma possível seu orçamento".[33]

Figura 5. Doña Juanita. Accidentes en el hogar, 1974.

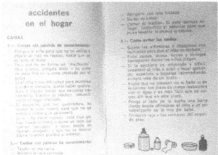

Figura 6. *Doña Juanita. Accidentes en el hogar*, 1974.

---

33 Doña Juanita. *Accidentes en el hogar*. Santiago de Chile: Editora Nacional Gabriela Mistral, 1974, p. 3. y Secretaría Nacional de la Mujer. *Accidentes en el hogar*. Santiago de Chile: La Secretaría, 1977.

Figura 7. *Doña Juanita. Accidentes en el hogar*, 1974.

Com fins propagandísticos, em 1979 DINACOS produziu e divulgou uma apostila com as fotos da turnê em que Pinochet recorreu as regiões do país junto com a sua esposa. Tratou de mostrar a "inquietação" de Pinochet por estar em contato com a cidadania e a comunidade. Em sua turnê inaugurou várias obras públicas, como o conjunto habitacional para 174 chefes de família da localidade de Alto Jahuel, 35 quilômetros ao sul de Santiago. Tratava-se de um grupo de famílias camponesas que trabalhavam em um fundo vinhateiro do setor. O conjunto foi construído pela empresa para que seus trabalhadores e suas famílias vivessem próximo do seu trabalho. Em Talca, inaugurou o conjunto habitacional de "La Caja de Empleados Particulares" (Figura N° 8).[34]

---

34   Ministerio Secretaría General de Gobierno. *Jornadas del Presidente de la República. Visitas a Regiones 1978-1979*. Santiago de Chile: División Nacional de Comunicación Social, 1979,

Figura 8. Junto com a Primeira Dama, a Sra. Lucía Hiriart de Pinochet, inaugurando um novo conjunto habitacional.

Figura 9. "No abraço das crianças está a visão do futuro". *Jornadas del Presidente de la República. Visitas a Regiones 1978-1979*, p. 23.

As moradias temporárias na propaganda do Ministério da Habitação e Urbanismo

De acordo com o papel subsidiário que foi outorgado ao Estado, a ditadura insistiu em que a deficiência habitacional se solucionaria mediante a participação da comunidade, os organismos do Estado e o setor privado em um lapso de 10 anos. Em matéria de habitação social, a ditadura optou pelos *Comités*

p. 12-17.

Habitacionales Comunales (CHC) destinados aos setores de baixos recursos. Os Comitês foram construídos nas periferias das cidades, o que aumentou a segregação socioespacial. O Programa de Habitações Sociais dos CHC era financiado através de 5% das utilidades das empresas e aportes especiais do Ministério da Habitação. Esse tipo de moradias tinham uma área de 35 a 45m² e eram financiadas pelo *Programa da Secretaria Ministerial Metropolitana* (SMM) do MINVU (Programa SERVIU). A base do Programa era que a ocupação e o arrendamento da habitação social por parte do grupo familiar deveria ser temporária, de maneira tal que

> economizando possa optar por uma casa própria e definitiva de maior tamanho que lhe permita viver com sua família com mais comodidade. Ao fazer cessão da Habitação Social, permitirá que outra família que habita uma Moradia de Emergência a ocupe, servindo-lhe como solução interina para a obtenção da moradia definitiva.[35] (Tradução nossa).

Esse tipo de habitação temporária se caracterizava por seu reduzido espaço e desconforto. Seu objetivo era que cada família fixasse como meta adquirir sua casa própria, mediante o sistema de poupança. A política dos Comitês durou até 1979, a partir desse ano a construção de habitações passou a depender estritamente do MINVU, uma política que conviveu com os Subsídios Habitacionais que se lançavam a cada ano a partir de 1978. Tratava-se da entrega de dinheiro em espécie que deveria ser destinado para a compra ou a construção de uma moradia definitiva. Os subsídios habitacionais estavam destinados especificamente a famílias em condições de extrema pobreza, cuja capacidade de pagamento resultava insuficiente para adquirir uma casa mediante seu próprio esforço. Essa política estava inscrita no Programa de Desenvolvimento a curto e médio prazo da Junta Militar de (1974-1980) que em matéria social contemplou a construção de 58.000 moradias anuais.[36] Outro tipo de intervenção em matéria habitacio-

---

35 Ministerio de vivienda y Urbanismo. *Esta es su casa. Viviendas Sociales.* Santiago de Chile: SMM, circa, 1981.

36 *Revista Qué Pasa* N° 148, Santiago de Chile, 22 de abril de 1974, p. 15

nal da ditadura foi a regulação da posse da terra mediante a entrega de título de domínio. Com isso se esperava gerar um ordenamento do traçado das ruas e os lugares nos acampamentos, e a construção de barracões compostos por um banheiro e um espaço para a cozinha.

Em 1975, no calor da proposta de descentralização, foi reformado o MINVU e foi decretada a descentralização territorial de suas funções, daí a importância que tiveram os municípios para executar a política social. Em muitos casos receber um barracão dependia da vontade do prefeito da vez. A reforma municipal de 1979 permitiu que o município concentrasse funções econômicas, sociais e culturais que antes estavam em mãos do Estado central. A partir desse momento, os municípios e seus respectivos prefeitos se tornam a "estrela do regime" o que permitiu a materialização do Estado Subsidiário e o plano social ditatorial. Em junho de 1982 foi aprovada a Lei n° 18.138 através da qual as prefeituras obtiveram faculdades para a construção de casas econômicas e de infraestrutura sanitária. Essa faculdade foi um elemento chave para levar adiante as erradicações das populações *callampas*.

Ao longo da ditadura foi implementado o programa de erradicação na cidade de Santiago, retiravam-se as famílias que viviam em acampamentos para conjuntos de habitação social. Ali a SNM teve um papel central por meio de tarefas de voluntariado. Dado que as voluntárias eram o rosto social visível do regime, sua presença e trato cotidiano com o povo tinha por objetivo ganhar a simpatia e confiança sobre os planos do governo. Suas tarefas consistiam desde acompanhar e ajudar as famílias na "mudança" para as novas casas até aproximar-se dos moradores para contar-lhes sobre os "benefícios" sociais e materiais da erradicação. Assim, os moradores podiam conhecer as voluntárias, conversar com elas e expor suas inquietações e dúvidas. As voluntárias realizavam visitas domiciliárias semanalmente nas populações que seriam erradicadas com o objetivo de conhecer suas necessidades, oferecer-lhes auxílio e "motivar" as moradoras para que assistissem aos cursos de capacitação que a SNM concedia sobre orientação familiar, educação ao consumidor e as hortas familiares. As voluntárias "promoviam" as vantagens das pequenas casas que o regime outorgava e que podiam ampliar com o "esforço" e trabalho familiar. Para os moradores interessados na autoconstrução, a Prefeitura de Santiago oferecia cursos e orientação técnica para a obra e em alguns casos, materiais para a construção. Como pode ser observado, tudo isso tinha como objetivo tecer uma rede de clientes cujos principais elos eram as voluntárias da SNM e o prefeito.

O MINVU distribuiu entre os habitantes das moradias temporárias apostilas em que pode ser observada a vontade da ditadura por reeducar e modificar a forma de vida cotidiana dos setores populares (figuras n° 10, 11 e 12). A legenda que acompanha a figura n° 10 diz: "Morador, sua habitação foi construída graças a *seu sacrifício e ao esforço fornecido pelo Supremo Governo*, para dar-lhe a oportunidade de levar uma vida familiar com dignidade. Não desperdice todo este trabalho". A partir daí que o MINVU apostou fazer desse tipo de casa a política social da ditadura. Na figura n° 11 é mostrado como se davam instruções precisas acerca do cuidado e da limpeza da casa: "a limpeza é a base da saúde; ensine seus filhos a manter a casa em melhores condições higiênicas e a colaborar com pequenas tarefas domésticas. OCUPAR A CASA SOMENTE COMO MORADIA. Evite transformar sua casa em armazém, loja, ou similar, porque não foi construída para esses fins". Do mesmo modo, na figura n° 12 faz referência a como se deve organizar a vida familiar para evitar causar incômodos à comunidade: "RESPEITE E SERÁ RESPEITADO". Explica-se que os espaços de recreação não eram os passeios, mas que existiam espaços específicos para isso como o equipamento comunitário composto por espaços de usos múltiplos, praças e jardins infantis.

Fugura 10. Ministerio de Vivienda y Urbanismo. *Esta es su casa*. Viviendas Sociales. Santiago de Chile: SMM, circa, 1981, p. 1.

Fugura 11. Ministerio de Vivienda y Urbanismo. *Esta es su casa*. Viviendas Sociales. Santiago de Chile: SMM, circa, 1981, p. 6.

Figura 12. Ministerio de Vivienda y Urbanismo. Esta es su casa. Viviendas Sociales. Santiago de Chile: SMM, circa, 1981, p. 7.

Paralelamente, em 1982 DINACOS encarregou-se de informar o que a ditadura estava fazendo pelos pobres em matéria habitacional. Em plena crise econômica, elaborou um folheto propagandístico (figura N° 13) sobre as "vantagens" que oferecia a política do Subsídio Habitacional no marco da Nova Política Habitacional e de Desenvolvimento Urbano (1977-1978), a qual se "correspondia"

> Com as linhas gerais em prol da justiça e o bem comum que orientam o atual governo. O objetivo primordial é o melhoramento das condições de vida do ser humano (...) Além de solucionar o problema habitacional, também cumpre seu objetivo ao *criar condições favoráveis* para o desenvolvimento da cidade de forma que esta seja um *bom lugar* para a vida humana.[37] (Tradução nossa)

---

37 República de Chile. *¿Qué hacemos por el problema habitacional?* Santiago de Chile: División Nacional de Comunicación Social, 1982. Destaque do original.

Figura 13. República de Chile. *¿Qué hacemos por el problema habitacional?* Santiago de Chile: División Nacional de Comunicación Social, 1982.

Figura 14. República de Chile. *¿Qué hacemos por el problema habitacional?* Santiago de Chile: División Nacional de Comunicación Social, 1982.

Como pode ser observado na figura N° 14, os Subsídios Habitacionais reafirmavam o papel subsidiário em matéria habitacional. Supunha-se que a solução para o problema da habitação estava no "esforço" e na "poupança" da família" que o Estado "reconhecia" mediante sua ação subsidiária encarnada no MINV. A ditadura produziu um documentário sobre o desenvolvimento eco-

Pensar as Direitas na América Latina

nômico que tinha atingido graças às políticas de livre mercado.[38] Como afirmou Valdivia[39] nesse contexto de crise socioeconômica o trabalho "doutrinador" das voluntárias da SNM se tornou imprescindível para defender o modelo neoliberal. As propagandas que analisamos estavam orientadas para reforçar os valores vinculados à poupança, ao esforço e ao trabalho individual. Em 1982, quando a economia tinha entrado em crise, a pobreza brotava em qualquer lugar. Por causa do enorme desemprego, surgiram *ollas comunes* (similares aos restaurantes populares) para alimentar milhares de famílias sem recursos.[40] Depois do surgimento dos Protestos Nacionais em 1983, conhecidos como "revoltas das populações", a situação ficou dramática.[41] Uma das soluções que foram tomadas para atenuar o descontento social, foi um aumento do gasto em habitação a partir de 1983 com o que o regime pode superar seu pior momento político.[42] Segundo Álvarez Vallejos[43] Pinochet soube ganhar benefícios políticos do assistencialismo. Por exemplo, utilizou propagandisticamente a entrega de "soluções habitacionais" aos mais pobres, para mostrar a vocação social do seu governo e se autoproclamou o "General dos pobres".

A modo de conclusão

A partir de uma seleção de propagandas produzidas por diferentes órgãos da ditadura analisamos os discursos e imagens utilizadas para legitimar e justi-

---

38 Propaganda Oficial de la Dictadura Chilena (1981). *Chile. Obra nuestra.* Santiago de Chile: DINACOS. Disponível em: <https://www.youtube.com/watch?v=DVmEttmIjAk&t=36s>. Acesso em: 15 ago. 2015.

39 VALDIVIA ORTIZ DE ZÁRATE, 2010, *op. cit.*

40 Testemunhos dos participantes e beneficiários de quatro refeições comunitárias da zona Sul de Santiago, ver o depósito documental localizado no "Archivo de Fondos y Colecciones del Museo de la Memoria y los Derechos Humanos".

41 VERGARA, Pilar. *Políticas hacia la extrema pobreza en Chile (1973-1988).* Santiago de Chile: FLACSO, 1990.

42 VERGARA, Pilar. *Auge y caída del neoliberalismo en Chile.* Santiago de Chile: FLACSO, 1985.

43 ÁLVAREZ VALLEJOS, Rolando. "'Las casas de Pinochet': políticas habitacionales y apoyo popular 1979-1988". In: VALDIVIA, Verónica, *et. al. La alcaldización de la política, op. Cit.* p.117-148.

ficar a erradicação de populações *callampas*, assim como suas políticas de flexibilização econômica e a desregulação do solo urbano. Como vimos, a ditadura chilena utilizou um discurso que conseguiu gerar consensos sociais em torno da luta antissubversiva. A vocação por convencer os cidadãos de suas "bondades sociais" foi tão relevante como seus esforços por derrotar o marxismo nas bases sociais e propender para a "Reconstrução Nacional" que conduziria à construção de uma nação "justa e livre". Vimos como, apesar dos altos níveis de violência e repressão, o regime produziu uma rede de programas assistenciais paliativos das consequências sociais de sua política econômica. A propaganda do regime se empenhou por convencer os chilenos de que seus sofrimentos, a escasez e o drástico rumo que deveria seguir a polítca econômica obedecia ao "comunismo allendista" que tinha deixado o país em chamas.

A proliferação de seguros e subsídios potenciou uma rede de clientes entre os sujeitos beneficiários e os prefeitos. A ditadura chilena construiu um discurso em torno da ideia de que Pinochet "não se esquecia dos pobres", o que lhe permitiu insistir na "vocação social" das Forças Armadas. Poderíamos afirmar que o regime fez uso de diferentes estratégias governamentais para mostrar um "rosto humano".[44] Essa tarefa foi assumida pelo trabalho que as voluntárias da Secretaria Nacional da Mulher desempenhavam em povoações. Nos discursos propagandísticos a "mulher chilena" ocupou um papel central na tarefa de "proteger" o Chile do marxismo e encabeçar a "Reconstrução Nacional" com seu trabalho no lar. Desse modo, a condição de mulher foi sumamente importante para o regime, mais além de sua condição de mães e do cuidado do núcleo familiar, porque tinha sido o primeiro setor social em mobilizar-se e opor-se ao governo de Allende.[45] A aposta pelos CHC e Subsídios Habitacionais como políticas de moradias provisórias nas programáticas ditatoriais, confirma a intenção do regime por mostrar sua "ação social", mas também por apostar na readaptação,

---

44 Sobre o conceito de "rosto humano", ver: BOHOSLAVSKY, Ernesto e SOPRANO, Germán (orgs.). *Un Estado con rostro humano. Funcionarios e instituciones estatales en Argentina (desde 1880 a la actualidad)*. Buenos Aires: Prometeo/Universidad Nacional de General Sarmiento, 2010, p. 9-55.

45 Ver: POWER, Margaret. *La mujer de derecha: el poder femenino y la lucha contra Salvador Allende, 1964-1973*. Santiago de Chile: Dirección de Bibliotecas, Archivos y Museos,

Pensar as Direitas na América Latina

reeducação e ressocialização dos setores populares e impor modos "modernos" de habitar, apelando para o estímulo do desejo de "autodesenvolvimento e mudança pessoal", assim como à economia, esforço e trabalho estritamente individual.

Centro de Investigaciones Diego Barros Arana, 2008.

Narrações de militares argentinos que participaram na "luta antissubversiva": entre a convicção e a moderação

Analía Goldentul[1]

A emergência do kirchnerismo em 2003 e seu forte tom na promoção de políticas de direitos humanos teve especial ressonância entre os agentes que participaram da última ditadura. Diferentemente do objetivo exemplificador que teve o Julgamento das Juntas em 1985, a retomada dos julgamentos por delitos de lesa humanidade em 2006 não abreviou o julgamento de figuras hierárquicas e sim ampliou o arco de responsabilidades a todos aqueles membros das Forças Armadas e da Segurança que tinham sido parte do terrorismo de Estado por meio de diferentes posições. Essa nova realidade jurídica sedimentou em diversas posições e tensões ideológicas entre militares de baixa patente em torno ao que se pode reconhecer publicamente e ao grau de reivindicação da "luta subversiva". Neste trabalho nos concentraremos em um setor de militares cujos relatos apresentam gestos de moderação, em linha com uma época que esteve marcada por novos limites do dizível e enunciável no espaço público com relação ao passado recente.

Para isso, o capítulo está organizado em três partes. Na primeira é traçada uma série de reflexões sobre o trabalho de campo e os problemas que surgiram durante o processo de pesquisa. Na segunda, a trama micro e macropolítica sub-

---

[1] Licenciada em Sociologia (UBA) e bolsista de doutorado do CONICET. Integra o Grupo de Estudos de Sociologia Histórica da América Latina (GESHAL), com sede na Faculdade de Ciências Sociais da UBA.

jacente a esses relatos é reconstruída enquanto que na terceira parte trabalha-se com a estrutura interna das oratórias.

O acesso ao campo: três momentos na construção do problema

No dia 24 de março de 2015, na comemoração de 39 anos do último golpe militar, Aníbal Guevara (filho) foi convidado ao programa de televisão *Intratables,*[2] sendo porta-voz principal do *Puentes para la Legalidad* (a partir de agora, PPL), uma agrupação de filhos e netos de ex-militares e polícias imputados, processados e condenados por Lesa Humanidade que surgiu na Argentina, em 2008, com o objetivo de denunciar supostas "irregularidades" nos processos judiciais. Apesar das limitações de um formato que é veloz, rápido e estridente, naquela emissão esse filho de militar pode narrar brevemente a história de seu pai, Aníbal Guevara Molina (pai), ex-tenente coronel (reformado) do Exército, condenado em 2010 pelo Tribunal Oral Nº2 à prisão perpétua pela desaparição de quatro pessoas na cidade de Mendoza. De acordo com o relato de Guevara (filho), seu pai tinha 24 anos em 1976 e tinha tido, supostamente, uma participação tangencial na repressão ilegal. Mais além do conteúdo, seu estilo de intervenção – contemplativo na escuta e atento às críticas que os demais oradores lhe fizeram – me mostraram um modo plausível de iniciar o trabalho de campo sobre um entorno que imaginava ser de difícil acesso.

Em agosto desse ano estabeleci contato com o porta-voz de PPL, marquei uma entrevista e nos reunimos em um café do bairro portenho de Belgrano. Sua atitude naquela ocasião foi similar à de suas intervenções públicas: primou pela cordialidade, a vontade de dialogar e inclusive comentou, assim que iniciamos a entrevista, que previamente tinha falado com seu pai do encontro e que este lhe havia manifestado sua vontade de conversar comigo: "falei com meu velho e ele me disse que quando quiser você pode visitá-lo".[3] Três meses mais tarde,

---

2   *Intratables* é um programa argentino de opinião política que é transmitido desde 2013 pela emissora de Televisão aberta América TV. A dinâmica do programa consiste na apresentação de um ou vários temas da atualidade a través de um vídeo arquivo, a intervenção de um condutor que regulamenta e dirige o debate, e um conjunto de jornalistas ou palestrantes que discutem entre si.

3   Aníbal Guevara Bianchi, entrevista, agosto de 2015.

em novembro de 2015, entrei pela primeira vez no Complexo Penitenciário II: Marcos Paz para entrevistar seu pai. Aquela vez fui acompanhada por Guevara (filho), que gentilmente aceitou que eu me unisse à visita semanal que fazia à penitenciária.[4] Naquele momento seu pai estava há nove anos detido, dos quais os últimos três tinham sido no "pavilhão lesa" de Marcos Paz, denominado assim pelo próprio pessoal penitenciário em virtude da quantidade de agentes da ditadura que ali cumprem sua condenação. Essa primeira entrevista, como as seguintes nove que lhe sucederam, tomaram um formato diferente do que havia imaginado a priori: foram fluidas e se desenvolveram em um clima de tensa naturalidade, entre mates que Guevara (filho) cevava e biscoitos e bolos doces que eu costumava levar para que a conversação se desenvolvesse com um bom clima.

Pensando o trabalho de campo em retrospectiva foi possível identificar três fases. Em um primeiro momento, a imagem de "inocência" que Guevara (pai) projetou de si me fez duvidar se efetivamente seu caso merecia ser incluído. De acordo com seu relato, as detenções que ele tinha feito na cidade de Mendoza entre 1976 e 1977 tinham sido de dia, com uniforme e lavrando atas. A isso somaram-se os testemunhos de duas pessoas por ele detidas, que declararam no julgamento oral de Mendoza em 2010 que o tratamento recebido de sua parte durante os "procedimentos" teria sido firme, porém "respeitoso". O relato de Guevara (pai) sobre sua inocência, por sua vez, era reproduzido, reelaborado e posto em circulação por Guevara (filho) em diversos espaços de rádio e televisão, como em sua já referida intervenção no programa *Intratables*. Essa narrativa produzia efeitos de sentido que contrastavam com a figura estereotipada do agente de repressão com a que eu esperava encontrar. Seu relato me interpelou e me fez duvidar em torno da possibilidade de que efetivamente existissem casos "mal" ou "excessivamente" julgados.

Em uma segunda fase do trabalho de campo comecei a advertir que certas dimensões de seu relato não se afastavam, substancialmente, dos marcos interpretativos típicos com que militares, polícias e civis costumam defender e justificar o feito. Isso me deixou diante de outro problema que em boa medida persiste: como

---

4   Para poder entrar na penitenciária o preso deve te incluir em sua lista de convidados. Guevara (pai) me incluiu como "amiga", motivo pelo qual entrei nesse caráter.

trabalhar com um relato estereotipado? O que se busca ou que se pode encontrar na palavra de um agente de repressão? O modo que Guevara tinha para narrar o passado, eu entendia, fazia parte de um repertório discursivo fortemente normalizado e repetido por outros agentes que participaram do terrorismo de Estado. A suspeita ou intuição de que essas entrevistas, além de apresentar certas vozes próprias, reproduziam argumentos genéricos facilmente localizáveis em outras declarações públicas, fez-me pensar em que as mesmas careciam de valor como material de pesquisa. Em uma ocasião, inclusive, a sensação de "naufragar sem rumo" me conduziu a expor esses problemas ao próprio entrevistado:

> Analía Goldentul: Você quer falar?
>
> Aníbal Guevara: Claro! Tenho que demonstrar que sou inocente. Eu, o que faço, é deixar com meu testemunho uma evidência das falhas deste processo. Não perco a esperança de que algum dia tudo isso seja revisado.
>
> Analía Goldentul: Te pergunto porque esta conversa entre nós não tem nenhum efeito jurídico, mas mesmo assim você está interessado em falar comigo. Quando há um tempo atrás Aníbal (filho) comentou com você que tinha uma jovem que queria te conhecer e te entrevistar, você concedeu.
>
> Aníbal Guevara: Sim, porque você faz parte de uma geração que não viveu os anos setenta e a que encheram de informação [manipulada]. Não quero te ofender. Com todo o respeito, mas é assim.
>
> Analía Goldentul: Você no outro dia me perguntou por telefone se esses encontros iriam me servir. E na verdade eu fiquei pensando. Me servem, mas às vezes sinto que o que você diz posso encontrar na boca de outras pessoas, de outros militares. As frases, os argumentos se repetem.
>
> Aníbal Guevara: Sim, é que todos vivemos isso.
>
> Analía Goldentul: Mas inclusive com testemunhos que não se referem à Argentina, mas a outros processos.
>
> Aníbal Guevara: É que o que se viveu aqui se viveu no âmbito regional e mundial.

Analía Goldentul: Sim, mas eu esperava encontrar um relato mais "pessoal", mais seu, mais "Aníbal".

Aníbal Guevara: Mas tudo o que te conto é sobre o que eu realmente vivi.

Analía Goldentul: Sim, mas quero saber mais de você. De sua experiência, de seu lugar pessoal em que vocês chamam de "a luta contra a subversão".[5]

Num terceiro momento comecei a adotar um olhar epistemológico e metodológico mais amplo sobre os meus sujeitos de estudo. Fui me distanciando daquelas perspectivas que focam na figura dos agentes de repressão – no que eles dizem, calam, confessam ou reivindicam – e comecei a enfatizar na trama de relações sociais e políticas e nas disputas internas entre militares que afetavam vários de meus entrevistados. Se as conversações com Guevara (pai) e com outros agentes da ditadura diziam pouco por si mesmas, essa trama de relações falaria por eles. Dar conta desta trama de conflitos e diferenças entre os detidos me permitiu ressignificar as entrevistas a partir de ângulos que não tinham sido considerados inicialmente.

Guevara (pai), além de ser entrevistado, oficiou como informante chave, possibilitando-me o contato e acesso a outros entrevistados. Não se usou a técnica *bola de neve* porque a maioria dos entrevistados se mostraram relutantes a me fornecer o contato com outros camaradas de maneira tal que, sempre que entrevistava um militar voltava ao ponto inicial: Guevara (pai). Ele implicou certo "curso" para a pesquisa, dado que os contatos que obtinha de militares eram sempre daqueles que estavam no círculo de amizade ou de confiança de Guevara (pai), considerados por ele como casos "interessantes" para que eu indagasse. Essa dinâmica, que ao princípio considerei como um "cerco" do qual era necessário sair – já que implicava realizar entrevistas em um marco delimitado, deixando de lado uma potencial diversidade – logo se tornou em um espaço sugestivo de análise. Guevara (pai) me forneceu o contato com militares que, de certa forma, pertencem a uma linha "moderada" dentro dos agentes que parti-

---

5   Ex-tenente coronel (reformado) Aníbal Guevara Molina, entrevista, agosto de 2016.

ciparam do terrorismo de Estado. Essas entrevistas me permitiram reconstruir uma iniciativa coletiva que surgiu dentro dos militares "moderados" chamada *Verdade Possível*, cujo análise segue a seguir.

Verdade Possível, uma iniciativa coletiva peculiar

Em setembro de 2015, em uma conjuntura atravessada pelo clima de campanha frente às disputas eleitorais que aconteceriam em outubro desse ano, um grupo de militares reformados – detidos e em liberdade – se agrupou com o objetivo de mobilizar um perdão coletivo dentro da comunidade de pares, encarregar-se de algumas verdades socialmente esperadas – fundamentalmente, a localização dos corpos de desaparecidos – e assumir "os erros do passado". As ideias e objetivos do grupo ficaram estampadas em um documento e uma página da Internet que decidiram chamar de Verdade Possível.

Dois elementos de ordem macropolítica convergiram na criação do Verdade Possível. Por um lado, a promoção e implementação de políticas de direitos humanos, que desde 2003 vinham ampliando a condenação social sobre os crimes cometidos em ditadura e fixando novos limites éticos frente ao dizível no espaço público. E por outro lado – em direta oposição às políticas de memória, verdade e justiça do kirchnerismo –, a ascensão de uma *nova direita*[6] em dezembro de 2015, com suas particulares formas de interpretar o passado recente. Com efeito, alguns funcionários do atual governo de *Cambiemos* vinham gestando desde 2014, senão antes, uma comunidade de ideias centrada na noção de "diálogo" para tramitar os conflitos pelos sentidos do passado recente. Esse novo espaço em formação (no qual confluem atores diversos: gestores culturais, funcionários, jornalistas, intelectuais e acadêmicos) encontrou na figura de Pablo Avelluto, editor e atual ministro da Cultura da Nação, seu principal articulador.[7] Frente ao estilo "conflitivo" e "excludente" do anterior governo que

---

6   GIORDANO, Verónica. "¿Qué hay de nuevo en las <nuevas derechas>? *Revista Nueva Sociedad*, Ciudad Autónoma de Buenos Aires, n° 254, nov./dic. 2014, p. 46-56.

7   GOLDENTUL, Analía e SAFERSTEIN, Ezequiel. "El diálogo como discurso emergente: la conformación de una nueva comunidad de ideas en torno a la memoria del pasado reciente en Argentina (2008-2018)". "La investigación el proceso", GESHAL/FSOC/UBA, Ciudad Autónoma de Buenos Aires, 2018.

somente recuperava a memória das vítimas do terrorismo de Estado e excluía a das "vítimas do terrorismo guerrilheiro", a nova gestão do ministério da Cultura se propôs a cimentar memórias mais "plurais", "dialogando" leituras e visões do passado diferentes entre si. Este estilo de gestão centrado na noção de "diálogo" abeberou uma visão pragmática da verdade e das memórias, ao supor que as lutas pelos sentidos do passado recente, antes que desdobrar-se, podem "resolver-se", "administrar-se" ou "superar-se" mediante um encontro entre as partes.

A estruturação de uma comunidade de ideias centrada na noção do diálogo, além de criar ideias e dispositivos capazes de disputar abertamente os sentidos pela memória do passado recente, teve efeitos de sentido no campo de agrupações que na Argentina defendem os interesses de agentes da ditadura, provendo aos seus membros ferramentas e insumos para direcionar suas demandas em uma linguagem menos beligerante. Com efeito, desde 2014 civis e militares reformados e familiares de detidos por crimes de lesa humanidade assistiram a palestras, seminários e conferências em que se abordavam esse núcleo de ideias. Justamente, a criação da Verdade Possível em 2015, cuja carta de apresentação se apelou às noções de "diálogo" e "encontro", deve ser compreendida no contexto de formação dessa comunidade e matriz de ideias emergentes.

Os gestores da Verdade Possível foram Aníbal Guevara e Marcos Baeza.[8] Este último é tenente coronel (reformado) do Exército. Considera-se parte da "luta contra a subversão" apesar de que, diferentemente de Guevara, não foi acusado, processado nem condenado por sua participação. Isso lhe permite intervir mais ativamente no projeto, administrando a página de Internet e tramando vínculos com pessoas que ocupam posições privilegiadas no campo da cultura e da política, algumas das quais são próximas à comunidade dialógica. Baeza também costuma visitar diferentes penitenciárias da província de Buenos Aires, seja para conseguir adesões de militares aos postulados da Verdade Possível, ou mesmo para consolidar os laços com aqueles que já aderem à iniciativa.

Sua devoção pela fé e a espiritualidade católica surgiram em vários momentos das entrevistas que lhe fiz, às vezes com um sentido claramente religioso (em uma ocasião me detalhou seus hábitos religiosos e me explicou que ele

---

8 O nome é fictício para preservar a identidade do entrevistado.

entendia a fé como um "dom" que Deus te dá ou não te dá) e outras vezes, desde um prisma mais secular e humanista (chegando a reivindicar-se como portador de fortes "princípios e valores"). Essa tonalidade religiosa, veremos mais à frente, pode ser percebida nos comunicados, objetivos e dinâmicas da *Verdade Possível*, como assim também nas já mencionadas visitas a diferentes penitenciárias instando a seus pares a que peçam perdão, os quais emulam um repertório de ação militante com pautas evangelizadoras.

Tanto Guevara como Baeza são percebidos por familiares e conhecidos de outros detidos como flexíveis em torno das convenções e códigos que fazem parte do "ser" militar. Pessoas que a princípio me pareceram rígidas, protocolares e acordes com o estereotipo de militar, são percebidas internamente como diferentes. Com efeito, em uma entrevista conjunta a duas integrantes mulheres de PPL - a já referida agrupação de filhos e netos de agentes de repressão - estas se referiram a Guevara (pai) como alguém que, em comparação com seus respectivos pais, era "o menos militar do mundo". O filho de Guevara, por sua vez, descreveu em uma ocasião a Baeza — ou o "negro", como ele o chama — como uma pessoa pura e simplesmente "não parecia militar". Essa particularidade que ambos apresentam, o "ser militar, mas não parecer", os posicionou em mediadores entre o de dentro e o de fora, em tradutores capazes de falar os dois idiomas: o militar e o civil, o discurso processista e a narrativa humanitária. Ambos ostentam a capacidade de articular demandas socialmente esperadas sem abandonar o "nós" e o espírito corporativo.

Inicialmente, em 2010, Baeza buscou a título pessoal entabular contato com o ex-presidente de facto entre 1976 e 1981, Jorge Rafael Videla, que naquele momento cumpria sua condenação na Unidade Penitenciária N°34 de Campo de Mayo. A intenção do gestor da Verdade Possível era convencer àquele ditador de "Encarar a verdade" diante da sociedade, confessando onde estavam os desaparecidos e explicando o porquê das decisões tomadas:

> Marcos Baeza: Então, saio e digo, bom, "eu vou ver". Pronto, um, dois Apraz e fui ver o Videla. Lhe disse: "Como o senhor está, meu general?" e ele me respondeu: "Ah, e aí, Baeza? Como você está?"
>
> Analía Goldentul: ¡Ah, ele te conhecia! lembrava do seu nome e tudo…

Marcos Baeza: Sim, sim, te digo mais, me conhecia, era um cara muuuito formal. Eu fui cadete dele. Não é que se lembrava de mim, mas eu tenho a caderneta de reservista assinada por Videla. Eu me alistei quando estava no Colégio Militar. Bom, a questão é que lhe disse "olha, eu queria falar com o senhor". "Claro, como não", me disse. "Sente aí". A esposa dele estava ao lado. De muita presença, muito forte de personalidade. (…) "Temos que falar meu general", lhe disse, "temos que falar, estamos como estamos, entre outras coisas, por como afrontamos a verdade, tem que encarar a verdade, com seus erros, com seus acertos. "E o que é que você quer que eu diga a eles", me disse. "E meu general, a primeira coisa que tem que dizer é dos desaparecidos, tem que fundamentar porquê não se deu no momento a lista e porquê não se deu depois, e onde estão os desaparecidos (…) porque se nós ocultamos um, e claro, eles têm todo o direito de dizer "não são um, são mil ou dez mil ou cem mil". Dessa vez o General me respondeu: "Baeza, meu segredo é meu tesouro". E ela, a esposa, disse "nooooossos segredos são nooooossos tesouros". Eu sou uma pessoa muito simples, eu sou um técnico, sou paraquedista, piloto, sou um homem de ação, não um intelectual. Não soube o que lhe responder. E lhe disse: "Meu general, não tenho a resposta para o senhor, mas sei que está errado. Um dia nós voltamos a nos ver. "Bom, claro, como não", me disse. E eu fiquei pensando e na outra semana voltei a vê-lo: "Meu general, tenho a resposta. O senhor me disse, "meu silêncio é meu tesouro" e está errado. Seu silêncio não é nenhum tesouro, seu silêncio são suas grades e são nossas correntes. Até que o senhor não rompa esse silêncio não vai se liberar das grades, nem nós das correntes". Se vê que ao homem algo lhe ficou porque começamos um trabalho que eu o tenho por aí guardado.[9]

A partir daí, as expectativas em torno da palavra de Videla foram motivo de rispidezes internas entre os detidos, que começaram a disputar sua palavra. De acordo com o relato de Baeza, enquanto ele se reunia com o ex-presidente de facto com certa frequência para entrevistá-lo e eventualmente publicar o material em formato de livro, outro setor de militares, aos que mais à frente nos

---

9   Tenente Coronel (reformado) Marcos Baeza, entrevista, fevereiro de 2017.

referiremos como "talibãs", intermediou o contato em Campo de Mayo entre Videla e o jornalista e escritor Ceferino Reato, que em 2012, como resultado desses encontros, publicou *Disposição Final: a confissão de Videla sobre os desaparecidos*, editado por Sudamericana.

Do fracasso da iniciativa de Baeza em torno da palavra pública de Videla começou a surgir outro projeto, já não focalizado na palavra das figuras hierárquicas da ditadura, mas na dos quadros subalternos. Foi entre 2012 e 2015 que Baeza e Guevara (pai) convenceram a quase quarenta militares presos que ocupavam posições subalternas durante a ditadura de emitir um comunicado em que expressassem sua vontade de "diálogo". O caráter inovador da iniciativa esteve, entre outros aspectos, em seu pretendido caráter coletivo. Embora durante as décadas de noventa e dois mil existiram diversas declarações públicas de agentes da repressão em meios massivos de comunicação (seja para reivindicar o feito[10] e/ou para aportar dados sobre a localização dos desaparecidos)[11] estas foram duramente criticadas por seus camaradas. Os questionamentos se deveram, sobretudo, ao carácter público das declarações e ao fato de que eram realizadas a título pessoal, dos elementos que se contrapõe ao caráter reservado, corporativo e coletivo das forças armadas. Em contraste com tais intervenções de militares em meios de comunicação massiva, a Verdade Possível se erigiu como uma iniciativa coletiva e sóbria quanto a sua exposição pública. Somente contam com uma página. Quando perguntei a Baeza por que não buscavam dar maior visibilidade, respondeu que com isso era suficiente, que o que tinha lido e se interessava podia escrever-lhes. A proposta, desse modo, esteve orientada desde o início para o "de fora" civil, mas respeitando as convenções e códigos do "de dentro" militar.

Na carta de apresentação, e em linha com as ideias dialógicas antes referidas, reproduziram uma visão pragmática para resolver os conflitos da memória,

---

10 Uma expressão emblemática de reivindicação do atuado são as declarações de Alfredo Astiz para a revista *Tres Puntos*, de 15 de janeiro de 1998

11 Em 2009, o repressor Eduardo Costanzo aportou dados sobre o funcionamento do aparelho repressivo na cidade de Rosario e sobre a localização de corpos de desaparecidos. A informação que brindou, segundo o trabalho na zona de escavação da Equipe Argentina de Antropologia Forense, resultou ser fidedigna.

marcaram distância com a condução política do "Processo",[12] condenaram a desaparição como "método" empregado na "guerra", e embora não pediram perdão – porque fazê-lo seria, segundo dizem, autoincriminar-se – assim soltaram como uma possibilidade:

> Nós que integramos organismos de segurança, policiais e forças armadas, formados na disciplina, no respeito, na hierarquia e na uniformidade; verticalistas, voluntária e legalmente subordinados à obediência das instituições políticas e suas autoridades, autônomos exclusivamente no pensamento e nos sentimentos, nos expressamos através do presente documento. *Lamentamos e condenamos a resolução pela qual os dirigentes decidiram transformar mortos em desaparecidos.* Quem governou entre 1973 e 1983 *teve que explicar, fundamentar e justificar* a *tragédia* da *guerra.* Apesar do assédio jurídico, manter silêncio sobre a década dos setenta já não é prudência, é *inação.*
>
> Sentimos que a comunicação dessas convicções pessoais constitui um dever cívico, espiritual e humanitário. [Verdade Possível] não *propõe negociação ou pacto algum; não persegue benefícios pessoais; não constitui uma estratégia que pretenda influenciar em nenhum processo jurídico em trâmite ou finalizado.* Buscamos proceder *como se deve, confortar a quem possamos,* somarmos modesta, mas ativamente, ao esforço de muitos que tentam superar o passado e *contribuir ao encontro.*[13]

O manifesto foi seguido de um conjunto aproximado de quarenta assinaturas, distinguidas pela força e a posição dos assinantes. Este último, entretanto,

---

12 Como mostrou Valentina Salvi, alguns quadros baixos e intermédios da última ditadura elaboraram defesas de si onde, por um lado, enfocaram na "luta antissubversiva" (a "guerra" que, conforme entendem, ganharam) e pelo outro, se desentenderam da condução política do "Processo" ao qual associam com as figuras máximas das forças armadas (a "guerra" que, afirmam, perderam no âmbito cultural e das ideais). Na Argentina, a reivindicação *política* da ditadura (isto é, do "Processo") sempre foi marginal, e inclusive diminuiu nos últimos anos dentro do próprio espaço de civis e militares reformados que defendem os interesses de agentes da última ditadura. Ver SALVI, Valentina. *De vencedores a víctimas: memorias militares sobre el pasado reciente en la Argentina.* 1ª ed. Buenos Aires: Biblos, 2012.

13 "Carta de apresentação da Verdade Possível", 08/09/2015. Destaque nosso.

não se corresponde com a patente de retirada, mas sim com o que ostentaram esses agentes no ano de 1976, buscando com isso reforçar a posição subalterna que ocuparam durante a ditadura. Isso implicou resignar ou deixar de lado algumas assinaturas de detidos que ocuparam posições hierárquicas, como Jaime Lamont Smart, ex-ministro de governo da província de Buenos Aires entre 1976 e 1981 e primeiro juiz civil condenado por crimes de lesa humanidade, quem se pronunciou afim aos objetivos e ao espírito da iniciativa.[14]

Por outro lado, a Verdade Possível gerou, ou melhor, cristalizou, uma divisão interna entre os militares detidos mais ativos, vinculada aos limites que se fixam para o que se pode dizer ou reconhecer publicamente e ao grau em que se reivindica "a luta antissubversiva". A divisão entre "duros" e "brandos", de longa duração nas forças armadas[15] e com características específicas durante o terrorismo de Estado[16] voltou a recriar-se no interior das penitenciárias a partir de novas categorias. De acordo com Baeza e Guevara (pai), os que se alinharam com a Verdade Possível são os "pedeperdãoneiros" (em espanhol, "pideperdoneros") – assim os chamam os da linha dura – enquanto que os "duros" são rotulados pelos primeiros como os "talibãs".[17]

Por meio do fundamento de pedir perdão, ainda sem ter sido suspeito, acusado ou condenado pela desaparição de pessoas, Baeza começou a tramar vínculos e relações com sobreviventes de centros clandestinos, familiares de desaparecidos, ex-integrantes de organizações armadas, intelectuais e acadêmicos próximos ao atual governo e à comunidade de ideias dialógicas, entre os quais se incluem Lujan Betrella (ex-detida desaparecida da Escola Mecânica da Armada), Graciela Fernández Meijide (mãe de um desaparecido, ex-integrante da Comissão Nacional sobre a Desaparição de Pessoas, CONADEP e da Associação Permanente de Direitos Humanos, APDH), Luis Labraña

---

14 Jaime Lamont Smart, entrevista, janeiro de 2018.

15 ROUQUIÉ, Alan. *Poder Militar y sociedad política en la Argentina. Tomo II: 1943-1973.* 1ª ed. Buenos Aires: Emecé editores, 1982.

16 MARTIN, Lucas. "Dictadores preocupados. El problema de la verdad durante el Proceso". *Postdata*, Ciudad Autónoma de Buenos Aires, nº. 1, vol. 15, ene./jun. 2010, p. 75-103.

17 Ex-tenente coronel (reformado) Aníbal Guevara Molina, entrevista, agosto de 2016.

(ex-integrante dos *Montoneros*) e Claudia Hilb (socióloga e pesquisadora do CONICET):

> Estou com um filho de desaparecidos (em alusão ao escritor e filho de desaparecidos, Félix Bruzzone) e lhe digo "te peço perdão por não te dar explicações sobre o destino de seus pais. Não sei onde estão. Faz quarenta anos que digo que devem dizer onde estão. Eu te peço perdão por isso". Isso que passou, eu de alguma ou outra maneira fui partícipe, e tenho vergonha. Sempre o digo e com cada pessoa que tem que ver... assim disse a María Luján Bertella. A conhece? É uma menina detida que esteve na ESMA. Eu lhe digo: "María Luján, te peço perdão pelo sofrimento desnecessário que tem sofrido". Eu não o infringi, não lhe dei nem uma cacetada, mais do que isso, a conheci agora, é um encanto de pessoa, mas eu fui parte dessa geração e te peço perdão (...) Faz quarenta anos que digo que devem dizer onde estão. Eu te peço perdão por isso". À senhora Graciela Fernández Meijide lhe pedi perdão em frente do meu filho, em público: "senhora lhe peço perdão por não saber onde está Pablito [seu filho].[18]

As narrações de vida de militares que analisaremos a seguir devem ser compreendidas, então, no marco dessa iniciativa coletiva que começou a esboçar-se em 2012 e que se concretizou em 2015.

"Eu estava em total desacordo com o golpe": memórias em reconstrução

Foucault[19] emprega o conceito de *regime* para dar conta do que uma época "pode dizer, ver e escutar". Em comparação com as oratórias duras daqueles militares que são indicados como "talibãs", os relatos de Aníbal Guevara e Marcos Baeza, duas figuras que idealizaram a Verdade Possível e que são percebidos internamente como "pedeperdãoneiros", registraram certas tentativas

---

18 Tenente Coronel (reformado) Marcos Baeza, entrevista, fevereiro de 2017.

19 FOUCAULT, Michel. *Vigilar y castigar. Nacimiento de la prisión.* 1ª ed. Buenos Aires: Siglo XXI, 1984.

ou tons de moderação. Embora reivindicaram sua atuação em ditadura, ambos incorporaram em seus relatos alguns limites éticos e verdades sociais que existem na sociedade com respeito à ditadura. Certamente, o regime de verdade e de memória consagrado em 1984 com a publicação do *Nunca Más*, e mais tarde reforçado/ampliado/transformado durante o kirchnerismo, afetou – no sentido mais complexo desse termo - os modos de autoconceber-se e lembrar o passado.

Tanto Guevara (pai) como Baeza pertencem à promoção Nº 103 do Colégio Militar Nacional que, segundo disseram, é a que apresenta a maior quantidade de condenados por delitos de lesa humanidade. De acordo com a própria reconstrução que Guevara fez de si, desde criança soube que ia ser militar. A nível político se definiu como "conservador": uma ideologia que vinculou a certa tradição familiar e que encontrou representada no Partido Democrata de Mendoza[20], do qual ele e vários membros de sua família foram afiliados históricos. Para esse ex-militar, ser "conservador" implica a adoção de uma ideologia nacional, uma economia liberal aberta ao mercado, mas conservando certas áreas estratégicas sob a tutela do Estado. Nesse sentido, ainda que seu antiperonismo e antikirchnerismo sejam viscerais, reconheceu que as reestatizações de certas empresas que impulsionou o governo de Cristina Fernández, como *Aerolíneas Argentinas* e *Yacimientos Petrolíferos Fiscales*, em 2008 e 2012 respectivamente, foram medidas positivas.

Marcos Baeza, diferentemente de Guevara, não foi acusado nem suspeito de ter cometido crimes de Lesa Humanidade, mas se reconheceu de todo modo como partícipe da "guerra contra a subversão". Provém de uma família de classe média fortemente vinculada ao Exército: tanto seu pai como seus dois irmãos mais velhos abraçaram a carreira militar. Na ocasião da entrevista, no entanto, repensou criticamente sua escolha profissional, entendendo-a como resultado de uma decisão circunstancial antes que como o desejo ou o chamado de uma

---

20　O Partido Democrata de Mendoza, fundado em 1917, é um partido de centro-direita que atualmente integra a coligação governante desde dezembro de 2015 "Muda Mendoza". Seus próprios membros e dirigentes se reconhecem como "um descendente direto das forças que formaram o Partido Autonomista Nacional, expressão política da Geração dos anos 80". Ver link do Partido Democrata, disponível em: <http://partidodemocrata.com.ar/>.

Pensar as Direitas na América Latina

vocação. Nesse aspecto, como pode se ver, marcou um contraste com a convicção expressada por Guevara (pai) em torno da escolha da carreira militar:

> Eu entrei seguindo os meus irmãos, seguindo geração, porque meus irmãos, meus primos, os amigos dos meus irmãos, todos iam ao colégio militar. Mas me lembro que queria ser médico, não militar e menos oficial do exército.[21]

Com relação a suas adscrições político-ideológicas sustentou, de maneira similar a Guevara (pai), que é um nacionalista com ideias liberais: "Sou uma mistura de nacionalismo e liberalismo". Apesar disso, e diferentemente do anti-peronismo de seu companheiro de promoção e do grosso dos militares detidos, Baeza reconheceu ter visto o peronismo "com simpatia" na década de setenta, não apenas enquanto "dique de contenção" do comunismo, mas porque esse movimento de massas era, em sua leitura, "vítima" das forças e de um sistema político que o proscrevia:

> O peronismo era a vítima. À força de ser sinceros, levavam 13 ou 14 anos de proscrição. E em alguma medida era vítima do que queríamos, não? Nós queríamos o Exército e o peronismo era vítima do Exército. Então olhávamos ao peronismo como vítimas do exército, de uma arbitrariedade, de impedir uma participação de grande parte da população nas atividades políticas do país, e isso nos parecia uma tragédia. Sem ser peronistas, olhávamo-lo com simpatia.[22]

O golpe

Guevara (com um tom mais sóbrio, moderado, mas ao mesmo tempo reivindicativo da "guerra") e Baeza (com um registro mais autocrítico e por momentos, emocional) formularam reflexões nas quais se fundiram os argumentos

---

21 Tenente Coronel (reformado) Marcos Baeza, entrevista, fevereiro de 2017.

22 Tenente Coronel (reformado) Marcos Baeza, entrevista, fevereiro de 2017.

típicos do negacionismo com questionamentos pouco habituais ou convencionais dentro das forças armadas. Assim, por um lado, ambos fizeram referência a uma situação de "caos" na fase final do terceiro governo peronista gerada pela violência das organizações armadas. Mas, pelo outro, se postularam críticos do Processo de Reorganização Nacional (PRN). Guevara (pai), em particular, disse não ter se sentido parte do "Processo" porque não compartilhava com "a forma que a condução política manejou todo o assunto portas adentro". Ainda que a distinção entre o PRN e a luta antissubversiva, entre a condução política e a condução militar, ou bem, entre a ditadura e a guerra, pode advertir-se em numerosos relatos de militares, o interessante de sua entrevista foi a narração de uma oposição *pessoal* ao golpe de Estado:

> Na noite do dia 23 de março, o chefe da unidade convocou uma reunião de todos os comandos e nos deu as ordens. Quando terminou, perguntou se alguém tinha algo a dizer. Eu levantei a mão e disse: "somos conscientes de que estamos pegando com as mãos a fruta podre que cai da árvore e que nós vamos nos manchar?" Quando terminei de dizer o que tinha que dizer, me perguntou se acaso estava desobedecendo às ordens e eu lhe disse que de maneira nenhuma, que ele estava dando uma ordem e eu ia cumpri-la, mas que tinha nos perguntado se tínhamos algo para dizer e eu então disse o que eu achava. Outro subtenente levantou a mão e disse que pensava o mesmo que eu. Terminamos ambos detidos.[23]

A menção que fez a "pegar com as mãos a fruta podre" – metáfora que alude à tomada do poder político – buscou acentuar o caráter premonitório de sua – pretendida – negativa na noite do dia 23 de março. Desse modo, Guevara (pai) revalidou suas atuais posições críticas (em comparação com as posturas que sustentam outros militares "duros") com um relato do passado ancorado em uma oposição *pessoal* ao violentamento do sistema democrático *no momento* em que se estava produzindo o golpe, e não a posteriori. Essa anedota, narrada por ele em mais de uma ocasião durante as entrevistas, faz parte de uma *performance* dis-

---

23 Ex tenente coronel (reformado) Aníbal Guevara Molina, entrevista, setembro de 2016.

cursiva que foi enlaçando a partir de lembranças próprias e alheias. Com efeito, em uma ocasião o entrevistado disse que a reconstrução daquele episódio tinha sido posterior a sua condenação em 2010. Um companheiro de armas o havia visitado na penitenciária e lhe havia refrescado a memória da noite do dia 23 de março de 1976, permitindo-lhe desse modo incorporar esse fato a seu relato.

Similar reconstrução, ainda que com suas especificidades, fez Baeza de sua posição frente ao desencadeamento do golpe de Estado. Em um contexto de enunciação como o atual na Argentina, de maduro consenso democrático, esse tenente coronel (reformado) descreveu sua posição como de enérgico desacordo e desaprovação com relação aos acontecimentos do dia 24 de março de 1976. A narração dessa oposição no passado foi revivida e redramatizada em 2010 quando, na já referida disputa interna pela palavra de Videla, quis manifestar-lhe seu desacordo ao ex-presidente de facto pela decisão de ter violentado as formas democráticas no dia 24 de março:

> Marcos Baeaza: Eu disse a Videla na sua cara "Olhe, meu General, se nós estávamos em guerra e o senhor desobedeceu a uma ordem do comandante em Chefia, que nesse momento era Isabel Martínez de Perón, o senhor se insubordinou e entrou em um conflito armado. E se eu tivesse estado presente no momento em que a presidenta lhe ordenou depor sua atitude e o senhor não lhe fez caso, eu o teria executado. Assim, quero lhe ser absolutamente franco, para mostrar-lhe que eu estava em total desacordo com o que o senhor fez."
>
> Analía Goldentul: Com o golpe de estado?
>
> Marcos Baeza: Com o golpe de Estado!, em total desacordo. E me disse "bom, mas é política". Lhe digo, "de qualquer forma, meu General, de qualquer maneira já passou, já não estamos em guerra, se passaram muitos anos, mas isso é o que eeeu sinto, é o que eu penso que deveria ter feito no momento ou que poderia ter feito no momento. Eu devo ser franco. E volto a dizer, que eu desaprovava totalmente sua atitude. [24]

---

24   Tenente Coronel (reformado) Marcos Baeza, entrevista, fevereiro de 2017.

Baeza, como outros militares, construiu uma performance discursiva cuja coerência se solidifica na repetição. Em 2008, em um ato de protesto pela reabertura dos julgamentos de lesa humanidade, e em frente das câmeras do programa de televisão de humor, *Caiga quien Caiga*,[25] pronunciou idênticas palavras sobre Videla e o golpe de Estado. A edição posterior da entrevista, com seus recortes e efeitos especiais, caricaturou sua figura enquanto ele tentava explicar sua particular posição para um repórter e um programa que já tinham predeterminado o formato que teria a nota. Dois anos depois, na provocação do então subtenente a quem fora sua máxima autoridade durante a ditadura se realizaram uma série de gestos (um desdobramento dos papeis institucionais, uma resistência ao golpe e às decisões tomadas por suas máximas figuras) que operaram simbolicamente com "retroatividade": a oposição que não pode ser formulada pessoalmente no passado encontrou um canal de expressão em 2010 e instalou, na própria trajetória do entrevistado, um equilíbrio e uma correspondência justa entre passado e presente, entre os níveis sentir/dizer/fazer. Esse ponto último ancorado na "coerência" de seu relato o retomaremos na seguinte seção.

A "guerra" e os desaparecidos: uma crítica às formas

O questionamento do golpe de Estado e do "Processo" não implicou para nenhum dos dois entrevistados uma condenação pela "luta antissubversiva" mas, pelo contrário, sua reivindicação. Guevara (pai), em particular, reconheceu que deveriam "levar a guerra a cabo no marco de um governo democrático, mas que ainda assim estava convencido de que teria que fazê-la". Nesse sentido, pediu ser reconhecido e venerado nesse caráter, como "veterano" de guerra contra a subversão.[26] Por outra parte, do mesmo modo que a crítica à forma política que assumiu a guerra – a ditadura – não derivou em um enfoque crítico da luta subversiva, a condenação que fizeram da desaparição de pessoas (presente na carta

---

25 *Caiga Quien Caiga*, mais conhecido por suas siglas CQC, foi um "noticiário" de humor e entretenimento argentino, que se transmitiu por diferentes canais de televisão entre 1995 e 2013. O formato foi muito exitoso, tanto assim que chegou a ser replicado em vários países como Brasil, Chile e Espanha.

26 Ex-tenente coronel (reformado) Aníbal Guevara Molina, entrevista, novembro de 2016.

Pensar as Direitas na América Latina

de apresentação da Verdade Possível) tampouco implicou um questionamento pela eliminação do inimigo político. Em palavras de Guevara (pai):

> Lamento os erros. Eu estou convencido de que não deveria ter existido nem um desaparecido. O correto teria sido o fuzilamento e a entrega dos corpos aos familiares. Se cada família tivesse recebido o corpo de seu familiar, a realidade seria diferente. Isso acabou transformando-os [os desparecidos] em mártires.[27]

Baeza, por sua vez, também não pôs em questão a morte do inimigo político, mas exibiu, em comparação com Guevara (pai), uma maior preocupação com respeito aos desaparecidos, tema este que, de acordo com o seu relato, vive-o ainda de maneira "tormentosa":

> Marcos Baeza: a guerra foi um problema grave para mim. E o golpe foi um problema mais grave. O vivi com responsabilidade e tem um aspecto que *me atormentava*, que vocês o sabem, que é o tema dos desaparecidos, que *me causava suspeita*.
>
> Analía Goldentul: Nesse momento?
>
> Marcos Baeza: Nesse momento, sim. Quando eu tive dúvidas de se as pessoas desapareciam, ou as baixas que produzíamos ao inimigo se ocultavam, quando o questionei me conformei com a explicação que me deram. Talvez eu não deveria ter-me conformado.
>
> Analía Goldentul: E qual explicação te deram?
>
> Marcos Baeza: Que os mortos na guerra não se entregam, que se entregam depois. Mas bom, isso implicava eventualmente registrar com nome e sobrenome a quem se sepultou, como e onde o sepultou, seja na terra ou no mar. Deveria se registrar tudo. Assim, por exemplo, 320 pessoas foram sepultadas no mar, aqui está a lista, 258 foram sepultados em tal cemitério, aqui está a lista, 156 foram cremados, aqui está a lista. E se dão as listas. Tem coisas que me dão vergonha, coisas que me ofendem e coisas para as que não tenho

---

27   Ex-tenente coronel (reformado) Aníbal Guevara Molina, entrevista, agosto de 2016.

resposta. Me dá vergonha os desaparecidos, me ofendem as crianças roubadas e não tenho resposta para a tortura. É muito sério o que te digo, não tenho resposta para a tortura. Se hoje te sequestrar um psicopata doente e eu chego ao *femicida* e sei que tem você sequestrada não tenho a mais mínima dúvida, não o digo com orgulho. Se eu tiver que martelá-lo a cabeça para te libertar, eu vou martelar a cabeça. Eu faria qualquer coisa para proteger um inocente do dano de um perverso. Eu estou dramatizando, não? Mas se eu souber de uma bomba que vai estourar em uma hora e tenho a pessoa que a colocou, eu vou tentar tirar-lhe essa informação de qualquer forma. O que sim estou seguro é que em determinadas situações não posso afirmar com convicção que não seria capaz de torturar. Não o posso afirmar. Seria desonesto. E não quero ser desonesto, eu quero ser honesto. Isso eu disse ao Félix Bruzzone e ele me disse: "Entendo. Acredito que na mesma disjuntiva eu faria o mesmo."[28]

Embora a memória se constrói e ata diversos marcos sociais como a família, o colégio ou as instituições militares,[29] às vezes pode resultar problemático juntar fala e marco social, como se os limites discursivos deste não se expandissem também por falas individuais ou grupais desmarcadas pelo senso comum de determinado espaço.[30] Nesse sentido, ainda que o relato de Baeza se aproximou em vários aspectos aos argumentos típicos com que militares justificam a tortura e os métodos empregados, também deu conta de um esforço por estreitar as margens do dizível e enunciável nesse espaço. Por outra parte, ainda que em suas referências aos desaparecidos não existiu uma verdade "purificada", tampouco se advertiram – e nisso justamente reside a potencialidade de seu relato - procedimentos "artifícies" da retórica. Em sua apelação ao valor da honestidade, no esforço que fez por desnudar ante o outro seus pensamentos e mostrar-se transparente, apareceram implicadas determinadas relações entre verdade e subjetividade. Sua figura

---

28   Tenente Coronel (reformado) Marcos Baeza, entrevista, março de 2017.

29   HALBWACHS, Maurice. *Los marcos sociales de la memoria*. 1ª ed. Barcelona: Anthropos, 2004.

30   GRECO, Mauro. "Notas metodológicas en entrevistas con vecinos de centros clandestinos de detención de la última dictadura. Lenguaje, indecibilidad y tarea crítica". *Prácticas de oficio*, nº 17, julio, 2016, p. 8.

se aproximou em boa medida ao *parresiasta* de Foucault,[31] um ator que de acordo ao pensador francês pode falar, não necessariamente dizendo a verdade, mas praticando a veracidade. Dizendo o que pensa, não no sentido de transmitir todas as opiniões que tem, mas só aquelas que escolhe ou que gosta de expressar.

Conclusão

A iniciativa coletiva da Verdade Possível se posiciona no tom dos novos postulados dialógicos que promove o ministério da Cultura da Nação. As ideias de diálogo e encontro, fortemente promovidas desde a área de cultura, concretizam-se nos vínculos que Baeza, e em menor medida Guevara, constrói com ex-integrantes de organizações armadas, familiares de desaparecidos e intelectuais afins aos conteúdos dialógicos. Por outro lado, seus relatos individuais revelam um elemento simples e complexo ao mesmo tempo: essas narrativas, ostensivamente mais moderadas que as de outros agentes da ditadura, não podem permanecer à margem de um regime de memória e verdade que consagrou a publicação do *Nunca mais* em 1984, e que desde então foi se ampliando e transformando conforme a conjuntura política. Ambos os relatos se situam *na* narrativa humanitária e, ao mesmo tempo, *em tens*ão com ela. Inscrevem-se *na* narrativa humanitária, fundamentalmente, pela reconstrução que fizeram de uma oposição pessoal ao golpe de Estado e ao "Processo", e pela condenação que fizeram da desaparição de pessoas como método de extermínio. Mas também se trata de relatos *em tens*ão com a retórica humanitária, pela defesa que fizeram da "luta antissubversiva" e pela convicção que mostraram em torno da necessidade de eliminar o inimigo político". Definitivamente, esse capítulo tentou mostrar uma forma de trabalhar com oratórias de militares que participaram na autodenominada "luta contra a subversão", enfatizando não somente em sua estrutura interna, mas também nas tramas sociais e políticas que costuram essas narrativas.

---

31 FOUCAULT, Michel. *Discurso y verdad en la antigua Grecia*. 1ª ed. Barcelona: Paidós, 2004.

CIRCULAÇÃO TRANSNACIONAL

OS CONGRESSOS ANTICOMUNISTAS DA AMÉRICA LATINA (1954-1958): REDES, SENTIDOS E TENSÕES NA PRIMEIRA GUERRA FRIA

Ernesto Bohoslavsky[1] e Magdalena Broquetas[2]

Entre 1954 e 1958 foram realizados quatro congressos anticomunistas em diferentes países latino-americanos. Participaram delegações de dezenas de países da região e da América do Norte e, inclusive, da Ásia e da Europa: coube ao mexicano Jorge Prieto Laurens e ao brasileiro Carlos Penna Botto a liderança desses congressos. Através do estudo desses quatro eventos é possível perceber a circulação de publicações anticomunistas e de discursos sobre a situação dos países latino-americanos, do continente e do mundo, assim como esforços para a criação de instituições transnacionais voltadas à luta contra o "perigo vermelho". Para este texto foram consultadas as atas dos congressos, um material rico que contém as discussões mantidas, as atividades realizadas e as decisões tomadas.[3]

A frequência dos congressos, os debates em suas seções, os variados apoios oficiais e clandestinos recebidos, bem como seu impacto na imprensa de vários países dão conta de dois problemas historiográficos sobre os quais este estudo

---

1   Especialista em história das direitas na Argentina, no Chile e no Brasil do século XX. Professor de história da América latina na Universidad Nacional de General Sarmiento e pesquisador do CONICET (Argentina).

2   Especialista em história das direitas no Uruguai do século XX. Professora da Universidade de la República. Outra de suas linhas de pesquisa é a história da fotografia no Uruguai.

3   Os autores agradecem Luis Herrán Ávila e Mario Santiago Jiménez por terem compartilhado valiosa documentação que foi utilizada para a redação deste texto.

pretende repercutir. O primeiro se refere a uma percepção mais próxima à dinâmica da guerra fria na América Latina, suas periodizações e principais conflitos. O estudo dos congressos permite questionar a ideia de que foi a Revolução Cubana que despertou ou estimulou o anticomunismo na América Latina: ao contrário, a percepção de que o comunismo era uma ameaça para a integridade territorial, moral e religiosa do continente precedeu não somente ao momento em que Fidel Castro explicitou seu marxismo-leninismo em 1961, mas, inclusive, ao desembarque do *Granma*. Como afirmam outros autores, o anticomunismo aumentou mais pelo impacto da Revolução Guatemalteca (1944-1954) que pela entrada dos "barbudos" à Havana.[4] O segundo problema tem relação com a natureza das tradições anticomunistas. As atas dos congressos permitem apreciar as numerosas dificuldades que tiveram os representantes de países e de organizações para acordar identidades, discursos e práticas compartilhados. A partir disso, esse texto propõe uma percepção mais próxima da pluralidade ideológica, organizativa e de práticas dos anticomunistas.

Este artigo faz parte do interesse crescente pela história da circulação transnacional de ideais, propagandas e organizações anticomunistas no Ocidente,[5] em geral, e na América Latina, em particular. Trabalhos como os de Jiménez e Rostica reconstruíram alguns desses congressos.[6] Nállim estudou filiais do Congresso pela Liberdade da Cultura na América Latina e a circulação de suas publicações.[7] López Macedonio analisou a realização de congressos

---

4   GRANDIN, Greg. *The Last Colonial Massacre: Latin America in the Cold War*. Chicago: University of Chicago Press, 2004.

5   VAN DUNGEN, Luc, ROULIN, Stéphanie e SCOTT-SMITH, Giles (orgs.). *Transnational Anti-communism and the Cold war. Agents, activities, and networks*. Londres: Palgrave Macmillan, 2014.

6   SANTIAGO JIMÉNEZ, Mario. "Entre 'hispanistas' y 'pro-yanquis'. El Primer Congreso contra la Intervención Soviética en América Latina. México, mayo de 1954" e ROSTICA, Julieta. "La Confederación Anticomunista Latinoamericana y las Fuerzas Armadas. Guatemala y los años setenta" (ambos em *Segundo Coloquio Pensar las derechas en América Latina en el siglo XX*. Universidad Nacional de General Sarmiento, 13 a 15 de julho de 2016).

7   NÁLLIM, Jorge. "Local Struggles, Transnational Connections: Latin American Intellectuals and the Congress for Cultural Freedom". In: CHEN, Tina, CHURCHILL, David (orgs.). *The Material of World History*. New York: Routledge, 2015. Do mesmo au-

anticomunistas com apoio de Taiwan nos primeiros anos da década de setenta.[8] Herrán Ávila revisou as redes transnacionais de grupos de extrema direita da Argentina e do México.[9] Esses trabalhos provaram a utilidade da história conectada para o estudo do anticomunismo e a guerra fria na América Latina já que permite detectar processos além dos originados nos Estados Unidos. Esta perspectiva não aponta a eximir às agências norte-americanas de inteligência de suas responsabilidades na intervenção e espionagem fora de suas fronteiras, mas sim a perceber melhor quais foram estas ações e quais foram as práticas anticomunistas lançadas, promovidas ou inspiradas por governos latino-americanos e organizações hemisféricas, nem sempre em diálogo com os interesses americanos.[10]

O texto se divide em quatro seções temáticas que recorrem trocas e permanências ocorridas ao longo do lustro em que transcorrem os quatro congressos. A primeira parte está dedicada aos participantes das reuniões anticomunistas e aspectos logísticos de sua organização como a definição das sedes e as

---

tor, "Redes transnacionales, antiperonismo y Guerra Fría: los orígenes de la Asociación Argentina por la Libertad de la Cultura". *Prismas. Revista de Historia Intelectual, Buenos Aires,* Universidad Nacional de Quilmes, n. 16, 2012, p. 121-141.

8   LÓPEZ MACEDONIO, Mónica Nymich. "Historia de una colaboración anticomunista transnacional. Los Tecos de la Universidad Autónoma de Guadalajara y el gobierno de Chiang Kai-Shek a principios de los años setenta". *Revista Contemporánea. Historia y problemas del siglo XX,* n. 1, 2010, p. 133-158.

9   HERRÁN AVILA, Luis Alberto. "Las guerrillas blancas: anticomunismo transnacional e imaginarios de derechas en Argentina y México. 1954-1972". *Quinto Sol,* n. 19, 2015, p. 1-26. Para o caso do Uruguai comprovamos que os pequenos grupos neofascistas surgidos na década de 1960 fizeram parte de redes políticas e de sociabilidade com organizações da Argentina e do México. BROQUETAS, Magdalena. "La extrema derecha uruguaya y sus redes transnacionales (década de 1960)". In: BOHOSLAVSY, Ernesto, BERTONHA, João Fábio (orgs.). *Circule por la derecha. Percepciones, redes y contactos entre las derechas sudamericanas, 1917-1973.* Buenos Aires: Universidad Nacional de General Sarmiento, p. 209-225.

10 VAN DUNGEN, L., ROULIN, S. e SCOTT-SMITH, G., *op cit.,* p. 3. Entre os autores que observaram isso, ver: Saull, Richard. "El lugar del sur global en la conceptualización de la Guerra Fría: desarrollo capitalista, revolución social y conflicto geopolítico" e JOSEPH, Gilbert. "Lo que sabemos y lo que deberíamos saber: la nueva relevancia de América Latina en los estudios sobre la Guerra Fría". In: SPENSER, Daniela (Coord.). *Espejos de la guerra fría: México, América Central y el Caribe.* México: Centro de Investigaciones y Estudios Superiores en Antropología Social, 2004, p. 31-66 e 67-92.

modalidades e problemas de financiamento. Na segunda seção são identificadas as situações percebidas como ameaças por este coletivo. Na terceira parte é apresentada a agenda dos congressos, eminentemente repressiva e centrada na perseguição e na vigilância. Na última seção são exemplificadas algumas das reformas sociais e econômicas propostas para prevenir a expansão do comunismo.

A organização dos congressos: participantes, lugares e atividades

O Primeiro Congresso contra a Intervenção Soviética na América Latina ocorreu na Cidade do México, entre 27 e 30 de maio de 1954, por iniciativa da Frente Popular Anticomunista do México, presidido por Jorge Prieto Laurens, para então um avezado propagandista do anticomunismo em seu país. A intervenção desse político e jornalista mexicano foi crucial na convocatória direcionada a um primeiro núcleo de potenciais interessados de diversos países e âmbitos de atividade, em sua maioria vinculados a organizações e publicações identificadas com o "combate ao totalitarismo". Os vínculos de Prieto Laurens lhe atraíram um apoio econômico do presidente e secretário do governo do México e do governo dos Estados Unidos.[11] Devido ao caráter pouco organizado da reunião e à falta de contribuições financeiras mais substanciosas, vários dos participantes tiveram que custear total ou parcialmente suas passagens e estadia na capital mexicana. Representantes eclesiásticos e intelectuais, como José Vasconcelos, aplaudiram a realização do congresso que foi celebrado com escasso público no Teatro Cervantes, sede substituta do Palacio de Bellas Artes, ao que se tinha aspirado em um primeiro momento.[12]

Embora para a maioria dos participantes a ocasião seria um primeiro encontro pessoal, alguns vinham mantendo troca epistolar desde algum tempo. Entre os participantes dessa primeira reunião figuravam delegados de quator-

---

11 Prieto Laurens recebeu materiais da embaixada dos Estados Unidos. Entretanto, como argumenta Santiago Jiménez, op. cit., não fica claro o quão envolvido esteve na recepção de apoios financeiros da CIA à realização do congresso. SANTIAGO JIMÉNEZ, *op. cit.*

12 SANTIAGO JIMÉNEZ, *op. cit.*

ze países latino-americanos e de organizações sociais, de estudantes e oficiais.[13] A metade dos delegados estrangeiros eram na verdade exilados, o que foi um obstáculo na hora de colocar em prática em seus países de origem os acordos estabelecidos no congresso.[14] A reunião no México finalizou com a formação de una comissão permanente encarregada de colocar em prática as decisões tomadas e de manter contato com as delegações dos países.[15] Nessa comissão teve um papel destacado o almirante Carlos Penna Botto, líder da Cruzada Brasileira Anticomunista,[16] uma organização experiente na luta anticomunista, que patrocinou o segundo congresso.

Precisamente, Penna Botto convocou o segundo congresso no Rio de Janeiro entre 22 e 26 de agosto do ano seguinte. As cinco seções do segundo encontro aconteceram no salão de conferências do Ministério da Fazenda. A reunião do Rio de Janeiro quadruplicou o número de delegados do congresso anterior. O aumento da quantidade de participantes e apoios nos congressos seguintes confirma que a iniciativa efetivamente canalizou preocupações e planos de atores muito diversos, provavelmente atraídos pelas vantagens que podia reportar a ação anticomunista mancomunada. Em sua maioria, os delegados representavam organizações, movimentos sociais (culturais, estudantis e de trabalhadores) ou corporações (entre esses sobressaíam os jornalistas) da América do Sul e Central, apesar de que também estivessem presentes representantes de alguns governos e indivíduos a título pessoal. A convocatória era ampla: bastava com declarar-se "antissoviético" ou "anticomunista" para inscrever-se até cinco dias antes do início do congresso.

---

13 Participaram delegados da Argentina, Bolívia, Brasil, Colômbia, Costa Rica, Equador, Paraguai, Nicarágua, Peru, Panamá, Uruguai, El Salvador, Guatemala, México. Segundo os registros da CIA, também foram enviados convites a pessoas da República Dominicana, Cuba, Chile, Honduras, Venezuela, mas não chegaram representantes destes países. KUGOWN Operations Reports on El Primer Congreso contra la Intervención Soviética en América Latina – Part. I, 1º de junho de 1954, Agencia Central de Inteligencia de los Estados Unidos. URL: http//www.foia.cia.gov/.

14 "Día gris en el congreso de los anticomunistas", *Novedades*, México D.F., 29 de maio de 1954.

15 KUGOWN Operations Reports on El Primer Congreso, *op. cit.*

16 PATTO SÁ MOTTA, Rodrigo. *Em guarda contra o 'perigo vermelho'*. São Paulo: Editora Perspectiva, 2002, p. 143-148. Assim como Prieto Laurens, Penna Botto mantinha estreitos vínculos com agências anticomunistas dos Estados Unidos.

Entre os participantes estabeleceu-se uma nova categoria para os "observadores de países extracontinentais", representada pelo embaixador da China no Brasil, um diplomático espanhol e delegados anticomunistas da Europa Central.[17] A rede de apoios se ampliava com a adesão de representantes de governos e intelectuais que aplaudiam a iniciativa (novamente, José Vasconcelos e o escritor peruano Eudocio Ravines, ex-comunista exilado no México).

No segundo congresso avançou-se na formalização da aliança que se vinha armando de maneira mais ou menos espontânea: definiu-se a criação de um organismo continental que tivesse sob sua responsabilidade a organização de um congresso anual e a formação de filiais em cada país. Nasceu assim a Confederação Interamericana de Defesa do Continente, desde então encarregada de patrocinar e promover atividades, publicações e contatos a diferentes níveis. A organização foi integrada por delegados nacionais e um conselho diretor que permanecia na função por um ano.[18] Apesar de, ao final da década, ter havido uma tímida renovação nos nomes dos delegados e integrantes da diretiva, deve se destacar a permanência da dupla de Prieto Laurens e Penna Botto nos cargos mais altos. O problema do financiamento continuava sendo um dos mais urgentes para garantir a viabilidade dos conclaves. Apesar de que no tempo transcorrido entre o primeiro e o segundo encontro tinha se pedido a colaboração dos governos de países americanos para solver os gastos do congresso, os apoios nem sempre se concretizaram e alguns delegados – entre eles os do Uruguai e da Argentina – tiveram que cobrir pessoalmente o custo das passagens.[19]

No terceiro congresso, realizado em abril de 1957 na cidade de Lima com um número de participantes próximo ao do Rio de Janeiro, deram-se novos passos em relação à formalização e o aumento da união anticomunista americana. A novidade principal foi a incorporação dos Estados Unidos e do Canadá à Confederação e à participação ativa nos congressos, algo que nos fatos ratificava o caráter pan-americano da aliança. Também aumentou a representação da Europa

---

17 *Memorias del Segundo Congreso contra la Intervención Soviética en América Latina*, México D.F., s. ed., 1956, p. 33-41.

18 *Memorias del Segundo Congreso, op. cit.*, p. 271-276.

19 *Memorias del Segundo Congreso, op. cit.*, p. 117 e 265-270.

Pensar as Direitas na América Latina 445

e da Ásia que contaram com representantes da China, da Rússia e do Conselho Internacional de Líderes Dirigentes Cristãos. Como em eventos anteriores, participaram e opinaram sobre diversos assuntos vários representantes de países "subjugados" – como se aludia aos que permaneciam sob a órbita soviética – exilados na Argentina e no Uruguai. As delegações foram recebidas formalmente pelo presidente do Peru, Manuel Prado, quem também ofereceu um acalorado discurso inaugural, aclamado pelos participantes como a "Doutrina Prado".[20]

Entre os avanços a nível organizacional deve se mencionar a formação de uma Organização Interamericana de Jornalistas Anticomunistas (OIPA - Organización Interamericana de Periodistas Anticomunistas)[21] e a decisão de continuar expandindo a coalizão. Sobre este último, no congresso de Lima ficou acordado firmar laços para a formação de uma Liga Mundial Anticomunista. Com esta finalidade foi encomendado a Prieto Laurens, secretário-geral da Confederação, que entrasse em contato com as organizações asiáticas que realizavam sua militância nesse terreno com o propósito de preparar um primeiro Congresso Mundial Anticomunista e avançar na concreção de uma ambiciosa coalizão transoceânica.[22]

O quarto e último congresso desta série ocorreu em outubro de 1958 em Antígua, Guatemala. Foi a primeira vez que o componente anticomunista prevaleceu na denominação da reunião em desmedro do antissovietismo que identificou as convocatórias anteriores: seu nome era "IV Congresso Continental

---

20 *Resoluciones del Tercer Congreso contra la Intervención Soviética en América Latina*, Lima: Confederación Interamericana de Defensa del Continente, 1957, p. 3-15.

21 A organização surgiu por causa da moção do delegado e jornalista cubano, Salvador Díaz Versón, presidente da Liga Anticomunista de Cuba. Na reunião de Lima criou-se uma Secretaria de Imprensa da Confederação, dirigida por Díaz Versón e integrada por delegados ("jornalistas profissionais") dos países participantes. Ali foi proposta a concretização da OIPA em um Congresso Hemisférico. *Resoluciones del Tercer Congreso, op. cit.*, p. 4 e 56-57.

22 *Resoluciones del Tercer Congreso,* op. cit., p. 38-39. A necessidade de se criar uma organização de caráter mundial surgiu nos dois congressos anteriores, mas foi somente em Lima que foi encomendado ao secretário Prieto Laurens entrar em contato com organizações da Europa e Ásia. Sobre a antecipada projeção mundial dos congressos ver: ABRAMOVICI, Pierre. "The World Anti-Communist League: originis, structures and activities". In: VAN DONGEN, ROULIN e SCOTT-SMITH, *op. cit.*, p. 118-119.

Anticomunista". Para aquele momento, o encontro anual se consolidou como um evento de relevância internacional, de nutrida concorrência, que merecia atenção mediática nos países participantes. Os presidentes de Honduras e da Guatemala – este último ofereceu apoio moral e econômico à reunião, o Arcebispo Metropolitano, o prefeito da cidade, os presidentes do Congresso Nacional e o Poder Judicial e outros altos funcionários do governo participaram dos debates em Antígua. Recebeu auxílio explícito de numerosos chefes de Estado e hierarquias eclesiásticas da América e contou, pela primeira vez, com a presença de representantes do Meio Oriente e a Liga Anti-Bolchevique de Nações.[23]

De qualquer forma, a debilidade econômica da Confederação continuava sendo um dos obstáculos na hora de garantir colocar em prática as decisões adotadas e de garantir a regularidade dos congressos. Em 1961, quando foram publicadas as atas do quarto congresso, a comissão diretiva se lamentava de não ter concretizado o quinto encontro previsto em El Salvador devido à falta de fundos.[24]

No que se refere ao perfil dos participantes, predominavam homens e no caso das autoridades, a presença masculina era forte. Entretanto, deve se destacar que a presença das mulheres nos congressos foi crescendo em número e projeções. No primeiro congresso a única participante foi a paraguaia Isabel Arrua Vallejo, representante da Associação Pró-Direitos da Mulher. No seguinte encontro houve várias mulheres que, em alguns casos, participaram como representantes de organizações femininas de seus respectivos países. No congresso de Lima, somente Guatemala, México e Venezuela incluíram mulheres nas representações nacionais no recém-criado Conselho Diretor da Confederação Interamericana de Defesa do Continente. Nas delegações participantes a participação de mulheres foi numericamente similar à do congresso anterior. Entretanto, depois do segundo congresso as mulheres agiram de maneira mancomunada, através

---

23 *Memoria del Cuarto Congreso Continental Anticomunista*, Talleres de la Tipografía Nacional de Guatemala, 1961, p. 9-12 e 15-17. Provavelmente faz referência ao Anti-Communist Block of Nations. O congresso celebrado em Antígua recebeu dezenas de mensagens de saudações e adesões de organizações sociais, operárias e estudantis de todo o mundo. Entre elas estavam a Assembleia das Nações Cativas Europeias e várias agrupações de exilados europeus radicados na América (p. 125-149).

24 *Memoria del Cuarto Congreso, op. cit.*, p. 6

Pensar as Direitas na América Latina   447

de uma frente feminina, que apenas no encontro de 1958 concretizou aspectos organizacionais para efetivar a união hemisférica. Nessa ocasião foi aprovada a criação de uma Aliança Feminina Anticomunista Interamericana que apontava especialmente a ganhar a adesão de professoras e de sociólogas.[25] Apesar de minoritária, os jovens tiveram presença nesses congressos. Todos os encontros contaram com a participação de grupos juvenis ou universitários que se sentiam irmanados na identidade anticomunista.

Contra os comunistas vermelhos e rosas: uma cartografia do inimigo

Um olhar aos principais temores reconhecíveis nas discussões dos quatro congressos permite observar a complexidade da convocatória anticomunista. Concretamente, a análise dos diagnósticos e da detecção das "áreas quentes" da guerra fria nos oferecem um mapa das preocupações da Confederação Interamericana de Defesa do Continente. Algumas decisões adotadas nos congressos foram tomadas em resposta a temores muito concretos e para prevenir "contágios" ou expansão de exemplos não desejados. No continente não havia países controlados pelo Partido Comunista, mas estavam sendo implementadas reformas sociais ou modelos econômicos nacionalistas, que foram considerados filo-comunistas ou preâmbulos da implementação de regimes soviéticos (no jargão dos congressos "nacionalismo marxista"). A preocupação consistia em que essas experiências de "nacionalismo marxista" estavam aumentando em toda Hispano-América.[26]

Em 1954, a Guatemala inquietava. A reforma agrária implementada nesse país e suas consequências negativas para os interesses das empresas americanas encarnavam o "perigo vermelho" que se tentou conjurar no primeiro congresso.[27] Um ano depois, os delegados reunidos no Rio de Janeiro aplaudiram ao lembrar o primeiro aniversário do suicídio do presidente Vargas e o fim da experiência

---

25 *Memoria del Segundo Congreso*, p. 315-316. A Aliança ficou encarregada de realizar um primeiro Congresso Anticomunista Feminino com o objetivo de impulsar programas sociais.

26 No quarto congresso ficou decidido dar máxima difusão ao relatório sobre a matéria elaborado pelo delegado argentino FALERONI, Alberto. *Memoria del Cuarto Congreso, op. cit.* p. 47.

27 SANTIAGO JIMÉNEZ, "Entre 'hispanistas' e 'pro-yanquis'", *op. cit.*

de uma república trabalhista. Em todos casos, o final da era varguista representava um marco destacável numa luta que reivindicava como primeira vitória a derrubada de Jacobo Árbenz na Guatemala no ano anterior.[28] O triunfo do movimento de "liberação" da Guatemala, encabeçado pelo coronel Castillo Armas, tinha salvo seu país do "jugo soviético". O congresso celebrou especialmente a publicação de *Libro Negro del Comunismo en Guatemala*, repleto de dados e informação gráfica que, conforme se definiu, devia ser usada em outros países com finalidade instrutiva.[29]

Entretanto, a derrubada de Árbenz foi vista como uma vitória parcial, posto que a situação da Guatemala evidenciava a proliferação ameaçante de versões americanas do comunismo. Nesse mesmo congresso compartilhou-se a preocupação pelo processo boliviano e suas ambiguidades.[30] No ano seguinte, em Lima, foi encomendada a um dos delegados chilenos a realização de um informe documentado que foi apresentado no congresso de Antígua sob o título *El marxismo en Bolivia*. Ali questionavam-se diversos aspectos da revolução boliviana de 1952 como as milícias populares, a nacionalização das minas, a reforma agrária, as ações da Central Operária Boliviana e a reforma universitária. Se para alguns o presidente boliviano Siles Suazo continuava sendo um democrata, para a maioria dos participantes do congresso era um companheiro de caminhada dos comunistas.[31]

Entre os temores compartilhados ocupava um lugar destacado o peronismo, ao que os delegados questionavam pelo seu programa social e pelos seus duvidosos vínculos com o Partido Comunista Argentino. Esses medos não diminuíram pelo fato de que Perón tinha sido desalojado do poder e obrigado a exilar-se em setembro de 1955. Na reunião de 1957 concluiu-se que o "problema peronista"

---

28 *Memorias del Segundo Congreso, op. cit.*, p. 5-13.

29 *Memorias del Segundo Congreso, op. cit.*, p. 268-269.

30 No temário do segundo congresso deu-se especial relevância à intervenção soviética na Bolívia, Brasil, Chile e México. *Memorias del Segundo Congreso, op. cit.*, p. 15-18, 104-105.

31 Sergio Fernandez Larraín, delegado chileno, presidiu a comissão encarregada de elaborar o informe sobre a Bolívia. Assinalou que a tarefa lhe tinha consumido um ano de trabalho pelo levantamento de documentos oficiais e a visita a La Paz. A apresentação do relatório gerou uma longa discussão no quarto congresso. *Memoria del Cuarto Congreso, op. cit.*, p. 219-245

Pensar as Direitas na América Latina 449

transcendia as fronteiras argentinas como demostrava a atividade do líder refugia-do em Caracas, de quem se denunciava que parecia decidido a promover uma "re-volução social americana". O congresso resolveu exigir do governo da Venezuela a expulsão de Juan Domingo Perón e solicitar aos demais governos americanos não lhe dar asilo, impedir a realização de "atividades subversivas" de seus "cúmplices" e fomentar a troca de informações a respeito.[32] Em 1958 os delegados argentinos conseguiram que o congresso proclamasse seu país como o mais afetado do con-tinente pela agitação do comunismo internacional. A resolução foi tomada depois de se discutir sobre um extenso estudo sobre o PCA, seus jornais, seu aporte elei-toral à campanha do então presidente Arturo Frondizi e a poderosa infiltração que se teria produzido no âmbito universitário.[33] Nessa ocasião se discutiu a inquietude sobre as mobilizações estudantis no México, na Argentina e no Uruguai ocorridas dias antes da reunião anticomunista.[34]

Desde as primeiras reuniões advertiu-se do avanço do maoísmo na América Latina, visto como o exemplo mais claro do "quinta-colunismo" com que atuava o comunismo internacional. Em particular no congresso de Antígua foram escutados avisos sobre o crescimento da influência da China comunis-ta através de atividades colaterais, como exposições, bailes e outros espetáculos artísticos.[35] A solidariedade americana com a luta anticomunista e com a resis-tência nos territórios sob o domínio soviético esteve sempre presente através do convite de delegados, mas também por meio de declarações e gestos simbólicos que apontavam a consolidar a ideia de uma luta unificada a nível planetário.[36] A partir do encontro do Rio de Janeiro foram ouvidos depoimentos de refugiados de países a leste da Cortina de Ferro – em sua maioria radicados no Uruguai e

---

32 *Memorias del Segundo Congreso, op. cit.* p. 141-143 e *Resoluciones del Tercer Congreso, op. cit.,* p. 77-80.

33 *Memoria del Cuarto Congreso,* p. 324-326.

34 *Memoria del Cuarto Congreso, op. cit.* p. 326-327.

35 No segundo encontro o discurso inaugural do almirante Penna Botto incluiu uma alerta ante o "maoísmo" e sua incidência na presidência de Arbenz, *Memorias del Segundo Congreso,* p. 21-23 e *Memoria del Cuarto Congreso,* p. 21-22.

36 *Memorias del Segundo Congreso,* op. cit., p. 105-111 e *Memoria del Cuarto Congreso, op. cit.,* p. 27 e 48.

na Argentina – e circularam textos produzidos por alguns dos participantes ou enviados pelos "países subjugados".[37] No congresso de Antígua se engrossou a representação dessas latitudes. Em uma das sessões Miljenko Perisic, delegado do Movimento Libertador Croata, pronunciou um discurso com forte inserção no Uruguai, onde a comunidade de refugiados mantinha ativa militância pública. No congresso de Lima a principal preocupação nesse sentido foi a insensibilidade do "mundo livre" frente a "carnificina do povo húngaro". Além do desassossego que gerava o falido levantamento na Hungria em 1956, socializou-se informação sobre os motins provocados depois da morte de Stalin e se promulgou uma declaração contra a proposta soviética de coexistência pacífica.[38] No congresso de Antígua se respaldou formalmente à China nacionalista, através de uma solicitação a todos os governos de "povos livres" para que prestassem seu apoio moral e material ao combate desse país contra o avanço comunista.[39]

Contra o comunismo, vigilância e repressão social e estatal

Vimos que esse heterogêneo movimento anticomunista foi se organizando em reação ao que se identificavam como ameaças ou perigos mais ou menos próximos. No entanto, nos congressos, nem tudo foi oposição. Algumas resoluções foram o resultado de longos debates, nos quais não faltaram tons alterados, negociações e vozes dissidentes. Em meio a essas polêmicas, uma dimensão reativa foi combinada com outra de natureza propositiva ou, como a denominaram, "fortalecimento democrático". Motivados pela certeza de que estavam testemunhando um avanço irreprimível de um movimento multifacetado e solapado que se "infiltrava" pelos resquícios mais inesperados, os participantes dos congressos abordaram metodicamente três temas interligados: a) canais de chegada de in-

---

37 Andrés de Cicco, delegado argentino e ex-embaixador de seu país na Rússia, distribuiu a cada participante um livro de sua autoria com dados coletados por ele mesmo atrás da Cortina de Ferro. O livro foi publicado na Argentina, onde, segundo advertiu de Cicco, tinha passado despercebido devido ao profundo desconhecimento da "vida miserável dos povos subjugados pelo comunismo vermelho". *Memoria del Segundo Congreso, op. cit.*, p. 308-309.

38 *Resoluciones del Tercer Congreso, op. cit.*, p. 31-34 e *Memoria del Cuarto Congreso, op. cit.* p. 129-131.

39 *Memoria del Cuarto Congreso, op. cit.* p. 27 e 61.

Pensar as Direitas na América Latina

divíduos e produtos culturais do bloco soviético; b) supostos agentes locais espalhados pela sociedade e especialmente nas áreas do trabalho, cultura e educação; c) diagnóstico sobre as condições socioeconômicas que favoreceram o sucesso dessa penetração. Longe de serem resolvidas definitivamente, essas questões constituíram o núcleo das discussões de todos os congressos.

Sobre os canais de infiltração, preocupava a liberdade *de facto* que tinham as embaixadas da URSS y de países "satélites" em território americano. Nesse sentido, formularam-se várias propostas que iam desde cortar relações diplomáticas e comerciais com essas nações, até iniciar campanhas contra a impunidade e as malas diplomáticas que permitiam o livre trânsito de pessoas e propaganda comunista. Em particular, preocupava a chegada de pessoas da Europa, embora a militância pós-soviética de muitos refugiados nos países americanos não fosse negligenciada.[40] A partir do congresso de 1955 denunciou-se que a embaixada da URSS no México funcionava como ambiente de coordenação dos partidos comunistas da América Latina e advertiu-se de que a impunidade diplomática era especialmente grave em Buenos Aires e Montevidéu onde circulava em larga escala na imprensa de grande circulação a "propaganda vermelha", ante a passividade dos governos "rosas" que minimizavam o perigo que se estava iniciando. Esse foi um reclamo sustentado durante os congressos seguintes e explica, em parte, as campanhas nos respectivos países para erradicar esta situação.[41]

Para os participantes dos congressos não restava dúvidas de que a penetração de agentes externos se complementava com a realização de atividades solapadas sob a fachada de reuniões de jovens ou mulheres, atividades artísticas, campanhas de ajuda à infância ou, o que merecia atenção especial, as visitas ao bloco soviético sob a aparência de atividades culturais e de intercâmbio ("o turismo" em países atrás da Cortina de Ferro). Sobre este último, as delegações eram encorajadas a recolher em cada país os nomes daqueles que estavam hospedados para os mais diversos propósitos.[42]

---

40 *Memoria del Segundo Congreso, op. cit.*, p. 16, 136-139, 142-144.

41 *Memoria del Segundo Congreso, op. cit.*, p. 21-27. *Memorias del Cuarto Congreso*, op. cit., p. 31-32.

42 *Memoria del Segundo Congreso, op. cit*, p. 138-139.

452 Ernesto Bohoslavsky • Rodrigo Patto Sá Motta • Stéphane Boisard (orgs.)

A questão dos "agentes comunistas" locais também ocupou longos espaços nos debates em todos os congressos. Sobre esse ponto, as realidades eram diferentes: entendia-se que os países mais vulneráveis eram aqueles que não tinham ilegalizado os respectivos partidos comunistas, como era o caso do México e do Uruguai. No entanto, em várias oportunidades, deixou-se bem claro que inclusive naqueles casos em que se tinham ilegalizado, o comunismo se infiltrava em uma velocidade esmagadora na imprensa supostamente não comunista e nas organizações sociais. Em cada congresso, vários trabalhos foram discutidos sobre o avanço solapado do comunismo nas universidades, no ensino primário e ensino médio, sindicatos e recursos-chave do Estado, como as esferas diplomáticas e as Forças Armadas.

No decorrer dos quatro congressos foi acordada una estratégia para lidar com o problema da infiltração que consistia em combinar ações de identificação e visibilidade pública dos "agentes" com atividades de controle, repreensão e depuração. Com esse objetivo, foi ordenado redobrar em cada país a atividade de sinalizar ou desmascarar supostas células comunistas entre professores, sindicalistas, funcionários públicos, intelectuais e organizações culturais.[43] Os funcionários públicos que mais preocupavam eram os que desempenhavam funções nas áreas de educação, relações exteriores e, principalmente, nas Forças Armadas. Direitos como liberdade de cátedra, de expressão ou de sindicalização foram questionados como armas de dois gumes dado que permitiam a aceitação gradual de ideias e utopias entre jovens, trabalhadores e amplos setores sociais sem opinião formada.[44]

Em diversas ocasiões discutiu-se sobre a necessidade de despertar e assessorar os governos que minimizavam a ameaça comunista. Sobre esse aspecto, a maioria das discussões passou pelo viés da obsolescência jurídica da livre

---

43 *Memoria del Segundo Congreso*, p. 16, 78-83.

44 Esses assuntos foram extensamente tratados em todas as reuniões. Sobre a necessidade de vigiar a liberdade de cátedra, ver: *Memoria del Segundo Congreso*, op. cit., p. 212-217. Em Lima foi resolvido solicitar aos governos a adoção de leis que impedissem o exercício da docência para pessoas "provadamente comunistas". *Resoluciones del Tercer Congreso*, op. cit., p. 70-71. Sobre as restrições à liberdade de imprensa e o sindicalismo único: *Memorias del Cuarto Congreso, op. cit.*, p. 314-315.

circulação de propaganda e indivíduos. Em Lima, foi acordado convocar uma Conferência Internacional de Juristas e no congresso de Guatemala e foi promovido que os governos exigissem de todos os funcionários públicos "uma declaração juramentada" assegurando que eles não eram comunistas e adotaram "reformas no Código Penal que possibilitassem uma defesa mais eficaz contra a penetração comunista em nosso continente".[45]

O mundo do trabalho e a educação formal foram considerados os que demandaram maior atenção. A partir do congresso do Rio de Janeiro, resolveu-se aumentar o vínculo com os sindicatos dos trabalhadores de cada país. As propostas para este setor incluíam a realização de cursos, a elaboração de textos de fácil compreensão e visitas a países onde o "livre sindicalismo" era um exemplo, bem como propostas mais elaboradas de que em cada república se organizassem reuniões tripartidas (trabalhadores, empregadores e governo) que impulsionassem planos para resolver os problemas sociais.[46] O terceiro congresso concordou que a representação monopolista dos sindicatos devia ser evitada e se garantir de que os sindicatos fossem independentes do Estado e dos partidos e que tivessem um funcionamento democrático, entre outros mecanismos.[47]

O campo da educação requeria uma vigilância rígida sobre os docentes e os conteúdos curriculares que realizavam: era necessário aplicar abordagens inovadoras e produzir novos textos escolares declaradamente antimarxistas tanto para o ensino primário como para o ensino médio. A frente estudantil preocupava em duas direções: primeiro, porque os docentes de todos os níveis eram suspeitos de estar "envenenando as almas" dos jovens e, em segundo lugar, alertava que a juventude, concebida como a faixa etária mais influenciável, fosse manipulada. Algumas medidas em relação aos jovens visavam neutralizar a influência das associações estudantis e suas atividades de solidariedade hemisférica e internacional. Assim, por

---

45 *Memoria del Segundo Congreso*, op. cit, p.123 ss. *Memorias del Cuarto Congreso, op. cit.*, p. 55 e 246.

46 *Memoria del Segundo Congreso*, op. cit., p. 195-209. Neste mesmo encontro foi celebrado a formação no México do Comitê de Luta contra o Comunismo em alguns sindicatos.

47 *Resoluciones del Tercer Congreso, op. cit.*, p. 72-76.

exemplo, no segundo congresso decidiu-se criar um subcomitê que coordenaria os movimentos universitários anticomunistas americanos.[48]

Outras definições revelam um substrato conservador e moralista sobre os jovens, suas condutas e preferências. No congresso de Lima foi aprovada por unanimidade a proposta apresentada pela Cruzada Brasileira contra o Comunismo intitulada "Contra a infiltração marxista na juventude". Usando um jargão pseudocientífico da área, a comunicação argumentou que os adolescentes sofriam de "desadaptação e distúrbios neuróticos" que eram usados pelos comunistas em seus "propósitos sinistros". Isso significava que, diante da anomia causada pela vida moderna, os comunistas ofereciam "respostas fáceis" e participação em "panfletos vermelhos", tribunas, células e organizações auxiliares. Assim, quase sem perceber, os jovens acabaram ingressando no Partido. A discussão sobre este artigo expôs o estereótipo do jovem marxista construído nas fileiras anticomunistas. Qualificados como "neuróticos" e "inadaptados", esses jovens eram depreciativamente representados da seguinte maneira:

> desalinhados, malvestidos, muitas vezes sujos e despenteados; tristemente ignorantes em sua maioria; incapazes de multiplicar duas cifras comuns ou de submeter-se a um teste aceitável sobre qualquer assunto do ensino médio e muito menos universitário que frequentam, eles são marxistas *quand même*.[49] (Tradução nossa).

Com base no diagnóstico de confusão ou extravio, era comum discutir a necessidade de recuperar e reconverter o maior número possível de jovens. Isso significava fechar as associações estudantis marxistas, erradicar professores que abusavam da liberdade de cátedra, esclarecer aos estudantes os aspectos básicos da doutrina comunista e oferecer-lhes alternativas. Sobre este último ponto, a moção apresentada pela delegação do Brasil lembrava que os estudantes tinham sido vanguardistas nos movimentos "contra a barbárie bolchevique" no Leste Europeu.

---

48 *Memoria del Segundo Congreso, op. cit.*, p. 185.

49 *Resoluciones del Tercer Congreso, op. cit.*, p. 50-55.

Por outro lado, esse mesmo conservadorismo moral e social é reconhecível na ideia dominante sobre os papéis de gênero e, em particular, o papel que as mulheres tiveram nessa luta. Esperava-se que sua contribuição para a militância anticomunista fosse uma extensão das tarefas de cuidado e reprodução que realizavam no espaço privado. Por esse motivo, entendeu-se que as mulheres eram chamadas para aumentar o sentimento de pertencimento nacional, mas também para ajudar os mais fracos. Nessa posição, estavam "naturalmente" destinadas a colaborar na criação de centros de treinamento de trabalhadores, promover intercâmbios estudantis e melhorar o atendimento médico em áreas rurais. Esperava-se também que colaborassem na cooptação dos setores populares, especialmente através da promoção de "centros de diversão" que inspirassem neles um "novo conceito de vida". Em várias ocasiões, foi debatido nos congressos sobre a necessidade de concentrar esforços e a militância para tirar a população do suposto engano. Em todas as reuniões se enfatizava que a prioridade era chegar a cada lugar da sociedade e incidir efetivamente na opinião pública. Para isso, resolveu-se publicar livros e folhetos usando linguagem simples, realizar congressos por áreas de atividade e aproveitar o rádio e a televisão como meios difusores de propaganda anticomunista.[50]

Os congressos eram reuniões de produção, socialização e disseminação de informações e diagnósticos sobre situações nacionais. Os dados coletados foram recompilados pelos delegados e exibidos em volumosas compilações documentais. Estas monografias – entre as quais também circularam aquelas que revelavam os "horrores" da vida em territórios sob domínio soviético – serviram de base para a confecção de folhetos, panfletos e dossiês sobre temas específicos que mais tarde circularam nos países representados nos congressos. A Confederação ocasionalmente assumiu a publicação de textos e o envio de panfletos, livros, propaganda impressa e recortes de jornais para o armado de campanhas anticomunistas locais, regionais e continentais.[51] A partir do segundo congresso, concebeu-se a vontade de publicar um jornal da Confederação, mas a iniciativa não prosperou. O conser-

---

50 M. Jiménez, *op. cit.* e *Memorias del Cuarto Congreso, op. cit.*, p. 45-46 e 246-247.

51 Prieto Laurens informou que a Confederação havia enviado "toneladas de propaganda" (folhetos, livros, recortes, artigos na imprensa) a todo o continente. *Memorias del Cuarto Congreso, op. cit.*, p. 246.

vador chileno Sergio Fernández Larraín, animador das redes internacionais anti-comunistas, editava naqueles anos em Santiago do Chile a *Revista de Estudios sobre el Comunismo* que fazia as vezes de publicação da Confederação.

A efetividade da tarefa anticomunista na América dependia da capacidade dos militantes de vigiar a maior quantidade possível de espaços e pessoas em cada país e, por sua vez, na convergência e coordenação de esforços entre as organizações envolvidas nessa mesma batalha.[52] Por essa razão, a Confederação definiu a criação de centros anticomunistas em cada país, encarregados de dirigir de maneira concertada as atividades das organizações que atuavam em diferentes frentes. Ao mesmo tempo, consolidou-se a ideia de um escritório hemisférico que recebesse e compartilhasse as informações coletadas em cada país. No congresso de 1957, foi determinada a criação de uma Agência Continental de Informação Anticomunista.[53] No ano seguinte, uma proposta dos delegados americanos foi aprovada por unanimidade, dando mais precisão à iniciativa: um Centro Interamericano de Informação Anticomunista seria instaurado com um arquivo de informações sobre pessoas e organizações, e organizaria um "índex continental do comunismo". Para isso seriam designados "correspondentes" para informar regularmente as "atividades subversivas de agentes comunistas". O Centro também teria entre suas funções a ação de levantar falsas acusações e distribuir jornais em espanhol e inglês além de vincular-se a agências de notícias.[54]

Contra o comunismo, melhor governo e mais caridade

Já nos primeiros congressos expressou-se a ideia de que o problema que congregava os anticomunistas não poderia ser resolvido se aos métodos repressivos não fossem incorporados outros de natureza preventiva. Essas medidas permitiriam paliar a pobreza, reforçar as classes médias e melhorar as condições de vida das massas trabalhadoras e camponesas, a fim de evitar qualquer tentação com o comunismo. A diretiva era alcançar "soluções práticas e concretas" para a erradicação do comunismo, mas também para resolver os problemas econômicos

---

52 *Memoria del Segundo Congreso, op. cit.*, p. 16.

53 *Resoluciones del Tercer Congreso, op. cit.*, p. 40-43.

54 *Memorias del Cuarto Congreso, op. cit.*, p. 310-311.

Pensar as Direitas na América Latina

e sociais que favoreciam sua disseminação. Essa definição era um tiro por elevação para organizações internacionais como a OEA ou a ONU, nas quais, conforme manifestado em várias intervenções, primava o palavreado e eram pouco eficazes em uma luta que deveria ocorrer em contextos clandestinos. No Rio de Janeiro, foi especialmente lembrado que a IX Conferência Interamericana (Bogotá, 1948), a IV Reunião de Chanceleres (Washington, 1951) e a X Conferência Interamericana (Caracas, 1954) resolveram trocar informações entre governos e controlar localmente os estrangeiros suspeitos. Os delegados daquele congresso votaram por protestar perante a ONU e os respectivos governos com a finalidade de exigir que as medidas anticomunistas aprovadas nessas reuniões fossem cumpridas.[55] Durante a discussão desse ponto, Prieto Laurens tornou públicas suas reservas sobre esses fóruns internacionais: repreendeu os delegados do México e da Argentina que os chanceleres de seus países não tinham acompanhado em Caracas a moção para "combater o comunismo internacional" em nome do respeito à livre determinação dos povos. O mexicano disse que eles "jogaram o jogo da Rússia", algo que não mudaria "enquanto estiverem infiltrados nos governos comunistas cor de rosa ou comunistas vermelhos descarados como no México e em quase todos os países da América Latina".[56] Dois anos depois, em Lima, foi discutida uma apresentação pela delegação peruana que exigia que os governos cumprissem o que foi acordado em Washington e Caracas com relação à eliminação de "agentes e espiões soviéticos".[57]

A ideia de que a campanha anticomunista deveria ser planejada e requeria uma base "científica" estava presente em todas as reuniões. No primeiro congresso, foi acordada a formação de um Instituto de Estudos Econômicos e Sociais, encarregado da análise das questões sociais e da elaboração de propostas e programas de desenvolvimento de médio e longo prazo.[58] Na reunião em Lima, decidiu-se especificamente estimular a produção das ciências sociais sobre

---

55 *Memoria del Segundo Congreso, op. cit.*, p. 154-155.

56 *Memoria del Segundo Congreso, op. cit.*, p. 156-159.

57 *Resoluciones del Tercer Congreso, op. cit.*, p. 37.

58 *Memoria del Segundo Congreso, op. cit.*, p. 195-209.

os aspectos que preocupavam ao conjunto dos anticomunistas.[59] Em Antígua na Guatemala, foi aprovado que cada país promovesse esforços para dar palestras em universidades, centros patronais e organizações de trabalhadores.[60] Ficou estabelecida a necessidade de desenvolver planos de "justiça social e distributiva" nas políticas públicas. Nesse congresso, após discutir exaustivamente as virtudes do sistema cooperativo, resolveu-se promovê-lo para reduzir os níveis de pobreza.[61] A reunião em Antígua foi especialmente proveitosa quanto a iniciativas para melhorar os padrões de vida como programas de assistência à infância e à maternidade, que pudessem reduzir as desigualdades extremas.[62]

Conclusões

O estudo dos congressos e suas discussões permite revisar a cronologia tradicionalmente usada para estudar a Guerra Fria na América Latina. Em particular, a existência, a frequência e a relevância dessas reuniões alertam sobre a inconveniência de se tomar a Revolução Cubana como o gatilho da histeria anticomunista no continente. Pelo contrário, parece mais pertinente inscrever a realização desses encontros em uma história mais ampla, em um sentido geográfico e cronológico. Na área geográfica, vale a pena lembrar que os congressos latino-americanos tiveram ligações com redes, organizações e militantes anticomunistas da Europa Oriental, da Ásia e da América do Norte. Quanto à cronologia, sabe-se que os congressos dos anos cinquenta não foram os únicos: nos anos sessenta houve congressos anticomunistas em vários países da América do Sul e entre 1972 e 1980 houve quase uma dezena de congressos, organizados pela Confederação Anticomunista da América Latina, de forte vínculo com a Liga Mundial Anticomunista.

Os congressos de 1954 a 1958 parecem ser uma resposta ao convite soviético à distensão e à convivência entre as superpotências. Nos congressos há uma exasperante produção de propostas, declarações e iniciativas, que no olhar

---

59 *Resoluciones del Tercer Congreso, op. cit.*, p. 36.

60 *Memorias del Cuarto Congreso, op. cit.*, p. 312-313.

61 *Memorias del Cuarto Congreso, op. cit.*, p. 383-393.

62 *Memorias del Cuarto Congreso, op. cit.*, p. 319-320.

retrospectivo parecem completamente desmedidas para as capacidades minguadas que a Confederação Interamericana de Defesa do Continente tinha: criar um jornal, imprimir livros, criar filiais e arquivos nos países, pressionar a ONU, romper relações com o bloco soviético, criar cooperativas, treinar trabalhadores quanto ao bom comportamento, monitorar os estudantes e seus professores. Os debates que ocorreram nas reuniões anticomunistas incluíram propostas preventivas e repressivas. As primeiras não passaram de algumas generalidades de inspiração católica e afirmações bem-intencionadas, enquanto as segundas levaram mais tempo, detalhe e interesse por parte dos participantes. Em geral, as propostas não alcançaram um maior teor ideológico: estavam longe de constituir um plano econômico coerente, como aquele que na época poderia ser oferecido por outras organizações e linhas ideológicas também anticomunistas, tais como a Democracia Cristã ou o desenvolvimentismo. Pelo contrário, a maior parte das propostas girava em torno da melhoria das tecnologias de detecção dos comunistas e seus "lacaios" e da perseguição de possíveis agentes soviéticos ou daqueles que eram fundamentais para sua expansão.

"Os mussolini não nascem todos os dias". A revista *Dinámica Social*: um caso de neofascismo transatlântico

Celina Albornoz[1]

Introdução

Após o fim da Segunda Guerra Mundial e queda dos fascismos europeus, uma grande quantidade de pessoas ligadas a esses regimes entrou na Argentina por diversas vias. Carlo Scorza, último secretário do Partido Nacional Fascista (PNF), depois de um longo período de clandestinidade na Itália, empreendeu em dezembro de 1946 sua viagem de Génova à Argentina. Como outros exilados que abandonaram a Itália por vias ilegais, conseguiu ajuda do clero e fez um passaporte falso, emitido pela Cruz Vermelha Internacional, para então embarcar-se à América do Sul com a identidade de Camillo Sirtori.

Uma vez estabelecido em Buenos Aires, em 1949 Scorza fundou o Centro de Estudos Econômico-Sociais (CEES), "com o intuito de intensificar e facilitar o desenvolvimento da pesquisa e a crítica dos problemas sociais e econômicos do país e dos países europeus e americanos".[2] O CEES realizava periodicamente reuniões de mesa redonda, nas quais se debatiam temas da atualidade política e

---

1   Estudante do Doutorado Interateneo em Studi Storici, Geografici e Antropologici na Università degli Studi di Padova, la Università Ca' Foscari de Venecia y la Università degli Studi di Verona, e do Doutorado em História do Instituto de Altos Estudios Sociales da Universidad Nacional de San Martín.

2   GIRBAL-BLACHA, Noemí. "Armonía y contrapunto intelectual: Dinámica Social (1950-1965)", em GIRBAL-BLACHA, Noemí e QUATTROCCHI-WOISSON, Diana (Dir.). *Cuando opinar es actuar. Revistas argentinas del siglo XX*. Buenos Aires: Academia Nacional da Historia, 1999, p. 433.

econômica local e internacional. Apesar de dispormos de escassas informações sobre sua composição e suas atividades, contamos com o testemunho de sua publicação mensal, chamada *Dinámica Social*.[3] Dirigida por ele mesmo, essa revista se converteu em expressão dos assuntos debatidos no CEES e no canal de difusão das ideias que ali circulavam.

Este estudo retoma um trabalho de conclusão de curso de graduação[4] no qual se concluiu provisoriamente que existiu uma cultura política neofascista que teve a *Dinámica Social* – enquanto revista de corte filo-fascista e de alcance internacional – como ponto de encontro. Nesse trabalho, foram identificados alguns traços fundamentais desta cultura política: rejeição à democracia liberal, um fervente anticomunismo, nostalgia pelos fascismos europeus caídos e apoio ao neofascismo,[5] à medida que crescia na Itália. Aqui enfocaremos no último desses traços: através da análise de artigos nos quais se tratam temáticas relativas à política italiana, e de uma fotografia tirada do filho de Mussolini, Vittorio, em Buenos Aires, em uma homenagem a seu pai. Veremos como na *Dinámica*

---

3   Tivemos acesso a um total de 19 números da *Dinámica Social*. Contamos com os números seguidos do 1 ao 12 (setembro de 1950 a agosto de 1951) e com alguns avulsos de anos posteriores: o 28 (dezembro de 1952), o 29 (janeiro de 1953), o 90 (abril de 1958), o 100-101 (número unificado correspondente a janeiro e fevereiro de 1959), o 102 (março de 1959), o 115-116 (número unificado correspondente a abril e maio de 1960) e, por fim, o 120 (outubro de 1960). Além disso, tivemos acesso aos índices de publicações de diferentes anos (1954 e o período compreendido entre julho de 1957 e dezembro de 1964, com algumas lacunas).

4   Referimo-nos ao trabalho de conclusão de curso de dupla titulação nossa entre a Licenciatura em História da Universidade Nacional do Litoral (Argentina) e a Università Ca' Foscari di Venezia (Itália) defendida em 28 de junho de 2017, intitulada: "Fascistas entre Italia y Argentina. Migraciones y política en la segunda posguerra: el caso de Carlo Scorza y *Dinámica Social*".

5   Diversos movimentos marcadamente fascistas foram se constituindo na Itália que estava saindo da catástrofe que significou sua participação na Segunda Guerra Mundial. O neofascismo italiano deu sinais de vida assim que a Segunda Guerra terminou através da ação de pequenos grupos que depois se nucleariam em torno do Movimento Social Italiano. Durante os primeiros anos de sua existência, atuaram na clandestinidade, para se manifestarem e inserirem no jogo político italiano a partir das eleições políticas de 1948. Desde então, seria convertido "no partido dos fascistas em democracia" (RAO, Nicola. *Neofascisti! La Destra italiana da Salò a Fiuggi nel ricordo dei protagonisti*. Città di Castello: Settimo Sigillo, 1999).

Social se valorizava o fascismo italiano e analisaremos qual foi o posicionamento adotado pela revista frente ao neofascismo. Por sua vez, tentaremos determinar se em suas páginas se explicitam conexões com o mesmo. Da mesma forma, referir-nos-emos aos colaboradores: veremos quem eram os personagens que davam vida ao CEES e a sua publicação.

Para alcançar nosso objetivo, adotaremos uma perspectiva transnacional. Estamos de acordo com Andrea Mammone,[6] quem afirma que resulta altamente enriquecedor estudar a extrema direita como um fenômeno não estritamente relacionado e confinado a espaços territoriais. Abordamos essa cultura política neofascista transnacional com este olhar e nos concentramos em componentes específicos que determinaram sua existência, circulação e reprodução, ancorada fortemente no CEES, na *Dinámica Social* e nas pessoas que levavam adiante esses projetos.

Dinámica Social, a voz do CEES

O primeiro número da *Dinámica Social* surgiu em setembro de 1950, e seguiu sendo publicada mensalmente ou a cada dois meses até 1965. Buchrucker destaca sua "excelente apresentação, reveladora da boa base financeira".[7] Isso tem relação direta com a quantidade e a solidez econômica de seus patrocinadores, muitos deles ligados às empresas italianas instaladas na Argentina, algumas a partir da segunda pós-guerra.[8] Em diferentes períodos, ressaltam Pirelli, Fernet Branca, Dalmine-Techint, Cinzano, Alitalia, Fiat Concord, Innocenti, Italviscosa, Cirio, Banco de Italia y Río da Plata e Italmar, entre outras. Várias páginas se destinavam a avisos publicitários por parte dessas empresas com capitais italianos. A publicação foi em grande medida financiada por Vittorio Valdani, empresário milanês e fascista emigrado para a Argentina, fundador do

---

6 MAMMONE, Andrea. *Transnational neofascism in France and Italy.* Nueva York: Cambridge University Press, 2015.

7 BUCHRUCKER, Cristián. *Los nostálgicos del "Nuevo Orden" europeo y sus vinculaciones con la cultura política argentina.* Buenos Aires: Informe final CEANA, 1999, p.12.

8 Cf. BERTAGNA, Federica. "Techint e gli altri. Penetrazione industriale ed emigrazione italiana nell'Argentina peronista (1946-1955)". *Studi Storici,* nº3, vol. 55, jul-set. 2014.

Il fascio di Buenos Aires em 1925 e agente da República Social Italiana – RSI –[9] nessa cidade, com quem Scorza estabeleceu uma relação de amizade desde a sua chegada à capital argentina.

É oportuno destacar que a *Dinámica Social* teve um importante alcance nacional e internacional. Era distribuída na Argentina e em vários países do continente americano e europeu[10] através de referentes particulares. O alcance mais importante, certamente, era na Argentina, de onde se editava e onde estava radicado o CEES.

As pretensões de internacionalidade do CEES e seu interesse por influir em um público amplo se manifestam através de sua difusão no exterior; o número de países aos que chegava se manteve relativamente estável ao longo dos anos.[11] Apesar de que não nos seja possível avaliar o impacto que tinha nem seu alcance real, ao não possuir os dados numéricos das tiragens nem das assinaturas, sim é possível observar que três países se mantiveram na lista: Itália, França e México. Podemos deduzir que teve nesses lugares uma recepção suficientemente ampla como para sustentar os custos implicados nos envios internacionais, que sempre eram centralizados por um representante local.

Nos primeiros números da *Dinámica Social* é patente o matiz ideológico que lhe é impresso. Com uma clara vinculação com a ultradireita, desde o início impõe-se uma forte militância ideológica, manifestada em uma grande quantidade de artigos. No entanto, a partir de meados da década de 1950 se evidencia uma mudança de perfil para mais tecnocrático, conforme o clima de ideais da época onde o desenvolvimentismo se expunha como futuro possível.

---

9 BERTAGNA, Federica. *La patria di riserva. L'emigrazione fascista in Argentina.* Roma: Donzelli, 2006, p. 177.

10 Hoje em dia existem números da *Dinámica Social* em bibliotecas da Argentina, Estados Unidos, México, Itália, Inglaterra, Espanha e França.

11 Nos primeiros cinco números se registram 14 países; no número 6, há 11, enquanto que do 7 ao 12 vemos uma lista de 12 países. Logo, nossas fontes nos levam aos números 28 e 29, e ali vemos uma soma de 17 países. Há uma diminuição no seguinte número que possuímos: no 90, há 12 países, enquanto que no 100-101 e 102 o número cai para 11. Por último, na edição 115-116 se registram 10 países e na 120 não consta nenhum dado. Apenas pudemos extrair dados referidos à distribuição dos números da revista que possuímos completos.

A revista contava em todos os números com uma seção principal em espanhol e outra em italiano.[12] Além disso, por vários anos se incluiu uma em francês, a qual foi eliminada em junho de 1956. Apesar disso, a revista seguiu tendo um centro de distribuição na França. A inclusão dessas seções nos permite deduzir que o público italiano e francês – este último ao menos nos primeiros anos, foi muito amplo: poderia se tratar de pessoas que adquiriram a publicação no continente europeu ou de imigrantes que estivessem situados tanto na Argentina quanto em outros países e que se interessassem particularmente por essas seções.

Com uma notável regularidade, sobretudo nos primeiros anos da revista, Scorza escrevia os editoriais. Durante muitos anos os assinava apenas com as suas iniciais. Entre os números destacados, o nome completo do último secretário do PNF aparece apenas em julho de 1957, ou seja, no n°81. Através de seus editoriais, Scorza reafirmava a missão da revista e do CEES, a qual foi delineada desde o primeiro número:

> O Centro tem uma finalidade essencialmente construtiva: quer assinalar – apresentando-o em sua estrutura esquemática – o problema de uma "terceira posição" entendida como uma nova forma de vida cultural e econômica, tanto no indivíduo como na sociedade.[13]

Até meados da década de 1950, é possível observar que a "terceira posição",[14] no contexto do cenário mundial marcado pela Guerra Fria, constitui a coluna vertebral da *Dinámica Social*. No n°11 Scorza continua fazendo proselitismo dessa alternativa entre o comunismo soviético e capitalismo representado

---

12 Desde o n°104, correspondente a maio de 1959, dá se uma hierarquização da seção italiana no interior da revista. A extensão passa de entre 6 e 10 páginas a 14 (n°104), 14 (n°105), 17 (n°106) e 23 (n°107-108). A partir do número 104, não há uma modificação substancial no número total de páginas da publicação, mas sim muda o equilíbrio entre a seção em espanhol e a italiana: cada uma passa a ocupar aproximadamente a metade da extensão de cada número.

13 C. S. [Scorza assinava com as suas iniciais]. "Presentazione: uomini e idee". *Dinámica Social*, Buenos Aires, n°1, set. 1950, p. 41. Tradução nossa.

14 A "terceira posição" era sustentada na Argentina pelo governo de Perón. Zanatta afirma que, no marco da Guerra Fria, Perón perseguia como fim a formação de um bloco de países latinos sob sua hegemonia, isto é, como uma via alternativa e independente dos Estados

pelos Estados Unidos. O editorial desse número tinha o título: "Ser ou não ser da terceira posição". Ali, o ex-hierarca do fascismo expressa:

> Propugnamos uma "terceira posição" como a única maneira de viver individual e socialmente correspondente às premissas de nossa civilização [...] A "terceira posição", ou terceira força, que deve inserir-se vitoriosamente entre o supercapitalismo monopólico e o comunismo – não tanto para contradizê-los, e sim para superá-los – é um movimento revolucionário...

> [...]

> Dois impérios adversários, vastos como dois continentes [...]: monopólio universal plutocrático, ou monopólio universal comunista.

> Nesse clima se move, difunde-se, penetra o conceito salvador de uma "terceira posição.[15]

Cabe assinalar que, na reafirmação da "terceira posição", embora haja impugnações fortes ao capitalismo americano, são mais reiteradas e encarniçadas aquelas orientadas a atacar o comunismo. No tom com o anticomunismo global, desde o início é muito firme e reiterada a ideia de que o comunismo tinha um plano internacional para conquistar o mundo mediante uma revolução marxista. Scorza o manifesta claramente: "Qual é o objetivo principal da Rússia? Conquistar o mundo. Como pode obtê-lo? Dividindo as nações internamente e os Estados entre eles".[16]

Unidos e da União Soviética. Esse ambicioso projeto, não obstante, terminou antes de concretizar-se, ao aliarem-se aos Estados Unidos os países que o presidente argentino tentava seduzir para sua causa. A postura argentina também cederia gradualmente até se colocar nas filas americanas, em consonância com seus vizinhos latino-americanos. (ZANATTA, Loris. "Perón e il miraggio del Blocco latino. Di come la guerra fredda allargò l'Atlantico Sud". *Anuario de Estudios Americanos*, Sevilla, n°2, vol. 63, 2006.)

15 C. S. "Essere o non essere della terza posizione". *Dinámica Social*, Buenos Aires, n°11, jul. 1951, p.46. Tradução nossa.

16 C. S. "L'eredità di Hiroshima". *Dinámica Social*, Buenos Aires, n°4, dez. 1950, p. 42. Tradução nossa.

Pensar as Direitas na América Latina 467

Contudo, as marcas ideológicas orientadas à defesa da "terceira posição" vão se fazendo menos frequentes em números posteriores. Na segunda metade da década de 1950, conforme a dissolução da temática no discurso peronista[17] e a crescente polarização entre os blocos da Guerra Fria, a questão que tinha constituído a coluna vertebral da *Dinámica Social* deixará de ser predominante em suas páginas para dar lugar à aparição de novas temáticas, como o acordo econômico e política da América Latina, a ciência, a industrialização e o desenvolvimento tecnológico, de acordo com o advento do desenvolvimentismo na Argentina. Da "terceira posição" permanecerá um constante ataque ao comunismo, o qual cederá seu protagonismo, mas seguirá presente.

Autores e colaboradores da *Dinámica Social*

Intelectuais argentinos, sul-americanos e europeus colaboraram no CEES e, mediante seus aportes, contribuíram para dar vida a sua publicação mensal. Identificamos dois grupos principais de colaboradores da *Dinámica Social*.

O primeiro grupo está composto por um conjunto de pessoas aos quais chamaremos "nostálgicos da nova ordem europeia".[18] Alguns nomes que publicaram foram: Carlos Von Merck, jornalista nazista emigrado para a Argentina e figura importante do jornal filo-nazi *Der Weg*, editado em Buenos Aires; Willem Sassen, jornalista holandês, ex-membro das SS que conseguiu fugir para a Argentina, onde também colaborou com *Der Weg;* Jacques Marie De Mahieu,

---

17 Do lado italiano, a corrente intransigente do Movimento Social Italiano se tinha colocado em uma posição de rejeição tanto do comunismo soviético como do capitalismo americano, já que considerava os Estados Unidos como o responsável da derrota do fascismo, e como um dos principais artífices da depuração que se executou imediatamente depois de finalizada a Segunda Guerra Mundial. Não obstante, esta postura mutuou até 1951, quando De Marsanich e Michelini, representantes da corrente conservadora, passaram a liderar o partido. A partir de então, e frente ao desacordo de Almirante e seus seguidores, o MSI se alinhou com o bloco ocidental, depois dos Estados Unidos.

18 Este conceito foi tomado por Buchrucker para se referir aos protagonistas e colaboradores dos fascismos europeus que se instalaram na Argentina depois de 1945. Cf. BUCHRUCKER, Cristián, *op. cit.* Nós incluímos também nesse conceito colaboradores europeus que escreviam de outras locações, mas que também tinham participado ou aderido aos fascismos europeus (ou o faziam ainda, como é o caso de Manuel Fraga Iribarne no franquismo).

ex-membro das SS, colaboracionista de Vichy e militante da *Action Française;* Alberto Falcionelli, historiador francês, também colaboracionista do regime de Vichy e membro da *Action Française,* como Jacques Ploncard D'Assac, outro co-laborador da *Dinâmica Social.* Por sua vez, encontramos frequentemente a Ante Pavelić – quem assinava os seus artigos com o pseudônimo "A. S. Mrzlodolski", político croata fundador de Ustaša, organização terrorista aliada ao nazismo e ao fascismo italiano, e posteriormente ditador do Estado Independente da Croácia, Estado fantoche do Eixo. Por sua parte, Manuel Fraga Iribarne, político espanhol que ostentou altos cargos de governo durante a ditadura de Franco, escrevia assiduamente na revista, como também o fazia Pierre Daye, belga militante do rexismo e colaboracionista do nazismo durante a ocupação alemã.

Além disso, encontramos um importante número de italianos relaciona-dos tanto com o fascismo do *ventennio* como com a República Social Italiana (RSI) e com o neofascismo. Entre eles, cabe mencionar os seguintes nomes: Vittorio Valdani, quem, como já indicado, foi uma das principais figuras do fascismo na Argentina e, também colaborava com o financiamento da *Dinâmica Social;* Concetto Pettinato, jornalista italiano que fez parte da ala revolucionária do *Movimento Sociale Italiano* (MSI) – distanciou-se do partido em 1952, ex-diretor do jornal italiano *La Stampa* durante a RSI; Mario Tedeschi, ex-membro da *X Flottiglia MAS,* um dos fundadores do grupo *Fasci d'Azione Rivoluzionaria,* diretor do jornal neofascista "Il Borghese" e mais tarde senador pelo MSI-DN (eleito em 1972 e 1976); Gino Miniati, ex-Diretor Geral do Ministério da Economia Corporativa da RSI. A participação de todos esses políticos e in-telectuais na publicação nos permite afirmar, junto a Buchrucker, que a lista de colaboradores "refletia em boa medida a orientação da ultradireita europeia depois de 1945".[19]

O segundo grupo de assíduos colaboradores da publicação era aquele dos círculos nacionalistas argentinos. Como já mencionado, Scorza teceu estreitas relações com esse universo intelectual. Julio Irazusta, Juan Carlos Goyeneche, José María Rosa, Federico Ibarguren, Ernesto Palacio, José María de Estrada, Juan Ramón Sepich, Marcelo Sánchez Sorondo, Leonardo Castellani são nomes

---

19 BUCHRUCKER, Cristián, *op. cit.,* p. 12.

que aparecem nas páginas da *Dinámica Social* e que, com maior ou menor relevância, vinculam-se a esse movimento político antiliberal e autoritário que foi o nacionalismo argentino.

As afinidades culturais que os aglutinavam, tanto aos nacionalistas argentinos como aos "nostálgicos da nova ordem europeia", são mencionadas explicitamente por Scorza:

> O CENTRO DE ESTUDOS ECONÔMICO SOCIAIS é uma instituição argentina, porque nasceu na Argentina; mas com homens argentinos, italianos, espanhóis, franceses, colombianos, chilenos; europeus e sul-americanos. [...]
>
> O CENTRO surgiu aqui na Argentina porque aqui nos encontramos – reunidos pelo acaso e as afinidades culturais – um grupo de homens dominados pelo mesmo pensamento e pela mesma inquietude; porque na Argentina existe o clima político propício para iniciativas desse tipo: histórico, demográfico, cultural, político, social.
>
> Mas não somos somente argentinos ou italianos ou espanhóis ou uruguaios: assim como não pertencem a nenhum país em particular uma ideia ou uma ansiedade que tendem a juntar os elementos que unem a todos os homens, sob o paralelo ou meridiano em que vivam, da cor que seja sua pele, da origem que seja. Uma tristeza em comum, um desejo, uma esperança, uma vontade em comum, não podem nem devem estar limitados por confins geográficos ou linguísticos.[20]

Portanto, é válido afirmar que o CEES e a *Dinámica Social* se constituíram em espaços de encontro e troca entre nostálgicos dos fascismos europeus – que os viveram em primeira pessoa – e protagonistas do nacionalismo argentino dos anos 1930 e 1940. Presumimos, pois, que a publicação mantinha uma postura de apoio ao neofascismo, que estava vendo a luz nos anos 1950. Trataremos de elucidar essa questão na próxima parte deste trabalho.

---

20 C. S. "Dei continenti e dei campanili". *Dinámica Social,* Buenos Aires, nº2, outubro de 1950, p. 43. Tradução nossa.

470 Ernesto Bohoslavsky • Rodrigo Patto Sá Motta • Stéphane Boisard (orgs.)

Neofascismo e fascismo na *Dinámica Social*

Na *Dinámica Social* tinha uma forte militância ideológica e claros indícios de aquiescência aos regimes da "nova ordem europeia". Não obstante, os artigos dedicados exclusivamente ao fascismo, ao neofascismo ou à atualidade política italiana não eram tão abundantes como imaginávamos. Apesar disso, as páginas da revista estão carregadas de marcas ideológicas que demonstram sua conexão com uma cultura política neofascista da que a publicação teria sido parte.

A seguir, analisaremos dois artigos de autoria de Guglielmo Borghini,[21] em duas conjunturas diferentes. Um corresponde ao nº10 e o outro ao 90. Consideraremos também um terceiro artigo, publicado no nº12, de autoria anônima. Por último, incluiremos uma fotografia, que retrata a homenagem realizada em 1960 em Buenos Aires no aniversário da morte de Mussolini e da epígrafe que a acompanha. Correspondem ao nº115-116, de abril e maio de 1960.

Iniciaremos este percurso com os artigos de Borghini. O primeiro que abordaremos tem por título "as eleições na Itália", publicado no nº10 da *Dinámica Social*, de junho de 1951. Este contém artigos sobre a política internacional e latino-americana, de literatura e, claro, de sustento da "terceira posição". Cabe remarcar que, naquele momento, MSI era um partido relativamente novo, que apenas recentemente tinha entrado na cena política legal. Somente três anos antes, tinha participado pela primeira vez de eleições democráticas, obtendo resultados modestos. Não obstante, foi se consolidando como aglutinador de diversos movimentos neofascistas que estavam dispersos e, progressivamente, foi adquirindo força e presença no cenário político nacional. Sobre o MSI, Borghini afirma:

> o Movimento Social Italiano (MSI) de tendência genuinamente nacional, que, em 1948, recém constituído, tinha conseguido apenas 2,5% dos votos; mas cuja força na opinião geral tem se aumentado notavelmente nesses anos, não obstante ser o partido mais pobre e perseguido da Itália. Efetivamente, dos partidos que possuem representantes nas Câmaras, é o MSI o único que não dispõe sequer

---

21 Somente encontramos uma referência certeira a essa pessoa, em uma lista publicada pelo jornal do MSI, *Rivolta Ideale*, composta pelos *squadristi* das origens do fascismo. Borghini se encontra sob a nômina de membros do *Fascio Carrarese di Combattimento*.

Pensar as Direitas na América Latina   471

de um jornal próprio.[22] Além disso, o governo ameaçou repetidas vezes dissolvê-lo, negou-lhe em várias oportunidades o direito de reunião e propaganda pública, vetou seu Congresso (Convenção) nacional que há uns meses deveria efetuar-se em Bari, etc. Mas era visível o estímulo que o MSI ia cobrando...[23]

Borghini recorre a uma estratégia de vitimização: apresenta um MSI intensamente fustigado, que deve fazer frente a numerosos ataques, mas que, apesar dos reveses sofridos, consegue fazer frente às adversidades e consolidar-se. No trecho citado, ressalta também a referência ao MSI como o único partido de tendência "genuinamente nacional". Essa é uma ideia com a que se insiste mais à frente:

> Em todo o sul da Itália e, portanto, na Sicília, a opinião se manteve em geral mais "nacional"; em consequência, lá tem o MSI sua maior força, e lá os comunistas têm menos afinco.[24]

O autor propõe uma identidade entre "o nacional" e o MSI, ao mesmo tempo que explica, – com excessiva linearidade – que existe uma relação de causa-consequência entre ter uma opinião "nacional", e apoiar o MSI, em oposição ao comunismo.

Por outra parte, Borghini oferece um panorama acerca dos resultados das eleições italianas recentes. Com relação ao MSI, alude que "quadruplicou sua força eleitoral, sendo o único partido que pode mostrar um progresso de tal magnitude, e se está delineando decididamente como o terceiro partido do

---

22   Esta informação é falsa. Desde seu início, o MSI contou com ao menos duas publicações: *Ordine sociale* e *Rivolta ideale*. Assim afirma Di Meglio: "Desde este momento [o nascimento do MSI] a "Rivolta Ideale" será o órgão oficioso do MSI" (DI MEGLIO, Umberto. "Il ruolo della stampa nella nascita del MSI", *Rivista di studi corporativi*, Roma, año XI, Nº 5-6, sep.-dic. 1981, p. 236. Tradução nossa). Além disso, argumenta que a multiplicidade de publicações neofascistas que circularam no período imediatamente posterior à queda do fascismo contribuiu para preparar o terreno para o surgimento e posterior unificação do neofascismo.

23   *Ibidem*, p. 21.

24   *Ibidem*, p. 22.

país".[25] O autor destaca o crescimento do partido neofascista, enquanto que demonstra um grande otimismo com relação ao seu futuro.

A seguir, outro trecho que resulta ineludível pelo seu conteúdo e seu cunho ideológico:

> A imprensa normalmente chama o MSI de "neofascista". A definição é exata, desde que se interprete-a corretamente. O MSI teve, com efeito, a valentia de tomar a tradição política mussoliniana – a maior e, por consequência, a mais pesada das tradições políticas italianas – mas somente em sua parte vital [...]
>
> Existe sempre uma parte vencida que deve se saber descartar.
>
> Assim, por exemplo, o MSI descartou – contrariamente ao que afirma a "grande imprensa" – a ditadura, pela simples razão [de] que a ditadura é sempre um fenômeno transitório, já que exige a presença do ditador. Agora, se os De Gasperi existem aos montes, *os Mussolini não nascem todos os dias.*[26]

Consideramos necessário destacar a valorização do fascismo e de seu "duce", que se evidencia através da prominência de Mussolini no discurso e da qualificação da tradição política fascista como "a maior" e "a mais pesada". Desse modo, o MSI se erige no agente que, com coragem, pega a parte mais pura do fascismo, deixando de lado a ditadura –argumenta que a ditadura foi abandonada devido à carência da presença fundamental do ditador – e se dedica a levar sua bandeira. Com a finalidade de banalizar a figura de De Gasperi, líder da DC, Borghini alega que é possível encontrar figuras como ele "aos montes", enquanto que, em contraposição, "os Mussolini não nascem todos os dias".

Não obstante, o otimismo de Borghini se enfrentou a realidade do porvir político italiano. Seu artigo "Vigilia eleitoral na Itália", publicado na seção italiana do n°90 da *Dinámica Social*, correspondente a abril de 1958, se insere em uma conjuntura política muito diferente. Para 1958, as previsões acerca

---

25 *Ibidem*, p. 21.

26 *Ibidem*, p. 22. Destaque nosso.

do crescimento e avanço do MSI até se tornar o terceiro partido da Itália que Borghini manifestou no artigo anterior, não se tinham cumprido. Inclusive, fruto das lutas civis do movimento, tinha se produzido o "big bang"[27] que culminou com a saída de vários expoentes produto de desacordos internos entre as linhas principais do partido. Desaparecem, pois, as expectativas que tinha mostrado Borghini no artigo do nº 10, sendo substituído por uma resignação ante o modo em que se desenvolveram os acontecimentos e ante os frustrados intentos de construir uma direita unificada.

> Na direita, finalmente, fracassou novamente a intenção de dar vida àquela "grande direita" que poderia polarizar os votos de um vasto setor do eleitorado – votos que, em troca, por falta de um referente, se redirecionam para a democracia cristã ou se dispersam entre pequenas formações políticas – as esperanças são poucas. Os partidos nacionais perderam o vigor e estão reduzidos à defensiva [...] Na direita, deve se começar do zero: revisão dos esquemas ideológicos, renovação dos quadros, atualização da tática e da estratégia política, social, econômica e parlamentária. De outro modo, a direita italiana, que pode gabar-se das mais altas tradições de nossa história – daquela *risorgimentale* àquela mussoliniana – estará destinada a consumir-se em estéreis posições polêmicas.[28]

Nesse artigo Borghini demonstra resignação e até frustração diante do fracasso no intento de conformação de uma "grande direita" que pudesse unificar e conseguir os votos do espectro da direita do eleitorado. Refere-se aos partidos de direita como "os partidos nacionais", mas observa que perderam vigor e que se encontram "reduzidos à defensiva", sem ímpeto, sem fervor. Em seguida, sustenta que "Na direita, deve se começar do zero", ou seja, que a direita deve ser reconstruída desde as suas bases, e manifesta o caráter de "necessária" de tal regeneração.

---

27 RAO, Nicola, *op. cit.*

28 BORGHINI, Guglielmo. "Vigilia elettorale in Italia". *Dinámica Social*, Buenos Aires, nº 90, abr. 1958, p. 51. Tradução nossa.

Detenhamo-nos no seguinte trecho: "a direita italiana, que pode gabar-se das mais altas tradições de nossa história". Nessa proposição, Borghini dá conta outra vez de seu posicionamento político, ao afirmar que a direita italiana pode vangloriar-se das mais altas tradições da história italiana, e inclui explicitamente o fascismo entre elas.

No Nº12 da *Dinâmica Social*, publicado em agosto de 1951, encontramos uma homenagem anônima a Pétain, chefe de Estado do regime de ocupação nazi instaurado na França; além de, em outros textos, gabar-se do *Estado Novo* instaurado por Salazar em Portugal e atacar firmemente o marxismo e o comunismo. Aqui concentraremos nossa atenção no artigo de autoria anônima que tem como título "Reabilitar a Itália? Que sejam reabilitados antes os bárbaros e verdugos!".

O artigo possui um tom marcadamente agressivo e combativo. Este teve como gatilho uma notícia que teria circulado sobre um projeto de Robert Schuman – naquele momento Ministro de Assuntos Exteriores da França – que teria como título "Reabilitação moral da Itália". Portanto, está direcionado explicitamente a esse ministro e também, por extensão, a quem coincidisse com o seu modo de ver. Já no título, qualifica-os como "bárbaros" e "verdugos".

Figura 1. *Dinâmica Social*, n.115-116, abril-maio de 1960.

A intenção do autor consiste em deixar claro que a ideia da necessidade de uma reabilitação é ridícula, uma "cega forma de presunção",[29] e que quem necessita de reabilitação são a mesma França e os Aliados da Segunda Guerra Mundial:

> Reabilitação moral da Itália! Mas, senhores, vocês estão loucos, ou a vaidade de sua prepotência chegou ao ponto de entorpecerem o espírito e o entendimento! De que teria que reabilitar-se a Itália?[30]

Mais à frente, a Itália é elevada a uma posição de superioridade

> Antes de sentir-se com direito de levantar o olhar frente à Itália e a Roma – em qualquer época e momento de sua história – muitos devem considerar-se necessitados de reabilitação moral e política.[31]

Frente a Itália, os demais não somente necessitam levantar o olhar, mas também devem ter direito a fazê-lo. Vemos aqui um orgulho e um ar de grandeza que nos relembra as pretensões da Itália de Mussolini. Em consequência, quem escreve percebe como um insulto a pretensão de "reabilitação" da "grande Itália" e a "mítica Roma", por parte de uma França que, a partir de sua perspectiva, se encontraria em uma posição inferior.

> Reabilitar a Itália! Escutem, cidadãos livres ou escravos de todo o mundo: os "grandes" do momento vão reabilitar a Itália![32]

Com um evidente uso da ironia, reforça a ideia central do artigo, isto é, a indignação frente à afirmação de uma necessidade de reabilitação por parte da Itália. Finalmente, o autor conclui que

---

29 ANÓNIMO. "¿Rehabilitar Italia? ¡Que se rehabiliten antes bárbaros y verdugos!", *Dinâmica Social,* Buenos Aires, nº 12, ago. 1951, p.8.

30 *Ibidem.*

31 *Ibidem.*

32 *Ibidem.*

476 Ernesto Bohoslavsky • Rodrigo Patto Sá Motta • Stéphane Boisard (orgs.)

> A Itália não pode ser reabilitada; não tem que reabilitar-se. Defendeu com honra e sangue, junto com sua liberdade e seu direito à vida, o patrimônio supremo desta humanidade, desta civilização que hoje sofre e vacila, precisamente porque Ela foi vencida. Defendeu a dignidade humana e os bens do espírito que se derrubaram somente sob o estrépito das bombas de fósforo, precedidas por espionagem, traição, intrigas sectárias, profusão de dólares e libras.[33]

"A Itália não pode ser reabilitada; não tem que reabilitar-se". Justifica essa afirmação mediante a menção de um conjunto de atividades heroicas que lhe atribui: a defesa do "patrimônio supremo desta humanidade, desta civilização". Além disso, a referência à profusão de dólares e libras não deixa dúvidas sobre quem são os sujeitos denegridos no discurso, ou seja, que é evidentemente utilizada para aludir aos Estados Unidos e à Grã Bretanha. A defesa da Itália ante esses inimigos teria sido realizada em nome de toda a "civilização", e "com honra e sangue". O autor anônimo acrescenta que

> A Itália grita do alto de sua rocha: "Reabilitem vocês, porque somente vocês têm a necessidade de reabilitação".[34]

Como vimos nos trechos acima, de acordo com o autor, a Itália se situava em uma posição mais alta que seus inimigos. Personificada, a Itália "grita do alto de sua rocha". São os outros – os destinatários imaginados do artigo, Schuman, França e os Aliados – os que têm a necessidade de reabilitar-se. A tomada de posição nesse artigo e a nostalgia pelo fascismo caído resultam inevitáveis.

Por último, consideramos oportuno incluir nesta análise uma fotografia, a qual, junto com sua epígrafe, ocupa a metade inferior de uma página da seção italiana do nº115-116 da *Dinámica Social,* correspondente aos meses de abril e maio de 1960. Nela, podemos observar um homem vestido de terno que, com ar atribulado, realiza uma saudação romana (figura 1). Em um primeiro plano, vemos

---

33 *Ibidem.*

34 *Ibidem.*

Pensar as Direitas na América Latina

velas fúnebres e arranjos florais. Atrás, um grupo com mais homens de ternos completa a cena.

Ao ler o emotivo epígrafe que acompanha a fotografia, nos damos conta de qual é o evento retratado e esta adquire sentido:

> No passado 29, em Buenos Aires, na igreja de Santo Ignacio, excepcionalmente cheia de gente, foi celebrada a missa em memória do Fundador e Capo do fascismo. Sobre o catafalco rodeado de velas e coroas, caía o escuro pálio sobre o qual se destacava lacônicas letras de ouro o nome: BENITO MUSSOLINI. E todo o templo parecia preenchido por elas. Na foto: o segundo filho do Duce realiza a saudação romana ao ataúde simbólico.[35]

O protagonista da fotografia é Vittorio Mussolini, filho do "duce", quem, como Carlo Scorza, depois da queda do fascismo italiano entrou por vias ilegais na Argentina, onde permaneceu até 1967.[36] O filho do duce foi retratado enquanto se encontrava rendendo homenagem a seu pai na igreja Santo Inácio de Loyola, situada no centro da cidade de Buenos Aires, na ocasião do aniversário de sua morte.[37] Como sabemos graças a vários estudos,[38] o fascismo teve uma importante penetração na Argentina, sobretudo nas décadas de 1920 e 1930. Federico Finchelstein[39] explica que o nacionalismo argentino se constituiu como "clero-fascismo", o qual fundia elementos do fascismo italiano com o catolicis-

---

35 Epígrafe junto a fotografia de Vittorio Mussolini na homenagem a seu pai, Benito Mussolini, na *Dinámica Social,* Buenos Aires, nº115-116, abr.-maio 1960, p. 26.

36 Radicado na Argentina, Vittorio Mussolini iniciou diversos empreendimentos comerciais, sem sucesso algum (BERTAGNA, Federica. *La patria di riserva...* p. 276).

37 A fotografia foi tirada em 29 de abril de 1960.

38 Cf. DEVOTO, Fernando. *Nacionalismo, fascismo y tradicionalismo en la Argentina moderna. Una historia.* Buenos Aires: Siglo XXI, 2006; PRISLEI, Leticia. *Los orígenes del fascismo argentino.* Buenos Aires: Edhasa, 2008; FINCHELSTEIN, Federico. *Fascismo trasatlántico. Ideología, violencia y sacralidad en Argentina y en Italia, 1919-1945.* Buenos Aires: FCE, 2010; SCARZANELLA, Eugenia (Coord.). *Fascisti in Sud America.* Firenze: Casa Editrice Le Lettere, 2005.

39 FINCHELSTEIN, Federico, *op. cit.*

mo. Essa imagem de 1960 ilustra categoricamente esse conceito, razão pela qual não resulta estranho que uma homenagem dedicada ao duce reunisse grandes quantidades de simpatizantes do defunto regime.

Na epígrafe se destaca o número de participantes mediante a descrição da igreja como "excepcionalmente cheia de gente" e se exalta a figura de Mussolini, através do uso de maiúsculas para escrever a totalidade de seu nome, assim como a tradicional referência a ele como "Fundador e Capo do fascismo". Também, para enaltecer sua figura se realiza uma florida descrição da cena da missa e de como estava disposto o ataúde simbólico, com o nome do "duce" escrito em letras de ouro.

A inclusão dessa fotografia com sua epígrafe tem um duplo significado. Por uma parte, constitui uma forma de adesão à homenagem; por outra, dado que se insere na seção italiana da revista e que, portanto, direcionava-se principalmente ao público italiano, podemos inferir que perseguia o objetivo de evocar o apoio do fascismo que ainda existia na Argentina. Talvez se tratasse de uma forma de relembrar os "nostálgicos" italianos que do outro lado do Atlântico também se mantinha viva a memória de Mussolini.

Chegando a este ponto, acreditamos ser necessário ressaltar que não somente através dos artigos dedicados expressamente à realidade política italiana se transmitia a ideologia que a revista difundia. Encontramos marcas mais ou menos explícitas, dispersas em todos os números, que permitem inferir a adesão ao fascismo e ao neofascismo. A seguir, apresentamos alguns exemplos.

Juan Sepich afirma que "a revolução fascista, a mais política de todas, e por isso, a única até o momento que não esgotou todas as suas possibilidades..."[40] e acrescenta que o fascismo foi o primeiro que restituiu à nação sua dignidade política; Scorza, por sua vez, faz referência aos "princípios fascistas"[41] e ao retorno ativo dos valores espirituais, sociais e políticos do fascismo, como "fecunda evolução histórica",[42] aludindo ao MSI ainda que sem mencioná-lo

---

40 SEPICH, Juan. "Evoluzione e rivoluzione". *Dinâmica Social*, Buenos Aires, nº 9, maio 1951, p. 45. Tradução nossa.

41 C.S. "¿El Estado debe o no debe dirigir?". *Dinâmica Social*, Buenos Aires, nº 8, abr. 1951, p. 3.

42 C.S. "Una mirada panorámica". *Dinâmica Social*, Buenos Aires, nº 29, jan. 1953, p. 1.

Pensar as Direitas na América Latina

explicitamente; Jean Pleyber, sustenta que "na Itália, entretanto, a existência do Movimento Social Italiano confirma a possibilidade e a vontade de uma renovação intelectual e moral...".[43]

Por outro lado, um anônimo, que assina com as iniciais M. I., na seção italiana do N°115-116, correspondente ao ano 1960 – momento em que o MSI tinha perdido seu ímpeto inicial e passou a situar-se às margens da política italiana, realiza uma firme defesa do partido neofascista:

> De todos os representantes nas duas Câmaras, o Movimento Social é o mais limpo, o mais leal e o mais desinteressado [...] Deseja uma só coisa: ser digno da confiança dos eleitores. E para fazê-lo, enfrenta-se com a coalizão de esquerda que [...] queria provocar que a Itália caísse no precipício da política soviética e bolchevique.[44]

Encontramos aqui uma reivindicação do partido neofascista como opositor frente às forças de esquerda. O MSI é caracterizado como "limpo", "leal" e "desinteressado", em oposição às demais forças políticas, e sua única intenção seria ganhar o eleitorado. Isto é, o autor pretende criar a imagem de um partido totalmente "domesticado" pelo sistema democrático e inserido limpamente no jogo político. Essa imagem contrasta notoriamente com aquela que cria da esquerda, à qual acusa de pretender empurrar o país no "precipício da política soviética e bolchevique".

Conclusões provisórias

Em torno da *Dinámica Social* havia uma concepção de mundo e uma leitura da realidade política compartilhadas pelo universo que constituía a rede que se tecia a sua volta. Entre os elementos que em outro trabalho[45] identificamos como

---

43 PLEYBER, Jean, "Il verme è nel frutto". *Dinámica Social*, Buenos Aires, n° 28, dez. 1952, p. 54. Tradução nossa.

44 M. I., "Ad ottobre la soluzione della crisi". *Dinámica Social*, Buenos Aires, n° 115-116, abr.-maio 1960, p. 26. Tradução nossa.

45 ALBORNOZ, Celina Inés. "Fascistas entre Italia y Argentina. Migraciones y política en la segunda posguerra: el caso de Carlo Scorza y *Dinámica Social*". Trabalho de conclusão de

aglutinadores de uma cultura política neofascista transnacional com o CEES e a *Dinámica Social* como fios condutores, ou seja, rejeição ao comunismo e ao sistema democrático liberal, adesão ao neofascismo e nostalgia dos fascismos europeus, nesse artigo escolhemos focar nossa atenção nesses dois últimos elementos.

Comprovamos que a *Dinámica Social* adotou um posicionamento a favor do MSI dentro das opções que constituíam o cenário político italiano, e que apresentou um discurso apologético do neofascismo e do fascismo. Não obstante, é preciso destacar que, apesar de termos encontrado uma grande quantidade de referências diretas e indiretas ao neofascismo, este não constitui o eixo principal da revista em nenhum dos períodos de sua publicação.

Portanto, estamos em condiciones de afirmar que a clara reivindicação do fascismo e o apoio ao neofascismo italiano são elementos constituintes dessa cultura política. Scorza e quem se reunia em torno ao CEES e escrevia na *Dinámica Social* respaldava ao MSI tal como se configurava nos anos 50,[46] e, por consequência, reivindicavam a tradição política do fascismo, especialmente aquela do *ventennio* fascista.

Com respeito aos membros do CEES e aos colaboradores da *Dinámica Social,* observamos que grande parte deles eram "nostálgicos da Nova Ordem europeia". Como tais, compartiam uma série de valores, códigos, tradições, e os aglutinava uma coesão política que os fazia partícipes de uma cultura política comum. Embora seja certo que não é possível determinar que a totalidade das pessoas envolvidas no universo da *Dinámica Social* e o CEES tenham adotado essas posturas, sim se pode afirmar que são traços gerais que formaram parte desta cultura política neofascista transatlântica.

A ponte entre as realidades italiana e argentina, que foi o cimento desta cultura política, foi erguido no princípio durante as décadas de 1920 e 1930, e derivou no "fascismo transatlântico",[47] que também pode ser considerado uma cultura política transnacional. Este assentou as bases e brindou elementos para

---

curso de graduação, UNL - Ca'Foscari, 2017.

46 Desde 1951 e até o final da década de 1960 dentro do MSI predominou a corrente conservadora, encabeçada pelos dirigentes Arturo Michelini e Augusto De Marsanich.

47 FINCHELSTEIN, Federico, op. cit.

a formação de uma cultura política transnacional de carácter neofascista, anticomunista e antidemocrática, cuja ancoragem a ambos lados do oceano Atlântico se sustentou nos atores que lhe deram forma: "Quem fugiu teria contribuído para a construção de uma ponte entre ambas margens do oceano".[48]

---

48 BERTAGNA, Federica. *La patria di riserva...* p. 219. Tradução nossa.

DE MAURRAS A PERÓN.
A TRAJETÓRIA INTELECTUAL DE JAIME MARÍA DE MAHIEU E SUA INFLUÊNCIA NO NACIONALISMO ARGENTINO

Juan Luis Besoky[1]

Introdução

A primeira referência que tive durante minha formação em História sobre o intelectual Jaime María de Mahieu foi com o livro de um jovem jornalista: Daniel Gutman, intitulado *Tacuara*.[2] Nesse livro, o autor era o primeiro a concentrar sua atenção sobre essa organização juvenil da direita nacionalista. Ali, as referências a Mahieu se baseavam na influência que este havia tido sobre alguns dos membros da jovem organização. As posteriores pesquisas sobre Tacuara, tanto de jornalistas (Orlandini, Bardini), como de acadêmicos (Padrón, Beraza, Galván) confirmariam, ainda que sem aprofundar muito, esse vínculo. Em 2012, enquanto realizava minha pesquisa de doutorado sobre o peronismo de direita, entrevistei um velho militante que em sua passada pela resistência lembrava ter conhecido Mahieu na peronista Escola Superior de Condução Política. A partir daí comecei a me interessar cada vez mais pela trajetória desse intelectual estrangeiro, identificado como colaboracionista e refugiado na Argentina, que terminou apoiando Perón.

---

1 Doutor em Ciências Sociais e Professor em História. Bolsista de pós-doutorado do CONICET no Instituto de Pesquisas em Humanidades e Ciências Sociais dependente do CONICET e da Faculdade de Humanidades e Ciências da Educação da Universidade Nacional de La Plata, Argentina.

2 GUTMAN, Daniel. *Tacuara*. Buenos Aires: Sudamericana, 2012. Primeira edição 2003.

Com base na leitura minuciosa da bibliografia encontrei referências a sua pessoa em trabalhos jornalísticos sobre a chegada dos nazistas na Argentina: Camarassa[3] e Goñi[4] e também em trabalhos acadêmicos: Buchrucker.[5] Em todos eles, a falta de dados precisos sobre a trajetória anterior de Mahieu durante sua vida na França era comum. A esta carência se somavam diversas especulações que o indicavam como partícipe da Guerra Civil Espanhola, membro da SS, soldado na frente russa e até voluntário da legião Carlomagno e um dos últimos defensores do Hitler na Chancelaria do Reich em Berlim em 1945. A aparição posterior de dois trabalhos acadêmicos sobre Mahieu por Cuchetti e Donatello[6] aportaram mais dados sobre sua trajetória na Argentina, mas pouco puderam dizer sobre seu passado na França. Foi somente em 2016, quando consegui entrevistar Xavier de Mahieu, um dos filhos do intelectual francês, que dados essenciais da biografia vieram à tona. Xavier não apenas vinha compartilhando e difundindo há alguns anos antes através de páginas de internet e depois pelo Facebook cartas, documentos e recortes da imprensa de seu pai, como também me confessou, inclusive, naquela tarde do dia 22 de março, que nem seu pai nem sua mãe tinham chegado na Argentina com seus verdadeiros nomes. A revelação do verdadeiro nome de Jacques de Mahieu, suspeitado, mas nunca confirmado, permitia agora esclarecer alguns aspectos desconhecidos de seu passado francês e também, com base nos documentos novos, aprofundar as relações por ele estabelecidas na Argentina. Nas páginas seguintes reconstruo, apelando a

---

3 CAMARASSA, Jorge, *Odessa al Sur: la Argentina como refugio de nazis y criminales de guerra*, Buenos Aires, Aguilar, altea, Taurus, Alfaguara, 2012. Primeira edição 1995.

4 GOÑI, Uki, *La auténtica Odessa: la fuga nazi a la Argentina*. Buenos Aires: Paidós, 2009. Primeira edição 2002.

5 BUCHRUCKER, Cristian, "Los nostálgico del "Nuevo Orden" europeo y sus vinculaciones con la cultura política argentina", em KLICH, Ignacio (compilador), *Sobre nazis y nazismo en la cultura argentina*, College Park: Hispamérica, p. 51-103.

6 DONATELLO, Luis Miguel, "De la Action Francaise al peronismo. De Maurras a los Templarios. Circulación de ideas entre Francia y Sudamérica en la posguerra", em MALLIMACCI, Fortunato e CUCCHETTI, Humberto (compiladores), *Nacionalistas y nacionalismos: debates y escenarios en América Latina y Europa*, Buenos Aires: Gorla, 2011. p. 143-158.

Pensar as Direitas na América Latina

essas novas fontes e com base em uma série de entrevistas, a trajetória intelectual de Jaime María de Mahieu e sua influência no nacionalismo argentino.

A vida na França

Durante a década de 1960 Jaime María de Mahieu já era conhecido publicamente como um dos referentes do nacionalismo argentino. Revistas de interesse geral como *Primera Plana* o indicavam como um francês que lutou junto às potências do Eixo na divisão Carlos Magno e docente na França na Escola de Altos Estudos Corporativos, onde tinha sido localizado por Pétain;[7] enquanto que *Periscopio* o situava como combatente na frente russa durante a Segunda Guerra Mundial.[8] Camarassa em um livro posterior sustentava que tinha combatido nas fileiras franquistas na guerra civil espanhola e que sendo ferido havia retornado à França.[9] Inclusive Gutman conta que os jovens militantes *tacuaristas* ficavam surpresos quando Mahieu lhes mostrava seu anel com uma caveira, pertencente à SS. No entanto, de todos esses fatos, não existe prova alguma que os atestem. Uki Goñi, quem investigou minuciosamente os arquivos sobre a SS da *National Archives and Records Administration* (NARA) não conseguiu encontrar nenhum Mahieu.[10] Por sua vez, a viúva de Mahieu, Florence Bisschop, negou ao investigador Daniel Sazbón, quando a entrevistou nos anos noventa, qualquer relação entre seu marido e a ocupação alemã na França.[11] Como prova disso, ressaltou que ambos ingressaram na Argentina com passaporte francês de forma normal, o que demostraria que não se tratava de um refugiado em busca

---

7   "Comunitarismo: lo que el viento se llevó", *Primera Plana*, n° 210, 3 de janeiro 1967, p. 18.

8   ABRAS, Emilio, "Nacionalismo. Los manes de Juan Manuel", *Periscopio* n° 14, 23 de dezembro de 1969.

9   CAMARASSA, Jorge e Basso Prieto, Carlos, *América nazi: América del Sur, un puerto seguro para los peores asesinos del siglo XX*, Buenos Aires, Aguila, 2014.

10 GOÑI, Uki, *La auténtica Odessa: la fuga nazi a la Argentina*, Buenos Aires: Paidós, 2009. p. 148.

11 SCIRICA, Elena C. "Jaime María de Mahieu y su doctrina comunitarista", *III Jornadas de Historia Moderna y Contemporánea*. Facultad de Humanidades y Artes. Universidad Nacional de Rosario, outubro de 2002.

de asilo. O único dado aparentemente certo sobre Mahieu, parecia ser sua data de nascimento em 31 de outubro de 1915 em Paris, França.[12]

Não é de se estranhar que todas as tentativas para revelar o passado de Mahieu antes de sua chegada na Argentina em 1946 tenham resultado infrutuosas. O motivo é que Jacques Marie de Mahieu e sua esposa Florence Bisschop se registraram ao ingressar com esses nomes falsos e mantiveram até suas mortes em total segredo suas verdadeiras identidades. Isso explicaria por que Goñi não encontrou nenhum registro nos arquivos americanos e também o motivo pelo qual o casamento não teve nenhum problema ao ser registrado nem nenhuma reclamação das autoridades francesas. Foi seu filho Xavier, quem finalmente confessou a verdadeira identidade de seus pais, permitindo assim começar a desvendar o mistério. Seus verdadeiros nomes eram: Jacques Auguste Léon Marie Girault e Marie Thérèse Galand. Mahieu (assim o seguiremos chamando) havia nascido em Marsella, não em Paris, e seus pais eram Lange Marius Girault e Marie Suzanne Fargeton. Sua família morava em Marsella (44 Rue Borde) sendo Jacques de Mahieu o mais velho de cinco irmãos. Havia estudado Letras e Sociologia nessa cidade na Universidade de Aix-en-Provence. Desde muito jovem se aproximou à *Action Francaise* onde integrou os *Camelots du Roi* e estreitou seus vínculos com Charles Maurras, a quem mais tarde recordaria como "mestre eminente do nacionalismo francês" e "teórico insigne das revoluções nacionais".[13]

Os registros na França[14] o situam em abril de 1939 como presidente da *Asociación Georges Cadoudal* e entre 1941 e 1942 como redator e administrador do jornal *El estudiante francés*, órgão mensal da *Federación Nacional de Estudiantes da Acción Francesa*. Com a invasão alemã à França em 1940 Mahieu

---

12 Assim pelo menos figura em seu atestado de óbito. (Arquivo pessoal de Xavier de Mahieu)

13 Todos esses dados tinham sido reconstruídos com base no testemunho brindado pelo seu filho. Sobre o pertencimento à Ação Francesa ver seu testemunho no vídeo de Youtube: "El Nacionalismo Revolucionario Francés. Prof. Jaime Maria de Mahieu". Consulta em 20 de maio de 2016. Disponível em: https://www.youtube.com/watch?v=Ct1wbV4RIWc. Ali Mahieu reconhece ter integrado o grupo de choque dos "Camelots du roi" contra os bolcheviques e afirma também ter sido parte dos militantes que se desempenharam como segurança no primeiro ato que realizou o nacionalista francês Jacques Doriot em Marsella.

14 Ver os exemplares do jornal *L'Etudiant français* em gallica.bnf.fr.

foi mobilizado como oficial de reserva de artilharia pesada na cidade de Nimes. Ele justificaria sua breve participação na defesa da França afirmando: "Apesar de que odiava esta guerra e odiava a república não tenho, não tinha, alma de desertor".[15] Do resto de seu desempenho durante a ocupação alemã é pouco o que se pode comprovar. A revista *Primera Plana* e também o filho de Mahieu, sustentam que durante a ocupação alemã foi localizado pelo marechal Pétain como professor titular de Sociologia Política na Escola de Altos Estudos Corporativos e Sociais de Paris.[16]

Durante a Segunda Guerra Mundial, Mahieu conhece quem viria a ser sua esposa Marie Thérèse Galand (aparentemente nascida em Bruxelas)[17] com quem terá suas três filhas mulheres: Genevieve (1942), Eliane (1945) e Chantal (1946). Posteriormente na Argentina nascerá sua filha Isabel e o único filho homem Xavier.

Com a liberação de Paris pelos aliados e condenado à morte por colaboracionista,[18] De Mahieu fugiu para a Suíça, mediante salvo-conduto, em setembro de 1944. Dali, dirigiu-se à Bélgica como correspondente do jornal *La Suisse* em agosto de 1945, onde se reencontrou com sua esposa Florence e suas filhas. Em 13 de abril de 1946 preencheu em Bruxelas o formulário de imigração para

---

15 Ver seu testemunho no vídeo de Youtube: "El Nacionalismo Revolucionario Francés. Prof. Jaime Maria de Mahieu". Consulta em 20 de maio de 2016. Disponível em: https://www.youtube.com/watch?v=Ct1wbV4RIWc.

16 Infelizmente não pude encontrar documentação que respalde essas palavras. Sobre a Escola de Altos Estudos, ver: KAPLAN, Steven L. "Un laboratoire de la doctrine corporatiste sous le régime de Vichy : l'Institut d'études corporatives et sociales", *Le Mouvement Social*, 2001/2 (no. 195), DOI 10.3917/lms.195.0035

17 Segundo Xavier de Mahieu, sua mãe esteve presa com sua avó, e foi seu pai quem a ajudou durante esse tempo. Foi apresentada por um amigo e companheiro da Ação Francesa.

18 Sustenta Xavier que "A condenação à morte na França não foi por crimes durante a guerra, tenho entendido que foi pela acusação de entregar militantes comunistas em Perpignan. Uns camaradas dele, presos por este crime, sabendo que tinha fugido à América o acusaram para safar: De Mahieu foi embora!, De Mahieu foi embora! Assim chegou às 16 condenações à morte que teve na França". E nunca pode voltar." (tradução nossa). Em outra parte da entrevista afirma: "Minha mãe, Florence Francoise de Bisschop de De Mahieu, era uma mulher de combate que liberou meu pai com um comando quando fazia uma greve de fome e graças a isso pode vir aqui" (tradução nossa).

viajar aos EUA, onde declarou como finalidade da viagem estar de passagem a Managua, Nicarágua, para integrar-se como docente na universidade desse país. Finalmente Mahieu junto com toda sua família embarcaram no *Gripsholm* em direção a Nueva York onde chegaram em 23 de julho de 1946.[19] Segundo Goñi a chegada na Argentina foi através do voo 201 da Pan American em 22 de agosto de 1946.[20] Hospedaram-se provisoriamente no City Hotel e a partir de então Mahieu castelhaniza seu nome como Jaime María.

A vida na Argentina

Segundo dito pelo seu filho, os primeiros dias da família transcorreram em Florida, Vicente López, onde nasceu Isabel, a quarta filha do casamento. Posteriormente em 1948 se mudaram a San Luis onde em 1950 nasceu Xavier, até que em 1953 regressaram a Vicente López.

O traslado para a cidade de San Luis tinha relação com a obtenção por parte de Mahieu de um cargo universitário nessa cidade. Enquanto sua esposa assessorava como economista empresas estrangeiras que queriam se instalar na Argentina, ele era nomeado professor extraordinário na Universidade de Cuyo, em San Luis. Esse cargo, obtido graças aos trabalhos de Juan Carlos Saa,[21] delegado interventor na Faculdade de Ciências Sociais, ele o exerceu de 15 de abril de 1948 a 12 de janeiro de 1956 dando aula de História da Filosofia na Antiguidade e Idade Média e Gnoseologia e Metafísica. Foi nessa Universidade onde editou seus livros *Filosofía de la Estética* (1950), *La tour du Pin - precursor de la tercera posición* (1952), a *Contra Enciclopedia Contemporánea- Maurras y Sorel* (1952) e *Sociología de la Educación*.

---

19 "New York, New York Passenger crew Lists, 1909, 1925-1957, 7152 – vol. 15379-15380, Aug 5, 1946". Consulta em familysearch.org.

20 GOÑI, Uki, *La auténtica Odessa: la fuga nazi a la Argentina*, Buenos Aires: Paidós, 2009. p. 438. Entretanto segundo Xavier de Mahieu: "Chegaram em barco. Como tinham pouco dinheiro minha mãe pediu que lhe reintegrassem a diferença entre o custo da passagem de avião e de barco." (tradução nossa)

21 Saa foi deputado para a reforma constitucional de San Luis em 1941 e 1947, primeiro Decano da Faculdade de Ciências de San Luis de 1947 a 1951 e Intendente Municipal de San Luis entre 1946-1947.

Sobre seu desempenho nesse centro universitário apenas contamos com o testemunho de uma aluna e logo docente: Otilia Celia Berasainde Montoya quem em um livro intitulado *Crónicas de la Vida Universitaria en San Luis* lembrava:

> O professor Mahieu sempre se referia a si mesmo como um "não--conformista". Expunha suas ideias e critérios com todo rigor, não importando-lhe as reações adversas que pudessem ser geradas. Era uma pessoa culta, cortês, de agradável trato e muito interessante interlocutor em longas conversações. Para ele, pequenas elites de gente nobre tinham sido sempre os protagonistas da história. Juana d'Arc, por exemplo, não era uma humilde mulher do povo, mas uma filha do duque de Orleans que havia sido especialmente preparada para o papel que desempenhou na história da França.[22] (tradução nossa)

Nas Jornadas Pedagógicas de Cuyo de 1952, os debates mais ásperos, ocorreram em torno a duas comunicações do professor Mahieu. A primeira referia-se a "Consequências do emprego nas escolas primárias de métodos destinados a crianças anormais", onde o francês criticou as chamadas escolas novas (casos de Decroly, Montessori, etc) por utilizar para crianças normais os métodos que deram bons resultados para a formação de "crianças anormais". A outra comunicação se intitulava "as escolas para superdotados e as escolas para Chefes" na qual Mahieu reclamava o fim das teorias igualitárias que serviam para a uniformização do ensino e a necessidade de escolas para superdotados, que "deem uma verdadeira educação estética, moral, religiosa e patriótica, não somente intelectual, com critérios dados pela biotipologia e a biopolítica". Para Mahieu era "indispensável criar 'Escolas para Chefes', que prossigam e completem a obra das escolas primárias especiais para crianças talentosas, com adequados métodos de seleção e formação". Os futuros chefes serão educados com um "senso de

---

22 *Crónicas de la Vida Universitaria en San Luis. Universidad Nacional de San Luis.* Universidad Nacional de San Luis, 1995, p. 20-24. Disponível em: http://postgrado.unsl.edu.ar/Cronicas.pdf.

490   Ernesto Bohoslavsky • Rodrigo Patto Sá Motta • Stéphane Boisard (orgs.)

responsabilidade, da abnegação levada até o heroísmo, a autoridade e um patriotismo varonil". Dali sairia, segundo o professor, a nova aristocracia.

Justamente na Universidade de Cuyo, com sede em Mendoza, havia se realizado em 1949 o Primeiro Congresso Nacional de Filosofia do qual participaram importantes intelectuais argentinos como Meinvielle, Astrada, Guerrero, Vassallo, Virasoro, Cossio, Quiles, Derisi e De Anquín e estrangeiros como Abbagnano, Gadamer, Löwith, Landgrebe, Fabro Vasconcelos, Ferreira da Silva, Wagner de Reyna e Miró Quesada. Mahieu participou com uma comunicação intitulada "O julgamento da afirmação estética" e o próprio presidente Perón deu o discurso final acompanhado por Eva Perón.[23]

A vinculação de Mahieu com o peronismo pode ser vista nas contribuições voluntárias à Caixa do Partido Peronista e o envio em 1954 de seus livros *Evolución y porvenir del sindicalismo* e *La inteligencia Organizadora* a Perón e a Eva Perón quem o agradeceram por carta. Bardini, sustenta inclusive que o General Perón cultivava sua amizade[24] e (Camarasa e Basso Prieto, ampliam a influência de Mahieu no peronismo ao sustentar que colaborou na redação da constituição justicialista de 1949. Se o primeiro resulta um exagero do segundo, é possível sustentar que carece de algum fundamento.

A rede de refugiados na Argentina

Mahieu não foi o único dos colaboradores do regime de Vichy que se radicaram na Argentina. Tal como demonstrou a pesquisa de *Quattrocchi-Woisson*[25] houve mais de 100 colaboradores franco-falantes dos regimes autoritários europeus que se refugiaram no país, entre eles se contam: Charles Lescat, Marc Augier, Pierre Azéma, Alberto Falcionelli e o belga Pierre Daye. Chegaram também centenas de nazistas, fascistas italianos e ustashas croatas, entre outras nacionalidades aos que Buchrucker engloba como "nostálgicos da Nova Ordem

---

23   Sobre isso, ver a página web http://www.filosofia.org/ave/001/a137.htm.

24   BARDINI, Roberto, Tacuara. *La pólvora y la sangre*. México: Océano, 2002, p. 7.

25   QUATTROCCHI-WOISSON, Diana, "Relaciones con la Argentina de funcionarios de Vichy y de colaboradores franceses y belgas, 1940-1960". Informe Final da CEANA. Buenos Aires, 1998.

Pensar as Direitas na América Latina

europeia". Com vários deles de Mahieu manteve em contato e estabeleceu uma espécie de rede transnacional de proteção de crimes de guerra.

Essa rede, constituída com o amparo do governo peronista, foi possível no marco das políticas migratórias que vinham ocorrendo entre 1940 e 1950. Com o propósito de realizar uma "adequada" seleção de quem ingressaria na Argentina, organizou-se no interior da Direção Geral de Migrações, a cargo de Pablo Diana, um mecanismo específico para a outorga de vistos para estrangeiros. Segundo Gurevich "se interpuseram mecanismos de interdição para as pessoas que supostamente estavam identificadas com o comunismo e se favoreceu a entrada de indivíduos identificados com os regimes derrotados na Europa."[26] Para efetivar essa tarefa criou-se um corpo especial de "assessores confidenciais" composto por pessoas que tinham sido funcionários hierárquicos nos países governados por regimes nazifascistas, durante a Segunda Guerra. Entre esses assessores figurava o "Conde Menou"[27] de origem francesa, da qual somente se consigna seu "nacionalismo e anticomunismo".[28] Esse nome coincide com a maneira na qual, segundo Bardini,[29] Mahieu se registrou em Migrações. Caso seja correto esse dado, não seria estranho pensar que o francês, ao ser un dos primeiros colaboracionistas a chegar e conhecedor da realidade política europeia, prestasse sua ajuda às autoridades argentinas, ainda que não podemos afirmá-lo com certeza.

Se é certo que a correspondência pessoal de Mahieu o mostra em contato, além de Pierre Daye e Marc Augier (Saint Loup), com vários refugiados dos regimes derrotados europeus como o nazista Johann von Leers, quem em

---

26 GUVERICH, Beatriz, "Agencias estatales y actores que intervinieron en la inmigración de criminales de guerra". Segundo Informe da CEANA, 1998. Disponível em: http://www. argentina-rree.com/portal/archivos/ensayo/ensayo1.htm

27 Uma transcrição do sumário administrativo a Diana, onde aparecem indicados os "assessores confidenciais" foi feita por Gurevich e está disponível no "Portal de História, Relações Internacionais e Estudos Judaicos" com o título de "La política migratoria argentina y las prácticas concretas en la pos segunda guerra". Disponível em: http://www.argentina-rree. com/portal/archivos/inmigracion/migratoria02.htm.

28 BIERNAT, Carolina, "Las políticas migratorias del primer peronismo: la tensión entre los enunciados, los conflictos institucionales y las prácticas administrativas", em *Prohistoria*, año IX, número 9, Rosario: Argentina, 2005, p. 58.

29 BARDINI, Roberto, *Tacuara. La pólvora y la sangre*. México: Editorial Océano, 2002, p. 76.

dezembro de 1952, possuía uma livraria em Buenos Aires e vivia junto com a sua família com o falso nome de Euer. Na carta que von Leers escreve a Mahieu, conservadas pelo filho deste,[30] percebe-se como ambos conversam sobre a incorporação de anticomunistas polacos, húngaros e croatas à Associação Argentina-Europa. A qual, segundo Buchrucker,[31] tinha sido organizada pelo nazista Hans Rudel e o francês Maurice Bardeche ideólogo do Movimento Social Europeu.

Um ambiente onde Mahieu manteve importantes contatos com outras figuras da direita tanto argentina como estrangeira foi na redação da revista *Dinámica Social*.[32] Essa revista, de publicação mensal, saiu entre 1950 e 1960 e era dirigida pelo último secretário geral do Partido Fascista italiano: Carlo Scorza. Era organizada com base no Centro de Estudos Econômicos Sociais, formado por ativos nacionalistas argentinos como os irmãos Jacovella, Ernesto Palacio, Juan Carlos Goyeneche, Marcelo Sanchez Sorondo, o sacerdote jesuíta Leonardo Castellani, Julio Irazusta e Federico Ibarguren. Apareciam colaborações de figuras internacionais como o espanhol Manuel Fraga Iribarne e Charles Maurras, entre outros.

Conforme indica Girbal Blacha,[33] a revista tinha uma excelente apresentação produto de sua boa base financeira (entre seus anunciantes figurava Techint) e possuía outras duas seções onde traduziam os artigos ao francês e ao italiano. Não resta dúvida que este ambiente serviu de articulação entre os nacionalistas argentinos e os europeus "nostálgicos da Nova Ordem" quem concordavam na defesa da "Terceira posição" peronista, com um marcado traço anticomunista e antiliberal. No entanto, as posições ideológicas na revista distavam de ser unâ-

---

30 Ver a reprodução da carta, em poder do filho de Mahieu, publicadas em Facebook: https://www.facebook.com/1473353619466 86/photos/pb.147335361946686.-2207520000.1464 397431./830540180292864/?type=3&theater Consulta em 26 maio de 2016.

31 BUCHRUCKER, Cristian, "Los nostálgicos del "Nuevo Orden" europeo y sus vinculaciones con la cultura política argentina" em Informe Final da CEANA. Buenos Aires, 1998, p. 22.

32 Também apareciam artigos de Mahieu no diário portenho *Tribuna* e na publicação *La Fronda*.

33 GIRBAL BLACHA, Noemí, "Anatomía y contrapunto intelectual: Dinámica social (1950-1965). Em GIRBAL BLACHA, Noemí e QUATTROCCHI-WOISSON, Diana (diretoras). *Cuando opinar es actuar. Revistas argentinas del siglo XX*, Buenos Aires: Academia Nacional de la Historia, 1999.

Pensar as Direitas na América Latina

nimes, devido em grande parte à heterogeneidade de quem participavam dela. Afirma Buchrucker que Mahieu considerava muito tímida a posição de Scorza que tinha definido a seu nucleamento como integrado por "capitalistas, burgueses e conservadores". Para o intelectual francês era necessária uma posição mais revolucionária, mas contrária ao capitalismo e à esquerda. Assim, fazia se saber em seus artigos publicados com o título "Eu não sou capitalista!" e "Conservadores e revolucionários".[34] Inclusive em uma carta dirigida a Pierre Daye lhe apontava a falta de compromisso de vários redatores com a Terceira Posição:

> O primeiro ponto que não me satisfaz é a atitude de muitos escritores em relação à terceira posição. De duas coisas, uma: ou é impossível permanecer neutro diante de monstros russos e americanos, e a revista não tem razão para estar. Ou uma terceira posição, não apenas teórica, mas também política, é pensável e praticável, e, então, eu não entendo porque alguns colaboradores estão constantemente se deslizando da neutralidade para a Aliança Americana. Você não escreveu na primeira edição que a terceira posição é apenas um mito? Eu confesso não entender isso. De minha parte, continuo convencido de que não temos nada a ganhar com o alistamento em nenhum dos dois campos. (Tradução nossa).

Também Mahieu se queixava da posição da revista frente à questão racial:

> Outra coisa importante: a recusa da discriminação racial afirmada duas vezes. Tática? Eu sei bem. Eu também entendo perfeitamente que não se faz da D.S. [*Dinámica Social*] uma nova versão do Stürmer. Porém, há muitos problemas políticos de desigualdade racial, de relações entre grupos étnicos, de desigualdade biológica de classes, etc. É muito bonito atacar a esterilização: mas devemos

---

34 MAHIEU, Jaime María de, "¡Yo no soy capitalista!", *Dinámica Social* n°20, abril 1952 e "Conservadores y revolucionarios", *Dinámica Social*, n°53, janeiro 1955.

admitir uma eugenia qualquer se não quisermos que nossa raça apodreça ainda mais.[35] (Tradução nossa).

Sustenta Cuchetti[36] que justamente, dentro da revista Mahieu se destacava por desenvolver posições antiliberais muito mais preocupadas pela questão trabalhadora e por impulsionar uma decidida orientação revolucionária, como assim atesta sua autodefinição como proletário desde uma perspectiva que reivindicava o fascismo e o comunitarismo.

Sua vida no pós-peronismo

Depois da derrubada de Perón, Mahieu foi expulso da Universidade e a partir daí se refugiou em setembro de 1956 no Brasil, obtendo em julho de 1957 a residência definitiva.[37] Um dos trabalhos que realizou no Rio de Janeiro foi um levantamento populacional das favelas da cidade.[38] Segundo o testemunho do filho, no Brasil havia um primo que o contatou para dar aulas de francês na Chancelaria de Brasil. Em pouco tempo, segundo indica Xavier, foi contratado no Canadá e no Brasil, para dar cursos e realizar pesquisas sociológicas. A esposa e os filhos de Mahieu se instalaram na Bolívia porque Florence tinha conseguido um trabalho como representante de várias empresas. Finalmente em 1961 a família de Mahieu volta ao país e Jacques e Florence se separam.

---

35 Carta de Jacques Marie de Mahieu a Pierre Daye, sem data apesar de que provavelmente seja de 1950. Arquivo pessoal de Pierre Daye, consulta com base na cópia efetuada por Uki Goñi e depositada na Fundação IWO (Idisher Visnshaftlejer Institut – Instituto Judío de Investigaciones), Buenos Aires: Argentina.

36 CUCHETTI, Humberto, "Droites radicales em Argentine: une première aproche des circulations intellectuelles et de la circulation d' intellectuels dans Dinámica Social (1950-1965)", em DARD, Oliver, *Supports et vecteurs des droites radicals au XXe siècle (Europe-Amèriques)*. Berne: Peter Lang, 2013, p. 215.

37 Ver fichas de entradas no Brasil em "Brasil, Cartões de Imigração, 1900-1965", 1956, grupo 8, em familysearch.org.

38 Ver: *Correio da Manhã*, Rio de Janeiro, 4 de setembro de 1957. Disponível em: http://memoria.bn.br/DocReader/Hotpage/HotpageBN.aspx?bib=089842_06&pagfis=81179&url=http%3A%2F%2Fmemoria.bn.br%2Fdocreader#.

Com seu retorno à Argentina Mahieu retornou à docência em 1963 convocado pelo professor Hector Martinotti,[39] quem se desempenhava como secretário acadêmico da jesuíta Universidade del Salvador, para dar aulas de Teoria Política. No entanto, a experiência foi breve devido a que o anticlericalismo e paganismo fascista de Mahieu iam de encontro com o projeto católico do sacerdote jesuíta Ismael Quiles, diretor e fundador da Universidade. Obrigados a saírem da Universidade del Salvador, Martinotti e Mahieu se estabeleceram na Universidade Argentina de Ciências Sociais,[40] o primeiro como secretário geral e o segundo como vice-reitor e decano da Faculdade de Ciências Políticas. Nessa Universidade Mahieu teve como alunos vários militantes de *Tacuara* e exerceu através de suas ideias comunitaristas uma influência direta na organização nacionalista.

O comunitarismo de de Mahieu

A melhor síntese do pensamento de Mahieu se encontra em seu livro *El Estado comunitario*, publicado originalmente em 1962 e considerado pelo autor como sua melhor obra. Ali se começava descartando o ideário político baseado nas noções de igualdade, contratualismo, liberalismo e democracia, defendendo a desigualdade natural, a hierarquia e a vontade de poder. Para o autor os seres humanos são desiguais tanto pelas marcas que recebem ao nascer como pelas diferentes funções que realizam. Disso se conclui que o comando e a obediência são a consequência natural. O estado comunitário que se propõe emana do

---

39 Hector Martinotti, professor de Direito e Ciências Sociais, disse: "...e trouxe nada mais e nada menos que Jaime María de Mahieu a quem eu o havia visto somente uma vez antes, na antessala da *Dinámica Social*, na redação, porque ambos colaborávamos com a *Dinámica Social*. E fazia um tempo que não o via e bom, o convidei e ele aceitou, este me disse: 'Bom, responsabilidade sua se me mete com os jesuítas'. Extraído de TLV1 – Homenagem a Jacques Marie de Mahieu. Publicado em 06/07/2014. https://www.youtube.com/watch?v=CvYvztLYbqU

40 A Universidade Argentina de Ciências Sociais foi fundada por um grupo de intelectuais vinculados à Universidade de Buenos Aires que tinham sido professores antes de 1955 na UBA. Tinha três faculdades: Ciências Políticas, Ciências Jurídicas e Humanidades. Chegou a ter 600 alunos, mas teve que fechar em 1968 quando o Governo de Onganía lhe tirou o reconhecimento.

conjunto orgânico de grupos sociais (famílias, empresas, paróquias) associado ou federado em comunidades intermediárias. Essas comunidades podem ser geossociais, como o município, econômico-sociais, como o grêmio, religiosa e acadêmica, como a universidade. "Cada comunidade intermediária para se realizar em plenitude requer foros, para o qual deve ter no âmbito do poder legislativo e judicial" explicava o autor à revista *Primera Plana* em janeiro de 1967.[41] Ali rejeitava portanto "o regime de partidos como antinatural porque põe o governo da comunidade à mercê de associações de indivíduos que respondem a interesses particulares". Para Mahieu as relações humanas são necessariamente conflitivas, sendo os antagonismos indispensáveis para a vida da coletividade. Portanto, o papel do Estado é central para conseguir com sua autoridade unificar as forças das comunidades intermediárias.

Em termos sociais e econômicos, o sociólogo francês aderia às propostas corporativistas comuns na direita nacionalista europeia, postulados da Tour du Pin quem revalorizou em termos orgânicos as corporações na Idade Média cristã. Para Donatello: "A originalidade deste, e de seus argumentos, é praticamente nula. Pelo contrário, constitui uma síntese do pensamento corporativo europeu, acrescentando elementos ´sócio-biologicistas´."[42]

O impacto de Mahieu na direita argentina

A ideias comunitaristas de Mahieu tiveram um imediato impacto na organização nacionalista *Tacuara*. Essa organização, antiliberal, católica e não peronista, nucleava jovens nacionalistas de classe média e média alta, estava fortemente influenciada pela prédica da direita autoritária europeia e especialmente do fascismo espanhol. A influência do sociólogo francês contribuiu também para a aproximação de alguns militantes de *Tacuara* ao peronismo, gerando a

---

41 "Comunitarismo. Lo que el viento se llevó". *Primera Plana*, n°210, 3 de janeiro de 1967, p. 15-19.

42 DONATELLO, Luis Miguel, "De la Action Francaise al peronismo. De Maurras a los Templarios. Circulación de ideas entre Francia y Sudamérica en la posguerra", em MALLIMACI, Fortunato e CUCCHETTI, Humberto (compiladores), *Nacionalistas y nacionalismos: debates y escenarios en América Latina y Europa*, Buenos Aires: Gorla, 2011. p. 153.

Pensar as Direitas na América Latina

primeira crise na organização. Foi o jovem militante e estudante de sociologia Alfredo Ossorio quem aproximou Mahieu à organização:

> O francês não era marxista, mas tinha estudado sistematicamente Marx. Atacava o sistema capitalista da propriedade e nos falava do Estado comunitário e da economia comunitária. Uma particularidade que lhe dava um selo 'progressista' era sua cuidadosa crítica ao marxismo 'vulgar', eufemismo que lhe permitia deixar a salvo outro marxismo, o 'original'. Daí havia um só passo para que nós lêssemos por nossa conta autores católicos que escreviam criticamente sobre o marxismo, como Jean-Yves de Calvez e Gustav Wetter. Até então, considerávamos a esquerda como a 'bondade pequeno-burguesa' e o nacionalismo como 'a maldade revolucionária'. Nós, sem dúvida, queríamos ser 'maus'. A partir daí começou a inspirar-nos uma frase de Ramiro Ledesma Ramos: 'Se algo temos em comum com o marxismo é aquilo que podemos resolver pela rivalidade revolucionária'.[43] (tradução nossa)

Foi justamente um artigo intitulado "Cristianismo e Ordem burguesa", assinado pelo chefe de *Tacuara*: Alberto Ezcurra, o que denotava a influência do sociólogo francês e o que gerou a primeira ruptura na organização. Ali se reivindicava a empresa de propriedade comunitária como "uma empresa hierarquizada e harmonicamente organizada, onde são diferentes as obrigações, o poder, as responsabilidades, o trabalho e a retribuição. O que se busca com ela não é um "nivelamento" absurdo, mas sim suprimir uma excessiva desigualdade, igualmente absurda".[44]

O sacerdote anticomunista e antiperonista Julio Meinville, referente intelectual do grupo *Tacuara*, discordante dessa aproximação se afastou da organização junto com alguns militantes ultracatólicos fundando a Guarda Restauradora Nacionalista e acusando a *Tacuara* de ter sido dominada pelo "fidelismo, o trotskismo e o ateísmo". A preocupação do padre é que ele via no comunitarismo

---

43   Testemunho de Ossorio em BARDINI, Roberto, *Tacuara. La pólvora y la sangre*. México: Editora Océano, 2002.

44   *Signo*. Julho de 1960. ano I, n° 4, p. 4

uma via de entrada ao comunismo. Assim lembra um ex-militante da Guarda: "O problema fundamental foi a aparição da doutrina de Mahieu, que nos proporcionava um programa revolucionário anticapitalista atendível. Talvez isso Meinville não podia entender, quem tinha o problema de querer que a realidade ficasse quieta".[45] De fato, Mahieu publicou um artigo na revista da Associação de estudantes de Direito da Faculdade del Salvador onde apoiava os militantes de *Tacuara* em sua polêmica com Meinville: "A propriedade comunitária dos meios de produção é a meta que temos que alcançar; sua possessão comunitária, a possibilidade imediata que permita acabar com o capitalismo e restaurar a ordem natural da produção".[46]

A obra de Mahieu *El estado comunitário* aparecia como leitura recomendada de temas políticos no boletim Ofensiva do Movimento Nacionalista Tacuara (MNT) de 1962 e junto à obra *Evolución y porvenir del sindicalismo* como sugestão no Boletim do Comando 1º de maio do MNT a cargo de Ossorio. Influenciado pelo autor francês, Ossorio formou o Movimento Nacionalista Revolucionário Tacuara e editou o jornal *Barricada*. Nessas publicações de 1963 apareciam artigos de Mahieu como por exemplo: "La revolución agraria", "Hacia un sindicalismo comunitario" e outro claramente influenciado por ele como "Nuestra Revolución" no qual se reivindicava o sentido comunitário do Estado.

As ideias comunitaristas tiveram também certo auge durante os anos iniciais da ditadura de Onganía e em especial no coronel argentino Francisco Guevara. Afirma Gomes[47] que Guevara fez parte da Cidade Católica até 1962, quando decidiu aproximar-se da ação política através da fundação de seu próprio movimento denominado Força Nova, que em 1965 passou a ser chamado Movimento Nacional Comunitário, inspirado nas ideias de Jaime María de

---

45 Testemunho de Luis María Bandieri em BERAZA, Luis Fernando, *Nacionalistas, la trayectoria de un grupo polémico (1927-1983).* Buenos Aires: Cántaro, 2005, p.165.

46 Citado por ORLANDINI, Juan Esteban, *Tacuara... hasta que la muerte nos separe de la lucha.* Buenos Aires: Centro Editor Argentino, 2008, p. 257.

47 GOMES, Gabriela, "Las trayectorias políticas de los funcionarios nacional-corporativistas del Onganiato", na primeira jornada "Recuperando Trayectorias Intelectuales en el Estado", Universidad Nacional de General Sarmiento, 2013. Disponível em http://www.ungs.edu.ar/ms_idh/?p=8868.

Mahieu. Como membro da Cidade Católica, manteve fluidos contatos com as forças armadas e a hierarquia eclesiástica antiliberal e anticomunista. No entanto, embora tenha semelhanças na proposta de Guevara, este outorgava um papel menor ao Estado já que conforme tinha indicado no jornal *Cuatro flechas*, órgão do movimento, sua proposta não era nem nacionalista pagã nem adoradora do Estado, mas sim cristã e por isso comunitária.[48] Outras ideias presentes em de Mahieu, como seu antissemitismo[49] encontraram cálida recepção na direita argentina e em setores peronistas antissemitas.

Os aportes de de Mahieu ao peronismo

Disse Buchrucker que "As teses características de Mahieu não foram incorporadas a nenhum documento, manual ou programa partidário oficial e sempre seu eco permaneceu confinado a determinadas faixas marginais deste multifacético movimento".[50] Na verdade, como tentativa de demonstrar a continuação, a presença do sociólogo francês continuou sendo notável para a direita em geral e especificamente para a direita peronista.

Um dos âmbitos onde teve um papel central de Mahieu foi na Escola Superior de Condução Política. Esta já tinha existido durante o Governo de Perón com o nome de Escola Superior Peronista e foi reaberta durante a Resistência com a intenção de formar quadros políticos, funcionando em uma das casas de Jorge Antonio em Talcahuano 451. Sua reabertura se produziu por uma resolução do Comando Superior a instâncias de Perón em 5 de novembro

---

48 *Cuatro flechas*. Ano I n° 1, 4 de agosto de 1964. Buenos Aires.

49 Em sua obra *Tratado de Sociología General* disse de Mahieu. "O povo judio se tornou parasita das comunidades em que se instalou, utilizando criadores e assimiladores alheios". Citado por BUCHRUCKER, (1998, p. 28). Ver também a definição de antissemitismo em seu *Diccionario de Ciencia Política* (1966, p. 20): "Oposição à participação da minoria judia na vida política da Comunidade dentro da qual vive sem assimilar-se a sua população básica. (...) O sociólogo judio Bernard Lazare situa a causa do antissemitismo na mentalidade do judio, "conservador de si mesmo e revolucionário (no sentido de subversivo) para com os demais". (tradução nossa)

50 BUCHRUCKER, Cristian, "Los nostálgicos do 'Nuevo Orden' europeo y sus vinculaciones con la cultura política argentina" em *Informe Final de la CEANA*. Buenos Aires, 1998, p. 15.

de 1964. Seu secretário geral era um jovem médico e estudante de filosofia de 24 anos que tinha viajado a Espanha para buscar a aprovação de Perón: Pedro Eladio Vázquez. Mahieu tinha sido convocado por intermédio do militante peronista e professor Jorge Sulé[51] a somar-se à equipe docente, na qual figuravam além Alberto Baldrich, Hugo Petroff, Enrique Pavón Pereyra e Hector Martinotti. Mahieu se tornou secretário acadêmico da escola e se encarregava da elaboração dos cursos dotando-os de certa coerência doutrinal.[52] Claramente alinhada com uma visão de direita do peronismo, passaram por suas aulas em 1964 Julio Yessi, Héctor Flores, Juan José Zaguir, Brito Lima, Envar El Kadri e Alejandro Giovenco, entre outros. A Escola ditava dois cursos, um para dirigentes políticos e outro para dirigentes sindicais. A influência de de Mahieu se percebe na orientação geral da Escola e nos conceitos vertidos por seu diretor.[53] A presença de Vázquez e de Mahieu aparece registrada acompanhando María Estela Martínez de Perón em sua vinda à Argentina em 1965. No ano seguinte a Escola editará como texto oficial um breve folheto intitulado *Fundamentos de Doctrina Nacional Justicialista*. Embora a assinatura de Mahieu não apareça, figuram-se suas ideias comunitárias.

> A nova Constituição Justicialista assegurará a unidade e a continuidade do Estado na pessoa de seu Chefe, situado acima dos três poderes institucionais. Garantirá uma autêntica representação popular através das comunidades intermediárias e corpos constituídos da nação: províncias, grêmios, Igreja, universidades, forças armadas, etc. Respeitará e fomentará a autocondução e os foros dos grupos

---

51 Sulé tinha lido duas obras de Mahieu: *Evolución y porvenir del sindicalismo* e *La Tour du Pin, precursor de la Tercera Posición*. A partir dessas leituras decidiu convocá-lo. Entrevista com Jorge Sulé, 20 de maio de 2015, C.A.B.A.

52 Ver a carta de Perón a de Mahieu de 10 de dezembro de 1966. no AGN, AI, Fondo personal Juan Domingo Perón.

53 Em uma entrevista que lhe fez o jornal *Retorno* no n° 64 de setembro de 1965, Vázquez definiu a doutrina justicialista como a síntese do Ser Nacional Hispano-americano, em aberta rejeição a doutrinas forâneas como o "demoliberalismo burguês dos ianques" que "leva à exploração do homem pelo homem" e "o materialismo dialético dos comunistas" que "leva à exploração do homem pelo Estado".

sociais e comunidades intermediárias. (..) Isso supõe, naturalmente, a supressão total e definitiva dos partidos políticos que constituem os instrumentos do engano demoliberal. (tradução nossa)

Para o sociólogo francês o alcance das reformas empreendidas pelo Estado Justicialista de 1945-1955 havia sido incompleto, já que:

> O Estado justicialista teve, portanto, que atuar dentro do marco institucional criado pela oligarquia, ou seja com instrumentos inadequados a seus propósitos. Limitou-se a dar um novo sentido a formas vencidas. No campo político, a maioria eleitoral que o respaldava lhe permitiu governar sem suprimir o regime de partidos. No campo econômico, o maciço apoio dos grêmios lhe permitiu instaurar a justiça social sem destruir o capitalismo. (…) a revolução nacional justicialista se limitou a eliminar efeitos de causas estruturais que permaneciam, constitucional e legalmente, em vigência. Bastou, em 1955, um intrascendente golpe insurrecional para que o regime demoliberal voltasse a funcionar como se nada, ou quase nada, tivesse mudado desde 1943.[54] (tradução nossa)

Na última parte do folheto, intitulado: "Amanhã: a empresa comunitária", sustenta que eliminado o parasitismo capitalista, as classes desaparecerão *ipso facto* e não haverá mais burgueses nem proletários, mas produtores funcionalmente organizados e hierarquizados em suas empresas. Nesse sentido, a revolução justicialista:

> … não busca, pois, chegar a um arranjo entre capitalismo individualista e capitalista estatal, nem "melhorar as relações entre capital e trabalho". Repudia integramente qualquer forma de exploração do homem pelo homem e quer voltar, em todos os campos, à ordem social natural. É este o sentido de nossa TERCEIRA POSIÇÃO.[55] (tradução nossa)

---

54 *Idem.*

55 *Idem.*

Esse folheto, editado como texto oficial da Escola Superior e avalizado por Perón,[56] foi reeditado inúmeras vezes nos anos seguintes e retomado por organizações como o Movimento Nova Argentina, o MNRT de Ossorio e o jornal peronista *Retorno*.[57]

Com o retorno do peronismo ao poder em 1973 Mahieu continuou a cargo da Escola Superior de Condução Política como Secretário Nacional Docente e foi delegado por Mendoza frente ao conselho superior do Partido Justicialista e em 1974 assessor da intervenção de Ottalagano na Universidade de Buenos Aires. Teve uma influência decisiva em grupos da juventude peronista como Demetrios, o Movimento Nova Argentina, a JPRA e a Legião Revolucionária Peronista. Segundo relatou o filho de Mahieu, foi professor suplente do Comando da Força Área do serviço de inteligência e professor titular da Universidade de Buenos Aires. A Escola Superior continuou funcionando até que o golpe militar de 1976 terminou por encerrar toda atividade política. Durante a ditadura o grupo neonazista dirigido por Rivanera Carlés, aluno da Escola Superior, reivindicou também sua figura.

Os últimos anos

Em 1972 Mahieu havia fundado o Instituto de Ciências do Homem e progressivamente orientado suas atividades à antropologia e à etnografia, onde desenvolveu teorias racistas sobre o povoamento da América. Em sua concepção, o descobrimento desse continente era produto de civilizações superiores provenientes dos povos nórdicos. Para aprovar essa teoria, dedicou-se a viajar ao Paraguai e ao Canadá.[58] O financiamento dessas pesquisas provinha, se-

---

56 Em uma carta de Perón a Mahieu, datada em 10 de dezembro de 1966 em Madrid, aquele disse: "Conversamos longamente com a esposa de Mahieu e ela poderá informar-lhe de viva voz. Suas inquietudes coincidem com as minhas de modo que é mais fácil compreendermos". Depois destaca Perón o trabalho de criação de Escolas de Doutrinamento direcionadas à juventude.

57 Ver por exemplo: *Nueva Argentina*, ano IX, nº 13, novembro de 1965, p. 3, *Retorno*, ano III, Nº91, 18 de março de 1966, p. 4.

58 Um recorte de jornal conservado por Xavier de Mahieu, mostra seu pai participando no 4º Congresso Internacional de Medicina Natural, realizado no hotel Windsor de Montreal,

Pensar as Direitas na América Latina

gundo Donatello, de um conjunto de organizações de direita: o Movimento Social Europeu, fundado por Maurice Bardéche, o Rassemblement Travailliste Francais, de Jean Dalbin e a nova Ordem Europeia de René Binet.[59] Essas pesquisas se viram refletidas nas seguintes obras: *La Geografía secreta de América antes de Colón*, Buenos Aires, Editora Hachette, 1978,[60] *El Rey Vikingo del Paraguay*, Buenos Aires, Editora Hachette, 1979, *Les templiers en Amérique*, París Ed. Robert Laffont, 1981,[61] o *Imperio vikingo de Tiahuanacu (América antes de Colón)*, Barcelona, Ediciones Nuevo Arte Thor, 1985.

Durante a década de 1980 Mahieu manteve relação com o projeto intelectual de Alain De Benoist na França e com a organização direitista criada na Espanha, a CEDADE (Círculo Espanhol de Amigos da Europa). Finalmente Jaime María de Mahieu morreu em 4 de outubro de 1990 em Buenos Aires. Sua esposa Florence de Mahieu faleceu em 24 de fevereiro de 2011 e seu filho Xavier em 5 de janeiro de 2018.

Canadá, entre 13 e 15 de setembro de 1974. Entre os participantes se encontravam Alain de Benoist, Suzanne Piuze. Eva Ruchpaul, Jacqucs Baugé-Prevost, o Dr. André-Jean Bonelli e o diretor de edições Helios Marie-Claire Dion. Segundo Xavier, a Universidade de Quebéc nomeou seu pai Doutor Honoris Causa, pelo seu estudo da obra de Alexis Carrell.

59   DONATELLO, Luis Miguel, "De la Action Francaise al peronismo. De Maurras a los Templarios. Circulación de ideas entre Francia y Sudamérica en la posguerra", em MALLIMACI, Fortunato e CUCCHETTI, Humberto (compiladores), *Nacionalistas y nacionalismos: debates y escenarios en América Latina y Europa*, Buenos Aires, Gorla, 2011. p. 149.

60   Versão francesa: *La Géographie secrète de L'Amérique*, Paris: Editions Copernic, 1979.

61   Versão espanhola: *Los Templarios en América*, Buenos Aires: Ed. Martínez Roca, 1988.

A BATALHA ESTÉTICO-CULTURAL DO HISPANISMO CHILENO NOS ANOS CINQUENTA: ESTRATÉGIAS E CONEXÃO FRANQUISTA

Isabel Jara Hinojosa[1]

Palavras preliminares

Se até meados dos anos cinquenta, falangistas e católicos disputavam o poder político na Espanha,[2] no Chile a intelectualidade católico-hispanista[3] tendia a sublimar a luta política através da contenda cultural: reformulou e difundiu o seu antiliberalismo e antimarxismo mediante a reivindicação de princípios

---

1   Pesquisadora sobre a história da cultura e das imagens no Chile contemporâneo. Acadêmica do Departamento de Teoria da Arte da Universidade do Chile.

2   COLOM, Francisco. "El hispanismo reaccionario. Catolicismo y nacionalismo en la tradición antiliberal española". In: COLOM, Francisco, RIVERO, Angel (editores.). *El altar y el trono. Ensayos sobre el catolicismo hispanoamericano*. Bogotá: Universidad Nacional de Colombia, Anthropos editorial, 2006, p. 43-82.

3   Tendência ideológica procedente do socialcristianismo e conservadorismo, nucleada originalmente em torno da revista *Estudios* (1932-1957) e também depois ao Instituto Chileno de Cultura Hispânica (IchCH), fundado em 1948 pela diplomacia cultural franquista. Compartilhou ideias com o nacionalismo e conservadorismo preexistentes, mas se distinguiu por seu catolicismo convicto, tradicionalismo e pró-franquismo. Sobre sua trajetória, JARA, Isabel. *De Franco a Pinochet. El proyecto cultural franquista en Chile, 1936-1980*. Santiago: Programa de Magíster en Teoría e Historia del Arte/Universidad de Chile, 2006. Sobre sua especificidade entre outras ideologias de direita, GARAY, Cristian. "Nacionalismo, tradicionalismo, conservadurismo y liberalismo censitario". In: GARCÍA, Víctor et al. *Nacionalismo chileno, génesis, desarrollo y perspectivas futuras*. Santiago: Ed. Universidad Bernardo O'higgins, 2003, p. 24-43.

ultracatólicos e elitistas. A vigência da Lei de Defesa da Democracia, entre 1948 e 1958, que tornou ilegal o Partido Comunista Chileno para alinhar o país com os Estados Unidos na Guerra Fria, parecia facilitar aquela sublimação; mas o fato de que o campo cultural chileno estivesse hegemonizado por setores antifranquistas também intensificou o tom político, e em si mesmo combativo, do hispanismo[4] chileno.

Por outro lado, se a reconciliação com os Estados Unidos fortaleceu a abertura na política cultural franquista, mostrando que uma ditadura nacional--católica poderia atenuar seu discurso essencialista e hiperbólico[5] ao mesmo tempo em que se abria para uma estética moderna,[6] a democracia chilena – representativa, mas anticomunista – mostrava que podia abrigar tendências autoritárias e liberais, gostos conservadores e inovadores, sem induzir oficialmente à modernização de seu aparato estético.[7]

Intelectualidade hispânica no Chile

Nos anos cinquenta, a intelectualidade hispânica do Chile adensou suas reflexões sobre a identidade cultural ou religiosa, que foi endossada pelo Instituto Chileno de Cultura Hispânica (IchCH), como um elo entre essa intelectualidade e a diplomacia cultural franquista. Certamente, o clima ideológico do Instituto de Cultura Hispânica originário (ICH) e o da Espanha, em geral, facilitou essa acentuação religiosa: em primeiro lugar, por causa da necessidade de "des-fascistizar" o conceito de Hispanismo de anos anteriores, usando o catolicismo comum com a

---

4   Sobre as definições de hispanismo, hispanidade, e neohispanidade, FIGALLO, Beatriz (Ed.). *Desarrollismo, franquismo y neohispanidad: Historias conectadas entre España, América Latina y Argentina.* Buenos Aires: Ed. Teseo-Idhesi/Conicet, 2018, p. 14-16.

5   MUÑOZ, Javier. "Intelectuales y franquismo: un debate abierto". *Historia del Presente,* Madrid, n. 5, 2001, p. 14-22.

6   MARZO, Jorge. *Arte moderno y Franquismo: Los orígenes conservadores de la vanguardia y de la política artística en España.* Girona: Fundación Espais, 2008, p. 32. Disponível em: <http://www.soymenos.net/arte_franquimo.pdf >. Acesso em: 29 maio 2016.

7   CANCINO, Eva. *Museo y bienal: Extensión artística a mediados del siglo XX. Estudio comparativo entre Brasil y Chile.* Tese do Mestrado Estudios Latinoamericanos) – Facultad de Filosofía y Humanidades – UCH, Santiago, 2016, p. 63.

América Latina, que poderia ser apoiado para superar o isolamento internacional; em segundo lugar, pela convicção de "evangelizar a política", que os líderes do ICH compartilhavam por sua proximidade com a Associação Católica Nacional de Propagandistas;[8] em terceiro lugar, pela consagração do nacional-catolicismo como filosofia social dominante no cotidiano espanhol dos anos cinquenta, após a assinatura da Concordata com o Vaticano em 1953.[9]

Outra contribuição indireta ao trabalho da intelectualidade hispânica chilena foi a visita ao país dos Coros e Danças do Serviço Feminino da Falange em 1949. Em suas apresentações, as falangistas exibiram o ideal nacional-católico de mulher, conseguindo, de passagem, diminuir as suspeitas contra o regime na opinião pública, divulgar a cultura espanhola e atrair os republicanos exilados.[10]

Do mesmo modo, dada a luta contra o pan-americanismo, o indigenismo[11] e outros paradigmas que liberava o hispanismo chileno,[12] seu projeto de evangelização da cultura exigiu um forte revisionismo historiográfico que idealizou a marca da Espanha na formação do país. De tal modo que as obras de seu ensaísta mais apologético, Jaime Eyzaguirre, além de reforçar o cultivo de

---

8   CAÑELLAS, Antonio. "Las políticas del Instituto de Cultura Hispánica, 1947-1953". *Historia Actual Online*, Cádiz, n. 33, 2010, p. 81.

9   GIMÉNEZ, Miguel Ángel. "El corpus ideológico del franquismo: principios originarios y elementos de renovación". *Estudios Internacionales*, Santiago, n. 180, 2015, p. 28.

10 TESSADA, Vanessa. "Fronteras de la Comunidad Hispánica de Naciones. El aporte de la Sección Femenina de Falange y su proyección en Latinoamérica". *ILCEA*, Grenoble, n. 18, 2013. Disponível em: <https://ilcea.revues.org/2068>. Acesso em: 11 jun. 2016.

11 Ainda que o ideário indigenista não tenha permeado a sociedade chilena como outras latino-americanas, certos intelectuais, como Gabriela Mistral (Prêmio Nobel de Literatura em 1945 e Nacional em 1951), simpatizaram com algumas de suas ideias. VERGARA, Jorge e GUNDERMANN, Hans. "Chile y el Instituto Indigenista Interamericano, 1940-1993. Una visión de conjunto". *Chungará*, Arica, n. 1, vol. 48 , 2016, p. 127-144.

12 "No cultural... aceita e deseja aquelas produções estrangeiras que, devido ao seu conteúdo universal, fertilizem o nosso espírito; mas rejeita as criações que, por não transcenderem um modo de vida antagônico ao nosso, tendem a impô-lo em nosso solo. Para dar exemplos: aceitamos, o que eles têm de conquista universal, Poe, Nietzsche, Marx, etc., mas rejeitamos a religião puritana, o fascismo, o comunismo, o pan-americanismo como uma unidade cultural americana, etc.". FONTAINE, Arturo. "Notas para una definición de Ibero-América". *Estudios*, Santiago, n. 128, 1943, p. 8. (tradução nossa);

temáticas, períodos e personalidades tradicionais, atacaram a interpretação liberal da Independência para supervalorizar seus antecedentes hispano-coloniais. Com efeito, em *Ideario y ruta de la emancipación chilena*[13] superdimensionou o fator jurídico para defender a tradição hispânica medieval como constitutiva da primeira Junta de Governo. Portanto, a assimilação do "federalismo ianque, do jacobinismo francês e do parlamentarismo britânico" era uma verdadeira "apostasia".[14] É claro que este revisionismo antiliberal de Eyzaguirre deu continuidade à sua tese anteriormente exposta em *Hispanoamérica del dolor* e *Fisonomía histórica de Chile*,[15] a qual ele reforçou com sua visita à Espanha em 1947, traduzindo-se em um cruzamento característico entre hispanismo, providencialismo, psicologismo e elitismo.

Em outro âmbito, as edições de 1956 e 1958 de seu manual *Elementos de la ciencia económica* (original de 1937), ainda defenderam que "a economia ordenada, dirigida e controlada encontra... sua melhor expressão na organização corporativa".[16] Para o autor, isso constituiu uma alternativa ao capitalismo liberal e ao socialismo (e antes, ao Fascismo), uma vez que se baseava no princípio da subsidiariedade, que reconhecia a mediação de corporações naturais intermediárias entre esse e os indivíduos, regulando a intervenção do Estado. Fica claro, seria o mesmo princípio da subsidiariedade que mais tarde possibilitaria a conexão teórica com o neoliberalismo. Mas nos anos cinquenta, Eyzaguirre ainda validava o paradigma organicista, típico do social-cristianismo da primeira

---

13 EYZAGUIRRE, Jaime. *Ideario y ruta de la emancipación chilena*. Santiago: Editorial Universitaria, 1957.

14 Citado em GAZMURI, Cristian, "La cosmovisión de Jaime Eyzaguirre" In: GAZMURI, Cristián. et al. *Perspectiva de Jaime Eyzaguirre*. Santiago: Editorial Aconcagua, 1977, p. 98.

15 *Idem. Hispanoamérica del dolor*, Madrid: Instituto de Estudios Políticos, 1947; e *Fisonomía histórica de Chile*, México D.F: Fondo de Cultura Económica, 1948.

16 *Idem, Elementos de la ciencia económica*. Santiago: s.n, 1956; e Santiago: Editorial del Pacífico, 1958.

Pensar as Direitas na América Latina

metade do século XX[17] e de seu apego pessoal à Espanha pré-moderna, embora moderando seu caráter antagônico ao capitalismo.[18]

Como se vê, pensar a história e a economia a partir de parâmetros integristas era mais do que um exercício intelectual. Foi uma batalha contra a democratização do século XX, contra a consolidação do socialismo desde a segunda pós-guerra mundial e até contra o catolicismo autocrítico (depois liberal) que surgia na Espanha.[19] Além disso, poderia constituir um esforço para contrastar posições com a principal corrente social-cristã chilena da época, que abandonava o corporativismo para se identificar com a democracia liberal e o desenvolvimentismo capitalista, culminando em 1957 na fundação do Partido Democrata Cristão (PDC).[20] Vale lembrar que, para aquela época, não somente o Chile, mas o próprio franquismo obrigava os hispanistas chilenos a se posicionarem, já que a sua economia se voltou para a liberalização capitalista. Provavelmente, o mesmo Eyzaguirrre notou alguma mudança em sua estadia na Espanha em 1958, um ano após a chegada dos ministros tecnocratas opusdeistas ao Governo. Além disso, a cultura oficial espanhola experimentava uma certa tendência moderniza-

---

17   CORREA, Sofía. "El corporativismo como expresión política del socialcristianismo". *Teología y Vida*, vol. XLIX, 2008, p. 467-481.

18   Depois, na edição de 1963, ele substituiu a menção do corporativismo pela economia social de mercado, apresentada como intermediária ao liberalismo e ao coletivismo. No entanto, ele manteve o ideal da economia dirigida, baseada na "justiça", "caridade social" e organicismo. Essa edição foi um primeiro passo para o livremercadismo. CRISTI, Renato e RUIZ, Carlo. *El pensamiento conservador en Chile.* Santiago: Editorial Universitaria, p. 127; sobre o pensamento de Eyzaguirre e outros hispanistas, RUIZ, Carlos. "Del corporativismo al neoliberalismo". In: COLOM, Francisco e RIVERO, Angel (EE.), *op. cit.*, p. 105-128.

19   MONTERO, Feliciano. "Los intelectuales católicos, del colaboracionismo al antifranquismo, 1951-1969". *Historia del Presente*, Madrid, n. 5, 2001, p. 43.

20   Partido político cujo principal componente foi a Falange Nacional, organização social-cristã fundada em 1935, cujo nome foi inspirado na Falange espanhola, mas que, sob a influência de Maritain, evoluiu para o democratismo liberal, embora mantendo remanescentes menores do corporativismo. CORREA, Sofía, *op. cit.*, p. 476.

510 Ernesto Bohoslavsky • Rodrigo Patto Sá Motta • Stéphane Boisard (orgs.)

dora, "sutil e lenta, mas visível",[21] acrescentando novas estéticas aos classicismos dos anos quarenta.

Por outro lado, embora em meados do século XX se reduziu a luta do século XIX entre a filosofia laicista e católica, o hispanismo persistiu na evangelização da filosofia chilena, na qual sobressaiu, por sua densidade teórica, uma quantidade de publicações e radicalismo, o sacerdote Osvaldo Lira. Radicado na Espanha desde 1940, teve sua docência escolar e eclesiástica, comentou com entusiasmo a Vázquez de Mella na revista *Estudios*, contribuiu com palestras e artigos para o ICH e colaborou com a revista *Escorial*. Depois de retornar ao Chile em 1952, suas invectivas contra o PDC de sua cátedra universitária, resultou-lhe na transferência de universidade e de cidade em 1957.

Logicamente, o contato direto com a cultura franquista influenciou as ideias já hispânicas de Lira, trocando sua admiração por Maritain em animadversão, e revigorando o peso do Tomismo[22] e do Tradicionalismo filosófico-político em suas próprias análises. Naquele ponto que sua produção intelectual dos anos cinquenta estava claramente relacionada com a estadia na Espanha.

Em 1952 apareceu um de seus textos mais conhecidos, *Hispanidad y mestizaje, y otros ensayos*,[23] que compilava textos publicados anteriormente. No primeiro, ele ressaltou que a mestiçagem transcendia o racial para o espiritual e se identificava, no império espanhol, com a incontestável superioridade cultural espanhola sobre a indígena, a qual havia dado o selo definitivo à Hispano-América.[24] No ensaio intitulado "Originalidad del arte español", ele defendeu sua superior peculiarida-

---

21 GRACIA, Jordi. *Estado y cultura: El despertar de una conciencia crítica bajo el Franquismo (1940-1962)*. Toulouse: Presses universitaires du Miral, 1996, p. 24.

22 O Neotomismo influenciou em Lira, através de Maritain, mas depois de sua permanência na Espanha (1944-1952) o abandonou polo tomismo ortodoxo. LÓPEZ, Sara. "La reflexión filosófica de la intelectualidad católica chilena en la primera mitad del siglo XX". *Boletín de Investigación,*, Facultad de Educación de la Universidad Católica, Santiago, n. 1-2, vol. 6, 1988, p. 49.

23 LIRA, Osvaldo. *Hispanidad y mestizaje, y otros ensayos*, Madrid: Cultura Hispánica, 1952.

24 *Idem*, "Hispanidad y mestizaje", *Cuadernos Hispanoamericanos*, Madrid, n. 8, 1949, p. 283-285.

de.[25] Em "La democracia en Vázquez de Mella", ele celebrou sua sistematização do Tradicionalismo como doutrina política e sua fé em uma democracia hierárquica de origem medieval, não distorcida pelo sistema partidário.

Completando sua análise cultural, o padre Lira escreveu na revista *Finis Terrae*, da Universidade Católica, dirigida desde a sua fundação em 1954 por Jaime Eyzaguirre, para realçar o cristianismo e o hispânico da cultura chilena. Lá, publicou vários artigos em que sinalizou a decadência da cultura hispânica após o Século de Ouro.[26]

Em relação ao campo literário, o malaguenho José María Souvirón se destacou na evangelização e "espanholização" da literatura chilena. Em termos gerais, esta oscilava nos anos cinquenta entre a herança vanguardista, os ecos da exploração antinaturalista e europeísta, a busca pela idiossincrasia nacional e da natureza no neocriolismo, e o recurso autorreferencial. A crítica social, o resgate do mundo popular, a pesquisa existencialista ou psicológica e a "monumentalização" da história ou da paisagem, aprofundavam a diversidade daquela cena literária.[27] Nesse contexto, o trabalho de Souvirón mostrou como o hispanismo literário chileno – proclive a fórmulas tradicionais, subjetivistas, metafísicas e cristãs – lutava entre seus convencionalismos e a abertura à modernização estética. No caso dele, esse dilema se expressou, por exemplo, na valorização do romance surrealista, por atrever-se a incursionar na irracionalidade e no subconsciente, mas, ao mesmo tempo, na impugnação do romance existencialista, por considerar que se deleitava no desespero, asco e cinismo.[28] Em todo caso, para o escritor, ambas refletiam a "doença da apostasia" de sua época,[29] mais ainda considerando que o surrealismo tinha se identificado com o marxismo, especialmente no caso francês. Isso não é de estranhar se se considera que Souvirón compartilhava a fidelidade a uma verdade teológica como substrato da criação e crítica hispânica, e que, como literário,

---

25 LIRA, Osvaldo, *op. cit.*, p. 115 e 200.

26 LIRA, Osvaldo. "Juan Ramón Jiménez". *Finis Terrae*, Santiago, n. 18, 1958, Separata, p. 3.

27 ZALDÍVAR, María Inés. "Literatura: la fructífera producción de un siglo". In: GAZMURI, Cristian et al. *100 años de cultura chilena, 1905-2005*, Santiago: Zig-Zag, 2006, p. 68-103.

28 SOUVIRÓN, José María. "Notas sobre la novela". *Estudios*, Santiago, n. 220, 1952, p. 18.

29 *Ibidem*, p. 17.

512 Ernesto Bohoslavsky • Rodrigo Patto Sá Motta • Stéphane Boisard (orgs.)

desenvolvia essa fidelidade não apenas estudando o Século de Ouro espanhol, mas exaltando-o como a essência da tradição hispânica. Isso se refletiu em seu trabalho como conferencista do IchCH, como professor de literatura espanhola na Universidade Católica e como colaborador da revista *Estudios*.

É verdade que Souvirón tinha sido partidário de um formalismo poético classicista, de modo que em seus versos anteriores aos anos cinquenta incluiu métricas e estilos barrocos. É verdade que, além disso, tinha sido partidário de uma literatura americana na qual se pudesse reconhecer claramente a herança castelhana. Mas já na década em questão, avançou em direção a uma abordagem mais aberta e conciliadora. Por exemplo, de volta à Espanha em 1953, sem abandonar os debates culturais americanos, sugeriu que a criação hispanista americana deveria escapar tanto do polo "classicista" quanto do autoctonismo ou "telúrico":[30] do primeiro, porque desconhecia a contribuição americana, e do segundo, porque desconhecia a raiz hispânica, contestando a "unidade dentro da Cristandade". Mais além, em sua opinião, os espanhóis deveriam aceitar a cultura hispano-americana como própria, para recuperar sua influência espiritual sobre ela, enquanto que os americanos deveriam aceitar a origem hispânica de sua "atitude perante a vida", como a única possibilidade de resistência à influência norte-americana, francesa e inglesa. Em suma, somente mediante esse reconhecimento mútuo poderia o mundo hispânico apresentar uma oposição verdadeira para a cultura "materialista" difundida pelas outras ideologias culturais.[31]

Da mesma forma, a publicação clandestina do *Canto Geral* de Pablo Neruda em 1950 enfrentou o hispanismo literário chileno com críticas ao colonialismo e com a poesia laica e social. Não é de se estranhar que o hispa-

---

30 Categoria estética que exalta a natureza, a terra natal ou paisagem como a marca de uma poética, traduzida no recurso de formas vegetais, orgânicas, geológicas e/ou locais. HRYCYK, Paula. "Nacionalismo telúrico y discurso plástico: *La Revista Nativa* y su propuesta estético-política en la Argentina de los albores de los 30". *Revista Eletrônica da ANPHLAC*, Sao Paulo, n. 11, 2011, p. 76-104. Disponível em: <http://revista.anphlac.org.br/index.php/revista>. Acesso em: 1 out. 2016.

31 *Idem*, "Notas sobre lo Hispánico". *Arbor*, Madrid, n. 85, 1953, p. 37-52.

Pensar as Direitas na América Latina

nismo aplaudiu a resposta do escritor nacionalista Leopoldo Panero,[32] quem, como Souvirón, às vezes escrevia com métrica de poesia castelhana barroca. De fato, seu *Canto Personal*[33] de 1953 foi resenhado por Jaime Martínez na revista *Estudios* como uma defesa de um humanismo católico e romântico de Panero, contra o "materialismo" estético e político dos escritos de Neruda.[34]

Ao mesmo tempo, o escritor Hugo Montes Brunet também criticou o suposto materialismo da obra de Neruda, que o impedia de "ver o transcendental... Quem sabe exaltar o caudilho de congrio e a alcachofra, o arame farpado, a cebola e o pássaro sofré ignora a ponto de causar medo ao Criador imortal de quanto existe" (tradução nossa).[35] Montes agradecia, no entanto, a solidariedade da poesia de Neruda, que, em sua opinião, agregou lhe valor humano ao artístico; mas reprovava a suposta confusão de gêneros e planos – entre política e arte – como acreditou que ocorria no livro *Poesía política* (Santiago, Austral, 1953).[36]

Em suma, reivindicando antigas estruturas poéticas ou contemplando novas linguagens e parâmetros críticos, o hispanismo literário manteve sua luta contra o que considerava a penetração do materialismo e do indigenismo na arte. Por fim, denunciou a "apostasia" expressa ou latente na literatura, afirmando um humanismo de raízes religiosas e tradicionais.

A Primeira Bienal de Arte Hispano-americana

Uma importante conjuntura cultural dos anos cinquenta foi a Primeira Exposição Bienal de Arte Hispano-Americana, convocada pelo ICH em outu-

---

32 SCHIDLOWSKI, David. *Neruda y su tiempo: las furias y las penas. Vol. 2: 1950-1973.* Santiago: Ril editores, 2008, p. 890.

33 GARCÍA, Manuel. "El canto personal de Leopoldo Panero frente al Canto General de Pablo Neruda: apologética de España frente al materialismo histórico". *Argutorio,* Astorga, n. 25, año 13, 2010, p. 43-47.

34 MARTÍNEZ, Jaime. "Leopoldo Panero responde a Pablo Neruda". *Estudios*, Santiago, 1953, n. 232, p. 42-44.

35 MONTES, Hugo. "Las odas elementales de Pablo Neruda". *Estudios,* Santiago, n. 249, 1956, p. 25.

36 *Idem,* "La poesía política de Neruda". *Estudios,* Santiago, n. 232, 1953, p. 39-41. Parênteses nosso.

514   Ernesto Bohoslavsky • Rodrigo Patto Sá Motta • Stéphane Boisard (orgs.)

bro de 1951 (coincidindo com a Festa da Hispanidade), devido às implicações estéticas e políticas que desencadeou. Em relação à estética, Cabañas documentou que, apesar da hegemonia das obras tradicionais, a Bienal constituiu um impulso para a transição das artes visuais espanholas – com respaldo oficial – desde o academicismo para uma modernização propensa às vanguardas internacionais.[37] O gosto de uma elite cosmopolita e a necessidade de superar o isolamento internacional pavimentaram o caminho para uma maior liberdade criativa. Sobre as implicações políticas na Espanha, a Bienal mobilizou a hostilidade de críticos e artistas como a de opositores políticos.[38]

Obviamente, o evento também teve no Chile o efeito de misturar as polêmicas políticas e estéticas, em um ambiente ideológico tenso pela já citada Lei de Defesa da Democracia. Por sua vez, as artes visuais locais transitavam do naturalismo, questionado pelo modernismo pós-impressionista, à abstração.[39]

O convite oficial foi feito ao presidente chileno pelo secretário geral da exposição, o escritor Leopoldo Panero, em nome do ICH, em meados de janeiro de 1951, através da embaixada espanhola em Santiago e da embaixada chilena em Madri. Mas seis meses depois ainda não havia resposta oficial,[40] talvez por causa da oposição que gerou entre setores antifranquistas. Cabañas detalha como o embaixador franquista comunicou o incômodo chileno em relação à nomeação do júri local, bem como os obstáculos à participação chilena: o econômico e o

---

37 CABAÑAS, Miguel. *La política artística del Franquismo. El hito de la Bienal Hispano-Americana de Arte.* Madrid: CSIC, 1996.

38 DÍAZ, Julian e LLORENTE, Angel. *La crítica de arte en España (1939-1976).* Madrid: Ediciones Itsmo, p. 43.

39 IVELIC, Milan e GALAZ, Gaspar. *Chile arte actual, Santiago.* Valparaíso: Ediciones Universitarias de Valparaíso, 1988, p. 34-67; MACHUCA, Guillermo. "Arte: de la crisis del arte moderno a las vanguardias del nuevo siglo". En GAZMURI, Cristian et al. *op. cit.*, p. 264-268.

40 Oficio 44/10 ordinario del Embajador de Chile en España, Jorge Barriga Errazuriz, al Ministro de Relaciones Exteriores, 19 de enero de 1951, Fondo Ministerio de Relaciones Exteriores, expediente 6025; Oficio 596/83 ordinario del Embajador de Chile en España, Jorge Barriga Errazuriz, al Ministro de Relaciones Exteriores, 16 de junio de 1951, Fondo Ministerio de Relaciones Exteriores, expediente 6026.

Pensar as Direitas na América Latina 515

boicote esquerdista.[41] No final, o ICH outorgou a nomeação dos júris de seleção locais para os governos hispano-americanos e eliminou a cobrança para inscrição,[42] mas isso não foi suficiente para entusiasmar os chilenos. Obviamente, a impugnação política foi o motivo mais poderoso, como provou o manifesto de protesto de artistas chilenos, publicado na imprensa dois meses antes da inauguração da Bienal, que acusou que o "convidado, surgiu como uma negação da liberdade, do progresso, da cultura e da arte, e que este fato o desautoriza[va] moralmente a promover um torneio da natureza do indicado".[43]

Logicamente, tendo conseguido a participação de uma dúzia de artistas por contato privado, a embaixada espanhola se dedicou a desprestigiar aquele protesto junto aos seus superiores.[44]

Na verdade, o protesto testemunhava o brio do antifranquismo artístico chileno, cujo mal-estar era conhecido no exterior desde o começo de 1951, e que foi capaz de publicar seu manifesto antes dos exilados espanhóis em Paris.[45]

Preocupados com a influência desses manifestos, especialmente os parisienses, os hispanistas chilenos recorreram a vários recursos, como, por exemplo,

---

41 Despacho del embajador español en Santiago de Chile, José M. Doussinague, al Ministro de Asuntos Exteriores, Santiago, 16 de octubre de 1950, citado en CABAÑAS, José Miguel. *La Primera Bienal Hispanoamericana de Arte: arte, política y polémica en un certamen internacional de los años cincuenta.* Tese de Doutorado em História) – Facultad de Geografia e Historia – Universidad Complutense de Madrid, Madrid, 2002 (1991), p. 1555.

42 *Ibidem*, p. 500-501.

43 AA.VV.: "Viva a muerte! Abaixo a Inteligencia" [Manifesto de artistas chilenos contra a Bienal]. In: *Las Noticias Gráficas*. Santiago: 12 de agosto de 1951, año VII, n. 2448, p. 2. Parênteses nosso.

44 Despacho del Embajador español en Santiago de Chile, José M. Doussinague, al Ministro de Asuntos Exteriores, Santiago, 14 de agosto de 1951. Despacho n. 343. AMAE, Leg. R-4263, Exp.22. Citado em CABAÑAS, José Miguel, *op. cit.*, p. 1593.

45 *Ibidem*, p. 670 e 931. Segundo Marzo, foi assinado ao final de outubro de 1951 e foi reproduzido no oficialita *El Correo Literario* de Madrid em novembro. MARZO, Jorge, op. cit., p. 32. Segundo outros, foi publicado em setembro de 1951, no jornal *El Nacional de Caracas*. LÓPEZ, Rafael; ESPINOSA, Gloria e SUÁREZ Teresa. "La oposición artística desde México al régimen franquista". In: *Actas del congreso Dos décadas de cultura artística en el franquismo (1936–1956)*. Granada: Universidad, 2002, p. 632.

o crítico literário de *El Diario Ilustrado*, Manuel Vega, que elogiou o clima intelectual espanhol e repudiou moralmente a Picasso.[46]

A verdade é que o manifesto parisiense não conseguiu frustrar a Bienal, mas, como se sabe, conseguiu a realização da paralela Exposição Hispano-Americana em Paris, no final de 1951, da qual participaram três pintores chilenos.[47] Uma contra-bienal também foi organizada em Caracas e outra no México, em 1952.[48] E como se aquelas não fossem suficientes concorrências, a Bienal do Museu de Arte Moderna de São Paulo, em 1951, também atraiu a atenção de artistas locais.

No entanto, nem os manifestos opostos nem as outras bienais inibiram a assistência chilena ao evento. Pelo contrário, renderam fruto as gestões diretas do diretor do Museu do Prado, Fernando Álvarez de Sotomayor, professor da Escola de Belas Artes do Chile no início do século XX, também os contatos da embaixada espanhola e a visita do Diretor do ICH ao país em agosto de 1951, no marco de uma viagem de emergência pela América do Sul. Graças a essas iniciativas, o Chile não só participou oficialmente, mas também enviou um grande número de obras, resultando em muitos prêmios. De uma delegação de 50 ar-

---

46 M.V. (VEGA, Manuel): "Picasso y el bienal de Madrid" (sic). *El Diario Ilustrado*, Santiago, n. 316, ano XLIX, 12 de novembro de 1951, p. 3.

47 Nemesio Antúnez, com a tela "Les pinceuax", René Gallinato, com uma pintura cujo título não foi registrado, e José Venturelli, com a obra "Campesino". CABAÑAS, José Miguel, *op. cit.*, p. 304, 1069 e 1161. Segundo o autor, o catálogo da Contrabienal identificou a obra de Gallinato como "pintura".

48 CABAÑAS, José Miguel. *Artistas contra Franco: La oposición de los artistas mexicanos y españoles exiliados a las Bienales Hispanoamericanas de Arte*. México D.F: Universidad Nacional Autónoma de México, 1996; CABAÑAS, Miguel, HARO, Noemí e MURGA, Idoia (Coords.). "En un lugar del exilio...Augusto Fernández y sus estampas de El Quijote". In: CABAÑAS, Miguel. *Analogías e el arte, la literatura y el pensamiento del exilio español de 1939*. Madrid: CSIC, 2010, p. 102.

tistas,[49] uma parte foi selecionada pelo júri da Escola de Belas Artes, constituída tardiamente;[50] outra parte participou como independente.

Justamente, a crítica cultural hispânica comemorou que alguns desses participantes tivessem comparecido sem concorrência local, apresentando este fato como sinal de autonomia.[51] Por sua vez, para endossar o fim do isolamento franquista e sua tolerância cultural, tal crítica enfatizou a quantidade e a amplitude estilística da amostra: "desde o estritamente acadêmico às formas desconcertantes da discutida arte abstrata".[52]

Em outra ordem de coisas, a Primeira Bienal Hispano-Americana permitiu confirmar o gosto e a linguagem clássica que dominavam o hispanismo chileno nas artes visuais, mas também a disposição de alguns para uma modernização controlada. De fato, reiterando o diagnóstico decadente como pano de fundo para a *batalha dos pincéis*, a revista *Estudios* descreveu-a como um falso dilema entre dois extremos:

> Tradição falsa e revolução falsa, dão-se cabeçadas sem remédio... Como encontrar uma terceira frente que respeite, por um lado, a imagem essência do homem, criatura de Deus, e, por outro lado, admite a descoberta de novas possibilidades para a arte, de acordo com o anseio e a fisionomia de uma geração que também é nova?[53] (tradução nossa).

---

49 ZAMORANO, Pedro. "Morra a inteligencia! ¡Viva a morte!: los artistas chilenos en la I Bienal franquista de 1951". In: ABELLA, Raquel et al. *El sistema de las artes: VII Jornadas de Historia del Arte*. Santiago: Universidade Federal de Sao Paulo/Museo Histórico Nacional/ Facultad de Artes Liberales de la Universidad Adolfo Ibáñez, 2014, p. 111. Em contrapartida Cabañas fala de 46 artistas chilenos. CABAÑAS, José Miguel, *op. cit.*, p. 767, 930-940.

50 Segundo um jornal chileno, foram 19 os selecionados no total pelo jurado da Universidade do Chile, 15 pintores e 4 escultores. S/A, "Artistas chilenos representados en la exp. de Madrid". *Diario Ilustrado*, 7 de agosto de 1951, p. 8.

51 M.V (VEGA, Manuel.). "Luis Strozzi a España". *El Diario Ilustrado,* Santiago, n. 244, año XLIX, 1 set. 1951, p. 3.

52 M.V. (VEGA, Manuel), *op. cit.*, p. 3.

53 S/A. "La batalla de los pinceles". *Estudios,* Santiago, 1952, n. 218/219, p. 21-28.

Ao terminar seu relato, esse comentarista de *Estudios* apresentou o nacionalismo como o salvador da arte espanhola, graças à sua abertura moderada:

> Confundir em um só feixe os picassianos marxistas com os artistas católicos e patrióticos que num momento de séria angústia para a Espanha, haviam oposto o peito às balas, era mais do que demasiado. A resposta foi imediata, e um manifesto recolheu a indignação de um núcleo forte de pintores, poetas e artistas de vanguarda [...] Assim terminava a agitada disputa, deixando bem claro que a razão não estava nem ao lado dos ressentidos e destruidores marxistas, nem tampouco dos grosseiros adoradores de uma arqueologia estética. A juventude tinha salvo a tempo os foros de uma ordenada tradição espanhola, dessa que, não se apegando ao tempo que morria, soube lançar oportunamente o chamado novo e renovador com El Greco, Velázquez e Goya, e que hoje é capaz de reintegrar ao patrimônio eterno as contribuições legítimas e as conquistas adequadas de um tempo ansioso por verdade e beleza.[54] (Tradução nossa)

Como se pode ver, esta voz do hispanismo chileno se situou comodamente entre vanguardistas e academicistas, mas dentro de uma concepção essencialista da arte, apegada aos conceitos de beleza, verdade, eternidade, transcendência e tradição. Diante daquilo que tal voz considerava um falso tradicionalismo e um experimentalismo radical e ateísta, depreciativo da beleza, apenas uma inovação contida permitiria restaurá-la como ideal, ao mesmo tempo que mantendo a arte convenientemente despolitizada.

Evidentemente, além da polêmica entre o academicismo e o vanguardismo, o gosto estético hispanista manteve a religiosidade como um parâmetro transversal para os conteúdos, ao mesmo tempo em que o barroco y alguns mestres espanhóis do século XVIII como referência para as formas. Recordará que, desde um prisma teológico usual, Lira havia sistematizado esse tipo de argumento em seu ensaio *Originalidad del arte español* e que, quando Eyzaguirre

---

54 *Ibidem*, p. 30-51.

escreveu comentários sobre a arte, também patrocinou um peculiar estilo espanhol derivado da suposta vocação católica de seu povo.[55]

Do mesmo modo, foi Lyra quem aprofundou-se em questões estéticas e, devido à sua formação doutrinária, ele o fez desde a metafísica tomista. Uma chave já havia sido entregue no "Prólogo" de sua tradução de *El proceso del arte*, de Stanislas Fumet,[56] onde revelava o fundamento cristão da referida reflexão estética: "a arte é, de certo modo, divina porque imita a Deus Criador; mas como o reflexo deve ser considerado como tal em nome da verdade, temos que separarmos dele... caso se torne um impedimento para ascender a Deus".[57] Assim, ele entendeu que a arte imitava a natureza apenas no modo de operar e não no resultado, dado que seu exemplar era um "verbo" alojado em uma certa matéria "de conaturais deficiências".[58]

Esse modo de cristianizar a questão da mimese permitiu a Lira insistir no caráter simbólico da arte, alheio às "morais da história insípidas que nada têm a ver com a grande moral, enérgica, varonil e sublime do Evangelho". E se a condição simbólica reafirmava a missão moralizante de criar, então a "hierarquia ontológica da beleza e da arte, que está destinada a procurá-la", ficava conectada a essa moral espiritual. Inferia-se, consequentemente, que a arte devia buscar a beleza como forma de moralizar, isto é, "afirmar categoricamente e atualmente a predominância do espírito sobre a matéria".[59] Não obstante, havia um perigo:

> O prazer estético, enquanto tal, traz como consequência necessária a afirmação de tal predomínio, e assim, em estado puro, é uma entidade da razão, como a pura sensação que, concretamente, provoca estados de ânimo concomitantes que podem levar à anulação de sua influência benfeitora. Isso depende, acima de tudo, das condições subjetivas em que a obra foi criada e, subsidiariamente, do estado

---

55 EYZAGUIRRE, Jaime. *Chile en el tiempo*. Santiago: Pontificia Universidad Católica de Chile, 1961, p. 24.

56 FUMET, Stanilas. *El proceso del arte*. Madrid: Ediciones y Publicaciones Españolas, 1946.

57 LIRA, Osvaldo, *op. cit.*, p. XXI-XXII.

58 *Ibidem*, p. XXII.

59 *Ibidem*, p. XXII-XXIII.

de ânimo do espectador. Se na alma do artífice todas as potências se encontram diretamente hierarquizadas, a impressão que produza no espectador será imediatamente estética e aquele terá salvo sua responsabilidade [...] Se o artífice, no entanto, se sente incapaz de oferecer um filtro do *habitus* artístico, um complexo anímico devidamente hierarquizado, então ele não tem o direito de criar ... E é precisamente na condição quase divina da atividade criativa em que se apoia [Fumet] para negar-lhe todo direito diante de Deus.[60] (Tradução nossa).

Em suma, ainda que ontologicamente a capacidade criativa da arte fosse menor que a da natureza e, é claro, a capacidade divina que ela refletia, em todo caso sua condição mimética resultava ameaçante para a salvação; mas se o artista conjurava aquele perigo, o simbolismo da arte e sua busca pela beleza poderiam afirmar a supremacia do compromisso espiritual e, portanto, salvífico e místico.[61]

Outra chave para o seu pensamento estético, Lira entregou quando projetou sobre a vanguarda artística a suposta originalidade espanhola:

... trata-se de surrealismo ou cubismo, neopopulismo ou ultraismo, impressionismo ou atonalismo, sempre e em todos os lugares encontraremos com a vontade expressivista que impede ao espanhol deleitar-se nos valores sensíveis. Sua austeridade realmente parte de um sentimento que é, ao mesmo tempo, uma profunda convicção e constitui o tema de algumas de suas mais belas criações; o sentimento de fugacidade da vida terrena [...] É que, para voltar uma vez mais à nossa tese, a atitude personalista não pode se compadecer com o tecnicismo, pois todo o tecnicismo não pode valer mais do que na ordem de valores úteis ... E o artista espanhol não consegue se livrar da convicção, conaturalizada já nele, de que a obra de arte

---

60 *Ibidem*, p. XXIV. Parênteses nosso. Os quatro poderes interiores da arte sensitiva eram a imaginação, o senso comum, a potência estimativa ou cogitativa e a memória. ECO, Umberto. *Arte y belleza en la estética medieval.* Barcelona: Lumen, 1997, p. 147.

61 "Porque não se deve esquecer que a atividade criativa ou especulativa é, em sua faceta subjetiva, um *minus analogatum* do conhecimento místico". LIRA, Osvaldo, *op. cit.*, p. XXIX. (tradução nossa).

Pensar as Direitas na América Latina

está ali como uma pura reflexão – como pura projeção exterior – de um momento de sua própria personalidade.[62]

Em suma, para Lira, a arte espanhola era marcada por uma vontade expressiva sóbria e cristã, da qual nem sequer os modernistas podiam escapar, pois afirmavam isso em sua negação. De fato, seu erro principal era pretender emancipar-se dela, como aconteceria, por exemplo, com Picasso: "Teria que ser, naturalmente, um espanhol que experimentou em sua própria carne com intensidade incomum a carência de Deus.[63]

Certamente foi o "compromisso salvífico" e a "vontade expressiva" que Lira buscou nas obras que ajudou a selecionar para a Primeira Bienal, como membro da comissão organizadora espanhola.[64] E foi esse tipo de credo estético que ele ensinou no Chile dos anos cinquenta, começando com a ideia de que "a beleza era um dos transcendentais do ser".[65]

Em um plano menos doutrinário, críticos como Manuel Vega exaltaram os artistas chilenos que resistiram às "modas e ismos" e esperavam que em sua viagem à Bienal fossem encharcados por Velásquez, Goya, Greco e "a presença

---

62 LIRA, Osvaldo, *op. cit,*, p. 182. Para Lira, a finalidade da obra era a "expressão de um momento psicológico de seu criador". E em sua trajetoria, "a pintura espanhola está tornando sua paleta cada vez mais austera, ao ponto de que as cores quase ofensivas ... estão desaparecendo até não passar mais do que uma exceção na grande pintura do Século de Ouro [...] A arte espanhola não é arte opulenta, nem sequer nos momentos em que, por acumulação de meios, o barroco parecia a ponto de resolver-se em uma verdadeira orgia estética... É que a ascese não estabelece relação, propriamente, com a maior ou menor abundância de meios de expressão, mas que antes de mais nada e sobretudo, em tratar-llhes em função de uma interna e excepcional vontade expressiva. E é nessa vontade na qual abundam os grandes criadores do barroco". *Ibidem*, p. 177-181. (tradução nossa).

63 *Ibidem*, p. 184.

64 PARRA, Carmen (et al.). *R.P. Osvaldo Lira SS.CC.: su biografía y explicación general de algunos conceptos políticos expuestos en sus cuatro primeros libros.* Memoria de grado - Pontificia Universidad Católica de Chile, Santiago, 1984, p. 45. Suspeito que seu mérito para essa nomeação eram ser um estudioso de questões estéticas, assíduo visitante do Museo del Prado e um amigo de Leopoldo Panero, Secretário Geral da Bienal.

65 LÓPEZ, Sara y SÁNCHEZ, Elena, *op. cit.*, p. 58.

522 Ernesto Bohoslavsky • Rodrigo Patto Sá Motta • Stéphane Boisard (orgs.)

viva dos séculos",[66] confirmando o caráter espiritualista, elitista e tradicional das concepções hispanistas.

Finalmente, o hispanismo estético se viu rodeado por uma certa sensibilidade pictórica que, sem necessária proximidade ideológica ao franquismo, se sentia igualmente próxima aos estilos tradicionais, ainda definindo-os nos anos cinquenta como um selo de identidade da arte chilena. Assim o fez o pintor Pablo Burchard, ao declarar, durante a Bienal de Madri, que "a escola chilena era essencialmente realista, assemelhando-se à escola francesa", e que ele próprio "fora discípulo de Álvarez de Sotomayor quando era diretor da escola de Belas Artes".[67] Lembrar-se-á que este último, além de liderar a reação academicista da Bienal, durante seu magistério no Chile, tinha enfatizado o tema social do realismo e do costumbrismo entre seus discípulos, no que tem sido chamado de "parênteses da hispanidade" da academia local (entre a sua chegada em 1908 e o aparecimento do modernismo na década de 1920).[68]

Finalmente, como é sabido, as controvérsias desencadeadas pela Primeira Bienal se prolongaram nas exposições seguintes. De fato, em frente à Segunda Bienal Hispano-Americana, realizada em Havana em 1954, foi novamente levantado um protesto de artistas chilenos.[69] Uma exposição alternativa também foi organizada em Cuba, mas a divisão dos adversários permitiu que a Bienal obtivesse novamente uma grande quantidade de envios. Por último, quando a Terceira Bienal foi realizada em Barcelona, entre 1955 e 1956, a oposição hispano-americana tinha diminuído a tal ponto que até o México compareceu. De qualquer forma, nem na segunda nem na terceira o Chile participou oficialmen-

---

66 M.V (VEGA, Manuel), *op. cit.*,p. 3.

67 CABAÑAS, José Miguel, *op. cit.*, p. 937.

68 ZAMORANO, Pedro. "Artes visuales en Chile durante la primera mitad del siglo XX: Una mirada al campo teórico". *Atenea*, Concepción, vol. II, n. 504, 2011, p. 207. Importante em tal período foi a exposição do Centenário da Independência (1910), que contou com arte espanhola. BELLIDO, María Luisa. "Relaciones artísticas y culturales España-América 1900-1960: viajes de ida y vuelta". In: ALCAIDE, Aurora (Ed.). *Travesías y permanencias.* Murcia: Universidad de Murcia, 2011, p. 77-99.

69 CABAÑAS, José Miguel, *op. cit.*, p. 304.

Pensar as Direitas na América Latina

te. Isso sim, essa última recolheu parte dos trabalhos exibidos na Exposição de Arte Espanhola, realizada em Santiago em 1953, e organizada pelo ICH.[70]

Considerações finais

A intelectualidade hispânica chilena desdobrou diferentes estratégias de enunciação para sua evangelização e "espanholização" da sociedade chilena nos anos cinquenta. Dedicada fundamentalmente à contenda cultural, continuou sua luta contra os outros paradigmas identitários a partir um paradigma católico-castelhano: isso a diferenciou dos demais humanismos[71] circulantes (cristãos ou não), ao mesmo tempo em que apoiou sua hipostatização da história colonial americana, da literatura do Século de Ouro, do corporativismo peninsular do antigo regime, das filosofias tradicionalista ou tomista e da arte barroca espanhola.

No entanto, as transformações do período sujeitaram o hispanismo chileno a imperativos que o forçaram a se adaptar, não sem conflitos: a modernização cultural, a introdução da ideologia da sociedade de mercado, os ajustes

---

70 No marco da Primeira Feira-Exposição de Produtos Espanhois no Chile, que também incluiu livros e cinematografía. *Ibidem*, p. 362-363, 1380 e 1666-1675. Em 1947 se havia realizado uma Exposição de Arte Espanhola na Argentina. BERMEJO, Talía. "Arte español en Buenos Aires. Contacto y disenso entre la Argentina de Perón y la España franquista". In: GUZMÁN, Fernando (et al.). *Arte y crisis en Iberoamérica: Segundas Jornadas de Historia del Arte*, Santiago: Ril, 2004, p. 207-216.

71 Humanismo se usa num sentido precário, como perspectiva filosófica centrada na natureza humana e/ou no ideal humano. Considerando a ênfase reflexiva do hispanismo franquista sobre a experiência humana, suas expressões culturais o aproximariam a uma fórmula conservadora de humanismo cristão. Como este, não fazia prevalecer o humano sobre o divino, e sim suscitava sua realização social dentro do marco de princípios cristãos, mas interpretado a partir do tradicionalismo espanhol, o tomismo e o anticomunismo católico. Renegava tanto do relativismo do humanismo moderno-renascentista (lembre-se da crítica que fez Maztu na *La crisis del humanismo*, Barcelona: Editorial Minerva, 1919), como do individualismo do humanismo liberal e do coletivismo e materialismo do humanismo socialista. Substituía a ênfase antropológica por uma comunhão entra a razão e a revelação, porque, ao dizer de Ramiro de Maeztu, o "humanismo espanhol é de origem religiosa". *Defensa de la Hispanidad*. Madrid: Editorial Cultura Española, 1946, p. 17. Disponível em: <https://guardiadelahispanidad.files.wordpress.com/2009/09/defensa-de-la-hispanidad.pdf>. Acesso em: 12 maio 2018.

524   Ernesto Bohoslavsky • Rodrigo Patto Sá Motta • Stéphane Boisard (orgs.)

ideológicos do franquismo e a mobilização da intelectualidade antifranquista local lhe apresentaram dilemas aos quais reagir. Sua resposta chave foi abrir-se a novas fórmulas estéticas, filosóficas e econômicas, nas quais buscar – ou com as quais concordar – algum eco espiritualista ou hispânico. Em todo caso, já que esta renovação não eliminou o substrato religioso de suas formas e conteúdos, o hispanismo chileno manteve seu perfil especulativo e ao mesmo tempo fortemente testemunhal. Ou seja, seu conceito valorativo permaneceu ligado ao subjetivismo, à tradição e à transcendência, enquanto seus intelectuais continuaram a atuar como testemunhas do evangelho e denunciadores da "apostasia" cultural. Seja através da cristianização da identidade americana ou da arte como a realização de um axioma exemplar, e mesmo se tivesse de recorrer a teorias de outros europeus, todos os níveis discursivos do hispanismo chileno participaram do humanismo católico-espanhol mencionado acima.

Nesse contexto, a Primeira Bienal Hispano-Americana de Arte foi uma conjuntura extraordinária, pois antecipou as tensões da década, interpelando o hispanismo a se posicionar entre um catolicismo conservador ou modernizador e entre o academicismo ou o vanguardismo estético. Enquanto o realismo socialista e o abstracionismo ocidental disputavam a arte da Guerra Fria, o hispanismo reivindicou a categoria de tradição que, sem ser exclusivamente franquista, forneceu seu relato de uma inovação artística fixada nas raízes imemoriais da identidade hispânica. Como sustenta Marzo, além dessa categoria de tradição, a estética franquista se beneficiava da visão individualista e transcendente da arte academicista; mas, ao mesmo tempo, beneficiava-se da ideia do gênio artístico e da arte autorreferencial da vanguarda.[72] Portanto, não lhe resultava inverossímil pretender evangelizar a arte contemporânea.

Advertindo esse acômodo franquista e oscilando entre vozes mais liberais ou ortodoxas, o hispanismo chileno observou e integrou parte da renovação literária e plástica dos anos cinquenta em seu quadro de referências característico: valorizou assim os códigos de inovação e universalidade, mas sempre cuidando de ancorá-los ao substrato integrista peninsular. Não obstante, esse esforço paradoxal de atualização fundamentalista (no sentido de arcaizar o contemporâ-

---

72   MARZO, Jorge, *op. cit.*, p. 39.

neo) mostrou-se impraticável. Porque se na Espanha, como ideologia oficial, o franquismo contava com a vanguarda falangista e o catolicismo tecnocrático, no Chile – como ideologia minoritária, antiquada e defensiva – o hispanismo carecia de meios estéticos e políticos para ser realizado.

Alameda nas redes sociais:

Site: www.alamedaeditorial.com.br
Facebook.com/alamedaeditorial/
Twitter.com/editoraalameda
Instagram.com/editora_alameda/

Esta obra foi impressa em São Paulo
no verão de 2019. No texto foi utilizada a fonte Adobe Caslon Pro em corpo 10,5 e entrelinha de 16 pontos.